U0511456

谢保成／著

增訂中國史學史

先秦至唐前期

创于1897
商務印書館
The Commercial Press

二〇一六年・北京

图书在版编目(CIP)数据

增订中国史学史. 先秦至唐前期 / 谢保成著. — 北京：商务印书馆，2016
ISBN 978‐7‐100‐12568‐0

Ⅰ．①增… Ⅱ．①谢… Ⅲ．①史学史－中国－先秦时代－唐代 Ⅳ．①K092

中国版本图书馆CIP数据核字(2016)第225443号

增订中国史学史
（先秦至唐前期）

谢保成　著

商　务　印　书　馆　出　版
（北京王府井大街36号　　邮政编码 100710）
商　务　印　书　馆　发　行
三河市尚艺印装有限公司印刷
ISBN　978‐7‐100‐12568‐0

2016年10月第1版　　　　开本 880×1230　1/32
2016年10月北京第1次印刷　印张 21

定价：86.00元

从"史"的产生到第一次系统总结

（先秦至唐前期）

　　本卷内容包括两个阶段：中国史学的起源和形成、汉初至唐前期史学地位得到巩固确立。

　　中国史学的起源，经历了漫长的岁月。殷商以前的传说时代，产生了原始的历史意识。自商代至春秋时期，经口述传说与成文记事的并驾齐驱和"史"向"史官"、"史书"的演变。春秋后期至战国末年，自按年编纂的《春秋》问世，到编年体史书《左传》诞生，标志着中国史学逐渐形成。

　　汉初至唐前期史学地位得到巩固确立，是通过三个方面来实现的。其一，随着《史记》、《汉书》相继出现，纪传体史书逐渐取得"独尊"地位。在断代编年史与断代纪传史"角力争先"的进程中，史学范围空前拓展，门类增多，使史学从经学的附庸地位中独立出来，并取得仅次于经学的巩固地位。其中，反映社会风貌的著述与少数民族史学的成就，为此间史学成长增添了丰富多彩的绚丽画卷。其二，史学的鉴戒功用经过汉初的"过秦"和东汉末的"君子有三鉴"，到唐初达到前所未有的高度，修史、取鉴与资治三者融为一体，取得空前的社会效应。其三，反思自身的发展历程，《史通》的问世标志着这一阶段的终结。

导　言
①

一、历史·史学·史学史

恩格斯多次论述过这样一个观点：

> 当我们深思熟虑地考察自然界或人类历史或我们自己的精
> 神活动的时候，首先呈现在我们眼前的，是一幅由种种联系和
> 相互作用无穷无尽地交织起来的画面，其中没有任何东西是不
> 动的和不变的，而是一切都在运动、变化、产生和消失。……
> 但是，这种观点虽然正确地把握了现象的总画面的一般性质，
> 却不足以说明构成这幅总画面的各个细节；而我们要是不知道这

---

① 这是《增订中国史学史》全书的《导言》，收在本卷卷首，以便读者了解全书思想和
体例。

些细节，就看不清总画面。为了认识这些细节，我们不得不把它们从自然的或历史的联系中抽出来，从它们的特性、它们的特殊的原因和结果等等方面来逐个地加以研究。这首先是自然科学和历史研究的任务。[①]

这段论述，非常清楚地表达出历史、史学的关系。

（一）历史，人类社会演进的客观过程

这一过程的特点之一：由种种联系和相互作用无穷无尽地交织起来。

这一过程的特点之二：没有任何东西是不动的和不变的，而是一切都在运动、变化、产生和消失。

这一过程的特点之三：包括人类自己的精神活动。

这一过程的特点之四：正确地把握了现象的一般性质，却不足以说明其构成的各个细节；为了认识这些细节，不得不把它们从历史的联系中抽出来，从它们的特性、它们的特殊的原因和结果等来逐个地加以研究。因此，围绕历史演进的"总画面"弄清其构成的"各个细节"，便成为历史研究的基本任务。

这一过程的特点之五：不可复制、不能还原。仅有"科学的搜集与整理"，"虽极精确，亦不成史。即便经科学的综合，亦不成史"，而"感情、生命、神采，有待于直观的认取，与艺术的表现"。

人们对于这一过程的了解和认识是间接的，是掺杂进后人种种主观因素的。

历史本身是客观存在，人类所了解的历史并不完全客观。

---

① 《反杜林论》、《社会主义从空想到科学的发展》，《马克思恩格斯选集》第 3 卷，人民出版社 1972 年版，第 60 页、第 417 页。

（二）史学，记述和研究历史演进以展示未来的学科

历史记述，受主客观条件局限，不可能完整、全面，还往往被扭曲或伪造。

不具备记述条件，往事靠口耳相接流传下来，不知夹杂了多少口传者和听受者的主观色彩。现今一件事几经辗转相传必定走样的实例比比皆是，何况古代，一传就是数十年、上百年、上千年，怎么可能保留"原汁原味"，更不要说一件事被无意曲解或有意歪曲传播了。

具备记述条件，如唐宋以下设置史馆专门搜集各项史料，形成编纂《日历》、《时政记》、《实录》、《国史》的制度，仍然不可能记述完整、全面。一是搜集史料的制度有局限，记述范围不可能面面俱到。二是专司记录之人，居庙堂之高则不详知江湖之事，居江湖之远则更无法了解庙堂之事。三是精神活动，诸如感情、生命、神采以及融入社会生活的思想、风尚、习俗等，更非笔录、言传所能完全准确表述。四是随着史学功用的政治化、史学思想的伦理化、修史制度的程式化，修史中的主体意识越来越强，政治思想决定修史的主导思想，主流思潮决定修史者的基本意识，修史制度局限史书的记述范围，以及修史者个人的"任情褒贬"、"爱憎由己"。记述历史演进过程，往往出现三种情况：一是客观上造成史有佚文，特别是古人的心理，史书多缺而不传；二是主观上"高下在心"，或"为尊（亲）者讳"，或"爱之欲其生，恶之欲其死"，歪曲史实；三是为"利禄"、"形势"驱使，编造伪书、渲染伪史。

由于上述种种原因，人们所见历史记述，已不是"纯粹"的人类社会演进的客观过程，因此需要对所见各种历史记述进行认真的研究，目的不外有二：一是弄清真相，二是进行诠释。弄清真相，分辨客观实际与主观掺杂，剔除虚假，弄清组成历史总画面的"各个细节"，还其本来面貌。进行诠释，是以各个不同时代的观念认识和解

释历史，用以展示未来。因而，不同时代有不同时代的史学，对于同一史事可能会有不同的认识。弄清真相是前提，进行诠释是使命。史学就是在弄清真相与进行诠释的交织当中不断形成一门学科的。

（三）史学史，史学的学科史

史学史作为史学的学科史，不同国家因各自的历史道路与史学遗产情况各异，便有着不完全相同的界定。中国关于史学史的认识，基本来自两个方面。一是 20 世纪 20 年代梁启超的说法和影响，二是 20 世纪 50 年代末、60 年代初受苏联思想观念影响形成的一些说法和认识。

梁启超《中国历史研究法补编》明确提出："中国史学史，最少应对于下列各部分特别注意：一、史官；二、史家；三、史学的成立及发展；四、最近史学的趋势。"至 20 世纪 40 年代，先后正式出版的中国史学史有 10 余种，以金毓黻著《中国史学史》（商务印书馆 1944 年）为代表，自"创造期之史学"至"革新期之史学"，下限至"现代三四十年间"。

20 世纪 60 年代初，出现过一次关于史学史的讨论，基本是史学史学科自身的问题，诸如研究对象、任务、中国史学分期、规律等，虽然延续至 80 年代，却没有形成较为一致的认识。或以史学史要"把历史编纂学的发展史写出来"，"把历史家的历史哲学系统介绍出来"，或探索"中国历史学的起源、发展，直至逐步形成为一门科学的基本过程和规律"，以对"史学遗产进行批评、总结"为任务，包括"史学跟其他学科关系的研究以及史学发展所受社会条件的制约和它对社会的反作用"，或将史学史研究范围确定为历史理论、历史教育、历史文献学、历史编纂学。虽然大都认为史学史是研究史学发生、发展、演变的学科，却是在专门史层面上认识这一学科，忽略了其更本质的一面——学科史。

作为专门史，史学史同政治制度史、土地制度史、社会生活史、思想文化史等，都是以过往社会中这些领域的具体发展演变过程为研究对象。但史学史并不完全等同于这些专门史，还有着同哲学、文学以及自然科学中数学、化学等学科相同的一方面，是一门学科史。而上述的那些专门史，则非学科史。学科史既包括作为专门史的一方面，又包括学科自身发展的一方面，二者既相联系又相区别，这是史学史作为历史学二级学科不容忽视的根本原因所在。

由于史学史仅仅被当作专门史，基本沿袭20世纪60年代的这一认识："史学史是研究人类全部历史思想的"，"是社会思想史的一部分"。以"历史理论"居研究之首，使史学史与历史理论交叉。20世纪80年代，对什么是"历史理论"、"史学理论"逐渐有所区分：以认识和解释过往社会（即客观历史）的理论，叫作历史理论，或广义史学理论；以关于史学这一学科的理论，叫作史学理论，或狭义史学理论。然而，在实际上仍然只谈历史理论而忽略学科自身的理论。随着改革开放的推进和市场经济的发展，引进国外历史理论成为史学理论研究的重要内容。但这种引进基本处于介绍状态，并未见切实地运用到对中国历史实际的研究之中。只有外国历史理论的介绍，没有结合中国历史实际的研究，难免不使从事中国史研究的同行误以为史学史研究就是史学理论的介绍和检讨，这种状况几乎取代了作为学科史的史学史研究。与此同时，以现有的认识进行的史学史研究，又差不多以史学思想研究为基本内容，且有网罗"全部历史思想、社会思想"之势。这种研究，往往以相当篇幅论述、解读子部书中某些并无实际影响、但被理想化了的历史认识或历史观，反而遗弃史部书中对当时乃至整个中国史学、史书编纂影响深远的历史认识或历史观。仅有思辨而无史实，既没有客观历史实际，也没有史学演进实际，不是史学，也不史学史的研究对象。

同样，由于缺乏对史学史作为学科史的认识，将两个二级学科混在一起，以史学史研究包括历史文献学研究，造成对两个学科认识的混乱，以致无人问津两个学科的区分与联系。这使得不少从事中国史和历史文献研究的同仁误以为史学史只是史学理论、史学思想研究，对于史书的研究只不过史学批评而已。

史学发展到 21 世纪，中国的世界史研究及其分支学科研究，中外史学交往的研究，中国史研究与诸多专门史的关系，诸如政治制度史、军事史、法制史、经济史、宗教史、民俗史，究竟属于政治学、军事学、法学、经济学、宗教学、民俗学各个学科的分支，还是属于历史学的分支。凡此种种，既是 21 世纪史学面临的"前沿"问题，也是写 21 世纪中国史学史必须认真面对的问题。

作为一门学科，自身的形成、发展、演变趋势及其深刻的内涵，在相关学科发展中的位置，与相关学科的关系，都是必不可少的内容。一部完整的中国史学史，应当包括中国史学自身全方位的发展，所反映的时代特点，与相关学科的关系，不仅包括中国古代史学的全方位发展，还包括中国史学的近代化历程，也需要认真总结现当代史学的发展，既要"纵通"，又要"横通"。

具体来说，中国史学史至少应该包括下面六个方面的基本内容：史家、史书、史学、史法、趋势以及制度。

史家，是史学的主体。史家的活动，特别史家的群体活动，可见其所处时代意识、普遍关注的史学问题、相互间的吸收借鉴或批驳责难，据以探知此时代史学与社会的关系，史学发展演进的总体态势。

史书，是史学成就的集中体现，综合了史家活动、思想意识、所记史事、取材范围、编纂体例、研究方法、传布影响，以及个人才识与"心术"，甚至可以窥其心路乃至某些"潜台词"的隐喻。

史学，是"史"之成学的历程，包括起源、演进、阶段划分、范围拓展、分支出现、与相关学科关系以及结合中国历史实际形成的历史认识或历史观念的演变等。近代以来中外对于"史学"的界定并不完全相同，需要仔细区分，不可笼统地以异域的"史学"概念来"界定"中国的史学。

史法，是史学得以形成、发展的方法，包括历史编纂法和历史研究法两大基本方面。史法的不断进步，推动着史学的形成与发展。没有历史编纂法和历史研究法，就没有系统的史书编纂和系统的历史研究。面对杂乱无章、零散无序的历史遗存，如自宋以来至20世纪初的上千件彝器，除了当古玩鉴赏，对于认识历史几无所用。但当两周金文辞编排成大系、"二重证据法"广泛运用后，这些历史遗存便成为认识和研究古史的必不可少的依据。

趋势，既包括各发展阶段史学演变趋势，又包括梁启超所说"最近史学的趋势"或时下所云"史学前沿"，更包括某些具体史学现象或问题的趋势，如修史思想的演变、史志编纂的因革、史学分支的发展、疑古与辨伪的同步，等等。

制度，主要指修史制度，这是中国史学的独特处，确保中国历史资料积累、史书编纂的经久不衰、前后衔接。

（四）本书编写原则

史学史作为学科史，属学术史性质，应该充分地写出其学术价值，如重大学术问题的解决、学科的发展建设等。

在上述基本认识下，本书编写以中国史学自身的发展为基本线索，自"史"的产生起，采取按时间跨度和史书系列相结合的框架，叙史家、史书、史学、史法演进、修史制度等基本内容，分析发展演变趋势，贯通前后，直至20世纪中期。

史家活动、史学著作是反映史学的两大基本要素，而史书是各个时代史学成就的集中体现、史学发展的最重要标志，本书以史家为主体、史书为主干，详开创、重划时代者。

史家，写其与史学相关的经历、思想、著述、影响等，不写成史家个人传记。近代以来史家，注意其前后变化。

中国史书繁复，不可能尽数阅读，本书编写以书后所附《基本史书书目》为据，通过系统阅读来揭示中国史学的发生、发展、演进之迹。

史书编纂成系列是中国史学传统之一，在世界上独一无二，本书编写以形成系列的史书作为中国史学的基本脉络。

具体史书考察，结合所述史事展开上述各项内容，既别于历史文献研究，又不同于书目提要。

史部书以外的其他史料，包括甲骨卜辞、青铜器铭文、简牍、各类文书以及反映社会各个方面、描述社会风貌的文学作品等。

有可观的历史认识或历史观点而不涉史事的子部书，不作专门叙述，仅作为时代意识、思想背景和研究材料引述。

论述史学，从"史"之源起探究，察其成"学"的历程，包括范围拓展、方法进步、思想演变等。各时段反映社会风貌的史书、少数民族史学以及通俗史学、佛教史学等，均有一定篇章。

关于史法，不论历史编纂法还是历史研究法，均结合史书编纂和史事考察的具体实际，既区分史书编纂的差异，又从考异、辨伪等具体实践中探寻治史方法的运用，以别于"史学概论"对史学方法的一般性概述。

学术史不同于政治史，本书以史学自身发展进行分段，不以皇朝兴亡为单元，不写成一代接续一代的断代史学。同一时间跨度内每一系列史书所反映的史学风貌，按朝代先后顺序叙述，以见其在各朝各代的因革、流变。具体时段划分，见后面的《史学发展基本线索》。

历史理论对于史学的重要性不容忽视，必须高度重视。作为学科史的史学史，只是历史学的一个二级学科，而历史理论属于更高一级的哲学、史学两大学科，是哲学、史学两大学科研究的范围。本书关注每个时代的主流意识、非主流意识如何影响和干预当时的史学，包括史家的个人意识、取材的倾向、史书编纂的旨趣、史书中反映的思想等，但不把历史理论当作研究对象，混淆与哲学、史学两大学科的界限。本书对历史认识、史学思想的分析考察，或在相关处设章、节，或结合史家、史书，分别进行论述。

史学是记述和研究历史演进的学科，本书编写首先是弄清基本史实，弄清当时的实际，包括思想实际，尽可能提供相关的基本知识，然后进行考述、分析、评论。以叙述为主，夹叙夹议，兼以考异，寓论于史，力避残缺不全的知识，不作缺乏基础知识的空泛议论。

史学史作为学科史，同样有本学科的史料学。本书力求史料运用完整、准确。引用的史料，绝大多数都是史学史学科的基础史料，既为读者提供较为系统的基本素材，又可减少查找、检索的麻烦。

二、如何认识中国史学

中华民族有着自己独特而丰富的文化遗产，并以史学的发达和文献的浩瀚著称于世。史学，是中华文明的重要组成部分。文献，是反映中华文明的物质宝库。二者互为表里，拓印下中华民族不断前进的艰难步履和为人类做出贡献的辉煌足迹。

中国史学源远流长，形成诸多特征与传统，但又利弊交织、错综纷杂。在系统追踪中国史学发展历程之前，先对这些基本问题作一简要说明，以期有一个总体性的把握。

（一）史学发展基本线索

中国史学的发展，大体与中国社会的发展相一致。一方面，史学随着社会的进步而相应发展；另一方面，史学自身又有一个认识上和技术上的准备过程，往往滞后于社会的发展。鉴于如此的客观实际，在认识中国史学发展阶段时，就不能不突破历史朝代的界限，探寻出其自身发展的基本线索。

中国史学发展阶段的划分，历来就有不同的认识。综合多年研究所得，本书将20世纪中期以前的中国史学发展划分为四个时期：秦以前为史学形成期，汉初至唐前期为史学确立期，中唐至清中期为史学发展期，清中期以来为史学变革期。变革期，新旧、中外史学碰撞，又分三小段：增其新而不变旧（19世纪中至19世纪末）、新史学兴起（20世纪初至20年代末）、渐露新格局（20世纪20年代末至40年代末）。前三期已成"过去时"，第四期尚在"进行时"。

中国史学的起源，经过漫长的岁月。殷商以前的传说时代，产生了原始的历史意识。自商代至春秋时期，经历了口述传说与成文记事的并驾齐驱和"史"向"史官"、"史书"的演进。春秋后期至战国末年，自按年编纂的《春秋》问世到编年体史书《左传》诞生，标志着中国史学逐渐形成。

汉初至唐前期史学地位得到巩固确立，是通过三个方面来实现的。其一，随着《史记》、《汉书》相继出现，纪传体史书逐渐取得"独尊"的地位。在断代编年史与断代纪传史"角力争先"的进程中，史学范围第一次得到拓展，门类增加，最终使史学从经学的附庸地位中独立出来，并取得仅次于经学的巩固地位。反映社会风貌的史著与少数民族史学的瞩目成就，为此间史学成长增添了丰富多彩的绚丽画卷。其二，史学的鉴戒功用经过汉初的"过秦"和东汉末的"君子有三鉴"，到唐初达到了前所未有的高度。修史、取鉴与资治三者融为一体，取得了空前的社会效应，推动了史学的健康发展。其三，反思自身历程，《史通》的问世标志着这一阶段的终结。

中唐至清中期，是史学分支发展、古典史学终结阶段。旨在认识社会结构的《通典》与"三通"系列的形成，侧重治乱兴衰之迹的《资治通鉴》及其流变，连同已然程式化的各皇朝纪传体"正史"，构成了中国史学的三大主干。自《元和郡县图志》始，至元、明、清修"一统志"，形成一个相对独立的总志系列，与各"正史"地理志构成中国方域史的基本骨干，展示着华夏民族"大一统"的风采。分述一方之志，自宋代开始发达起来，至明、清逐渐深入社会，省、府、州、县志的续修，成为史部分类中最大的一个门类。视野不断拓展的记域外之作，反映出中华帝国认识外部世界的艰难历程。史学方法不断进步，考异、金石、辨伪等逐渐成为史学的重要分支。各类反映社会风貌、记述专门之学的史著应运而生，更进一步扩大了史学的范围。史家主体意识不断增强，出现"以心不以迹"的说法，强调褒贬义例，逐渐形成"凡秉史笔者，皆准《春秋》，专事褒贬"的趋势，史评更趋伦理化。同时，出现另一种倾向——史学的通俗化和平民化趋势。以记述琐闻轶事为主的历史笔记大量涌现，以话说故事为主的历史小说接连问世，是史学从殿堂走向市井的必然产物。被皇家修史排斥的佛教传播史出现系列——高僧传，既为中国史学的一种奇特现象，又为世界佛教史学中的一枝独秀。明末清初的社会变动激起"经世"思想，影响清前期的风气，一项"稽古右文"之策遏制了"经世"思想的扩展。皇家纂修史书大大超过以往任何一个朝代，覆盖了史部各个主要门类，显示出乾嘉时期史学的辉煌。朝廷留给读书人一条狭窄的"做学问"之路，便有了"乾嘉考史"的繁兴。不应忘记的是，乾嘉时期还有一部"不以风气为轻重"的《文史通义》，不仅对古典史学进行全面总结，更预示着其后的"思想解放"，成为中国史学的一个划时代标志。

19 世纪中叶，东方古国紧闭的大门被西方列强的洋枪洋炮轰开，中国社会开始发生从未有过的巨变，古典史学受到前所未有的冲击，开始突破昔日的格局，跨出变革的步伐。最初 60 年，增其新而不变旧，是一个过渡阶段。20世纪初始，出现猛烈抨击传统史学、提倡"史界革命"的新潮，兴起发掘本土文化遗存、运用科学方法进行研究的潮流，推动中国史学第一次发生飞跃，迈开近代化的步履。20年代末至40年代末，形成两大史学主干——马克思主义史学团队和历史语言研究所为代表的研究群体，展示出后来史学的基本走势。

（二）传统史学基本特征

作为人类文明的四大摇篮之一，中国与埃及、巴比伦和印度相比，为时稍晚。史学的萌芽和早期发展，大约与希腊、罗马的古代文明同步，而且中外各国所经历程大体一致：自有人类社会起，就产生了最初的历史意识；人们对于过往的大事，通过口耳相传，辅以象形文字帮助记忆，形成关于远古的传说；这种原始的历史观念和流传方式，便成为历史记录的前提。随后，人们渐渐能够以文字将头脑中的印象用书面形式表述出来，进而将杂乱无章的思想发展成为理性思维，出现了史著。《春秋》、《左传》对中国史学固然影响巨大，但仅仅是中国史学起源阶段的最高成就，尚不足以完全代表中国的传统史学。从《史记》、《汉书》起，中国史学延绵不绝，形成独具一格的传统，一直延续了两千多年。

在这一漫长的历程中，中国史学形成自己诸多的特征。功用趋于政治化、思想日益伦理化、史料积累制度化、皇家修史程式化、史书形式多样化，是中国传统史学的最基本表征。

1.功用趋于政治化

史学功用，实际是治史宗旨，逐渐被单一化为政治功用。

早在商周之际，就有"殷鉴不远，在夏后之世"的名句出现。孔孟时代，出现所谓"春秋大义"、"春秋笔法"。但以史学著作系统而完整地表达史学功用的是司马迁，这就是人们经常引用的《报任少卿书》中的那段话：

　　网罗天下放失旧闻，考之行事，稽其成败兴坏之理，凡百三十篇，亦欲以究天人之际，通古今之变，成一家之言。①

完整地理解这段话，至少包括下述五个方面的意思：

其一，广泛搜集、精审考辨史料，保证叙事翔实准确，既不夸大其词，又要揭出真相，如班固称赞司马迁那样，"其事核，不虚美，不隐恶"。

其二，在搜集、考辨史料的基础上，"稽其成败兴坏之理"，这是司马迁作《史记》的目的之一。"成败兴坏"是中国古代政治的基本内容，"稽其理"，即不仅叙述"成败兴坏"的现象，还要探寻"成败兴坏"的原因。具体来讲，从《史记》各篇叙述中可分作四点。第一点，"辨是非，故长于治人"②，通过历史辨明是非，进行长久统治。第二点，"居今之世，志古之道，所以自镜也"③，以古鉴今，是为了"自镜"。第三点，宣"明主"，载"圣德"，述"功臣世家贤大夫之业"④。第四点，"有史以纪事，民多化者"⑤，进行教化。

其三，探讨天和人的关系、天道与人事的关系，清理被神化的上古史，清理附会或渗透到人类社会各个方面的神意。

其四，"述往事，思来者"，通过历史演变之迹，探寻历史发展趋势。要"综其终始"，"原始察终，见盛观衰"，"承弊通变"，全面考察历史全过程。不沾沾于所谓"盛世"，要"盛中观衰"，从社会弊端中预见其变化趋势。

---

① 《汉书》卷62《司马迁传》。
② 《史记》卷130《太史公自序》。
③ 《史记》卷18《高祖功臣侯者年表》。
④ 《史记》卷130《太史公自序》。
⑤ 《史记》卷5《秦本纪》。

其五，"成一家之言"，在继承的基础上有创新，开出史学乃至学术文化新局面。

司马迁之后，搜集和考辨史料，作为一种治史的基础，为绝大多数史家所继承，并逐渐形成考据之学，成为中国史学进程中最优良的传统之一。天人问题、古今问题虽然仍是其后史学的重要内容，集中在各史志天、志地、志人当中，却很少被作为治史目的提出来认真考察。"成一家之言"，几乎只是后来史家的一种意愿而已。就史学功用而言，主要集中在"成败兴坏"方面，多注意为政得失。东汉以降，史学在"成败兴坏"、为政得失方面的功用，分别朝着三个方面突显起来。

"居今之世，志古之道，所以自镜也"的以古鉴今功用，在唐前期得到充分发挥。东汉末年，荀悦提出"君子有三鉴"：鉴前惟顺，鉴人惟贤，鉴镜惟明，并著《汉纪》以西汉一代"明主贤臣，规模法则，得失之轨"为当权者提供鉴戒。唐初魏徵主持修史，明确提出"取鉴于亡国"，要从前代"危"、"乱"、"亡"的教训中求得本朝"安"、"治"、"存"，把中国古代史学的鉴戒功用推向高峰。《资治通鉴》虽然提出"监前世之兴衰，考当今之得失"，宋代以后各朝各代修史尽管强调"善吾师，恶亦吾师"，但司马迁提出的以史"自镜"的情况见不到了，人们看到的却是强调"绍明世"、"载盛德"和以史"治心"、以史"化民"。

班固认为《史记》把西汉一代历史"编于百王之末，厕于秦项之列"不能"宣汉"之美，为申述"汉绍尧运"，"追述功德"而著《汉书》，完全改变了司马迁修史的宗旨。其后，割据政权"缀述国史"，是为了"推奉正朔"、"假名窃号"，以表各自的正统地位。大一统皇权下的修史，强调"盛业宏勋，咸使详备"①，即所谓"盛世修

---

① 《唐会要》卷 63《修国史》。

史"。所修乃"国史"，而非前代史。北宋中期以后，"正统"问题日益成为修史中一个瞩目的论题。到了元代，"正统"的争论超过以往任何一代。明修《元史》，开始为所灭皇朝哀唱挽歌，"实既亡而名亦随亡，独谓国可灭而史不当灭"。清修《明史》同样含有"国可灭，其史不可灭"的浓厚情怀。

中唐以后，随着盛世成为过去，与"绍明世"、"载盛德"这一功用相辅相成，以史治心的功用被强化起来。此后，修史的目的被简单化为"正天下之位，一天下之心"①，史学随之逐渐转向注重伦理道德的修养。

2. 思想日益伦理化

贯穿中国古代社会的，先是以氏族血缘为纽带，后是以家族血缘为纽带的宗法制度，以及由此产生的宗法观念。这不仅对古代哲学思想有着明显和直接的影响，而且深深地渗透到史学领域的诸多方面。

《春秋》作为"礼仪之大宗"，企图遏止"君不君、臣不臣"的膨胀趋势。《左传》虽"以周礼为本"，却在天子、诸侯、卿大夫关系中取折中态度。真正把"君君、臣臣"同"父父、子子"结合起来，用伦理道德的形式使"封建等级"和"人身依附"关系固定下来，作为解决社会矛盾的最高道德标准，始于西汉。尽管此时"论大道"可以"先黄老而后六经"，但司马氏父子都认为"列君臣父子之礼，序夫妇长幼之别，虽百家弗能易也"。司马迁进一步论道，"不通礼仪之旨，至于君不君，臣不臣，父不父，子不子"，"君不君则犯，臣不臣则诛，父不父则无道，子不子则不孝。此四行者，天下之大过也"。②随着统治思想的确定，儒学被推到"独尊"的地位。待到东汉，班固

---

① 皇甫湜：《东晋元魏正闰论》，《全唐文》卷686。
② 《史记》卷130《太史公自序》。

更以"六经"为"王教之典籍","先圣所以明天道、正人伦、至致治之成法"①,《汉书》"旁贯五经",把伦理思想贯透到修史之中。两晋以下,发扬伦理纲常被视为史学的基本任务。袁宏提出"史传之兴,所以通古今而笃名教",强调"君臣、父子,名教之本"②。中唐以后,新起《春秋》学与道学先驱提出的"道统"说合流,极大地影响着后来的史学。北宋的官私修史,已在强调"一本于道德"③,有所谓"善化天下者,止于尽道而已;善教天下者,止于尽德而已;善劝天下者,止于尽功而已;善率天下者,止于尽力而已"④之论。理学形成,使史学思想趋于伦理化。理学一统地位确立,史学开始踏上理学化的道路。在元代辩正统的论争中,更有以"天理人心之正"为划分正闰的主要标准,甚至认为"道统者,治统之所在也"⑤。由此,元修《宋史》"大旨以表彰道学为宗,余事皆不甚措意",并在《儒学传》之外另立《道学传》"推崇程朱之学",发扬"父子君臣,天下之定理"。明修《元史》,竭力宣扬元代诸帝"通达儒术",强调"修身治国,儒道为切","儒者可尚,以能维持三纲五常之道"⑥。清修《明史》,更把"忠孝义烈之行"视为"扶植名教","敦厉末俗",维持纲常,系于王政之首务。史学思想日益伦理化,导致某些史家、史评多"空言义理","舍人事而言性天"⑦。

　　史学思想伦理化与以史治心功用的强化,相互为用,使中国史学随着专制制度的强化,更趋服务于帝王、服务于权势,渐渐成为权势争斗的附庸而存在。这一特点,在皇家修史中尤为突出。

---

① 《汉书》卷88《儒林传》。
② 《后汉纪》卷26"袁宏曰"。
③ 《新五代史》卷60《职官考》。
④ 邵雍:《皇极经世》卷11《观物篇五十五》。
⑤ 杨维祯:《三史正统辨》,载陶宗仪:《辍耕录》卷3《正统辨》。
⑥ 《元史》卷26《仁宗纪三》。
⑦ 《文史通义》卷5《浙东学术》。

3. 史料积累制度化

史料是修史的最基本要素，没有史料不能成为史书。史料积累制度化是中国史学的一个显著特点。

起初无修史观念，只有作为文书、档案的分工管理，所谓"古之王者，世有史官，君举必书"，目的是给王者提供借鉴："所以慎言行，昭法式也"，因而有"左史记言，右史记事"的分工。①设官分职亦如此，《周礼·春官》大史"掌建邦之六典"，小史"掌邦国之《志》"，外史"掌四方之《志》，掌三皇五帝之书"，表明文书、档案保管与积累已有细致的分工。

基于设官分职系统的传承，职官部门大都有记录时事、保管文书的职责，如太史令"凡国有瑞应、灾异，掌记之"②。再如官员考核，"每岁，尚书省诸司具州牧、刺史、县令殊功异行，灾蝗祥瑞，户口赋税增减，盗贼多少，皆上于考司"，等等。此外，另有征集某一方面时事的临时性措施，如隋炀帝"普诏天下诸郡，条其风俗、物产、地图，上于尚书"。③

司马迁所说"金匮、石室"、两汉的"东观、兰台"，作为藏书和档案保管之所，开始与《史记》《东观汉记》的纂修联系在一起。"天下遗文古事靡不毕集太史公"，第一次直白地表明"遗文古事"与修史的密切关系。由于两汉是"以别职来知史务"，"遗文古事"的积累在实际上属于文书、档案保管性质。

魏明帝太和年间，诏置著作郎，始有专职修史官。从这时起，设官修史与为修史积累史料得以齐头并进。著作官主要职责在集注起居、撰修国史，基本分工是"佐郎职知博采，正郎资以草传"，史料

①　《汉书》卷30《艺文志》"春秋家"后序。《礼记·玉藻》作"动则左史书之，言则右史书之"。
②　《后汉书志》第25《百官二》。
③　《隋书》卷33《经籍二》。

采集和整理主要由著作佐郎承担。从设官体系看，著作官系统隶属秘书省（监），与图书、档案收集、保管属于同一系统，史料积累与皇家藏书、档案保管密不可分。著作佐郎以职责所在，主要精力在"博采"，但"博采"范围、"博采"程度如何，全凭其个人资质和能力。

　　唐初确立纂修国史和前代史两项基本制度之际，史料的搜集、整理尚无制度保证，一度采取临时性征集措施。唐玄宗开元年间，逐渐形成一套较为完备的条规——《诸司应送史馆事例》，规定需要"勘报"史馆以备"修入国史"的各具体事项以及如何"勘报"：（1）祥瑞，礼部每季具录送。（2）天文祥异，太史每季并占候祥验同报。（3）藩国朝贡，每使至，鸿胪勘问土地、风俗、衣服、贡献、道里远近，并其主名字报。（4）蕃夷入寇及来降，表状，中书录报；露布，兵部录报；军还日，军将具录陷破城堡、伤杀吏人、掠虏畜产，并报。（5）变改音律及新造曲调，太常寺具所由及乐词报。（6）州县废置及孝义旌表，户部有即报。（7）法令变改，断狱新议，刑部有即报。（8）有年及饥，并水、旱、虫、霜、风、雹及地震、流水泛滥，户部及州县，每有即勘其年月日及赈贷存恤同报。（9）诸色封建，司府勘报。（10）京诸司长官及刺史、都督、都护、行军大总管、副总管除授，并录制词，文官吏部送，武官兵部送。（11）刺史、县令善政、异迹有灼然者，本州录附考使送。（12）硕学、异能、高人、逸义、节妇，州县有此色，不限高品，勘知确实，每年录附考使送。（13）京诸司长官薨卒，本司责由历状送。（14）刺史、都督、都护及行军副大总管以下薨，本州本军责由历状，附便使送。（15）公主百官定谥，考绩录行状、谥议同送。（16）诸王来朝，宗正寺勘报。在这16项之外，遇有"不与前件色同"而"堪入史者"，另有史官自行采访之规："任直牒索，承牒之处，即依状勘，并限一月内报。"① 五代

---

① 《唐会要》卷63《诸司应送史馆事例》。

时期修史的史料搜集和积累，在唐代的 16 项条规之外，又增起居注与时政记、历代典籍。

宋元以下，大体遵循唐、五代以来的成规，根据客观实际而有所增益，如北宋三司政务繁剧，多涉朝政，故确定"三司奏事有可纪者"，"令逐季录送"史馆。[①]清又以六科监察六部，以民奏、批答可"垂法戒、备章程"，遂"令六科每月录送史馆，付翰林官分任编纂"。[②]

起居注、时政记（或圣政纪）、玉牒、日历、会要等，均为修国史不同阶段的史料积累形式，或编年，或分类，直至《实录》成为一个皇帝在位年间史料积累的总汇。

修皇朝史史料积累自唐开始制度化，但 16 项条规中关于纂修地理总志的史料搜集和积累还很简单。经宋、元至明，不仅范围日益扩大，而且形成制度。明成祖诏修天下郡县志书，永乐十年（1412）颁《纂修志书凡例》，包括建置沿革、分野疆域、城池、山川、坊郭、镇市、土产贡赋、风俗形式、户口、学校、军卫、郡县廨舍、寺观、祠庙、桥梁、古迹、宦迹、人物、仙释、杂志、诗文等 21 个门类。各个门类，均有明确具体的规定。[③]不仅确定了总志的基本体例，而且规定了总志的史料征集范围。此后的总志、方志，体例和史料范围均在此基础上不断完善和扩充。

另有一项越来越显重要的史料积累，就是出使纪行。上述唐代规定的 16 条中第 4 条，是沿袭设官分职而来。《新唐书·百官志一》鸿胪寺和兵部职方的职掌之一："蕃客至，鸿胪讯其国山川、风土，为图奏之，副上于职方；殊俗入朝者，图其容状、衣服以闻。"这是通过朝贡使节了解边地及外部世界。自宋开始，通过出使了解外部世

---

① 《续资治通鉴长编》卷 53 真宗咸平五年十月己巳。
② 《清世祖实录》卷 42 顺治六年二月丁酉。
③ 嘉靖《寿昌县志》卷首。

界，但尚未形成定制。明设行人司"职专捧节、奉使之事"①以后，行人撰述出使纪行渐成一种趋势，直至清末不衰。其中，不乏名篇，如《真腊风土记》、《岛夷志略》、《瀛涯胜览》、《西洋番国志》、《星槎胜览》等，已成为今天了解当时外部世界不可多得的原始素材和专门著述。

4. 皇家修史程式化

中国古代修史制度，即皇家修史制度日益完备，进而程式化，与世界各国史学相比，是绝无仅有的。因此，中国传统史学的主流也最具御用性。

人类社会初始，在一些文明古国都出现过充当神、人媒介的"巫"、"瞽"等，被称作"史"或"史官"。其后，随着史的政治功用的加强，史官制度开始显现出特有的趋势。春秋以前，周王室设立职掌不同的"史"官，协助政务、起草公文、奉命出使、掌管文书等。直到东汉，东观这个藏书、校书的场所才成为皇家修国史的地方，但尚非专司修史机构。魏晋开始置著作郎，有了正式修史的专职官员。南北朝时期，出现修史局和公卿宰相监领国史的情况。

东汉皇家修《东观汉记》，已具备后来皇家修史制度化的雏形。自东汉明帝永平五年始，经历140余年，前后五次纂修，20名学者参预，续为143卷，起世祖，至灵帝。但魏晋南北朝的皇家修史，未能效法东汉的既成制度。

自唐代始，确立起纂修前代史和国史的两项制度。修前代史，自班固始，《汉书》、《宋书》、《魏书》等都是奉诏修撰，《三国志》、《后汉书》为私修，《南齐书》是启准私修。唐初诏修梁、陈、北齐、周、隋五代史，组成修史班子，由宰相总领监修、副相"总加撰定"，名家对各史"总知类会"，完成由私修向皇家修史的过渡。从此，各朝各代在建立政治统治之后都要修前一代或数代之史，皇帝颁诏，宰

---

① 《明史》卷74《职官三》。

相监修，著名史家集体修撰，形成"国灭史不灭"的传统。

在建立皇家修前代史制度的同时，唐初还"别置史馆，专掌国史"[①]。史馆置于宫禁之中，由宰相一人或数人监修，组织包括修撰、直馆及各类辅助人员的常设班子。宋代有起居院、日历所、实录院、国史院、会要所、玉牒所，机构分工更加明细。元代始有翰林国史院之称，开明、清两代翰林院修国史之制。

从唐代开始，纂修国史逐渐形成一定程式，皇帝在位时依据起居注、时政记等编成日历，皇帝死后即依据日历及史馆各项资料编成"实录"，以后再根据"实录"等纂修成本朝"国史"。搜集史料、记述史事、编纂实录，自唐至清，成为定制。每一个皇帝一部《实录》，接续不断，成为一个最基本的史料系列。比较完整地保存至今者，仅有《明实录》和《清实录》。

"国史"的纂修，唐后期由纪传体变为编年体，没有能够形成一部完备的纪传体"国史"。宋代修"国史"，情况与东汉修"国史"情况几乎完全相同，自真宗景德四年，终理宗宝祐五年，凡五修，纂成十三朝国史，起太祖，止宁宗。辽、金时修时辍，没有能够形成一部完备的"国史"。元、明两代，只有实录而无"国史"。清虽有修"国史"之举，却无完备的"国史"纂成，仅留下诸多副产品。

以上两项基本修史制度配合，自五代起，每一新建皇朝都充分利用前代各帝《实录》、前代"国史"、会要等诸多史料，修撰其前代史，先后撰成《旧唐书》、《旧五代史》、《新唐书》、《辽史》、《宋史》、《金史》、《元史》、《明史》以及《清史稿》，使中国在世界史坛上独具一套前后相续的"正史"系列。

在纂修实录、"国史"之外，元、明、清形成纂修省、府、州、县志的制度。这是修史由朝廷向地方延伸的一项制度，使中国不仅独

---

① 宋敏求：《长安志》卷 6《史馆》。

具前后相续的"正史"系列，还有遍布华夏大地的各地方志书系列。由于"正史"与"方志"纂修的程式化，才得以全方位地展现出文明古国的独特风采。

5. 史书形式多样化

各国史学早期的著作基本都是记言和编年两种形式，中国也不例外。其后，中国同西方文明古国先后出现通史著作——司马迁的《史记》、李维的《罗马史》。《罗马史》是一部古代罗马的编年体通史，《史记》是一部古代中国的纪传体通史。《史记》、《汉书》之后，中国史学出现了编年、纪传二体"角力争先"的局面，这是西方史学不曾有的现象。经魏晋南北朝，不仅史学范围愈益扩大，成为一门独立的学科，与儒、玄、文三科并列①，而且史书取得仅次于经典而居第二的地位。唐初魏徵修《隋书·经籍志》，将史书分为 13 类，大体为后世沿袭。除纪传、编年两种体裁外，有杂史、霸史、起居注、旧事、职官、仪注、刑法、杂传、地理、谱系、簿录（目录）等。及至宋代，典志、实录、诏令、史评等逐渐形成类目，并出现纪事本末、纲目等体裁。清初，有学案等形式的学术史。《四库全书总目》分史部为 15 类，类下又分属。

正史，以纪传体记述各朝各代"正统"地位，是研究中国历代政权的最基本史书系列。

编年，以年代顺序记述史事，《资治通鉴》为其杰出代表，形成一个贯通前后的基本系列。

纪事本末，以纪历史事件始末为编写原则，或一书具诸事始末，或一书仅记一事始末。按朝代记述重大事件始末者，形成一个从春秋战国至清的系列。

别史，有别于正史与杂史，不以体裁划分，"包罗既广，六体兼

① 《宋书》卷93《雷次宗传》："元嘉十五年"，儒学之外立玄、史、文学，"凡四学并建"。

存"。私修而未能入正史者，亦入别史。

杂史，尤为庞杂，主要指"事系庙堂，语关军国"，"足以存掌故、资考证"的"非一代之全编"、"只一家之私记"①，与别史、传记、纪事本末乃至小说家言颇有牵连难分之处。

诏令奏议，为诏令专集、奏议专集。奏议编入本人文集者，不入本类。

传记，记述各类人物，叙一人始末者称为传，记其人一事始末者称为记。有圣贤、名臣、名人、杂录等区分。"合众人之事为一书"者谓之"传类"，亦称总录。

史钞，史部书摘抄，有专抄一史的，有合抄众史的，有离析而编纂的，有简汰而刊削的，有采摭文句的，形式多样。

载记，记述割据一方政权，有偏霸政权、少数民族政权、农民起义所建政权，也有属于地方志书性质者。

时令，记录时令节序，多属今天的农业气象学范围。

地理，包括宫殿、总志、方志、河渠、边防、山川、古迹、杂记、游记、外记等。

职官，记载职官、官佐，包括讲为官之道者。

政书，记载典章制度，将先前的旧事、仪注、刑法等纳入，增邦计，即财政、交通、盐法、钱法、冶炼、关税、救荒、垦荒以及保甲法等事关国计民生者。军政，为养兵之书；论用兵之书，入子部兵家。法令，为律令；论法治之书，入子部法家。

目录，反映古代图书的官私著录，包括金石考古。

史评，评论史事和评论史书。

史籍分类繁杂和形式多样，既反映中国史书编纂体例日趋谨严，又表现出史家治史的愈益精细。

---

① 《四库全书总目》卷51《杂史类》序。

上述五项基本特征相互作用，造成中国传统史学发展的一种畸形趋势，即史书形式日渐增多，而史学思想日趋僵化。

（三）史学传统利弊交织

中国史学在漫长的发展历程中，形成许多传统。强调继承和发扬者，多谈优良传统，忽视改造革新；偏于批判和扬弃者，又多所否定，意欲另建"新史学"。其实，事情并不那么简单。20世纪初，梁启超疾呼"史界革命"，全面清算"旧史学"，所指"四弊二病"不谓不深刻，表明"旧史学"中成传统者并非全都优良。另一方面，中国史学发展中有不少优良的成分，却很难顺利地形成传统。即使成为传统，也是在漫长岁月中，在错综交织下，艰难形成的。

1. "实录"理论与修史实践的矛盾

"实录"论是中国古代史学的一个基本理论。作为对史家、史书的评价，称某史为"实录"，可谓是最高评价了。班固承袭刘向、杨雄称赞司马迁与《史记》的说法，提出"实录"的概念：

> 迁有良史之材，服其善序事理，辨而不华，质而不俚，其文质，其事核，不虚美，不隐恶，故谓之实录。[①]

这一最早对于"实录"论的概括，简明而系统地道出对史学基本要素——事、文、义三者的基本要求：记事翔核，行文质实，旨义合理。在其后上千年的修史实践中，"实录"、"良史"、"直笔"几乎成了史家的口头禅，似乎成为一种传统。然而，对于这样一个基本而又重要的问题，班固以后进一步从理论上阐发者实在有限！刘知幾《史通》算是提得较多，但主要用于史学批评。章学诚《文史通义》

---

① 《汉书》卷62《司马迁传》"赞曰"。

虽然对史学中事、文、义三者关系作有深入阐发，将史学比作为人之身体，"事者其骨，文者其肤，义者其精神"[1]，强调"史所贵者，义也；而所具者，事也；所凭者，文也"[2]，但并非以"实录论"为出发点展开论证。重要的史学问题，却未受到应有的重视，这本身就是中国史学中的一对矛盾。

另一方面，自班固提出"实录"的概念之后，出现不少以"实录"二字命名的史书，其中最大量的便是自唐代开始系统修纂的各朝皇帝《实录》。《实录》的修纂与"实录"论的矛盾，可以说自有皇帝《实录》就贯穿始终。"《实录》不实"这句话，反倒成了对中国史学有"直书实录"优良传统说法的一种"传统"的批评了。"自古人君皆不自阅史"，如果说唐以前还基本恪守，是一种传统的话，那么到了宋代就被彻底改变，"撰述既成，必录本进呈，则事有回避"[3]，这反倒成了"传统"。皇帝《实录》屡易其稿，以至南宋孝宗时对北宋史事"各传所信，不考诸实录、正史，纷错难信"，特别是一些重大事件"家自为说"，成为"千古之谜"[4]。及至明代，张岱更有"国史失诬，家史失谀，野史失臆，故以二百八十二年总成一诬妄之世界"[5]的说法。此说虽有夸大，但其对国史、家史、野史的基本评价，与王世贞、黄宗羲等人的认识大体相仿佛。[6]

重要的理论、良好的意愿与残酷的实际，就是如此矛盾！恰恰在这一对立中，中国的史学缓慢演进着。在众多"失诬"、"失谀"、"失臆"的史书中，一些以史学为己任的史家，坚持实录精神，抱着

---

① 《文史通义》卷 6《方志立三书议》。

② 《文史通义》卷 3《史德》。

③ 《欧阳文忠集》卷 108《论史馆日历状》。

④ 李焘：《进长编奏状》（隆兴元年），《文献通考》卷 193《续通鉴长编举要》引。

⑤ 《琅嬛文集》卷 1《石匮书自序》。

⑥ 王世贞《皇明名臣琬琰录小序》云："国史，人恣而善蔽真；野史，人臆而善失真"；"家史，人谀而善溢真"。然而，"叙典章"、"征是非"、"缵宗阀"，又"不可废"。

直笔意愿，进行辛勤耕耘，才使"中国的脊梁"的"光耀"没有完全被"掩住"。以班固的"实录"论衡量，《史记》之后当得起"实录"评价的，只有杜佑《通典》、司马光《资治通鉴》、马端临《文献通考》等少数几部巨著。就史学形势而言，司马光修纂《资治通鉴》大不同于司马迁发愤著《史记》之时。司马迁只嫌文献不足征，要实地采访；司马光则嫌史籍太过，且往往失实，要进行精审考异，所谓"实录、正史未必皆可据，杂史、小说未必皆无凭，在高鉴择之"①。钱大昕以"昔人所言，事增于前，文省于旧，唯《通鉴》可以当之"②，实际是在以班固的"实录"论称赞司马光。其后，仿效两"司马"、杜佑、马端临者不计其数，恪守"实录"论与实录意愿，的确成为一种传统，而做出巨大成绩者则甚微，这不能不是一个值得深思的问题。要使"实录"论与实录愿望真正成为史学实践和优良传统，需要以史学为己任的史家世世努力追求、代代艰辛耕耘！

2. "经世"、"通变"与"鉴戒"、"垂训"的差异

这都是涉及史学功用的问题。前面已提出史学功用政治化的特点，这确实是中国史学的一项传统。但其表现形式又各有异，因而在谈论继承时不应等量齐观。

鉴戒史学，作为传统史学功用的主体，以帝王为劝诫对象。在集权专制的社会里，帝王作为很大程度上决定着政兴衰，劝诫帝王可以说的确触及到政治统治的关键。然而，由于注重帝王个人的作为，"多主规谏而略于体要"，即对帝王个人多所劝诫，因而具有很大的局限。更为关键的是，只有像唐太宗那样自觉以前王得失为"在身之龟镜"，才能真正产生社会效应。倘若修史只是写给别人看，王者并不为"在身"行为鉴，史学的鉴戒功用也就失去实际效应。强调

---

①　《传家集》卷 63《答范梦得》。

②　《潜研堂文集》28《跋柯维骐宋史新编》。

"以史为鉴"，关键在"自镜"、为"在身"鉴！

　　垂训，如果说本意是把历史作为训导和宣传的工具，给人以历史教育，包括历史形势教育、历史知识教育和伦理道德教育的话，那么随着以心治史功用的强化和史学思想的伦理化，垂训往往把历史作为伦理说教的工具，渲染愚忠、愚孝，使人愚昧。

　　两项功用，在中国古代，越到后来结合越紧密。前者以史戒君，后者以史愚民。戒君者，未必有实效；愚民着，却贻害不小。

　　以史经世，一般认为是明清之际针对宋明理学谈心说性，"不考百王之典，不综当代之务"①而出现的。其实，中唐前后便产生了与明清之际内涵基本相同的以史经世的主张和实践。安史之乱后，唐代社会由盛转衰，形成"言理道者众"的风气。杜佑纂修《通典》言"理道"，有如下鲜明特点：其一，从"探讨礼法刑政"入手，"不录"儒家经典和历代众贤著论的"空言"。其二，旨在"体要"而不在"规谏"，从历史过程本身和反映体制的社会结构变革中探寻为政之道，不仅对如何探究"政理"是一个重大突破，而且使史学功用起了新的变化。鉴戒功用建立在总结前代亡国教训的基础上，以求新政权的"长治久安"。垂训功用建立在伦理说教的基础上，以历史附会儒家经典、历代众贤论著进行训导。《通典》所显示出的功用，与鉴戒、垂训不同，强调从历史过程本身或现存体制中探寻为政救弊之道，显然在认识上要深刻得多。因此，当时就有人称《通典》"警学者之群迷"之处是"以为君子致用在乎经邦"，肯定其书"错综古今，经代（世）立言之旨备焉"。②但这种以史经世，是社会流弊日积、政治危难当头的产物，所以明清之际"天崩地解"、清末民初新旧碰撞，以史经世的主张和呼声适应"救弊"需要，才一而再，再而三地高涨起来。不

---

① 顾炎武：《日知录》卷7《夫子之言性与天道》。
② 李翰：《通典序》，《通典》卷首；权德舆：《岐国公杜公墓志铭》，《全唐文》卷505。

过，这种"以史经世"，以谁之"史""经"谁之"世"，所"经"之"世"是"来世"（新朝）还是"绝世"（旧朝），应该分别清楚。

通变，即"通古今之变"，从古今变化中了解和掌握历史趋势。司马迁提出史学的这一重要命题时强调"承弊通变"，是说历史在其进程中必然有"弊"，有"弊"就有变；对于历史事变，可以通识其轨迹，在现实中适应其变化。中唐以后，整个社会开始走下坡路，流弊日积，通变成为数百年间史学的热门议题。杜佑以"酌古之要，通今之宜，既弊而思变，乃泽流无竭"纂成《通典》，司马光"穷治乱之迹"而成《资治通鉴》，郑樵用《通志》"极古今之变"，马端临《文献通考》着眼于"推寻变通张弛之故"。这些以"通"字名其书者，几乎都是具有时代意义的史学名著。通变，是一种从体制入手向前看的历史进化观念，明确提出"势"、"形势"和"事理"等概念，强调"欲行古道，势莫能遵"、"事理不得不然"①。鉴戒、垂训，是一种以往昔哲人和帝王言行为标准的往回看的历史观念。经世兼而有之，一方面希望救弊，另一方面又不希望除旧更新，需加仔细区分。

由于通变往往与救弊联系在一起，注意从历史过程本身或社会结构入手考察演变之迹，寻找救弊之道，比起鉴戒、垂训，更具积极的意义。然而，认识积弊相对容易，实行救弊、变革却往往艰难！

3. 史志纂修与天地人文的错综

史志纂修，最大限度地表现出对天人关系、疆域风物、社会基本构成和思想文化的重视，但同时也最大限度地反映出客观纪实与主观诠释的种种错综。

（1）从不同角度反映天人关系的史志，主要有天文、祭祀、五行、符瑞、灾异五志，而以天文、五行（灾异）二志所记集中反映各个时代的认识水平和应对思维。

---

① 《通典》卷31《王侯总叙》、卷148《兵》序。

　　"二十六史"中有天文（天官、天象、司天）者18史，实际无者仅2史：《三国志》《辽史》。

　　"二十六史"中有五行（灾异）者15史，实际无者5史：《史记》、《三国志》、《魏书》、《新五代史》、《辽史》。

　　史志反映的天人关系具有两重性：一方面客观记录天文实际，具有科学价值，反映史家、史志、史学的基本职责——纪实；一方面关注天人响应，或祥瑞报喜，或灾异预警，反映史家、史志、史学的社会功用——以主流意识诠释天文现象，达到资治施政的目的。《汉书》发挥《尚书·洪范》"五行"说创立《五行志》，影响整个皇家修史思想和体例将近两千年。其中，包含的天文学、地学、气象学、生命科学、物候学、科学史等多方面的内容，已经不断为这些学科揭示出来，如其下之下篇所记西汉成帝河平元年（前28）"三月乙未，日出黄，有黑气大如钱，居日中央"，是举世公认的关于太阳黑子的最早记述。而其"五行者，五常之形气也"[①]的解释，表明当时已经认识到人们生存环境的物质形态均有各自运行的常规或习性，同时十分清楚"得其性"与"失其性"的不同后果："得其性"，即顺应其"常"或本性，合理利用，可见"休征"（好征兆）、带来福祉；"失其性"，即背离其"常"或本性，追逐利欲，则见"咎征"（坏征兆）、遭受灾害。各史志详细、系统记录当时可知的灾异，出发点在天人响应："综而为言，凡有三术：其一曰，君治以道，臣辅克忠，万物咸遂其性，则和气应，休征效，国以安。二曰，君违其道，小人在位，众庶失常，则乖气应，咎征效，国以亡。三曰，人君、大臣见灾异，退而自省，责躬修德，共御补过，则消祸而福至。"[②]历代承传，接续纂修，保存下系统的自然灾害史素材，这不能不说是中国史学值得大书特书

---

① 《汉书》卷30《艺文志》"五行家"后序。
② 《晋书》卷27《五行上》序。

的一个传统。然而，这一传统却是掩盖在维护专制皇权的政治阴影下的。客观的科学纪实是优良传统，人为的主观诠释往往并不优良。客观纪实与主观诠释，就在这种状态下互为依存而延续下来。

（2）对疆域与风物的重视，主要集中在地理、河渠二志。

"二十六史"中有地理（郡国、州郡、地形、郡县、职方）者18史，实际无者2史：《史记》、《三国志》。

"二十六史"有河渠（沟洫）者8史：《史记》、《汉书》、《金史》、《宋史》、《元史》、《新元史》、《明史》、《清史稿》。

《尚书·禹贡》为中国系统记地理、河渠之先导，不仅包含着中国古代地理学的基本思想，又为中国历代地理书编纂确定了基本范例。《史记》因以创《河渠书》、《汉书》因以创《地理志》，同样影响整个皇家修史思想和体例长达两千余年。一则表明自古以来的"用事者"充分认识"甚哉，水之为利害也"，故"争言水利"①的客观实际，越到后来"用事者"越加重视水利；一则反映"大一统"皇朝"分州域，物土疆"的盛况，包括疆域、州县建置、历史、地貌、环境、人户、民生、风俗、特产、交通等，大体勾勒出每一皇朝的社会概况。

一面以"水失其性，雾水暴出，百川逆溢，坏乡邑、溺人民，及淫雨伤稼，是为水不润下"的观念认识水患，一面不断纂修《河渠志》总结"善治水而能通其利者"的业绩，以客观实际矫正陈旧的理念。及至元明之际，形成这样的认识："夫润下，水之性也，而欲为之防，以杀其怒，遏其冲，不亦甚难矣哉！惟能因其势而导之，可蓄则储水以备旱暵之灾，可泄则泻水以防水潦之溢，则水之患息，而于是盖有无穷之利焉。"②

① 《史记》卷29《河渠书》及"太史公曰"。
② 《元史》卷64《河渠一》序。

（3）反映社会基本构成的书志，主要有食货（平准）、礼（礼仪、舆服、车服、仪卫、祭祀）、乐（音乐）、选举、职官（百官、官氏）、兵（卫营、兵卫）、刑法（刑罚）、邦交、交通等志。

《史记》创礼、乐、兵、平准四书，《汉书》改立食货志、创刑法志和百官公卿表，《后汉书》改立百官志，《旧五代史》创选举志，《清史稿》改立交通、邦交二志。自汉至清所修史志，对于社会构成的主要方面虽然都已注意到，但关注程度并不相同。深刻的认识，始于专门考察社会结构的典志系列。

杜佑从施政出发，对当时社会结构及内在联系做出第一次完整的论述："教化之本，在乎足衣食。……行教化在乎设职官，设职官在乎审官才，审官才在乎精选举。……职官设然后兴礼乐焉，教化隳然后用刑罚焉。列州郡俾分领焉，置边防遏戎狄焉。"《通典》全书在这一思路下，从经济到体制，从选举到设官、从文教到法制，从中央到地方，从汉族到边族，分别考察食货、选举、职官、礼、乐、兵、刑、州郡、边防的沿革，认识其间的相互联系。即便从"理道之先，在乎行教化。教化之本，在乎足衣食"出发，也是一个全新的认识社会结构的系统：衣食是人生存的基本条件，人是"行教化"的对象，职官是"行教化"的工具，礼乐为"行教化"的内容，选举保证工具的运用，兵、刑辅助礼、乐，州郡、边防乃"行教化"范围的深入和拓展。不仅建立起一个认识社会结构的全新体系，而且成为历史编纂学的一大创举。由《通典》而"三通"、"九通"、"十通"，成为独立于二十六史史志的一个专门系列。

（4）对思想文化的关注，主要集中在艺文（经籍）、释老二志。

"二十六史"中有艺文（经籍）者7史：《汉书》、《隋书》、《旧唐书》、《新唐书》、《宋史》、《明史》、《清史稿》。明、清两代只著录本朝，不著录前代。"辨章学术、考镜源流"与以经籍艺文"为治之具也"始终交织一起，使学术与政治难解难分。《艺文（经籍）志》是汉、唐、宋、明、清根据每次大规模收集、整理图书后皇家藏书书目纂修，主观上用作"资治工具"，客观上用表"文化繁盛"。

宋、明、清大规模图书整理的另一成就是类书、丛书的纂辑。北宋前期在编制目录、校刊刻印同时，开始分类保存历史文献，主要有《太平广记》500卷、《太平御览》1000卷、《文苑英华》1000卷、《册府元龟》1000卷。明初将"书契以来，经史子集，百家之书，至于天文、地志、阴阳、医卜、僧道、技艺之言，备辑为一书，毋厌浩繁"①，纂辑成《永乐大典》，收历代文献七八千种。清朝康雍年间纂辑类书《古今图书集成》10000卷，乾隆年间纂辑丛书《四库全书》，收四部书3461种、存目6793种，"违碍"、"悖逆"书或被芟除，或遭禁毁，比起宋、明的纂辑，是最具狭隘政治偏见的一部丛书，有背整理与保存历史文献的基本宗旨。禁毁的结果，某些带有"民主"色彩和"科学"成分的书籍，大都因掩埋在子部或集部而保留了下来。既要繁荣学术，又要禁毁图书，《艺文志》差不多就是这样的产物。

两部记述少数族入主中原的史书，《魏书》有《释老志》、《元史》有《释老传》。当佛、道被视为"方外之教，圣人之远致也"②之后，自宋至清，大藏、道藏的纂集、刻印不断，成为与大规模图书整理并驾齐驱的另外两大典籍系列。

4. 考信、辨伪与层垒、编造的纠结

这是中国史学演进历程中长期存在的一对双胞胎，自有史书以来便如孪生，深深影响着史家对客观历史的诸多基本认识。

今天所见中国最早的一批历史文献，其编纂与写定大都是在春秋战国至两汉长达七八个世纪的时间内逐渐完成的。春秋战国，百家

---

① 《明太宗实录》卷21永乐元年七月丙子。

② 《隋书》卷35《经籍四》后序。

争鸣，各家在宣扬各自认识社会和变革社会的主张时，为避免雷同，往往假想或编造与别人说法不同的"古昔先王"事迹，如《礼记·曲礼上》所总结："毋剿说，毋雷同，必则古昔，称先王。"于是，演绎出"三皇五帝说"、"传贤禅让说"、"五德终始说"等关于中国历史起源、演变的种种说法。

面对众说纷纭的古史，司马迁进行了第一次系统的清理——"厥协六经异传、整齐百家杂语"，大致确定了三条标准：一，"总之不离古文者近是"；二，"择其言尤雅者"；三，"疑则传疑"，既表"其慎也"，又带有明显的"疑古"意向。自秦焚书以后，汉代多次开献书之路，至刘向第一次系统整理历史文献，清理出一批伪书，《汉书·艺文志》注有"近世所增"、"非古语"、"依托"等语者不下 20 种。同时，《尚书》不断出现伪书，先是"孔氏有古文《尚书》，而安国以今文读之"，继而张霸伪造《古文尚书》102 篇，东汉又有杜林漆书古文《尚书》流行。

东汉以下，层垒不断。三国两晋，皇甫谧《帝王世纪》把古史推至燧人、包羲，唐代马总《通历》"纂太古十七氏、中古五帝三王"，宋代胡宏《皇王大纪》始于盘古、罗泌《路史》起自"初三皇"，元明之际陈桱《通鉴纲目续编》始自盘古，明敕修《历代通鉴纂要》、清《纲鉴易知录》均"起三皇"。北宋刘恕，一面以"司马迁《史记》始于黄帝，而包牺、神农阙而不录"，司马光《资治通鉴》"不始于上古或尧、舜"而补作《资治通鉴外纪》，一面又以"叙包牺、女娲"众说不同，惧后人以疑事为信书，穿凿滋甚"而分别作《疑年录》和《年谱略》。此后，在一人身上往往同时出现层垒与疑古的两重性，以明朝尤为突出。

层垒古史同时，伪书不绝。东晋梅赜献《古文尚书》58 篇（西汉今文 28 篇被分作 33 篇、伪古文 25 篇），并在书前伪造孔安国序，另有孔安国传注。讫至明代，造伪几乎成风，"万历间学士多撰伪书以欺世"①，甚至出现造伪书的名家丰坊，"高才吊诡，《十三经》皆钩新索隐，托名古本，或诈云得之异域。临摹碑刻，撰定书法，以真易赝，人莫能诘"②。

针对层垒、编造，考信、辨伪在中国史学艰难的演进历程中逐渐形成最为优良的传统之一。

疑古、辨伪不仅限于经、史家们，而且被写进家训。《颜氏家训》专有《书证》一篇，考证所见各书中的问题，其中有对于"或问"《山海经》的一则"答曰"，列举了"仲尼修《春秋》而经书'孔子卒'，《世本》左丘明所书而有燕王喜、汉高祖，《汲冢琐语》乃载《秦望碑》，《苍颉篇》李斯所造而云'汉兼天下，海内并厕，豨鲸韩覆，畔讨灭残'，《列仙传》刘向所造而赞云'七十四人出佛经'，《列女传》亦向所造，其子歆又作颂，终于赵悼后，而传有更始韩夫人、明德马后及梁夫人嫕"等疑问之后，得出"皆由后人所羼，非本文也"的结论。南北朝时，佛教典籍出现疑、辨之势，前秦沙门道安撰《综理众经目录》、南齐律师僧祐撰《出三藏集记》均有"疑经录"。唐代西明寺僧道宣撰《大唐内典录》有"历代所出疑伪经论录"，沙门智昇撰《开元释教录》不仅有"疑惑再详录"和"伪妄乱真录"，而且序文强调"夫目录之兴也，盖所以别真伪，明是非"。唐代史家疑古，以刘知幾《史通》和啖助新起《春秋》学开启风气。两宋欧阳修、王安石、司马光、郑樵等一批经史大家均在辨伪之列，朱熹总结辨伪两途，"一则以其义理之所当否而知之，二则以其左验之异同而质之"③。明初宋濂因马端临《文献通考·经籍考》而成《诸子辨》，至明后期胡应麟《四部正讹》总结出伪书 20 种"情状"和"辨伪八法"，第一次把辨伪书上升到系统的、理性的高度。及至清代，古书

---

①　王士禛：《居易录》卷6。

②　吴肃公：《明语林》卷12《诈谲门》。

③　《朱文公文集》卷38《答袁机仲——来教疑河图洛书是后人伪作》。

辨伪以阎若璩《尚书古文疏证》、姚际恒《古今伪书考》为代表，疑古、考信以崔述《考信录》成就最为杰出。

20世纪20—30年代的"古史辨"，是新史学兴起后的一次大规模疑古、辨伪，形成古史"层垒说"、边族古史"逐层向上增建"说，将中外学者发现的这一历史现象理论化，成为符合唯物主义历史观的一个极为重要的卓识。治史者的重要职责之一，被认为是将上古史中"传说与史实混而不分，史实之中固不免有所缘饰"者区分开来，剔除"有所缘饰"者，从观念、史料、方法等诸多方面逐层剥除"后加之虚伪材料"，肯定"得证明者"，从而"略得一近似"之历史真相。历史考据因此提升到方法论的高度，总结出了"二重证据法"、"长编考异法"等科学方法。①

或以历史考据长于个体探讨、微观研究，相对排斥理论分析及概括，因而受非议、遭排斥。但如果从考信、辨伪的角度来认识历史考据，任何抱有历史责任心、希望澄清被"粉饰"、遭篡改的历史，谁又会说不呢？现实中对于恶意造谣，需要大量细致的取证，空讲大道理没有丝毫用处。史学中对于恶意的历史造谣，需要深邃的历史考据，各种历史理论同样显得无能为力。

有意造伪，不出三途，或"喜人主之志，以求其欲"，或迎合社会心理，或追逐经济效益，投入成本小，赚取利益大。辨伪则需极大的投入，具备强烈的历史责任心（"公心"或"心术"）的同时，需要历史考据的深厚功力，包括史料、金石、天文、地理、历律、音韵、目录、版本、避讳、校勘等广博的知识，还要有逻辑学修养以及其他相关专业知识，才能做到广集资料，究明正讹，分类归纳，鉴别真伪，求得解释历史的可靠依据。而当取得确凿证据，造伪真相大白之后，造伪者的目的早达到，造成的社会影响却难以挥去，某些历史认

---

① 参见王国维《古史新证》、陈寅恪《彰所知论与蒙古源流》等。

识依然不改。尽管考信、辨伪历程十分艰难，甚至受非议、遭排斥，但这是任何层垒、造伪都掩不住"中国的脊梁"的最可贵的史学遗产，中国史学正是在这一纠结中缓慢演进的。

5."史德"与"史才"的制约

强调史家的自身修养，这是中国史学进程中一致的心声，因而可谓一千古不改的传统。

班固之前，刘向、杨雄皆称司马迁为"良史之才"，主要指其记事、行文之才。汉唐之际，一直沿用这一说法，以"良史之才"称赞优秀的史家。唐中宗时，刘知幾提出"史才须有三长"的名论。"三长，谓才也，学也，识也。"①不具备"三长"，就不够史家的资格，也不应担负史官的重任。"史才须有三长"的"史才"，指史学人才。"三长"之一的"才"，指编纂史事、行文记述的才能。其"学"，指史料占有、知识渊博等学问。其"识"，指历史认识水平。刘知幾最注重"识"，认为才、学都离不开识。中唐"道统"说出现，对"良史"提出新的要求，强调"以心不以迹"②。随着史学思想伦理化趋势的增长，元代史家揭傒斯提出"有学问文章、知史事而心术不正者，不可与"③的主张。明代胡应麟以史学人才仅有"三长"不够，还应有"公心"、"直笔"："才、学、识三长，足尽史乎？未也。有公心焉，直笔焉。"同时认为："秦汉而下，三长不乏，二善靡闻。"④

清乾嘉时期，章学诚对于这一问题做出更进一步的发挥。首先指出才、学、识三者难兼，但要正确对待："义理存乎识，辞章存乎才，征实存乎学"，"一人不能兼，而咨访以为功"，相互学习，取长补短，不应以"自擅"为高。同时强调"学问文章，聪明才辨，不

---

① 《旧唐书》卷102《刘子玄传》。
② 皇甫湜：《编年纪传论》，《全唐文》卷686。
③ 《元史》卷181《揭傒斯传》。
④ 《少室山房笔丛》卷13《史书占毕一》。

足以持世。所以持世者，存乎识也。"①突出的是，在"史才须有三长"之外，接过揭傒斯、胡应麟关于"心术"、"公心"的说法，提出"史德"的理念，认为刘知幾的"史才三长论""犹未足以尽其理"，"能具史识者，必知史德"，即"著书者之心术"。章学诚强调的是：慎辨主观与客观，尊重客观，不以主观强加于客观，即所谓"欲为良史者，当慎辨于天人之际，尽其天而不益以人"。这包含两层意思，一是分清哪些是自己的主观认识，哪些是客观史实，尽量尊重客观史实，不把自己的主观认识掺杂到客观史实中。只要抱着这一态度去努力，虽然不能完全做到，也足以称有"著书者之心术"；二是看到史家对待历史是非不能不动感情，因而特别提醒，要尽量使自己感情符合事理，以理性来约束自己的感情，使主观最大限度地接近客观。不然，"违理以自用"，"泪性以自恣"，必然导致"似公而实逞于私，似天而实蔽于人，发为文辞，至于害义而违道，其人犹不自知"的后果，因此强调"心术不可不慎"。这两层意思，既有思想方法的修养，又有个人品德的修养。如果说才、学、识三长是对史学人才专业修养的要求，那么"史德"则是对史学人才思想修养（包括思想方法和个人品德）的要求。在专业修养方面，识重于才、学，单有生花的妙笔和丰富的知识，若缺少历史观察能力，对历史演变不可能做出正确判断。当然，文字不生动，不能传其史事；史事不丰富，也无从编写。但是，如果"著书者之心术"不正，没有史德，不辨主观客观，便不能如实反映客观历史的本来面貌，难免成为"秽史"。"读其书者，先不信其人"②，如何能够取信！

　　强调史家业务修养和思想修养的愿望形成传统，如何提高史家在这些方面的修养，特别是做到直而不曲、真而不伪，不以主观强

---

① 《文史通义》卷4《说林》。
② 《文史通义》卷3《史德》。

加客观，使主观认识符合客观历史实际，坚持史学的科学性、学术性，差距还很大，并未真正形成传统。尤其是在权势、利欲面前，不唯上、不逐利，秉"公心"、述"直笔"，做到"心术"正，坚持"学术之独立"，在史学功用日益政治化、御用化的背景下，只能是一种美好的愿望，难以真正形成传统。于是，转而求其次，如柳宗元答韩愈的"宜守中道，不忘其直"，采用"避其名而逊其辞"的"笔法"。

目录

第一编　史学的起源

中国史学的起源，经历了漫长的岁月。殷商以前的传说时代，产生了原始的历史意识。自商代至春秋时期，口述传说与成文记事并驾齐驱，"史"向"史官"、"史书"演变。春秋后期至战国末年，按年编纂的《春秋》问世，编年体史书《左传》诞生，中国史学逐渐形成。

第一章　神话传说与历史意识

史学的起源，历来以文字和历法的出现为其先决条件，认为有了文字便能够记录已经发生的事，有了历法即有了明确的时间观念。其实，这只说了客观方面的条件，还必须有具备历史记忆、历史意识的人来运用文字和历法进行时事记录，才有可能出现"史学"。而这一点在随后的史学发展中，表现得很明显。

那么，人类初始阶段的历史记忆、历史意识是什么样呢？这需要我们步入千姿百态、异彩纷呈的神话传说世界，经历一番细致的游览，捕捉和分辨文字、历法出现以前先民的历史记忆和原始历史意识。

第一节　中国神话传说的基本特征
及演变趋势

早在文字和历法出现以前，聚居世界各地的人类各自都有许多关于其先民的神话传说。这些神话传说产生的基本原因，中国、外国并没有多大差别，经典作家早有概括。马克思这样写道：

> 在野蛮时期的低级阶段，人的较高的特性就开始发展起来。……在宗教领域发生了对自然力量的崇拜以及对人格化的神灵和伟大的主宰的模糊观念……想像力，这个十分强烈地促进人类发展的伟大天赋，这时候已经开始创造出了还不是用文字来记载的神话、传奇和传说的文学，并且给予了人类以强大的影响。①

鲁迅也有同样的论述：

> 昔者初民，见天地万物，变异不常，其诸现象，又出于人力所能以上，则自造众说以解释之：凡所解释，今谓之神话。神话大抵以一"神格"为中枢，又推演为叙说，而于所叙说之神，之事，又从而信仰敬畏之，于是歌颂其威灵，致美于坛庙，久而愈进，文物遂繁。②

---

① 《路易士·亨·摩尔根〈古代社会〉一书摘要》，《马克思恩格斯论艺术》第2卷，人民文学出版社1963年版，第5页。
② 鲁迅：《中国小说史略》，《鲁迅全集》第9卷，人民文学出版社2005年版，第19页。

　　中国的神话传说虽然产生很早，但用文字记录下来却很晚；在浩如烟海的文化典籍当中，不仅数量少，而且缺乏系统的专门记述。数千年来流传着的神话传说，基本上凭借着《山海经》《楚辞》以及诸子著述片片断断地保存下来。

　　不同学科对神话传说的研究，视角各自不同。文学史研究，从故事内容出发，将中国古代的神话传说分为创世神话、自然神话、传奇神话、英雄神话等几种类型。宗教史研究，从天地自然崇拜、动物及图腾崇拜、鬼神与祖先崇拜以及古神（古代英雄）崇拜等若干方面进行考察。相比而言，史学研究的情况较为复杂，史学史研究大都从"史"字入手，只是在谈到原始历史意识时涉及一下历史传说，简单地将神话传说概括为有关各部族始祖降生、有关社会生活、有关与自然灾害斗争获胜、有关部落间战争等一些方面，分别举出几则突出"英雄"的例子，认为史家可以从中"找出历史"来，就算是对原始历史意识的分析了。而关于上古史的研究，特别是中国文明起源的研究，引用神话传说的材料，大都未注意神话传说的形成与演变，以致将后来形成的神话传说当成远古就已存在的真实，有意无意地接受和传播着经过后人加工改造过的说法，不仅说不清神话传说中包含着的"史影"，更分辨不出后人掺杂到神话传说中的种种历史观念。考察神话传说的形成与演变，找出神话传说中所包含的"史影"，分辨神话传说中所掺杂的后人的种种观念，应当是考察中国史学起源和研究中国文明起源的共同课题。

　　人类神话传说的演变，都经历了一个从灵性神话传说到神性神话传说，再到人性神话传说的历程。由于古代神话传说在流传过程中被传诵者、各家各派不断改造，不断加工，以至于失去本来面目。就现存神话传说而论，这种演变已经纠缠不清，难以明确区分与界定。然而，神话传说作为原始意识的一种统一体，包含着哲学、宗教、历史、地理、科学、文艺等种种信息，其演变往往趋于多途，最为明显的趋势是：神话传说的宗教化、神话传说的文学化与神话传说的政治化、历史化。

神话传说借助于想象征服或支配自然力，与原始宗教借助于占卜、巫术征服或支配自然力同出一源。神话传说原本含有宗教因素，因而神话传说的宗教化也就是比较自然的事情。中国古代神话传说宗教化，主要表现是神话变为仙话，典型的例子有西王母神话和月亮神话变为仙话。

《山海经》中有《西山经》、《海内北经》、《大荒西经》三处记述西王母，"其状如人，豹尾、虎齿而善啸"，人、兽尚未完全分离；"穴处"，居为洞穴；有"三青鸟"为其"取食"，其所食不过虫、鸟类而已。《穆天子传》作如下描绘："比徂西土，爰居其野，虎豹为群，于鹊与处，嘉命不迁。"其后，进一步被仙化，《庄子·大宗师》及其注疏演变为：

> 西王母得之，坐乎少广；莫知其始，莫知其终。（唐成玄英疏：少广，西极山名也。王母，太阴之精也，豹尾，虎齿，善笑。舜时，王母遣使献玉环；汉武帝时，献青桃。颜容若十六七女子，甚端正，常坐西方少广之山，不复生死，故莫知始终也。唐陆德明《释文》：《汉武内传》云：西王母与上元夫人降帝，美容貌，神仙人也。）

《山海经·大荒西经》"有女子方浴月。帝俊妻常羲，生月十有二，此始浴之。"《淮南子·览冥训》为："羿请不死药于西王母，姮娥窃以奔月。"高诱注："姮娥，羿妻，羿请不死之药于西王母，未及服之，姮娥盗食之，得仙，奔入月中，为月精。"这一"生月十二"之月神常羲的神话，演变为嫦娥奔月得仙的仙话。

春秋战国时期，诸子为了宣扬各自的政治主张、社会构想和伦理观念，往往从神话传说中选取自己需要的内容进行加工、改造，或以寓言寄托其主张，或以古事寄托其理想。神话传说演变为寓言，是中国古代神话传说文学化的主要形式；神话传说演变为论说古事，是中国古代神话传说政治化、历史化的主要形式。

诸子当中几乎都有将神话传说改造为寓言的故事，尤以庄子为改造神话传说的高手，如《庄子·秋水》将关于河神（河伯）的神话传说改造为"望洋兴叹"的寓言：

> 秋水时至，百川灌河；泾流之大，两涘渚崖之间，不辩牛马。于是焉河伯欣然自喜，以天下之美为尽在己。顺流而东行，至于北海。东面而视，不见水端。于是焉河伯始旋其面目，望洋向若而叹曰："野语有之曰：'闻道百，以为莫己若'者，我之谓也。"

神话传说的历史化，是中国古代神话传说演变的最明显趋势，也是中国古代神话传说最突出的特点。鲁迅有过一段精辟的论述：

> 从神话演进，故事渐进于人性，出现的大抵是"半神"，如说古来建大功的英雄，其才能在凡人以上，由于天授的就是。例如简狄吞燕卵而生商，尧时"十日并出"，尧使羿射的话，都是和凡人不同的。这些口传，今人谓之"传说"。由此再演进，则正事归为史，逸史即变为小说了。①

所谓"正事归为史"，就是"古来建大功的英雄"被人为地政治化，并"归为"中国古史的主流。而那些没有被"归为史"的便不成

---

① 鲁迅：《中国小说的历史的变迁》，《鲁迅全集》第 9 卷，人民文学出版社 2005 年版，第 312 页。

其为历史，只能算作"逸史"或"街谈巷议"的小说家言了。

第二节 神话传说中的"史影"

神话传说的历史化，为我们从神话传说中"找出历史"（或曰发现"史影"）提供了方便。这一节着重考察自然神话和传奇神话，其中差不多包罗了人类起源、野蛮时代乃至母系社会、父系社会的整个客观过程。

《山海经》一书司马迁谓之"所有怪物，余不敢言"，让我们以传本《山经》5 卷、《海经》13 卷的顺序经历一番"游览"[①]，见识见识其中的"怪物"。

翻开书页，首先映入眼帘的就是那些人面、鸟兽身的"怪物"以及这些"怪物"与龙蛇等厮混一起的画面，在他们的周围还夹杂着形形色色奇形怪状的生物。仅卷 1《南山经》中图画为"人面兽身"者就有：

亶爰之山的"类"，其状如狸而有髦，自为牝牡。

柜山的"鴸"，其状如鸱而人手。

尧光之山的"猾裹"，其状如人而彘鬣。

浮玉之山的"彘"，其状如虎而牛尾。

令丘之山的"颙"，其状如枭，人面四目而有耳。

再仔细察看开篇第一山之首的招摇之山：

南山经之首曰鹊山。其首曰招摇之山，临于西海之上，多

---

① 《山海经》所记以自然神话与传奇神话为主，掺杂后世的历史意识相对少些，较多的保持着其原始成分。关于《山海经》一书的介绍，见本编第六章第六节。

桂，多金玉。有草焉，其状如韭而青华，其名曰祝余，食之不饥。有木焉，其状如榖而黑理，其华四照，其名曰迷榖，佩之不迷。有兽焉，其状如禺而白耳，伏行人走，其名曰狌狌，食之善走。

在这有水、有草木可食的地方，有一种"伏行人走"之兽——狌狌。"狌狌"即猩猩，不乏于古籍。卷10《海内南经》有"狌狌知人名，其为兽如豕而人面"，《淮南子·氾论训》有"猩猩知往而不知来"，《礼记·曲礼上》亦有"猩猩能言，不离走兽"。从这些关于猩猩的记载中不难看出，中国古代的神话传说已经触及"类人猿"的问题。《山海经》开篇如此，终篇又如何呢？

卷18《海内经》结尾部分，叙帝俊之后的番禺"始为舟"、吉光"始以木为车"，帝俊生三身、三身生义均：

义均是始为巧倕，是始作下民百巧。后稷是播百谷。稷之孙曰叔均，始作牛耕。大比赤阴，是始为国。禹、鲧是始布土，均定九州。

卷终的一段文字是：

洪水滔天，鲧窃帝之息壤以堙洪水，不待帝命。帝令祝融杀鲧于羽郊。鲧复生禹。帝乃命禹卒布土以定九州。

以人面兽身的猩猩为起始，以禹治水成功为卷终，不正是让我们经历了一个通常所说从猿到人、出野蛮逐渐进入文明的漫长岁月吗？

粗略游览山海过后，再回过头来考察其中的具体细节。

整部《山海经》中，凡有人面、鸟兽身的"怪物"之处，都是与其他各种奇形怪状的"怪物"混杂一起的，如《海外西经》所述"诸夭（沃）之野"，"凤凰卵，民食之；甘露，民饮之，所欲自从也。百兽相与群居。在四蛇北，其人两手操卵食之，两鸟居前导之"，表现的正是人类初始阶段，尚未从兽类完全分离出来的实际。

在诸子的著述中，不乏同样的记述。

《庄子·马蹄》篇有"万物群生，连属其乡，禽兽成群，草木逐长"，"同与禽兽居，族与万物并"，"居不知所为，行不知所之，含哺而熙，鼓腹而游"。

《列子·黄帝》篇有"庖牺氏、女娲氏、神农氏、夏后氏，蛇身人面，牛首虎鼻，此有非人之状"。

《尸子·君治》篇有"禹长颈鸟啄，面貌甚恶矣"。

《史记正义》引《龙鱼河图》有"蚩尤兄弟八十一人，并兽身人语"。

这些人面"怪物"，姑且称之为"原始人"，他们的基本生活又是怎样的一种状况呢？《山海经》中有着许多具体的描述。

食的方面，基本上是"山居则食鸟兽，近水则食鱼鳖螺蛤"。《海外南经》有一个讙头国，"其为人人面有翼，鸟喙，方捕鱼"。前面说到的"诸沃之野"民食鸟卵，西王母也以鸟为食。《大荒南经》盈民之国"有人方食木叶"，不死之国"甘木是食"，而重阴之山"有人食兽"。《大荒东经》则多见以黍为食者，如苏国、司幽之国、白民之国、黑齿之国、玄股之国"食黍"或"黍食"。《大荒南经》、《大荒北经》所见"黍食"、"食黍"者不下十余处，《大荒南经》中的小人焦侥之国更以"嘉谷是食"。至于《海外东经》的黑齿国，则是"食稻啖蛇"。

衣着方面，"禽兽之皮足衣也"。《海外西经》丈夫国"其为人衣冠带剑"，郭璞注："衣木皮《海外东经》玄股之国"其为人衣鱼"，郭璞注："以鱼皮为衣也"。《中山经》中次一十一山经宣山，"其上有桑焉，大五十尺，其枝四衢，其叶大尺余，赤理黄华青柎，名曰帝女之桑。"《海外北经》欧丝之野，有"一女子跪据树欧丝"。这是桑蚕之作出现的记录。

居住方面，冬则穴居，夏则巢处。《南山经》尧光之山的"滑襄"，"穴居而冬蛰"。因为普遍以鱼类充饥，所以大都由高地迁居水边，"缘水而居"，如《海外西经》女祭女戚"居两水间"。

关于用火，《西山经》西经之首末段，"鵜山神也，祠之用烛"，"烛者百草之未灰"，即以火照明。郝懿行笺疏，"此盖古人用烛之始"[①]。《海内南经》有"人面长臂，黑身有毛，反踵，见人笑亦笑"的枭阳国"人"，袁珂案引《神异经·西荒经》这样描述其生活形态："袒身捕虾蟹……暮依其火以炙虾蟹。"[②]此即以火熟食。

前面已经见识过不断被神话的人物西王母，如此一个人、兽尚未完全分离的"西王母"，显然是野蛮时代"西方"某"部族"的一位年长的主事者。

《山海经》之外，其他记述更不系统，诸子大都是在论证某一观点或叙述某一事情时引用传说的。如《淮南子·坠形训》为了"穷南北之修，极东西之广，经山陵之形，区川谷之居，明万物之主，知生类之众，列山渊之数，规远近之路"，"使人通回周备，不可动以物，不可惊以怪"，一开头就引录了《山海经·海外南经》的文字："坠形之所载，六合之间，四极之内，照之以日月，经之以星辰，纪之以四时，要之以太岁……"[③]又有"海外三十六国"一段云："凡海外三十六国，自西北至西南方，有修股民、天民、肃慎民、白民、沃

---

① 袁珂：《山海经校注》引，上海古籍出版社1980年版，第33页。
② 袁珂：《山海经校注》，第272页。
③ 《山海经·海外南经》原文为："地之所载，六合之间，四海之内，照之以日月，经之以星辰，纪之以四时，要之以太岁……"

民、女子民、丈夫民、奇股民、一臂民、三身民；自西南至东南方，结胸民、羽民、驩头国民、裸国民、三苗民、交股民、不死民、穿胸民、反舌民、豕啄民、凿齿民、三头民、修臂民；自东南至东北方，有大人国、君子国、黑齿民、玄股民、毛民、劳民；自东北至西北方，有跂踵民、句婴民、深目民、无肠民、柔利民、一目民、无继民。"显然与《山海经·海外南经》同出一源，或者就是沿引的《山海经·海外南经》的文字。①

诸子的著述中，差不多都有关于原始人基本生活的记载，但都是些条理化了的概括性论述，没有《山海经》的记述生动，也不如《山海经》的记述多存神话传说的原始性。

《庄子·盗跖》篇如此写："古者，禽兽多而人少，于是民皆巢居以避之。昼拾橡栗，暮栖木上，故命之曰有巢氏之民。古者，民不知衣服，夏多积薪，冬则炀之，故命之曰知生之民。神农之世，卧则居居，起则于于。民知其母，不知其父。与麋鹿共处，耕而食，织而衣，无有相害之心。"

《韩非子·五蠹》篇也差不多："上古之世，人民少而禽兽众，人民不胜禽兽虫蛇。有圣人作，搆木为巢，以避群害，而民悦之，使王天下，号之曰有巢氏。民食果蓏蚌蛤，腥臊恶臭，而伤害腹胃，民多疾病。有圣人作，钻燧取火，以化腥臊，而民悦之，使王天下，号之曰燧人氏。""古者，丈夫不耕，草木之实足食也。妇人不织，禽兽之皮足衣也。不事力而养足，人民少而财有余，故民不争。是以厚赏不行，重罚不用，而民自治。"

《礼记·礼运》篇这样记："昔者，先王未有宫室，冬则居营窟，夏则居增巢；未有火化，食草木之实、鸟兽之肉，饮其血，茹其毛；

① 二书稍异者：自西北至西南方，《淮南子》多天民，无巫咸国、轩辕国；自西南至东南方，《淮南子》多裸国民、豕啄民、凿齿民，无厌火国、载国、周饶国；自东南至东北方，《淮南子》无青丘国、雨师妾国；自东北至西北方，《淮南子》无聂耳国、夸父国。

未有丝麻，衣其羽皮。"

反映婚嫁的记述，《山海经》中虽然简单，但综合起来，已足以反映婚姻演变经历了群婚、母系向父系过渡、对偶婚三大基本阶段。

《大荒东经》司幽之国专记"帝俊生晏龙，晏龙生司幽，司幽生思士，不妻；（司幽生）思女，不夫。"所谓"思士不妻"、"思女不夫"，是说思士无对偶之妻，思女无对偶之夫，即处于群婚状态。

《大荒南经》驩头之国"鲧妻士敬，士敬子曰炎融，生驩头"，反映的是母系本位时代的状况，同时有"丈夫国"存在，似乎表示父系逐渐取代母系的过程。

至于《海内经》"（炎帝之孙）伯陵同吴权之妻阿女缘妇，缘妇孕三年，是生鼓、延、殳"，《大荒南经》"有女子名曰羲和……羲和者，帝俊之妻"和《大荒西经》"帝俊妻常羲"等几条，说的是则对偶婚的情况。

诸子中关于原始婚姻状况的记述更为简单，《吕氏春秋·恃君览》这样记群婚杂交："昔太古尝无君矣，其民聚生群处，知母不知父，无亲戚兄弟夫妻男女之别，无上下长幼之道。"《列子·汤问》概括为八个字："男女杂游，不媒不聘。"

值得注意的是，整部《山海经》中出现的"人物"多是神话传说中最熟悉的名字，诸如黄帝、共工、祝融、蚩尤、炎帝、帝喾、帝俊、尧、舜、鲧、禹、羿、后稷等，却见不到有关他们降生的记述。即便在诸子著述中，也少有关于"始祖"们降生的内容。或许是当时对于母系社会的婚姻状况原本缺乏记述，或许是在后来的传授过程中被人为地淡化掉了。

诸子著述中，记载神话传说比较突出的地方，是反映社会进步的内容，虽然其目的可能在于神化或宣扬某些"始祖"。《淮南子·氾论训》有这样一段文字：

　　古者，民泽处复穴，冬日则不胜霜雪雾露，夏日则不胜暑热蚊虻，圣人乃作为之，筑土构木，以为宫室。上栋下宇，以蔽风雨，以避寒暑，而百姓安之。伯余之初作衣也，緂麻索缕，手经指挂，其成犹网罗，后世为之，机杼胜复，以便其用，而民得以掩形御寒。古者，剡耜而耕，摩蜃而耨，木钩而樵，抱甀而汲，民劳而利薄。后世为之，耒耜、耰鉏、斧柯而樵，桔槔而汲，民逸而利多焉。

这显然描述的是生产工具进步带来的气象。

第三节　神话传说的政治化、历史化

　　前一节主要说神话传说中的"史影"，这一节重点考察神话传说中被后人掺入的历史意识。

　　神话传说的政治化、历史化，主要表现在祖先崇拜和英雄神话方面，不断将"古来建大功的英雄"朝着政治化的方向加以神化，对于他们的德行和政绩极尽美化，逐步建立起一个上古史传授系统。下面，以禹、黄帝为例，看看关于他们的神话传说是如何被政治化、历史化的。

一、禹的传说政治化

　　《山海经》不以记述"建大功的英雄"为主，虽然也掺杂有后人的历史意识，但毕竟较其他记载更具神话传说的原始性。

　　关于禹的神话传说，《海外北经》《大荒北经》有"禹湮洪水，杀相繇"（共工之臣，或作"相柳"），"其血腥臭，不可生谷，其地多水，不可居也。禹湮之，三仞三沮，乃以为池，群帝因是以为台"。

《大荒南经》有"禹攻云雨",为"禹巫山治水之神话"的"原始状态"。《大荒西经》有"禹攻共工国山",为"黄炎斗争神话之余绪","共工神话之零片散见"。[①] 全书最后,为鲧、禹治水事。从"帝乃命禹卒布土以定九州"看,禹治水也如乃父用堙,《淮南子·坠形训》亦作"禹乃以息土填洪水,以为名山",并非鲧用堙而禹用疏。

作为神话传说,对于禹的加工朝着两个方面展开。

首先,夸大和神化其治水的事迹。《楚辞·天问》所反映的鲧、禹的神话传说最为详细,表明在这之前禹治水就已经堙、疏并用了。相比而言,《山海经》《淮南子》较比《天问》"更原始,犹存古神话本貌"[②]。至《墨子·兼爱中》则有了禹"凿为龙门,以利燕代胡貉与西河之民"的说法,《吕氏春秋·恃君览·行论》篇加工、改造后作如是说:

> 尧以天下让舜,鲧为诸侯,怒于尧曰:"得天之道者为帝,为帝(得地)之道者为三公。今我得地之道,而不以我为三公。"以尧为失论,欲得三公,怒甚猛兽,欲以为乱。比兽之角,能以为城,举其尾,能以为旌。召之不来,仿佯于野,以患帝舜。于是殛之于羽山,副之以吴刀。禹不敢怨,而反事之,官为司空,以通水潦。颜色黧黑,步不相过。窍气不通,以中帝心。

鲧之被殛,《山海经》中是"窃帝之息壤以堙洪水,不待帝命,帝令祝融杀鲧于羽郊",至此被政治化为鲧与舜争天下而被尧所杀,完全丧失了神话传说的精神。

---

① 详见袁珂:《山海经校注》,第 377、388 页。
② 袁珂:《山海经校注》,第 475 页。

更为主要的一方面，是在夸大禹治水功绩的同时，夸张其治理天下的"政绩"。

《尚书·皋陶谟》记舜与皋陶、禹讨论如何继承尧之德政、治理国家，在最后禹陈述自己治水的功绩时，不忘提醒舜，苗民尚未完全征服："苗顽弗即工，帝其念哉！"《禹贡》虽然记述的主要是禹治水的事迹，却肆意夸大。一是夸大其治水的地域，让禹的足迹遍及东北、华北、华南，自"冀州"始，行迹及"济河惟兖州"、"海岱惟青州"、"海岱及淮惟徐州"、"淮海惟扬州"、"荆及衡阳惟荆州"、"荆河惟豫州"、"华阳黑水惟梁州"、"黑水西河惟雍州"。二是夸大其治水工程，即所谓"导九山"、"导九川"，中国的大山都经过禹的开辟，中国的大河都经过禹的疏浚。由于禹的功劳，中华大地变成适合安居乐业、财源丰盛的地方："九州攸同，四隩既宅。九山刊旅，九川涤源，九泽既陂。四海会同，六府孔修。庶土交正，厎慎财赋，咸则三壤成赋。"《洪范》记殷商遗老箕子所听到的关于禹的传闻（"我闻在昔"）："鲧陻洪水，汩陈其五行。帝乃震怒，不畀洪范九畴，彝伦攸斁，鲧则殛死。禹乃嗣兴，天乃锡禹洪范九畴，彝伦攸叙。"没有说禹如何治水，只是说禹继鲧之后，得到上帝的赐予，不是赐给征服洪水的神力，而是赐给治国安民的要诀——"洪范九畴"。《立政》中周公要成王效法禹治理天下：

> 其克诘尔戎兵，以陟禹之迹，方行天下，至于海表，罔有不服。以觐文王之耿光，以扬武王之大烈。

禹在《尚书》中完全被政治化了，被打扮成治理天下的圣君。

司马迁引《禹贡》、《皋陶谟》等原文入《史记·夏本纪》，作为对禹的事迹的追述，使禹的神话传说更趋政治化。

我们所知关于禹的神话传说最早出现在殷周之际，而我们所知关于"黄帝"的神话传说则要晚到战国时期才出现。

二、黄帝传说的政治化

《山海经》不以记述"建大功的英雄"为基本内容，关于黄帝的记述尚存一定的原始性。《大荒东经》叙东海之渚"有神，人面鸟身，珥两黄蛇，践两黄蛇，名曰禺䝞。黄帝生禺䝞，禺䝞生禺京，禺京处北海，禺䝞处东海，是惟海神。"此处海神禺䝞还是"人面鸟身"，而"黄帝生禺䝞"，黄帝自然也还处在"人面兽身"状态中。《大荒西经》、《大荒北经》、《海内经》出现的黄帝，颇有部族始祖的意味。《大荒西经》北狄之国，"黄帝之孙曰始均，始均生北狄"。《大荒北经》融父山，"有人名曰犬戎。黄帝生苗龙，苗龙生融吾，融吾生弄明，弄明生白犬，白犬有牝牡，是为犬戎，肉食"。《海内经》朝云之国、司彘之国，"黄帝妻雷祖，生昌意，昌意降处若水，生韩流。韩流擢首、谨耳、人面、豕啄、麟身、渠股、豚止，取淖子曰阿女，生帝颛顼"。《大戴礼记·帝系》却以"黄帝产昌意，昌意产高阳，高阳是为帝颛顼"。《海内经》钉灵之国之后，又有"帝俊生禺号，禺号生淫梁，淫梁生番禺，是始为舟。番禺生奚仲，奚仲生吉光，吉光是始以木为车"。郝懿行笺疏：《大荒东经》言"黄帝生禺䝞"，即禺号，"禺䝞生禺京"，即淫梁，则"此经帝俊又当为黄帝矣。①在整个《山海经》中，帝俊或为帝喾，或为颛顼，或为舜，或为黄帝②，这从另一个侧面表明关于黄帝的神话传说还没有多少人为地修饰、划一。《大荒北经》中的黄帝战蚩尤，颇具神话传说的原始性。

> 蚩尤作兵伐黄帝，黄帝乃令应龙攻之冀州之野。应龙畜水，

---

① 袁珂：《山海经校注》，第465页。
② 参见袁珂：《山海经校注》，第344—345、420、469页。

蚩尤请风伯雨师，纵大风雨。黄帝乃下天女曰魃，雨止，遂杀蚩尤。

《史记·黄帝本纪》正义所引《龙鱼河图》黄帝战蚩尤神话，亦不失神话传说本旨：

> 黄帝摄政，有蚩尤兄弟八十一人，并兽身人语，铜头铁额，食沙石子，造立兵仗刀戟大弩，威震天下，诛杀无道，不慈仁。万民欲令黄帝行天子事，黄帝以仁义不能禁止蚩尤，乃仰天而叹。天遣玄女下授黄帝兵信神符，制伏蚩尤，帝因使之主兵，以制八方。蚩尤没后，天下复扰乱，黄帝遂画蚩尤形像以威天下，天下咸谓蚩尤不死，八方万邦皆为弭服。

据袁珂考证，《初学记》引《归藏启筮》、《太平御览》引《黄帝玄女战法》、晋虞喜《志林》、《通典·乐典》等所载，"俱黄帝与蚩尤战争神话之一节"，但"以俱晚出，受正统思想支配，故不免或状蚩尤而近妖，失古神话本旨矣。然《龙鱼河图》犹谓'黄帝遂画蚩尤形像，以威天下'，知蚩尤在古传说中位望高也"。[①]

战国纷争长达数百年，社会普遍向往太平，诸子纷纷描绘自己的理想社会，极力美化上古社会为理想王国。黄帝被当作"人神"（天子和诸侯共同崇拜的祖先神）来崇拜，各种被神化了的社会力量统统加载到黄帝名下。

《易·系辞下》"黄帝"被神化为人类生活万物的发明者，因而"垂衣裳而天下治"。但尚未把用火的发明权赋予黄帝，仍然是"燧人氏钻木取火"，《韩非子》、《淮南子》等的记述亦如此。到了《管子》

---

① 袁珂：《山海经校注》，第432—433页。

书中，开始明言黄帝发明用火，《轻重戊》篇说："黄帝作，钻燧生火，以熟荤臊，民食之无兹胃之病，而天下化之"；《五行》篇更赋予黄帝王者的权威："昔者，黄帝得蚩尤而明于天道，得大常而察于地利，得奢龙而辩于东方，得祝融而辩于南方，得大封而辩于西方，得后土而辩于北方。黄帝得六相而天地治，神明至。"《大戴礼记·五帝德》中孔子与宰我的一席话，道出黄帝是如何被神化的：

> 宰我问于孔子曰："昔者，予闻诸荣伊令，黄帝三百年。请问黄帝者人邪，抑非人邪？何以至于三百年乎？"
>
> ……
>
> 孔子曰："劳心力耳目，节用水火财物，生而民得其利百年，死而民畏其神百年，亡而民用其教百年，故曰三百年也。"

这不正是"古来建大功的英雄，其才能在凡人以上"，关于其人的种种传说"再演进，则正事归为史"了吗？

战国秦汉时期，从神话传说演变来讲，是一个"造神"的时期；从史学发展来讲，是一个重新认识上古社会的时期。无论研究神话传说，还是研究上古社会史，引用这一时期形成的文献材料，都不应当忽视当时存在着的这一重大文化现象。

第二章 "史"向"史官"、"史书"的演变^①

　　凡讲中国史学，无不从"史"字说起，一是援引许慎"史，记事者也。从又持中，中正也"以及江永、吴大澂等"掌文书者谓之史，其字从又从中，又者右手，以手持簿书也"；二是援引《汉书·艺文志》"古之王者世有史官，君举必书"。然而，都没有注意"史"字的出现、演变，却让东汉以及后来的认识替代着秦以前的实际，以致上千年来"史"与"史官"、"史书"的概念长期被混淆在一起。

　　20世纪甲骨卜辞、青铜铭文研究不断深入，对于殷周之"史"提出许多新的解释并得到公认。可是，直至近一二十年有关中国史学或中国古代史官制度的论著，虽然也片片断断地援引些许甲骨卜辞、殷周金文，但都没有充分利用甲骨文、金文的研究成果，依然因袭着东汉以来那些多带主观成分的臆测。

　　这一章借用甲骨文、金文对于"史"的研究成果，结合古代官制的研究，对"史"的出现、"史"向"史官"、"史书"的演变，作一点较为系统的梳理。

---

① "史"还有"史事"、"史学"等含义，本章仅就"史官"、"史书"而言。

第一节　殷商之"史"不"记事"

考察殷商时代之"史"，只能从甲骨文中求证，不能以东汉时的说法为凭据。

一、甲骨文"史"不从"中"

甲骨文的"中"字，罗振玉早已有带结论性的论述：

> 《说文解字》中古文，籀文作。古金文及卜辞皆作，或作，斿或在左或右。斿盖因风而左右偃也，无作者，斿不能同时既偃于左又偃于右矣。又卜辞凡中正字，皆作中，从口从卜，伯仲字作中，无斿形。史字所从之中作中。三形判然不相淆混。[①]

这已经说得非常清楚，"中"字有几种不同的写法，"中正"之"中"字有斿形，而"伯仲"的"仲"字作"中"无斿形，"史"字所从之"中"的写法也无斿形，与"中正"之"中"不是同一个写法。刘节释史，接受罗振玉关于"中""斿不能同时既偃于左又偃于右"的观点，但又不同意罗振玉关于"三形判然不相淆混"的结论，认为"史册的中出于'中旗'之中，伯仲之中出于中央、中正之中，虽然是三个意义，其根源还是一个"[②]。于省吾在汇集诸家对"中"字的解释之后认为：

---

① 罗振玉：《殷虚文字考释》中，第 14 页。
② 刘节：《中国史学史稿》，中州书画社 1982 年版，第 11 页。

应当承认卜辞中、仲诸字的用法基本上是有区别的，不能因为个别的例外而否定这一基本上的区别。①

即甲骨文"史"字并不从"中正"之"中"。

二、甲骨文"史"字释义

就目前所知，甲骨文"史"字有⿰、⿰、⿰等几种写法，而对其解释有如下四种：

（一）"史"即"事"

罗振玉："卜辞事从又持简书，执事之象也，与史字同意。"②

王国维："殷人卜辞皆以'史'为'事'，是尚无'事'初字。"③

孙海波："⿰，乙二七六六。史用为事。其占王事。""⿰，铁一八三·四。卜辞史、事同字，御史亦即御事。"④

饶宗颐："徵之冢之卜辞'叶王事'语，省作'叶王中'（戬寿四六·三）以中为事，是又⿰⿰二文并即事字之旁证。"⑤

于省吾："吴（大澂）、江（永）、王（国维）三氏之说都不可信。古文字中与中迥别，中字卜辞屡见，乃⿰字的省文，与事字通用。……⿰字的造字本义，系于⿰字竖划的上端分作两叉形，作为指事字的标志，以别于史，而仍因史字以为声。"⑥

徐中舒："史之本义为事。文史之史，乃引申之义。"⑦

---

① 于省吾主编：《甲骨文字诂林》第 4 册，中华书局 1996 年版，第 2943 页。

② 罗振玉：《殷虚文字考释》中，第 60 页上。

③ 王国维：《观堂集林》卷 6《释"史"》。

④ 孙海波：《甲骨文编》，第 3、127 页。

⑤ 饶宗颐：《殷代贞卜人物通考》，第 575 页。

⑥ 于省吾：《释古文字中附划因声指事字的一例》，载《甲骨文字释林》，中华书局 1979 年版，第 447 页。

⑦ 徐中舒：《汉语古文字字形表序》，《四川大学学报》1980 年第 4 期。

从"史"即"事"这一种解释知道，殷商之时"事"即"史"，"史"即"事"；而"事"系指"时事"，即祭祀与作战，所谓"国之大事，在祀与戎"①，并无"往事"的含义。直至周初，"史"、"事"相通仍然在沿用着，如《矢令簋》"用尊史于皇宗"之"史"即"事"。

"史"、"事"不分，说明一个非常关键的问题——殷商时代还不懂得将"往事"称之为"史"。自东汉以来长期对"史"的误解，其根本原因就在于此！

（二）"史"为"使"，受"差遣"之义

郭沫若："晚期的卜辞有祭凤的纪录，称凤为'帝使'。""于帝史凤，二犬。"②

饶宗颐："按史字有二读，一为事，一为使。""史见于背甲内卜之辞云：'壬辰卜，内：五月，史屮至。今五月，史亡其至。'（屯乙五三〇二）其同版甲面云'六月，屮来曰：戋出疾'（屯乙五三〇一）。"③

胡厚宣："史在卜辞又有用为使者，如言'使人于画'，'使人于沚'，'使人于昌'，'使人于茜'。画、沚、昌、茜，皆是地名，使人于某地，亦言因武事而派遣某人使某地之义。""古文字史、事、使三字不分，史从又持干，或又从旂，象史官奉命出使，所谓'史乃奉使之义'。"④

黎虎："史字在甲骨文中，除作为'使'用外，还用为'事'，用为'吏'。窃以为前者为'史'字之本义，其余均属假借引申之

---

① 《左传》成公十三年。
② 郭沫若：《卜辞通纂》，第 398 片。
③ 饶宗颐：《殷代贞卜人物通考》，第 402、575 页。
④ 胡厚宣：《殷代的史为武官说》，《全国商史学术讨论会论文集》，殷都学刊编辑部 1985 年版，第 183 页。

义。""甲骨文凡旌旗之属其杆首上见者均作 丫 ᚁ ⼑ 之形。史字所持物之上部，亦由上述诸形所构成。可知其必为旌旗之属，作为使者之凭证或标志。……故'史'之本义当为'使'。凡被派遣、指使去做某件事，完成某种使命，均可曰'史'，故'史'又可借用为'事'，如卜辞常见之'古王事'，即尽力于王之所使。"①

（三）"史"用为"任事者"，指任事之"官"

因"任事"之官被叫作"史"，故被后世称为"史官"，但这种"史官"所任为何事呢？

胡厚宣："由甲骨卜辞看来，史官者正是出使的或驻外地的一种武官。"史"在甲骨卜辞中，常担任征伐之事。如武丁时卜辞或称'命我史步伐吾方'"。史担任征伐，"常驻在外，散居东南西北四方，所以武丁时卜辞或称'东史'……或称'西史'"，"又称在某地之史，如武丁时卜辞说在沚史……"其结论是：

> 由甲骨卜辞看来，殷代的史，尚非专门记言记事，掌握国家文书诏令簿书图册的文官，也不是专门担任着王朝钻龟占卜，钻燧取火以及国家庶事的任务，主要是担任国家边防的一种武官。②

"史官"之名，已有大史、小史。武丁时卜辞称大史者，如"辛亥卜，争，贞奴众人立大史于西奠"③，"贞叀大史□令。七月。"④廪辛、庚丁时卜辞，则常以大史与小史对称："己卯卜，贞叀大史。""己卯卜，贞小史。"①

此外，还有"大史寮"②出现，说明商代设官已有"大史寮"系统。"史"即"事"，"大史"即"大事"，"大史"应当是主管"大事"的设官系统。按照"国之大事，在祀与戎"的说法，再从西周设官有"卿事寮"和"大史寮"两大系统推断，则此"大史寮"为主管"祭祀"一类"大事"的系统。"大史"、"大史寮"，为西周设官所沿袭，亦非专职"记事"、"记言"之官。

（四）"史"为贞人名

孙海波："𠂤，《甲》四〇。武丁时贞人。"③这是说武丁时某贞人名为"史"。从贞人签名来看，武丁时卜辞有贞人签名者共24人，无一称"史"者。廪辛、庚丁签名仅狄一人，而祖庚、祖甲、武乙、文丁、帝乙、帝辛时，则无贞人签名之例。④

在当时签名的众多"贞人"中，仅一贞人名曰"史"，表明"贞人"非"史"。

（五）结论

通过上述对殷商时代"史"的考察，结论应当是：

其一，殷商时代的"贞人"卜辞所记或"记事刻辞"，并非被称作"史"者所为。

其二，整个殷商时代，"史"并不"记事"、"记言"，更不存在"史学"范畴的任何含义。

再从文献方面来印证。28篇《尚书》中的"商书"，《盘庚》而外时间均有争议，不能断定为殷商之"史"所为。而《盘庚》，司马迁明确写着："百姓思盘庚，乃作《盘庚》三篇。"《尚书》中殷商时

---

① 《小屯南地甲骨》2260。

② 罗振玉：《殷虚书契前编》5·39·8。

③ 孙海波：《甲骨文编》，第3页。

④ 胡厚宣：《卜辞记事文字史官签名例》，《历史语言研究所集刊》第12本。

代的文字，并非什么"记言"之"史"所记。

三、辨明两种说法

以甲骨文考察"史"，有两种说法需加辨明。

（一）如何理解《尚书·多士》中"有典有册"

先看原文："惟尔知，惟殷先人有册有典，殷革夏命。今尔又曰：'夏迪简在王庭，有服在百僚。'予一人惟听用德，肆予敢求而于天邑商。予惟率肆矜尔，非予罪，时威天命。"

整段文字的意思是说以德选任官吏，如果将"惟殷先人有册有典，殷革夏命"解释为殷先人"有记载历史的典册"，殷才得以"革夏命"，与上下文意不衔接。

甲骨文中数见"工典"、"工册"、"登册"，"工"乃"贡"之古字，"登册"与"贡典"同义："其言贡典，是就祭祀时献其典册，以致其祝告之词也。"[①]祭祀时的祝告辞，在"史"、"事"不分的殷商时代，是不应赋予后来才有的"史书"的含义的。按照《说文解字》的解释，"册，符命也，诸侯进受于王也"。"作册"是进行册封、册命，不应简单地理解为"制作典册"或"制作书册"。准此，则"有典有册"一句才能与上下文意一致。至于"作册"、"作册内史"，下面一节详述。

（二）卜辞记事是否具备史书雏形

一条完整的卜辞包括前辞（或称叙辞）、命辞（或称贞辞）、占辞、验辞，被认为已经具备记事"三要素"（时、地、人）。于是，有文章选取了长达五六十字的卜辞（最长有百余字者）来说明这是殷商时代记事文字的典范，与《春秋》相比有过之无不及，甚至断言"商代卜辞在叙事程式上具备了中国编年史，乃至记言体、纪事本末体的

---

① 于省吾：《释工》，载《甲骨文字释林》。

雏形"。

如果深入到殷商时代的占卜制度中，情况并非臆象的那么简单。当时人们面临生老病死、出入征战、立邑任官、畋猎农作、婚丧嫁娶、祀神祭祖……事无巨细，都要占卜预测，定其可否，由此逐渐形成一种制度，就是：一事数贞，正反对卜，同事异问。不仅同日同时反复卜问，而且还要进行异日异时的因袭占卜，谓之"习卜"。一事数卜、反复占卜，甚至多达七八次、十余次，后来逐渐成为"三卜"。实行"三卜"，是将王卜、"王占"放在举足轻重的位置，贞人占断要与王卜、王占相呼应。有的"验辞"甚至是半年以后的效验[①]，只不过用来传达"天"的旨意，或检验占卜是否"灵验"。更何况，武丁时不少卜辞已不记"占辞"和"验辞"，有些虽有"验辞"，既不证实也不否定王的"占辞"，有些"验辞"只是对王占作补充修正甚或进行闪烁其词的答复，以期维护商王在占卜上的魅力。再后，商王的占卜，更加不如武丁时代真实，操纵玩弄的痕迹极为明显，甲骨占卜日趋程式化而呈衰落之势。[②]

每一片卜辞书写形式固然完整，但这种占卜制度追逐的只是"天意"，验其是否灵验，主观意图根本不是为了载入史册或流传后世。更何况反映在甲骨文中的时间观念还很贫乏，虽然多数"以事系日"，也有"以日系月"的情况，却未发现"以月系年"、按年纪事的证据。编年史，既要编纂，更要系年。无年可编，岂能称史！所以说，进行历史编纂，仅仅具备"三要素"还远远不够。甲骨文具备了历史记载最简单的形式，但距离编年史雏形还为时尚早。

---

① 《卜辞通纂》第 788 片，郭沫若明确指出："以申日卜，纪其十二日后'未'日之应，称'旬士二日'，与上第五三〇片同。又举'百日又七旬又九'日之应，则应在卜之后半年。"

② 关于商代占卜制度，参见宋镇豪：《夏商社会生活史》，中国社会科学出版社 1996 年版，第 522—528 页。

第二节 西周之"史"非专职"记言""记事"官

考察西周时期之"史",主要应从金文中求证,参以《周礼》等文献。

进入西周时期,"史"与"事"始别为二字。"史"字的基本含义固定为"任事者",同时还有"使"(差遣)之义,如《大克鼎》"锡汝史小臣霝龠鼓钟"之"史",《鬲攸从鼎》"虢旅迺史攸卫牧誓曰"之"史",都是"使"之义。同时,也还有通"事"的情况存在。

《周礼》中,天官之属有"女史",春官之属有"大史"、"小史"、"内史"、"外史"、"御史"。

涉及西周职官的青铜器约400件,铭文有"大史"者7条,有"史"者80余条,有"内史"(包括"内史尹"、"作册内史"、"作命内史"、"内史友")者26条,"御史"2条,其余"右史"、"中史"、"省史"、"书史"、"敞史"、"缕史"、"濒史"、"佃史"各1条,计130余条。[①]这些带有"史"字的"任事者"或受"差遣"者,当时并没有被称作什么"史官",而是到东汉才被笼而统之地称为"史官"的。这种仅仅名称中带有"史"字的所谓"史官",无一是专职"记言"、"记事"之官,上千年来却从未加区分而混为一谈。

下面,对西周时期带"史"字的职官分别进行考察。

一、大史(亦作"太史")

大史,为《周礼》春官宗伯之属,下大夫,掌建邦之六典,掌法、掌则以逆官府、都鄙之治。正岁年以序事,颁于官府、都鄙。大

---

① 详见张亚初、刘雨:《西周金文官制研究》,中华书局1986年版。

祭祀、大会同、朝觐，以书协礼事。大丧执法以涖劝防，小丧赐谥。

西周铭文虽然只有 7 条材料，但早期铭文已有"大史"之职。晚期的《毛公鼎》、《番生簋》铭，以"大史寮"与"卿事寮"相提并论。据此，王国维认为："毛公鼎、番生敦二器'卿事'作'事'，'大史'作'史'，始别为二字。"①郭沫若进一步提出："金文于卿士称寮，可知其属不止一人。屡与大史对举，当与大史为同级之官。"②斯维至更加明确地认为："《番生毁》、《毛公鼎》均以卿事寮与大史寮并称，余谓西周之时实为两寮共同执政。迨春秋中叶以后，大史终于渐渐沦为闲职，遂造成卿事专权之局面。"③西周早期的《矢令方彝》非常清楚地铸着："王令周公子明保尹三事四方受卿事寮。"据此，"卿事寮"掌"三事"（三事大夫）和"四方"（诸侯方国），领百官，会决政务，类似唐、宋的尚书省。与"卿事寮"对应的"大史寮"领"三大"（大史、大祝、大卜），掌册命、诏敕、祭祀、礼仪，类似唐、宋的中书省。《周礼》以大史为下大夫，与铭文所反映的实际不符。

以铭文结合文献，所见大史主要职掌如下：

（一）掌册命、赏赐

《中方鼎》铭："王令大史兄禀土。"《尚书·顾命》："太史秉书，由宾阶隮，御王册命。"此为大史传达成王遗命予康王，"麻冕彤裳"与太保、太宗同，足见其地位绝非"下大夫"可比。

（二）奉命为使，多是临时差遣

《作册魅卣》铭："佳公大史见服于宗周……公大史咸见服于辟王，辨于多正……公大史在丰……王遣公大史。"虽未说王遣公大史到各处办理何事，但受王差遣却是无疑。

另一条有明确差遣者，是与内史等共同处理田邑诉讼之事。《鬲

① 王国维：《观堂集林》卷 6《释"史"》。
② 郭沫若：《〈周官〉质疑》（1932 年），《金文丛考》，人民出版社 1954 年版，第 54 页。
③ 斯维至：《西周金文所见职官考》，《中国文化研究汇刊》第 7 卷（1947 年 9 月）。

从盨》铭："（王）在永师田宫，令小臣成友逆□□内史无夥大史旟曰：章厥嚣夫吒鬲从田……"

（三）掌历法，参预重大仪式

《国语·周语上》周宣王"不籍千亩"，虢文公劝谏说："古者，太史顺时觌土，阳瘅愤盈，土气震发，农祥晨正，日月底于天庙，土乃脉发。先时九日，太史告稷曰……及籍，后稷监之……"这里所谓的"古者"，指西周初期、中期，表明西周晚期太史之职或不复存在，或日渐低微。

（四）筬王阙

《左传》襄公四年："昔周辛甲之为太史也，命百官，官筬王阙。"这是指周初大史的两项基本职掌，其一为"筬王阙"。

此外，《尚书·立政》"周公若曰：'太史、司寇苏公，式敬尔由狱，以长我王国'"，似乎太史亦参预司法大事。或许《周礼》以太史"掌法以逆官府之治，掌则以逆都鄙之治"，即据此而衍义。

《史记·周本纪》幽王二年、三年，周太史伯阳（甫）读史记，预见"周将亡"，"祸成矣，无可奈何"。

二、内史

内史，为《周礼》春官宗伯之属，中大夫，掌王之八枋之法，以诏王治。执国法及国令之贰，以考政事，以逆会计。凡命诸侯及孤卿大夫，则策命之。掌书王命，遂贰之。

金文中，"内史"称谓最复杂，有"内史尹"、"内史"，有"作册内史"、"作命内史"，还有"内史友"。

铭文所见"内史"，以《周公毁》（《井侯毁》）铭、《冰鼎》铭为最早，"内史"一职似在西周昭王前后新设。然《尚书·酒诰》以"太史友"与"内史友"并举，又似周初已有"内史"。

《周礼》以"内史"为中大夫，地位高于下大夫的"大史"。《冰鼎》铭："内史用虣朕天君。"《彧鼎》铭："王剅姜使内使友员易彧玄衣、朱襮裣。""天君"、"王剅姜"系指王后，此"内史"及"内史友"是在执行王后使命，"内史"当为"内廷之使"。郑玄注也表明了这一点："太宰既已诏王，内史又居中贰之。"尽管西周尚无"太宰"之职，但金文材料有"宰"一职，掌内廷事务，出纳内廷之命。所谓"内史居中贰之"，显然是指内史为内廷官，以佐"宰"或"太宰"。具体职掌，据金文及文献，大致如下：

（一）掌册命

从金文材料看，基本都是"王乎（呼）内史某册令（命）某"，与《周礼》内史"凡命诸侯及孤卿大夫，则策命之"完全相符。

（二）奉命为使，多为临时差遣

前引《彧鼎》铭，为王后之使。前引《鬲从盨》铭，是奉王命与太史共等同处理田邑诉讼之事。另据《裘卫鼎》铭，诸侯亦有"内史"，其僚属"内史友"还奉命参与过裘卫踏勘邦君厉的地界。

在 26 条材料中，称"内史尹"者 5 条，称"内史友"者 2 条，称"作册内史"者 2 条，称"作命内史"者 1 条，其职均为"掌册命"——"王乎作册内史（作命内史）某册令某"，无一例外。

"内史尹"（或作"内史尹氏"），被推测为内史之长，说见《诗·小雅·十月之交》孔颖达《正义》。

在"作册内史"之外，另有称"作册"（或"作册尹"）的 20 条金文材料（包括诸侯"作册"）。"作册"长期不得其解，至孙诒让始疑为内史之异名："内史掌册命之事，或即称为作册"。然而，除了掌册命即"王乎作册某册令某"而外，其职掌还有：

1.《睘尊》铭："君令余作册睘安夷伯。"《睘卣》铭："王姜令作册睘安夷伯。"出使安抚诸侯。

2.《折尊》铭："王在斥戊子，令作册折兄望土于相侯。"作册折，掌威仪，详见下文《史墙盘》铭。

3.《寓鼎》铭:"作册寓□□□对王休。"

《裛尊》、《裛卣》、《折尊》以及《益卣》,均为西周昭王时器。此间,同时有裛、折、益三"作册",却不见有"作册尹"。中期以后,铭文所见基本上都是"作册尹"了。

从上述"作册"与"内史"的职掌看,不完全相同。但《吴方鼎》"作册吴",显然就是《师虎毁》、《牧毁》等的"内史吴","作册"与"内史"之间似又可以画等号。

仔细考察,二者既有区别,又有联系。

"作册",不但见于武丁至商末的卜辞,还见于商代后期的《作册般甗》、《作册豐鼎》铭文,甚至《帝晨鼎》铭文中还有"作册友史"。《尚书·洛诰》"王命作册逸祝册"。"王命周公后,作册逸诰",与金文中"作册"掌册命的情况完全一致。而到西周晚期,不仅金文材料中不见"作册"、"作册尹",就是《左传》、《国语》等文献,也无"作册"、"作册尹"而只见"内史"。相反,商代至西周初年不见"内史",只是到西周昭王以后的《周公毁》(《井侯毁》)、《冰鼎》才出现"内史",而后"内史"便成为一种常见的官职。26条金文材料中除《裘卫鼎》的"内史"为诸侯内史之外,18条为西周中期"内史",7条为西周晚期"内史"。

由上述金文提供的材料看,"作册"经历殷商后期到西周晚期,逐步过渡为"内史"。最初称"作册",掌册命,但册命之事不如中后期繁多,往往作为临时差遣。中期以后,适应册命不断增多和内廷出令的需要,设置了内廷之使——"内史",代宣王命,奉命出使。"作册"、"内史",职掌逐渐趋一,同时出现"作册"、"内史"、"作册内史"、"作命内史"等称谓,这是一个并行时期。到了西周晚期,"内史"便完全取代"作册",不再有"作册"而只有"内史"了。

此外,"作册"与"大史"。《尚书·顾命》以毕公为大史,而《史记·周本纪》称毕公为"作策毕公",似"大史"亦可称"作册"。这仅仅是就毕公一人而言，还是"大史"原本亦称"作册"，尚待新证。

三、御史

御史，为《周礼》春官内史之属，中士，掌邦国、都鄙及万民之治令，以赞冢宰。凡治者，受法令焉。掌赞书，凡数从政者。

金文中，"御史"仅二见：《御史竞殷》和《洺御史罍》铭文。《御史竞殷》仅提到"伯犀父蔑御史竞曆。"据同时出土的《竞卣》铭文，知御史竞随犀父征"南夷"，"竞蔑曆，赏竞章"。此"御史"，非《周礼》之"御史"，为随军御事。《洺御史罍》铭文之"洺御史"，应为洺地诸侯之御史，或为战国时期韩、赵、秦之御史的先声。

四、右史

《礼记·玉藻》："动则左史书之，言则右史书之。"

西周金文仅一见，即《利殷》铭："王在管师，锡右史利金。"受赏者名利，其职为右史。另有《史利簠》铭："史利作匜。""右史利"与"史利"即便同为一人，也不能确定其为"记言"之"右史"。

五、史

在贯以各种名目之"史"而外，金文中尚有80余条关于"史"（包括诸侯之"史"）的材料。就铭文所记，这些称"史"者的职掌大致有六个方面：

（一）掌宣王命

《中甗》铭："史兒至，以王令曰：……"

（二）掌册命

"王乎史某册某"一类铭文最多，如《作册吴方彝》、《望殷》、《师酉殷》、《蔡殷》、《此殷》等。其中，有一种情况，明确写着"史某受土令书，王乎史某册某"，如《趞鼎》铭："史留受王令书，王乎内史留册易趠。"《衰盘》铭:"史耒受王令书,王乎史减册易衰。"

需要指出的是,此类铭文都属西周中期以后,早期不见。

(三)代王巡视、安抚地方

《臣辰盉》铭:"王令:士上眾史寅屖于成周。"有同铭尊、卣各一件。《史颂鼎(二)》铭:"王在宗周,令史颂徇苏灄友里君百生帅堣鳌于成周。"《殷(四)》同铭。

(四)参预各种宗教活动、册命仪式

《史懋壶》铭:"王在莽京湿宫,亲令史懋路筮。"《屖敖殷》铭:"其右子歙史孟,屖敖堇用献于史孟。"

(五)随军从征

《员卣》铭:"员从史靯伐会。"再如《寽鼎》铭所记。

(六)临时差遣

《趞曹鼎》铭文:"王射于射庐,史趞曹易弓矢……"《史免簠》铭:"史免作旅匡,从王征行,用盛稻粱。"《善夫克盨》铭:"王令尹氏友史趞典善夫克田人。"其中,有与"内史"相同者,《免卣》铭:"王蔑免曆,令史懋易免载市……"《裘卫殷》铭:"王乎内史易卫载市……"

在上述职掌外,另有一项很少注意的职掌——"司威仪"。《史墙盘》铭文284字,有近半的篇幅叙器主史墙家族来历:烈祖微史,乙祖即《折尊》中的父乙,亚祖辛即史墙之祖作册折,文考乙公即作册折之子丰。裘锡圭结合同窖出土的《痪簋》铭"皇祖考司威义(仪),用辟先王"等,综合考察后认为:自烈祖微史、亚祖作册折,直至史墙、史墙子痪,世代"在周王朝担任掌管威仪的史官,地位并不很高,但乙公(即丰)和他的儿子墙、孙子痪却铸造了大量贵重的青铜器,显得跟他们的地位有些不大相称"。①

---

① 裘锡圭:《史墙盘铭解释》,《文物》1978年第3期。

《史记·周本纪》武王命南宫括、史佚展九鼎保玉。

《史记·鲁周公世家》武王克殷二年，武王有疾，周公设三坛，戴璧秉圭告于太王、王季、文王。史策祝曰……周公已令史策告太王、王季、文王，欲代武王发，于是乃即三王而卜。卜人皆曰吉，发书视之，信吉。……周公藏其策金縢匮中……周公卒后，成王与大夫朝服以开金縢书……二公及王乃问史百执事，史百执事曰：……

《史记·晋世家》成王与叔虞戏，削桐叶为珪以与叔虞，曰："以此封若。"史佚因请择日立叔虞，曰："天子无戏言。言则史书之，礼成之，乐歌之。"

不仅王室有"史"，诸侯也有"史"。限于材料，确知为诸侯之"史"者不过10余条，如《齐史疑觯》之"齐史疑"，《寓毁》之"晋人史寓"，《逆钟》之"叔氏令史奡"，《齐莽史鼎》之"齐莽史喜"等，身份比较明确，或属诸侯之"史"，或属卿大夫之"史"。

六、金文、《周礼》其余诸"史"

金文所见"中史"、"省史"、"书史"、"毃史"、"缕史"、"瀕史"、"佃史"各1条，为《周礼》所无。而《周礼》天官之属"女史"，春官之属"小史"、"内史"、"外史"，又为金文所无。

七、《周礼》府之属吏——史

《周礼》各府均有属吏，即《天官冢宰》所叙"宰夫"之职——"掌百官府之徵令，辨其八职"者：

> 一曰正，掌官法以治要。二曰师，掌官成以治凡。三曰司，掌官法以治目。四曰旅，掌官常以治数。五曰府，掌官契以治藏。六曰史，掌官书以赞治。七曰胥，掌官叙以治叙。八曰徒，掌官令以徵令。

需要区分的是："掌官书以赞治"之"史"，虽然主要职责就是与官文书打交道，但他们都是由各级职官自辟的属史。这一类的府、史等，直至唐代仍然是各级府衙中的署吏，与"记事"、"记言"之"史"没有直接关系。

通常所说"守藏史"一类的"史"，应当属于这个范围，但并非前面所说各"史"。

通盘考察《周礼》和西周金文中带"史"字的"史官"后，结论只有一个：西周时期以"史"名官者名目众多，但职掌十分明白，包括《周礼》注疏也说很清楚，均非专职"记事"、"记言"的史官，二者不得混为一谈！

这里，纠正一种认识——掌簿书者即为记事、记言之"史"。这种认识从上述《周礼》属史"六曰史，掌官书以赞治"而来，郑玄补充说："赞治，若今起文书草也。"这一类的"史"，为各府衙自辟的署吏，不纳入职官系统。他们所掌仅仅是各府衙文书，至唐初直呼其为"掌书记"。此类的书记官虽然掌管府衙文书，名称中也带有"史"字，但并非记事、记言之"史"。尤其不应混淆的是，掌最高决策簿书者，决非专职记事、记言之"史"。以上引《史记》中之"史佚"而言，亦非专职"记言"、"记事"之史。唐、宋时期的中书舍人、翰林学士、知制诰等，按照皇帝旨意起草诏命，但谁也没有把他们等同于史馆修撰那样的专职史官。同样，档案与史书不能画等号，掌管档案与编纂史书也不容混淆。

第三节　东周列国之"史"始指"史官"与"史书"

平王东迁以后，进入春秋战国时期，整个社会出现了自下而上的巨大变革。"天"已不再神圣，"天子"日渐有名无实，诸侯争霸此起彼伏，卿大夫不断起而代之，直至陪臣执国命，世卿世禄的贵族神权政治体制逐渐被摧毁；"礼崩乐坏"，往日的文教体制同样遭到巨大冲击，"学在官府"的旧格局一去不复返，知识、文化下移……

在这种巨大的变革冲击下，"史"同样发生着"推陈出新"的变化：昔日之"史"日渐没落，被赋予新的含义——编纂纪事之人（史官）和编纂纪事之书（史书），开始有了东汉以来说"史"所赋予的含义。

考察东周列国之"史"，主要从记述春秋战国最早的史书中求证，同时注意剔出东汉以后渗入的观念。

一、昔日之"史"日渐没落

（一）大史

1.《左传》记载：

（1）文公十八年，（鲁）"季文子使大史克对曰：……"。这是备顾问。据《诗·鲁颂·駉》序，史克作此颂。

（2）宣公二年，（晋）"大史书曰'赵盾弑其君'，以示于朝。"这是司记事。

（3）襄公二十五年，（齐）"大史书曰：'崔杼弑其君。'"这也是司记事。

（4）襄公三十年，（郑）"伯有既死，使大史命伯石为卿"。这是掌册命。

（5）昭公元年，（郑）"公孙黑强与于盟，使大史书其名，且曰'七子'。"这是司记事。

（6）昭公二年，（鲁）"晋侯使韩宣子来聘……观书于大史氏，见《易》、《象》与《鲁春秋》……"。这是保管史籍。

（7）昭公十七年，（鲁）"日有食之。祝史请所用币。……大史曰：'在此月也。……'"。这是掌天象。

（8）哀公十四年，（齐简）"公执戈，将击之。大史子余曰：'非不利也，将除害也。'"这是预谋划。此即《史记·田敬仲完世家》中"太史子余"。

（9）哀公二十四年，（晋）"晋师乃还，饮臧石牛，大史谢之……"。这是随军出使。

从上述《左传》中大史的从属情况看，都不再是周王室大史，而为各诸侯大史。从职掌情况看，掌册命、备顾问的情况减少，司记事的情况增多，开始有保管史籍的明确记载。不过，《史记》中周王室仍有大史。《陈杞世家》厉公二年，周太史过陈，陈厉公使以《周易》筮之。《楚世家》楚昭王二十七年，昭王病于军中，昭王问周太史。另，《陈杞世家》晋平公问太史赵，此"太史赵"为晋太史，即下文《左传》中"史赵"。

2.《国语》记载：

（1）《鲁语上》"里革更书逐莒太子仆"条：与《左传》文公十八年所记略同，莒太子仆弑其君纪公，以其宝奔鲁。鲁宣公使人以书命季文子曰："为我予之邑，今日必授，无逆命矣。""里革遇之而更其书"，明日有司复命，宣公以其"违君命"而执之。"里革"对曰："臣以死奋笔……使君为藏奸者，不可不去也。"此处"里革"（即《左传》"大史克"）不仅仅是应对顾问、匡君过失，而且直接更改宣公命书，颇有先前大史掌册命之遗风。《鲁语上》另有"里革断宣公罟而弃之"、"里革论君之过"两条，均为应对顾问、匡君过失。

（2）《郑语》"史伯为桓公论兴衰"条："桓公为司徒，甚得周众与东土之人，问于史伯。"史伯，乃周大史。郑桓公为司徒，时在周幽王八年。《史记·郑世家》亦有郑桓公问太史伯的记载。这是应对顾问。

（二）内史

1.《左传》所见：

（1）庄公三十二年，"有神降于莘。（周）惠王问诸内史过曰：'是何故也？'对曰：'国之将兴，明神降之，监其德也；将亡，神又降之，观其恶也。'"这是备顾问。

（2）僖公十一年，"天王使召武公、内史过赐晋侯命"。这是掌册命。

（3）僖公二十八年，"王命尹氏及王子虎、内史叔兴父策命晋侯为侯伯"。这也是掌册命。

（4）襄公十年，"使周内史选其族嗣，纳诸霍人。"这是为晋选族嗣。

2.《国语》所见：

（1）《周语上》"内史过论神"条："有神降于莘，王问于内史过……"。这是备顾问。

（2）《周语上》"内史过论晋惠公必无后"条："襄王使邵公过及内史过赐晋惠公命"。这是掌册命。

（3）《周语上》"内史兴论晋文公必霸"条："襄王使太宰文公及内史兴赐晋文公命"。这也是掌册命。

从这几条材料看，均为周王室内史，职掌与西周内史同。掌册命、备顾问的几条，均在东周初年。随着周王室日渐衰微，不存在册命诸侯的情况，内史之职随之而亡。为晋国选其族后嗣，人虽为"周内史"，但已经沦落为晋侯差遣了。

（三）史

1.《左传》所见：

（1）闵公二年，狄人因史华龙滑与礼孔，以逐卫人。二人曰："我，大史也，实掌其祭。"这是卫大史，掌祭祀。

（2）庄公三十二年，"神居莘六月。虢公使祝应、宗区、史嚚享焉。"这是虢大史，备顾问、掌祭祀。

（3）僖公十五年，"史苏占之，曰：'不吉。……'"。这是晋卜筮之史。

（4）文公十三年，"邾文公卜迁于绎。史曰：'利于民而不利于君。'"这是邾卜筮之史。

（5）成公十六年，"（晋厉）公筮之。史曰：'吉。……'"。这是晋卜筮之史。

（6）襄公九年，穆姜薨于东宫。往而筮之，遇"艮"之八。史曰：是谓"艮"之"随"。"随，其出也。君必速出！"这是鲁卜筮之史。

（7）襄公二十五年，崔武子筮之，遇"困"之"大过"。史皆曰："吉。"这是齐卜筮之史。

（8）襄公三十年，"师旷曰：……史赵曰：……有史赵、师旷而咨度焉"。这是晋之史，备顾问。

（9）昭公元年，叔向曰："寡君之疾病，卜人曰'实沈、台骀为崇'，史莫知之。"这是晋卜筮之史。

（10）昭公七年，"史朝见（孔）成子，告之梦，梦协。……孔成子以《周易》筮之……以示史朝。史朝曰：'元亨'，又何疑焉？"又有史朝之子史苟，亦卫卜筮之史。

（11）昭公十一年，"葬齐归，公不慼。晋士之送葬者，归以告史赵。史赵曰：'必为鲁郊。'"这也是晋之史，占卜以备顾问。

（12）昭公二十九年，"魏献子问于蔡墨……蔡史墨曰：……"。蔡史墨，即史黯，姓蔡，晋大史，备顾问。

（13）昭公三十一年，"赵简子梦童子裸而转以歌，旦占诸史墨"。这是占卜释梦。

（14）昭公三十二年，吴伐越，史墨曰："不及四十年，越其有吴乎！越得岁而吴伐之，必受其凶。"这是占卜谈国祚。

（15）定公四年，"史皇谓子常曰：'楚人恶子而好司马……子必速战，不然，不免。……子常知不可，欲奔。史皇曰：'安，求其事；难而逃之，将何所入？子必死之，初罪必尽说。'"这是楚之大夫，谋划、顾问。

（16）定公十三年，卫公请享灵公，见史鳅而告之。史鳅曰："子必祸矣！子富而君贪，其及子乎！"此史鳅，即《史记·卫康叔世家》中之史鳅。这也属备顾问。

（17）哀公九年，"晋赵鞅卜救郑，遇水遇火，占诸史赵、史墨、史龟。史龟曰……史墨曰……史赵曰……"。这都是晋之史，占卜以备顾问。

2.《国语》所见：

（1）《晋语一》"史苏论献公伐骊戎胜而不吉"条："献公卜伐骊戎，史苏占之，曰：'胜而不吉。'"这是卜筮之史。

（2）《晋语一》"史苏论骊姬必乱晋"条：史苏告大夫："君以骊姬为夫人……必败国且深乱。"这是资政、顾问。

（3）《晋语二》"虢将亡舟之侨以其族适晋"条："虢公梦在庙，有神人面白毛虎爪……觉，召史嚚占之，对曰……"。这是大史占卜。

（4）《晋语九》"史黯谏赵简子田于蝼"条，是劝谏。

（5）《晋语九》"史黯论良臣"条，是资政、顾问。

此外，《史记·赵世家》晋景公三年，赵史援占之曰……，也属卜筮之史。

（四）左史

1.《左传》襄公十四年，诸侯之大夫从晋侯伐秦，荀偃令各军"唯其马首是瞻"，下军帅栾黡以"晋国之命，未是有也"，乃撤军，下军从之。"左史谓魏庄子（绛）曰：'不待中行伯乎？'"

此"左史"非"记事"或"记言"之"左史"，而是随军之史，备顾问。

2.《左传》昭公十二年，"左史倚相趋过，王曰：'是良史也，子善视之！'"

《国语·楚语》，多见左史倚相，均为资政、顾问，而无"记事"或"记言"。"王孙圉论国宝"条，明确叙述了其职掌：

有左史倚相，能道训典，以叙百物，以朝夕献善败于寡君，使寡君无忘先王之业；又能上下说于鬼神，顺道其欲恶，使神无有怨于楚国。

完全是从资政、顾问（包括通晓天文）等方面肯定倚相为楚之国宝的，地位亦非《礼记·玉藻》"记动"之"左史"可比。周景王称倚相为"良史"，显然是从资政、顾问这方面说的，希望楚灵公要"善视之"。尽管《左传》下文紧接着有"是能读《三坟》、《五典》、《八索》、《九丘》"一句，也是强调其"博闻强记"的意思，与含有"秉笔直书"之义的"良史"联系不上。

从上述《左传》、《国语》所见"史"的情况看，除个别职为大夫（如史苏为晋大夫、史皇为楚大夫）、大史（如史嚚、史墨）外，绝大多数都属于卜筮之史，甚至有些"顾问"或"谋划"也与占卜联系在一起。有名者如史嚚、史墨、史苏、史赵、史朝、史苟、史鳛、史龟等，其余则仅仅知道为卜筮之史，连个名字也没有。

二、"史"被赋予新的含义

殷周时代，有远见的政治家周公、哲人思想家以及公卿列士、"瞽"、"史"、"师"、"瞍"们，反映出的历史思想的确很发达，相比而言，在历史编纂方面却远远落后于发达的历史思想。仅有发达的历史思想而没有相应的历史编纂，谈不上真正的史学。只知道"君举必书"而不懂得历史编纂，其人算不得真正的史家（史官），所记同样算不得真正的史书。那么，殷周时代的历史编纂处于什么状态呢？

作为宗法社会，有谱有牒以记世系是没有问题的。但司马迁所见，"自殷以前诸侯不可得而谱，周以来乃颇可著。"① 所谓 "周以来乃颇可著"，是什么情况呢？

> 谱谍独记其世谥，其辞略，欲一观诸要难。②

谱牒之外，《史记·周本纪》成王时已有 "记政事，作《武成》" 的记载。假定这一 "记政事" 的做法在整个周代延续不断，形成墨子所见 "周之《春秋》"。孔子 "西观周室，论史记旧闻"，经过详细的了解，结果又如何呢？

> 孔子因史文次《春秋》，纪元年，正时日月，盖其详哉。至于序《尚书》则略，无年月；或颇有，然多阙，不可录。③

西周及西周以前的历史编纂所能达到的最高水平就是这个样子！《左传》中所见引书，除了《诗》、《书》、《易》之外，其余《夏书》、《书》(逸书)、《史佚之志》、《郑书》……可以想象，其编纂水平远不如《尚书》，没有年月，即或有，也多阙，"不可录"。

东周列国的纷争，推动着诸侯编纂各自历史，赋予 "史" 新的含义——"史官"（史家）。

《史记·秦本纪》明确记载：

> （秦文公）十三年，初有史以纪事……

《史记·秦始皇本纪》明确记载：

---

① 《史记》卷13《三代世表》序。
② 《史记》卷14《十二诸侯年表》序。
③ 《史记》卷13《三代世表》序。

丞相李斯曰："臣请史官非《秦记》皆焚烧之。"

《史记·六国年表》序明确记载：

太史公读《秦记》……

三条记载联系起来，"初有史以纪事"的"史"字，是迄今所见最早明确同历史编纂联系在一起的"史"。"臣请史官非《秦记》皆焚烧之"的"史官"，即"初有史以纪事"的"史"，是最早将"史官"二字连用的记载。"太史公读《秦记》"，表明《秦记》不仅是秦史官所纪，而且是编纂成书的。

《史记·封禅书》有两则纪事与秦史记相关：一为文公梦黄蛇自天下属地，问史敦，敦曰："此上帝之征，君其祠之"，于是作鄜畤，用三牲郊祭白帝，证明秦文公有史以纪事，但史敦尚属"巫史"性质，非专司记事；一为"缪公立，病卧五日不寤。寤，乃言梦见上帝，上帝命缪公平晋乱。史而记藏之府"，表明"史"专司记事。《史记·廉颇蔺相如列传》渑池之会，蔺相如、秦王击缶，秦、赵"御史"各记其事。"御史"乃御前之史，为专司记事官。

列国争霸愈演愈烈，诸侯纪各自之史更加显得必要。出现司马迁所说"诸侯史记"，恰恰是"有史以纪事"的结果。"有史以纪事"的蓬勃兴起，进一步推动着历史编纂的发展。这时的"史"，已不完全等同于殷周之"史"。"史"真正指"历史编纂"，指"历史编纂"之人（史官、史家），指"历史编纂"成果——"史书"（历史文献），是从东周列国（或春秋时期）开始的。

三、对"史"的普遍认识

通常引"文胜质则史"，并没有弄明白原话意思。《论语·雍也》

记载如下：

> 子曰："质胜文则野，文胜质则史，文质彬彬，然后君子。"

质，本质。文，表现形式。"质胜文"谓之"野"，"文胜质"谓之"史"。原话的意思很清楚，"质胜文"与"文胜质"，均有所偏：太过直白，不讲表现形式，虽然揭出本质，是大实话，却是狂野的表现，非君子所为；而"文胜质"的"史"，以委婉的形式表现本质，往往文过饰非，同样算不上君子，只有文质相兼，即"文质彬彬"者才称得上是君子。

联系孔门弟子对君子、小人的观点，看当时对于"史"的看法。《论语·子张》记有子夏这样一句话："小人之过也必文也。"《史记·孔子世家》记群臣对齐景公的话："君子有过则谢以质，小人有过则谢以文。"显然，当时都是将君子与"质"、小人与"文"相对应的。《论语·子路》有"君子与其所不知，盖阙如也"，《卫灵公》记子曰"吾犹及史之缺文也"，强调"不知即缺"是君子的态度。《仪礼·聘记》指明"史"与"辞"（文）相关联的特点："辞无常，逊而说。辞多则史，少则不达。"

有了上述基本认识之后，再用具体史实来"参验"一下。鲁僖公二十八年冬，鲁、晋、齐、宋、蔡、郑、陈、莒、邾、秦等诸侯会盟于温，讨不服晋的卫、许。晋文公为显示其高于列国的特殊地位，召周襄王到温接受朝贺。《春秋》记此事仅用"天王狩于河阳"六字，源于晋史（《晋乘》或《晋史记》）的《史记·晋世家》直书其事："晋侯会诸侯于温，欲率之周朝，力未能，恐其有畔者，乃使人言周襄王狩于河阳。"《左传》沿晋史记为"晋侯召王，以诸侯见，且使王狩"，并引"仲尼曰"作评："以臣召君，不可以训，故书曰'天王狩于河阳',言非其地也,且明德也。"①但保留在《论语·宪问》中的孔子的态度却是:"晋文公谲而不正。""谲而不正",显然非君子。

综合起来,晋文公召周襄王是史实("质"),而"天王狩于河阳"恰恰成为"文胜质则史"的经典例证!同时,印证了《礼记·聘记》"辞无常"、"辞多则史"的说法。不应忘记的是,这"史"是入不了"君子"行列,基本被视为"小人"的。且看实证:《左传》昭公二十年,齐景公久病不瘳,诸侯问疾者多。有宠臣对景公说:"今君疾病,为诸侯忧,是祝、史之罪也。诸侯不知,其谓我不敬,君盍诛于祝固、史嚚以辞宾?"引起景公与晏婴的一番论对,事虽不了了之,但打算用杀祝固、史嚚的办法来辞谢前来问病的宾客,足以表明"史"的社会地位。正因为此,《吕氏春秋·士容》篇才有这样的记载:"唐尚敌年为史,其故人谓唐尚愿之,以谓唐尚,唐尚曰:'吾非得不为史也,羞而不为也。'"如此看来,司马迁所说"文史星历近乎卜祝之间,固主上所戏弄,倡优畜之,流俗之所轻也"②,决非发一时愤慨,实在是哪个时代社会对"史"们的普遍认识!

---

① 《左传》僖公二十八年。
② 《汉书》卷62《司马迁传》。

第三章　口述传说与成文记事

从世界范围来讲，历史悠久的国家，大都经历过从口述传说向成文记事的过渡。中国史学萌芽阶段的独特之处，表现为口述传说与成文记事的同时并进，不像古代希腊先有"口述传说"时代，然后进入"成文记事"时期。在中国，"口述传说"的整理与成文，甚至比"成文记事"的出现还要晚。

第一节　成文记事的开端

探讨文明起源，文字的出现是一项重要标志。那么，中国古代文字究竟出现于何时呢？

自 20 世纪中叶以来，从半坡仰韶文化的陶器符号，到大汶口文化的陶文，再到良渚及龙山时代的刻写文字，新的发现层出不穷，极大地推进着中国文字起源的研究。然而，材料毕竟嫌少，加之这些发现年代久远，研究难免不带推测成分，以致学者间认识很不一致。即便这些符号已有固定的语音，亦非随意刻划，而且是用来"记言"乃至于"记事"的，但都是以单个或孤立的形式出现的，很难断定是成熟的文字。文字作为记录和传达语言的书写工具，不仅要有记录语言的功能，还必须具备传达语言的功能，而这"传达"功能则是判定书写符号是否文字的重要标志。如果这些刻划仅仅为制作人（或制作圈）出于某种记忆需要所作"记号"，不为制作人（或制作圈）以外其他人所认识、所使用，即便其中带有制作人（或制作圈）的某种意识，这些"记号"无论如何也不能算作是文字①，只能说其是原始书写（或绘画）的表现形式。或许，我们应该同意这样的认识：

> 这些符号是人们有意识刻划的，代表一定的意义。……与我们文字有密切的关系。也很可能是我国古代文字原始形态之一，它影射出我们文字未发明以前，我们祖先那种"结绳纪事""契木为文"等传说，有着真实的历史背景的。②

19 世纪末、20 世纪初，在河南安阳发现甲骨片，经过几十年的研究证明，刻划在龟甲兽骨上的文字，主要是殷代王室占卜的记录，因而称之为"卜辞"。其所使用的文字只有几千字，一半以上可以认识，不认识的大都是专名，如地名、人名、族名等，其义可知，其音不能得其读。虽然卜辞所使用的文字并不是殷代文字的全部，但从现有的研究成果看，卜辞涉及范围十分广泛，凡祭祀、征战、田猎、疾病、风雨冥晦、年辰丰歉、时日吉凶、用人用牲多寡、分娩或男或女……一切大事小事，都要通过龟甲兽骨的占卜。用现在的概念说，政治、经济、文化、社会等方方面面，无所不包。《甲骨文合集》集一个多世纪来出土甲骨之大成，著录甲骨卜辞近 5 万片，根据记事内容分为四大类、二十二小类。

四大类为：（一）阶级和国家，（二）社会生活，（三）科学文化，（四）其他。

---

① 我们通常为了便于记忆，往往也作各式各样的"记号"，除了自己或极少数相关人而外，不为他人所知，不具备"传达"的功能，因此这些"记号"从来没有被当作文字。

② 中国科学院考古研究所、陕西省西安半坡博物馆编：《西安半坡》，文物出版社 1963 年版，第 198 页。

二十二小类为：（1）奴隶和平民，（2）奴隶主贵族，（3）官吏，（4）军队、刑法，（5）战争，（6）方域，（7）贡纳，（8）农业，（9）渔猎、畜牧，（10）手工业，（11）商业、交通，（12）天文、历法，（13）气象，（14）建筑，（15）疾病，（16）生育，（17）鬼神崇拜，（18）祭祀，（19）吉凶祸福，（20）卜法，（21）文字，（22）其他。

卜辞的程式非常简单，大抵是"某日某人卜问某事，吉或不吉"，有时记录其效验。记日用干支而不用数字。下面，结合甲骨文的记事内容，介绍一下甲骨文的记事形式。

发布命令：

[乙巳卜]，[㱿，贞王]大令众人曰：协田，其受年。十一月。（《合集》1）①

组建三军：

丁酉，贞王作三师右、中、左。（《合集》33006）

调集兵员：

辛巳卜，争，贞登妇好三千，登旅一万，乎伐□方。（《英藏》150）

今岁受禾：

癸丑卜，贞今岁受禾。弘吉。在八月，惟王八祀。（《合集》

---

① "㱿"亦作"㱿"、"㱿"、"㱿"，音 què，贞人。

37849）^①

生男生女：

> 甲申卜，殼，贞妇好娩嘉。王占曰：其惟丁娩，嘉。其惟庚娩，弘吉。三旬又一日甲寅娩。不嘉，惟女。（《合集》14002）

四方受年：

> 乙巳，王卜，贞[今]岁商受……王占曰：吉。东土受年？南土受年？西土受年？北土受年？（《合集》36975）
> ……

一条完整的卜辞，包括叙辞、命辞、占辞、验辞4个部分。

> 癸酉卜，亘，贞臣得？王占曰：其得。佳甲、乙。甲戌臣涉舟，延陷弗告。旬又五日丁亥执。十二月。（《合集》641）

其中，"癸酉卜，亘"是叙辞，在癸酉这天占卜，由卜人"亘"主持卜问。"贞臣得"是命辞，"贞"是卜问，问逃亡的"臣"能否抓获？"王占曰：其得。佳甲、乙"是占辞，"王占曰"是商王根据龟骨上的兆纹作出判断，能够抓获。"甲戌臣涉舟，延陷弗告。旬又五日丁亥执"是验辞，甲戌这天"臣"逃过"舟"这个地方后就失去线索，到15天丁亥日被抓获。最后，标明此事发生在十二月。从这条

---

① "惟王八祀"，系指王在位八年，但非历史纪年。"惟"或作"佳"（音 wéi）。

卜辞来看，记事文的基本要素——人物、时间、地点、事情经过，一应俱全，比起《春秋》记事，可谓"有过之而无不及"。但两者的最大区别在于：《春秋》是经过"系日、系月、系年"的编纂纪事，而卜辞仅仅是一个个占卜的记录，未经编纂（当时尚无"编纂"意识）的零散记事。作为占卜记录，卜辞还存在下述情况：

其一，卜辞中占辞是最重要的部分，决定着卜问之事是否可行。在出土的甲骨中，占辞基本上都是"王占"，还有不少卜辞由商王直接充作贞人，亲自命辞卜问。凡"叙辞"为"王贞"、"王卜"、"王曰"等，均是商王亲自主持占卜、命辞卜问。康丁以后的卜辞，贞人署名的契刻卜辞日渐减少。[①]

其二，验辞为了验证命辞，往往是在事后补写的。请看《甲骨文合集》著录的 13752 条卜辞："（癸巳）贞弞其有疾。王占曰：弞其有疾，惟丙不庚。二旬又七日庚申丧命。"[②] 卜问"弞"患病有无性命之忧，占卜日为癸巳日，兆象凶险，"二旬又七日庚申丧命"是验辞，表示占卜应验了。这"验辞"显然是在庚申日或其后才契刻上去的。最有意思的是《甲骨文合集》著录的 643（正丙）条卜辞："癸巳卜，宾，贞臣执。王占曰：吉，其执。佳乙、丁。七日丁亥既执。"七天前（丁亥）逃亡的"臣"已被抓到，而在七天后（癸巳）商王还在占卜，问能否抓到？凡此种种，引起不少学者的怀疑，"商王占卜是否一贯正确"，甚至认为到商代晚期占卜日趋程式化而呈现出衰落之势。[③]

---

① 据陈梦家统计，甲骨文中共有 120 位贞人，属于武丁时期 73 人，祖庚祖甲时期 22 人，廪辛康丁时期 18 人，武乙时期 1 人，帝乙帝辛时期 6 人。详见《殷墟卜辞综述》，科学出版社 1956 年版，第 202—205 页。

② "丧命"二字，卜辞刻划复杂，各家释文不一，特此说明。

③ 参见宋镇豪：《夏商社会生活史》，中国社会科学出版社 1994 年版，第 528 页。D·N·Keightley: *Sources of Shang History-The Oracle-Bone Inscriptions of Bronze Age China*, University of California Press, 1978.

其三，从甲骨发掘的实际情况看，绝大多数占卜甲骨并没有将占卜结果契刻上去，我们所见到的有卜辞的甲骨，仅仅是其中很少的一部分。

卜辞的上述实际情况至少表明这样两点：1.商王自充贞人，显然"贞人"并非如后来人们所说就是"史官"。2.商王的绝大多数占卜结果都不契刻到甲骨上，所谓"古之王者，世有史官，君举必书"的臆说不能成立。

根据甲骨文记事的成熟程度，人们推测在其之前必定有一个相当长的创制阶段，或许就是承继夏代而来。然而，迄今为止，经过20世纪整整一个世纪的甲骨文、现代考古与历史学、民俗学等的综合研究，结论仍然是中国自商代开始进入成文记事的历史时期。具体时段，大体在商王先公上甲至示壬、示癸的时代。王国维《殷卜辞中所见先公先王考》发表以来，经"甲骨四堂"的不断探索，在20世纪30年代即已经形成这样的认识：

> 殷之自上甲以下入于有史时代，自上甲以上则为神话传说时代。[1]

70年代以后，又进一步推断中国"成文历史的开始"当在"二示"即示壬、示癸的时代。[2]

不过，这里所说"有史时代"或"成文历史"，不是说此时中国已经有"史书"或"史学"，而是指从这时起中国开始进入用文字记事（"成文记事"）的历史时期。

---

[1] 郭沫若：《卜辞通纂》，《郭沫若全集·考古编》第2卷，科学出版社1983年版，第362页。

[2] 于省吾：《略论甲骨文"自上甲六示"的庙号以及我国成文历史的开始》，《社会科学战线》1978年第1期。

第二节　口述传说的流传

语言的出现较文字更早，口述传说理所当然地要比成文记事更早。但在人类初始阶段，"口述"的内容并非传说，而是当时所发生的事情，由于没有办法记录下来，只能凭着记忆一代一代地传述。所谓"十口为古"，口述的内容便渐渐地成为"古事"即往事了。

由于自然崇拜、祖先崇拜，流传的传说主要是原始记忆中先祖们生存斗争的事迹，包括客观外界的映象，先祖们的来历，先祖们与自然灾害的抗争、与各种社会力量的较量，等等。这种口述传说在文字出现以后，并没有被系统地记录下来，仍然以口耳相接的形式流传。为了便于流传，语言表述方式不断被加工、整齐。

直至西周末年，思想文化领域出现了新的变化。邵公谏厉王弭谤时提出：

> 是故为川者决之使导，为民者宣之使言。故天子听政，使公卿至于列士献诗，瞽献曲，史献书，师箴，瞍赋，矇诵，百工谏，庶人传语，近臣尽规，亲戚补察，瞽、史教诲，耆、艾修之，而后王斟酌焉，是以事行而不悖。[①]

西周政权摇摇欲坠的时候，上至公卿列士，下及百工庶人，以各种形式（献诗、献曲、献书，或箴，或赋，或谏，或传语）发表言论，出谋划策。在这样一种全社会的"文化运动"推动下，口述传说得以广泛流传，并不断被记录下来，逐渐形成文字记载，但甲骨

---

① 《国语·周语上》"邵公谏厉王弭谤"条。

文、青铜铭文基本不记口述传说。到了春秋时期口述传说被人们在各种场合反复征引，因而得以出现在现存的早期各类文献当中。《诗》、《书》、《易》、《春秋》、《左传》、《国语》、《战国策》、诸子著述、楚辞……无一没有口述传说的内容。不同的是，有些传说被人为地加以神话，有些传说被人为地历史化了。

下面，围绕禹、夏的历史，对其中保存的口述传说作简要考察。

《诗·文王有声》之外，《韩奕》有"奕奕梁山，维禹甸之。有道其倬，韩侯受命"，《长发》有"濬哲维商，长发其祥。洪水茫茫，禹敷下土方。外大国是疆，幅陨既长。有娀方将，帝立子生商。"这都是在借往事说今事，虽然简单，但口述的特点明显。

《尚书·尧典》、《皋陶谟》两篇一开头清楚交代"曰若稽古"，《洪范》也是箕子的"我闻在昔"，表明都是根据传说整理的。既为传说，流传中必然形成不同说法。今文《尚书·甘誓》说是夏后启伐有扈氏，《吕氏春秋·先己》亦为"夏后伯启与有扈战于甘泽"，而《墨子·明鬼下》"观乎夏书"，谓"《禹誓》曰"，所引文字与《甘誓》基本相同，却是禹伐有扈氏。究竟是禹伐有扈氏，还是夏后启伐有扈氏，已经无法弄清楚了。司马迁认为夏后启即天子之位，"有扈氏不服，启伐之，大战于甘"[1]，采用了今文《尚书》和《吕氏春秋》的说法。

《左传》中有关禹、夏的传说，都出自春秋时人之口。

襄公四年：魏绛与晋侯论和诸戎，引用"夏训"。"夏训有之曰：'有穷后羿——'公曰：'后羿何如？'"魏绛对曰：

　　　昔有夏之方衰也，后羿自鉏迁于穷石，因夏民以代夏政。恃其射也，不修民事，而淫于原兽，弃武罗、伯困、熊髡、龙

---

[1] 《史记》卷2《夏本纪》。

围，而用寒浞。寒浞，伯明氏之谗子弟也，伯明后寒弃之，夷羿收之，信而使之，以为己相。浞行媚于内，而施赂于外，愚弄其民，而虞羿于田。树之诈慝，以取其国家，外内咸服。羿犹不悛，将归自田，家众杀而亨（烹）之，以食其子，其子不忍食诸，死于穷门。靡奔有鬲氏。浞因羿室，生浇及豷；恃其谗慝诈伪，而不德于民，使浇用师，灭斟灌及斟寻氏。处浇于过，处豷于戈。靡自有鬲氏，收二国之烬，以灭浞而立少康。少康灭浇于过，后杼灭豷于戈，有穷由是遂亡，失人故也。……虞人之箴曰："茫茫禹迹，画为九州，经启九道。民有寝、庙，兽有茂草；各有攸处，德用不扰。在帝夷羿，冒于原兽，忘其国恤，而思其麀牡。武不可重，用不恢于夏家。兽臣司原，敢告仆夫。"虞箴如是，可不惩乎？

这就是夏史上所谓的"少康中兴"，是魏绛根据"夏训"所说。而所谓"夏训"，仅仅是魏绛所得之传闻。

哀公元年：吴王夫差败越，越王以甲楯五千保会稽，遣大夫文种因吴大宰嚭以求和，吴王将许之。伍员以为不可，亦以"少康中兴"为例告诫夫差：

臣闻之："树德莫如滋，去疾莫如尽。"昔有过浇杀斟灌以伐斟鄩，灭夏后相，后缗方娠，逃出自窦，归于有仍，生少康焉。为仍牧正，惎浇能戒之。浇使椒求之，逃奔有虞，为之庖正，以除其害。虞思于是妻之以二姚，而邑诸纶，有田一成，有众一旅。能布其德，而兆其谋，以收夏众，抚其官职，使女艾谍浇，使季杼诱豷。遂灭过、戈，复禹之绩，祀夏配天，不失旧物。今吴不如过，而越大于少康，或将丰之，不亦难乎！

这是出自伍员之口的"少康中兴",连根据（出处）都没有交代。

两则"少康中兴"的传说，一则出自魏绛，一则出自伍员，说法不尽相同，司马迁均未采用，《史记·夏本纪》没有"少康中兴"的内容。

《国语》中关于禹、夏的传说，同样是出自春秋时人之口，如《鲁语下》"孔丘论大骨"是孔子所闻：吴伐越，堕会稽，获骨焉，节专车。客执骨而问曰："敢问骨何为大？"仲尼曰："丘闻之：昔禹致群神于会稽之山，防风氏后至，禹杀而戮之，其骨节专车。此为大矣。"……客曰："防风何守也？"仲尼曰："汪芒氏之君也，守封、嵎之山者也，为漆姓。在虞、夏、商为汪芒氏，于周为长狄，今为大人。"客曰："人长之极几何？"仲尼曰："僬侥氏长三尺，短之至也。长者不过十之，数之极也。"此"僬侥氏长三尺"，即《山海经·海外南经》《大荒南经》的"小人国"。

《战国策·燕策一》"燕王哙既立"条，鹿毛寿谓燕王曰："不如以国让子之。人谓尧贤者，以其让天下于许由，由必不受，有让天下之名，实不失天下。今王以国让相子之，子之必不敢受，是王与尧同行也。"燕王举国属之，子之大重。另有人进言曰："禹授益而以启为吏，及老，而以启为不足任天下，传之益也。启与支党攻益而夺之天下，是禹名传天下于益，其实令启自取。今王言属国子之，而吏无非太子人者，是名属子之，而太子用事。"王因收印，自三百石吏而效之子之。子之南面行王事，而哙老不听政，顾为臣，国事皆决子之。子之三年，燕国大乱。

这一传闻，春秋时有几种不同说法，《韩非子·外储说右下》罗列如下：

潘寿谓燕王曰："王不如以国让子之。人所以谓尧贤者，以其让天下于许由，许由必不受也，则是尧有让许由之名，而实不失天下也。今王以国让子之，子之必不受也，则是王有让子之之名，而与尧同行也。"于是，燕王因举国而属之，子之大重。

一曰，潘寿阋者，燕使人聘之，潘寿见燕王曰："臣恐子之之如益也。"王曰："何益哉？"对曰："古者，禹死，将传天下于益，启之人因相与攻益而立启。今王信爱子之，将传国子之。太子之人尽怀印，为子之之人，无一人在朝廷者。王不幸弃群臣，则子之亦益也。"王因收吏玺，自三百石以上皆效之子之，子之大重。

一曰，燕王欲传国于子之也，问之潘寿。对曰："禹爱益，而任天下于益。已而，以启人为吏。及老，而以启为不足任天下，故传天下于益，而势重尽在启也。已而，启与友党攻益而夺之天下。是禹名传天下于益，而实令启自取之也。此禹之不及尧舜明矣。今王欲传之子之，而吏无非太子之人者也。是名传之而实令太子自取之也。"燕王乃收玺，自三百石以上皆效之子之，子之遂重。

面对这些传闻，司马迁极为慎重，一是在《燕召公世家》采用了《战国策·燕策一》"燕王哙既立"条的记事，却又在《夏本纪》中这样写：

> 帝禹东巡狩，至于会稽而崩，以天下授益。三年之丧毕，益让帝禹之子启，而辟居箕山之阳。禹子启贤，天下属焉。及禹崩，虽授益，益之佐禹日浅，天下未洽。故诸侯皆去益而朝启，曰'吾君帝禹之子也。'于是启遂即天子之位，是为夏后帝启。

二是对"尧让天下于许由"的传说，尽管亲登箕山见许由冢，仍然采用"疑则传疑"的笔法："余以所闻（许）由、（务）光义至高，其文辞不少概见，何哉？"[1]

禹铸鼎象物，也出自春秋时的传说。《左传》宣公三年，楚庄王

---

[1]　《史记》卷 61《伯夷列传》。

伐陆浑之戎，周定王使王孙满劳楚庄王。楚庄王问鼎之大小、轻重，王孙满对答说："在德不在鼎。昔夏之方有德也，远方图物，贡金九牧，铸鼎象物，百物而为之备，使民知神、奸。"《墨子·耕柱》有同样说法："昔者，夏后开使蜚廉折金于山川，而陶铸之于昆吾。……九鼎既成，迁于三国。"这是启铸九鼎之说。《史记·楚世家》叙王孙满此语作："昔虞、夏之盛，远方皆至，贡金九牧，铸鼎象物，百物而为之备，使民知神、奸。"所谓"虞、夏之盛"，显然指禹时，又成了禹铸鼎象物。不论是禹铸鼎还是启铸鼎，迄今考古所见，未有夏器，且铸鼎象物也为夏代初年生产水平所不能。虽然诸说云云（包括《吕氏春秋·先识览》、《慎势》、《离谓》、《适威》等篇），仅仅传说而已。至于以《山海经》为"后人录夏鼎之文"的说法，就更加不足为信了。

　　禹克三苗，是墨子在回答"以攻伐之为不义"的辩论中引出。墨子认为应当区分"攻"与"诛"的不同，举例说："昔者，三苗大乱，天命殄之。日妖宵出，雨血三朝。龙生于庙，犬哭乎市。夏冰，地坼及泉。五谷变化，民乃大振。高阳乃命玄宫，禹亲把天之瑞令，以征有苗。四电诱祗，有神人面鸟身，若瑾以待，扼矢有苗之祥。苗师大乱，后乃遂几。禹既已克有三苗，焉磨为山川，别物上下，卿制大极，而神民不违，天下乃静。则此禹之所以征有苗也。"①《战国策·魏策一》魏武侯与诸大夫论河山之险，吴起认为"河山之险"不足以保"伯王之业"，举"禹放三苗"、"汤灭夏"为例："昔者，三苗之居，左彭蠡之波，右洞庭之水，文山在其南，而衡山在其北。恃此险也，为政不善，而禹放逐之。夫夏桀之国，左天门之险，而右天溪之阳，庐、罩在其北，伊、洛出其南。有此险也，然为政不善，而汤伐之。"

---

① 《墨子·非攻下》。

第一章第三节已叙《吕氏春秋·恃君览·行论》篇关于鲧与舜争天下而被尧所杀，是被人为地政治化的结果，《史记·夏本纪》只简单地记为舜"行视鲧之治水无状，乃殛鲧于羽山以死。"

上述考察虽未能尽数钩稽现存早期文献中关于禹、夏的记载，但已足以得出这样几点结论：

其一，口述传说到春秋时期，经常为人们引用，或与朝臣谏君相关联，或为学者发论作佐证，因而得以流传。

其二，长达上千年的口耳相接的辗转传述，同一件事出现多种说法，引用者仅仅根据各自的需要转述，并未认真考异，其真实程度大都有待进一步证实。

其三，所谓"夏书"、"商书"，并非成于夏代之书、成于商代之书。夏代尚未进入"成文记事"时期，不可能有所谓"夏书"。商代虽已进入"成文记事"时期，却无编纂意识，也不可能有所谓"商书"。所谓"夏书"、"商书"，是周秦之际的人们根据有关传说整理、编纂的"关于夏代之书"、"关于商代之书"，预示着历史编纂的即将兴起。

第四章　历史编纂兴起与第一部完备编年史《左传》

从传说时代始，经口述传说进到口述传说与成文记事并驾齐驱，再到春秋后期出现中华民族最早的一批历史典籍，长达两千多年的时间。从这一长过程看，只有当"史"具有了专司"记事"并指"史书"的双重含义之时，历史编纂的应运而生才成为可能。

第一节　历史编纂兴起：诗、文编选
——《诗》与《书》

商周数千年间，虽然口述传说与成文记事齐头并进，但能够流传下来的却是零零散散、片片断断的过往之事。记事已经相当成熟的青铜铭文，自宋以来虽经著录，却仍然是一团"混沌"。直至20世纪30年代建立起两周金文辞大系（时间系统和地域系统）之后，这些铸有铭文的青铜器才成为说明它们所处时代的历史纪录。这正是历史编纂意识运用在青铜铭文研究上的重大突破。

西周末年的献诗、献曲、献书，或箴，或赋，或谏，或传语，不仅推动了口述传说的流传，而且推动着口述传说的整理。整理反映过往来程的素材（包括口述传说与成文记事），并以一定的体裁编纂成书，历史编纂应运而生。

历史编纂的诞生，大体经历两个步骤、创出两种体裁。

两个步骤，一是整理口述传说使之成文，一是汇集口述传说、成文记事，进行编选。两个步骤互为交叉，前后不必一定如刀裁斧断。

两种体裁，一是分类编纂，一是按年编纂。

一、早期编纂形式

《国语·楚语上》申叔时与楚庄王有一段关于教育太子的对话，涉及当时诸多历史编纂形式：

> 教之春秋，而为之耸善而抑恶焉，以戒劝其心；教之世，而为之昭明德而废幽昏焉，以休惧其动；教之诗，而为之导广显德，以耀明其志；教之礼，使知上下之则；教之乐，以疏其秽而镇其浮；教之令，使访物官；教之语，使明其德，而知先王之务用明德于民也；教之故志，使知废兴者而戒惧焉；教之训典，使知族类，行比义焉。

楚庄王在位时间为前613—前590年，孔子尚未出生，用以教育太子的"教材"已有春秋、世、诗、礼、乐、令、语、志、训典等多种形式。

春秋、世、诗、礼、语后面均专述，乐、令不在论列范围，这里主要说一说"志"与"训典"。

志，先秦典籍中几乎都有引述。从申叔时的归纳可知，"故志"可以使"知废兴者而戒惧"，显然是《春秋》以前的一种记事形式。《左传》多处转引"故志"，如昭公三年七月引《志》曰'能敬无灾。'又曰'敬逆来者，天所福也。'"襄公二十五年十月引"仲尼曰'《志》有之：言以足志，文以足言。'"杜预注："志，古书也。"《国语》中同样保存着关于"志"的内容，《晋语九》智伯与家臣士茁对话，士茁表示"臣以秉笔事君"之后紧接着说《志》有之曰"云云。

"志"是一种使"知废兴者而戒惧"的记事体,因而有专司"志"的规定:《周礼·春官》之属,小史"掌邦国之志",外史"掌四方之志"。不论周天子的"邦国",还是环绕"四方"的各诸侯,均有专职掌"志"的官员——小史、外史。这种"志"在《春秋》《左传》之前已很普遍,往往被称为"故志"、"前志"(如《左传》文公六年"吾闻《前志》有之曰"、成公十五年"《前志》有之曰")、"先王之志",等等。此外,另有专门之"志",如《左传》僖公二十八年、宣公十二年、昭公二十一年的"《军志》曰"或"《军志》有之"等。此外,《礼记》、《孟子》、《吕氏春秋》等,均有引述《志》文或论及《志》者。

作为记事的编纂形式,"志"对于后世的影响是明显的。司马光、郑樵均名其书为"通志",即本于此。郑樵《通志·总序》特别指明:

> 古者记事之史谓之志。《书·大传》曰:"天子有问无以对,责之疑;有志而不志,责之丞。"是以宋、郑之史皆谓志。太史公更志为记,今谓志,本其旧也。

司马光自名其书为"通志",只因宋神宗钦定为《资治通鉴》而不再称"通志",郑樵的《通志》才成为《史记》之后另一部纪传体通史。另一方面,作为"四方之志"的"志",后来成为地理方志——地方史的大宗。

关于训典,《左传》文公六年引"君子曰",以古之王者知命之不长,所以要"并建圣哲,树之风声,分之采物,著之话言,为之律度,陈之艺极,引之表仪,予之法制,告之训典……"杜预注:"训典,先王之书。"《国语·周语上》祭公谋父谏穆公征犬戎时说周先王不窋时即已"时序其德,纂修其绪,修其训典,朝夕恪守",至申叔时时才有上引"教之训典，使知族类，行比义焉"的说法，而楚之左史倚相更以"能道训典，以叙百物"被视为"楚国之宝"①。《国语·晋语八》提到士会"居太傅"时，"端刑法，缉训典"的政绩，足见对训典的重视程度。训、典，更是《尚书》的组成部分。

总之，在现存最早的一批典籍之前，历史编纂已经兴起，而且形式多样，对于此后的各类史书编纂都有着不同程度的影响。

二、诗的编纂形式——《诗》的编选

《诗》的整理编纂，《史记·孔子世家》只说对了一部分。自有诗以来，口耳传诵者陆续用文字记录下来，多达"三千余篇"。到孔子时代，经"去其重"，选出"可施于礼义"的"三百五篇"，上起商、周的始祖契和后稷，下至西周末年的幽王、厉王，分类（风、雅、颂）编纂起来，即所谓《关雎》之乱以为'风'始，《鹿鸣》为'小雅'始，《文王》为'大雅'始，《清庙》为'颂'始。如果说孔子与《诗》"三百五篇"有关系的话，也不过司马迁所说"三百五篇，孔子皆弦歌之，以求合《韶》、《武》、《雅》、《颂》之音"而已。

自商周始祖至西周末年，延绵上千年。"风"所采包括15国，亦称"国风"，虽然主要在黄河流域，但也远及长江流域。在那样长久的年代里，在那样广阔的地域中，表现在"三百五篇"中的差异却很小，尤其音韵差不多一律，充分表明"三百五篇"是经仔细加工过的。但并非"及至孔子，去其重"，编纂时间早在孔子之前。《左传》襄公二十九年（前544），吴公子季札聘于鲁，"请观于周乐"，乐工为之歌《周南》、《召南》，为之歌邶、鄘、卫、王、郑、齐、豳、秦、魏、唐、陈等国风，为之歌《小雅》、《大雅》，为之歌《颂》。除了"邻以下无讥焉"，季札一一进行评论。此时孔子尚在少年，鲁国已经

---

① 《国语·楚语下》"王孙圉论国之宝"。

有了与传本无异的《诗》存在了。《诗》三百五篇在孔子之前已经编定，为这一时期历史编纂的一大成就。

三、文的编纂形式——《尚书》的编选

《尚书》的编选、流传，最为纷繁，聚讼上千年之久。然而，有几点却被忽视，特意提出希望引起注意。

（一）被忽视的几个问题

首先是书名。《左传》中无《尚书》这一书名，而是分作《夏书》、《商书》、《周书》来称引的，引《夏书》12 次、《商书》5 次、《周书》8 次。当时的习惯称呼，总而谓之《书》，僖公二十七年（前633）赵衰称赞郤縠"敦《诗》、《书》"。诸子论说，无不称《书》，绝无使用"尚书"二字者。《史记》五帝、夏、商、周四本纪、《宋微子世家》等均有长篇引用，无一处出现《书》或《尚书》之名。《史记·孔子世家》用"孔子之时"的说法，"周室微而礼乐废，《诗》、《书》缺"。《史记·儒林列传》开头的"太史公曰"沿用"《诗》、《书》"的说法，叙孔子卒后至秦季世也是用"《诗》、《书》"的说法，不用"尚书"二字，直到汉武帝即位，才第一次用《尚书》之名："言《尚书》自济南伏生"。接下来的伏生小传，全用《尚书》之名。孔安国《尚书序》虽为伪托，也有着与《史记·儒林列传》相同的区分：伏生以前未出现"尚书"字样，只说"夏、商、周之书"或"虞、夏、商、周之书"，在说到伏生口以传授时才明确为"以其上古之书，谓之《尚书》。"可见，由称之为《书》过渡到名以《尚书》，有一个长过程，并非一开始就叫《尚书》。

其次是编纂。《左传》引《商书》5 次，分别在隐公六年、文公五年、成公六年、襄公三年、庄公十四年。文公五年、成公六年、襄公三年所引《商书》，皆是《洪范》篇文字，而《洪范》篇不论今文、古文都属于"周书"而不在"商书"，这表明《左传》引用的

《书》与后来的《尚书》编纂不同。再者，赵衰称赞郤縠"敦《诗》、《书》"，时在僖公二十七年（前633），而秦穆公伐郑兵败的"崤之战"在僖公三十三年（前627），郤縠所熟知的《书》不可能有秦穆公伐郑兵败后的《秦誓》，显然是后来增补进去的。《史记·夏本纪》引"帝曰：'毋若丹珠傲，维漫游是好，毋水行舟，朋淫于家，用绝其世。予不能顺是。'禹曰：'予娶涂山氏……'"的一段文字，是《皋陶谟》中一段，但《尚书》不论今文、古文，有"帝曰"二字无"禹曰"二字，《史记正义》以司马迁有"帝曰"、"禹曰"四字，使"帝及禹相答极为次序，当应别见书"，表明不是直接引自《尚书》，而是引自"别书"。书名有一个演变过程，编纂同样在不断变化。

三是篇目文字。《左传》引《夏书》、《商书》、《周书》，有今文《尚书》文字，有古文《尚书》文字，还有不见于《书》的文字。引《夏书》文字，多出《大禹谟》、《益稷》、《五子之歌》三篇，《大禹谟》、《五子之歌》为古文，《益稷》包括在今文《皋陶谟》中。襄公二十三年引《夏书》、昭公十四年引《夏书》，不知所出。引《周书》，基本出《康诰》，为今文；成公十六年引《周书》出《五子之歌》、襄公三十一年引《周书》出《武成》，为古文。隐公六年、庄公十四年两次引《商书》"恶之易也，如火之燎于原，不可乡迩，其犹可扑灭"句，不论今文、古文，《商书·盘庚上》均无"恶之易也"四字。

四是承传变化。经春秋战国到秦之季世"焚《诗》、《书》，坑儒士"，再至汉初司马迁，其所能够了解到的情况仅仅如此：

> 伏生者……故为秦博士。孝文帝时，欲求能治《尚书》者，天下无有，乃闻伏生能治，欲召之。是时伏生年九十余……秦时焚书，伏生壁藏之。……汉定，伏生求其书，亡数十篇，独得二十九篇，即以教于齐鲁之间。
>
> ……

自此之后，鲁周霸、孔安国、洛阳贾嘉，颇能言《尚书》事。孔氏有古文《尚书》，而安国以今文读之，因以起其家。逸《书》得十余篇，盖《尚书》滋多于是矣。

伏生在汉文帝时（前179—前157）"年九十余"，其生最晚当在秦庄襄王末、秦王政初（前247年前后），秦焚书时（始皇三十四年，前213年）年约三四十岁，正当壮年。其所"壁藏"之《尚书》，既是战国后期流传最广的一个本子，也是西汉传授最广的一个本子。随着孔安国古文《尚书》出，"逸《书》得十余篇"，于是"《尚书》滋多"起来。

归纳起来，先王的重要讲话，逐渐积累起来之后，依时代分作虞、夏、商、周四段，分别称之为《虞书》、《夏书》、《商书》、《周书》，在孔子以前已经流传。孔子教授弟子，进行编选，不论分虞、夏、商、周四书，还是统编虞、夏、商、周四书，大致范围不出《史记·孔子世家》所说——"上纪唐虞之际，下至秦缪，编次其事"，但究竟什么样子，汉初已经不清楚了。但迄今所知流传最早的统编本，是伏生的今文本，以虞、夏、商、周四书为一书，并有了正式书名——《尚书》。

伏生的"二十九篇"，为今文《尚书》的最早编选本。①孔安国古文《尚书》，是另一个新编本，为古文《尚书》的最早编选本。东汉以后，《尚书》再遭厄运，自宋至清，方始辨明古文《尚书》为伪书，这是后话。

现存今文《尚书》28篇，《虞书》2篇、《夏书》2篇、《商书》5篇、《周书》19篇。夏代尚未进入"成文记事"时期，《虞书》、《夏书》4

---

① 古文有《益稷》一篇，为今文《皋陶谟》后半部。若以《益稷》单独成篇，即伏生"二十九篇"之数。

篇，文字必为后来书写。篇前的"曰若稽古"明白告诉读者，其所根据是古来传说。成文时间，意见颇难一致，早可至商末周初，晚可讫于战国末年，不妨将这一长长的时段视为其流传阶段。

虽然商代有"成文记事"的甲骨卜辞，但以当时可能达到的书写实际而言，很难断定《商书》5 篇就是商代遗文。考古发掘虽已表明，在甲骨刻辞之外，商代已经有笔书写。不过，除了在陶片等物上的书写符号之外，尚未见有"成文记事"的"典"与"册"。《尚书·多士》中"唯殷先人，有典有册"前面第二章已作辨析，"作册"是进行册封、册命，不得简单地理解为"制作典册"或"制作书册"。《商书》5 篇不是这种性质的"典"与"册"，仍应视为是后来加工、整理而成。

《周书》19 篇，以周初彝铭《大丰簋》、《大盂鼎》相比证，《大诰》至《立政》的 10 余篇可以确定为周初的文字。其余几篇，成文较晚，且有争议。

就今文《尚书》28 篇的情况来看，《虞书》、《夏书》经长达 1500 多年的口耳转述，至孔子所处时代方才整理成文，内容难以取信。而《周书》作为"成文记事"的代表性文字，是可以凭信的。

至于古文《尚书》，凡其文字与《左传》、《史记》以及诸子引述的"《书》曰"相同者，不宜一概否定。

总而言之，《尚书》的整理、编纂，完整地反映了早期历史编纂诞生的漫长而艰难的历程。

孔安国《尚书序》虽为伪托，但对《尚书》分类编纂的归纳是有启发意义的："芟夷烦乱，剪截浮辞，举其宏纲，撮其机要"，是编选"足以垂世立教"的"典、谟、训、诰、誓、命之文"。同时，印证了训、典是《尚书》编选之前就早已存在的编纂形式。

分类编纂，不论诗还是文，虽然是在历史编纂意识下的编纂，诗中有史诗成分，文可谓历史文献，但还都不是过往来程的连贯性记述。只有按年编纂出现，才使史学走出萌芽状态。

顺便说一下"记言"体。《尚书》无疑以"记言"为主，"语"更是记言。两者的根本区别在于："书"记王者的重要言论，以上训下，文字古板，语言"佶屈聱牙"；"语"记君臣问对，上下互动，臣以谏君，文字生动，语言活泼。

《尚书》无非历史文选，因不同时期的不同需要而有不同选本，原本是很正常的事，却由于种种功利原因，甚至不惜弄虚作假，闹得真伪难辨。王者的重要讲话成了作伪的依托，学者的睿智用在了造假之中，越是无休止地争辩，越是对被编选入集的王者和从事选编的学者的莫大的讽刺！

（二）《尚书》的影响

《尚书》内容广博，对于中国历代政治、经济、思想、文化影响深远，这里仅就对史学影响最大的《禹贡》和《洪范》作一些简要提示。

1.《禹贡》结构完整、体系严密，为中国地理学及地理（包括河渠）书编纂之先导。

全篇文字，《史记·夏本纪》俱载，未言引自《尚书》，与上述《夏本纪》有《皋陶谟》文字一样，或亦引自"别书"。

以禹治水为主线，写其"敷土，随山刊木，奠高山大川"的经过和功绩。主体部分自"冀州：既载壶口，治梁及岐"，至"导洛自熊耳，东北会于涧、瀍，又会于伊，又东北入于河"。

主体部分，将域中分作九州：冀州、兖州、青州、徐州、扬州、荆州、豫州、梁州、雍州，分别介绍九州四至、治水情况、土质、赋税等级、进贡物产、贡道路线。请看冀州，全文如下：

冀州：既载壶口，治梁及岐。既修太原，至于岳阳。覃怀底绩，至于衡、漳。厥土惟白壤，厥赋惟上上错，厥田惟中中。

恒、卫既从，大陆既作。岛夷皮服，夹右碣石入于河。

"既载壶口，治梁及岐。既修太原，至于岳阳。覃怀底绩，至于
衡、漳"，为四至及治水情况。"厥土惟白壤"，为土质。"厥赋惟上上
错"，赋税为上上等（第一等），间或为二等。"厥田惟中中"，田土属
中中等（第五等）。"恒、卫既从，大陆既作"，恒水、卫水已疏通入
海，大陆泽（河北境内的内陆湖）也已动工。"岛夷皮服，夹右碣石
入于河"，沿海进贡皮服，从碣石入黄河来贡。这既包含着中国古代
地理学的基本思想，又为中国历代地理书编纂确定了基本范例。

"导山"部分，为疏通河道而开凿大山，有以导岍为北条、导西
倾为中条、导嶓冢为南条的"三条"说和以导岍为阴列、导西倾为次
阴列、导嶓冢为次阳列、导岷山为正阳列的"四列"说，虽不免穿
凿，但力图使"导山"眉目更加请楚，有启发意义。

"导水"部分，以11条河流为主线分别作简要介绍，但其中部
分水系，迄今说法不一。如"导黑水，至于三危，入于南海"的"黑
水"，大致有七种说法：张掖河（孔颖达）、大通河（《括地志》）、党
河（《汉书·地理志》）、丽水（金沙江，《蛮书》）、澜沧江（李元阳
《黑水辨》）、西洱河（程大昌）、哈拉乌苏河（怒江上游，陈澧）。这
固然反映《禹贡》夹杂古代传说和夸张的一面，也足以见禹是第一位
身体力行征服自然灾害（主要是水害）的胜利者，因而被视为远古传
说中一位"尽力乎沟洫"的神人。

2.《洪范》蕴含的"天人关系"认识，影响深远，启发了历代对
于"灾害"、"食货"的系统记述。

全篇文字，《史记·宋微子世家》俱载，未言引自《尚书》。《夏
本纪》载《禹贡》全文，《史记正义》有"自此以上并《尚书禹
贡》文"一注，但此处不见类似注文，是否在暗示司马迁并非引
自《尚书》？

开篇武王问箕子如何治理天下，箕子以所听传闻提出"洪范九畴"：

> 初一曰五行，次二曰敬用五事，次三曰农用八政，次四曰协用五纪，次五曰建用皇极，次六曰乂用三德，次七曰明用稽疑，次八曰念用庶征，次九曰向用五福，威用六极。

"五行"一词，最早见于《甘誓》："有扈氏威侮五行，怠弃三正，天用剿绝其命，今予惟恭行天之罚。"有扈氏"威侮五行"（傲视"五行"），所以上天要惩罚他。《洪范》再用"五行"一词："在昔鲧陻洪水，汩陈其五行，帝乃震怒。"因为鲧"汩陈其五行"（扰乱"五行"运行），使"帝震怒"。不仅重复《甘誓》之意，将其列为"九畴"（大法）之首，而且第一次做出明确表述：

> 一、五行：一曰水，二曰火，三曰木，四曰金，五曰土。水曰润下，火曰炎上，木曰曲直，金曰从革，土爰稼穑。润下作咸，炎上作苦，曲直作酸，从革作辛，稼穑作甘。

这是人对自身生存环境的物质形态及其各自运行常规或习性的一种概括，反映当时人认识生存环境所能达到的最高水平。

结合"八曰念用庶征"，将各种征兆分"休征"、"咎征"，以自然现象与之对应。休征（好征兆）："曰肃，时雨若；曰乂，时旸若；曰晢，时燠若；曰谋，时寒若；曰圣，时风若。"咎征（坏征兆）："曰狂，恒雨若；曰僭，恒旸若；曰豫，恒燠若；曰急，恒寒若；曰蒙，恒风若。"这固然被绝对化和神秘化了，但表明当时已经懂得这样一个道理：做事如"二曰敬用五事"所说，"貌恭、言从、视明、听聪、思睿"，即可见"休征"（好征兆），带来福祉，天下就会整肃、大治；倘若"威侮五行"（或"汩陈其五行"），追逐利欲，倒行逆施，则见"咎征"（坏征兆）、造成灾害，天下就会遭受祸乱。这与近些年人们常说的，过度开发，破坏环境，必遭大自然惩罚，何等相似！《洪范》"五行"说，经刘向、歆父子发挥，《汉书》创为《五行志》，一代接一代纂修，系统、详细地记录下当时可知的灾异，为今人保存了举世唯一一份最系统的中国自然灾害史素材，这是一项非常值得称道的传统，在中国史学史上不仅不应回避，而且值得大书特书。

总之，"五行"说中包含的"天人合一"（人与环境和谐）的思想以及对中国史学的影响，应当认真发掘，切实填补这一研究的缺失或空白。

至于"九畴"之三的"八政"，班固因以创《食货志》，第一句话就是"《洪范》八政，一曰食，二曰货。"其后各史《食货志》的纂修、杜佑《通典》的以食货为先等，无须赘述，但《洪范》的深层次影响不仅不应忽视，而且应该认真探究。

第二节　"诸侯史记"与《春秋》

历史编纂的出现有一长过程，按年编纂的出现同样有一发展历程。

司马迁之前出现历、谱、表，但其所见，一是"殷以前诸侯不可得而谱"，"夫子之弗论次其年月"[①]，二是"历人取其年月，数家隆于神运，谱谍独记世谥，其辞略，欲一观诸要难"[②]。虽有纪年，却是为记"世谥"。"弗论次其年月"，"其辞略"9字，表明既不按年序"论次"，又"略"其辞，不是编年纪事。

---

① 《史记》卷13《三代世表》序。
② 《史记》卷14《十二诸侯年表》"太史公曰"。

　　"纪年"与"编年"是两个不同的概念。纪年，仅记某王年发生某事，虽有岁年，却是孤立的记事，如青铜器中的"标准器"。编年，是将孤立的"纪年"连贯起来，按年序编纂。只有按年序编纂的史书，才可称之为编年史。

　　由春秋列国纷争到战国各国变法，既是中国古代社会大变革的时代，又是中国古代思想领域"百家争鸣"的时代。诸子游说各国，往往借助古人古事以表达各自的观点，推动了史学的形成。诸侯效法周王室，陆续出现"有史以纪事"的局面。《孟子·离娄下》篇在谈"王者之迹"时说：《诗》亡然后《春秋》作，晋之乘、楚之梼杌，鲁之《春秋》一也。"《墨子·明鬼下》篇提到"周之春秋。……燕之春秋。……宋之春秋。……齐之春秋。"司马迁斥秦烧书以烧"诸侯史记尤甚"，表明"诸侯史记"编纂相当普遍。

　　从《史记》的记载考察，按年编纂出现之前先有纪年。纪年最早可以追溯到周康王（前1020—前996）末，按年序纪事却始于周厉王末的共和元年（前841）。

　　司马迁所说"诸侯史记"虽已不可见，但从《史记》可以寻得大概。《十二诸侯年表》、《六国年表》主要根据"周之春秋"及鲁、齐（姜齐、田齐）、晋、秦、楚、宋、卫、陈、蔡、曹、郑、燕、吴、魏、韩、赵等"诸侯史记"编制，周、秦二《本纪》与吴、齐、鲁、燕、蔡曹、陈、卫、宋、晋、楚、越王勾践、郑、赵、魏、韩、田敬仲完十六《世家》主要根据"周之春秋"及"诸侯史记"编纂，最大限度地反映了当时"诸侯史记"的实际。①

---

① 在所提到的《世家》中，除《越王勾践世家》外，各《世家》均有"某某来奔"、"某某来奔我"、"某败我"、"某败我将"、"某取我某城"、"某来拔我某城"、"诸侯不来伐我"一类的文字。《十二诸侯年表》、《六国年表》记诸侯间大事，同样有"来告"、"来归"、"某伐我"、"我伐某"、"诸侯败我，我师如何如何"一类的文字。"来"字、"我"、"我师"等字，表明为"诸侯史记"原文。

一、"诸侯史记"

"周之春秋"即周史从《周本纪》可知，夷王以前"记世谥"，自厉王纪年："厉王即位三十年，好利"；"三十四年，王益严，国人莫敢言"。自共和元年始编年，故《十二诸侯年表》始于共和元年（前841）。

（一）十二诸侯史记

鲁、齐、晋、秦、楚、宋、卫、陈、蔡、曹、郑、燕、吴十三家"诸侯史记"，从《秦本纪》与吴、齐、鲁、燕、蔡、曹、陈、卫、宋、晋、楚、郑十二《世家》可了解其纪年情况。

《秦本纪》秦侯以前"记世谥"，自秦仲纪年："秦仲立三年，周厉王无道"，"周宣王即位，乃以秦仲为大夫"。徐广以"周宣王即位"（前827）为"秦仲之十八年"，秦仲元年为前844年。据文公"十三年初有史以纪事"和"太史公读《秦纪》"两则记载，"秦史记"被称作《秦纪》。宣公以上，"史皆失其名"，自缪公任好，始书其名。

《吴太伯世家》寿梦以前"记世谥"，自寿梦纪年，寿梦元年为前585年。讫于吴王夫差二十三年（前477）"自刭死"、"越王（勾践）灭吴"。

《齐太公世家》献公以前"记世谥"，自献公纪年："元年，尽逐胡公子"，九年，"卒"，武公"立"。武公九年，"王室乱，大臣行政，号曰'共和'。二十四年，周宣王初立。"武公元年为前850年，献公元年为前859年。纪事讫于康公二十六年（前379），"吕氏遂绝其祀"。

《鲁周公世家》真公以前"记世谥"，自真公纪年："真公十四年，周厉王无道，出奔彘，共和行政。二十九年，周宣王即位。"讫于倾公二十四年（前249），"鲁绝祀"。读《鲁周公世家》，应注意两点：其一，真公以前不仅记"世谥"，自伯禽卒、考公立，均纪在位年数：考公四年卒，炀公立；炀公六年卒，幽公立；幽公十四年被杀，魏公立；魏公五十年卒，厉公立；厉公三十七年卒，宪公立；宪公三十二年卒，真公立。以真公十四年共和行政、二十九年周宣王即位，真公元年为前854年，上溯至伯禽卒、考公，时在前997年①，正当周康王（前1020—996）末年，与《集解》徐广曰引皇甫谧云"康王十六年卒"的说法大体吻合。其二，自武公至悼公纪事详，悼公卒后如真公以前"独记世谥"，不再纪事。真公以前、悼公卒后"记世谥"、武公至悼公纪事的这一特点，是否《春秋》截取隐公至哀公史事，在史源方面的一大原因呢？

《燕召公世家》惠侯以前"记世谥"，自釐侯纪年："釐侯立，是岁，周宣王初即位"，三十六年"卒，子倾侯立"。釐侯元年，为前827年。《十二诸侯年表》燕惠侯《索隐》以共和元年（前841）为惠侯二十四年，惠侯元年为前864年。讫于燕王喜三十三年（前222）"秦拔辽东，虏燕王喜，卒灭燕"。

《管蔡世家》蔡夷侯以前"记世谥"，自夷侯纪年："夷侯十一年，周宣王即位"。夷侯元年，为前837年，当共和五年。讫于侯齐四年（前477）楚惠王灭蔡，"蔡遂绝祀"。曹夷伯以前"记世谥"，自夷伯纪年："夷伯二十三年，周厉王奔于彘"，夷伯元年为前865年。讫于伯阳十五年（前487）宋灭曹，"曹遂绝其祀"。

《陈杞世家》陈幽公以前"记世谥"，自幽公纪年："幽公十二年，周厉王奔于彘"，幽公元年为前854年。讫于湣公二十三年（前479）楚惠王灭陈。

《卫康叔世家》釐侯以前"记世谥"，自倾侯纪年：倾侯立十二年卒，釐侯立，"釐侯十三年，周厉王出奔于彘"，釐侯元年为前855

---

① 自考公至真公，均依《史记·世家》、《年表》例，以整年计在位年数，以次年起为继位元年。

年，倾侯元年为前 877 年。讫于君角二十一年（前 209），废为庶人，"卫绝祀"。

《宋微子世家》鳌公以前"记世谥"，自鳌公纪年："鳌公十七年，周厉王奔彘"，鳌公元年为前 859 年。讫于君偃四十七年（前 286），齐、魏、楚"灭宋而三分其地"。①

《晋世家》靖侯以前"记世谥"，"自唐叔至靖侯五世，无其年数"，自靖侯纪年："靖侯十七年，周厉王……出奔于彘"，靖侯元年为前 859 年。以静公二年（前 376）魏、韩、赵"三分其地"而"晋绝不祀"。

《楚世家》熊勇以前"记世谥"，自熊勇纪年："熊勇六年……厉王出奔彘"，熊勇元年为前 848 年。讫于负刍五年（前 223），秦王翦、蒙武破楚，灭楚名为郡。

《郑世家》桓公，周宣王二十二年立，始纪年：桓公元年为前 827 年。讫于君乙（康公）二十一年（前 375）韩哀侯灭郑，并其国。

（二）六国史记

六国"史记"，从《秦本纪》与吴、齐、燕、楚、越王勾践、赵、魏、韩、田敬仲完九《世家》可了解其纪年情况。

《秦本纪》与吴、齐、燕、楚四《世家》上面已叙，且看越王勾践、赵、魏、韩、田敬仲完五《世家》。

《越王勾践世家》"记世谥"极简，以越王勾践其先为禹之苗裔、夏后帝少康庶子，"后二十余世，至于允常"，与吴王阖庐"相怨伐"。"允常卒，子勾践立"。勾践在位纪年，勾践卒后，自王鼫与至王之侯"记世谥"，王无疆稍纪事，楚威王杀王无疆，"后七世，至闽君摇，佐诸侯平秦，汉高帝复以摇为越王，以奉越后"。

《赵世家》追述赵之先与秦共祖，季胜之后为赵。自季胜至赵夙

---

① 《十二诸侯年表》以君偃立四十三年"齐灭宋"。

"记世谥"。自赵夙至赵简子，用晋年纪年。自赵襄子元年（前457），开始自纪年。讫于幽缪王迁八年（前228），"邯郸为秦"。"太史公曰"追述至嘉（悼王适子，赵亡大夫所立）六岁（前222），"秦进兵破嘉，遂灭赵以为郡"。

《魏世家》追述魏之先为毕公高之后，其苗裔曰毕万，事晋献公。自毕万为魏氏，至魏绛以前"记世谥"。自魏绛用晋年纪年，自文侯元年（前445）开始自纪年。讫于王假三年（前225），秦"灭魏以为郡县"。竹书《纪年》"编年相次"，下限讫于魏襄王二十年（前299），可见魏史记一般，后面第六章第一节详述。

《韩世家》追述韩之先与周同姓，其后苗裔事晋，得封韩原，后三世有韩厥。自韩厥（献子）至康子，用晋年纪年。自武子元年（前424），开始自纪年。讫于王安九年（前230），"秦虏王安，尽入其地，为颍川郡。韩遂亡"。

《田敬仲完世家》追述陈完奔齐，"以陈字为田氏"。自田成子（常）至庄子（白），用姜齐纪年。自太公（和）"列于周室，纪元年"，开始自纪年（田齐）。讫于王建四十四年（前221），"秦虏王建，迁之共，遂灭齐为郡"。

综而叙之，以纪年出现先后排列，最早为鲁考公（前997），以下依次为卫倾侯（前877）、曹夷伯（前865）、燕惠侯（前864）、齐献公（前859）、宋釐公（前859）、晋靖侯（前859）、陈幽公（前854）、楚熊勇（前848）、秦仲（前844）、蔡夷侯（前837）、郑桓公（前827）、吴寿梦（前585）。以记述史事情况而言，鲁史记起始时间最早，记事详，有连贯、具章法。其次，为晋、楚之史记，故孟子以"晋之乘、楚之梼杌"与"鲁春秋"相提并论。再次，为齐、宋、燕之史记，所以墨子因以与"周之春秋"等而观之。最次，为越，或因阙史记，记事简，不连贯、少章法。

至于秦史记——《秦纪》，司马迁因以成《秦本纪》、《秦始皇本纪》、《六国年表》，虽有"不载日月，其文略不具"的缺陷，却足以与鲁史记比肩。诸侯史记有一共同现象，大都前、后两头"记世谥"，中间编年纪事，唯有《秦纪》不同，自纪年以来，编年纪事愈益详备。如果说《左传》是记述春秋史事最具代表性的编年史，那么《秦纪》则是"蹑《春秋》之后，起周元王……讫（秦）二世"，记述战国史事最完备的编年史。只不过《左传》流传了下来，《秦纪》的内容被完整地保存在了《史记》当中，没有流传下来而已。睡虎地秦墓出土《编年纪》竹简 53 枚，逐年记录昭王元年（前 306）至始皇三十年（前217）整整九十年征战等事及墓主喜的生平，足以印证《秦纪》可以达到的编纂水平。墓主喜，秦始皇时曾任安陆御史、安陆令史、鄢令。

二、鲁史记——《春秋》

记述春秋时期史事的"诸侯史记"，完整保存下来的是初具编年史特征的鲁史记——《春秋》。

这种按年编纂的史记，何以称"春秋"？历来多举杜预的说法："记事者以事系日，以日系月，以月系时，以时系年，所以纪远近、别同异也。故史之所记，必表年以首事，年有四时，故错举以为所记之名也。"[①] 至 20 世纪 60 年代，有了新的解释：甲骨文中只有春秋而无冬夏，今文《尚书》中西周的各篇也无冬夏，商周时一年只有春秋二时，"四时的划分萌芽于西周末叶"，"《春秋》一书的名称虽然出现在既有四时制以后，但为期很近，它是保持着旧日称一周年为春秋的习惯传统作风，而不是象古人所说的由四时中错举二时"。[②]

"春秋"作为泛称指各"诸侯史记"，作为专用书名指流传至今的鲁史记——《春秋》。为行文有所区分，用"春秋"表示泛指，用

---

① 《春秋经传集解序》。
② 于省吾：《岁、时起源初考》，《历史研究》1961 年第 4 期。

"鲁春秋"表示鲁史记，用《春秋》或"春秋经"表示专指。

作为鲁国史的"鲁春秋"，是鲁史记述的与鲁相关的重大时事。有论著说这是"第一部官修编年史"，又有论著据《史记》载孔子"西观周室，论史记旧闻，兴于鲁而次《春秋》"，"约其文辞，去其烦重"[①]，认为这标志"私人撰述的出现，是中国史学史上的一件大事"。两种说法，各执一端。

孔子与《春秋》的关系，是一个人为弄复杂的问题。《论语》是汇集孔子及其弟子言行的专书，其中提到孔子读《易》，引用过《诗》、《书》，孔子本人也说过"吾自卫反鲁，然后乐正，《雅》、《颂》各得其所"[②]，但《论语》中却没有一字提到《春秋》，更不要说孔子"修"或"作"《春秋》了。《史记》中的说法有矛盾之处，《十二诸侯年表》序以孔子"西观周室，论史记旧闻，兴于鲁而次《春秋》"。孔子"西观周室"在鲁昭公二十年（前522）之前，而只此一次。如果说随后即"（编）次《春秋》"，问题就出来了：在这以后，昭公在位尚有10余年、定公在位15年，至哀公十六年（前479）孔子卒，"鲁史记"还没有记述这40多年的事，孔子岂能预写出下限至哀公十六年夏四月的《春秋》？《史记·孔子世家》的写法，先依次写孔子与《诗》、《书》、《礼》、《易》的关系，说"孔子以诗书礼乐教，弟子盖三千焉"，最后才写《春秋》，在鲁哀公十四年西狩见麟之后引"子曰""君子疾没世而名不称焉。吾道不行矣，吾何以自见于后世哉"，紧接着"乃因史记作《春秋》"，把"作《春秋》"的时间置于孔子去世前二年。如果把这解释为续补昭、定、哀三公史事的话，那么《春秋》就不是历来所说半年或数月完成，而是孔子在30—70岁的漫长岁月中不断完成，为什么《论语》中竟无一字言及呢？最不可思议的

---

① 《史记》卷14《十二诸侯年表》序。
② 《论语·子罕》。

是，《春秋经》哀公十六年竟然写有"夏四月己丑，孔丘卒"，哪一个史家能够将自己的死日写进自己编写的史书？！

其实，"鲁春秋"原本就不是孔子所记，"述而不作"又是孔子的一贯原则。说孔子因教授弟子串讲过"鲁春秋"，时有发挥，反倒比较符合实际。昭公十二年春"齐高偃帅师纳北燕伯于阳"，《公羊传》问道"伯于阳者何"，并引出一段对话："子曰：'我乃知之矣。'在侧者曰：'子苟知之，何以不革？'曰：'如尔所不知何，《春秋》之信史也，其序则齐桓、晋文，其会则主会者为之也，其辞则丘有罪焉尔。'"就是说，孔子明知原文脱误，只指出而不轻易改动，体现其"述而不作"的原则。有以"鲁春秋"佚文与《春秋经》比较者，以仅有的 6 条材料（《韩非子》中《奸劫弑臣》篇 1 条、《内储说上》篇 1 条，《公羊传·庄公七年》1 条，《礼记·坊记》3 条）进行对照，认为"春秋经"基本上因袭了"鲁春秋"旧文，也证明其"述而不作"。若从《史记·鲁周公世家》所反映的"鲁国史"来看，《春秋经》只取隐公至哀公间史事，舍弃之前考公至惠公史事，倒可以说是被"笔削"过。

所谓孔子"笔削"，应加区分。一是受"鲁国史"原始记载局限，隐公以前尚未达到按年编纂的程度，二是在"口授其传指"时有所发挥，再加以"七十子之徒"的理解各不相同而造成。

《春秋》作为鲁国史，依鲁君"十二公"在位顺序，记隐公元年（前 722）至哀公十四年（前 481）242 年大事。不仅按年编纂，逐年纪事，而且以年、时、月、日的顺序排比史事。日期不明者，有年、时、月；月份不明者，有年、时，因此司马迁称赞说：

> 孔子因史文，次《春秋》，纪元年，正时日月，盖其详哉。①

---

① 《史记》卷 13《三代世表》序。

"因史文，次《春秋》"6个字，明确孔子是"因"而非"创"，是"次"（编次）并非"作"，都是"述而不作"的意思。"纪元年，正时日月"7个字，既将《春秋》与"五帝、三代之记"、《五帝系谍》、《尚书》等区别开来，又肯定较比其他"诸侯史记""详哉"，从而第一次点名明编年史的基本特征。

所记地域范围，以鲁为主而兼及周王室和其他诸侯。所记内容，以征伐比重最大，包括逐君、弑君、争位等，约占全书2/5篇幅；其次为会盟、访聘，两项内容所占篇幅与征伐大体相当；再次为自然现象，日蚀、月蚀、星陨、山崩、地震、霜雪、冰雹、水旱、虫灾以及怪异等，约为全书1/10篇幅；其他，祭祀、婚丧、城筑、宫室、蒐狩、土田等，与记自然现象篇幅大体相当。

以考古学的眼光阅读，很多青铜器和出土实物能够与其所记相印证。用科学的眼光阅读，有关天象的记载大都具有真实性。所记日蚀36次，除襄公二十一年十月朔、二十四年八月朔两次为误记或错简，实为34次，有33次都为现代天文学所证实。

然而，记事毕竟过于简单。全年纪事少者，桓公四年仅"春正月，公狩于郎。夏，天王使宰渠伯纠来聘"17字，宣公六年虽19字却更简单："春，晋赵盾、卫孙免侵陈。夏四月。秋八月，螽。冬十月。"记一事，最少一字，如僖公三年六月"雨"；或二、三字，如僖公三年夏四月"不雨"、八年夏"狄伐晋"；最多不过45字者，即定公四年三月会18路诸侯的召陵会盟。

虽然纪事简单，但年初无事亦空记年月，隐公元年"春王正月"，表示一年之始；书"王"表示用周历，是体现编年史基本特点——"纪元年，正时日月"的不可或缺的做法。

记事简单，主要是没有事情原委。突出一例，成公四年"夏，宋公使公孙寿来纳币"，十月"卫人来媵"，九年"二月，伯姬归于宋。夏，季孙行父如宋致女"，九年"晋人来媵"，十年"齐人来媵"，襄公三十年"五月甲午，宋灾，宋伯姬卒"，"秋七月，叔弓如宋，葬宋共姬"，冬十月"晋人、齐人、宋人、郑人、曹人、莒人、邾人、媵人、薛人、杞人、小邾人，会于澶渊，宋灾故"。对于这些记载，《公羊传》在各相关处一一指明，为"录伯姬"之事。伯姬，鲁宣公女，嫁宋共公。宋宫夜间发生火灾，伯姬遵循礼法，不肯夜间逃生到室外而致死。虽然记出嫁前后相关事项——"纳币"、"来媵"、"如宋致女"，记死与葬——"宋灾"、"葬宋共姬"，但简单得像账单，无法看明白事情原委，因此有"断烂朝报"的批评。另一方面，只取遵循礼法的记载，其他则如《公羊传》所指"隐之也"，不能不让人感到确曾被"笔削"过。

此外，缺文的地方不少，如桓公五年春正月"甲戌、己丑，陈候鲍卒"。"甲戌"、"己丑"相距16天，《公羊传》、《谷梁转》均以陈候甲戌日出亡，己丑日得其尸，"故举二日以包之"，实则"甲戌"下有缺文。再如桓公十四年"夏五，郑伯使其弟来盟"，"五"下或为"月"，或缺文。全书不过18000字，流传过程中还有脱漏[1]，因此只能说《春秋》是一部不完备的编年简史，或谓之春秋时期的大事编年。

对于这样一部初具规模的史书，只有严格意义上的史学家司马迁最先从历史编纂学的角度给予明确地肯定。除此而外，几乎都不是史学家在对这部史书进行评论。《礼记·经解》托名孔子曰："属辞比事，《春秋》教也。……属辞比事而不乱，则深于《春秋》者也。"《庄子·天下》篇谓《诗》以道志，《书》以道事，《礼》以道行，《乐》以道和，《易》以道阴阳，《春秋》以道名分。"《荀子·劝学》篇在说

---

[1] 《史记》卷130《太史公自序》集解引三国张晏说《春秋》18000字，南宋初王观国《学林》以《春秋》16500余字，李焘为谢畴作《春秋古经序》"细数之"又缺1428字；清乾隆甲申（1734）刊汪伋《十三经纪字》，以《春秋》为16512字，少李焘统计60余字。

《礼》之敬文也,《乐》之中和也,《诗》、《书》之博也"时同样强调《春秋》之微也",《尧问》篇发挥说:"执一无失,行微无怠,忠信无倦,而天下自来。"所谓"行微",即遵循《春秋》行事。孟子所说最有代表性:"世衰道微,邪说暴行有作,臣弑其君者有之,子弑其父者有之。孔子惧,作《春秋》。《春秋》,天子之事也。是故孔子曰:'知我者,其惟《春秋》乎? 罪我者,其惟《春秋》乎? '"进而强调"昔者禹抑洪水而天下平,周公兼夷狄、驱猛兽而百姓宁,孔子成《春秋》而乱臣贼子惧。"①就这样,《春秋》被拔高到无以复加的高度,为"天子之事",应与禹治水、周公驱猛兽等同看待。哀公十四年西狩获麟,《公羊传》、《谷梁传》以此为终篇。《公羊传》一面说"西狩获麟,孔子曰:'吾道穷矣'",一面说又说"君子曷为为《春秋》? 拨乱世反诸正,莫近诸《春秋》。则未知其为是与? 其诸君子乐道尧舜之道与? 末不亦乐乎? 尧舜之知君子也。制《春秋》之义,以俟后圣。以君子之为,亦有乐乎此也? "孔子本人尚且承认"吾道穷矣",他人却企图赋予"以俟后圣"的影响,不是史学家的人往往推高某些缺乏史实的史书的意义,几乎成为谈"国学"的一种奇怪现象。

《左传》成公十四年的"君子曰"是对《春秋》的最早的评论,也成为后世评论《春秋》的基本根据:

> 《春秋》之称,微而显,志而晦,婉而成章,尽而不污,惩恶而劝善,非圣人谁能修之?

这一评论被称为"五志",前四项(微而显,志而晦,婉而成章,尽而不污)被认为是"属辞比事",最后一项"惩恶而劝善"被认为是《春秋》的"义"之所在。

---

① 《孟子·滕文公下》。

其实，孔子之前各国"春秋"皆有"惩恶而劝善"的褒贬。《国语·晋语七》司马侯荐叔向，因其"习于春秋"，乃召其"使傅太子彪"，"日在君侧，以其善行，以其恶戒"，《楚语一》申叔时论傅太子，谈到"教之春秋，而为之耸善而抑恶焉，以戒劝其心"，足见以史进行"惩恶而劝善"的教育，在当时是一种风气，并非孔子所独专。孔子口授《春秋》，仅仅是当时"刺讥褒讳挹损"风气中的一家代表而已。唐初认真研究过《春秋左传》的孔颖达，在《春秋左传正义》疏中多次重复：

> 推寻经文，自庄公以上诸弑君者皆不书氏，闵公以下皆书氏，亦足以明时史之同异，非仲尼所皆贬也。[1]

而且，司马迁还曾说过：孔子编次《春秋》，"七十子之徒口授其传指，为有所刺讥褒讳挹损之文辞不可以书见也。"[2] 对于这"有所刺讥褒讳挹损之文辞不可以书见"者，倒是应该认真琢磨琢磨。

所谓的"属辞比事"说，"比事"即排比史事，就鲁国史旧文，在尊周礼的前提下加以编排，揭发隐微，"尽而不污"。"属辞"即沿用鲁国史用语，言辞不多而意义显豁，所记史事意义幽深，表达婉转而顺理成章，即所谓"微而显，志而晦，婉而成章"。同是记战争，有不同的用字，如声罪致讨曰"伐"，潜师掠境曰"侵"，两兵相接曰"战"，环其城邑曰"围"，造其国都曰"入"，毁其宗社曰"灭"，另有"救"、"取"、"溃"、"败"等用字。同样是杀人，无罪见杀曰"杀"，有罪当杀曰"诛"，下杀其上曰"弑"。再如，天子死曰"崩"，诸侯死曰"薨"，大夫死曰"卒"。这些亦非孔子的专利，基本都是各

---

[1] 《春秋左传正义》庄公十二年孔颖达疏。隐公四年"贬"作"刊"，文公九年"亦足"作"亦不足"，校勘记据宋本删正。

[2] 《史记》卷14《十二诸侯年表》。

国"春秋"记事的惯例,《春秋》只不过有所发挥而已。

至于谓其"道名分"者,说《春秋》虽然反对"自诸侯出",却又褒奖齐桓、晋文,并举例说,从庄公三十年齐人伐山戎(救燕)到僖公九年葵丘之盟,14 年中有关齐桓事凡 31 条;从僖公十七年齐侯小白卒至二十七年诸侯盟于宋,11 年中书晋文 34 事。其实,这反映的是《春秋》之"义"的另一个方面——"攘夷"。所举褒奖齐桓、晋文之事,都是因遏制楚的北上,或防范"南夷与北狄交侵"。将《春秋》之"义"附会为"道名分",未免牵强了一些。

列国纷争,不论诸侯、大夫,还是陪臣执国命,站在周礼立场看都是"乱臣贼子"。面对现实,无可奈何,只好祈求"周礼尽在鲁矣"的《春秋》,才有上述种种拔高之论。汉初维护"大一统",董仲舒说孔子"知言之不用,道之不行也,是非二百四十二年之中,以为天下仪表,贬天子,退诸侯,讨大夫,以达王事而已矣。"[1] 司马迁在肯定《春秋》"纪元年,正时日月"的前提下,综合各家做出这样的评述:

> 因史记作《春秋》,上至隐公,下讫哀公十四年,十二公。据鲁、亲周、故殷,运之三代,约其文辞而指博。故吴、楚之君自称王,而《春秋》贬之曰"子";践土之会实召天子,而《春秋》讳之曰"天王狩于河阳"。推此类以绳当世。贬损之义,后有王者举而开之。《春秋》之义行,则天下乱臣贼子惧焉。[2]

《春秋》最初单行,即《汉书·艺文志》著录"《春秋古经》十二篇、《经》十一卷"。所谓《春秋古经》,用秦以前文字书写,称

---

① 《史记》卷 130《太史公自序》引"董生曰"。
② 《史记》卷 47《孔子世家》。

"古文"经，不立学官。魏晋之际，杜预作《春秋经传集解》，"分经之年与传之年相附，比其义类"，其后不再有《春秋古经》单行。所谓《经》十一卷，《汉书·艺文志》自注"公羊、谷梁二家"，是随《公羊传》、《谷梁传》口耳相传到汉代的《春秋》，用当时文字书写，称"今文"经，立有学官。就解释"春秋经"经义而言，以《公羊传》影响最大，相传出于子夏弟子公羊高，至汉景帝时，由其玄孙公羊寿与胡毋生（胡毋子都）著于竹帛，东汉何休作《公羊传解诂》。《谷梁转》相传出于谷梁赤，亦子夏弟子，不知何时著于竹帛，晋范宁作《谷梁传集解》。虽然《公羊传》、《谷梁传》以解经为宗旨，但也有如上述关于"录伯姬"的提示。

　　《春秋》被奉为儒家经典受到历代推崇，看中的是所谓的"《春秋》大义"。为维系这"大义"，往往歪曲某些历史事实，掩盖某些历史真相。其在中国史学中的地位，绝不可以用其在经学史上的地位来渲染，清四库馆的下述评语还是比较客观的：

　　　　苟无事迹，圣人不能作《春秋》。苟不知其事迹，虽以圣人读《春秋》，不知所以褒贬。儒者好为大言，动曰舍传以求经，此其说必不通。其或通者，则必私求诸传，诈称舍传云尔。[①]

第三节　第一部完备的编年史——《左传》

　　如果说《春秋》是"诸侯史记"的经典代表，那么《左传》则是集"诸侯史记"大成的杰作，为中国第一部完备的编年史。

---

① 《四库全书总目》卷 45《史部总叙》。

《左传》最初"别本单行"，称《左氏春秋》或《春秋古文》①。这"春秋"二字是泛指，如《吕氏春秋》，并非指《春秋》经，也没有依附于《春秋》经文，是一部独立的历史编纂。汉代经学家将其与《公羊传》《谷梁传》看作是解释和传授《春秋》的三大系统之后，才被称为《左氏传》，简称《左传》。流传至今的《左传》已非原貌，是魏晋之际杜预在集解《春秋》、《左传》时的合编本，称作《春秋左氏传》，才知道有多少"无传之经"和"无经之传"。

《左传》的作者与成书，自其传世以来就争论不休。

关于作者，汉唐以来形成三种有代表性的说法。一是早于司马迁的严彭祖说："孔子将修《春秋》，与左丘明乘，如周，观书于周史，归而修《春秋》之经，丘明为之传，共为表里。"②此说为孔子修《经》，左丘明作《传》，《经》、《传》同时。二是《史记·十二诸侯年表》序文说："鲁君子左丘明惧弟子人人异端，各安其意，失其真，故因孔子史记具论其语，成《左氏春秋》。"此说为孔子修《经》在前，左丘明作《传》于后。左丘明其人，《论语·公冶长》两次提到"左丘明耻之，丘亦耻之"，所以司马迁称其为"鲁君子"，当与孔子同时代。三是中唐赵匡说："丘明者，盖夫子以前贤人，如史佚、迟任之流，见称于当时耳"，"焚书之后，莫得详知。学者各信胸臆，见《传》及《国语》俱题左氏，遂引丘明为其人，此事既无明文"，"唯司马迁云'左丘失明，厥有《国语》'，刘歆以为《春秋左氏传》是丘明所为"，"班固因而不革，后世遂以为真。所谓传虚袭误，往而不返者也"。③不仅将左丘明的时代提到孔子之前，而且否定了左丘明作《左传》的"著作权"。两宋名家如王安石、叶适、郑樵、朱熹等，

---

① 《史记》卷31《吴太伯世家》"太史公曰"："余读《春秋古文》，乃知中国之虞与荆蛮句吴兄弟也。"

② 《春秋序》孔颖达疏引沈氏云：《严氏春秋》引《观周篇》（西汉本《孔子家语》）。

③ 《春秋集传纂例》卷1《赵氏损益义》。

大都发挥中唐的说法。自清以来，又有多种意见：一是源自刘向《别录》"左丘明授曾申，申授吴起，起授其子期"，形成《左氏传》出吴起，不出左丘明之说"[①]；二是在坚持"出于瞽史左丘明的传诵"的同时，提出"作者可能就是子夏一再传的弟子"[②]；三是"《左传》作者不是左丘明，不但不是《论语》中的左丘明，也没有另一位左丘明。吴起虽然传授过《左传》，《左氏传》之称绝不是因为吴起是左氏人"，"《左传》是一人手笔"，"并无后人添加的字句"[③]；四是"《左传》非左丘明所作"，"作者为鲁人左氏"[④]，等等。在意见分歧、其说难一的情况下，通常引顾炎武说，"《左氏》之书，成之者非一人，录之者非一世"[⑤]，并以此为"不易之论"。

作者究竟是谁，似可不必细究。今天所见汉代以前的各种著述，都非成于一人、录于一世，这是春秋战国时代学术发展的一个特点。

考察《左传》成书年代，大体形成两个标准：一是根据《左传》文风考察其成书年代，以崔述为代表。《洙泗考信录·余录》考证说："战国之文姿横，而《左传》文平易简直，颇近《论语》及《戴记》之《曲礼》、《檀弓》诸篇，绝不类战国时文，何况于秦？……作书之时，上距定、哀未远，亦不得以为战国后人也。"二是受顾炎武《日知录》"左氏不必尽信"条启发，以《左传》好预言，预言被证实的是作者亲所闻见，预言不灵验的是作者所未及闻见的，由此测定《左传》的成书年代。但具体考证结果却不尽相同，或以其"预断秦孝公以前事皆有验，孝公后概无征，则《左氏》时代从可推断"，或

①　钱穆：《先秦诸子系年考辨》卷2《吴起传左氏春秋考》，香港大学出版社1956年版，第193页。

②　徐中舒：《〈左传〉的作者及其成书年代》，《历史教学》1962年第11期。

③　杨伯峻：《春秋左传注》前言，中华书局1983年版。

④　赵光贤：《春秋与左传》，《中国史学名著评介》，山东教育出版社2006年版，第29—34页。

⑤　《日知录》卷4《春秋阙疑之书》。

谓其"成书年代定为公元前 375 — 前 351 年",或推测其"成书在公元前 403 年魏斯为侯之后,周安王十三年(前 386)以前"。以"成之者非一人,录之者非一世"的观念来推断其年代,《左传》成书当在公元前 5 世纪末至公元前 4 世纪中的半个世纪。

《左传》与《春秋》的关系,更是一个长期争论的问题。从经学的角度读《左传》,今文家认为《左传》不传《春秋》,而古文家则以《左传》为《春秋》三传之一。以史学的角度读《左传》,前面已经提到,以记述史事为主,是一部独立的历史编纂。在杜预合并经、传的《春秋左氏传》中,有许多"无传"之经,以庄公之年"无传"之经尤多:元年"经"8 事,"无传"者 5;二年"经"5 事,"无传"者 4;四年"经"7 事,"无传"者 6;二十二年"经"6 事,"无传"者 5;二十三年"经"10 事,"无传"者 7;二十四年,"经"11 事,"无传"者 8;三十一年"经"6 事,"无传"者 5。其中,二十年"经"4 事、二十六年"经"5 事,均"无传"。有"经"无"传"如此之多,能说《左传》是为传"经"而作吗? 不过,也不能据此就简单地否认《左传》丝毫没有"解经"的意思。隐公元年三月,"经"文有"公及邾仪父盟于蔑"一句,"传"文则作"公及邾仪父盟于蔑——邾子克也。未王命,故不书爵。曰'仪父',贵之也",完全是在"解经"。总之,即便从史学的角度读《左传》,也不能完全离开《春秋》。成公十七年,《左传》只记"公会尹武公、单襄公及诸侯伐郑,自戏童至于曲洧。……冬,诸侯伐郑。""伐郑"的"诸侯",除了尹武公、单襄公之外,还有哪些呢?《春秋》恰好有载:"夏,公会尹子、单子、晋侯、齐侯、宋公、卫侯、曹伯、邾人伐郑。……冬,公会单子、晋侯、宋公、卫侯、曹伯、齐人、邾人伐郑。"襄公十年也有同样的情况,若无《春秋》则无从知道在"柤"地"会吴子寿梦"的都是哪些"诸侯"。"有经无传",读《春秋》费解;"有传无经",读《左传》也有缺憾。当然,更多的是"无经之传",即鲁国史未曾记入《鲁春秋》

而《左传》作者认为应该记述的史事，这在读《春秋》、《左传》时随处都会遇见。至于《左传》与《春秋》记事互异之处，孔颖达的结论是："经、传异者，多是传实经虚。"[1]襄公二十七年，《春秋》"冬，十二月乙亥朔，日有食之"，《左传》"十一月乙亥朔，日有食之"。江永、王夫之等均已指出："经文传写讹耳"，十二月"必是十一月"。[2]以今天的方法推算，公元前 546 年 10 月 13 日发生日全食，即"十一月乙亥"，显然是《春秋》误而《左传》作了纠正。

《左传》取材，充分利用了当时所能得到的成文记事以及各种传诵材料，"诸侯史记"即各国"春秋"是基本史源。与《春秋》对照，所谓"无经之传"，或经、传互异处，很多都是取材于相关"诸侯史记"，这从使用历法的不同可以清楚知道。《春秋》编年全用周正，《左传》编年由于史源不同而有差异。当时，周、鲁用周正，宋用殷正，晋用夏正。《左传》虽然改用周正，但改之未尽，以至书中往往出现周正、夏正混用的情况。晋献公杀申生，《左传》在僖公四年"十二月戊申"，《春秋》在僖公五年"春"，就是因为史源不同而出现的差异：晋用夏正，为"十二月戊申"；鲁用周正，以周正推算，为明年二月十七，故《春秋》书于"五年春"。秦晋韩原之战发生在僖公十五年，《春秋》用周正为"十有一月壬午"，《左传》用夏正为"九月壬午"。有关晋的纪事，不少地方留有周正、夏正混用的情况。晋伐虢灭虞，僖公五年作"冬，十二月丙子，朔，晋灭虢。虢公奔京师。师还，馆于虞，遂袭虞，灭之。执虞公……"同年八月甲午，晋献公问卜偃灭虞的时间，卜偃用夏正回答说"其在九、十月之交"。十二月丙子，以夏正推算，为十月初一，正所谓"九、十月之交"。

周正、夏正混用，往往导致记事重复，昭公三十二年冬十一月

---

① 《春秋左传正义》昭公八年孔颖达疏。

② 参见江永《群经补义》、王夫之《春秋稗疏》。

记"晋魏舒、韩不信如京师，合诸侯之大夫于狄泉，寻盟，且令城成周。魏子南面。卫彪傒曰：'魏子必有大咎。干位以令大事，非其任也'"，定公元年春王正月又记"晋魏舒合诸侯之大夫于狄泉，将以城成周。魏子涖政。卫彪傒曰：'将建天子，而易位以令，非义也。大事奸义，必有大咎。晋不失诸侯，魏子其不免乎'"，就是明显一例。昭公三十二年冬十一月叙晋事，取用晋史素材，用夏正，定公元年"王正月"表明用周正，采用的是周史记或鲁史记，夏正十一月换算为周正恰好是正月，史源不同，忽略了历法换算，将一件事分记在了两处。可以说，《左传》中用夏正的记事，大体是源于晋之国史——或"乘"或"春秋"。

各国"春秋"之外，"语"、"志"是另两种重要史源。《国语》是各国之"语"的汇编，《左传》取材于"语"，从其与传本《国语》诸多相同处可以得到印证。僖公十五年九月秦晋韩原之战，从《吕氏春秋·爱士篇》、《韩诗外传》十、《淮南子·氾论训》等记载可知，有着不同传闻，《史记·晋世家》参用的是《吕氏春秋·爱士篇》，唯有《左传》与《国语·晋语三》记载同，表明《左传》是取信于"语"的记载的。"志"虽未传，但《左传》中有不少引"志"之处，如昭公三年、哀公十八年的"《志》曰"，还有他人言论中所说"《周志》有之"或"《志》有之"，等等。

取材诸子，上述关于秦晋韩原之战的取材是一种情况。再如孔子说"甲兵之事，未之闻也"一事，《左传》哀公十一年冬这样记述："孔文子之将攻大叔也，访于仲尼。仲尼曰：'胡簋之事，则尝学之矣；甲兵之事，未之闻也'。退，命驾而行，曰：'鸟则择木，木岂能择鸟？'"《论语·卫灵公》这样记载："卫灵公问陈于孔子，孔子对曰：'俎豆之事，则尝闻之矣；军旅之事，未之学也。'明日遂行。"《左传》的发问者为孔文子，《论语》的发问者为卫灵公，究系何人？《史记·孔子世家》取《论语》说，以"（卫）灵公问兵陈。孔子曰：

'俎豆之事，则尝闻之矣；军旅之事，未之学也。'明日，与孔子语，见蜚雁，仰视之，色不在孔子。孔子遂行，复入陈。"

《春秋》以具备编年史基本特征而成为"诸侯史记"的代表，但存在"断烂朝报"的严重缺陷。《左传》仍以鲁"十二公"编年，自隐公元年（前722）始，至哀公二十七年（前468）止，多《春秋》11年。追溯史事，上至周宣王二十三年（前805）晋穆侯伐条之役。最后附鲁悼公四年（前463）事一条，结尾提到知伯之灭（前453）[①]，突破《春秋》简单记事的做法，从单一记事扩大为系统记事，不仅记动，而且记言，上溯下叙，有评议分析，有概括叙述，乃至细致描写，使曲折复杂的历史事实能够明其原委。

全书编年纪事，"十二公"详略不等。篇幅详者依次为昭公（在位32年）、襄公（在位31年）、僖公（在位33年），其次为文公（在位18年）、宣公（在位18年）、哀公（在位27年）、成公（在位18年）、庄公（在位32年），再次为定公（在位15年）、隐公（在位11年）、桓公（在位18年）、闵公（在位2年）。从反映的国别史事来说，详者依次为晋、鲁，其次为楚、齐、郑，再次为吴、卫、周、宋、秦。这固然与所见材料多少相关，但也要看到作者的取材眼光。全书纪晋事最多，自"曲沃并晋"至"晋失诸侯"，重点在晋的霸业兴衰。晋文公初霸在僖公后期，晋楚争霸贯穿文、宣、成、襄四公在位的70年间，中间还穿插着秦晋交兵，而晋悼公复霸、晋楚弭兵又是成公、襄公在位期间的大事。另一原因，列国之卿多半为公族，唯晋公子不为卿，晋卿多为异姓，凡十一族：魏氏、赵氏、狐氏、胥氏、

---

① 《史记》卷33《鲁周公世家》系据"鲁史记"而成，以隐公至哀公"十二公"记事最详，悼公记事骤减，仅有"三桓胜，鲁如小侯，卑于三桓之家"，"十三年，三晋灭智伯，分其地有之"两事，悼公以下只记各"公"在位年数。对照《鲁周公世家》，《左传》下限写至哀公卒，多《春秋》11年，写"三桓"与悼公矛盾，附带韩、魏灭知伯，显然取材"鲁史记"。

先氏、栾氏、郤氏、韩氏、知氏、中行氏、范氏。因此，晋之卿族兴废在列国中最为突出。先是狐氏、先氏废，继而胥废于郤。栾、郤废赵，而赵复兴。厉公用栾氏谮杀三郤，而郤氏废。范宣子逐栾盈，而栾氏废。范氏、中行氏逐于知、韩、魏、赵，韩、魏、赵又共灭知伯，遂为三晋。晋之卿族兴废，《左传》自闵公元年赵夙、毕万之封，及于韩氏世系，为三晋之始，直至哀公时范氏、中行氏逐于知、韩、魏、赵。而韩、魏、赵共灭知伯，还不在《左传》的记事下限之内。昭公（在位 32 年）篇卷最多，是因为此间大事纷纭，吴楚争霸（吴灭楚、楚复国）、吴越争霸（吴灭越、越复国灭吴）、子产相郑以及晋铸刑鼎、知韩赵魏四氏主政等，均为春秋后期不可不书的重要史事。

在编年纪事的基本形式下，灵活运用"事具本末"和专写人物的笔法。

"晋公子重耳流亡"，始自僖公五年晋献公杀世子申生，重耳出奔翟，至僖公二十四年，前后整整 19 年。僖公五年只简要记述其起因：晋献公杀世子申生，"及难，公使寺人披伐蒲。重耳曰'君父之命不校。'乃徇曰：'校者，吾仇也。'逾垣而走。披斩其袪。遂出奔翟。"其间 19 年的经历，没有逐年记述，而是在僖公二十三年末用 800 余字追述："晋公子重耳之及于难也，晋人伐诸蒲城，重耳不可……遂奔狄。从者狐偃、赵衰、颠颉、魏武子、司空季子。"处狄十二年，娶妻生子，过卫，卫公不礼。及齐，齐桓公妻之，一度欲"安之"，齐姜"醉而遣之"。及曹、及宋、及郑、及楚，最后"送诸秦"。僖公二十四年"春王正月，秦伯纳之。"

纪郑事虽略于纪晋、鲁、楚、齐事，却集中在"郑庄强国"、"子产相郑"等事上。襄公三十年纪"子产为政"及其产生的社会效应，将一年乃至三年以后的事提前写出："从政一年，舆人诵之"，"及三年，又诵之"。

这些记述，不仅展示了编年史中穿插纪事本末和人物传记的最初形式，更体现出《左传》作者注意事物联系及其发展变化的史识。

战争是战国年间的时代特点，书中所记鲁齐长勺之战（庄公十年）、齐楚召陵之战（僖公四年）、晋楚城濮之战（僖公二十八年）、秦晋崤之战（僖公三十三年）、楚晋邲之战（宣公十二年）、晋齐鞌之战（成公二年）、晋楚鄢陵之战（成公十六年）等，都是中国军事史上著名的战例，战前准备，临战料敌决策，战场上的拼杀，战争结局，记录层次分明，叙述生动真实。对比双方君臣、将士的精神面貌，不但写活人物，还在一定程度上揭出决定战争胜败的某些因素。宣公二年，郑、宋大棘之战，宋师败绩，统率华元被囚。写其战败原因："将战，华元杀羊食士，其御羊斟不与。及战，曰：'畴昔之羊，子为政；今日之事，我为政。'与入郑师，故败。君子谓羊斟'非人也，以其私憾，败国殄民，于是刑孰大焉？《诗》所谓"人之无良"者，其羊斟之谓乎！残民以逞。'"当宋以兵车、文马赎回华元，赎物刚交一半，华元逃归。接下来，"宋城，华元为植，巡功。城者讴曰：'睅其目，皤其腹，弃甲而复。于思于思，弃甲复来。'使其骖乘谓之曰：'牛则有皮，犀兕尚多，弃甲则耶？'役人曰：'从有其皮，丹漆若何？'华元曰：'去之！夫其口众我寡。'"一个傲慢、残民的带兵统率，跃然纸上，岂能不败！被俘逃回之后，仍然旧习不改。《春秋》不仅不记这样的事，也不会有如此生动的文字。

前面叙及，《左传》成书于公元前5世纪末、4世纪中，相当于战国初期，必然使其思想观点表现出明显的两重性和折中倾向。这时，周王室更趋衰微，诸侯相互兼并，逐渐形成大国称雄的局面。三家分晋、卿大夫越而为诸侯，继之以各国变法，成为新的趋势。无论社会制度，还是思想观念，都在进行着新陈代谢的转换。就整个体制来讲，仍然是"周制未改"的形势。各种旧制度和旧观念企图阻止社会变革，而各种新生因素却顽强抗争，冲击着旧有的一切。《左传》如实地记述和反映了这种新旧交替，既不为"王纲失坠"而慨叹，也不为周天子等"尊者讳"。另方面，在周王室的共主地位依然名存的情况下，必然"以周礼为本"。维护周王室的共主地位，承认各诸侯的霸业，是《左传》思想和纪事的出发点。书中的重人事与多预言，同样是其思想上两重性的表现。

《左传》评论史事，主要有五种表达方式：一是用"君子曰"（或"君子谓"、"君子以为"、"君子是以知"等）直接发论。如隐公十一年关于周桓王、郑庄公、息伐郑而亡的几则"君子"评论。二是引用他人的言论，包括"仲尼曰"、"书曰"，而以"仲尼曰"最多，如僖公二十八年对践土之盟的评论："是会也，晋侯召王，以见诸侯，且使王狩。仲尼曰：以臣召君，不可以训。故书曰'天王狩于河阳'，言非其地也，且明德也。"三是叙事中的综述或结语，往往用"礼也"或"非礼也"等语。如桓公十五年开头："天王使家父来求车，非礼也。诸侯不贡车服，天子不求私财。"襄公元年末："凡诸侯即位，小国朝之，大国聘焉，以继好、结信、谋事、补阙，礼之大者也。"四是以"凡"起例，往往与"君子曰"、"书曰"并用，表示评说意见不一。如宣公四年"夏，弑灵公"的评论，先是"书曰：'郑公子归生弑其君夷'，权不足也"，紧接着是"君子曰：'仁而不武，无能达也'"，然后便是"凡弑君，称君，君无道也；称臣，臣之罪也。"五是依托某些应验的预言。如庄公三十二年周内史过预言"虢必亡"，原因是"虐而听于神"，暴虐而不以民为心。僖公二年晋大夫卜偃亦预言"虢必亡"，原因是"亡下阳（宗庙所在）不惧"，"必易（轻视）晋而不抚其民"，"不可以五稔"（超不过五年时间）。至僖公五年冬十二月丙子，"晋灭虢"。——这是其调和"天道"、"人事"思想的表露。

受经学的干扰，有几点应注意。一是为了强调"经"附"传"的关系，不少叙事被人为地割裂。《左传》开篇记事，"惠公元妃孟子。孟子卒，继室以声子，生隐公。宋武公生仲子，仲子生而有文在其手，曰为鲁夫人，故仲子归于我。生桓公而惠公薨，是以隐公立而奉之。元年春，王周正月，不书即位，摄也。"这一关于隐公即位的完整叙述，《鲁春秋》没有记述，只书"元年春王正月"。自经、传合并之后，为了符合"经"的"书法"，便截取了最后"元年春，王周正月，不书即位，摄也"的一句置于"经"文"元年春王正月"之后，前面的整段文字被列在了"经"文之前，以致后来对隐公不书即位出现种种想当然的猜测，却置《左传》的原始说明于不顾。再如庄公二十年冬，"王子颓享五大夫，乐及遍舞，郑伯闻之，见虢叔曰……虢公曰'寡人之愿也'，胥命于弭。夏，同伐王城……虢叔自北门入，杀王子颓及五大夫"，原本为一段前后衔接的叙述，也是为了以"传"附"经"，便将"胥命于弭"以下文字移入二十一年春，造成文字的前后割裂。从这样的实例不仅看出"经"对"史"的干扰，也证明《左传》原本单行，不专门传经。再一点，有两处"君子曰"需作分析。成公十四年九月，经、传都记述"侨如以夫人妇姜氏至自齐"，文字相同。"传"文紧接着"舍族，尊夫人也。故君子曰：'《春秋》之称，微而显，志而晦，婉而成章，尽而不污，惩恶而劝善，非圣人谁能修之？'"这段"君子曰"被视为对《春秋》最早的评价，成为后世评价《春秋》的基本根据。昭公三十一年冬，经、传都记述"黑肱以滥来奔"，文字相同。"传"文紧接着"贱而书名，重地故也。君子曰：'名之不可不慎也如是。夫有所有名而不如其已。以地叛，虽贱，必书地，以名其人，终为不义，弗可灭已。是故君子动则思礼，行则思义。不为利回，不为义疚。或求名而不得，或欲盖而名章，惩不义也。齐豹为卫司寇，守嗣大夫，作而不义，其书为盗。邾庶其、莒牟夷、邾黑肱以土地出，求食而已，不求其名。贱而必书。此二物者，所以惩肆而去贪也。若艰难其身，以险威大人，而有名章彻，攻难之士将奔走之。若窃邑叛君，以徼大利而无名，贪冒之民将寘力焉。是以《春秋》书齐豹曰盗，三叛人名，以惩不义，数恶无礼，其善志也。故曰：《春秋》之称微而显，婉而辨。上之人能使昭明，善人劝焉，淫人惧焉，是以君子贵之。'"这两则"君子曰"在就事论事之外，都有题外发挥，称颂《春秋》的特殊作用。前一则"君子曰"是对《春秋》的总体评价，后一则"君子曰"是结合实例作进一步的发挥。此类的"君子曰"，无非说教，对后来的影响太习以为常，往往被忽视掉了。

综合上述考察，得出的结论是：《左传》继承并发展了《春秋》"纪元年，正时日月"的编年成就，突破诸侯各自为史的格局，第一次将众多诸侯纪事熔冶于一书，理出春秋时期周王室与各诸侯兴衰的线索以及社会变动的趋势，成为集"诸侯史记"大成的历史编纂，将编年史推向成熟，标志着中国史学的形成。

《左传》的文学成就，更是《春秋》无法比拟的，在秦以前的著述中是一座不可逾越的高峰。

第五章　春秋战国时期的历史认识

春秋战国，社会剧变。面对巨大的变革，全社会都在拿过往社会说事，试图探寻变革的原因，提出种种主张，形成一些颇具特色的历史认识。

第一节　关于历史与未来的认识

对于历史与未来的认识，最初发生于对自然和人事的推测中。

春秋中叶以前，基于日常认识方式，在原始思维中逐渐积累起来，但尚无直接的思想表述，只能从其生活过程中抽绎。

甲骨卜辞和《易》的制作目的是为了趋利避害，自然包含未来可以选择这一思想前提。甲骨卜辞显现的是帝（包括先公先王或其他诸神）与人（主要指时王）相结合的决策体系，帝可以令雨、令风、降若、降祸……对时王可以"诺"，可以"弗诺"，对人世可以造福，可以为祸，但这种帝与人的决策体系并不是简单的和单向的。殷王的卜、祭、告，帝的降与不降、诺与不诺、与祸与福，都不确定。占卜一事数贞，正反对卜，同事异问、习卜、三卜、卜筮相参等，反映时王强烈希求帝满足人的意愿，反映时王试图预知和掌控未来走向。

作为预测未来的手段，筮占与占卜相辅，六十四卦、九六之爻在商代已经形成。其思维路径是：一切人事都是冥冥中安排既定的，而且有若干不同乃至相反的前景，人为神意所驱使，人可以通过努力去争取对自己有利的未来。不论吉卦，还是凶卦，都给人留下可能的选择，客观上承认人对未来的能动作用。

作为殷商社会生活的灵魂，不论王公大人，还是庶民百姓，均以占卜、筮占确定行为，同时成为传播和利用历史知识的社会基础。

历史可知，可以通过种种方式留存，在殷商、宗周笃信不疑。直至春秋战国，仍然没有人提出过根本性的质疑。

孔子所说"夏礼，吾能言之，杞不足征也；殷礼，吾能言之，宋不足征也。文献不足故也。足，则吾能征之矣"[①]，表明历史是可以根据足够的文献和贤者的口述得知的。墨子征引夏、商、周书，强调"圣王"、"先王"之"传"。《明鬼下》篇引周之《春秋》、燕之《春秋》、宋之《春秋》、齐之《春秋》，表明前人认为历史可以载于文字而流传，后人可以凭借先人所遗而得知，犹如亲眼所见。《兼爱下》篇一再强调：

> 吾非与之并世同时，亲闻其声，见其色也。以其所书于竹帛、镂于金石、琢于盘盂、传遗后世子孙者知之。

虽然停留在经验的层面，但在先秦时期可谓对这一问题最明确的阐述。历史可知，在古人头脑中根深蒂固，以至后世史家不把它当作理论问题进行更全面、深入的论证。

怎样可知真实的历史，孟子的看法有着积极的意义："尽信《书》，则不如无《书》。吾于《武成》，取二三策而已。"[②]理由是《武

---

① 《论语·八佾》。
② 《孟子·尽心下》。

成》中所载"血之流杵",绝非"以至仁伐不至仁"的武王所为。这种以道德情理揣度资料真实性的认识是否可取另当别论,但反映从历史资料得知历史真实,需要建立某些标准这样的一种意识。待到韩非子,明确提出"参验"之说:对于各种历史说法均须经"参验"确定其真伪,未经"参验"的说法,多是"非愚则诬"的"愚诬之学"。[1]"尽信《书》不如无《书》"、"参验"等的提出,对于后来史学有着极为重要的影响,使历史考据成为中国史学进程中针对形式多样的伪书和议论纷纭的"愚诬"之说的一种经久不衰的探寻历史真实的基本方法。

未来是否可知,与历史是否可知一样,直至春秋晚期才被明确地提了出来。

《墨子·鲁问》篇中彭轻生子问:"往者可知,来者不可知?"墨子答:"籍设而亲在百里之外,则遇难焉。期以一日也,及之则生,不及则死。今有固车良马于此,又有奴马四隅之轮于此,使子择焉。子将何乘?"彭轻生说:"乘良马固车可以速至。"墨子答:"焉在不知来?"[2]这里的"往者"即历史,"来者"即未来。对于时域的"往"、"来"的抽象古已有之,以"往"、"来"相对而言历史,商周以迄诸子不乏其人。但以"往"、"来"设论探讨其可知性,则自彭轻生所发。以"往"、"来"论史学,则自司马迁始,将在第二编第三章详述。《墨子·非攻中》篇说得就更加简洁、明确:

> 子墨子曰:"古者有语:'谋而不得则以往知来,以见知隐。'"

所谓的"古者"虽不知何代智者,但"以往知来"四个字则是

---

① 《韩非子·显学》。

② 末句原作"焉在矣来",据灵岩山馆本,从卢文弨校。

对历史与未来关系的第一次带普遍性的概括。

在预知未来方面，孔子和墨子遵循的同是经验的认识方式。《论语·为政》篇载："子张问：'十世可知也？'子曰：'殷因于夏礼，所损益，可知也；周因于殷礼，所损益，可知也。其或继周者，虽百世，可知也。'"孙子、荀子、韩非子等均为经验的认识路径，只不过每人在不同领域达到的高度不同罢了。

孟子、邹衍和《易传》则不同，是自经验始、最终先验地认识未来的代表。

孟子在历史与未来问题上达到的至高点是其"一治一乱"说。《孟子·滕文公下》篇公都子问孟子为何"好辩"，孟子回答：

> 予岂好辩哉？予不得已也。天下之生久矣，一治一乱。

"一治一乱"的概括，是中国最早带有历史总趋势的表述，所覆盖的不仅仅是历史和现实中的事实，而且包含着可能的事实以及对未来社会的总预测。

邹衍的"五行相次转用事"，将历史演进用一个往复的公式概括，不论历史还是未来，都在设定的"土、木、金、火、水"的转移中循环，既说明历史，也预测未来，具体内容详下面一节。

《易传》大约成于战国时期，是对《易》的完善，将卜筮者的信仰和操作规范集中起来，使之系统化，是卜筮思想发展的里程碑。从历史与未来这一范畴审视《易传》，可以说是反映先秦时期神与人共创历史和未来思想的代表性文献，有两点值得注意。一是明确将历史进程与"观象于天"、"取"法于卦联系起来。《系辞上》篇概括："天生神物，圣人则之；天地变化，圣人效之；天垂象，见吉凶，圣人象之；河出图，洛出书，圣人则之。"天意所示，是由圣人"则之"、"效之"、"象之"的。《系辞下》篇具体描述这一过程：包牺氏"作结绳而为罔罟以佃以渔，盖取诸《离》"；神农氏"斲木为耜，揉木为耒，耒耨之利以教天下，盖取诸《益》；日中为市，致天下之民，聚天下之货，交易而退，各得其所，盖取诸《噬嗑》"。黄帝、尧、舜"垂衣裳而天下治，盖取诸《乾》《坤》"，等等。凡有所作，皆有取法，演而为史。二是在论证"天"定的同时，强调了人的能动作用。《系辞下》篇："《易》之为书也，广大悉备，有天道焉，有人道焉，有地道焉。"天、人、地交感而动，即所谓"六爻之动，三极之道也"。《易》虽是圣人"幽赞于神明"而成，亦包含着圣人的体验，即所谓《易》有圣人之道四焉：以言者尚其辞，以动者尚其变，以制器者尚其象，以卜筮者尚其占"。而"天"只为"人"之助，言"佑"不言"命"，故"《易》曰：'自天佑之，吉无不利。'子曰：'佑者，助也。天之所助者，顺也。人之所助者，信也。履信思乎顺，又以尚贤也。是以自天佑之，吉无不利也。"① 因为"神无方而《易》无体"，虽"显诸仁"，但"藏诸用"，虽"鼓动万物"，但又"不与圣人同忧"。圣人接受神的启示，"吉凶与民同患"，"日用而不知道"的"百姓"则接受圣人之所"教"、所"禁"、所"使"。总而言之，"天地设位，圣人成能，人谋鬼谋，百姓与能"。②

原卦爻辞中冥冥在上的无名力量，在《系辞》、《说卦传》中以"天"确定。原先直接作用于人的神力，加入一个"圣人"的中介。这样，其思维模式不再是来自事例的抽绎，而是理论阐述的条理。

西周以下，出现怀疑上帝、鬼神的意识，春秋时期逐渐形成"吉凶由人"、"祸福无门，惟人是召"、"巫瞽何为"、"天道远，人道迩，非所及也，何以知之"等认识，至荀子终成《天论》，反映历史观的进步。但这些观念仅仅是少数思想家的认识，他们所面对的普遍

① 《易传·系辞上》。

② 《易传·系辞下》。

存在于社会的上帝、鬼神观念却要强大得多。《左传》、《国语》、《史记》所显示的社会生活实际是众多的无神观点最终逃脱不了鬼神的纠缠，连荀子暮年也不得不承认面对的仍然是"浊世之政，亡国乱君相属，不遂大道而营于巫祝，信機祥"的社会。思想影响生活方式，生活方式固化思想。思想一旦被生活方式固化，这种思想的理论化不再是一种思想的发展，更重要的是对生活方式的合理证明，必然受到社会的普遍欢迎。邹衍以"五德终始说"游说诸侯，司马迁慨叹其"见尊礼如此，岂与仲尼菜色陈、蔡，孟轲困于齐、梁同乎哉"①，便是最突出的实例。随后，更为秦汉的政治、思想领域引而用之。《易传》对《易》的理论化，同样也为社会所认同。

多神崇拜是先秦时期，尤其是春秋以来思想发展引人注目的特点。上帝、天、日神、风伯、雨师、旱魃、雷公、河神、山神、雪神，加上人鬼，差不多都是独立司职，少有统属，显然是根源于多元的政治和相对独立的地域经济。人各事其神，其至凡神即侍，达到混乱的地步。孔子颇有微词："非其鬼而祭之，谄也。"②大约成于战国时期的《周礼》试图构想一个完善的政治机构，以大宗伯"掌建邦之天神、人鬼、地示之礼，以佐王建保邦国"，"以禋祀祀昊天上帝，以实柴祀日月星辰，以槱燎祀司中、司命、飌（风）师、雨师。"这种归一化的构想，实际上反映多神活跃于社会的事实。秦始皇实现"大一统"，登泰山封神，"东游海上，行礼祠名山大川及八神"，又使人入海求三神山，祭神无数，也还有其不知名的湘神在湘江等着呢。遍布四方的神祇，实际是广泛深入人心的鬼神观念的反映。只要存在着未知的世界，鬼神观念就不会根绝。科学的发展，不断将鬼神观念从其原先盘踞的领域清扫出去，但无穷的未知世界却给它们留下"无限广

---

① 《史记》卷74《孟子荀卿列传》。
② 《论语·为政》。

阔的天地"。何况一家一姓的"天子"政治还要利用它，因而宽容甚至放纵它呢！

先秦时期关于历史与未来的思想，就是在这样一种社会氛围中生存和发展起来的，对后来政治、思想、文化甚至世俗社会生活都产生着深远的影响。概而言之，在上是皇朝鬼神意识形态的进一步理论化和制度化，在下是多神幽灵始终附着于民间生活不断风俗化和宗教化。皮附于这种社会特别是这种政治的史学，最多只给个人留下突破局部思想桎梏的可能性，而功用日益政治化的史学，只能在神与人共创历史和未来的思想圈中徘徊。为求其经世致用，"彰往知来"、"以史为鉴"便成为史学企图证明自身价值的主要方式，更加置历史真实于不顾了。

第二节　对过往社会的阶段划分

春秋战国年间，对过往社会的阶段划分，主要有三种不同说法今天看来仍不失为有"先见之明"。

一、以"公"、"私"为标准的"大同"、"小康"说

《礼记·礼运》假托孔子之言讲述春秋战国以前的社会：

> 大道之行也，与三代之英，丘未之逮也，而有《志》焉。
> 大道之行也，天下为公……人不独亲其亲，不独子其子……货恶其弃于地也，不必藏于己。力恶其不出于身也，不必为己。是故谋闭而不兴，盗窃乱贼而不作……是谓大同。
> 今大道既隐，天下为家。各亲其亲，各子其子，货力为己……以功为己。故谋用是作，而兵由此起。禹、汤、文、武、

成王、周公……未有不谨于礼者也……如有不由此者，在执者去，众以为殃。是谓小康。

所谓"三代之英"而"有《志》焉"，表明此说是有《志》的记载作为根据的。"大同"的核心是一个"公"字："天下为公"，货尽其用而"不藏于己"，力尽其出却"不必为己"，"人不独亲其亲，不独子其子"，不为小家、小集团的私利算计，因而各类阴谋、阳谋都不会冒出来，"谋闭而不兴"。"小康"的核心是一个"私"字："天下为家"，"货力为己"，"以功为己"，于是各类阳谋、阴谋"是作，而兵由此起"，需要禹、汤、文、武、成王、周公这等"谨于礼"的"三代之英"来"行仁讲让，示民有常"。倘若"不由此"，必然造成"众以为殃"的恶果。2500多年前，明确以"公"与"私"区分"大同"与"小康"，可谓最早涉及家庭、私有制和国家起源这一问题，是一种颇具远见卓识的历史认识。

二、以"石、玉、铜、铁"演进为据的"四时（阶段）"说

《越绝书·外传记宝剑第十三》[①]记楚王以吴干将、越欧冶子善铸剑，命风胡子请二人铸成龙渊、泰阿、工布三剑。晋郑王闻而求之不得，兴兵围楚之城三年。楚王引泰阿剑登城麾之，晋郑之军破败，楚王大悦，问风胡子"此剑威耶？寡人力耶？"风胡子对曰："剑之威也，因大王之神。"楚王曰："夫剑，铁耳，固能有精神若此乎？"紧接着，风胡子有如下一段对白：

> 时各有使然。轩辕、神农、赫胥之时，以石为兵，断树木为宫室，死而龙臧。夫神，圣主使然。至黄帝之时，以玉为兵，

---

① 《越绝书》成书争议颇大，详见第六章第一节。

以伐树木为宫室，凿地。夫玉，亦神物也，又遇圣主使然，死
而龙臧。禹穴之时，以铜为兵，以凿伊厥、通龙门，决江导河，
东注于东海，天下通平，治为宫室，岂非圣主之力哉？当此之
时，作铁兵，威服三军，天下闻之，莫敢不服。此亦铁兵之神，
大王有圣德。

风胡子不知何许人也，所说楚王也不知哪位楚王，因其附会神
物，故其书、其说不为读者注意或重视。[①]撇开附会，也不辨其将轩辕、
黄帝分而为二，仅其以石、玉、铜、铁四种兵器对应于四个历史时期
这一点，就不能不令人惊叹！[②]

以石兵对应于"轩辕、神农之时"，以玉兵对应于"黄帝之时"，
以铜兵对应于"禹穴之时"，以铁兵对应于"当此（战国）之时"，与
近代考古学将人类早期社会区分为旧石器、新石器、铜器、铁器四个
时代的方法几乎完全一致。兵器虽然不是生产工具，但任何时代，兵
器都反映时代最先进的生产力，代表时代生产工具所能达到的最高水
平。这段记述透露出的认识，以代表最先进生产力的兵器来作为划分
历史阶段的标准，具有符合唯物主义历史观的科学历史认识的一面。
当然，用来附会神物，使这种认识大为逊色。发见卓识，揭除愚见，
恰恰是史学史学科不可推卸的责任。

三、以"上古、中古、近古、今世"为演进顺序的"四世"说

《韩非子·五蠹》篇开头一段文字虽然经常被引用，但大都赞赏
其批评"守株待兔"的寓意，很少关注其对战国以前历史演进顺序的
认识。

---

① 《吴越春秋》卷 2《阖闾内传》有楚昭王得湛卢之剑，召风湖子问剑事。
② 张宗祥校注："此节叙用石、用玉、用铜至于用铁。用铁而又讲求冶铸之术，他书所
无。乃知干将、莫邪、欧冶、风胡，吴越时研求铸铁，大有人在。"

> 上古之世……有圣人作，构木为巢……使王天下，号之曰有巢氏。……有圣人作，钻燧取火……使王天下，号之曰燧人氏。
>
> 中古之世，天下大水，而鲧、禹决渎。
>
> 近古之世，桀、纣暴乱，而汤、武征伐。
>
> ……
>
> 尧之王天下也，茅茨不翦，采椽不斲，粝粢之食，藜藿之羹，冬日麑裘，夏日葛衣，虽监门之服养不亏于此矣。禹之王天下也，身执耒臿以为民先，股无胈，胫不生毛，虽臣虏之劳不苦于此矣。……今之县令，一日身死，子孙累世絜驾，故人重之。

明确提出"上古之世"、"中古之世"、"近古之世"三个概念，再加以身处的"今"世，将其之前的历史划分为四个阶段。《显学》篇关于"殷周七百余岁，虞夏二千余岁……今欲审尧舜之道于三千岁之前"的说法，也是以其所处东周为"今"、殷周为"近古"、禹夏为"中古"、尧舜为"上古"的。

最精彩之处，将"今"与"上古"、"中古"作对比，尧的生活与普通人没有多少区别，禹甚至还要"身执耒臿以为民先"，吃苦在前，而"今"则相反，一个县令能够给子孙带来许多好处，让人羡慕、趋重。这不能不让我们觉得韩非子的说法，已在证明恩格斯下面的论述是"放之中国而皆准"的：

> 文明国家的一个最微不足道的警察，都拥有比氏族的全部机关加在一起还要大的"权威"；但是文明时代最有势力的王公和最伟大的国家要人或统帅，也可能要羡慕最平凡的氏族首长

所享有的，不是用强迫手段获得的，无可争辩的尊敬。后者是占在社会之中，而前者却不得不企图成为一种出于社会之外和社会之上的东西。①

"上古"、"中古"、"近古"，成为迄今谈历史阶段最为普遍的一种说法。随着历史的推移，"上古"仍然指蒙昧时代，"中古"的开启仍为文明时代初期，只是"中古"的下限和"近古"的年代在不断拉长罢了。

第三节　几种颇具影响的历史编造

战国年间，百家争鸣，为宣扬各自的政治主张，又要"毋剿说，毋雷同"，即如《礼记·曲礼》所概括的那样，"必则古昔，称先王"，假想或编造出一些"先王"事迹，将自己的意识强加到夏商周三代及三代以前的"古昔"。后来为适应种种功利需要，逐渐被当成"历史真实"来渲染，给中国史学造成诸多麻烦和混乱。所有这一切，都需要史学史学科予以说明和澄清。

一、三皇五帝说

"三皇五帝"虽非历史真实，却成为中国历史上影响最为广泛和久远的一种关于文明起源时期传授系统的说法，通常谓之为"上古史系统"。据现有文献记载，"五帝"说始见于春秋时期，"三皇五帝"说自战国后期出现，经过很长时间才逐渐定型。

《左传》文公二年（前625）引"仲尼曰"批评"臧文仲，其不

---

① 《家庭、私有制和国家的起源》，《马克思恩格斯选集》第4卷，第168页。

仁者三，不知者三。下展禽，废六关，妾织蒲，三不仁也。作虚器，纵逆祀，祀爰居，三不知也。"所谓"祀爰居"，《国语·鲁语上》有详细记录。海鸟"爰居"止于鲁东门外三日，臧文仲不知，以为神，遂使国人祭之。展禽论祭"爰居"非政之宜，有下面一段论述：

> 黄帝能成命百物，以明民共财，颛顼能修之。帝喾能序三辰以固民，尧能单均刑法以仪民，舜勤民事而野死，鲧（鲧）郭洪水而殛死，禹能以德修鲧之功，契为司徒而民辑，冥勤其官而水死，汤以宽治民而除其邪，稷勤百谷而山死，文王以文昭，武王去民之秽。故有虞氏禘黄帝而祖颛顼，郊尧而宗舜；夏后氏禘黄帝而祖颛顼，郊鲧而宗禹；商人禘舜而祖契，郊冥而宗汤；周人禘喾而郊稷，祖文王而宗武王……

虽然未用"五帝"一词，但最后一段文字表明：以黄帝、颛顼、帝喾、尧、舜为"五帝"的观念在孔子之前已经形成。这一段内容在《礼记·祭法》中为："有虞氏禘黄帝而郊喾，祖颛顼而宗尧。夏后氏亦禘黄帝而郊鲧，祖颛顼而宗禹。殷人禘喾而郊冥，祖契而宗汤。周人禘喾而郊稷，祖文王而宗武王。"

《大戴礼记·五帝德》、《帝系》为孔子所传，或与展禽所说同出一源。孔子为了强化五位人王以"德"治天下，概括谓之"五帝德"，"五帝"一词才被用来指"以德治天下"的人王的代表。《吕氏春秋·仲夏纪·古乐》篇讲"乐所由来者尚矣"，自"古朱襄氏之治天下"追述起，叙及葛天氏之乐、陶唐氏之始，以下依次为"黄帝令伶伦作为律"，"帝颛顼好其音，乃令飞龙作效八风之音"，"帝喾命咸黑作为声歌"，"帝尧立，乃命质为乐"，"帝舜立，命延乃拌瞽叟之所为瑟"，直至"成王立"。称"黄帝"、"帝颛顼"、"帝喾"、"帝尧"、"帝舜"，显然以五位人王为"五帝"。

需要注意的是，与展禽同时或稍晚出现的《月令》①，则以太皞、炎帝、少皞、颛顼分别为春、夏、秋、冬四季之帝，以黄帝为中央土之帝，《礼记》保存的《月令》与《吕氏春秋》分述《月令》"十二纪"的文字同：

> 孟春之月，"其帝大皞，其神句芒"，"……乘鸾路，驾仓龙，载青旂，衣青衣，服仓玉……"；孟夏之月，"其帝炎帝，其神祝融"，"……乘朱路，驾赤骝，载赤旂，衣朱衣，服赤玉……"；中央土，"其帝黄帝，其神后土"，"……乘大路，驾黄骝，载黄旂，衣黄衣，服黄玉……"；孟秋之月，"其帝少皞，其神蓐收"，"……乘戎路，驾白骆，载白旂，衣白衣，服白玉……"；孟冬之月，"其帝颛顼，其神玄冥"，"……乘玄路，驾铁骊，载玄旂，衣黑衣，服玄玉……"。

不仅与展禽所说五位人王不同，与《五帝德》、《帝系》的"五帝"不同，而且依次定其服色为青（顺木）、朱（顺火）、黄（顺土）、白（顺金）、黑（顺水），已见"五德说"雏形。

进入战国时期，纷纷借用"五帝"、"三王"、"五霸"说事。荀况提到"五帝"，但无具体名氏，泛指禹、汤之前"有善政"者。《荀子·非相》篇"五帝之外无传人，非无贤人也，久故也。五帝之中无传政，非无善政也，久故也。禹、汤有传政而不若周之察也，非无善政也，久故也"，《大略》篇"诰誓不及五帝，盟诅不及三王，质子不及五伯"，都是在用"五帝"、"三王"、"五伯"的说法来显示不同的历史阶段。《吕氏春秋·季春纪·先己》篇也有类似的情况，旨在表

① 能田忠亮《礼记月令天文考》，以《月令》成书在公元前620年左右，不晚于公元前420年。李约瑟《中国科学技术史》第4卷，以《月令》成书在公元前5世纪。

示不同的历史阶段："五帝先道而后德，故德莫盛焉。三王先教而后杀，故事莫功焉。五伯先事而后兵，故兵莫强焉。当今之世，巧谋并行，诈术迭用，攻战不休，亡国辱主愈众。"

战国后期，在黄帝之前不断层垒、加增人王，才有"三皇"说，但所指却存在差异。

《吕氏春秋》多处提到"三皇五帝"，只不过是一个笼统的说法，如《孟春纪·贵公》篇"天地大矣，生而弗子，成而弗有，万物皆被其泽、得其利，而莫知其所由始。此三皇五帝之德也"，《孟夏纪·用众》篇"夫取于众，此三皇五帝之所以大立功名也"，《孝行览》篇"夫孝，三皇五帝之本务，而万事之纪也"。但开始在"黄帝"之前加增"神农"，《孟夏纪·尊师》篇"神农师悉诸，黄帝师大扰，帝颛顼师伯夷父，帝喾师伯招，帝尧师子州支父，帝舜师许由，禹师大成贽……"，《孝行览·必己》篇"物物而不物于物，则胡可得而累，此神农黄帝之所法"，《离俗览》篇"世之所不足者理义也……然而以理义斩削，神农黄帝犹有可非"，《离俗览·上德》篇"以德以义，不赏而民劝，不罚而邪止，此神农黄帝之政也"。

秦平定七国，嬴政定"始皇"名号时，臣僚与博士议曰："古有天皇，有地皇，有泰皇，泰皇最贵。"[1]《吕氏春秋》中的"三皇"，或即此"三皇"。此时的"三皇五帝"说尚处在形成阶段，不仅"三皇"尚无具体所指，而且在"三皇"与"五帝"之间还夹着一个神农：三皇—神农—五帝。

伏羲入说始见于《易·系辞》，《系辞下》称"古者包牺氏之王天下也，……包牺氏没，神农氏作……神农氏没，黄帝、尧、舜氏作"。《商君书·更法》篇："三代不同礼而王，五霸不同法而霸。……前世不同教，何古之法？帝王不相复，何礼之循？伏羲、神农教而不

---

[1] 《史记》卷6《秦始皇本纪》。

诛，黄帝、尧、舜诛而不怒。及至文、武，各当时而立法，因事而制礼。礼法以时而定，制令各顺其宜，兵甲、器备，各便其用。"《战国策·赵策二》记赵武灵王胡服，有着极为相似的说法："古今不同俗，何古之法？帝王不相袭，何礼之循？宓戏、神农教而不诛，黄帝、尧、舜诛而不怒。及至三王，观时而制法，因事而制礼，法度制令，各顺其宜；衣服器械，各便其用。"未必谁抄袭谁，却表明关于伏羲的说法已经较为普遍了。

庄周可谓"毋剿说，毋雷同，必则古昔，称先王"的最突出者，《庄子》一书在神农、黄帝之前加增的人王最多。《缮性》篇在伏羲氏之前加增了燧人氏："及燧人、伏羲，始为天下……及神农、黄帝，始为天下……及唐虞，始为天下……"《大宗师》篇在伏羲之前加增了豨韦氏："豨韦氏得之，以挈天地。伏戏氏得之，以袭气母……黄帝得之，以登云天。颛顼得之，以处玄宫。"《外物》篇也提到豨韦氏。《胠箧》篇谈及"至德之世"，更在黄帝之前加增了十二氏："子独不知至德之世乎？昔者容成氏、大庭氏、伯皇氏、中央氏、栗陆氏、骊畜氏、轩辕氏、赫胥氏、尊卢氏、祝融氏、伏牺氏、神农氏。"

《管子·封禅》篇在黄帝前加炎帝，在神农前加宓羲和无怀氏："昔无怀氏封泰山，禅云云。宓羲封泰山，禅云云。神农封泰山，禅云云。炎帝封泰山，禅云云。黄帝封泰山，禅亭亭。颛顼封泰山，禅云云。帝喾封泰山，禅云云。尧封泰山，禅云云。舜封泰山，禅云云。……皆受命然后得封禅。"[1]

《淮南子·俶真训》篇在神农、黄帝之前加增伏羲氏的同时，又于《览冥训》篇加增女娲："以善御闻于天下，伏羲、女娲，不设法度，而以厚德遗于后世。"

待到汉初，已经是"学者多称五帝"，《史记·五帝本纪》"太史

---

① 《史记》卷28《封禅书》引述，与此相同。

公曰"说得非常清楚，详见第二编第二章第二节。

对于此类编造，汉初已有不少人看得非常清楚。《淮南子·修务训》篇明白指出：

> 世俗之人，多尊古而贱今，故为道者必托之神农、黄帝而后能入说。乱世闇主，高远其所从来，因而贵之。

日者（卜筮者）最清楚其中的奥妙，司马季主对贾谊等的一席话，道出编造历史谎言的玄机：

> 公见夫谈士辩人乎？虑事定计，必是人也，然不能以一言说人主意，故言必称先王，语必道上古；虑事定计，饰先王之成功，语其败害，以恐喜人主之志，以求其欲。多言夸严，莫大于此矣。然欲强国成功，尽忠于上，非此不立。[①]

原本泛指有作为的"神人"，被"为道者"、"乱世闇主"和"谈士辩人"们为着种种政治目的和个人利益，按其所需，假托为古昔、先王。"强国成功，尽忠于上"是幌子，"喜人主之志，以求其欲"是实质。

二、传贤禅让说

《墨子·尚贤》篇以"古者尧举舜于服泽之阳，授之政，天下平。"《论语》最后一篇也有"尧曰：'咨尔舜，天之历数在尔躬，允执其中。四海困穷，天禄永终。'舜亦以命禹。"后经孟子宣扬，弄假成真，尧、舜被说成为中国历史上的圣贤明君。《孟子·万章上》篇

---

① 《史记》卷127《日者列传》。

万章问："尧以天下与舜，有诸？"孟子首先强调："天子不能以天下与人"，舜有天下是"天与之"，"天子能荐人于天，不能使天与之天下"，"昔者尧荐舜于天而天受之"，"故曰天子不能以天下与人"。进而解释说，"舜相尧二十有八载，非人之所能为也，天也。尧崩，三年之丧毕，舜避尧之子于南河之南，天下诸侯朝觐者，不之尧之子而之舜；讼狱者，不之尧之子而之舜；讴歌者，不讴歌尧之子而讴歌舜。故曰天也。夫然后之中国，践天子位焉。"万章又问："至于禹而德衰，不传于贤而传于子，有诸？"孟子否定地说："天与贤则与贤，天与子则与子。昔者舜荐禹于天，十有七年舜崩。三年之丧毕，禹避舜之子于阳城，天下之民从之，若尧崩之后，不从尧之子而从舜也。禹荐益于天下，七年禹崩。三年之丧毕，益避禹之子于箕山之阴。朝觐、讼狱者，不之益而之启，曰吾君之子也；讴歌者，不讴歌益而讴歌启，曰吾君之子也。丹朱之不肖，舜之子亦不肖。舜之相尧，禹之相舜也，历年多，施泽于民久。启贤，能敬承继禹之道。益之相禹也，历年少，施泽于民未久。舜禹益相去久远，其子之贤不肖，皆天也，非人之所能为也。"再进一步，讲"匹夫有天下"的问题，说"匹夫而有天下者，德必若舜禹"，还须得"有天子荐之"，所以"伊尹、周公不有天下"，但"周公之不有天下，犹益之于夏，伊尹之于殷"，引出一则不见于任何文献的"孔子曰"："唐虞禅，夏后殷周继，其义一也。"这一"孔子曰"便成为对尧舜禹传贤禅让的带总结性的臆断。

儒、墨两家时称"显学"，经其渲染，尧舜"传贤禅让"似乎成为中国历史上的美谈。然而，荀子明确指出这一缺乏历史根据的编造毫无道理可言：

> 夫曰尧舜擅（禅）让，是虚言也，是浅者之传，陋者之说也，不知逆顺之理，小大至不至之变者也，未可与及天下之大

理者也。①

韩非子不仅指出"禅让"的实质，而且预见到后来的篡位者大都会利用"禅让"说：

> 夫奸人之爵禄重而党羽弥众，又有奸邪之意，则奸臣愈反而说之曰：古之所谓圣君明王者，非长幼弱也，及以次序也。以其拘党与，聚巷族，偪上弑君而求其利也。彼曰：何知其然也？因曰：舜偪（逼）尧，禹偪舜，汤放桀，武王伐纣，此四王者，人臣弑其君者也……然四王自广措也，而天下称大焉。自显名也，而天下称明焉。则威足以临天下，利足以盖世，天下从之。
>
> 又曰：以今时之所闻，田成子取齐，司城子罕取宋，太宰欣取郑，单氏取周，易牙之取卫，韩赵魏三子分晋，此六人臣之弑其君者也。奸臣闻此，蹶然举耳，以为是也。故内拘党与，外櫎巷族，观时发事，一举而取国家。且夫，内以党与劫弑其君，外以诸侯之权矫易其国，隐正道，持私曲，上禁君，下桡治者，不可胜数也。②

秦汉以后的诸多禅让，不都如此吗？曹丕以魏代汉，汉帝的禅位诏书冠冕堂皇地说"昔者帝尧禅位于虞舜，舜亦以命禹"云云，而魏文帝心中十分清楚是怎么一回事，在升坛礼结束后说了一句心里话："舜、禹之事，吾知之矣。"③

《韩非子·显学》篇中这段话可算是对当时杂乱纷纭的历史认识

① 《荀子·正论》。
② 《韩非子·说疑》。
③ 《三国志》卷2《文帝纪》及注引《魏氏春秋》。

的一个总揭发：

> 世之显学，儒、墨也。儒之所至，孔丘也。墨之所至，墨翟也。……孔、墨之后，儒分为八，墨离为三，取舍相反不同，而皆自谓真孔、墨。孔、墨不可复生，将谁使定后世之学乎？孔子、墨子，俱道尧、舜而取舍不同，皆自谓真尧、舜。尧、舜不复生，将谁使定儒、墨之诚乎？殷周七百余岁，虞夏二千余岁，而不能定儒、墨之真。今乃欲审尧、舜之道与三千岁之前，意者其不可必乎。无参验而必之者，愚也。弗能必而据之也，诬也。故明据先王必定尧、舜者，非愚则诬也。

儒、墨既为"显学"，跟风迎合者无不自夸为"正宗"。然而，孔、墨本人都没弄清楚殷周、虞夏，更何况"三千岁之前"的尧、舜，又无任何"参验"，谓之"愚诬之学"一点也不冤枉！

三、邹衍之徒的五德终始说

《史记·孟轲荀卿列传》附传邹衍，以邹衍为齐之"三邹子"之一，稍晚于孟子，但记载较为混乱，而且有误。记邹衍"适梁，惠王郊迎，执宾主之礼。适赵，平原君侧行撤席。如燕，昭王拥彗先驱，请列弟子之座而受业，筑碣石宫，身亲往师之"，前后时间已超出常人寿命。

《孟轲荀卿列传》之后仅隔一卷为《平原君虞卿列传》，平原君传末有"平原君厚待公孙龙……及邹衍过赵，言至道，乃绌公孙龙"一段文字。"平原君厚待公孙龙"，事在"毛遂自荐"、"信陵君救赵"之后，时当赵孝成王九年（前257）或稍后。换句话说，邹衍见平原君之时，梁惠王已死70余年，燕昭王也死20余年，即便邹衍长寿，此时至少超过90了。"适梁，惠王郊迎"当属附会。"如燕，昭土拥彗先驱"，《史记·燕召公世家》、《战国策·燕策一》均有燕昭王即位后"乐毅自魏往，邹衍自齐往"为佐证，难以断定不可信。虽《文选》卷39注引《淮南子》有"事燕惠王尽忠，左右谮之王，王系之狱，仰天哭，夏五月天为之下霜"的记载，《太平御览》卷4引《淮南子》亦同，但不能因此就排除邹衍有事燕昭、燕惠二王的可能，而昭王（前311—前279）、惠王（前278—前272）在位时间相接，邹衍生在燕昭王在位之初未为不可，同样可称之为田齐宣王（前320—前302）晚年的"稷下先生"。

至于邹衍的著作和学说，亦有须辨证处。

《史记·孟子荀卿列传》记邹衍因目睹"有国者益淫侈，不得尚德"，"乃深观阴阳消息而作怪迂之变，《终始》、《大圣》之篇十余万言。其语闳大不经，必先验小物，推而大之，至于无垠"，并对其术"要其归"为：

> 先序今以上至黄帝，学者所共术，大并世盛衰，因载其禨祥制度，推而远之，至天地未生，窈冥不可考而原也。先列中国名山大川，通谷禽兽，水土所殖，物类所珍，因而推之，及海外人所不能睹。称引天地剖判以来，五德转移，治各有宜，而符应若兹。以为儒者所谓中国者，于天下乃八十一分居其一分耳。中国名曰赤县神州。赤县神州内自有九州，禹之序九州是也，不得为州数。中国外如赤县神州者九，乃所谓九州也。于是有裨海环之，人民禽兽莫能相通者，如一区中者，乃为一州。如此者九，乃有大瀛海环其外，天地之际焉。

在述其游说齐、梁、赵、燕之后，有"作《主运》"一句。

《汉书·艺文志》阴阳家著录《邹子》49篇，注："名衍，齐人，为燕昭王师，居稷下，号谈天衍。"又著录邹子《终始》56篇，师古曰："亦邹衍所说。"显然，《邹子》49篇、邹子《终始》56篇，为两部著作，与《史记·孟子荀卿列传》所说"《终始》、《大圣》之篇"不尽同。《史记·封禅书》比《孟子荀卿列传》区分得清楚，一述"自齐威、宣之时，邹子之徒论著终始五德之运，及秦帝而齐人奏之，故始皇采用之"，《终始》56篇出于齐，为邹子之徒论著，《集解》引如淳曰："今其书有《五德终始》。五德各以所胜为行。秦谓周为火德，灭火者水，故自谓水德。"二述"邹衍以阴阳主运显于诸侯，而燕齐海上之方士传其术不能通，然则怪迂阿谀苟合之徒自此兴，不可胜数也"，《邹子》49篇传于燕齐海上之方士，尤盛于燕，《集解》引如淳曰："今其书有《主运》。五行相次转用事，随方面为服。"《索隐》亦注明"《主运》是邹子书篇名也。"《周礼·夏官》之属，"司爟，掌行火之政令"，郑司农注引"邹子曰春取榆柳之火，夏取枣杏之火，季夏取桑柘之火，秋取柞楢之火，冬取槐檀之火"，当出《邹子》49篇。《淮南子·齐俗训》篇"有虞氏之祀其社用土……其服尚黄。夏后氏其社用松……其服尚青。殷人之礼，其社用石……其服尚白。周人之礼，其社用栗……其服尚赤"一段文字中，高诱注引邹子曰"五德之次，从所不胜，故虞土、夏木"，《文选·魏都赋》注引《七略》"故虞土、夏木"之后有"殷金、周火"，当出《终始》56篇。

《主运》属《邹子》49篇，为邹衍所著；《终始》56篇，出于齐，为邹子之徒论著，至于《大圣》之篇归属则不得而知。

所谓"五德转移，治各有宜，而符应若兹"，即五德终始，以当时盛行的五行说与历史朝代更替相对应，《吕氏春秋》记其要点如下：

> 凡帝王者之将兴也，天必先见祥乎下民。黄帝之时，天先见大螾、大蝼。黄帝曰：土气胜，土气胜。故其色尚黄，其事则土。及禹之时，天先见草木秋冬不杀。禹曰：木气胜，木气胜。故其色尚青，其事则木。及汤之时，天先见金刃生于水。汤曰：

金气胜，金气胜。故其色尚白，其事则金。及文王之时，天先
见火，赤乌衔丹书集于周社。文王曰：火气胜，火气胜。故其
色尚赤，其事则火。代火者必将水，天且先见水气胜，水气胜。
故其色尚黑，其事则水。水气至而不知，数备将徙于土。①

以黄帝、夏、商、周对应于土、木、金、火，并指出"代火者
必将水"。自此，土、木、金、火、水依次相胜的"终始"观念形成。
"及秦帝而齐人奏之，故始皇采用之"，明确以秦对应于水，"符应若
兹"的"五德转移"完成了第一轮的循环。

提醒注意两点：其一，前引《月令》虽以"五行"分配方色，但
重在勿夺农时；邹衍言五德，兴于春秋战国至秦统一的征战年代，基
调是"胜者用事"，说五行为土气胜、木气胜、金气胜、火气胜、水
气胜，或曰土胜水、水胜火、火胜金、金胜木、木胜土。其二，邹衍
之徒的五德终始说在汉初引起过争论。历史进入一统时代，政权更替
未必征战，"禅以帝位，承顺天命"成为主要方式，于是出现"五行
相生"的说法，与"三皇五帝"说逐渐成为影响中国史学的一种历史
认识论，后面将在相关时段接叙。

---

① 《吕氏春秋》卷 13《有始览·应同》。按：《应同》，一作《明类》。《史记》卷 28《封禅书》
秦始皇既并天下而帝，或曰："黄帝得土德，黄龙地螾见。夏得木德，青龙止于郊，草
木畅茂。殷得金德，银自山溢。周得火德，有赤乌之符。今秦变周，水德之时。昔秦
文公出猎，获黑龙，此其水德之瑞。"

第六章　战国时期的其他历史编纂

战国时期的其他历史编纂，现存者主要有《竹书纪年》、《越绝书》、《国语》、《战国策》、《逸周书》、《仪礼》、《礼记》、《周礼》、《世本》、《山海经》、《穆天子传》等 10 种，大致以记事、记言、礼制世系、神话传奇分四节考述。

第一节　记事为主的编纂

这类编纂，主要有二：《竹书纪年》、《越绝书》。

一、起始之年最早、编次时限最长的编年简史——《竹书纪年》

前面第四章谈"诸侯史记"，提到西晋出现的这一魏史记。这是司马迁之后的史家所见到唯一一家具有原始性质的"诸侯史记"。西晋时在汲郡（在今河南省新乡市境内）魏襄王墓被发掘，时称"汲冢纪年"或"纪年"。北魏郦道元注《水经》引用"纪年"，冠以"竹书"，于是有了《竹书纪年》的名称，简称《纪年》。

《竹书纪年》出土时间有三种说法：《晋书·武帝纪》为咸宁五年（279）冬十月，《晋书·卫瓘附桓传》、杜预《春秋经传集解·后序》为太康元年（280），《晋书·束皙传》等为太康二年（281）。仔细分辨，《武帝纪》为发掘时间，《卫瓘附桓传》、《束皙传》均为追述，或为《纪年》闻于帝京时，或为命官校理《纪年》时。

初出土的《纪年》，为古蝌蚪文，又经毁坏，晋武帝命荀勖、和峤、束皙等校缀次第，用通行的隶书缮写公布。杜预得见这批古物，在《春秋经传集解·后序》中写下留存至今关于《纪年》最早、最详的文字，因各家引录、理解多有所误，特录其相关文字，分作三段，分别考述。

> 其《纪年》篇，起自夏殷周，皆三代王事，无诸国别也。唯特纪晋国，起自殇叔，次文侯、昭侯，以至曲沃庄伯。庄伯之十一年十一月，鲁隐公之元年正月也，皆用夏正建寅之月为岁首，编年相次。晋国灭，独记魏事，下至魏哀王之二十年，盖魏国之史记也。……哀王二十三年乃卒，故特不称谥，谓之今王。

这一段文字，明确《纪年》记事时限、体裁、编成时间。起自夏殷周，但无诸国别，特纪晋国，起自殇叔（前748），经文侯、昭侯、孝侯至庄伯，以庄伯十一年十一月为鲁隐公元年正月（前722），"皆用夏正建寅之月为岁首，编年相次"，下至魏哀王之二十年，"魏国之史记"，为战国魏之编年史。且不说"起自夏殷周"，也不论纪晋国"起自殇叔"，仅以庄伯始，上限已早《春秋》隐公元年10年，而下至哀王二十年（前299），较比《春秋》下限（前481）、《左传》下限（前468）多一百七八十年，可谓迄今所能见到的"诸侯史记"中起始之年最早、编次时限最长的编年简史。"下至魏哀王之二十年"，"哀王二十三年乃卒，故特不称谥，谓之今王"，表明其编成时间在哀王二十年至二十三年（前299 — 前296）之间。

> 推校哀王二十年，太岁在壬戌，是周赧王之十六年、秦

昭王之八年、韩襄王之十三年、赵武灵王之二十七年、楚怀王
之三十年、燕昭王之十三年、齐湣王之二十五年也。上去孔丘
卒百八十一岁，下去今太康三年五百八十一岁。哀王，于《史
记》，襄王之子，惠王之孙也。惠王三十六年卒，而襄王立，立
十六年卒，而哀王立。古书《纪年》篇，惠王三十六年改元，
从一年始，至十六年而称惠成王卒，即惠王也。疑《史记》误
分惠成之世以为后王年也。

这一段"推校哀王二十年"，与《史记·六国年表》完全相同，
是魏哀王，不是魏襄王。魏哀王二十年，为公元前 299 年。同时，指
出问题：《史记》中，哀王为襄王之子、惠王之孙，惠王三十六年卒，
襄王立，十六年卒，哀王立，而《纪年》中，惠王三十六年改元，又
从一年始，至十六年卒，没有襄王。由此，怀疑"《史记》误"以惠
王后元十六年分襄王、哀王。

其著书文意大似《春秋》经，推此足见古者国史策书之常
也。……略举数条以明国史皆承告据实而书时事，仲尼修《春
秋》以义制异文也。……诸所记多与《左传》符同，异于《公
羊》、《谷梁》。……虽不皆与《史记》、《尚书》同，然参而求之，
可以端正学者。……《纪年》又称殷仲壬即位，居亳，其卿士伊
尹。仲壬崩，伊尹放太甲于桐，乃自立也。伊尹即位于太甲七
年，太甲潜出自桐，杀伊尹，乃立其子伊陟、伊奋，命复其父
之田宅而中分之。《左氏传》伊尹放太甲而相之，卒无怨色。然
则太甲虽见放，还杀伊尹，而犹以其子为相也。此为大与《尚
书》叙说太甲事乖异。[①]

---

① 《春秋左传正义》卷末。

这一段文字，有三点需要注意：

其一，《纪年》与《尚书》有大"乖异"者。参与校理《纪年》的束晳指出："其中经传大异，则云夏年多殷；益干启位，启杀之；太甲杀伊尹；文丁杀季历；自周受命至穆王百年，非穆王寿百岁也；历王既亡，有共伯和者摄行天子事，非二相共和也。"①其中，除"夏年多殷"②迄今无法确知所指外，所举其他诸事确与传统说法"乖异"。

其二，《纪年》与《史记》"不皆同"者，"参而求之，可以端正学者"。《史记·魏世家》基本史源是魏史记，《纪年》本身就是魏史记，两相对照，却"不皆同"：1）《竹书纪年》无《魏世家》魏绛以前事，仅"赵襄子、韩康子、魏桓子共杀智伯，尽并其地"与《魏世家》同。2）魏文侯年纪不同。《魏世家》"魏文侯元年，秦灵公之元年也。与韩武子、赵桓子、周威王同时"，"三十八年，伐秦，败我武下，得其将识。是岁，文侯卒"。《纪年》晋敬公"六年魏文侯初立"，晋烈公十五年（齐康公五年）"魏文侯五十年，卒。"3）魏武侯年纪不同。《魏世家》"魏武侯元年，赵敬侯初立"，《纪年》魏武侯元年，赵敬侯十四年。《魏世家》十六年，武侯卒，《纪年》"二十六年武侯卒"。4）襄王、哀王问题。《魏世家》惠王卒，子襄王立。十六年襄王卒，子哀王立。二十三年哀王卒，子昭王立。《纪年》惠成王三十六年改元，从一年始，至十六年卒，以下为"今王"，讫于二十年。

由于上述不同，现今各种"中国历史年表"（战国部分）往往称"据《古本竹书纪年》"和"今人考订"，却只改动了《史记·魏世家》和《六国年表》魏文侯至魏昭王以前的纪年：文侯五十年（前445—

---

① 《晋书》卷51《束晳传》。按："历王"，原文误作"幽王"，特予更正。
② 夏、商年代历来就有不同说法，但《竹书纪年》佚文均为夏471年，殷496年，并非"夏年多殷"。

前396）、武侯二十六年（前395—前370）、惠王三十五年（前369—前335）、后十六年（前334—前319）、襄王二十三年（前218—前296）。但自昭王至王假，仍然依据《六国年表》：昭王十九年、安釐王三十四年、景湣王十五年、王假三年。

《纪年》中的"今王"被认作"襄王"，源出《世本》"惠王生襄王而无哀王"。裴骃《集解》引荀勖曰、和峤云，以《太史公书》为误分惠成之世，以为二王之年数也。《世本》惠王生襄王而无哀王，然则今王者魏襄王也。"司马贞《索隐》以"《系本》襄王生昭王，无哀王，盖脱一代耳"，《史记》"分惠王之历以为二王之年，又有哀王，凡二十三年，记事甚明，盖无足疑。而孔衍叙《魏语》亦有哀王。盖《纪年》之作失哀王之代，故分襄王之年为惠王后元，即以襄王之年包哀王之代耳。"

其三，可明"皆承告据实而书时事"的"国史"与"以义而制异文"《春秋》的差别。以《纪年》与《春秋》对照，不论古本、今本，均有"鲁隐公及邾庄公盟于姑蔑"、"献公会虞师伐虢灭下阳"、"周襄王会诸侯于河阳"，对应于《春秋》隐公元年三月"公及邾仪父盟于蔑"、僖公二年五月"虞师晋师灭下阳"、僖公二十八年冬"天王狩于河阳"。据此可见，《纪年》是"承告据实而书"的"古者国史"，而《春秋》则有"以义而制异文"之处，如《纪年》"鲁隐公及邾庄公盟于姑蔑"，《春秋》改"邾庄公"为"邾仪父"邾子克自封"庄公"，《纪年》作"邾庄公"为"承告据实而书"，而《春秋》为了正名分，以其"未王命，故不书爵"，但又不失其尊贵身份，"曰仪父，贵之也"。至于《纪年》"周襄王会诸侯于河阳"与《春秋》的"天王狩于河阳"的改动，读者皆知，无须多说。

以《纪年》与甲骨文、金文对照，往往相合，可证经史之误。《尚书·无逸》所谓"殷王中宗"，《史记·殷本纪》等为商王太戊，《纪年》作祖乙，与甲骨文合。《史记·田敬仲完世家》、《六国年表》

以齐桓公午在位 6 年,《纪年》作 18 年,《陈侯午敦》铭文证实《纪年》记载准确。

《纪年》出土,有重要史学意义和史料价值,受到普遍重视。当时,司马彪以三国时谯周考周秦之事"未尽善",据《纪年》列举其《古史考》中"凡百二十二事为不当"[①]。自东晋至北宋,不少注书、类书,如郭璞《穆天子传注》、干宝《搜神记》、徐广《史记音义》、裴骃《史记集解》、郦道元《水经注》、李善《文选注》、司马贞《史记索引》、张守节《史记正义》以及《北堂书钞》、《艺文类聚》、《太平御览》等,均多引录。仅《史记》三家注引据《纪年》,绝不少于 80 处。

然而,《竹书纪年》有古本、今本之别。自晋至唐,虽传写情况不清,但《隋书·经籍志》著录"《纪年》十二卷"附注"《汲冢书》,并《竹书同异》一卷",保留着古本《纪年》的基本面貌。自宋以后,古本逐渐散失,从《玉海》的著录可以清楚知道:"《唐志》:《纪年》十四卷。《崇文目》不著录。《中兴书目》止有第四、第六及《杂事》三卷,下皆标云'荀氏叙录',一纪年,二纪令应,三杂事,皆残缺。"[②]元代以后流传的《竹书纪年》2 卷,起黄帝,为元明时杂缀佚文而成,是为《今本竹书纪年》。清代朱右曾广搜古本佚文,重新辑成《古本竹书纪年》,经王国维校补为《古本竹书纪年辑校》。其后,不断有增辑,如《古本竹书纪年辑校订补》、《古本竹书纪年辑证》等。

古本、今本的最主要区别,归纳起来有如下四点:一、古本起自夏,今本起自黄帝。今所见佚文有关于黄帝之事,或为夏商周人言论中提到之事,并非《纪年》本身记事,应当区分清楚。二、古本用夏历,今本用周历。三、古本"舜囚尧,复偃塞丹朱","益干启位,启

---

① 《晋书》卷 82《司马彪传》。
② 《玉海》卷 47《编年·晋竹书纪年》。

杀之"，今本全无。四、《梁书·沈约传》《隋书·经籍志》均未提及沈约注《竹书纪年》，今本所标沈约注，多采《宋书·符瑞志》，系后人所为。一些具体区别，如古本春秋战国纪年用晋、魏纪年，今本则用周纪年；再如武王灭殷至幽王的年数不同，诸家辑佚的古本佚文，《史记·周本纪》集解引"《汲冢纪年》曰：自武王灭殷以至幽王，凡二百五十七年"，今本在周幽王十一年末大书注云："武王灭殷，岁在庚寅。二十四年，岁在甲寅，定鼎洛邑，至幽王，二百五十七年，共二百八十一年。自武王元年己卯至幽王庚午，二百九十二年。"

至于说古本起自夏、今本起自黄帝，是指现今流传的两个本子而言。就这批竹简来说，从一开始就存在一个疑问：当时直接参与整理这批竹简的荀勖、和峤都说"《纪年》起自黄帝，终于魏之今王"[①]，而杜预却说"起自夏殷周"，不知是何缘故？这批竹简纪年究竟起自何时？

王国维对今本"一一求其所出，始知今本所载，殆无一不袭他书"，不见他书者不过百分之一，仅增加年月而已，"且其所出，本非一源"，由此断言："事实既具他书，则此书为无用。年月又多杜撰，则其说为无征。无用、无征，则废此书可。"[②] 但担心后世复有制造"纷纷"者，特写成《今本竹书纪年疏证》与其《古本竹书纪年辑校》并行，使读者不至于被今本所迷惑。不过，今本的真伪问题，迄今仍有争论，整理、流传依然不断。

虽然《竹书纪年》仅存佚文，却为研究春秋战国时期历史和史学不可忽视的史籍。

二、记述吴越地区最早之书——《越绝书》

《越绝书》，《汉书·艺文志》无，最早见此书者南朝裴骃，《史

---

① 《史记》卷44《魏世家》"襄王卒，子哀王立"句"集解"引。
② 王国维：《今本竹书纪年疏证》序，《海宁王静安先生遗书》第12册。

记索隐》中5次引用。南朝梁阮孝绪《七录》著录"《越绝》十六卷，或云伍子胥撰"。唐初《隋书·经籍志》著录"十六卷，子贡撰"。中唐司马贞明确："《越绝书》云是子贡所著，恐非也。其书多记吴越亡后土地，或后人所录。"①宋《崇文总目》著录"子贡撰，或曰子胥"，《直斋书录解题》著录"无撰人名氏，相传以为子贡者，非也。其书杂记吴越事，下及秦汉，直至建武二十八年。盖战国后人所为，而汉人又附益之耳。"至明，对撰者形成"隐语"说。卷15《叙外传记》末云："记陈厥说，略其有人。以去为姓，得衣乃成。厥名有米，覆之以庚。禹来东征，死葬其疆，不直自斥，托类自明；写精露愚，略以事类，俟告后人。文属辞定，自于邦贤。邦贤以口为姓，承之以天。楚相屈原，与之同名。""隐语"说分析"去得衣，乃袁字也；米以覆庚，乃康字也；禹葬其乡，则会稽也，是乃会稽人袁康也"，又以"口承天，吴字也；屈原同名，平字也，与康共著此书者，乃吴平也"。明、清多以《越绝书》为会稽袁康所作、同郡吴平校定。

在诸多关于撰者的考辨当中，竟无一家注意过《论衡·案书篇》。王充在评论"今之文不如古书"的时俗时，写有这样一段文字：

> 案东番邹伯奇，临淮袁太伯、袁文术，会稽吴君高、周长生之辈，位虽不至公卿，诚能知之囊橐，文雅之英雄也。观伯奇之《元思》、太伯之《易》章句、文术之《咸铭》、君高之《越纽录》、长生之《洞历》，刘子政、扬子云不能过也。

不仅有吴君高其人，还撰有《越纽录》。若"纽"为"绝"之讹字，则此《越纽录》即《越绝书》。通常将"隐语"说归为明代杨慎，显然不知王充早有此说。但不论王充所说吴君高，还是"隐语"说的

---

① 《史记》卷65《孙子吴起列传》"孙武既死"句"索隐"。

袁康、吴平，都是重新整理者。

其实，作者问题，首篇《外传本事》结尾的三则"问曰"已经说得很明白：

> 问曰："越绝谁所作？""吴越贤者所作也。当此之时，见夫子删《书》作《春秋》、定王制，贤者嗟叹，决意览史记，成就其事。"
>
> 问曰："作者欲以自著，今但言贤者，不言姓字，何？"曰："……或以为子贡所作……一说盖是子胥所作也……后人述而说之，乃稍成中外篇焉。"
>
> 问曰："或经或传，或内或外，何谓？"曰："经者，论其事；传者，道其意；外者，非一人所作，颇相覆载，或非其事，引类以托意。……故删定复重，以为中外篇。"

上引各家著录，根据都是这三问三答。所谓"吴越贤者"，又"非一人所作"，"或以为子贡所作"，"一说盖是子胥所作也"，最终归结为"后人述而说之"，"引类以托意"。据卷2末"勾践徙琅琊到建武二十八年，凡五百六十七年"，这"后人述而说之"成书的时间在东汉光武、明帝之世，与班固同时。因此，《直斋书录解题》以其"盖战国后人所为，而汉人又附益之耳"。这是先秦时期撰著的一大特点，故以其书为战国时期撰著，只不过需要仔细区分其中的"汉人附益"和"引类以托意"。

书名"越绝"，以首篇《外传本事》开笔即问曰："何谓越绝？越者，国之氏也。""绝者绝也，谓勾践时也。"《春秋》略吴越，"盖要其意，览史而记述其事也。"具体解释是："勾践之时，天子微弱，诸侯皆叛，于是勾践抑强扶弱，绝恶反之于善"，"以其诚在于内，威发于外，越专其功，故曰越"；"故作此者，贵其内能自约，外能绝人也。贤者所述，不可断绝"，即以吴越之事续补《春秋》，重点在越，故曰"越绝"。

原书 16 卷 25 篇，即所谓"旧有内记八，外传十七"。北宋初亡佚 5 篇，宋、元刻本不存，今所见为明翻刻本，但讹误颇多，清人有校勘，1956 年商务印书馆出版张宗祥《越绝书校注》之后，又有多种校释、点校本。篇卷如下：外传本事（序），卷 1 荆平王内传，卷 2 外传记吴地传，卷 3 吴内传，卷 4 计倪内经，卷 5 请籴内传，卷 6 外传记策考，卷 7 外传记范伯、内传陈成恒，卷 8 外传记地传，卷 9 外传计倪，卷 10 外传记吴王占梦，卷 11 外传记宝剑，卷 12 内经九术、外传记军气，卷 13 外传枕中，卷 14 外传春申君、德序外传记，卷 15 叙外传记。从篇名看，分内外、有经传，但编排杂乱。其《外传本事》解释说：

> 经者论其事，传者道其意，外者非一人所作，颇相覆载，或非其事，引类以托意说之者。

《德序外传记》末，概述各篇宗旨：

> 观乎太伯，能知圣贤之分；观乎荆平，能知信勇之变；观乎吴越，能知阴谋之虑；观乎计倪，能知阴阳消息之度；观乎请籴，能知□人之使敌邦贤不肖；观乎九术，能知取人之真，转祸为福；观乎兵法，能知却敌之路；观乎陈恒，能知古今相取之术；观乎德叙，能知忠直所死，狂憃通拙。

书前序及书末《叙外传记》均以问答方式提出问题，阐述撰者观点。卷 1—卷 14，以越为重点，围绕吴、越争霸史，着重叙伍子胥、子贡、范蠡、文种、计倪等人的军政外交，虽未必均出自勾践君臣之口，却保存了吴、越地区汉代以前诸多史料，有为《史记》所印证者。《内传陈成恒》记子贡出使齐、吴、越、晋的穿梭外交，与《史记·仲尼弟子列传》关于"子贡一出，存鲁，乱齐，破吴，强晋而霸越"的一大段记事，除个别文字，完全相同。前一章已叙《外传记宝剑》以石、玉、铜、铁四种质制兵器作阶段划分，反映当时的认识与今之考古学关于旧石器、新时期、铜器、铁器时代的划分相一致。特别是冶铁炼剑，辉映出两千多年前中国冶炼技术取得的惊人成就。将轩辕、黄帝别为二人，反映对"五帝"认识不一的客观实际。

《德序外传记》说"观乎计倪，能知阴阳消息之度"，这里对卷4计倪关于"阴阳消息"的认识稍作分析。这一卷有两处提到"纲纪"（"纪纲"）二字。一处是将五行与"五帝"、"五方"联系在一起：

> 臣闻炎帝有天下，以传黄帝。黄帝于是上事天，下治地。故少昊治西方，蚩尤佐之，使主金。玄冥治北方，白辨佐之，使主水。太皞治东方，袁何佐之，使主木。祝融治南方，仆程佐之，使主火。后土治中央，后稷佐之，使主土。并有五方，以为纲纪。

另一处是谈"阴阳万物，各有纪纲"：

> 阴阳万物，各有纪纲。日月、星辰、刑德，变为吉凶。金木水火土更胜，月朔更建，莫主其常。顺之有德，逆之有殃。是故圣人能明其刑而处其乡，从其德尔避其衡。凡举百事，必顺天地四时，参以阴阳，用之不审，举事有殃。

卷13范蠡对越王谈论，也有"金、木、水、火更相胜，此天之三表也，不可不察。能知三表，可为邦宝"一类的话。"并有五方，以为纲纪"的一段说法，与前一章第三节所引《月令》的说法颇为近似。"五行相胜"同样暗示其时代不会晚于战国，不同于西汉以后的"五行相生"。

《外传记地传》记越境内保存至东汉的遗迹，篇名似脱一"越"字，当作《外传记越地传》，较比《外传记吴地传》详细。勾践"大霸称王，徙琅琊，都也"，"至勾践，凡八君，都琅琊二百二十四岁"，虽为"汉人附益"，却是越曾徙都琅琊的唯一明确记载。

第二节 言论、文献汇编

这里所说言论主要指君臣论对，所说文献主要指散在的书篇。

一、列国君臣论对汇编——《国语》、《战国策》

"诸侯史记"之外，以国为别的君臣论对汇编是《国语》、《战国策》。

（一）国之"语"的汇集——《国语》

前面第三章第一节引《国语·楚语上》中叔时论编纂形式，说"语"是一种可以"使明其德，而知先王之务用明德于民也"的教育太子的好"教材"。而且，"语"这种记言体较为广泛地被采用，各诸侯有"语"，私家有"语"，个人言论称"语"，于是有国语、家语、论语等区分。

《国语》21卷，是汇集各诸侯之"语"而成，故谓之《国语》。所涉时限，起西周穆王征犬戎，止春秋末年晋智伯之灭，前后500余年。编排顺序，"先王室而后列国，先诸夏而后蛮夷"，透露出崇周尊王的意识。将周王室与鲁、齐、晋、郑、楚、吴、越七国并列，汇集于一书，又表示承认既成事实的客观态度。各国之"语"各分若干事条，各按其先后排列。据韦昭《国语解叙》，"凡所发正，三百七事"。

《国语》成书与《左传》大体同时，两者的关系及作者也是一个长期争论的问题。

司马迁《史记·十二诸侯年表》序及《太史公自序》说左丘明因孔子《春秋》成《左氏春秋》，又说"左丘失明，厥有《国语》"，成为《左传》、《国语》为左丘明一人所作的最初根据，而其"谱十二诸侯，自共和讫孔子，表见《春秋》、《国语》"，根据主要也是《左传》与《国语》。《汉书·律历志下》引《国语·楚语下》"少昊之衰"及《周语下》"颛顼之所建"等语都称《春秋外传》。由此，又将《左传》称为《春秋内传》、《国语》称为《春秋外传》。班固在《汉书·司马迁传》"赞曰"归纳说："孔子因鲁史记而作《春秋》，而左丘明论辑其本事以为之传，又纂异同为《国语》。"三国吴韦昭为《国语》作注并写有《国语解叙》，将这一说法推广开来。

《国语》、《左传》并非一人所作，已为多数学者论定。

从记事内容考察，《周语》3卷，自穆王征犬戎至敬王二十八年苌弘被杀，涉及穆、恭、厉、宣、幽、襄、定、灵、景、敬十王。《鲁语》2卷，自庄公十年曹刿论战至哀公十二年用田赋。《齐语》1卷，记桓公事，多与《管子·小匡》篇同，或为战国时追述。《晋语》9卷，自曲沃武公七年伐翼至出公晋阳之围。《郑语》1卷，记桓公之事，为《左传》以前事，无郑庄公之霸，是其重大缺失。相比而言，《左传》记郑事自隐公元年（郑庄公二十二年）至桓公十一年（郑庄公四十三年）郑庄公卒。《楚语》2卷，自庄王命太子傅至叶公子高平白公胜之乱。《吴语》1卷，记吴王夫差事，自起师伐越至国灭自杀。其记申包胥使越，勾践曰"越国南则楚，西则晋，北则齐"的一段，显系后来窜入。"南则楚，西则晋，北则齐"，是越灭吴迁琅琊之后的形势，岂能在灭吴之前说出！《越语》2卷，记勾践灭吴至范蠡轻舟泛湖，纪年较乱，以"越土勾践即位三年（鲁哀公元年）欲伐吴",以下连续出现"三年"、"四年"、"又一年"、"又一年"、"又一年"、"又一年"、"又一年","至于玄月""遂兴师伐吴","居军三年,吴师自溃",据此推算,灭吴在哀公十二年,与《左传》在哀公二十二年相差10年。即便韦昭在"四年"处注以"四年,反国四年,鲁哀九年",五个"又一年",也才鲁哀十四年,再加"居军三年",至少还有四年空缺。《史记》"谱十二诸侯"唯于此不取《越语》。《越语下》范蠡之言多近黄老,表明其编于战国中后期。

从分卷情况看,《晋语》最多,与《左传》重复亦多,只是一些细节较《左传》为详,甚至有举"骊姬之乱"以证两书出一人之手者。《晋语二》"骊姬以君命命申生曰:'今夕君梦齐姜,必速祠而归福。'申生许诺,乃祭于曲沃,归福于绛。公田,骊姬受福,乃寘鸩于酒,寘堇于肉。公至,召申生献,公祭之地,地坟。申生恐而出。骊姬与犬肉,犬毙;饮小臣酒,亦毙。公命杀杜原款,申生奔新城。"《左传》僖公四年"骊谓大子曰:'君梦齐姜,必速祭之。'大子祭于曲沃,归胙于公。公田,姬寘诸宫六日。公至,毒而献之。公祭之地,地坟。与犬,犬毙。与小臣,小臣亦毙。姬泣曰:'贼由大子。'大子奔新城。公杀其傅杜原款。"这确实可以表明,《晋语》与《左传》史源相同,均源出晋史记或"乘"。

从史料价值说,《周语》、《楚语》为上,《晋语》、《郑语》、《鲁语》次之,《齐语》、《吴语》、《越语》不可与周、楚、晋、郑、鲁同日而语。

就编纂特点言,一事结尾处往往用三言两语点出事情发展结果及影响。《周语上》"邵公谏厉王弭谤"结尾处,用"王不听,于是国莫敢言,三年,乃流王于彘"17个字点出厉王不听谏的下场;"虢文公谏宣王不籍千亩"结尾处,以"王不听,三十九年,战于千亩,王师败绩于姜氏之戎"20个字点出宣王不籍千亩造成的后果;《楚语上》"白公子张讽灵王宜纳谏",最后写道:"七月,乃有乾溪之乱,灵王死之。"这显然源于"语"这一原始编纂形式的"明其德"的特点。虽然谓之"语",也有不记言者,《郑语》篇幅最少,除史伯为桓公论兴衰一则问对外,都是关于平王末年秦晋齐楚代兴的简要概述,并无一言一语:"幽王八年而桓公为司徒,九年而王室始骚,十一年而毙。及平王之末,而秦、晋、齐、楚代兴,秦景、襄于是乎取周土,晋文侯于是乎定天下,齐庄、僖于是乎小伯,楚蚡冒于是乎始启濮。"

以文章风格与《左传》比较,崔述《洙泗考信余录》卷 3 认为"《左传》之文,年月井井,事多实录,而《国语》荒唐诬妄,自相矛盾者甚多。《左传》纪事简洁,措词亦多体要,而《国语》文辞支蔓,冗弱无骨,断不出于一人之手甚明。"

(二)"纵横短长之说"汇编——《战国策》与《纵横家书》

司马迁以三家分晋,六国之盛自此始,进入战国,"务在强兵并敌,谋诈用而从(纵)横短长之说起"[1],并以"苏秦兄弟三人,皆游说诸侯以显名,其术长于权变","言从(纵)横强秦者,大抵皆三晋之人",又以蒯通"善为长短说,论战国之权变,为八十一首"[2],因此有以《战国策》作者为楚汉之际的蒯通。[3]1973 年底马王堆三号汉墓出土的帛书中有一类似之书,共 27 篇,约 17000 余字,其中 11 篇内容见于今本《战国策》、《史记》,文字大体相同,整理者名为《战国纵横家书》。这一发现告诉人们,战国时期的"纵横家书"在流传中有不同的选本同时并存。

刘向根据皇家所藏"错乱相糅莒",原无定称,"或曰国策,或曰国事,或曰短长,或曰事语,或曰长书,或曰修书"的此类文字,"因国别者,略以时次之",时序不明者依内容以相补,去重复,得

---

①　《史记》卷 15《六国年表》序。

②　《史记》卷 69《苏秦列传》、卷 70《张仪列传》、卷 94《田儋列传》"太史公曰"。

③　参见罗根泽《战国策作于蒯通考补证》、金德建《战国策作者之推测》、罗根泽《跋金德建先生战国策作者之推测》,分见《古史辨》第 4 册、第 6 册。

33 篇（卷）。以其为战国游士"辅所用之国，为之策谋，宜为《战国策》"，成为"事继《春秋》以后，讫楚、汉之起，二百四十五年间之事"①的汇编。传至宋初逐渐散失，宋神宗年间曾巩"访之士大夫家，始尽得其书，正其误谬，而疑其不可考者"，使《战国策》33 篇（卷）"复完"，是为今本。东周 1 卷，西周 1 卷，秦 5 卷，齐 6 卷，楚 4 卷，赵 4 卷，魏 4 卷，韩 3 卷，燕 3 卷，宋、卫 1 卷，中山 1 卷。每卷之下各分若干篇，由于各种版本的分篇不尽相同，少则 460 篇，多则近 500 篇。

以其记事时限来说，起赵襄子三年（前 455）"知伯从韩魏兵以攻赵"（《赵策一》），迄"秦兼天下"（前 221）之后高渐离"以筑击秦皇帝，为燕报仇，不中而死"（《燕策三》）。据此，班固有如下评说：

> 《春秋》之后，七国并争，秦兼诸侯，有《战国策》。汉兴伐秦定天下，有《楚汉春秋》。②

《战国策》恰好是《左传》之后、《楚汉春秋》之前的重要历史编纂。司马迁谓"战国之权变亦有颇可采者"③，《史记》采战国纵横说辞 90 余则。

传本大致有两个系统，均出南宋，一是姚宏校注本，为高诱残注、姚宏续注；一是鲍彪新注本，重新编排，以西周为正统，定为首卷，对篇次多有调整，经元代吴师道订误、解疑，通称鲍本。1900 年在楼兰废墟发见的一纸 2 世纪前后的汉隶书写古书残页，与姚宏本《战国策·燕策三》第一篇末、第二篇开头相同，说明传本大抵保存了刘向整理的原貌，曾巩的再整理是可信的。但"错乱相糅莒"的情

---

① 《战国策》附录刘向《书录》。
② 《汉书》卷 62《司马迁传》"赞曰"。
③ 《史记》卷 15《六国年表》序。

况传本依然存在,《秦策一》"张仪说秦王", 为张仪死后之事, 见于《韩非子·初见秦》, 并非张仪言论。

因其多为纵横游说, 偏重言辞而忽略史实, 不少时间、地点、人物错置、歪曲。《史记·苏秦列传》记齐湣王即位, 诛苏秦, 其弟苏代见燕哙王, 言天下大势, 谈到齐"南面举五千乘之大宋, 而包十二诸侯"。《正义》以《六国年表》"齐湣王三十八年灭宋, 乃当周赧王二十九年。此说乃燕哙王时, 当周慎王之时, 齐灭宋在前三十余年, 恐文误矣。"据此, 有研究《战国策》的论著批评《史记·苏秦列传》"误把苏秦活动的时间提前了30多年, 说苏秦死于齐宣王时, 因而把苏秦在齐闵王时的事迹改为苏代"。其实,《苏秦列传》的史源正是《战国策·燕策一》"苏秦死, 其弟苏代欲继之, 乃北见燕哙王"。苏代自我介绍的一段对话, 关于天下明主的一段对话, 分析天下大势的两段对话,《苏秦列传》几乎照录《战国策·燕策一》, 包括"举五千乘之劲宋, 而包十二诸侯"的这句。当然,《史记正义》提出的疑问是存在的, 燕哙王初(前320)怎么会预见到齐湣王三十八年(前286)发生的事, 但这并不关是否将苏秦"提前了30多年"的问题。司马迁或许清楚这一点, 又无能为力辨析清楚, 便在《苏秦列传》"太史公曰"写下这样一句话:"世言苏秦多异, 异时事有类之者皆附之苏秦。"读《苏秦列传》要注意这一点, 读《战国策》更应注意这一点。

尽管如此, 但其所论各国间的争夺、各国内部的局势以及邯郸、淄博等历史名城的繁华景象, 虽不免夸张, 却也透露出当时社会经济和政治军事的某些实际。有些内容见于诸子, 如《齐策一》"靖郭君善齐貌辨"见《吕氏春秋·纪秋季·知士》,《齐策三》"孟尝君在薛"见《吕氏春秋·慎大览·报更》,《魏策一》"魏公叔病"见《吕氏春秋·仲冬季·长见》,《魏策二》"魏惠王死"见《吕氏春秋·开春论》,《中山策》"主父欲伐中山"见《韩非子·外储说左上》, 表明此类传闻在当时传布较广, 并非《战国策》被诸子所征引。

论事语言流畅犀利，记述人物形象生动，是《战国策》的一大特点。一些篇章，如《赵策四》"触詟说赵太后"（《战国纵横家书》一八作"触龙"）历来被视为是论说文的名篇，《齐策四》"冯谖客孟尝君"、《燕策三》"荆轲刺秦王"等，初具人物传记的规模。

《国语》、《战国策》在突破一国范围进行编纂和取材方面，比《春秋》前进了一大步，但在编年纪事方面却不如《春秋》，更不要说注意事物联系、熔炼各国史料为一书。与其称其为国别史，不如说是列国史料汇编更符合实际。引用《国语》、《战国策》，需加鉴别。

（三）一部有争议的文献汇集——《逸周书》

自汉至唐，皇家藏书书目著录不同，引出争议。《汉书·艺文志》著录"《周书》七十一篇，周史记"，《隋书·经籍志》著录"《周书》十卷，汲冢书，似仲尼删书之余"，《旧唐书·经籍志》著录"《周书》八卷，孔晁注"，《新唐书·艺文志》著录"《汲冢周书》十卷"、"孔晁注《周书》八卷"。

其实，《隋志》著录与《汉志》著录原本不同。《汉志》为"七十一篇周史记"，《隋志》为"汲冢书"。尽管内容大部分相同，来源却不相同。《汉志》著录为辗转流传至汉代的"周史记"，《隋志》著录为汲冢发现，较比《汉志》著录更接近原貌。如果说《旧唐志》著录孔晁注八卷本源自《汉志》著录的"七十一篇"，那么《新唐志》著录则为两个传本系统，反映唐开元以后至北宋前期皇家藏书实际。刘知幾所见，为《汉志》著录这一系统，"凡为七十一章，上自文、武，下终灵、景"，证明唐开元以前皇家藏书源自汉代皇家藏书的七十一篇本，与颜师古注云"今之存者，四十五篇"殊。不过，已经存在"淳秽相参"的情况，既有"明允笃诚，典雅高义"者，亦有"浅末恒说"为"后之好事者所增益"[①]者，凑足七十一篇之数，故刘

------

① 《史通》卷1《六家》。

知幾不言佚阙。

自宋以来，各家著录均为"《汲冢周书》十卷，晋孔晁注"，显然是将两个传本系统人为地合二为一了。至明嘉靖壬午，杨慎作《逸周书序》，并未细读《晋书》，误以为相关纪、传记汲冢所得，"曾无一语及所谓《周书》"，并以"《汉艺文志》有《逸周书》七十一篇"，"当复其旧名，题曰《逸周书》"。自此以后，通行本即以《逸周书》取代《汲冢周书》之名。然而，杨慎序有两点疏误：其一，《晋书·束晳传》记汲冢所出书，在"又杂书十九篇"之下紧接着罗列了《周食田法》、《周书》、《论楚事》、《周穆王美人盛姬死事》四书名，然后总结"大凡七十五篇"[①]，不是"曾无一语及所谓《周书》"。其二，《汉书·艺文志》只著录《周书》七十一篇，并无"逸周书七十一篇"的字样。

"逸周书"作为书名是最早见于《说文解字》，还是如《四库全书简目》云"今从郭璞《尔雅》注题曰《逸周书》"，反映认识的不一致。实际上，早于许慎、郭璞的司马迁已经明确提出"逸"的说法了，《史记·儒林列传》伏生小传末，在谈及"孔氏有古文《尚书》，而安国以今文读之，因以起家"的同时，明明白白地写着："逸《书》得十余篇，盖《尚书》滋多于是矣。"所"逸"者不止《周书》，既沿用秦以前的说法谓之《书》，又指出是当时通行本《尚书》所多出的文字。其后，将所"逸"《周书》汇集一起，才有"逸周书"之名。

后《序》于周文、武、成、康、穆王均称谥，而于周景王不言谥，谓之"晋侯尚力，侵我王略，叔向闻储幼而果贤，□复王位，作《太子晋》"，据此推测其书当编成于周景王在位（前544—前520）的25年间。后《序》不带"解"字，其他各篇均带"解"字，如《克殷解》、《世俘解》，等等。或谓孔晁作注时所加，或以"解"不避

---

① 《晋书》卷51《束晳传》。

汉高、惠、文三帝名讳（邦、盈、恒），唯避汉景帝名讳（启），且无汉武帝讳字，推测"解"作于汉景、武时。无孔晁注的程寤、酆保、大开、小开、文儆、商誓、度邑、武儆、五权、周月、时训、明堂、尝麦、本典、官人、武纪、铨法、器服等18篇原无"解"。传本各篇均带"解"字，当是合两个传本系统时依例所加，不过都认为"解"未对原文有过多的改动。

传本59篇，包括后《序》共60篇，但篇目仍为71篇，第13至第20，第41、42，第53等11篇有目无文。第11与第37，篇名同为"大匡（解）"，内容却不相同。清卢文弨校本，为元明以来一集大成之本。

就性质而言，这是一部关于西周的文献汇编。虽上包文王，下迄景王，以文王、武王、成王与周公事为多，但各篇文字相差甚远。籴匡、克殷、世俘、商誓、度邑、作雒、皇门、祭公、芮良夫等篇为西周文字或据西周旧文整理，而谥法、明堂、官人、王会、职方等篇与三《礼》同，晚于上述诸篇。关于谥法的一篇，以谥法起于周初，为周公旦、太公望所制，显然有伪托之嫌。王国维据西周穆王以前《遹敦》、《献侯鼎》、《蠡敦》、《敔敦》四器断定："是周初天子诸侯爵上或冠以美名，如唐宋诸帝之有尊号矣。然则谥法之作，其在宗周共、懿诸王以后乎？"[①]郭沫若继其后，以昭王时《宗周钟》和穆王以后五器（《趞曹鼎》、《匡卣》、《齐侯钟》、《庚壶》、《洹子孟姜壶》）断定："足证谥法之兴不仅当在宗周恭、懿诸王以后，且直当在春秋之中叶以后。"[②]至于殷祝等篇，则似汉代之文。

总之，不论从史学角度，还是从史料角度，对此书都须慎辨"后之好事者所增益"者。

---

①　王国维：《观堂集林》卷18《遹敦跋》。

②　郭沫若：《谥法之起源》，《金文丛考》，第99页。

第三节　礼仪、世系汇集

这是关于社会史和社会生活史的编纂，对于后世典志影响甚大。

一、礼仪制度汇编——《仪礼》

书中虽引有孔子之语，却为后学所为，并非孔子之时编纂。自汉代形成三个传授系统，一为戴德本，一为戴圣本，一为刘向《别录》所定本，均源于汉初高堂生所传17篇，但排序不全同。三个本子，均用隶书书写，为今文。另有古文65篇，为鲁恭王坏孔宅所得，用篆书书写。东汉末，郑玄以刘向《别录》本"尊卑吉凶次第伦序"，戴德、戴圣二本"尊卑吉凶杂乱"，便以刘向《别录》所定本参用今古文，注其不同。经唐代贾公彦疏，成为《仪礼》唯一传本。

全书50卷，为各种礼仪规范，主要为上层社会礼仪，兼及整个社会。篇序为：士冠礼（3卷）、士昏（婚）礼（4卷）、士相见礼（1卷）、乡饮酒礼（2卷）、乡射礼（3卷）、燕礼（2卷）、大射（3卷）、聘礼（7卷）、公食大夫礼（2卷）、觐礼（2卷）、丧服（7卷）、士丧礼（3卷）、既夕礼（4卷）、士虞礼（2卷）、特牲馈食礼（3卷）、少牢馈食礼（2卷）、有司（2卷）。

戴德本篇序为：冠礼、昏礼、相见、士丧、既夕、士虞、特牲、少牢、有司彻、乡饮酒、乡射、燕礼、大射、聘礼、公食、觐礼、丧服。

戴圣本篇序为：冠礼、昏礼、相见、乡饮酒、乡射、燕礼、大射、士虞、丧服、特牲、少牢、有司彻、士丧、既夕、聘礼、公食、觐礼。

仅从其关于婚丧嫁娶的诸多篇目，足以看出所包含的社会史和社会生活史的诸多基本内容。至丁繁文缛节，更是当时政治生活、上层生活、社会风气等的客观反映，只不过需要仔细爬梳而已。

二、礼仪论著选编——《礼记》

汉初河间献王得孔子弟子及其后学所记 131 篇，亦有大、小戴之分。戴德传记 85 篇，为大戴记；戴圣传记 49 篇，为小戴记。小戴记 49 篇中，《曲礼》《檀弓》《杂记》皆分上、下，实为 46 篇，合大小戴记 85 篇，正合 131 篇之数。

大戴记 85 篇，今存后 40 篇，且有后人杂取诸书弥缺补遗者：主言、哀公问五义、哀公问孔子、礼三本、礼察、夏小正、保傅、曾子立事、曾子本孝、曾子立孝、曾子大孝、曾子事父母、曾子制言上、曾子制言中、曾子制言下、曾子疾病、曾子天圆、武王践阼、卫将军文子、五帝德、帝系、劝学、子张问入官、盛德、明堂位、千乘、四代、虞戴德、诰志、文王官人、诸侯迁庙、诸侯衅庙、小辨、用兵、少间、朝事、投壶、公符、本命、易本命。

司马迁明确表示，虽然"孔子所传《宰予问五帝德》及《帝系姓》，儒者或不传"，"观《春秋》、《国语》，其发明《五帝德》、《帝系姓》章矣"，因而"弗深考"，便"择其言尤雅者，故著为本纪书首"，为《五帝本纪》。

小戴记 49 篇，以郑玄注、孔颖达疏《礼记正义》为通行本。全书分作 63 卷：曲礼上（3 卷）、曲礼下（2 卷）、檀弓上（3 卷）、檀弓下（2 卷）、王制（3 卷）、月令（4 卷）、曾子问（2 卷）、文王世子（1 卷）、礼运（2 卷）、礼器（2 卷）、郊特牲（2 卷）、内则（2 卷）、玉藻（2 卷）、明堂位（1 卷）、丧服小记（2 卷）、大传（1 卷）、少仪（1 卷）、学记（1 卷）、乐记（3 卷）、杂记上（2 卷）、杂记下（2 卷）、丧大记（2 卷）、祭法（1 卷）、祭义（2 卷）、祭统（1 卷）、经解、哀公问、仲尼燕居（合为 1 卷）、孔子闲居、坊记（合为 1 卷）、中庸（2 卷）、表记（1 卷）、缁衣（1 卷）、奔丧、问丧（合为 1 卷）、服问、间传（合为1卷）、三年问、深衣、投壶（合为1卷）、儒行（1卷）、大学（1卷）、冠义、昏义、乡饮酒义（合为1卷）、射义、燕义（合为1卷）、聘义、丧服四制（合为1卷）。

前一章第二节所谈"大同小康"说，见于此中的《礼运》篇；与《五帝德》、《帝系》相同的"三皇五帝说"见于此中的《祭法》篇，不同的"三皇五帝说"见于此中的《月令》篇。

三、周代官制汇编——《周礼》

《周礼》，又名《周官》，出世最晚。《史记·封禅书》引《周官》曰"冬日至，祀天于南郊，迎长日之至。夏日至，祭地祇，皆用乐舞，而神乃可得礼也"，与传本《周礼·春官·大司乐》"冬日至，于地上之圜丘奏之，若乐六变，则天神皆降，可得而礼矣。……夏日至，于泽中之方丘奏之，若乐八变，则地示皆出，可得而礼矣"的一段文字虽说"详略迥异"，不知是司马迁撮述大意，还是刘歆等窜加，但《周礼》早在司马迁之前已经纂集成书却毋庸置疑。

传本42卷，以天、地、春、夏、秋、冬六官职掌编纂。天官8卷，天官冢宰1卷，大宰1卷，小宰至宫伯1卷，膳夫至腊人1卷，医师至笾人1卷，醢人至司会1卷，司书至九嫔1卷，世妇至夏采1卷。地官8卷，地官司徒总1卷，大司徒1卷，小司徒、乡师1卷，乡大夫至舞师1卷，牧人至遗人1卷，师氏至司市1卷，质人至邻长1卷，旅师至稿人1卷。春官11卷，春官宗伯1卷，大宗伯1卷，小宗伯至鬯人1卷，鸡人至典瑞1卷，典命至外宗1卷，冢人至大司乐1卷，乐师至典同1卷，磬师至籥人1卷，占梦至小祝1卷，丧祝至外史1卷，御史至神仕1卷。夏官6卷，夏官司马1卷，大司马1卷，小司马至掌畜1卷，司士至隶仆1卷，弁师至驭夫1卷，校人至家司马1卷。秋官5卷，大司寇1卷，小司寇至司民1卷，司刑至司烜氏1卷，条狼氏至小行人1卷，司仪至家士1卷。冬官亡佚，以

《考工记》补为 4 卷，论人、舆人 1 卷，辀人至韗氏 1 卷，玉人至匠人 1 卷，匠人至弓人 1 卷。

因其传授经历不详，虽经刘歆表彰，仍为众儒所排，长期存在争议。清代汪中举"六征"为其辩护，其中有"三征"出大、小戴记："《大戴礼·朝事》载《点瑞》、《大行人》、《小行人》、《司仪》四职文，三也。《礼记·燕义》，《夏官·诸子》职文，四也。《内则》'食齐视春时'以下《天官·食医》职文，'春宜羔豚膳膏芗'以下《庖人》职文，'牛夜鸣则庮'以下《内飨》职文，五也"，以其为"远则西周之世，王朝之政典"，"传习之绪明白可据，如是而以其晚出疑之，斯不学之过也"。① 孙诒让以汪中说为至允，斥疑《周官》者为"俗儒妄有诘难，皆乡壁虚造不经之论"。王国维《书毛诗故训传后》为证《毛诗故训》作于鲁毛亨、传作于赵人毛苌，摘取传中言典制合于《周官》者 27 条进行综析，以证传之晚出。其中论及《周官》者如下：

> 《周官》一书得于河间，不独汉初齐鲁诸儒皆未之见，即周秦人著书亦未有征引一二者。……先汉人书惟刘向所次《乐记》有《窦公》一篇，乃《春官·大司乐》职文；《大戴记·朝事》义，取《秋官·典瑞》、《大行人》、《小行人》、《司仪》四职文；《小戴记·内则》取《天官·食医》、《庖人》、《内饔》三职文；《玉藻》取《春官·占人》职文；《燕义》取《夏官·诸子》职文。此外，惟贾谊《新书·礼篇》云"拜生民之数及谷数"，与《春官·天府》、《秋官·司民》说同。其余无引《周官》一事者，虽《左传》、《国语》等古文之早出者，亦无一与《周官》

---

① 《述学》内篇 2《周官征文》。

相发明。[①]

郭沫若一面以"其说至当",一面以"王氏所引先汉人书之同于《周官》者屡直云取之《周官》,若然,则是窦公、二戴、贾谊诸人曾见《周官》,于其说不免自相矛盾",便另辟新径,"就彝铭中所见之周代官制"加以考核,使其"真伪纯驳与其时代之早晚,可以了然矣"。通过 20 项彝铭中言周代官制之"卓著者"进行考核,"所举诸器之年代,大率起于周初,而逮于春秋中叶",得出这样的结论:

> 其书盖为未竣之业,故书与作者均不传于世。知此,则其书自身之矛盾,及与旧说之龃龉,均可无庸置辩。作者本无心托之于周公,托之于周公者乃刘歆所为,则其书中之制度自不能与周初相符,认为周初之实际而竞竞焉为之辩护者,乃学者偏蔽之过也。[②]

总之,《周礼》一书确实问题多多,因而引起众多著名学人论辩,这里仅对近代的一些认识稍作提示,望有兴趣者深入探察。

以"六官"系统认识社会结构的影响,直至《通典》改以"九门"职掌替代"六官"所职才逐渐消除,将在中唐至清中期卷第一编第一章详述。

四、"奠系世"资料汇编——《世本》

前面第三章第一节引《国语·楚语上》申叔时论编纂形式说到"世",《国语·鲁语上》夏父弗忌为宗伯,欲改昭穆,升僖公于闵公之上,有司在强调"宗庙之有昭穆也,以次世之长幼,而等胄

---

① 王国维:《观堂别集》卷 1。
② 郭沫若:《〈周官〉质疑》,《金文丛考》,第 81 页。

之亲疏"时说:"工史书世,宗祝书昭穆,犹恐其逾也。"《周礼·春官》之属,小史"掌邦国之志,奠系世,辨昭穆。"这些记载表明:"世"是一种关于世系、昭穆的记录,是考察"世"的基本依据。《史记·三代世表》序"于是以《五帝系谱》、《尚书》集世纪黄帝以来讫共和为《世表》"一句,"集'世'"不就说的是汇集"世"吗? 整句的意思:按照《五帝系谱》、《尚书》中关于五帝的说法,汇集黄帝以来至共和记载系世的"世",编为《三代世表》。《史记·卫康叔世家》"太史公曰"有"余读世家言",即"读言'世'之家的记载"。《汉书·司马迁传》"赞曰"以《世本》"录黄帝以来至春秋时帝王、公侯、卿大夫祖世所出",恰恰印证了司马迁"集'世'"的"世"、所"读'世'家言",与后来编辑《世本》的"世"同出一源。不过,司马迁见到"世",并根据"世"集成《世表》、编成《世家》,但《史记》中并无《世本》这一书名。刘向整理经籍,深悟编辑起来的"世"是"奠系世"的根本,遂名以《世本》。班固在《汉书》中才有司马迁"采《世本》"的说法,并被后人沿用。

最早著录《世本》见于刘向《别录》,《史记集解序》索隐引刘向云:《世本》,古史官明于古事者之所记也。录黄帝以来帝王、诸侯及卿大夫系谥名号,凡十五篇也。"《汉书·艺文志》的著录明确其下限"迄春秋时"。《史记·赵世家》集解引"《世本》云:孝成王丹生悼襄王偃,偃生今王迁。"称"今王迁",则当赵王迁在位时(前235—前228),已是战国晚年。《史通·古今正史》更将下限延至秦末:"楚汉之际,有好事者录自古帝王、公侯、卿大夫之世,终乎秦末,号曰《世本》,十五篇。"其书下限,自春秋以来不断层累、加增,以致将其成书时间与所记下限混为一谈,出现四种成书时间说:春秋说、战国说、楚汉之际说、汉初说。以《史记》三家注引《世本》考察,除燕之外的六国,分别至秦昭王、楚顷襄王、齐王建、韩恒惠王、赵王迁、魏安釐王,并不如刘知幾所说"终乎秦末",而是止于战国末。不过，这都是说的记事下限，并非成书时间。对于成书时间、作者，班固已无法确知，只能著录为"迄春秋时"和"古史官"了。

汉魏之世，有应劭、宋衷、宋均等注。隋、唐《经籍（艺文）志》著录表明传本杂乱，原文已有散佚，而且为避唐太宗名讳改称《系本》。宋代各家目录均无著录，高似孙开始辑佚，但未流传。①清代辑佚有 10 家之多，钱大昭、洪贻孙两家辑本亡佚，商务印书馆汇集王谟、孙冯翼、陈其荣、秦家谟（包括洪贻孙稿）、张澍、雷学淇、茆泮林、王梓材 8 家辑本，名以《世本八种》，排印出版。但各家辑本不尽相同，以茆泮林、雷学淇两家辑本为精审。

各家辑本都有"帝王"、"诸侯"、"卿大夫"世系，记五帝、三王（夏、商、周）世系，鲁、齐、晋、秦、楚等 33 诸侯世系、47 家卿大夫世系。"氏姓"记帝、王（侯）、大夫氏姓及由来，共 149 氏姓。"居篇"记帝王与诸侯都邑及迁徙。"作篇"记 70 余种制作，包括宫室、农具、兵器、交通工具、生活用具，乃至文字、书、乐器，等等。

通常将《世本》视为综合体通史的先驱，认为在历史编纂方面是一种创意。若弄清楚"世"与《世本》的关系，称其为专项史料汇编更符实际。要说其对《史记》体例有多少直接影响，恐怕只是臆想而已。

第四节　保存"史影"的神话传奇

此类编纂，主要有二：《山海经》、《穆天子传》。

---

① 参见《史略》卷 6，题名为《古世本》。

一、保存神话中"史影"的《山海经》

第一章叙说神话传说中的"史影"，以《山海经》为保存神话传说最为原始、最为系统。其成书情况，仍属"非成于一人、录于一世"者。《史记·大宛列传》"太史公曰"谓《山海经》所有怪物，余不敢言之也"，表明《山海经》成于《史记》之前，只不过传本经东汉刘歆等整理编定过。《汉书·艺文志》著录《山海经》为13篇，以刘秀（歆）整理"定为"18篇，多《大荒东经》以下5篇，篇目为《山经》（又称《五藏山经》或《五藏经》）5卷、《海经》13卷。

《山经》5卷，依次为南山经、西山经、北山经、东山经、中山经。《海经》13卷，依次为"海外海内"八经（海外南经、海外西经、海外北经、海外东经、海内南经、海内西经、海内北经、海内东经）、"大荒四经"（大荒东经、大荒南经、大荒西经、大荒北经）和海内经。《海经》外、内8篇篇末均有"建平元年四月丙戌"等39字，为校书款识，而《大荒东经》以下5篇均无。《海经》外、内8篇篇第皆以南西北东为顺序，而《大荒东经》以下却以东南西北为顺序，故后世或以《大荒东经》以下5篇为刘秀（歆）校书时"进在外"（"逸在外"）者，或疑为刘秀（歆）等"所述"。

鉴于对《山海经》的认识见仁见智，第一章已叙内容不再赘述，这里提出一些读此书应注意的地方。

首先，《山海经》的"经"，不是经典之"经"，而是"经历"之"经"，即游历山、海的意思。《五藏山经》每经之末都有一段小结，古本作"右西经之山，凡若干山，若干里"，所谓"经"，显然是"经历"之义，并无"经典"之义。海外海内八经各篇篇首，原无标题，均为"海外自西南陬至东南陬"，"海外自西南陬至西北陬"，"海内西北陬以东者"，"海内东北陬以南者"，完全是"经历"之义。

刘歆等整理此书时，在每篇之首加"东山经"、"海外南经"、

"海内东经"等标题，流传中又因标题在《五藏山经》每篇篇末的"山"下妄加"志"字，成为"某经之山志，凡若干山，若干里"，使得"经历"之义被冲淡。幸好卷 2 末小结为"右西经之山，凡七十七山，一万七千五百一十七里"，可知古本原貌不是"经典"之意，而是"经历"之意。

其次，《五藏山经》各篇记山系和山，如南山经，其南山经、南次二经、南次三经为山系，各山系之下所记山不等。中山经山系最多，有 12 山系，即中山经、中次二经、中次三经，以至中次十二经。其中，以中次十一经山最多，共 49 山。山经五篇共记山系 26、山 448。

虽然"海外"、"海内"、"大荒"各经多记"某某国"，与《淮南子·坠形篇》"海外三十六国"名目基本相同，但"海外"、"海内"之"海"，"大荒"之"荒"，有泛指未开化之地、之时的含义。"荒"比"海"更遥、更远，既含地域之义，亦含时间之义，是个时空概念。

第三，书中窜入不少其他书的文字。卷 5 末"禹曰：天下名山，经五千三百七十山……天地之东西二万八千里，南北二万六千里"至"封于太山，禅于梁父，七十二家，得失之数，皆在此内，是为国用"，不为原书文字，系周秦人之语，如《管子·地数篇》"封禅之王，七十二家也"。卷 13"会稽山在大楚南"以下"岷三江：首大江出汶山，北江出曼山"至篇末"漳水出山阳东，东注渤海，入章武南"的 510 多字，为《水经》文字窜入。

第四，在保存神话传说的同时，书中蕴藏着极为丰富的科学内涵。人文学科之外，所涉天文历法、生物、医药、矿物等诸多方面的知识，需要仔细发掘。

卷 11"帝俊妻常羲，生月十有二"，卷 15"羲和者，帝俊之妻，生十日"。这"日之数十而月之数十二"，反映以"十日为一旬"和"天干"纪日、以一年为十二个月和"地支"纪月的历法已经出现。

《五藏山经》5卷，写法基本如下：从某山向某方向若干里为某山，特点、矿产、动植物以及可作医药的药效。如卷1"南次三经之首，曰天虞之山，其下多水，不可以上。东五百里，曰祷过之山，其上多金玉，其下多犀、兕，多象，有鸟焉，其状如交鸟，而白首、三足、人面，其名曰瞿如，其鸣自号也。泿水出焉，而南流注于海。其中有虎蛟，其状鱼身而蛇尾，其音如鸳鸯，食者不肿，可以已痔。"这是写经历南山第三山系，首先遇到天虞山，因山下多水，不能够上去。向东500里，是祷过山，多金玉，有犀、兕等兽，多大象。山中有一种三只脚的鸟，叫瞿如。泿水从山中流出，向南流入大海。水里有一种鱼身蛇尾的"虎蛟"，发音如同鸳鸯，有药用价值，可以治愈痔疮。书中很多地方都有某草、某物"可以已疗"，"食之已虐"等记载。"已"，治疗、治愈的意思。卷5中次三经，青要之山，有一种草，"名曰荀草，服之美人色"，是说经常使用可以美容。

此类记述，生物种类繁多，动物以脊椎动物最多，包括哺乳类、鸟类、爬虫类、鱼类。《五藏山经》5卷，出现植物约计180种，草本植物70余种，木本植物104种；疾病名称、症状和疗法约40种，包含内科、外科和五官科；药物130余种，以植物类药物为主。全书所记矿产90余种，金属矿物有金（金、赤金、黄金）、银（赤银、银）、铜（赤铜、美铜、铜）、铁、锡（白锡、赤锡）、铂（白金），非金属矿物主要有石（文玉石、文石、石、玄石、清碧石、美石、磁石等）、玉（水玉、玉、石玉、白玉、玄玉、美玉、碧玉等）、碧（水碧、清碧、瑶碧、碧）、垩（白垩、青垩、美垩）、雄黄（雄黄、青雄黄）、赭（赭、流赭），等等。

二、最早的人物传奇——《穆天子传》

《穆天子传》出自汲冢，《晋书·束晳传》列汲冢所出，先叙《穆天子传》5篇，言周穆王游行四海，见帝台、西王母"，后言"杂书十九篇"，有《周穆王美人盛姬死事》1篇。

传本6卷，晋郭璞注，卷6即记盛姬死事，系与前5篇合为6篇，各为1卷。前有汲冢书整理者荀勖所写序，谓其为"周穆王游行之事"，"虽其言不典，皆是古书，颇可观览，谨以二尺黄纸写上，请事平以本简书及所新写，并付秘书缮写藏之中经，副在三阁。"

其书特点，"弗论次年月"，以日系事，偶以"孟秋癸巳"、"孟冬壬戌"、"仲冬壬辰"等表示月日，绝无纪年。《隋书·经籍志》著录于史部起居注类，以其与《大唐创业起居注》逐日记事相类，自唐中期至宋则演而为皇家所修"日历"。

以甲子纪日、纪事，基本连贯者前2卷，卷3仅前半部。卷1，自"戊寅天子北征"始，至"丙寅天子属官效器"，前后49天。其中，"癸卯"误作"癸酉"、"戊申"误作"戊午"。卷2，自"丁巳天子西南升□"，至"癸亥至于西王母之邦"，前后67天。其中，"辛酉天子升于昆仑之丘，以观黄帝之宫"。"孟秋丁酉天子北征"，有"孟秋"表示月份，指阴历八月。卷3，"甲子天子宾于西王母"、"乙丑天子觞西王母于瑶池之上，西王母为天子谣"，"天子答之"云云，紧接前卷时日。但以下记"丁未"、"己巳"，与前间隔40多天，"己亥天子东归"，"庚辰至于□之山而休"又间隔50余天，至"庚辰天子东征，癸未至于茂□之山，智氏之所处"，"乙酉天子南征东还"，当是另外的巡游。卷4与卷3类似，自"庚辰"始，"辛巳天子东征"，有"孟秋癸巳"，"五日丁酉天子升于采石之山"，随即"天子一月休"，至"秋癸亥"。以下自"癸丑天子东征"，"天子五日休"，戊午、"孟冬壬戌"、"庚辰天子大朝于宗周之庙，乃里西土之数"，即罗列西游行程里数，"仲冬壬辰"，"丁酉天子入于南郑"，为另外的巡游。卷5，从有"仲夏"、"季夏"、"仲秋"、"季秋"、"仲冬"、"季冬"等字样可知，是为期最长的巡游，重出"仲秋"、"季秋"，或为另一次巡游，以入于南郑作结。卷6，某年秋冬之交，天子西北行，至盛国，盛姬告病，20余日而亡，"天子乃殡盛姬于榖丘之庙"，记祭礼盛况，与《仪礼》参对，可见某些礼仪制度如何形成以及古代西北地区民风、习俗。孟冬辛亥，邢侯、曹侯来吊唁。继续巡游，至仲冬辛卯入于南郑。卷4至卷6，均以"天子入于南郑"作结。

《竹书纪年》记穆王见西王母在穆王十七年，《穆天子传》前3卷记事如荀勖序言，"王好巡守，得盗骊、騄耳之乘，造父为御，以观四荒，北绝流沙，西登昆仑见西王母，与太史公记同"，即与《史记·秦本纪》"造父以善御幸于周缪（穆）王，得骥、温（盗）骥、骅骝、绿耳之驷，西巡狩，乐而忘归"，《赵世家》"造父幸于周缪王，造父取骥之乘匹，与桃林盗骊、骅骝、绿耳，献之缪王。缪王使造父御，西巡狩，见西王母，乐之忘归"同。然《大宛列传》张骞"为天子言"，却是"安息长老传闻条枝有弱水、西王母，而未尝见"。张骞听"传闻"、"未尝见"并不奇怪，奇怪的是"条枝在安息西数千里，临西海"，绝非"昆仑丘"之地，竟也有"西王母"的传闻。《赵世家》索隐引谯周"余常闻之，代俗以东西阴阳所出入，宗其神，谓之王父母。或曰地名，在西域"，可谓比较近实的一种认识。而且，"竹书"（《穆天子传》、《纪年》）所记"西王母"，绝不是《山海经》所言"虎齿、豹尾"模样，不然穆天子岂能"乐而忘归"？虽然夹杂神话传说，但自宗周至河宗3000余里，所记道里却近翔实，证以今之地望，大致相合。

第二编

中国史学的划时代之作——《史记》

秦始皇建立大一统的集权统治，经过秦末、汉初的反复，到汉武帝时才从体制上巩固下来。在新的形势下，如何认识和总结春秋战国以来的巨大社会变革，确认和完善新的社会秩序，成为时代的中心议题。司马迁继《春秋》而"述往事，思来者"，写成规模空前、影响久远的《史记》，为中国史学的发展划出一个时代。

第一章　司马迁的时代与经历

通常以司马迁生活的时代是汉代政治空前统一、经济空前繁荣、文化空前发展的时代，因而造就了司马迁和《史记》。从表面看的确如此，但这样的认识无助于准确了解司马迁和《史记》的产生。中国历史上政治空前统一、经济空前繁荣、文化空前发展的朝代不仅仅西汉一代，却只出现了一个司马迁，产生了一部《史记》，显然关键并不在什么"空前"统一、繁荣、发展，而是时代提出了什么议题，所作回答是否最贴近时代精神。

第一节　天翻地覆的时代

春秋战国至汉武帝的数百年，中国社会发生了大翻地覆的巨大变革。

夏、商、周三代以来实行的宗法权与王权紧密结合的政治体制受到一次次冲击，先是大国争霸，周天子大权旁落。进而是卿大夫执国政，诸侯国内乱不已。最后是天子、诸侯、卿大夫的宝塔式政治结构，大宗、小宗交错织成的宗族关系网被冲破，建立在宗法制基础上的王权不复存在。进入战国以后，各诸侯为提高自己的地位，先后称王。战国后期，秦、齐两国相约称帝。公元前 288 年，秦昭王在宜阳（今属河南省）称西帝，尊齐湣王为东帝，以示高于其他诸侯。秦并六国结束了长达五个多世纪的诸侯争霸、称雄割据的局面，建立起中国历史上第一个专制集权的国家。秦二世而亡，汉初又经过几十年消灭异姓王的努力，最终结束割据局面，确立起中央集权的政治体制，并延续了两千余年。各朝各代皇帝世袭，而大小官员不再世袭，均由皇帝或朝廷任免。地方由分封制转换为郡县制，地方设官由皇帝或朝廷直接任免。

秦建立了中央集权的政权，但这种政治体制应该是什么样，直到汉武帝时仍然是一个理论上和制度上都没有完全解决的问题。

秦至汉初虽然在诸多形式方面实现了"同"，如"书同文"、"车同轨"等，但治国思想尚未趋"同"，仍然徘徊在"六家"思想的选择之中。

"大一统"的理念提了出来，同样有待新的回答。夏、商、周实行宗法权与王权结合，大宗、小宗之外，无宗法关系的周边部族一律被视为夷、狄。为了"尊王"，就必定要"攘夷"。春秋战国的几百年，以宗法血缘关系为基础的王权被打破，夷、夏的界线也逐渐消失。新体制下的"大一统"，如何面对先前时代的"夷夏之辨"？

社会结构经过几百年的变动，昔日的"乱臣贼子"一个个都成为各领风骚一时的风云人物。汉代的兴起，更将"宁有种乎"的"布衣"们纷纷推上公侯将相乃至帝王的宝座，谁能够回答这到底是怎么回事？统治集团（帝、王、官僚）之外，不再是"奴、仆、臣、宰"的格局，形成士、农、工、商的不同阶层和多样化的社会分工。商贾的出现，甚至富可敌国，左右政局。

随之而来需要回答的思想文化领域的问题更为复杂。"天人之际"和"古今之变"，是周秦以至汉初社会关系在人们观念上的反映。商周以来始终存在天人关系的不同认识，当权者的统治地位比较稳固时，对于"天"主宰人世很少怀疑；一旦当权者的统治地位动摇，或是行将灭亡之际，对于"天"的主宰力随之产生怀疑。汉初面对"古今之变"的种种现实，将如何重新认识天人关系？当时"诏书律令下者，明天人之分，通古今之义"①，表明最高统治集团对"天人之际"、"古今之变"两大紧密关联的问题的高度重视。

汉据水德抑或土德，就是一个经历了高祖至武帝即位、争论了数十年的悬而未决"天人"问题。

> 汉兴之初，庶事草创，唯一叔孙生略定朝廷之仪。若乃正朔服色郊望之事，数世犹未章焉。至于孝文，始以夏郊，而张苍据水德，公孙臣、贾谊更以为土德，卒不能明。②

16 虚岁的汉武帝，带着一连串问题登上皇帝宝座，这就有了建元元年（前 140）十月"大夫其精心致思，朕垂听而问焉"的贤良策问。五帝三王之道有盛有衰，即便"天降命"也"不可复反"，"凡所为宵旰，夙兴夜寐，务法上古者，又将无补与？""三代受命，其符安在？灾异之变，何缘而起？性命之情，或夭或寿，或仁或鄙，习闻

---

① 《史记》卷 121《儒林列传》。
② 《汉书》卷 25 下《郊祀志下》"赞曰"。

其号，未烛厥理。……何修何饬而膏露降，百谷登，德润四海，泽臻草木……延及群生？"以"条贯靡竟，统纪未终"，反复策问的是"朕之不明"的"天人之应"。

董仲舒以《春秋》为论证依据对答："臣谨案《春秋》之中，视前世已行之事，以观天人相与之际，甚可畏也。国家将有失道之败，而天乃先出灾害以遣告之，不知自省，又出怪异以警惧之，尚不知变，而伤败乃至。"又说："天之所大奉使之王者，必非人力所能致而自至者，此受命之符也。天下之人同心归之，若归父母，故天瑞应诚而至"，"上下不和，则阴阳缪戾而妖孽生矣。此灾异所缘起也。"同时，以"阳为德，阴为刑，刑主杀而德主生"，"天之任德不任刑"。强调"制度文采玄黄之饰"，"受命所先制者，改正朔，易服色，所以应天也"，提出"夏上忠，殷上敬，周上文者，所继之救，当用此"的主张，以"汉继大乱之后，若宜少损周之文致，用夏之忠者"。①

天人关系而外，策问最重要问题是：虞舜之时"垂拱无为，而天下太平"；周文王"至于日昃不暇食，而宇内亦治"，帝王之道"岂不同条共贯与？何劳逸之殊也？"又"殷人执五刑以督奸，伤肌肤以惩恶。成康不式，四十余年天下不犯，囹圄空虚。秦国用之，死者甚众，刑者相望，耗矣哀哉！"如今"惟前帝王之宪，永思所以奉至尊"，完全遵从汉初以来的祖宗之法，仍然是"群生寡遂，黎民未济。廉耻贸乱，贤不肖浑淆"。董仲舒在对答中指明汉兴以来的问题以及解决对策：

　　　　自古以来，未尝有以乱济乱，大败天下之民如秦者也。其遗毒余烈，至今未灭，使习俗薄恶，人民嚚顽，抵冒殊扞，孰

① 《汉书》卷56《董仲舒传》。

烂如此之甚者也。……今汉继秦之后，如朽木粪墙矣，虽欲善治之，亡可奈何。法出而奸生，令下而诈起，如以汤止沸，抱薪救火，愈甚亡益也。窃譬之琴瑟不调，甚者必解而更张之，乃可鼓也。为政而不行，甚者必变而更化之，乃可理也。当更张而不更张，虽有良工不能善调也；当更化而不更化，虽有大贤不能善治也。故汉得天下以来，常欲善治而至今不可善治者，失之于当更化而不更化也。……今临政而愿治七十余岁矣，不如退而更化；更化则可善治，善治则灾害日去，福禄日来。……夫仁谊礼知信五常之道，王者所当修饬也；五者修饬，故受天之祐，而享鬼神之灵，德施于方外，延及群生也。

最后，指出"今师异道，人异论，百家殊方，指意不同，是以上亡以持一统；法制数变，下不知所守"的根本原因是"不在六艺之科孔子之术者，皆绝其道"，要想使"邪辟之说灭息，然后统纪可一而法度可明，民所知从"，必须奉行"揆天道、质人情、参古今"的《春秋》，因为"《春秋》大一统者"，为"天地之常经，古今之通谊也。"[1] 当时贤良有上百人之多，汉武帝最欣赏董仲舒的对策，说明汉武帝一登基便不再打算继体守文，而是要进行大刀阔斧的"更化"，"罢百家，尊儒术"。

最初，丞相卫绾以所举贤良，"或治申、商、韩非、苏秦、张仪之言，乱国政，请皆罢。"[2] 然而，实际情况并不那么简单，儒学在汉初虽然一度复兴，但在最高统治集团占主导地位的依然是道家思想或黄老之术。

---

① 《汉书》卷56《董仲舒传》。
② 《汉书》卷6《武帝纪》。

汉兴，然后诸儒始得修其经艺，讲习大射乡饮之礼。叔孙通作汉礼仪，因为太常，诸生弟子共定者，咸为选首，于是喟然叹兴于学。然尚有干戈，平定四海，亦未暇遑庠序之事也。孝惠、高后时，公卿皆武力有功之臣。孝文时颇征用，然孝文帝本好刑名之言。及至孝景，不任儒者，而窦太后又好黄老之术，故诸博士具官待问，未有进者。[①]

年龄尚幼的武帝对于黄老之术的影响估计不足，窦太后又是黄老思想的代表，"罢百家，尊儒术"的尝试受到挫折。

……

凡此种种，都是太史公父子所处时代遇到需要回答的重大问题。孤立叙述司马迁的人生及《史记》的写作，难以准确把握时代特征、准确认识时代中心议题。下面，结合司马迁父子生活的年代，具体考察其所处时代特征和所作面临的问题。

第二节　"物盛而衰"的经历

司马迁，字子长。《史记·太史公自序》《汉书·司马迁传》都未提到司马迁的字。"子长"二字，最早见于《扬子法言·寡见》《君子》二篇，荀悦《汉纪》与《后汉书·张衡传》才有明确记载。

司马迁的生年、卒年，迄今均无定论。有意思的是：关于生年的分歧前后相差 10 年，关于卒年的分歧前后也差不多相差 10 年。

关于生年，主要有六种说法，以汉景帝中元五年丙申（前 145）

---

① 《史记》卷 121《儒林列传》。

说和武帝建元六年丙午（前135）说影响较大。①多数研究者更愿意接受时间为早的一说，即景帝中元五年（前145）之说。

至于卒年，也有五六种说法，除一种意见认为卒于武帝以后外，其余的意见大都集中在武帝太始元年（前96）至武帝末年的10来年间。

生年、卒年不能确定，其他年代也难确定。确定无疑的只有：元封元年（前110）司马谈去世，元封三年（前108）司马迁为太史令，太初元年（前104）司马迁与公孙卿、壶遂主持修订《太初历》等。其余，诸如《史记》的著述（始作与完成）、《报任少卿书》等，时间大都是推测，没有定论。

现今可以确知司马迁为左冯翊夏阳（今陕西韩城）人，但"迁生龙门"的"龙门"，究竟属陕西还是属山西？汉代左冯翊夏阳，在今韩城的哪个具体村镇？对于这些细微的考证，也存在不同意见。

不论司马迁生于景帝还是武帝时，司马谈"仕于建元元封之间"是确定无疑的，也即入仕是在武帝即位之初。②

公元前140年，汉武帝即位，以建元为年号，中国皇帝有年号自此始，为皇帝制度增添了一项必不可少的内容，此后两千年来沿用不改。

司马谈入仕后，以学者各习师说，惑于所见，"不达其意而师

---

① 王国维《太史公行年考》以《太史公自序》张守节《正义》于"为太史令五年而当太初元年"下注云："案迁年四十二岁"为基本依据，并认为《索隐》所引《博物志》"年二十八"应作"年三十八"，"三讹为二，乃常事也"，断定"史公生年，当为孝景中五年，而非孝武建元六年矣"。郭沫若《〈太史公行年考〉有问题》以《太史公自序》司马贞《索隐》引《博物志》"太史令，茂陵显武里，大夫司马（迁），年二十八，三年六月乙卯，除六百石也"为基本根据，认为"三年六月乙卯"，是"汉武帝元封三年六月二日"，司马迁这一年既为28岁，则"当生在汉武帝建元六年"。两种观点各有欠缺，不能成为定论。

② 本节叙司马迁父子与《太史公书》，除另注外，均见《史记》卷130《太史公自序》，不再重复出注。

悖"，乃"论六家之要指"，看到"天下一致而百虑，同归而殊途"，希望以道家学说"有以治天下"。其时当在建元二年或稍后，至窦太后病逝（建元六年，前135）之前。

自建元初至元封元年（前110），司马谈"掌天官，不治民"差不多整整30年的时间，正是武帝实行"更化"、励精图治的30年。在这30年间，司马迁的生活和仕途可谓一帆风顺。

司马迁在"耕牧河山之阳"的同时，"年十岁则诵古文"，"亦从（孔）安国问故"，《史记》所引"《尧典》、《禹贡》、《洪范》、《微子》、《金縢》诸篇，多古文说"①可为佐证。

10年潜心读书过后，便是出游："二十而南游江、淮，上会稽，探禹穴，窥九疑，浮于沅、湘；北涉汶、泗，讲业齐、鲁之都，观孔子之遗风，乡射邹、峄；厄困鄱、薛、彭城，过梁、楚以归。"壮年出游对于开阔眼界、了解社会、体察民情、收集传闻等无疑都很重要，但不能一味强调壮游对于《史记》的写成有多么"深远的影响"，甚至认为就是在为写成某某篇"作准备"。此时的司马迁，很难说已有明确的著述之志。

游历归来，"于是迁仕为郎中"。郎中隶属郎中令，掌宫殿掖门户。郎"掌守门户，出充车骑"，官分四等，郎中为最低一等，秩比三百石。郎中之职使司马迁成为皇帝的近侍，因而得以经常扈从武帝巡行。

武帝经略西南，司马迁曾"奉使西征巴、蜀以南，南略邛、笮、昆明，还报命。"大都推测这是司马迁入仕以来的一次重要使命，然而在《西南夷列传》中却未提及一笔，司马迁本人未必把此次出使看得多么重要。

做了30年皇帝的汉武帝，实现了政治上的空前统一、经济上的

---

① 《汉书》卷88《儒林传》。

空前繁荣、文化上的空前发展，将西汉皇朝推向鼎盛。因此，兴冲冲地举行封禅大典，向上天报告自己30年来的文治武功。没有想到，元封元年（前110）的封禅大典竟成为西汉"物盛而衰"的一个带转折性的标志。自此以后，西汉皇朝失去了昔日的辉煌。

《史记·平准书》在"至今上即位数岁，汉兴七十余年之间，国家无事"一段话之后，紧接着还有另一段话：

> 当此之时，网疏而民富，役财骄溢，或至兼并豪党之徒，以武断于乡曲。宗室有土公卿大夫以下，争于奢侈，室庐舆服僭于上，无限度。物盛而衰，固其变也。

当时，徐乐上书一针见血地指出："何谓土崩？秦之末世是也。""何谓瓦解？吴、楚、齐、赵之兵是也。"土崩、瓦解，此二者是"安危之明要，贤主之所留意而深察也"，告诫武帝"天下诚有土崩之势"：

> 间者，关东五谷数不登，年岁未复，民多穷困，重之以边境之事，推数循理而观之，民宜有不安其处者矣。不安故易动，易动者，土崩之势也。[1]

司马迁接替司马谈为太史令之际，正是西汉"物盛而衰，固其变也"之时。由此，不难理解司马迁"见盛观衰"思想形成的社会原因了。

元封元年（前110）这一年，对于司马迁同样是一个转折。司马谈因未能参与封禅大典而"发愤且卒"。临终前对司马迁千叮咛、万

---

[1]　《汉书》卷64上《严朱吾丘主父徐严终王贾传》。

嘱咐："余死，汝必为太史；为太史，无忘吾所欲论著矣……扬名于后世，以显父母，此孝之大者。……自获麟以来四百有余岁，而诸侯相兼，史记放绝。今汉兴，海内一统，明主贤君忠臣死义之士，余为太史而弗论载，废天下之史文，余甚惧焉，汝其念哉！"司马迁俯首流泪表示："小子不敏，请悉论先人所次旧闻，弗敢阙。"此时，说司马迁有多少史学自觉精神，恐怕难免溢美之嫌。

在这以后，司马迁不再像先前那样一帆风顺了，而是逐渐感受着人生的艰难和辛酸。

元封三年（前108），司马迁继父任为太史令，"绅史记、石室金匮之书"，使"天下遗文古事靡不毕集太史公"。

太初元年（前104），与公孙卿、壶遂倡议修订历法，似乎实现了乃父临终嘱咐"汝复为太史，则续吾祖"而"典天官事"的遗愿，但《太史公自序》仅记有17字——"太初元年，十一月甲子朔旦冬至，天历始改"。一个多世纪以后的班固，详细记述了这次改历的经过："至武帝元封七年，汉兴百二岁矣，大中大夫公孙卿、壶遂、太史令司马迁等言'历纪坏废，宜改正朔。'……遂诏卿、遂、迁与侍郎尊、大典星射姓等议造汉历。"经过一番"立咎仪，下漏刻"，"定朔晦分至，躔离弦望"的观测与计算，"已得太初本星度新正"，但射姓等"奏不能为算，愿募治历者，更造密度，各自增减，以造汉太初历。"于是，"选治历邓平及长乐司马可、酒泉候宜君、侍郎尊及与民间治历者，凡二十余人，方士唐都、巴郡落下闳与焉。都分天部，而闳运算转历"，"其法以律起历"，"与邓平所治同"，"于是皆观新星度、日月行，更以算推，如闳、平法"，武帝"乃诏迁用邓平所造八十一分律历，罢废尤疏远者十七家，复使校律历昏明"，"遂用邓平历，以平为太史丞。"[①]司马迁是太初改历的倡议者之一，也是第一次

① 《汉书》卷21上《律历志上》。

改历方案的参与者，但遇到以射姓为代表的反对意见后，朝廷便另行组织包括民间治历者在内的 20 余人的改历班子，却没有司马迁。作为太史令，司马迁只是奉诏"用邓平所造八十一分律历，罢废尤疏远者十七家，复使校律历昏明。"同时，邓平被任命为太史丞，即太史令的副手。《史记·历书》中仅有简短的记述："至今上即位，招致方士唐都，分其天部；而巴落下闳运算转历，然后日辰之度与夏正同。乃改元，更官号"。《韩长孺列传》"太史公曰"有"余与壶遂定律历"，显然不是指邓平所定《太初历》。恪守"实录"精神，司马迁如实记录《太初历》所用为邓平历算；遵循"科学"精神，司马迁又不苟同以行政命令决定行用的《太初历》，便在《历书》最后附上《历术甲子篇》，表明自己的观点。[①]

此后，司马迁遵循"先人有言"而述先人之业，便是载"明圣盛德"、"功臣世家贤大夫之业"的著述之志：

> 汉兴以来，至明天子，获符瑞，封禅，改正朔，易服色，受命于穆清，泽流罔极，海外殊俗，重译款塞，请来献见者，不可胜道。……且余尝掌其官，废明圣盛德不载，灭功臣世家贤大夫之业不述，堕先人所言，罪莫大焉。

有所不同的是，没有完全遵循司马谈"论六家之要指"的基本思想，而是沿引"余闻董生曰"，强调《春秋》者，礼仪之大宗也"，

---

① 中外学者对于《历术甲子篇》的共识主要有两条：一，它是一部"四分历"。二，司马迁已经认识并运用"十九年七闰"修订历法。《太初历》采用邓平"八十一分律历"不是四分历，因而司马迁有所保留。《历术甲子篇》是否出自司马迁之手，历来争议颇大。但对其内容的两点一致认识以及关于造《太初历》的记述，只要剔除窜入的汉代年号以及最后一段文字，《历术甲子篇》不失为历法推算的范本，反映司马迁所处时代研究历法所能达到的最高水平。

"有国者不可以不知《春秋》"，"为人臣者不可以不知《春秋》"。同时表示："余所谓述故事，整齐其世传，非所谓作也。"坚守"述而不作"的信条，也即坚持"实录"的原则。

"七年而太史公遭李陵之祸，幽于缧绁。"这里的"七年"，是指自太初元年（前104）"论次其文"以来经过七年，至天汉三年（前98）因李陵之祸而下狱。天汉二年，李陵兵败投降匈奴是实。在分析李陵兵败原因时，朝廷"全躯保妻子之臣"一边倒，"随而媒孽其短"，夸大李陵的责任，司马迁则认为"李陵提步卒不满五千，深践戎马之地"，"与单于连战十余日，所杀过当"，进军顺利时"公卿王侯皆举觞上寿"，而匈奴以"一国共攻而围之"，李陵"转斗千里，矢尽道穷，救兵不至，士卒死伤如积"，致兵败而降，主上"食不甘味，听朝不怡；大臣忧惧，不知所出"，同时以对李陵的细微观察，肯定其"为人自奇士，事亲孝，与士信，临财廉，取予义，分别有让，恭俭下人，常思奋不顾身以徇国家之急。其素所蓄积也，仆以为有国士之风。"汉武帝不明司马迁"欲以广主上之意，塞睚眦之辞"的用心，认为是在"为李陵游说"而"沮贰师"，即嘲笑武帝宠妃李夫人兄长贰师将军李广利率兵三万无功而回。于是，定司马迁"诬上"的死罪。按照当时的律条，死罪可以用钱自赎。司马迁"家贫，财赂不足以自赎。交游莫救，左右亲近不为一言"，只能"独与法吏为伍，深幽囹圄之中"。李陵兵败在天汉二年，司马迁说的是"幽于缧绁"在天汉三年，两者并不矛盾。

"幽于缧绁"之后，司马迁真正认识到：太史算得了什么，其先人也并非"有剖符丹书之功"，"文史星历近乎卜祝之间，固主上所戏弄，倡优畜之，流俗之所轻也"。只是"伏法受诛，若九牛亡一毛，与蝼蚁何异？"于是，对于人生价值的认识得到升华：

人固有一死，死有重于泰山，或轻于鸿毛，用之所趋异也。

太上不辱先，其次不辱身，其次不辱理色，其次不辱辞令，其次诎体受辱……最下腐刑，极矣。

……

退论书策以舒其愤，思垂空文以自见。……草创未就，适会此祸，惜其不成，是以就极刑而无愠色。[1]

司马迁"既被刑之后，为中书令，尊崇任职"。然而，他将自己的全部才学、卓识和心血都倾注到饱含血泪的不朽之作——《太史公书》之中：

夫《诗》、《书》隐约者，欲遂其志之思也。昔西伯拘羑里，演《周易》；孔子厄陈蔡，作《春秋》；屈原放逐，著《离骚》；左丘失明，厥有《国语》；孙子膑脚，而论兵法；不韦迁蜀，世传《吕览》；韩非囚秦，《说难》、《孤愤》；《诗》三百篇，大抵贤圣发愤之所为作也。此人皆意有所郁结，不得不通其道也，故述往事，思来者。

书已著成，死而无悔。其书"凡百三十篇，五十二万六千五百字，为《太史公书》"。在《报任少卿书》中司马迁这样表示：

仆诚已著此书，藏之名山，传之其人通邑大都，则仆偿前辱之责，虽万被戮，岂有悔哉！然此可为智者道，难为俗人言也。

……

要死之日，然后是非乃定。

---

① 上引均见《报任少卿书》，《汉书》卷62《司马迁传》。

伟大的著作诞生了，著作者陨落了，陨落得那样无声无息，人们无从知道他什么时候、怎样逝去。多少文人墨客费尽心机详加考证，依然还是千古难明之谜！

第三节　传之不朽的"绝唱"

"迁既死后，其书稍出"。至宣帝（前73—前49）时，外孙平通侯杨恽"祖述其书，遂宣布焉"，得以传世。[①]至成帝初，东平思王宇上疏求诸子及《太史公书》，成帝问大将军王凤，王凤对曰："诸子书或反经术，非圣人，或明鬼神，信物怪；《太史公书》有战国从横权谲之谋，汉兴之初谋臣奇策，天官灾异，地形厄塞：皆不宜在诸侯王。不可予。"[②]这是对其书最早的评论，而且书名为《太史公书》。

当时不称《史记》，而称《太史公书》或《太史公记》、《太史公》等。至东汉末，荀悦《汉纪》始称"司马子长遭李陵之祸，发愤而作《史记》，始自黄帝以及秦汉，为《太史公记》"[③]，《史记》、《太史公书》并称。三国时，魏明帝明确称司马迁受刑"著《史记》非贬孝武"，王肃也以"汉武帝闻其（司马迁）述《史记》"对答。[④]据此，《史记》取代《太史公书》作为书名，大约在东汉、三国之际，并非魏晋之间。

自王凤评论过后，逐渐产生出影响久远的原则性的评论。刘向、扬雄称其"善叙事理，辨而不华，质而不俚，其文质，其事核，不虚

---

① 《汉书》卷62《司马迁传》。
② 《汉书》卷80《宣元六王传》。
③ 《汉纪》卷14。
④ 《三国志》卷13《魏书·钟繇华歆王朗附王肃传》。

美，不隐恶，故谓之实录。"① 同时，扬雄又指责"太史公记六国，历楚汉，讫麟止，不与圣人同，是非颇谬于经。"② 稍后，班彪、班固父子发挥扬雄的观点，认为司马迁"是非颇缪于圣人，论大道则先黄老而后六经，序游侠则退处士而进奸雄，述货殖则崇势力而羞贱贫，此其所蔽也。"③ 时至东汉末，王允更以其书为"谤书"④。上述这些认识，成为上千年来如何认识司马迁其人、《史记》其书的争论焦点。

自东汉卫宏首先提出《太史公书》有缺后，班彪、班固父子以《太史公书》"十篇缺，有录无书"⑤，这也成为历来研究者反复考察的问题之一。

裴骃《集解》引三国魏张晏曰："迁没之后，亡《景纪》、《武纪》、《礼书》、《乐书》、《律书》、《汉兴已来将相年表》、《日者列传》、《三王世家》、《龟策列传》、《傅靳蒯列传》。元成之间，褚先生补阙，作《武帝纪》、《三王世家》、《龟策》、《日者列传》，言辞鄙陋，非迁本意也。"《汉书·司马迁传》"十篇缺，有录无书"注引张晏曰，则无《律书》而有《兵书》，颜师古曰："序目本无《兵书》，张云亡失，此说非也。"司马贞《索隐》在引张晏曰之后加"案"说：

> 《景纪》取班《书》补之，《武纪》专取《封禅书》，《礼书》取荀卿《礼论》，《乐》取《礼·乐记》，《兵书》亡，不补，略述律而言兵，遂分历述以次之。《三王系家》空取其策文以缉此篇，何率略且重，非当也。《日者》不能记诸国之同异，而论司马季主。《龟策》直太卜所得占龟兆杂说，而无笔削之功，何芜

① 《汉书》卷 62《司马迁传》"赞曰"。
② 《汉书》卷 87 下《扬雄传下》。
③ 《汉书》卷 62《司马迁传》"赞曰"。
④ 《后汉书》卷 60 下《蔡邕列传》。
⑤ 《汉书》卷 62《司马迁传》。

鄙也。

　　吕祖谦以张晏所列亡篇之目校之《史记》，认为十篇之中惟《武纪》"篇亡"，其余"或其篇俱在，或草具而未成，非皆无书也"①。其说大抵沿袭至清乾嘉时期，论者大多深入考证褚先生所补及后人窜入者。

　　近代以来，崔适著有《史记探源》，在《序证·补缺》中明确提出："今之篇目篇文，不但非太史公之旧，亦非班固、张晏时之旧。……《武纪》等篇，亦非褚先生补。八书皆赝鼎……唯《景纪》、《傅靳列传》转不似缺，今姑舍是，证其为通篇皆伪者二十有九：《文纪》、《武纪》、年表第五至第十、八书、《三王世家》、张苍、南越、东越、朝鲜、西南夷、循吏、汲郑、酷吏、大宛、佞幸、日者、龟策等十二列传是也。唯年表第五至第九，当是褚先生补，余皆非才妄续。"梁启超《读史记》专有一题谈书中"后人续补窜乱之部份"，归纳了五种情况：第一，"全篇原缺后人续补者"，《孝景本纪》、《孝武本记》、《汉兴以来将相名臣年表》、《礼书》、《乐书》、《律书》、《日者列传》、《龟策列传》、《傅靳蒯成列传》。第二，"明著补续之文及补续痕迹易见者"，《三代世表》、《张丞相传》、《田叔列传》、《平津侯主父列传》、《滑稽列传》。第三，"全篇可疑者"，以"今本《史记》中多有与《汉书》略同，而玩其文义，乃似《史记》割裂《汉书》、非《汉书》删去《史记》者"，《孝武本纪》、《律书》、《历书》、《天官书》、《封禅书》、《河渠书》、《平准书》、《张丞相列传》、《南越尉佗列传》、《循吏列传》、《汲郑列传》、《酷吏列传》、《大宛列传》。第四，"元狩或太初以后之汉事，为后人续补，窜入各篇正文者"，亦"此类在年表、世家、列传中甚多，不复枚举"。第五，"各篇正文为刘歆故

---

① 《东莱吕太史别集》卷14《辨史记十篇有录无书》。

意窜乱者"，以"此类辨别甚难，举要点数端如下：一，凡言终始五德者。《五帝本纪》、《秦始皇本纪》、《十二诸侯年表》、《孟子荀卿列传》、《张苍传》等篇。二，凡言十二分野者。《十二诸侯年表》、齐、宋、郑《世家》、《张苍传》等篇。三，凡言《古文尚书》及所述《书序》，夏、殷、周《本纪》，齐、鲁、卫、宋《世家》等篇。四，凡记汉初古文传授者。《儒林列传》、《张苍传》等篇"。①

就通行本而言，"明著补续之文及补续痕迹易见者"，依次为《秦始皇本纪》、《汉兴以来将相名臣年表》、《三王世家》、《张丞相列传》、《田叔列传》、《平津侯主父列传》、《滑稽列传》、《日者列传》、《龟策列传》，而"张晏曰"并无《秦始皇本纪》、《张丞相列传》、《田叔列传》、《平津侯主父列传》、《滑稽列传》。②《汉兴以来将相名臣年表》前后无"太史公曰"，且以出现"倒书"见疑。③至于"《景纪》、《武纪》、《礼书》、《乐书》、《律书》"，则当据"张晏曰"视为后补。《傅靳蒯成列传》并无"明著补续之文及补续痕迹易见者"，似如崔适所言，"转不似缺，今姑舍是"。通行本的篇卷结构，大致经刘向整理经籍、班固撰《汉书》之后才逐渐确定下来，最晚不过三国。

自《太史公书》问世，因"太初以后，阙而不录"，引起不少"好事者"缀集时事，以继其书。见于书中的有褚少孙，见于《七略》的有冯商，见于《后汉书·班彪列传》注的有扬雄、刘歆、阳城衡、

---

① 梁启超：《要籍解题及其读法·读史记》，《饮冰室专集》之七十二，第26—29页。

② 《秦始皇本纪》"太史公曰"引贾谊《过秦论》后，重序秦先君在位年数及葬地，自襄公至二世，与《秦本纪》不尽同，后又有东汉孝明皇帝十七年论秦得失一段话，或谓"刘歆故意窜乱"。《张丞相列传》补"征和以来"丞相，有宣帝、元帝丞相，显然后人所补。《平津侯主父列传》后"太皇太后诏大司徒大司空"为平帝时诏，又有"班固称"云云，显系后人所补。《田叔列传》、《滑稽列传》有"褚先生曰"，褚先生所补。

③ "倒书"，字倒着写，句自下而上读。其大事记、相位、将位三栏均有"倒书"，御史大夫位一栏无"倒书"。大事记一栏，以大臣薨、卒、罢免倒书，但地节三年"五月甲申，贤老，赐金百斤"亦倒书。相位一栏，罢太尉官、置太尉官，置司徒官，三公卒、免，均倒书。将位一栏，倒书不多，孝武建元六年以"青翟为太子太傅"倒书。

褚少孙、史孝山等。《汉书·艺文志》著录"冯商所续《太史公》七篇",据韦昭注"冯商受诏续《太史公》十余篇,在班彪《别录》",冯商乃受诏而续。这些续作,班彪认为"多鄙俗,不足以踵继"《太史公书》,"乃继采前史遗事,旁贯异闻,作后传数十篇"。班固以其父"所续前史未详,乃潜精研思",又以"汉绍尧运,以建帝业","故探撰前记,缀集所闻,以为《汉书》"。班固《汉书》"纪、表、志、传凡百篇"①,成为继《太史公书》之后,西汉一代之史。《史记》及其续作《汉书》,体例一致,记事衔接,为中国二十四史系列奠定了最初的格局。

续补之外,注释其书者也陆续出现。其中,最有影响的是南朝宋裴骃《集解》、唐司马贞《索隐》、张守节《正义》,被统称为《史记》"三家注"。"三家注"最初各自单行,至北宋时方合编入《史记》。此后刻印《史记》,大都有"三家注"分散于正文之下。日本泷川资言《史记会注考证》,综合资料丰富,特别是流传在日本的资料。清人梁玉绳《史记志疑》是一部全面考察和校订之作。

现存《史记》不同版本约60余种②,以南宋黄善夫刻本最早,商务印书馆影印为"百衲本"。中华书局点校本以清后期金陵书局本为底本,为目前绝大多数读者所熟悉、使用。

一部何时诞生、著者何时离世均无声无息的史学著作,却引起那么多人续补、注释,被誉为"史家之绝唱,无韵之《离骚》"。且勿论他人不计其数的评述,只看司马迁的自我认识。上引司马迁发愤著书的一段论述,提出"孔子厄陈蔡作《春秋》",并将《春秋》推到"礼仪之大宗"的崇高地位,同时对作《史记》有一大段自述,两段论述将在下面一章详引、详说。这里,仅对司马迁评述《春秋》与自

---

① 　《后汉书》卷40上《班彪列传》。

② 　参见贺次君:《史记书录·自序》,商务印书馆1958年版,第3页。上海市历史文献图书馆编:《司马迁著作及其研究资料》(1955年)。

序《史记》作简要对照，以帮助理解"史家之绝唱"。

司马迁评述《春秋》	太史公自序《史记》
上至隐公，下讫哀公 据鲁、亲周、故殷	述历黄帝以来至太初而讫 略推三代，录秦、汉
存亡国，继绝世 补敝起废，修旧起废	述往事，思来者 原始察终，见盛观衰，承敝通变
上明三王之道，下辨人事之纪 别嫌疑，明是非，定犹豫	稽成败兴坏之理 究天人之际，通古今之变
善善恶恶，贤贤贱不肖，以绳当世 春秋之义行，则天下乱臣贼子惧焉	拾遗补艺，成一家之言 藏之名山，俟后世圣人君子
因史文，纪元年，正时日月	厥协六经异传，整齐百家杂语

　　视野、胸怀、意境、宗旨、学术性，存在如此异趣。一个要"存亡继绝"、"补敝起废"，一个要"述往思来"、"承敝通变"，划出其间的巨大差异！能够"原始察终，见盛观衰，承敝通变"的史学著作，能够不以眼前利益为追求而"藏之名山，俟后世圣人君子"的史学著作，能够"厥协六经异传，整齐百家杂语"的史学著作，唯《太史公书》成千古"绝唱"！

第二章 《史记》的编纂特点

《史记》130 篇（卷），本纪 12 篇，表 10 篇，书 8 篇，世家 30 篇，列传 70 篇，是一部结构严密、内容宏富的百科全书式的通史。记述时间，上下三千年，起传说中的黄帝，至在世的汉武帝。记述空间超越今日中国版图，西抵中亚，北过大漠，南尽日南。在这广阔的时空架构上，勾勒出华夏民族的完整社会画卷，政治、军事、文化、经济、民俗、民族、周边关系以及天文、地理、律历、技艺，无所不包。对于社会构成的各个阶层，上至帝王勋贵、将相官吏，下至士农工商、医卜游侠，都有详细记述。

全书完成之际，司马迁在回顾自己一生经历和遭遇的同时，归纳了著述《史记》的缘起、宗旨、目的以及全书内容、结构，这就是《太史公自序》序"第七十"的一整段文字：

维我汉继五帝末流，接三代统业。周道废，秦拨去古文，焚灭《诗》、《书》，故明堂石室金匮玉版图籍散乱。于是汉兴，萧何次律令，韩信申军法，张苍为章程，叔孙通定礼仪，则文学彬彬稍进，《诗》、《书》往往间出矣。自曹参荐盖公言黄老，而贾生、晁错明申、商，公孙弘以儒显，百年之间，天下遗文古事靡不毕集太史公。太史公仍父子相续纂其职。……网罗天下放失旧闻，王迹所兴，原始察终，见盛观衰，论考之行事，略推三代，录秦、汉，上记轩辕，下至于兹，著十二本纪，既科条之矣。并时异世，年差不明，作十表。礼乐损益，律历改易，兵权、山川、鬼神，天人之际，承敝通变，作八书。二十八宿环北辰，三十辐共一毂，运行无穷，辅拂股肱之臣配焉，忠信行道，以奉主上，作三十世家。扶义俶傥，不令己失时，立功名于天下，作七十列传。凡百三十篇，五十二万六千五百字，为《太史公书》。序略，以拾遗补艺，成一家之言，厥协六经异传，整齐百家杂语，藏之名山，副在京师，俟后世圣人君子。

这是解读司马迁著《史记》的纲，让我们循着这一思路展开对《史记》的探索。

第一节　"环北辰，共一毂"的架构

适应新的社会秩序，反映新的社会结构，《史记》综合了以往史书体裁，创立了新的综合体史书形式，即本纪、表、书、世家、列传五种体裁的统一体。五种体裁，司马迁以前分别出现过，但将其融为一种编纂架构则为《史记》所开创。

一、十二本纪

本纪，"王迹所兴，原始察终"。以能够号令天下的"王迹"为主，展示历代治乱兴衰之原委。

所谓"天子称本纪，诸侯曰世家"，并非司马迁的本意，而是后人强加的一种说法。司马贞《索隐》："纪者，记也。本其事而记之，故曰本纪。"张守节《正义》："本者，系其本系，故曰本；纪者，理也，统理众事，系之年月，名之曰纪。"这都是事后从编纂形式上对本纪做出的归纳。刘知幾"盖纪之为体，犹《春秋》之经，系日月以成岁时，书君上以显国统"，更是对本纪的程式化设想。考察《史记》编纂，只能从司马迁的编纂思想出发。

司马迁所说"王迹所兴"并不都指天子，不仅项羽不是天子，吕后亦非天子，但都具有"王迹"这一特点。项羽"将五诸侯灭秦，分裂天下，而封王侯，政由羽出，号为'霸王'，位虽不终，近古以来未尝有也"，俨然一代"王者之迹"。立《吕太后本纪》不立"惠帝本纪"，同样是因为孝惠"为太后子，终不能治天下"，"惠帝垂拱，高后女主称制，政不出房户，天下晏然"。

仔细考察十二本纪，编纂情况并不相同，基本原则是"略推三代，录秦、汉"。

《五帝本纪》中"五帝"的在位年限、经历时间以及子孙世系等都没有，只记其传闻而已。《夏本纪》《殷本纪》没有年代，仅有世系。《周本纪》写西周大体与《殷本纪》同，自周穆王始有年代。这四篇本纪，都缺年少月，亦非一"帝"一纪，并非如后人想象"系日月以成岁时"的本纪，反倒类似"开国承家，世代相续"的"世家"，这就是所谓的"略推三代"。

《秦本纪》最能体现"王迹所兴，原始察终"的八字原则。按照后人规定的"天子称本纪，诸侯曰世家"的标准，当时周尚未亡，秦作为诸侯只能称"世家"而不可以为"本纪"。但随之而来是秦始皇统一天下，建立秦皇朝，又必须立《秦始皇本纪》。考察秦之"王迹所兴"，没有《秦本纪》将如何"原其始"而"察其终"呢？《秦始皇本纪》接续《秦本纪》，以新面目出现，开始为皇帝立本纪，表明历史进入一个新的时期。此后，才形成一个（或几个）皇帝一篇本纪的修史传统。

司马迁立本纪，旨在"王迹所兴，原始察终"，没有专门写天子的意思，也不是要"系日月以成岁时，书君上以显国统"，不能用后人的"标准"曲解司马迁的本意。

按照形式与内容，十二本纪大致可以分为三种类型：其一，《五帝本纪》记传说时代，将当时所知最早的传说作为"古今之变"的开端；《夏本纪》、《殷本纪》、《周本纪》记三代，分作三篇。此四篇本纪，记事越古越简略，仅仅为了"以章明德"。但是，我们知道，"德"字的出现最早在周初，夏、商尚无"德"可言，岂有轩辕"修德振兵"，"桀不务德"，"汤修德"，太戊听伊陟"帝其修德"，"武丁修政行德"，后稷在陶唐、虞、夏之际"皆有令德"，古公亶父"积德行义"，西伯"修德行善"？"德"，自春秋以来，经战国、秦楚之际的动乱，特别为人们强调，"德治"社会成为普遍向往的一种理想社会。凡是出现了新事物、新名词，人们往往喜欢把它说成老祖宗时就有，于是《春秋》"推三代之德"，并演绎出《五帝德》等文字来。继《春秋》之后，《史记》这四篇本纪成为"推三代之德，褒周室"的集大成篇章。其二，《秦本纪》、《秦始皇本纪》、《项羽本纪》，记秦统一天下前后的"王迹"。为"原始察终，见盛观衰，论考之行事"，分别为三个阶段：统一天下的漫长岁月、统一后暴虐天下加速灭亡、楚亡汉兴再建统一。三篇本纪，表现出这样一条认识："欲以力征经营天下"，"得之难"而"失之易"。这就是《秦始皇本纪》"太史公曰"转引贾谊《过秦论》的原因所在。其三，《高祖本纪》、《吕太后本纪》、《孝文本纪》、《孝景本纪》、《孝武本纪》，汉初一个皇帝一篇，从"汉兴，承敝易变"，到"孝文四十有余载，德至盛也"，及至孝武"物盛而衰，固其变也"。五篇本纪，不仅对汉初70余年的"王迹所兴，原始察终"，更表现出"见盛观衰，论考之行事"的胆识。

二、十表

表，条贯"并时异世，年差不明"的大事，既可横向对照，又可纵观始末。

本纪和表都以时间先后为序，然而传说中的五帝、三代"弗论次其年月”，只能“疑则传疑”，作《三代世表》，记世系，无年代，与《五帝本纪》、《夏本纪》、《殷本纪》、《周本纪》相对应。《十二诸侯年表》首先寻出中国历史编年的最早年代——共和元年（前841），将“并时”的周天子纪年与鲁、齐、晋、秦、楚、宋、卫、陈、蔡、曹、郑、燕、吴十三诸侯纪年统编于一表，起周共和元年，迄周敬王崩（前477）。《六国年表》将“并时”的周天子纪年与秦、魏、韩、赵、楚、燕、齐七国纪年统编于一表，起周元王元年（前476），迄秦二世三年（前207）。秦楚之际八年间，“天下三嬗，事繁变众”，因而作《秦楚之际月表》。汉兴至武帝太初百余年间，诸侯废立分削、功臣封赏、将相名臣，按不同时段分别作《汉兴以来诸侯王年表》、《高祖功臣侯者年表》、《惠景间侯者年表》、《建元以来侯者年表》、《建元已来王子侯者年表》、《汉兴以来将相名臣年表》。

十表统贯“古今之变”，反映东周以来的社会巨变——由封侯建国走向郡县制，由地方分权走向专制集权的变化。吕祖谦的一则评论，可谓深明司马迁作十表之旨义：

> 《史记》十表，意义宏深，始学者多不能达。《三代世表》以世系为主，所以观百世之本支也。《十二诸侯年表》以下以地为主，故年经而国纬，所以观天下之大势也。《高祖功臣侯年表》以下以时为主，故国经而年纬，所以观一时之得失也。《汉兴以来将相名臣年表》以大事为主，所以观君臣之职分也。[1]

三、八书

书，通常都笼统地将其说成是记典章制度，这又是将后人的理解强加给《史记》的说法。司马迁自己的解释是：“礼乐损益，律历

---

[1] 《大事记解题》卷1。

改易，兵权、山川、鬼神，天人之际，承敝通变，作八书。"礼乐损益，律历改易等，在《汉书》以后的"正史"中侧重于制度方面的内容，而在司马迁并不是要写"制度"。至于"山川、鬼神"等，无论如何也不属于"制度"的范畴。八书以类相从，大都带有"专史"性质，但又并非全为"专史"。

《礼书》、《乐书》、《律书》系后人所补，姑不论。《历书》为历法简史，《天官书》为天文简史，《封禅书》为古来帝王祭拜天地简史，《河渠书》为水利简史，侧重"水之为利害也"。《平准书》只写当代，重在汉兴70余年仓廪财货的变化，下一章第四节详述。《天官书》、《封禅书》是司马迁"究天人之际"的重要篇章，这里稍作考察。

《天官书》作为中国古代天文史，分为三部分：第一部分，从"中宫天极星，其一明者，太一常居也"至"织女，天女孙也"，主要是关于恒星星名及其方位的考察。将全天恒星分为"五宫"：中宫天极星、东宫苍龙、南宫朱鸟、西宫咸池、北宫玄武。据相关研究统计，书中共计记录恒星552，其中92恒星被赋予了专门的星名。[①]第二部分，从"察日月之行，以揆岁星顺逆"，至"辰星之色：……冬不见，阴雨六十日，有流邑，夏则不长"，主要是关于行星运行位置变化的观测记录。以"五行"的五项基本元素为五大行星命名，是司马迁仔细观察五大行星颜色的结果。[②]第三部分，从"两军相当，日晕；晕等，力钧"至"岁星所在，五谷逢昌。其对为冲，岁乃有殃"，是对日食、月食与月掩星，彗星与新星，流星与陨星以及某些奇异天象的观察记录。这些记录中，夹杂有不少星占术的叙述和神话传说，下面一章将作剖析。

---

① 参见潘鼐：《中国恒星观测史》，上海学林出版社1989年版。

② 行星自身不发光，只反射太阳光，而反射光波长则与行星表面大气成分有关。因五星分别呈青色、红色、黄色、白色、灰色，故对应名以木星、火星、土星、金星、水星。其中，仅以灰色近黑，强与水相配，其余四星对应之色，则与"五行"说一致。

《封禅书》作为古代帝王祭祀天地山川史，有以下三点需要注意。其一，以超过 2/3 的篇幅记汉高祖至武帝相关史事，记汉武帝竟占全篇 55% 的篇幅，所以被取为《武帝本纪》。其二，与《秦始皇本纪》相呼应，详记秦用"五德终始说"："秦始皇既并天下而帝，或曰'黄帝得土德，黄龙地螾见。夏得木德，青龙止于郊，草木畅茂。殷得金德，银自山溢。周得火德，有赤乌之符。今秦变周，水德之时。昔秦文出猎，获黑龙，此其水德之瑞。'于是秦更命河曰'德水'，以冬十月为年首，色上黑，度以六为名，音上大吕，事统上法。"其三，最需注意的一点，详记汉兴百年间对于"德运"认识的变化。汉二年（前 205）入关后高祖问："秦时上帝祠何帝也？"对曰："四帝，有白、青、黄、赤帝之祠。"又问："吾闻天有五帝，而有四，何也？"莫知其说。高祖曰："吾知之矣，乃待我而具五也。"于是立黑帝祠，命曰北畤。至文帝十四年（前 166），公孙臣上书："始秦得水德，今汉受之，推终始传，则汉当土德，土德之应黄龙见。宜改正朔，易服色，色上黄。"丞相张苍好律历，以为汉乃水德之始，河决金堤，其符也。后"黄龙见成纪"，文帝乃召公孙臣，拜为博士，与诸生草改历服色事。新垣平以望气见文帝，言"长安东北有神气，成五采，若人冠绕焉"，"天瑞下，宜立祠上帝，以合符应"，于是作渭阳五帝庙。文帝亲拜霸渭之会，以郊见渭阳五帝。后元元年（前 163），有人上书告新垣平所言皆诈，下狱诛死，"自是之后，文帝怠于改正朔服色神明之事"。武帝初即位，"尤敬鬼神之祀"，"缙绅之属皆望天子封禅改正度"，但因尊儒术、招贤良，"草巡狩封禅改历服色事未就"。元光二年（前 133）以后，方士们不断拿黄帝和五帝说事，诱惑武帝行幸、祠五畤（五帝之畤）。元鼎元年（前 116）汾阴巫在民祠旁得鼎，公卿大夫皆议请尊宝鼎，有司皆曰："闻昔泰帝兴神鼎一，一者壹统，天地万物所系终也。黄帝作宝鼎三，象天、地、人。"公孙卿以"今年得宝鼎，其冬辛巳朔旦冬至，与黄帝时等"，又有札书曰："（黄）

帝得宝鼎神策，是岁己酉朔旦冬至，得天之纪，终而复始。"不断重复"汉兴复当黄帝之时"，"汉之圣者在高祖之孙且曾孙也。宝鼎出而与神通，封禅。封禅七十二王，唯黄帝得上泰山封"，"汉主亦当上封，上封则能仙登天矣"，武帝终于表示："嗟乎！吾诚得如黄帝，吾视去妻子如脱躧耳。"太初元年（前104）改历，"以正月为岁首，而色上黄"。① 由此，足以明写《五帝本纪》的原因。同时，亦可解释为什么用"三统说"写《高祖本纪》。高祖时奉水德，用秦历，与武帝时不同，司马迁既不能沿高祖说法、做法，也不可以将武帝时的改易提前到高祖时，只能另辟蹊径，选择董仲舒提出的"三统说"。

四、三十世家

世家，兼用编年和传记形式，记"辅拂股肱之臣"。

司马迁作世家并无所谓"诸侯有国称君，降天子一等"或"开国承家，世代接续"之类的意思。

三十世家，自吴太伯至田敬仲完十六世家，在春秋战国时或为"霸功显彰"者，或为"乃成祸乱"者，以编年的形式记其各自的兴衰，与本纪没有多少区别。

《吴太伯世家》至《郑世家》12篇，与《十二诸侯年表》相对应，但编排顺序不相同。《十二诸侯年表》以周、鲁、齐、晋、秦、楚、宋、卫、陈、蔡、曹、郑、燕、吴的顺序排列，反映春秋霸权及诸侯势力的实际。周为天下共主，居首；鲁列第二，象征《春秋》以当一王法；其后为春秋"霸功显彰"者；吴列最后，是先诸夏后夷狄观念的反映。《索隐》以"篇言十二，实叙十三者，贱夷狄不数吴，又霸在后故也。不数而叙之者，阖闾霸盟上国故也"。而《世家》吴、齐、鲁、燕、管蔡、陈杞、卫、宋、晋、楚、越王勾践、郑的顺序，是按

---

① 参见《史记》卷28《封禅书》、《汉书》卷25上《郊祀志上》。

其始祖与周的亲疏关系以及开国功劳大小编排的，显然在表达"忠信行道，以奉主上"，如"二十八宿环北辰，三十辐共一毂，运行无穷"的主题，又不排除包含诸侯共祖的意思在内。其中，周、秦与周、秦《本纪》对应。《鲁周公世家》自伯禽之子考公以下，始记各王在位年数：考公4年、炀公6年、幽公14年、魏公50年、厉公37年、献公32年，至真公十四年"共和行政"（前841）。自此上推，考公即位在前997年，虽然不是按年编纂，却是中国史书中可推算的最早纪年。

赵、魏、韩、田敬仲完四世家以及齐、燕、楚世家，与《六国年表》相对应，编排顺序不尽同。《年表》以周、秦、魏、韩、赵、楚、燕、齐为序，《世家》除已有顺序，赵、魏、韩、田敬仲完四家以获封先后为序。同样，周、秦与周、秦《本纪》对应。

孔子、陈涉、外戚三世家，虽非诸侯但各自都有"辅拂股肱之臣"的特点：仲尼"追修经术，以达王道，匡乱世反之于正"，"陈涉发迹，诸侯作难，风起云蒸，卒亡秦族。天下之端，自涉发难"；"自古受命帝王及继体守文之君，非独内德茂也，盖亦有外戚之助焉"。

作《孔子世家》，与汉武帝"罢黜百家，独尊儒术"有直接关系。前面已经谈到，司马迁虽遵循"先人有言"而述先人之业，却没有完全遵循司马谈"论六家之要指"，而是沿引"余闻董生曰"，强调"有国者不可以不知《春秋》"，"为人臣者不可以不知《春秋》"。以孔子入世家而以老庄与申韩、仲尼弟子并为列传，究竟是"先黄老而后六经"，还是含有"尊孔黜老"的意味？作《陈涉世家》更非什么"歌颂农民起义领袖"，其根源在汉初对秦楚之际"王迹所兴"的认识。高祖十二年（前195）十二月宣布："秦始皇帝、楚隐王陈涉、魏安釐王、齐缗王、赵悼襄王皆绝无后，予守冢各十家，秦皇帝二十家，魏公子无忌五家。"[1]而且，"高祖时为陈涉置守冢三十家砀，至今

---

[1]　《史记》卷8《高祖本纪》。

血食。"①这差不多如刘知幾所说，算得上"开国承家，世代接续"了。

《楚元王世家》至《三王世家》11 篇，记汉初开国功臣与汉室宗亲，自然属于"辅拂股肱之臣"了。

提醒注意的是：《太史公自序》中关于三十世家的自序，有 20 篇都用"嘉"字作结语。如"申、吕肖矣，尚父侧微，卒归西伯，文武是师；功冠群公，缪权于幽；番番黄发，爰飨营丘。不背柯盟，桓公以昌，九合诸侯，霸功显彰。田阚争宠，姜姓解亡。嘉父之谋，作《齐太公世家》"。换句话说，司马迁作《齐太公世家》，除了简略追述其兴衰之外，主要是表彰尚父姜太公的谋略。又如，作《晋世家》是为了"嘉文公锡珪鬯"，作《楚世家》是为了"嘉庄王之义"，作《越王勾践世家》是为了"嘉勾践夷蛮能修其德，灭强吴以尊周室"，作《赵世家》是为了"嘉（赵）鞅讨周乱"，作《田敬仲完世家》是为了"嘉威、宣能拨浊世而独宗周"。20 个"嘉"字所表达的都是"二十八宿环北辰，三十辐共一毂，运行无穷，辅拂股肱之臣配焉，忠信行道，以奉主上"这一主题。其他没有用"嘉"字的 10 篇中 7 篇为汉初开国功臣与汉室宗亲，如萧何、张良、陈平、周勃以及荆王贾、燕王泽和梁孝王武、"五宗"、"三王"等，更是紧扣主题的。

五、七十列传

列传，记各类社会人物和周边政权或部族。

《伯夷列传》司马贞《索隐》定义为："列传者，谓叙列人臣事迹，令可传于后世，故曰列传。"

司马迁自序其目的："扶义俶傥，不令己失时，立功名于天下，作七十列传。"从七十列传所记来看，不仅仅局限在"立功名于天下"者，还包括社会各个阶层、各种行业的典型人物。《刘敬叔孙通列传》

---

① 《史记》卷 48《陈涉世家》。

"太史公曰"引俗语"千金之裘，非一狐之腋也；台榭之榱，非一木之枝也；三代之际，非一士之智也"，更清楚地表达出"作七十列传"的思想。

七十列传中，记述人物者有专传、合传、类传等不同形式。

专传，一人一传，时间、事迹本末清楚，为司马穰苴、伍子胥、商君、苏秦、张仪、穰侯、孟尝君、魏公子、春申君、乐毅、田单、吕不韦、李斯、蒙恬、黥布、淮阴侯、田儋、张丞相（苍）、田叔、吴王濞、韩长孺、李将军（广）、司马相如等 23 篇。

合传，以事迹相类合而为一传者，往往打破时空界线，为伯夷（叔齐）、管晏、老子韩非、孙子吴起、樗里子甘茂、白起王翦、孟子荀卿、平原君虞卿、范雎蔡泽、廉颇蔺相如、鲁仲连邹阳、屈原贾生、张耳陈馀、魏豹彭越、韩（王）信卢绾、樊郦滕灌、郦生陆贾、傅靳蒯成、刘敬叔孙通、季布栾布、袁盎晁错、张释之冯唐、万石张叔、扁鹊仓公、魏其武安、卫将军骠骑、平津侯主父、淮南衡山、汲郑等 29 篇。

类传，以事类相同或相近合为一传者，或举人名，或举类名，有仲尼弟子、刺客、循吏、儒林、酷吏、游侠、佞幸、滑稽、日者、龟策、货殖等 11 篇。

三种形式的传记，不少都有附传，一为与传主事迹相关的其他人物，但非可有可无者，二为子孙附父祖或父祖附子孙者。

七十列传中，记周边政权或部族者，为匈奴、南越、东越、朝鲜、西南夷、大宛等 6 篇。与人物传不同，写法类似本纪或世家。

七十列传的排列，历来也有不同认识。如果与十表相对照，则其编排大体是以时代为序的：三代 1 篇——《伯夷列传》，春秋时期 6 篇——《管晏列传》至《仲尼弟子列传》，战国时期 21 篇——《商君列传》至《蒙恬列传》，秦楚至汉高之际 12 篇——《张耳陈馀列传》至《季布栾布列传》，文景时期 6 篇——《袁盎晁错列传》至《吴王濞列传》，武帝时期 8 篇——《魏其武安列传》至《汲郑列传》。汉武帝时疆域扩大到前所未有的边远地区，因而记周边政权或部族的 6 篇列传穿插其中，最后为类传。这一编排，较比后来纪传史将"四夷列传"集中在类传之末更加反映司马迁多民族观念的可贵。

"二十八宿环北辰，三十辐共一毂"，在看到其反映"辅拂股肱之臣"拱卫北辰的同时，还应注意其东、西、南、北四方共有一个轴心的认识。在许多篇卷中，司马迁将种种传说写进来，力图表明多民族共有一个祖先，这在下一节谈"厥协六经异传"时详述。

"述历黄帝以来至太初而讫"，通过本纪、表、书、世家、列传五种形式将数千年间民族融合、演变的历程熔冶于一书，展现了中华民族形成的历史画卷。

五种体裁综合应用，相辅相成，构成一个完整的体系。这一编纂形式，最恰当也最巧妙地反映了"大一统"集权统治的等级结构以及中原与周边的关系——皇帝为北辰、是轴心，"辅拂股肱之臣"如众星环绕北辰、东西南北四边共有一个中心，"以奉主上"、"运行无穷"。同时，最大限度地囊括了大一统政权下的社会各层面——包括"不害于政，不妨百姓，取与以时而息财富"的"布衣匹夫之人"。以纪、传为基本框架的"正史"逐渐取得"独尊"的地位，一部接一部地不断续修，其奥妙正在于此。

《史记》创立以纪、传为基本形式的史书体，正是其在历史编纂上的"成一家之言"。

第二节　"网罗天下放失旧闻，考之行事"的原则

"网罗天下放失旧闻，考之行事"，既体现司马迁广集史料，考辨异同的实录原则，又表明《史记》具有总结古代学术的特点。

"网罗天下放失旧闻，考之行事"，即搜集与整理"天下遗文古事"。

搜集，分两个方面：一，紬史记、石室金匮之书；二，亲历其地采访传闻。

整理，即"厥协六经异传、整齐百家杂语"，以"成一家之言"。

一、紬史记、石室金匮之书

经春秋战国至秦，"拨去古文，焚灭《诗》、《书》"，造成"明堂石室金匮玉版图籍散乱"。据《汉书·艺文志》，"汉兴，改秦之败，大收篇籍，广开献书之路"，至武帝时"建藏书之策，置写书之官，下及诸子传说，皆充秘府"，在"六略三十八种，五百九十六家，万三千二百六十九卷"中，除司马迁之后所出外，都应当在"靡不毕集太史公"之列。

郑樵举班固父子论《史记》，以司马迁仅"据《左氏》、《国语》，采《世本》、《战国策》，述《楚汉春秋》，接其后事，讫于天汉"，缺乏博采。[①]如果整段通读《汉书·司马迁传》"赞曰"，一开头就是"自古书契之作而有史官，其载籍博矣"，又云"孔子因鲁史记而作《春秋》"。所指非常明确，均为"史官"、"史记"之作，当时贯通下来的史书也就是那么几种。其他材料，"赞曰"紧接着清楚地写着："至于采经撷传，分散数家之事，甚多疏略，或有抵梧（牾）。亦其涉猎者广博，贯穿经传，驰骋古今，上下数千年间，斯以勤矣。"班固父子没有忽略司马迁的取材范围，而是后来的读者没有注意其"赞曰"全文。不过，班固父子所说，有两点应注意：其一，"汉兴，伐秦定天下，有《楚汉春秋》"，司马迁"言秦汉，详矣"，足证《楚汉春秋》

---

① 郑樵《通志总序》："亘三千年之史籍，而局蹐于七八种书，所可为迁恨者，博不足也。"

为《史记》写楚汉相争至汉初的基本史源。① 其二，"采《世本》、《战国策》"，用的是刘向整理经籍之后的书名，司马迁之时只有"世"而无《世本》，只有"长短说"而无《战国策》。

实际上，书中不少篇卷都交代其取材之源，从"太史公曰"基本可以求出《史记》"紬史记、石室金匮之书"的实际。五帝、殷、孝武本纪"太史公曰"分别有言"予观《春秋》、《国语》"，"自成汤以来，采于《诗》、《书》"，"究观方士祠官之言"。《三代世表》、《十二诸侯年表》"太史公曰"有"余读谍记"，"太史公读《春秋历谱谍》"，"以《五帝系谍》、《尚书》集'世'纪黄帝以来讫共和为世表"，《六国年表》"太史公曰"说得更明确："于是因《秦记》，踵《春秋》之后，表六国时事……著诸所闻兴坏之端。"《卫康叔世家》"太史公曰"有"余读世家言"，说见第一编第六章第三节。列传取材，各不相同。《管晏列传》"太史公曰"："吾读管氏《牧民》、《山高》、《乘马》、《轻重》、《九府》，及《晏子春秋》，详哉其言之也。既见其书，欲观其行事，故次其传。"《孟子荀卿列传》"太史公曰"："余读《孟子》书"，"自如孟子至于吁子，世多有其书，故不论其传云"。《屈原贾生列传》"太史公曰"："余读《离骚》、《天问》、《招魂》、《哀郢》，悲其志。"《郦生陆贾列传》"太史公曰"："余读陆生《新语》书十二篇。"《司马相如列传》"太史公曰"："余采其语可论者著于篇。"

"紬史记、金匮石室之书"的另一方面内容，即今天所谓的档案。除前引《太史公自序》所说"汉兴，萧何次律令，韩信申军法，张苍为章程，叔孙通定礼仪"外，可从"太史公曰"知其采摭情况：

---

① 《汉书》卷22《礼乐志》至文帝时贾谊"草具其（礼）仪，天子说（悦）焉。而大臣绛、灌之属害之，故其议遂寝。"颜师古注曰："旧说以为绛谓绛侯周勃也，灌谓灌婴也。而《楚汉春秋》高祖之臣别有绛灌，疑昧之文，不可明也。此既言大臣，则当周勃、灌婴也。"据此，则《楚汉春秋》不仅记楚汉相争事，亦记汉初事。

《高祖功臣侯者年表》"余读高祖侯功臣，察其首封"，所谓"高祖侯功臣"即记录高祖封侯的功勋簿；《惠景间侯者年表》"太史公读列封至便侯"，"长沙王者，著甲令，称其忠焉"，所谓"列封"、"甲令"等是惠帝、景帝有关封王、封侯的档案。《建元已来王子侯者年表》前的"制诏御史：'诸侯王或欲推私恩分子弟邑者，令各条上，朕且临定其号名'"，说明此表是根据各诸侯王"条上"天子的上奏汇集而成。《儒林列传》"太史公曰：余读功令"，所谓"功令"是"广厉学官"的规章。不仅有文字档案，还有"图"一类的档案。司马迁原以为张良"其人计魁梧奇伟，至见其图，状貌如妇人好女"[1]，便是用"图"的一明证。

　　这里，特别说一下秦的档案。刘邦入咸阳，萧何"独先入收秦丞相御史律令图书藏之"，固然是为弄清"天下厄塞，户口多少，强弱之处，民之疾苦"[2]，但也成为司马迁写史的材料来源。《汉书·艺文志》春秋家著录《奏事》二十篇，为"秦时大臣奏事，及刻石名山文"。《秦始皇本纪》中，始皇刻石纪功有邹峄山刻石、泰山刻石、琅邪刻石、之罘刻石、刻碣石门、会稽刻石，二世到碣石，至会稽，"尽刻始皇所立刻石，石旁著大臣从者名，以彰先帝成功盛德"。据此，秦大臣的奏事集《奏事》20卷，不管是否在萧何所收图书中，无疑会在司马迁"紬史记、金匮石室之书"之列。

二、亲历其地采访传闻

　　亲历其地采访传闻，《史记》中述司马迁踪迹所至的篇卷有：《五帝本纪》、《封禅书》、《河渠书》、《齐太公世家》、《魏世家》、《孔子世家》、《伯夷列传》、《孟尝君列传》、《魏公子列传》、《春申君列

---

① 《史记》卷55《留侯世家》"太史公曰"。

② 《史记》卷53《萧相国世家》。

传》、《屈原贾生列传》、《蒙恬列传》、《淮阴侯列传》、《樊郦滕灌列传》、《龟策列传》、《太史公自序》等。《五帝本纪》"太史公曰"云详下引。《河渠书》"太史公曰"云："余南登庐山，观禹疏九江，遂至于会稽太湟，上姑苏，望五湖；东窥洛汭、大邳，迎河，行淮、泗、济、漯、洛渠；西瞻蜀之岷山及离碓；北自龙门至于朔方。"《魏世家》"太史公曰"云："吾适故大梁之墟，墟中人语曰：'秦之破梁，引河沟而灌大梁，三月城坏，王请降，遂灭魏。'"《淮阴侯列传》"太史公曰"云："吾如淮阴，淮阴人为余言，韩信虽为布衣时，其志与众异。其母死，贫无以葬，然乃行营高敞地，令其旁可置万家。余视其母冢，良然。"

　　另一方面，司马迁将交往者所谈载入书中。《项羽本纪》"太史公曰"中"吾闻之周生曰"，《赵世家》"太史公曰"中"吾闻冯王孙曰"，《刺客列传》"太史公曰"中"始公孙季功、董生与夏无且游，具知其事（按：指荆轲事），为余道之如是。"《樊郦滕灌列传》"太史公曰"说得更具体："吾适丰沛，问其遗老，观故萧、曹、樊哙、滕公之家，及其素，异哉所闻！……余与他广通，为言高祖功臣之兴时若此云。"他广，乃樊哙之孙。《卫将军骠骑列传》"太史公曰"："苏建语余曰"。苏建，卫青裨将，从卫青出朔方、定襄，有战功，封平陵侯、游击将军、右将军。

　　经过详尽搜集，的确可以说"天下遗文古事靡不毕集太史公"。今有学者据《史记》各篇谈到的材料统计，总数约102种。[①]但在"网罗天下放失旧闻"中，往往出现"六经异传"及"百家杂语"的情况。为了能够"成一家之言"，司马迁采取了"厥协六经异传，整齐百家杂语"的做法。

---

① 参见卢南乔：《论司马迁及其历史编纂学》附录《史记材料来源之一》，《文史哲》1955年第 11 期。

三、"厥协六经异传"

"厥协六经异传"，即调和已被奉为经典的著述及相关的传、注。

《诗》，当时有鲁诗、齐诗、韩诗、毛诗几种"异传"，司马迁基本上采用鲁诗，《儒林列传》提到韩诗但没有用。《尚书》，有"今文"与"古文"之别。当时，今文皆立博士，司马迁曾"从（孔）安国问故"，既采用今文《尚书》，又采用古文《尚书》，班固以"迁书载《尧典》、《禹贡》、《洪范》、《微子》、《金縢》诸篇，多古文说"[①]。《春秋》与《左传》、《国语》，以《左传》为主，兼采《国语》，亦有采《公羊传》之处。所采《主言》、《夏小正》、《五帝德》、《帝系姓》等，见于《大戴礼》。《诗》、《尚书》为春秋以前取材的主要根据，《春秋》、《左传》、《国语》兼用《公羊传》、《礼记》为春秋时期取材的根据。

"厥协六经异传"最典型的一例便是"调和"关于"五帝"的说法，《五帝本纪》末的"太史公曰"说得非常明白：

> 学者多称五帝，尚矣。然《尚书》独载尧以来，而百家言黄帝，其文不雅驯，荐绅先生难言之。孔子所传《宰予问五帝德》及《帝系姓》，儒者或不传。余尝西至空桐，北过涿鹿，东渐于海，南浮江淮矣，至长老皆各往往称黄帝、尧、舜之处，风教固殊焉，总之不离古文者近是。予观《春秋》、《国语》，其发明《五帝德》、《帝系姓》章矣，顾弟弗深考，其所表见皆不虚。《书》缺有间矣，其轶乃时时见于他说。非好学深思，心知其意，固难为浅见寡闻道也。余并论次，择其言尤雅者，故著为本纪书首。

---

① 《汉书》卷 88《儒林传》。

　　这段话至少包含如下意思：1. 关于"五帝"的说法很多，流传很久，有道家所言黄帝，方士所言黄帝，但都不典雅，特别是方士所言黄帝。2. 最早的文献《尚书》只有尧，没有黄帝。3. 孔子所传《宰予问五帝德》、《帝系姓》儒者们不传。4. 四处采访的感受是，称颂黄帝、尧、舜之处多是风教"固殊"的地方。5. "不离古文者"，比较近于史实。6. 以《春秋》、《国语》验证，"发明"《五帝德》、《帝系姓》发挥得最为显著。7. "择其言尤雅者，著为本纪书首"。所要告诉读者的一个无可辩驳的事实是：并不是要弄清传说时代的历史真实，只不过是对当时的种种说法进行"厥协"、做出调和而已！

　　如此"弗深考"，仅凭"择其言尤雅者"即"著（五帝）为本纪书首"，或许从另外两个角度可以得到解释。其一，在"大一统"体制下，如何面对先前的"夷夏之辨"，是时代提出来需要回答的新问题。第一编第五章第三节指出，春秋后期已经出现"五帝"的说法，特别是关于尧、舜、夏、商、周共祖的说法被载入《礼记·祭法》之后，成为儒家的一大重要思想成就。司马迁写史，从那里开始？既然有关于黄帝的说法，"于是卒述陶唐以来，至于麟止，自黄帝始。""自黄帝始"最大的好处就在于可以将种种传说写进来，将"夷夏之辨"转化为多民族共有一个祖先，请看：

> 自黄帝至舜、禹，皆同姓而异其国号……①
> 余读《春秋》古文，乃知中国之虞与荆蛮勾吴兄弟也。②
> 楚之先祖出自帝颛顼高阳。高阳者，黄帝之孙，昌意之子也。③

---

① 《史记》卷1《五帝本纪》。
② 《史记》卷31《吴太伯世家》"太史公曰"。
③ 《史记》卷40《楚世家》。

　　越王勾践，其先禹之苗裔，而夏后帝少康之庶子也。①

　　匈奴，其先祖夏后氏之苗裔也……②

　　闽越王无诸及越东海王摇者，其先皆越王勾践之后也，姓
骆氏。③

　　这正是在新形势下"厥协异传"，解决"夷夏之辨"的绝妙方
法。再一点，就是对汉初百年间关于水德、土德之争，最终依"太初
改制"，"更以为土德"，"服色数度，遂顺黄德"。《五帝本纪》写黄
帝，"有土德之瑞，故号黄帝"九个字，清楚地透露出以黄帝为始祖
的另一大原因。

　　对待春秋以前传说时代的"异传"，司马迁大致确定下三条标
准：其一，"总之不离古文者近是"。《殷本纪》所录《汤诰》用古文
而不用今文，提到的作《帝诰》、《汤征》，伊尹作《咸有一德》、《尹
训》、《太甲训》三篇，均属古文。其二，"择其言尤雅者"。《五帝本
纪》以"百家言五帝，其文不雅驯，荐绅先生难言之"，即"择其言
尤雅者"。其三，"疑则传疑，盖其慎也"。尽管"五帝、三代之记尚
矣"，"殷以前诸侯不可得而谱"，作《三代世表》"虽多阙，不可录，
故疑则传疑"，以表"其慎也"。对于"尧让天下于许由，许由不受，
耻之逃隐"的传说，虽"登箕山"亲眼见到"其上盖有许由冢"，仍
以其所闻"义至高，其文辞不少概见"④，不为许由立传，同样是一种
"疑则传疑"的做法。

　　对待春秋战国时期的"异传"，"疑则传疑"的突出例证之一便

────────

① 《史记》卷41《越王勾践世家》。按：《太史公自序》"嘉勾践夷蛮能修其德，灭强吴以
　尊周室，作《越王勾践世家》第十一"，依然带有"夷夏之辨"的意识。

② 《史记》卷110《匈奴列传》。

③ 《史记》卷114《东越列传》。

④ 《史记》卷61《伯夷列传》。尧让许由及夏有卞随、务光等，并不受而逃，事见《庄
　子·让王篇》。

是对于"赵氏孤儿"传闻的不同记载。

《史记·晋世家》与《左传》基本相同，无公孙杵臼、程婴，而《赵世家》、《韩世家》有晋司寇屠岸贾作乱诛赵朔，公孙杵臼、程婴"藏赵孤赵武"的说法。《左传》以"晋赵婴通于赵庄姬"，庄姬乃赵朔之妻，赵朔为赵盾之子，则赵婴与赵庄姬是夫叔与侄媳通奸。《赵世家》以"赵朔妻成公姊"，与《左传》不同。《赵世家》记屠岸贾作乱诛赵朔，公孙杵臼、程婴藏"赵氏孤儿"事最详，前后近千字。韩厥劝立赵武在景公病时，即景公十九年，晚《左传》成公八年（景公十七年）二年，但《十二诸侯年表》、《晋世家》、《韩世家》均以"复赵武田邑"、"续赵氏嗣"系晋景公十七年，《韩世家》"太史公曰"还特别表彰"程婴、公孙杵臼之义"。

"厥协异传"、"疑则传疑"，反映司马迁的谨慎，绝不等于写进《史记》的传说就一定真实！处理传说的态度，与传说是否真实是两回事，不能完全等同视之！

四、"整齐百家杂语"

司马谈论六家要指，仅阴阳、儒、墨、法、名、道六家，是对汉武帝以前学术流别的总体认识，反映汉初思想文化领域的实际，最推崇道家：

> 道家使人精神专一，动合无形，赡足万物。其为术也，因阴阳之大顺，采儒、墨之善，撮名、法之要，与时迁移，应物变化，立俗施事，无所不宜，指约而易操，事少而功多。

这明显地兼有杂家的成分。但当司马迁眼见"自曹参荐盖公言黄老，而贾生、晁错明申、商，公孙弘以儒显"的变化，即汉武帝"罢黜百家，独尊儒术"以后，便不能再坚持乃父的观点不变，而是依据变化了的实际，对于古代学术进行了带有"厥协"、"整齐"性质的总结。

司马迁"整齐百家杂语"，突破了"六家"的范围。对照《汉书·艺文志》可见，对于"六艺略"之外的"诸子略"、"诗赋略"、"兵书略"、"术数略"、"方技略"，司马迁均有论列。

首先，对司马谈所论六家做出较大调整，改最推崇道家为最推崇儒家，有《孔子世家》、《仲尼弟子列传》、《儒林列传》三篇叙述儒家传承。特别看重孔子，将《春秋》放在极为突出的位置。《十二诸侯年表》序《春秋》学的演变，一是从《左氏春秋》到《吕氏春秋》，一是孟子、荀卿、韩非等"捃摭《春秋》之文以著书"，一是张苍、董仲舒等"推《春秋》义"引申五行之说，《太史公自序》更是极力推崇《春秋》：

> 夫《春秋》，上明三王之道，下辨人事之纪，别嫌疑，明是非，定犹豫，善善恶恶，贤贤贱不肖，存亡国，继绝世，补敝起废，王道之大者也。……《春秋》辩是非，故长于治人。……拨乱世反之正，莫近于《春秋》。……为人君父而不通于《春秋》之义者，必蒙首恶之名。为人臣子而不通于《春秋》之义者，必陷篡弑之诛，死罪之名。……故《春秋》者，礼仪之大宗也。

《仲尼弟子列传》"太史公曰"道出一些"整齐百家杂语"的原则：用《论语》进行整齐，有疑问宁缺毋滥，即所谓对孔子七十子之徒，"誉者或过其实，毁者或损其真，钧之未睹厥容貌，则论言弟子籍，出孔氏古文近是。余以弟子名姓文字悉取《论语》弟子问并次为篇，疑者阙焉。"对于孟子、荀子立合传，重视程度显然远不如仲尼弟子，与其他多家一起杂叙。

儒家之外，以道、法合传，即《老子韩非列传》，叙道家，老、庄而已："老子所贵者，虚无，因应变化于无为，故著书辞微妙难识。庄子散道德，放论，要亦归之自然。"叙法家，仅以韩非、申子（不害）"皆著书，传于后世"，"独悲韩子为《说难》而不能自脱耳"。不过，为法家学说的两个实践者商鞅、李斯分别单独立传，极力表彰商鞅"强霸（秦）孝公，后世遵其法"，"（李）斯之功且与周、召列矣"。

对于阴阳、墨、名三家没有单独立传，仅附《孟子荀卿列传》。

《孟子荀卿列传》叙孟子、荀子不足全篇三分之一篇幅，以孟子"绝惠王利端，列往事兴衰"，荀子"嫉浊世之政"，"推儒、墨、道德之行事兴坏，序列著数万言而卒"。以三分之一篇幅叙邹衍，"要其"阴阳学之旨归，"言虽不轨，倘亦有牛鼎之意乎"。其余三分之一多的篇幅叙齐之稷下先生淳于髡、慎到、环渊、接子、田骈、邹奭之徒，以慎到、接子、环渊皆学"黄老道德之术，因发明序其指意"。此外，提到赵有"公孙龙为坚白同异之辩，剧子之言；魏有李悝尽地利之教，楚有尸子、长卢，阿之吁子焉。"最后，仅一句言及墨家："盖墨翟，宋之大夫，善守御，为节用。"

其次，"六家"之外，《苏秦列传》、《张仪列传》传"纵横家"，《司马穰苴列传》、《孙子吴起列传》传"兵家"，《吕不韦列传》传"杂家"，《屈原贾生列传》、《司马相如列传》传"诗赋家"，"八书"中律、历、天官、封禅四书以及《日者列传》、《龟策列传》涉"术数略"天文、历谱、五行、蓍龟、杂占等家，《扁鹊仓公列传》传"方技略"之"医家"。

至于其他杂语的"整齐"，基本不外如下两个方面。一是对某些史事不同说法的具体"整齐"，一是以"太史公曰"作评述。

关于"禹名传天下于益，其实令启自取之"的"百家杂语"，《战国策·燕策一》而外，《韩非子·外储说右下》有春秋时的几种不同说法，司马迁在《夏本纪》中整齐为："帝禹东巡狩，至于会稽而崩，以天下授益。三年之丧毕，益让帝禹之子启，而辟居箕山之阳。

禹子启贤，天下属意焉。及禹崩，虽授益，益之佐禹日浅，天下未洽。故诸侯皆去益而朝启，曰'吾君帝禹之子也。'于是启遂即天子之位，是为夏后帝启。"《左传》中有两则关于"少康中兴"的传说，一则出自魏绛，一则出自伍员，司马迁均未采纳，《夏本纪》中没有"少康中兴"的内容。①这些都带有"厥协异传"的意味，同时又是在整齐"百家杂语"。

以"太史公曰"评论"百家杂语"，随处可见。《魏世家》"说者皆曰魏以不用信陵君故，国削弱至于亡，余以为不然。天方令秦平海内，其业未成，魏虽得阿衡之佐，曷益乎？"《刺客列传》"世言荆轲，其称太子丹之命，'天雨粟，马生角'也，太过。又言荆轲伤秦王，皆非也。"《郦生陆贾列传》"世之传郦生书，多曰汉王已拔三秦，东击项籍而引军于巩洛之间，郦生被儒衣往说汉王。乃非也。自沛公未入关，与项羽别而至高阳，得郦生兄弟。"

综合上述四个方面的史料来源，从传说中的黄帝写到汉武帝，成为一部通史，本身就是对此前学术的一次系统总结，也是空前的创举。"厥协六经异传、整齐百家杂语"的原则，自然使《史记》成为新的"一家之言"。

第三节　"以无数个人传记集合成一史"的成就

历史是形形色色人物社会活动的总汇，没有人物的社会活动就没有历史。没有有血有肉的人物的史书，不能成为完整记述社会历史的史书。

《史记》之前的史书，或记言，或记事，都以君国大事为主，缺

---

① 上述两项"百家杂语"，详见第一编第三章第二节，此处不再重复引述。

少完整的人物。《左传》虽然传写人物生动，但以记事为主，又受编年体局限，一人之事被分割在数年乃至数十年。随着先秦天道观的进展，人的价值日渐受到重视，史书由记言、记事为主进而出现以记人为主。不只记单个的人，而是记社会演进中的人，反映对人的重视程度的深化。

记单个人的传记在司马迁之前已有出现，而集形形色色人物于一史则自《史记》始。"以无数个人传记之集合体成一史"①，既是司马迁"重人事"思想在历史编纂中的体现，更是司马迁"通古今"思想在历史编纂中的应用，而且是将二者有机结合应用于历史编纂的创举。与此同时，历史文学推进为传记文学，开创出以传记文学进行历史编纂的新天地。

司马迁以传记进行历史编纂，对于社会构成的各个阶层——帝王勋贵、将相官吏，士农工商、医卜游侠等都有详细记述，在关于十二本纪、三十世家、七十列传的"自序"中已说得十分明确，此处不再赘述，这里侧重其具有特色的几点略作说明。

一、在矛盾冲突中显现人物，以历史焦点为背景传写人物

通过代表性人物说明历史，但并非刻意创作或塑造，而是在矛盾冲突中显现人物，以历史焦点为背景传写人物。《项羽本纪》、《陈

---

① 梁启超《要籍解题及其读法·读史记》："历史由环境构成耶？由人物构成耶？此为史界累世聚讼之问题。以吾侪所见，虽两方势力俱不可蔑，而人类心力发展之功能，固当畸重。中国史家，最注意于此，而实自太史公发之。其书百三十篇，除十表八书外，余皆个人传记，在外国史及过去古籍中无此体裁。以无数个人传记之集合体成一史，结果成为人的史而非社会的史，是其短处。然对于能发动社会事变之主要人物，各留一较详确之面影以传于后，此其所长也。长短得失且勿论，要之太史公一创作也。"（《饮冰室专集》之七十二，第 19 页）通常"以无数个人传记之集合体成一史，结果成为人的史而非社会的史，是其短处"，而司马迁"以无数个人传记之集合体成一史"恰恰是要写"社会的史"，因此谓之"一创作也"，这从下面的论述即可清楚。

涉世家》、《萧相国世家》、《孙子吴起列传》、《商君列传》、《李斯列传》、《淮阴侯列传》等都属于这样的篇章。《项羽本纪》记述秦汉之际项羽的人生历程，集中在三大事件——巨鹿之战、鸿门宴与垓下之战。巨鹿之战，项羽是一个叱咤风云、勇冠诸侯的"霸王"；鸿门宴，表现其率直轻信、优柔寡断的个性；垓下之战，不惜笔墨写其悲歌别姬、率骑突围、披坚执锐、拒渡乌江，直至自刎身亡。不仅淋漓尽致地表现出项羽的历史作用、个性特征及其身败的原因，而且是在写秦汉之际项、刘联合反秦、楚汉相争直至刘邦最终获胜的历史剧变。《廉颇蔺相如列传》着重传写三件事——完璧归赵、渑池之会与负荆请罪，将廉、蔺二人的矛盾置于秦、赵两国矛盾的历史背景下展开。《淮阴侯列传》通过韩信的一生，写出当时局势的转化——由汉初拜将定策，到楚汉对峙、汉兴楚灭以及由楚汉对抗到汉初统治集团内部的权力争斗。《刘敬叔孙通列传》传刘敬一生功业，都关中、和匈奴、徙强族三件事，都是汉初关系稳定局势、安定边境、巩固集权的重大问题，写人物与写历史紧紧结合在一起。

二、把握人物心理，揭示人物性格特征

把握人物心理，揭示人物性格特征，使其行为有合理的心理依据，是司马迁传写人物颇具特色之处。《淮阴侯列传》捕捉心理细腻、真实，写韩信初至南郑，"诸将行道亡者数十人，信度（萧）何等已数言上，上不我用，即亡。"封齐王之后，武涉、蒯通等劝其反汉，"参（三）分天下"，韩信表示"汉王授我上将军印，予我数万众"，"言听计从，故吾得以至此。夫人深亲信我，我倍（背）之不祥，虽死不易。"如果说拒绝武涉，明显带有"以策干项羽，羽不用"而汉王"言听计从"的对比心理，当蒯通"披腹心，输肝胆"地以"足下戴震主之威，挟不赏之功，归楚楚人不信，归汉汉人震恐"问"足下欲持是安归乎"时，韩信只说"先生且休矣，吾将念之。"后数日，

蒯通再劝以"功者难成而易败，时者难得而易失也。时乎时，不再来"，韩信没有表示，司马迁这样写："韩信犹豫不忍倍（背）汉，又自以为功多，汉终不夺我齐，遂谢蒯通。"通过武涉、蒯通三次劝说，韩信三次的微妙变化，将其"犹豫不忍背汉"的心态淋漓尽致地表现出来。刘邦破项羽后二年，高祖巡狩云梦，"信欲发兵反，自度无罪，欲谒上，恐见禽（擒）"，即以钟离眛人头献上，高祖令"武士缚信"，"信曰：果若人言，'狡兔死，良狗亨（烹）；高鸟尽，良弓藏；敌国破，谋士亡。'天下已定，我固当亨（烹）！'"高祖还是赦其罪，降为淮阴侯。从此，"信知汉王畏恶其能，常称病不朝从"，"言诸将能不，各有差"，但又"羞与绛、灌等列"，"由此日夜怨望，居常鞅鞅"。然而，此时韩信竟还与汉高祖有如下的对话：

> 上问曰："如我能将几何？"信曰："陛下不过能将十万。"上曰；"于君何如？"曰："臣多多而益善耳。"上笑曰："多多益善，何为为我禽？"信曰："陛下不能将兵，而善将将，此乃信之所以为陛下禽也。"

这必然注定其被杀的命运！最终韩信被诱遭擒，斩首长乐钟室，行刑前感叹"吾悔不用蒯通之计"。其内心犹豫反复，正是其行为举止的真实依据。写刘邦、张良等，同样活灵活现。楚围刘邦于荥阳，韩信平齐，遣使者对刘邦说："齐诈伪多变，反复之国也，南边楚，不为假王以镇之，其势不定。愿为假王便。"刘邦"大怒，骂曰：'吾困于此，且暮望来佐我，乃欲自立为王！'"司马迁写张良、陈平"蹑汉王足，因附耳语曰：'汉方不利，宁能禁信之王乎？不如因而立，善遇之，使自为守。不然，变生。'汉王亦悟，因复骂曰：'大丈夫定诸侯，即为真王耳，何以假为！'乃遣张良往立信为齐王。"张良、陈平"蹑汉王足，因附耳语曰"，"汉王亦悟，因复骂曰"，生动地显见出人物的心理、性格。

三、寓论断于序事

寓论断于序事，是《史记》编纂的又一突出特点。《刘敬叔孙通列传》传写叔孙通，未作一言论断，都是用当时人的言语揭出叔孙通的嘴脸的。一开头写其在秦二世面前见风使舵、阿谀得赏，司马迁用"诸生"的话表述："先生何言之谀也？"高祖定朝仪时，又借鲁诸生的话："公所事者且十主，皆面谀以得亲贵。今天下初定，死者未葬，伤者未起，又欲起礼乐。礼乐所由起，积德百年而后可兴也。吾不忍为公所为。公所为不合古，吾不行。公往矣，无污我！"叔孙通笑曰："若真鄙儒也，不知时变。"司马迁虽无一字论断，但对叔孙通及汉高祖定朝仪的态度已经表达无遗了。顾炎武举出"《平准书》末载卜式语，《王翦传》末载客语，《荆轲传》末载鲁勾践语，《晁错传》末载邓公与景帝语，《武安侯田蚡传》末载武帝语，皆史家于序事中寓论断法也"。[①] 其实，不止篇末，篇中的实例更多。《越王勾践世家》所载范蠡遗文种书，《曹相国世家》所载百姓歌词，《孙子吴起列传》所载李克对魏文侯语，《商君列传》所载赵良语，《樗里子甘茂列传》所载秦人谚语，《季布栾布列传》所载楚人谚曰，《魏其武安侯列传》附灌夫传所载颍川儿歌，《李将军列传》所载文帝语，都是寓论断于序事的形式，这里不多赘引。

四、善于捕捉细节，传写人物生动

这一特点，使《史记》取得极高的艺术表现成就。《张丞相列传》补"征和以来"丞相，虽系后人所补，但传写高祖与旧部周昌关于废立太子的一段文字，却非后人所能写得出。一次宴时，周昌闯

---

① 《日知录》卷26《史记于序事中寓论断》。

入奏事，"高帝方拥戚姬，昌还走，高帝遂得，骑周昌项，问曰：'我何如主也？'昌仰曰：'陛下即桀纣之主也。'于是上笑之，然尤惮周昌。"及高祖欲废太子而立戚姬子如意，"周昌廷争之强，上问其说，昌为人吃（口吃），又盛怒，曰：'臣口不能言，然臣期期知其不可。陛下虽欲废太子，臣期期不奉诏。'上欣然而笑。"如同素描一般，几笔即勾出一个憨直、倔强而又结巴的周昌与一个流氓习气十足的汉高皇帝，显现出西汉初年布衣君臣之间尚无礼仪的历史实际。《李将军列传》传写"飞将军"李广，通过三次战役表现李广的智勇双全，如同观看一幕幕惊险镜头。一次李广负伤被俘，却随机应变、虎口脱险：

> 广以卫尉为将军，出雁门击匈奴。匈奴兵多，破败广军，生得广。……广时伤病，置广两马间，络而盛卧广。行十余里，广佯死，睨其旁有一胡儿骑善马，广暂腾而上胡儿马，因推堕儿，取其弓，鞭马南驰数十里，复得其余军，因引而入塞。匈奴捕者骑数百追之，广行取胡儿弓，射杀追骑，以故得脱。

元狩二年，李广以郎中令将四千骑出右北平。行数百里，匈奴左贤王将四万骑围李广：

> 广军士皆恐，广乃使其子敢往驰之。敢独与数十骑驰，直贯胡骑，出其左右而还，告广曰："胡虏易与耳。"军士乃安。广为圜陈外向，胡急击之，矢下如雨。汉兵死者过半，汉矢且尽。广乃令士持满毋发，而广身自以大黄射其裨将，杀数人，胡虏益解。会日暮，吏士皆无人色，而广意气自如，益治军。军中自是服其勇也。

五、以人物对话与作者用语反映人物性格和客观实际

这是《史记》在语言运用方面的特色和成就。《留侯世家》写刘邦与郦食其谋划如何"桡楚权"，郦食其主张"复立六国后世"，张良入见谏阻，与刘邦有一段对话，前后总共八个"其不可也"，充分表现出"王者师"张良的雄辩之才和个性。刘邦最终"辍食吐哺"，骂郦食其曰："竖儒，几败而公事！"一面反映刘邦对张良从谏如流，一面又生动地表现出刘邦的某种流氓习气。《平原君虞卿列传》写平原君与毛遂的对话，成为"毛遂自荐"的典故：

> 门下有毛遂者，前，自赞于平原君……平原君曰："先生处胜之门下几年于此矣？"毛遂曰："三年于此矣。"平原君曰："夫贤士之处世也，譬若锥之处囊中，其末立见。今先生处胜之门下三年于此矣，左右未有所称诵，胜未有所闻，是先生无所有也。先生不能，先生留。"毛遂曰："臣乃今日请处囊中耳。使遂蚤得处囊中，乃脱颖而出，非特其末见而已。"平原君竟与毛遂偕。

毛遂发挥平原君"锥之处囊中，其末立见"的话，请求"今日请处囊中"，随平原君合纵于楚，果然不负使命，"脱颖而出"。毛遂自荐，由此成为佳话，流传至今。他如《刺客列传》传写荆轲刺秦王，"轲既取图奏之，秦王发图，图穷而匕首见。"

至于采用方言、谚语、歌谣等，更是举不胜举。前叙"寓序事于论断"已有不少例证，他如《白起王翦列传》引"尺有所短，寸有所长"，《春申君列传》引"当断不断，反受其乱"等俗语。《范雎蔡泽列传》蔡泽引"日中则移，月满则亏"的谚语，劝范雎急流勇退。《淮南衡山列传》引民歌"一尺布，尚可缝；一斗粟，尚可春。兄弟

二人不能相容"，揭露皇室骨肉相残，以讽文帝。《佞幸列传》一开头的谚语"力田不如逢年，善仕不如遇合"，讽刺意味更是入木三分。

六、极具特色的女性人物

"二十四史"自《后汉书》为"列女"立传，"大一统"政权所修各史均有《列女传》，但所记女性与《史记》却大相径庭。

《史记》没有为女性专门立传，写女性人物也很少，但都极具特色：赞扬"士为知己者死"，挑战"重男轻女"观念，称颂抛弃富贵的爱情。

《刺客列传》中赞扬的"烈女"聂荣（嫈），与后世的"列女"不可同日而语。刺客聂政感严仲子"知己"，在其母去世后为严仲子刺杀了仇敌韩相侠累。为不牵连姐姐，聂政"自皮面决眼"，毁容后自杀，韩王不知何人所为，暴尸悬赏千金，"久之莫知"。聂政姐聂荣得知消息后，猜到"其是吾弟"，并感叹"严仲子知吾弟"，立即前去认亲，"伏尸哭极哀"，当众说："是轵深井里所谓聂政也。"围观的众人都说"王悬购其名姓千金"，"何敢来识之也？"聂荣回答说："政所以蒙污辱自弃于市贩之间者，为老母幸无恙，妾未嫁也。亲既以天年下世，妾已嫁夫，严仲子乃察举吾弟困污之中而交之，泽厚矣，可奈何！士固为知己者死，今乃以妾尚在之故，重自刑以绝从（纵），妾其奈何畏殁身之诛，终灭贤弟之名！"弟弟为了不牵连姐姐毁容自杀，姐姐为了不埋没弟弟英名冒死认尸，最终"大呼天者三，卒于邑悲哀而死政之旁。"

"缇萦救父"的故事，东汉以后被炒作为"孝女"的典型，司马迁却是指向"重男轻女"观念的。汉文帝四年，名医淳于意被人诬告，"以刑罪当西之长安"，五个女儿哭个不停，淳于意骂道："生子不生男，缓急无可使者！"接下来《史记》这样写："于是少女缇萦伤父之言，乃随父西"，上书表示"愿入身为宫婢，以赎父刑罪，使得改行自新"，恰逢朝廷减刑，淳于意才被赦免。① 老爸"重男轻女"
伤小女儿，小女儿才随父西行、上书，虽不排除尽"孝"的一面，但
司马迁写作的本意不在于此，这是应该区分清楚的。

　　写女"私奔"，更是后来"正史"所无者。临邛富豪卓王孙邀
司马相如至家中饮宴，临邛令令其奏琴。"卓王孙有女文君新寡，好
音"，相如"以琴心挑之"，"文君窃从户窥之，心悦而好之，恐不得
当也。既罢，相如乃使人重赐文君使者通殷勤。文君夜亡奔相如，相
如乃与驰归成都。家居徒四壁立。卓王孙大怒曰：'女至不材，我忍
不杀，不分一钱也。'"于是，"相如与俱之临邛，尽卖其车马，买一
酒舍酤酒，而令文君当垆。相如身自著犊鼻裈，与保庸杂作，涤器于
市中。"相如以琴心挑动新寡，重赏其侍者以通"殷勤"，最终文君不
顾家财，私奔相如，一个为卖酒妇，一个为跑堂的酒保，不离不弃。

　　总之，"以无数个人传记集合成一史"，是《史记》融"重人事"
思想与"通古今"思想于历史编纂的杰出之处。这不仅是历史编纂的
成就，也不完全是传记文学所能够范围的，而是历史编纂与传记文学
的完美的结合。

---

① 　《史记》卷 105《扁鹊仓公列传》。《正义》引班固诗"小女痛父言"，"百男何愦愦，不
　　如一缇萦"，也是指向"重男轻女"观念的。

第三章 《史记》的思想构成

网罗天下放失旧闻，考之行事，稽其成败兴坏之理，凡百三十篇，亦欲以究天人之际，通古今之变，成一家之言。

通常都以《报任少卿书》中的这几句话来概括司马迁的思想。从历史认识的角度讲，"究天人之际，通古今之变" 10 个字的确反映司马迁思想的精髓。如果讲《史记》的思想构成，至少应该在"稽其成败兴坏之理，究天人之际，通古今之变"三句之外，再加一句"崇货殖之富"。

第一节 稽成败之理

司马迁《报任少卿书》是将"稽其成败兴坏之理"放在首要地位的，然后才是"亦欲"以"究天人之际，通古今之变"。

司马迁最推崇《春秋》，前面已引述，并将《史记》与《春秋》做出简要对照。《史记》与《春秋》的最大区别在于：《春秋》面对的"成败兴坏"时间上只有两个半世纪，而且是一个开始剧变、难料终结的时代，尚不可能提出新的认识，只有用行之数百年的宗法伦理道德作为"别嫌疑，明是非，定犹豫"的标准进行"褒贬"，希望通过"善善恶恶，贤贤贱不肖"来规范君、臣行为，"存亡国，继绝世，补敝起废"，"以达王事而已矣"。而《史记》面对的是汉初以前"成败兴坏"的全过程，是在政治大一统、思想齐百家的时代，必然提出新的认识，从"古今之变"中"稽其成败兴坏之理"。一个以宗法伦理道德作为评判历史的标准，一个从客观历史过程自身变化中探寻"成败兴坏"之"理"，这就是两者带根本性的差异！《史记》自觉探寻历史演变之"理"，是为史学成熟的重大标志。

司马迁稽"成败兴坏"之"理"，有摆脱不掉的《春秋》之义，但更多从是秦楚以来的史事中"稽其理"的。

修德、行德决定"成败兴坏"，虽然是贯穿在《史记》中的一个"理"，但不是司马迁所"稽"之"理"，前面一章曾经谈到。不过，用这个"理"来认识秦亡、楚亡、汉兴，却又具有极强的现实意义。

人心向背决定"成败兴坏"，司马迁非常看重这个"理"。

三代之兴，因积德累善，赢得百姓拥戴，同前面所说"德"一样，具有"以今喻古"的意味。对于秦之亡，在《张耳陈馀列传》中直接引用武臣说豪杰之言："秦为乱政虐刑以残贼天下数十年矣。……夫天下同心而苦秦久矣。"写楚亡汉兴，更注重民心向背。《高祖本纪》写入定关中，借怀王诸老将语比较项羽与沛公："项羽尝攻襄城，襄城无遗类，皆坑之，诸所过无不残灭。……今项羽僄（剽）悍，今不可遣。独沛公素宽大长者，可遣。"叙事当中往往比较汉王与项羽的不同：沛公先诸侯至霸上，召诸县父老豪杰曰："凡吾所以来，为父老除害，非有所侵暴，无恐！""乃使人与秦吏行县乡邑，告谕之。秦人大喜，争持牛羊酒食献飨军士。"相反，项羽遂西，"屠烧咸阳秦宫室，所过无不残破。秦人大失望，然恐，不敢不服耳。"《淮阴侯列传》更借韩信语比较汉王与项王："项王所过无不残灭者，天下多怨，百姓不亲附，特劫于威强耳。名虽为霸，实失天下心。故曰其强易弱。""大王之入武关，秋毫无所害，除秦苛法，与秦民约，法三章耳，秦民无不欲得大王王秦者。"

用人得失决定"成败兴坏"，是司马迁所"稽"又一"理"。

《楚元王世家》"太史公曰"：

> 国之将兴，必有祯祥，君子用而小人退。国之将亡，贤人隐，乱臣贵。……贤人乎，贤人乎！非质有其内，恶能用之哉？甚矣，"安危在出令，存亡在所任"，诚哉是言也！

春秋战国如此，楚汉相争尤其如此。在《匈奴列传》篇后，司马迁感叹道：

> 尧虽贤，兴事业不成，得禹而九州宁。且欲兴圣统，唯在择任将相哉！唯在择任将相哉！

"唯在择任将相"，贯穿《史记》全书。三十世家，多为功臣将相，前面一章已叙。七十列传，如《管晏列传》写"管仲既用，任政于齐，齐桓公以霸，九合诸侯，一匡天下，管仲之谋也。"《太史公自序》序列传之作，足以见"唯在择任将相"的思想："鞅去卫适秦，能明其术，强霸孝公，后世遵其法，作《商君列传》"，"南拔鄢郢，北摧长平，遂围邯郸，武安为率；破荆灭赵，王翦之计，作《白起王翦列传》"，"能明其画，因时推秦，遂得意于四海，斯为首谋，作《李斯列传》"，"楚人迫我京索，而信拔魏赵，定燕齐，使汉三分天下有其二，以灭项籍，作《淮阴侯列传》"，当天下大定之后，汉高祖五年五月有一段总结楚亡汉兴的经验之谈，司马迁如实记录在《高祖本纪》，成为用人得失决定"成败兴坏"之"理"的经典名论：

> 夫运筹策帷帐之中，决胜于千里之外，吾不如子房。镇国家，抚百姓，给馈饷，不绝粮道，吾不如萧何。连百万之军，战必胜，攻必取，吾不如韩信。此三者，皆人杰也，吾能用之，此

吾所以取天下也。项羽有一范增而不能用，此其所以为我擒也。

司马迁所"稽成败兴坏之理"，最主要是秦汉之际的"成败兴坏"之"理"——"逆取顺守，文武并用"。《秦始皇本纪》"太史公曰"直接转录贾谊《过秦论》，表示完全赞同贾谊的总结：

> 秦王怀贪鄙之心，行自奋之智，不信功臣，不亲士民，废王道，立私权，禁文书而酷刑法，先诈力而后仁义，以暴虐为天下始。夫并兼者高诈力，安定者贵顺权，此言取与守不同术也。秦离战国而王天下，其道不易，其政不改，是其所以取之、守之者（无）异也。孤独而有之，故其亡可立而待。

秦的最高统治者不懂得"取与守不同术"，没有用"王道"、"仁义"取代"私权"、"诈力"，仍然以取天下的办法治天下，"取之、守之者（无）异"，所以其败亡非常迅速。考察楚亡汉兴，《项羽本纪》篇末批评项羽"欲以力征经营天下，五年卒亡其国，身死东城，尚不觉寤而不自责"，而《高祖本纪》篇末则强调"故汉兴，承敝易变，使人不倦，得天统矣"，并在《郦生陆贾列传》记录了陆贾与高祖的一段对话：

> 陆生时时前说称《诗》、《书》。高帝骂之曰："乃公居马上而得之，安事《诗》、《书》！"陆生曰："居马上得之，宁可以马上治之乎？且汤武逆取而以顺守之，文武并用，长久之术也。……秦任刑法不变，卒灭赵氏。向使秦已并天下，行仁义，法先圣，陛下安得而有之？"

高帝因而命陆贾"著秦所以失天下，吾所以得之者何，及古成败之国"，陆贾"粗述存亡之征"著12篇，高帝"未尝不称善"，号其书为《新语》。司马迁"读陆生《新语》书",对陆贾的"逆取而以顺守之,文武并用,长久之术"与贾谊的"取与守不同术",均给予高度重视,成为《史记》所"稽"成败兴坏之"理"的重要内容。

"物盛而衰,固其变也",既是司马迁所"稽"成败兴坏之"理",又是《史记》"通古今之变"的又一精粹所在,第三节详述。

第二节　究天人之际

"究天人之际,通古今之变",是与"稽其成败兴坏之理"紧密相连的两个重要方面。第一章提到当时的诏书律令在天人关系上强调"明天人之分",但具体而言,则有三种不同形式的说法:一是"天人感应论",二是"五德终始说"与"三统说",三是"方士神仙说"。几种说法的共同特点都是将神化了的"天"与世间的人相对立,世间的人必须"明天人之分"而听天由命。

司马迁对三种历史认识都有程度不同的怀疑,特别是在考察过往社会中发现的疑问最多、最大,这就是人们通常所引《伯夷列传》的一段话:

> 或曰"天道无亲,常与善人。"若伯夷、叔齐,可谓善人者非邪?积仁絜行如此而饿死!且七十子之徒,仲尼独荐颜渊为好学。然回也屡空,糟糠不厌,而卒蚤夭。天之报施善人,其何如哉!……若至近世,操行不轨,专犯忌讳,而终身逸乐,富厚累世不绝。或择地而蹈之,时然后出言,行不由径,非公正不发愤,而遇祸灾者,不可胜数也。余甚惑焉,傥所谓天道,是邪非邪?

常言道"好人得好报"，可现实中"善人"要么饿死，要么夭折，而"操行不轨"之人却"终身逸乐，富厚累世不绝"，司马迁甚感困惑不解，质问"所谓天道，是邪非邪"？提出"究天人之际"，表示要对"天人"关系作一番认真地探究。

一、无法跳出"天人感应说"的框架，又与"重人事"思想 紧密相连

作为天文学家的司马迁，对于自然之"天"的观察可以说达到当时所能够达到的最高水准，在世界天文学史上有着不可忽视的重要地位，这在前面一章谈《天官书》时已经指出。但因此就认为司马迁提出"究天人之际"是与以董仲舒为代表的"天人感应说"、"阴阳五行说"等相对立，《天官书》中所记各种有关星象学的说法"不见得代表他自己的观点"，却难以令人信服。

作为替王者沟通与上天关系的高级官员——"太史"们，在具有丰富的天文知识的同时，必然将其所了解的"天象"与当时的人世联系起来，这就在体制上注定"天人"关系成为古代中国长时间关注的一个问题。整个天文学被笼罩在神秘色彩之下，人间的物质世界和社会结构被人为地搬到天上，构筑起天堂上的理想王国，并被看成与大自然运行相对应。司马迁是在这种社会背景与学术背景下完成《天官书》的，说他认识到某些"星气之书，多杂禨祥，不经"毫不夸大，但要说他与古代中国星占术的基本理论——"天人感应说"、"阴阳五行说"以及"分野说"等相对立，是忘记了司马迁所处时代背景。①请

---

① 这里的"学术背景"主要指天文学学术背景。《天官书》所记恒星、行星、特殊天象等内容，是司马迁继承自殷商以来至战国星占术形成的完整记录。殷商至战国，星占术渗透到王者的政治、军事、生产等各项活动中，因而得以长足发展。司马迁掌天官，有继承、因袭，也有发展、疑惑，但绝不可能超越时代。古代中国，星占术与"天文"几乎是同义语。这里，凡泛指则用"天文"二字，凡专指则用星占术。

看《天官书》"太史公曰"第一段文字：

> 自初生民以来，世主曷尝不历日月星辰？及至五家、三代，绍而明之，内冠带，外夷狄，分中国为十有二州，仰则观象于天，俯则法类于地。天则有日月，地则有阴阳。天有五星，地有五行。天则有列宿，地则有州域。三光者，阴阳之精，气本在地，而圣人统理之。

另一段为：

> 夫天运，三十岁一小变，百年中变，五百载大变；三大变一纪，三纪而大备：此其大数也。为国者必贵三五。上下各千岁，然后天人之际续备。

这里，将天地之间的事物对应起来，"仰则观象于天，俯则法类于地"：天上有日月，地下就有阴阳；天上有五星，地下就有五行；天上有列宿，地下就有州域。而对"天运"需要长时间考察，才能得到关于"天人关系"的完整认识。对于西周末幽、厉以往所见天变，虽"其文图籍禨祥不法"，"太史公推古天变，未有可考于今者"，但对于春秋时"日蚀三十六，彗星三见，宋襄公时星陨如雨。天子微，诸侯力政，五伯代兴，更为主命"，并没有否认。在举出秦始皇至汉高祖灭项羽"三十（六）年之间"的天象与吉凶、汉初的天象与治乱的"感应"之后，紧接着做出这样的总结：

> 此其荦荦大者，若至委曲小变，不可胜道。由是观之，未有不先形见而应随之者也。
> ……

日变修德，月变省刑，星变结和。凡天变，过度乃占。国君强大，有德者昌；弱小，饰诈者亡。太上修德，其次修政，其次修救，其次修禳，正下无之。夫常星之变希见，而三光之占亟用。日月晕适，云风，此天之客气，其发见亦有大运。然其与政事俯仰，最近天人之符。

这些带结论性的论述不能说不代表司马迁本人的观点，"先形见而应随之"，"其与政事俯仰，最近天人之符"，无论怎样解释都脱不了与"天人感应说"的干系！《太史公自序》序其作《天官书》，既说了"星气之书，多杂機祥，不经"的话，也说了"推其文，考其应，不殊"的话，所以才打算弄清究竟，"比集论其行事，验于轨度"。不能只强调前面一句"星气之书，多杂機祥，不经"，而遗弃后面一句"推其文，考其应，不殊"。从《天官书》的内容可以看得很清楚：司马迁无法超越时代，跳出"天人感应说"的框架。不过，他的"究天人之际"是双向的，"人"并非完全处于被动地位，而是能动的，与其"重人事"的思想紧密相连。

二、杂用"五德说"与"三统说"

对于"五德终始说"与"三统说"，司马迁基本是肯定的。《孟子荀卿列传》指出"五德终始说"创始人邹衍"深观阴阳消息而作怪迂之变"，"其语闳大不经"，"先序今以上至黄帝，学者所共术，大并世盛衰，因载其機祥度制，推而远之，至天地未生，窈冥不可考而原也"，"及海外人之所不能睹，称引天地剖判以来，五德转移，治各有宜，而符应若兹"，认为"邹衍其言虽不轨，傥亦有牛鼎之意乎？"一面揭出"阴阳五行说"的实质，一面肯定邹衍的本意是好的。《封禅书》进一步指出，邹衍之徒"论著终始五德之运，及秦帝而齐人奏之，故始皇采用之"，"邹衍以阴阳主运显于诸侯，而燕、齐海上之方士传其术不能通，然则怪迂阿谀苟合之徒自此兴，不可胜数也。"这是说方士们没有弄懂邹衍的学说，却"阿谀苟合"，泛滥成灾。对于邹衍"序"宇宙起源"上至黄帝"，《史记》有两处作有明确表示。一是《五帝本纪》"太史公曰"："百家言黄帝，其文不雅驯，荐绅先生难言之。"在这"言黄帝""不雅驯"的"百家"中，无疑是包括邹衍的。二是《三代世表》序指出："余读谍记，黄帝以来皆有年数"，但"稽其历谱谍终始五德之传，古文咸不同，乖异。"凡是按照"终始五德之传"者，与古文所记相互矛盾，所以"夫子之弗论次其年月"。这是用孔子不讲黄帝以来年月和五德终始，表明"五德终始说"与黄帝以来年号均不足取信。

然而，《五帝本纪》写黄帝"有土德之瑞，故号黄帝"，仅此九字即已表明司马迁是接受"五德说"的。《秦始皇本纪》写"始皇推终始五德之传，以为周得火德，秦代周德，从所不胜。方今水德之始，改年始，朝贺皆自十月朔。衣服旄旌节旗皆上黑。数以六为纪，符、法冠皆六寸，而舆六尺，六尺为步，乘六马。更名河曰德水，以为水德之始。刚毅深戾，事皆决于法，刻削毋仁恩和义，然后合五德之数"，固然是纪实，不能说不表示其对"五德说"的认可。最有意思的是《高祖本纪》，自卷首至"秦二世元年秋"之前，与《汉书·高祖纪》文字相同。司马迁又清楚汉初百年间的"水德"、"土德"之争，但"太史公曰"却这样写："夏之政忠，忠之敝，小人以野，故殷人承之以敬。敬之敝，小人以鬼，故周人承之以文。文之敝，小人以僿，故救僿莫若以忠。三王之道若循环，终而复始。周秦之间，可谓文敝矣。秦政不改，反酷刑法，岂不缪乎？故汉兴，承敝易变，使人不倦，得天统矣。朝以十月。车服黄屋左纛。"以夏、商、周三代之道"若循环，终而复始"，表明当时普遍有着与董仲舒同样的认识。①

三、"究观方士祠官之意"

至于"方士神仙说"，《封禅书》"太史公曰"说得非常明白："究观方士祠官之意，于是退而论次自古以来用事于鬼神者，具见其表里。后有君子，得以览焉。"全篇记述祀鬼神、求长生的大事20件，还有一些关于祥瑞、占卜之事，属于"究观方士祠官之意"，这是"太史公"职责所必须记述的。"退而论次自古以来用事于鬼神者，具见其表里"，是司马迁的披露、嘲讽。最后的总结是：

> 今天子所兴祠，太一、后土，三年亲郊祠，建汉家封禅，五年一修封。薄忌太一及三一、冥羊、马行、赤星，五，宽舒之祠官以岁时致礼。凡六祠，皆太祝领之。至如八神诸神，明年、凡山他名祠，行过则祠，行去则已。方士所兴祠，各自主，其人终则已，祠官不主。他祠皆如其故。今上封禅，其后十二岁而还，遍于五岳、四渎矣。而方士之候祠神人，入海求蓬莱，终无有验。而公孙卿之候神者，犹以大人之迹为解，无有效。天子益怠厌方士之怪迂语矣，然羁縻不绝，冀遇其真。自此之后，方士言神祠者弥众，然其效可睹矣。

各类神祠名目繁多，都是历代帝王人为建造；方士—神仙入海求

---

① 参见本编第一章第一节引董仲舒对策。《汉书》卷21上《律历志上》以武帝元封七年，汉兴百二年矣，大中大夫公孙卿、壶遂、太史令司马迁等言"历纪坏废，宜改正朔"。是时御史大夫兒宽明经术，武帝诏宽曰："与博士共议，今宜何以为正朔？服色何上？"宽与博士赐等议，皆曰："帝王必改正朔，易服色，所以明受命于天也。创业变改，制不相复，推传序文，则今夏时也。……臣愚以为三统之制，后圣复前圣者，二代在前也。今二代之统绝而不序矣，唯陛下发圣德，宜考天地四时之极，则顺阴阳以定大明之制，为万世则。"

长生不死药，终无灵验；天子越来越讨厌方士—神仙的迂怪之说，依然不断寻找，总希望遇到真神，所以说神仙、建神祠者越来越多，但其效应却是有目共睹的。

四、"天"另指"时"与"势"

司马迁讲"天"，还有另一层意思，即指"时"（时代条件）与"势"（形势）。《魏世家》"太史公曰"中"天方令秦平海内"的"天"，明显地是指"时"与"势"。《史记》中的"天"，大致可以作这样的区分：以"天"为时、为势比较明确，以"天"为有意志的主宰往往比较含糊。《六国年表》叙秦"卒并天下，非必险固便形势利也，盖若天所助焉。"这里的"天"夹杂有主宰的意思，前面加了"盖若"二字，表明有所疑惑。《留侯世家》"太史公曰"也显得含糊："高祖离困者数矣，而留侯常有功力焉，岂可谓非天乎？"这"天"似乎"天意"、"天命"，但前面又说学者"多言无鬼神"，留侯所见老父予书"亦可怪矣"，怀疑迂怪之说，这"天"似乎又难以完全归结为"天命"、"天助"。此外，以"天"为"际遇"，《傅靳蒯成列传》"太史公曰"以傅宽、靳歙从高祖起山东，破军降城十数，"未尝困辱，此亦天授也"，这"天"显然说的是"际遇"、"运气"，而且具有某种讽刺意味。

司马迁"究天人之际"的思想成就并不在针对董仲舒"天人感应说"、"五德终始说"等方面，主要表现在重人事上面，而且与"通古今之变"紧紧联系在一起。

《项羽本纪》认为项羽所说"天亡我，非用兵之罪也"是"岂不谬哉"，清楚地表明司马迁看到项羽败亡的原因在人而不在天，即在项羽政治上的错误——"背约"、"怀楚"、"自立"，经营天下方略的错误——"欲以力征"，个性方面的错误——"自矜功伐"、"奋其私智"，至死"尚不觉寤而不自责"。前引《天官书》中"日变修德，月变省刑，星变结和"，"太上修德，其次修政，其次修救，其次修禳"，虽然没有摆脱"天人感应"的影响，但强调的是人的能动性——"修德"、"省刑"、"结和"，并以"修德"为上策，"修政"次之，补救缺失再次之，祈祷消灾为最下策。由此可以看出，司马迁的"重人事"重在最高统治者"修德"、"修政"的作为上。

司马迁"重人事"包括重"人心"、重"人谋"。重"人心"，前面已述。重"人谋"，最可贵的是不完全看重为君者个人之谋，而是比较注重众人之谋，请看《刘敬叔孙通列传》"太史公曰"：

> 语曰"千金之裘，非一狐之腋也；台榭之榱，非一木之枝也；三代之际，非一士之智也。"信哉！

不仅完全赞同三代之兴非少数人之智的说法，而且通过对汉初实际的考察认为：高祖"谋计用兵，可谓尽之矣"，但刘敬徙强族、都关中、和匈奴为西汉政权"建万世之安"；叔孙通定礼仪与"萧何次律令、韩信申军法、张苍为章程"，为汉初草创制度，同样功不可没。

《货殖列传》不眯天道，专从社会经济角度论述人事，指出财富占有情况决定人们的社会地位，也决定人们的道德观念，这将在第四节详述。

第三节　通古今之变

前面提到，当时的诏书律令在古今关系上强调"通古今之义"。而这个"义"字所指，可以借用董仲舒的话——"天不变，道亦不变"。司马迁在古今关系上却强调"通古今之变"，突出的是"变"字，这是两者之间的根本区别！

先说《鲁周公世家》中的一则故事。伯禽初受封之鲁，三年而后报政周公，周公问："何迟也？"伯禽曰："变其俗，革其礼，丧三年然后除之，故迟。"太公封于齐，五月而报政周公，周公问："何疾也？"曰："吾简其君臣礼，从其俗为也。"周公先接到太公的报政，后接到伯禽的报政，叹曰："呜呼！鲁后世其北面事齐矣！"周公根据齐变革"疾"，鲁变革"迟"，预见到将来鲁必然要"北面事齐"，史实证明了周公的预见。司马迁"通古今之变"，捕捉到这一往事，记录下来，足见其对"变革"认识的敏锐。

一、"极人变"、"观事变"与"略协古今之变"

"通古今之变"，第一次明确提出古往今来一切都在变化，主要表现在对古今关系的认识以及"极人变"、"观事变"、"略协古今之变"等几个方面。

《高祖功臣侯者年表》序提出：

> 居今之世，志古之道，所以自镜也，未必尽同。帝王者各殊礼而异务，要以成功为统纪，岂可绲乎？观所以得尊宠及所以废辱，亦当世得失之林也，何必旧闻？

这充分体现出司马迁关于古今关系的认识。通古今之变是为了"自镜"，帝王要根据现实的变化，在当世得失中寻找"得尊宠"与"所以废辱"的原因，不必一概求之于古。古与今既有联系，又有区别，岂可捆绑一起！《六国年表》序有着同样的论述："战国之权变亦有可颇采者，何必上古？"总之，一切都是从"变"出发。这足以使人们清楚地看到司马迁"通古今之变"思想中饱含着的历史进化思想。

"极人变"，即穷究人事变化，注重人的主观能动性。《太史公自序》在序其作"律书"的宗旨时说：

> 《司马法》所从来尚矣，太公、孙、吴、王子能绍而明之，
> 切近世，极人变。

战争在人类社会的各类事变中变化最为急剧，战局变化甚至是瞬息万变，用兵最能反映人的主观能动性，因而司马迁特别注重如何用兵——"用之有巧拙，行之有逆顺"。《史记》全书所记大小战争，自传说时代的部落战争到汉武帝时对大宛的用兵，总数不少于500余战，130篇中有80多篇记述各类战争，总字数不下10万字。[1] 其中，帝王将相善战者60余人，司马迁高度评价司马穰苴以及太公、孙子、吴起、王子成甫等数人继承和发展《司马法》，正是因为他们切合近世的实际，极尽人事的变化，才使其"能绍而明之"。这与"重人事"的思想密切相连。

"观事变"，即观察世事变化。《太史公自序》以"作《平准书》以观事变"，其实"观事变"是贯穿《史记》的基本思想构成。就全书而言，历史视野空前拓展，"略推三代，录秦、汉"，注意到客观历史过程的连续性和古今之变的阶段性。本纪贯通历代"王迹所兴，原始察终"，以各朝各代治乱兴衰反映古今政权之变。世家、列传与本纪纵横交错，以社会各个层面的人物活动反映古今社会之变。书，从各个不同方面反映从经济基础到上层建筑的古今之变。表及其序不仅概括出古今之变的大势，而且明显地反映司马迁对古今之变阶段性的认识：三代、十二诸侯、战国、秦楚之际分别作四表，与今天所说传说时代、夏商周、春秋战国以及秦汉之际的客观历史过程完全相对应。

"观事变"，就某一客观历史过程而言，同样贯穿着"原始察终"的原则，《六国年表》序秦的历史脉络最具典型性：

---

[1]　邓鸿光：《史家绝唱——〈史记〉与中国文化》，河南大学出版社1998年版，第119页。

　　太史公读《秦纪》，至犬戎败幽王，周东徙洛邑，秦襄公始封为诸侯，作西畤用事上帝，僭端见矣。……及文公逾陇，攘夷狄，尊陈宝，营岐、雍之间，而穆公修政，东竟至河，则与齐桓、晋文中国侯伯侔矣。是后陪臣执政，大夫世禄，六卿擅晋权，征伐会盟，威重于诸侯。及田常杀简公而相齐国，诸侯晏然弗讨，海内争于战功矣。三国终之卒分晋，田和亦灭齐而有之，六国之盛自此始。务在强兵并敌，谋诈用而从（纵）横短长之说起。矫称蜂出，誓盟不信，虽置质剖符犹不能约束也。秦始小国僻远，诸夏宾（摈）之，比于戎翟，至献公之后常雄诸侯。论秦之德义不如鲁、卫之暴戾者，量秦之兵不如三晋之强也，然卒并天下，非必险固便形势利也，盖若天所助焉。

　　……

　　秦取天下多暴，然世异变，成功大。传曰"法后王"，何也？以其近己而俗变相类，议卑而易行也。学者牵于所闻，见秦在帝位日浅，不察其终始，因举而笑之，不敢道，此与以耳食无异。悲夫！

这段文字既概括了秦"兴"之端，又指出秦由附庸发展为诸侯、称霸西戎、跻身七雄的历史原因。社会巨变和列国征战，给秦以从容发展的良好机会。这就是所谓"盖若天所助焉"和"世异变，成功大"。司马迁认为：秦虽"在帝位日浅"但"成功大"，并为后世政权树立了"法后王"的榜样——"汉承秦法而不改"，由此嘲笑那些听信传言（"耳食"）的人是"不察其终始"，不达时变的盲从。

"观事变"，注意事变的转折，贯穿着"见盛观衰"、"承蔽通变"的原则。作十二本纪，是为论考"王迹所兴，原始察终，见盛观衰"；作《平准书》，以观事变，同样是"原始察终，见盛观衰"。《平准书》"太史公曰"从社会经济角度对古今"承蔽通变"做出概括：

> 《书》道唐、虞之际，《诗》述殷、周之世，安宁则长庠序，
> 先本绌末，以礼义防于利；事变多故而亦反是。是以物盛则衰，
> 时极而转，一质一文，终始之变也。……汤武承弊易变，使民
> 不倦，各兢兢所以为治，而稍凌迟衰微。……及至秦……于是
> 外攘夷狄，内兴功业，海内之士力耕不足粮饷，女子纺绩不足
> 衣服。古者尝竭天下之资财以奉其上，犹自以为不足也。无异
> 故云，事势之流，相激使然，曷足怪焉。

"事势之流，相激使然"，揭示出事物、时势在纵向演进与横向
发展交互运动中的趋势，包含着对社会历史变化必然性的朴素认识。
社会历史的变化，是由历史与现实、政治与经济等各种错综复杂的矛
盾推进完成的。

司马迁不但综观古今盛衰之变，最为难得的是盛中观衰，察见
现实生活中的这种变化。《平准书》开篇即叙汉兴以来社会经济的发
展，在叙至"今上即位数岁，汉兴七十余年之间，国家无事，非遇水
旱之灾，民则人给家足，都鄙廪庾皆满，而府库余财货"之后，接着
写道：

> 当此之时，网疏而民富，役财骄溢，或至兼并豪党之徒，
> 以武断于乡曲。宗室有土公卿大夫以下，争于奢侈，室庐舆服
> 僭于上，无限度。物盛而衰，固其变也。

这是《史记》中"盛中观衰"最具典型性的一例！《儒林列传》
写公孙弘为学官劝学修礼，《汲郑列传》写汲黯"常毁儒，面触（公
孙）弘等徒"，同样是以"见盛观衰"的眼光，察觉到儒学"兴盛"

中的微妙变化：虽"公卿大夫士吏斌斌多文学之士"，但大多如汲黯所指责，或为"怀诈饰智以阿人主取容"之徒，或成了"专深文巧，诋陷人于罪"的刀笔吏。

"略协古今之变"，"略协"与前面一节所说"厥协"意义相通，即从古今之变中寻出某些带有共性的因素。《太史公自序》序《礼书》之作："维三代之礼，所损益各殊务，然要以近性情，通王道，故礼因人质为之节文，略协古今之变。"三代之礼因时代而有所损益、变化，但"礼因人质"而作用于社会却是古今相通的，这是司马迁从礼的古今变化中寻得的带共性的结论。"略协古今之变"与"稽其成败兴坏之理"彼此不可分离，相辅相成。

二、"述往事，思来者"的意义

"通古今之变"，第一次明确修史的要求和史学的目的，在中国史学发展进程中具有极为重要的意义。

从修史的角度考察，《史记》编纂突出的是"通识"，将其对客观历史过程连续性和古今之变阶段性的认识贯穿于全书，前面谈编纂特点已有详细论述。十二本纪，以"王迹所兴，原始察终"。《五帝本纪》将当时所知最早的传说时代作为"古今之变"的开端，《夏本纪》、《殷本纪》、《周本纪》"推三代之德，襃周室"。秦统一天下前后的"王迹"，以《秦本纪》纪统一天下的漫长岁月、《秦始皇本纪》纪统一后暴虐天下加速灭亡、《项羽本纪》纪楚亡汉兴再建统一。《高祖本纪》、《吕太后本纪》、《孝文本纪》、《孝景本纪》、《孝武本纪》从"汉兴，承敝易变"，到"孝文四十有余载，德至盛也"，及至孝武"物盛而衰，固其变也"，不仅对汉初70余年的"王迹所兴，原始察终"，更表现出"见盛观衰，论考之行事"的胆识。十表统贯"古今之变"，《三代世表》"纪黄帝以来讫共和"，《十二诸侯年表》"自共和讫孔子"，将传说时代、夏商周三代、春秋的历史脉络清晰地勾勒出来。《六国年表》起周元王，讫秦二世，"著诸所闻兴坏之端"，《秦楚之际月表》起秦二世元年，至汉高祖五年，年代衔接、前后贯通，成为另一种形式的"王迹所兴，原始察终"。八书中除《平准书》而外，其余七书无一不是"贯通古今"、"承蔽通变"。世家、列传在与本纪纵横相连，通过世系变化、人物活动反映古今之变外，11篇类传除酷吏、佞幸两类，都程度不同地表现出贯通性：《仲尼弟子列传》与《儒林列传》纪孔子以来儒学的发展演变，刺客、循吏、游侠、滑稽、日者、龟策、货殖等则都是贯通古今的相关各类人物的传记。6篇记周边政权或部族的列传，同样是贯通古今的周边政权演变史或部族发展史。从修史的角度看《史记》的编纂，"通古今之变"的思想无处不在，"通识"渗透到全书各个组成部分。

司马迁"通古今之变"还有另一层用意，即"我汉继五帝末流，接三代统业"。因此，"略推三代，录秦、汉"，"承蔽通变"，注定了《史记》的编纂必然详今略古。全书130篇记述数千年的过往来程，有过半篇幅（66篇）完全或重点记述楚汉相争以来近百年之事，这在历代各类通史中是绝无仅有的。

从史学的目的考察，司马迁提出"述往事，思来者"，"稽其成败兴坏之理"，是有"史"以来对于史学目的的最接近本质的概括。从哲理的高度说，研究历史，目的是了解过去，预见未来。从政治学的角度说，研究历史，目的是总结治乱兴衰，找出带规律性的理性认识。这是史学由形成走向成熟的最重要的标志。

"述往事，思来者"，明确将"往事"与"时事"区分开来，是"史"的一次具有转折性的重大变化。先前的"史"或许记事，但所记只是"时事"而非"往事"，表明当时的"史"尚无自觉的历史意识。只有明确并自觉记"往事"时，"史"才真正具有"修史"官、"史书"的含义，也才真正具有了历史的含义。

综上所述，司马迁以"通古今之变，成一家之言"为主旨，自觉提出修史的要求、自觉提出史学的目的，以实录精神取材、五种体裁编纂，忍辱发愤完成记述中国自传说时代至汉初数千年历史的第一部完备的巨著，标志着中国史学取得了跨越式的发展，为中国史学划出一个全新的历史时代。

第四节　崇货殖之富

《史记》在"稽其成败兴坏之理，究天人之际，通古今之变"的同时，还有一个"成一家之言"的方面，这就是"崇货殖之富"的思想。

八书有《平准书》一个专篇，七十列传有为经济思想家和大工商业者立专传的《货殖列传》，从这一点来说，《史记》为中国史学开出记载社会经济的范例和先河，绝不为过。

司马迁这一思想的杰出之处在于，以历史发展的观点观察社会经济活动，把社会经济活动看作是不以人们意志为转移的客观过程，"若水之趋下，日夜无休时"，主张"治生不待危身取给"，极力推崇商品经济的自由发展和全社会对于财富、利润的追求，其思想精粹全都倾注在《货殖列传》中。

《货殖列传》约 5000 字，可分两大部分：前一部分叙春秋至秦，总论人类的物质欲望是社会经济发展的基本条件，境内因自然环境形成的社会分工，举例说明农工商虞为富国富民的源泉，是对先秦法家人性"从利"说的一次"整齐"，亦见对管子思想的继承和发挥。[①]后一部分叙汉兴以来，包括汉初采取放任为主政策带来的经济发展，财富积蓄与平均利润，新兴职业或产业的形成与发展，以及布衣匹夫取

---

① 　参见《管子·形势解》"民之从利也，如水之走下"等论述。

予以时致富的实例。

开篇的"太史公曰"即表现出要从人类社会生活中寻求古今之变线索的意识：

> 夫神农以前，吾不知已。至若《诗》、《书》所述虞夏以来，耳目欲极声色之好，口欲穷刍豢之味，身安逸乐，而心夸矜势能之荣使。俗之渐民久矣，虽户说以眇论，终不能化。

人们对耳、目、口、身、心物质欲望得到最大满足的要求，随着习惯的生活水平而形成和发展，由来已久。尽管用最美妙的说辞加以劝诱，使其放弃已习惯了的物质生活，终究不能产生效应。这里的"俗"字，意味着经济条件的客观支配作用，违反这种客观作用的任何企图都不会有什么效果，只能够顺应这种客观经济的发展趋势。因此，反对将人们的生活拉回到"小国寡民"的所谓上古"黄金时代"，认为那种所谓"至治之极，邻国相望，鸡狗之声相闻，民各甘其食，美其服，安其俗，乐其业，至老死不相往来"的情况已经一去不复返，而且此路不通。"必用此为务，挽近世涂民耳目，则几无行矣。"那该怎样做呢？回答是：

> 故善者因之，其次利道之，其次教诲之，其次整齐之，最下者与之争。

最好的办法是对于社会经济生活听其自然发展而不加干涉，其次是根据客观需要因势利导，再次是对人们的社会经济活动加以教诲，再次是对各种自发的不平衡进行人为的整齐、划一，最坏的办法是官营经济与民争利。司马迁不赞成"整齐"社会经济，更反对乱加限制和干预。

接下来，根据亲身考察，概括出境内因自然环境形成的社会分工，分别列举了山西、山东、江南及龙门、碣石以北产生的不同消费实际，而这些社会经济活动是不以人们的意志为转移的客观过程：

> 皆中国人民所喜好，谣俗被服饮食奉生送死之具也。故待农而食之，虞而出之，工而成之，商而通之。此宁有政教发征期会哉？人各任其能，竭其力，以得所欲。故物贱之征贵，贵之征贱，各劝其业，乐其事，若水之趋下，日夜无休时，不召而自来，不求而民出之。岂非道之所符，而自然之验邪？

这些物品的生产与流通，都须"待农而食之，虞而出之，工而成之，商而通之"。但农虞工商，绝不需要人为地"发征"和事先的"期会"，人们为"得所欲"，不得不"各任其能，竭其力"，他们会"不召而自来，不求而民出之"，如同"水之趋下，日夜无休"，是一种符合"自然之验"的趋势。

再进一步，从上述经济结构出发，认为农工商虞是国民衣食的源泉，是富国富民的原动力："此四者，民所衣食之原也。原大则饶，原小则鲜。上则富国，下则富家。"以齐之太公望、管仲，越之范蠡、计然为"富国"的例证，以范蠡的化身陶朱公、子赣、白圭、猗顿、郭纵、乌氏倮、寡妇清等为"富民"的例证，做出结论性论证：

> 故曰："天下熙熙，皆为利来；天下壤壤，皆为利往。"夫千乘之王，万家之侯，百世之君，尚犹患贫，而况夫编户之民乎！

在这中间，涉及对社会生活与道德规范关系的认识。在引《管子》"仓廪实而知礼节，衣食足而知荣辱"后，紧接着说"礼生于有而废于无。故君子富，好行其德；小人富，以适其力"。道德规范，不外乎以具体的物质生活资料来体现。在司马迁看来，有两种道德并存。一是取得支配地位者的道德，以窃取权势和掠夺财富的程度为标准，即"人富而仁义附焉，富者得势益彰，失势则客无所之"。《游侠列传》引鄙人之言"何知仁义？已飨其利者为有德"，同时指出"窃钩者诛，窃国者侯，侯之门，仁义存"的说法"非虚言也"。另一种道德是无权无势的道德，以能否平等施报和患难恤救为标准。这也是《游侠列传》中所说"布衣之徒，设取予然诺，千里诵义，为死不顾世"，"其言必信，其行必果，已诺必诚，不爱其躯，赴士之厄困，既已存亡死生矣"，"专趋人之急，甚己之私"，"折节为俭，以德报怨，厚施而薄望"，"既已振人之命，不矜其功"。比较而言，司马迁推重"布衣之徒"的义，而抨击侯门中的"仁义"。

在叙说春秋至秦之后，转而考察汉兴以来采取以放任为主政策对于社会经济发展的推动："汉兴，海内为一，开关梁，弛山泽之禁，是以富商大贾周流天下，交易之物莫不通，得其所欲，而徙豪杰、诸侯、强族于京师。"

这一部分，首先分关中、河东、燕赵、齐鲁、河南、越楚、巴蜀等区域考察各地区风情、经济特点，然后从"人之性情"出发论述社会各阶层活动的目的都为着追逐财富：

> 由此观之，贤人深谋于廊庙，论议朝廷，守信死节、隐居岩穴之士设为名高者，安归乎？归于富厚也。是以廉吏久，久更富，廉贾归富。富者，人之性情，所不学而俱欲者也。故壮士在军，攻城先登，陷阵却敌，斩将搴旗，前蒙矢石，不避汤火之难者，为重赏使也。其在闾巷少年，攻剽椎埋，劫人作奸，掘冢铸币，任侠并兼，借交报仇，篡逐幽隐，不避法禁，走死地如骛者，其实皆为财用耳。今夫赵女郑姬，设形容，揳鸣琴，揄长袂，蹑利屣，目挑心招，出不远千里，不择老少者，奔富

厚也。游闲公子，饰冠剑，连车骑，亦为富贵容也。弋射渔猎，犯晨夜，冒霜雪，驰坑谷，不避猛兽之害，为得味也。博戏驰逐，斗鸡走狗，作色相矜，必争胜者，重失负也。医方诸食技术之人，焦神极能，为重糈也。吏士舞文弄法，刻章伪书，不避刀锯之诛者，没于赂遗也。农工商贾畜长，固求富益货也。

　　贤人、守信死节之士等名高者，包括廉吏都"归于富厚"。至于军人兵士、闾巷少年、赵女郑姬、游闲公子、医方诸食技术之人、吏士、农工商贾，无一不是为了追逐财富而竭尽全力和所能。在作为政治中心和流通中心的都市里，集中着形形色色的人，兴起一些前所未有的新兴职业或产业，即所谓"四方辐凑并至而会，地小人众，故其民益玩巧而事末也"。为追逐"奇羡"（异乎寻常的利益），表现为"作巧奸冶，多美物，为倡优"。其中，包括妇女的社会化："女子则鼓鸣瑟，跕屣，游媚贵富，入后宫，遍诸侯。"

　　于是，提出新出现的"素封"的问题，比较"素封"与"封者"的差异。"今有无秩禄之奉，爵邑之入，而乐与之比者，命曰'素封'。封者食租税，岁率户二百，千户之君则二十万"，而"庶民农工商贾，率亦岁万息二千，百万之家则二十万"。没有"秩禄之奉、爵邑"的庶民农工商贾，拥有巨额财产，年平均利润率为20%，获利可比有"秩禄之奉、爵邑"者。同时，将所了解到的能获取20%利润的行业分别举出，包括陆地放牧（马、牛、羊）及泽中麂，水居渔陂，山居林木，果树（枣、栗、桔、萩），技术作物（漆、桑麻、竹），农副业（千亩亩钟之田、卮茜、姜韭），等等。经营这些产业之人"皆与千户侯等"，被视为"不窥市井，不行异邑，坐而待收"的行业。在通都大邑，经营方式更多，包括酿造（酒、酱及酱油）、屠宰、粮食（"贩谷粜"）、薪炭、制造（船、车）、运输、家具（竹木、油漆）、五金（铜、铁器）、马牛羊交易、人口贩卖（"僮手指千"）、杂货店、绸布店、皮毛店、鱼店、果菜店、放贷（"子贷金钱"）等，"亦比千乘之家"。凡此种种，都是传统的农、工、商、虞行业分类所包容不了的新兴职业或行业，"与时俯仰，获其赢利，以末致财"，颇有些类似今天的第三产业。

不论"封者"还是"素封"，都是有资本者在追逐20%的利润，而无权、无钱的贫者如何致富呢？对此，司马迁有一极为深刻、透彻的揭发：

> 夫用贫求富，农不如工，工不如商，刺绣文不如倚市门，此言末业，贫者之资也。

以贫求富，务农不如做工，做工不如经商，刺绣不如"倚市门"。要想从事"末业"挣钱，男人的力气，女人的身姿，是贫者的唯一资本。

司马迁注意到新兴起的职业或行业与社会生活需要相适应，看到以利润为动机或刺激因素而兴起，充分肯定其正当性：

> 今治生不待危身取给，则贤人勉焉。

只要不是以身试法地去谋取利润都应当鼓励，不过司马迁对于"不待危身取给"的鼓励是有区分的，认为"本富为上，末富次之，奸富最下"。

班固批评司马迁"述货殖则崇势力而羞贱贫"，虽然并不完全准确，但司马迁确确实实是肯定贫富存在的必然性的：

> 凡编户之民，富相什则卑下之，伯则畏惮之，千则役，万则仆，物之理也。

所谓"千则役，万则仆"，指在当时社会中人对人的剥削；"千则役，万则仆，物之理也"，是说在当时社会中人对人的剥削是一种不可避免的必然。由此出发，主张"贫富之道，莫之夺与"，不必人为地均贫富，应该听其自然。贫富现象的产生，是由于人有巧拙、能与不能造成，"巧者有余，拙者不足"。不仅肯定贫富不均现象的必然存在，而且将富商大贾看作"贤人"，宣扬他们的致富之道。最后所列都是当世"贤人所以富者，令后世得以观择"者，有蜀之卓氏、程郑，宛之孔氏、曹之邴氏、齐之刀间、周人师史、宣曲之任氏、边塞之桥姚、关中之无盐氏及诸田、韦家之栗氏，安陵、杜之杜氏等。这些"章章尤异者"，"皆非有爵邑俸禄弄法犯奸而富"者。

《平准书》讲汉初 70 余年，除极少部分涉及财政问题，基本上是讲西汉初年的货币问题，这是第一次较为系统记载货币发展的篇卷，同样为中国史学编纂开出一个范例。对于"兴利之臣"多所贬斥，对于桑弘羊亦多微词，"古者尝竭天下之资财以奉其上，犹自以为不足也"，但在汉初"内兴功业"，"外攘夷狄"的情况下，财政开支浩繁不可避免，因而又说："事势之流，相激使然，曷足怪焉。"

司马迁的财政观点虽然有所暧昧，但其"崇货殖之富"的思想，比起"究天人之际、通古今之变"毫不逊色。《太史公自序》序《货殖列传》可谓对其这一思想的概括：

> 布衣匹夫之人，不害于政，不妨百姓，取与以时而息财富，智者有采焉。

鼓励"布衣匹夫之人"以正当手段"取与以时"，增加财富！

第三编

逐渐成长的汉唐之际史学

汉唐之际史学逐渐成长，表现在这样几个方面。其一，在《史记》的影响下，纪传体断代史相继出现，《汉书》、《后汉书》、《三国志》一代接一代。史学的鉴戒功用经过汉初的"过秦"和东汉末的"君子有三鉴"，到唐初达到了前所未有的高度。修史、取鉴与资治三者融为一体，鉴戒史学地位确立起来。其二，先前沟通人神的"太史"一类的"史官"逐渐从星占脱离出来，成为专职修史官，并设置了相应的机构。其三，在断代编年史与断代纪传史"角力争先"的进程中，史学范围空前拓展，门类剧增，最终使史学从经学的附庸地位独立出来，取得仅次于经学的巩固地位。民族史与边疆史的成绩，为此间史学的成长增添了多彩的一页。

第一章　《史》、《汉》之际的思想变异

自《史记》问世至《汉书》修撰，思想领域发生重大变化，对于此后学术有着久远、深刻的影响。

汉武帝"独尊儒术"，儒学虽然成为主流意识，但并不意味全社会的一切思想言行都尊奉儒家的思想主张。况且，"罢黜百家"只是相对于"独尊儒术"而言。就社会实际来说，以《汉书·艺文志》诸子略所分儒、道、阴阳、法、名、墨、纵横、杂、农、小说10家，名、墨、纵横、杂四家是随社会变革逐渐退出历史舞台的，不能说是

"罢黜"的。农家、小说家不被视为思想学说，不在"罢黜"之列。对于法家，"汉家制度"是"本以霸王道杂之"的，决不会"罢黜"，只不过表现形式比较巧妙——外儒而内法罢了。阴阳家不仅没有"罢黜"，而且与儒家并驾齐驱。真正"罢黜"的，只有汉初"尚黄老"的道家。班固对"儒家者流"的概括，把汉家天子"尊儒"的目的和手法说得再明白透彻不过——"助人君顺阴阳明教化"。实际上，尊崇儒术、推奉阴阳，废一不可。

第一节　儒学成为"禄利之路"，由"支叶蕃滋"演为"分争王庭"

西汉一代的儒学发展，《汉书·儒林传》有着分阶段的评述。"独尊儒术"之前，言"五经"者寥寥数家：言《诗》者三家，"于鲁则申培公，于齐则辕固生，燕则韩太傅"；言《春秋》者二家，"于齐则胡毋生，于赵则董仲舒"；言《易》、《书》、《礼》者各一家，分别为淄川田生、济南伏生、鲁高唐生，均无异说。"独尊儒术"以后的情况，班固在《儒林传》"赞曰"概括得极为清晰：

> 自武帝立《五经》博士，开弟子员，设科射策，劝以官禄，讫于元始，百有余年，传业者寖盛，支叶蕃滋，一经说至百余万言，大师众至千余人，盖禄利之路然也。初，《书》唯有欧阳（生），《礼》后（苍），《易》杨（何），《春秋》公羊而已。至孝宣世，复立大小夏侯《尚书》，大小戴《礼》，施（雠）、孟（喜）、梁丘《易》，谷梁《春秋》。至元帝世，复立京氏《易》。平帝时，又立左氏《春秋》、毛《诗》、逸《礼》、古文《尚书》，所以网罗遗失，兼而存之，是在其中矣。

如果说秦焚书是企图灭绝儒学的一种狠办法，那么汉"劝以官禄"则不能说不是一种巧办法，使儒学在不知不觉中被肢解——"传业者寖盛，支叶蕃滋"，出现"一经说至百余万言，大师众至千余人"的现象。在"禄利"的诱惑下，纷纷思立门户，希望变私学为官学，以致争论到朝堂上，由皇帝来裁决。宣帝甘露三年（前51年）"诏诸儒讲《五经》同异（于石渠阁），太子太傅萧望之等平奏其议，上亲称制临决焉"。讲经的议奏被分类汇集，《汉书·艺文志》著录有：讲《书》的《议奏》42篇，讲《礼》的《议奏》38篇，讲《春秋》的《议奏》39篇，讲《论语》的《议奏》18篇。讲论的主要目的是为争立学官，最终由皇帝裁定，"乃立梁丘《易》、大小夏侯《尚书》、谷梁《春秋》博士。"①至于说皇帝主持讲经活动对于学术有多么"深刻的影响"，恐怕是开了皇权干预学术、"禄利"收买学人的恶劣先例，学术自此依附于权势、利欲，成为想得天下者和已得天下者利用的工具。宣、元之世，经学因此而逐渐分化。

哀、平、王莽之际争立学官，程度更为激烈，以致彼此"怨恨"，公开走丞相的门路，甚而动了"诛"的念头。且看《汉书》中的相关记载：刘歆"欲建立左氏《春秋》及毛《诗》、逸《礼》、古文《尚书》，皆列于学官。哀帝令歆与《五经》博士讲论其义，诸博士或不肯置对，歆因移书太常博士，责让之"，由于"其言甚切，诸儒皆怨恨"②。"歆白《左氏》可立，哀帝纳之，以问诸儒，皆不对。歆于是数见丞相孔光，为言《左氏》以求助"③。不久，儒者师丹为大司空，"大怒，奏歆改乱旧章，非毁先帝所立"，"歆由是忤执政大臣，

① 《汉书》卷8《宣帝纪》。
② 《汉书》卷36《楚元王传》。
③ 《汉书》卷88《儒林传》。

为众儒所讪。惧诛，求出补吏"①。哀帝既卒，平帝九岁即位，太后临朝称制，委政王莽，刘歆受到重用，于是"立左氏《春秋》、毛（公）《诗》、逸《礼》、古文《尚书》"。到了王莽末年，面对"百姓怨恨，盗贼并起，汉家当复兴"的局势，左将军公孙禄在上奏中推责他人，包括指责"国师嘉新公（刘歆）颠倒《五经》，毁师法，令学者疑惑"，主张"宜诛"其人"以慰天下"②。

平帝时"立左氏《春秋》、毛《诗》、逸《礼》、古文《尚书》"，不仅是经学的一大变异，更是思想领域的一大变异。紧接着，"立《乐经》。益博士员，经各五人。征天下通一艺教授十一人以上，及有逸《礼》、古《书》、毛《诗》、《周官》、《尔雅》、天文、图谶、钟律、月令、兵法、《史篇》文字，通知其意者，皆诣公车。网罗天下异能之士，至者前后千数，皆令记说廷中，将令正乖缪，壹异说云"。③一面通过"禄利"诱惑，将古文家认为的"乖缪"和"异说"清除出官学，达到"正乖缪，壹异说"的目的；一面将古文范围扩展，覆盖整个儒家经典，来看《汉书·艺文志》"六艺略"的著录：

易，经十二篇，施、孟、梁丘三家，为今文；后序所云"刘向以中《古文易经》校施、孟、梁丘经"，"唯费氏经与古文同"，为古文。

书，经二十九卷，大、小夏侯二家，欧阳经二（三）十二卷，为今文；古文经四十六卷，为五十七篇，为古文。

诗，经二十八卷，鲁、齐、韩三家，为今文；毛诗二十九卷，为古文。

礼，经七十（十七）篇，后氏、戴氏，记百三十一篇，为今文；

---

①　《汉书》卷36《楚元王传》。

②　《汉书》卷99下《王莽传下》。

③　《汉书》卷99上《王莽传上》。《汉书》卷12《平帝纪》元始五年："征天下通知逸经、古记、天文、历算、钟律、小学《史篇》、方术、《本草》及以《五经》、《论语》、《孝经》、《尔雅》教授者，在所为驾一封轺传，遣诣京师。至者数千人。"

古经五十六篇，周官经六篇（王莽时刘歆置博士），为古文。

乐，王禹记二十四篇；乐记二十三篇，刘向校书，与禹不同。

春秋，经十一卷，公羊、谷梁二家，公羊传十一卷、谷梁传十一卷，为今文；古经十二篇，左氏传三十卷，为古文。

论语，齐二十二篇，鲁二十篇，为今文；古二十一篇，出孔子壁中，为古文。

孝经，一篇，十八章，长孙氏、江氏、后氏、翼氏四家，为今文；古孔氏一篇，二十二章，为古文。

小学，即"《史篇》文字"或"小学《史篇》"，许慎云："孝平时，征（爰）礼等百余人，令说文字未央廷中，以（爰）礼为小学元士。黄门侍郎杨雄采以作《训纂篇》，凡仓颉已下十四篇，凡五千三百四十字。群书所载，略存之矣。"①《训纂篇》抑或未央廷中说文字，"正乖缪，壹异说"的结果。

自此，古文经齐备，与今文经抗衡了两千余年，成为中国思想文化史上一大奇观，深深影响和制约着中国学术文化的发展。班固虽不能预知后来的今古文之争，却在《艺文志》"六艺略"的后序中预见了后世治学之"大患"：

> 后世经传既已乖离，博学者又不思多闻阙疑之义，而务碎义逃难，便辞巧说，破坏形体；说五字之文，至于二三万言。后进弥以驰逐，故幼童而守一艺，白首而后能言；安其所习，毁所不见，终以自蔽。此学者之大患也。

不认真思考经传中的"阙疑之义"，逃避艰深难解处而"务碎义"，局限于所见，毁弃所未见，自我封闭，为了"禄利"而巧言说

---

① 《说文解字》第15上，中华书局影印本。

辞，解说五个字的意思竟多达二三万言。

"六艺略"之后，《汉书·艺文志》"儒家"类著录有数十家，"独尊儒术"以来著录了董仲舒至扬雄 13 家，有专书流传者董仲舒、桓宽、刘向、扬雄 4 家。

著录"董仲舒百二十三篇"，与《董仲舒传》"上疏条教，凡百二十三篇"一致，又以其"说《春秋》事得失，《闻举》、《玉杯》、《蕃露》、《清明》、《竹林》之属，复数十篇"，班固"掇其切当世施朝廷者"著于本传。今见《春秋繁露》与班固所见不尽相同，需要注意。就其所见，班固从两方面肯定董仲舒，一是"推明孔氏，抑黜百家。立学校之官，州郡举茂材孝廉，皆自仲舒发之"①，一是"治《公羊春秋》，始推阴阳，为儒者宗"②。既"推明孔氏，抑黜百家"，又"以《春秋》灾异之变推阴阳所以错行"，反映汉代思想领域"尊儒"必须"推阴阳"的实际。至于董仲舒的大一统论、三纲五常伦理说等，对于当时施政的实际影响远不如"推阴阳"影响大。

著录"桓宽《盐铁论》六十篇"，是盐铁会议议奏的汇总。昭帝始元六年"诏有司问郡国所举贤良文学民间疾苦，议罢盐铁榷酤"，不论"开本末之途，通有无之用"的争论，还是刑德之争，乃至论议边疆政策，多以儒家思想主张确定国策，反映尊儒之后对于朝廷施政的影响，也成为昭帝的最大政绩："至始元、元凤之间，匈奴和亲，百姓充实。举贤良文学，问民间疾苦，议盐铁而罢榷酤，尊号曰'昭'，不亦宜乎！"③

著录"刘向所序六十七篇"，包括《新序》、《说苑》、《世说》、《列女传颂图》，不在本文讨论范围。其代表作《五行传记》11 卷，著录在"书"家，后面详说。

---

①　《汉书》卷 56《董仲舒传》。

②　《汉书》卷 27 上《五行志上》。

③　《汉书》卷 7《昭帝纪》"赞曰"。

著录"扬雄所序三十八篇",包括"《太玄》十九、《法言》十三、《乐》四、《箴》二"。《扬雄传》叙其诗赋之外,以"经莫大于《易》,故作《太玄》;传莫大于《论语》,作《法言》",《太玄》"有首、冲、错、测、摛、莹、数、文、掜、图、告十一篇",概括《玄》首四重者,非卦也,数也。其用自天元推一昼一夜阴阳数度律历之纪,久久大运,与天终始。故《玄》三方、九州、二十七部、八十一家、二百四十三表、七百二十九赞,分为三卷,曰一二三,与《泰初历》相应,亦有颛顼之历焉。撗之以三策,关之以休咎,絣之以象类,播之以人事,文之以五行,拟之以道德仁义礼知。"所列《法言》篇目为学行、吾子、修身、问道、问神、问明、寡见、五百、先知、重黎、渊骞、君子、至孝13目。两部著述,同样反映其儒、阴阳兼而为之。

正因为此,班固在"儒家"后序既点出对"儒家者流"的总体认识,又归括出此间思想变异的基本特点:以儒术与阴阳进行"教化"。同时,指出仲尼之后出现的"违离道本"已然成为祸患的趋势:

> 然惑者既失其精微,而辟者又随时扬抑,违离道本,苟以哗众取宠。是以《五经》乖析,儒学寖衰,此辟儒之患。

为"哗众取宠"而"随时扬抑",任意发挥,离儒学根本越来越远,渐渐导致儒学衰微。

东汉一代的"儒家者流",范晔《后汉书·儒林列传》"论曰"也有总述。虽然认为"所谈者仁义,所传者圣法也",使"人识君臣父子之纲,家知违邪归正之路",却仍然有着与班固极其相似的评述:

> 若乃经生所处,不远万里之路,精庐暂建,赢粮动有千百,

其耆名高义开门受徒者，编牒不下万人，皆专相传祖，莫或讹杂。至有分争王庭，树朋私里，繁其章条，穿求崖穴，以合一家之说。……且观成名高第，终能远至者，盖亦寡焉，而迁滞若是矣。

如果西汉讲经石渠算是一次"分争王庭"，那么东汉也有过一次。建初四年（79年）十一月，章帝诏"下太常，将、大夫、博士、议郎、郎官及诸生、诸儒会白虎观，讲议《五经》同异"，使五官中郎将魏应承制问，侍中淳于恭奏，"帝亲称制临决，如孝宣甘露石渠故事，作白虎《议奏》"。八年冬，又"令群儒选高才生，受学《左氏》、谷梁《春秋》、古文《尚书》、毛《诗》"[1]。不同的是，西汉的"石渠论"分别汇集议奏，此时的"白虎论"由班固汇总议奏，形成《白虎通义》。古文经虽未立学官，仍然"擢高第为讲郎，给事近署"。

东汉一代，在班固之前或与班固同时代的儒林名著不过桓谭《新论》、王充《论衡》。《后汉书》卷28桓谭与冯衍合传，分上、下篇，上篇以1/3强的篇幅记桓谭，录其在世祖光武帝即位后的两篇上疏，一是"书奏，不省"，一是"帝省奏，愈不悦"，后以"极言谶之非经"，帝大怒曰："桓谭非圣无法，将下斩之。"桓谭"叩头流血，良久乃得解"。《后汉书》卷49王充与王符、仲长统合传，记王充230字，以其"好论说，始若诡异，终有理实"，著《论衡》85篇，"释物类同异，正时俗嫌疑"。李贤注引袁山松《（后汉）书》曰："充所作《论衡》，中土未有传者，蔡邕入吴始得之。"这后一则记载表明，王充《论衡》对当时的思想学术领域并没有什么影响。

① 《后汉书》卷3《肃宗孝章帝纪》。

范晔通观东汉一代的此类著述，认为不过"百家之言政者"中的一家言而已，"大略归乎宁固根柢，革易时弊"，由于"遭运无恒，意见偏杂，故是非之论，纷然相乖"①。《后汉书》为经学家立传，集中在卷35、卷36。卷35"论曰"论东汉郑玄之前（基本为班固之前）的经学，比班固论西汉经学有过之而无不及：

> 学者亦各名家，而守文之徒，滞固所禀，异端纷纭，互相诡激，遂令经有数家，家有数说，章句多者或乃百余万言，学徒老而少功，后生疑而莫正。

卷36"论曰"归纳"儒家者流"的命运，发出"悲矣哉"的感叹：

> 郑、贾之学，行乎数百年中，遂为诸儒宗，亦徒有以焉尔。桓谭以不善谶流亡，郑兴以逊辞仅免，贾逵能附会文致，最差显贵。世主以此论学，悲矣哉！

总归起来说，尊崇儒术，使之成为"禄利之路"，导致了儒学卖身权势、追逐功利。"分争王庭"，破坏了学术的纯洁性，使利欲熏心者一味向皇权要更多的好处，甚而至于试图左右朝政，觊觎权位。为"禄利"所驱使，争立学官，竞争到朝堂之上，要皇帝来裁决。学术造假与学术打假伴随今古文之争，贯穿此后中国学术发展的整个历程。

---

① 《后汉书》卷49《王充王符仲长统列传》"论曰"。

第二节　灾异说弥漫朝野，变换 "德"、"统" 观念

先从司马迁、班固对于汉的认识说起。前面一编已经说到，司马迁写汉高祖之兴，兼用 "三统说"、"五德说"，以 "三王之道若循环，终而复始"，"故汉兴，承敝易变，使人不倦，得天统矣。朝以十月。车服黄屋左纛"。不仅《史记·高祖本纪》"太史公曰" 写得清楚明白，班固对司马迁的这一认识也十分了解，在与陈宗、尹敏、孟异等共成的《世祖本纪》（后为《东观汉记·光武皇帝纪》）中有这样的叙述："自汉草创德运，正朔服色未有所定，高祖因秦，以十月为正，以汉水德，立北畤而祠黑帝。至孝文，贾谊、公孙臣以为秦水德，汉当为土德。至孝武，倪宽、司马迁犹从土德。"[①]《汉书·郊祀志》班固 "赞曰" 亦云："太初改制，而儿宽、司马迁等犹从（公孙）臣、（贾）谊之言，服色数度，遂顺黄德。彼以五德之传从所不胜，秦在水德，故谓汉据土而克之。" 但《汉书·高帝纪》"赞曰" 却换成另一种说法，并成为《汉书》的基本思想：

> 《春秋》晋史蔡墨有言，陶唐氏既衰，其后有刘累，学扰龙，事孔甲，范氏其后也。而大夫范宣子亦曰："祖自虞以上为陶唐氏，在夏为御龙氏，在商为豕韦氏，在周为唐杜氏，晋主夏盟为范氏。" 范氏为晋士师，鲁文公世奔秦。后归于晋，其处者为刘氏。刘向云战国时刘氏自秦获于魏。秦灭魏，迁大梁，都于丰，故周市说雍齿曰 "丰，故徒梁也。" 是以颂高祖云：

---

① 《太平御览》卷 90《后汉世祖光武皇帝》引《东观汉记》。

"汉帝本系，出自唐帝。降及于周，在秦作刘。涉魏而东，遂为丰公。"丰公，盖太上皇父。其迁日浅，坟墓在丰鲜焉。及高祖即位，置祠祀官，则有秦、晋、梁、荆之巫，世祠天地，缀之以祀，岂不信哉！由是推之，汉承尧运，德祚已盛，断蛇著符，旗帜上赤，协于火德，自然之应，得天统矣。

都说汉"得天统矣"，"太史公曰"说的是汉继黄帝以来"五德之传"而为土德，班固"赞曰"说的是"汉承尧运，协于火德"。后者基本采用前者的史料，在跨越了两个多世纪之后，对于"得天统"的汉的建立，在认识上竟出现如此巨大的差异！有关"班马异同"的比较研究，对此很少详细论述，而马、班二人为汉高祖所写史论，却关乎对西汉一代历史的认识，集中反映《史记》至《汉书》两个世纪间的思想变异，且对后世思想、学术影响久远，有必要作一深入考察，以补史学史、史学思想研究的阙失。

汉武帝"独尊儒术"之前，阴阳与儒各自为家，阴阳灾异之说多出自方士之口，司马迁谓之为"不雅训"者。自董仲舒始，说"阴阳灾异"与说"儒"逐渐结合，言阴阳灾异的大家几乎都是经学大家，使阴阳灾异说成为一种比方士神仙说更为精致的社会理论。班固对当时兼通"经"与"阴阳"并为皇帝听信的名家有一简要综述：

汉兴，推阴阳言灾异者，孝武时有董仲舒、夏侯始昌，昭、宣则眭孟、夏侯胜，元、成则京房、翼奉、刘向、谷永，哀、平则李寻、田终术。此其纳说时君著明者也。察其所言，仿佛一端。假经设谊，依托象类，或不免乎"亿则屡中"。[①]

---

① 《汉书》卷75《眭两夏侯京翼李传》"赞曰"。"亿则屡中"，师古曰："言仲舒等亿度，所言既多，故时有中者耳，非必道术皆通明也。"

　　其中，夏侯始昌、夏侯胜（即大、小夏侯）《尚书》、京房《易》，都是立了学官的，班固认为他们的共同点是"假经设谊，依托象类"，而臆测却往往能够说中。

　　汉武帝死后不到十年，昭帝元凤三年（前78年），泰山莱芜山有大石自立，百鸟数千下集其旁，上林苑中大柳树断枯卧地亦自立生，有虫食树叶成文字，符节令眭孟（又作眭弘）"推《春秋》之意"，认为"大石自立，僵柳复起，非人力所为，此当有从匹夫为天子者"，又说"先师董仲舒有言，虽有继体守文之君，不害圣人之受命。汉家尧后，有传国之运。汉帝宜谁差天下，求索贤人，禅以帝位，而退自封百里，如殷周二王后，以承顺天命。"①昭宗年幼，大将军霍光秉政，以"妖言惑众，大逆不道"将眭孟诛杀。五年以后，宣帝"兴于民间，即位"，以为是"有从匹夫为天子者"的应验，眭孟已被诛，即征召其子为郎。不管是董仲舒，还是眭孟本人，第一次提出"汉家尧后，有传国之运"的说法，班固将其载入了史册。

　　宣帝继位，"修武帝故事，盛车服，敬齐祠之礼"，七个年号中后四个年号——神爵、五凤、甘露、黄龙，均与神爵、凤鸟、甘露集、黄龙见等符瑞联系在一起。夏侯胜，即"小夏侯"，所传《尚书》立为学官，并以"授太后"。当宣帝下诏议武帝庙乐时，却极力反对，以武帝"虽有攘四夷广土斥之功，然多杀士众，竭民财力，奢泰亡度，天下虚耗，百姓流离，物故者（过）半。蝗虫大起，赤地数千里，或人民相食，蓄积至今未复。亡德泽于民，不宜为立庙乐"，并认为宣帝诏书"不可用"，结果被劾奏"非议诏书，毁先帝"而下狱。时隔二年，49郡同日地震，或山崩水出，坏城郭房屋，死6000余人，宣帝以灾异是"天地之戒"，下诏"博问术士，有以应变，补朕之阙，毋有所讳"，夏侯胜被赦，为谏大夫给事中，倍受"亲信"，常将皇

---

① "宜谁差天下，求索贤人"，孟康曰："谁，问；差，择也。问择天下贤人。"

帝所言说给外人，并与尧相比："陛下所言善，臣故扬之。尧言布于天下，至今见诵。臣以为可传，故传耳。"①第二年，地节元年（前69年），宣帝诏书亦云"盖闻尧亲九族，以和万国"。虽然未说"汉为尧后"，但都在效法"尧"。神爵二年（前60年），司隶校尉盖宽饶"引韩氏《易传》言'五帝官天下，三王家天下，家以传子，官以传贤，若四时之运，功成者去，不得其人则不居其位。'"②比起眭孟"求索贤人，禅以帝位"，如出一辙。但盖宽饶却没有眭孟的运气，下狱，引佩刀自刭。18年间，朝廷上出现两次上书，公然指向汉家天子"不得其人，不居其位"，要求"禅以帝位，承顺天命"，反映朝野对于汉室江山的某种失望心理，认为刘姓天下"气数将尽"。

自汉武帝以来，种种奢侈腐败、钩心斗角发展为皇位争夺，元帝即位后灾害连年不断。初元三年（前45年）六月以"安民之道，本由阴阳。间者阴阳错谬，风雨不时"，下诏"丞相御史举天下明阴阳灾异者各三人"，"于是言事者众，或进擢召见，人人自以得上意"。③其间，以《易》立为学官又是言灾异名家的京房，在一次"宴见"时对平帝说："《春秋》纪二百四十二年灾异，以视万世之君。今陛下即位已来，日月失明，星辰逆行，山崩泉涌，地震石陨，夏霜冬雷，春凋秋荣，陨霜不杀，水旱螟虫，民人饥疫，盗贼不禁，刑人满市，《春秋》所记灾异尽备。陛下视今为治邪，乱邪？"平帝曰："亦极乱耳。尚何道？"尽管君臣均未明言，却都承认汉家天下已经到了"极乱"的地步。

成帝永始、元延之间，日蚀、地震不断出现，"吏民多上书言灾异之应，讥切王氏专政所致"④，"于天官、京氏《易》最密，故善言

①　《汉书》卷75《眭两夏侯京翼李传》。
②　《汉书》卷77《盖诸葛刘郑孙毌将何传》。
③　《汉书》卷9《元帝纪》。
④　《汉书》卷81《匡张孔马传》。

灾异"的谷永，虽"党于王氏"，尤"专攻上身与后宫"，前后上奏40余事，无一不是"因天变而切谏，劝上纳用之"。元延元年（前12年），"灾异尤数"，成帝遣使问谷永，谷永回复说：

> 臣闻天生蒸民，不能相治，为立王者以统理之。方制海内非为天子，列土封疆非为诸侯，皆以为民也。垂三统，列三正，去无道，开有德，不私一姓，明天下乃天下之天下，非一人之天下也。

说《易》、言灾异的人，讲出"天下乃天下之天下，非一人之天下"的话，比起明清之际黄宗羲、顾炎武说出类似的话要早1670年，在思想史、史学思想史研究中竟未被提起过，不能不反映研究存在的某种缺失。进而，谷永指出："时世有中季，天道有盛衰。陛下承八世之功业，当阳数之标季，涉三七之节纪，遭《无妄》之卦运，直百六之灾阨。三难异科，杂焉同会。建始元年以来二十载间，群灾大异，交错锋起，多于《春秋》所书。"[①]"天道有盛衰"，成帝承八代基业，接近"三七二百一"的"年纪"，"阳数"已到末季，又遇《无妄卦》，"万物无所望，灾异为最大"，因此发出"隆德积善，惧不克济"的感叹。

成帝在位年间，发生过这样一件事，一直延续到哀帝。齐人甘忠可"诈造"《天官历》、《包元太平经》12卷，言"汉家逢天地之大终，当更受命于天，天帝使真人赤精子，下教我此道"，并传夏贺良等。刘向以甘忠可"假鬼神冈上惑众，下狱治服"，夏贺良仍然"私以相教"。哀帝即位，司隶校尉解光"以明经通灾异得幸"，继续夏贺良等"所挟（甘）忠可书"。"见汉家有中衰阨会之象"的李寻，受到

---

① 《汉书》卷85《谷永杜邺传》。

哀帝赏识，荐夏贺良待诏黄门，数召见，陈说"汉历中衰，当更受命。成帝不应天命，故绝嗣。今陛下久疾，变异屡数，天所以遣告人也。宜急改元易号，乃得延年益寿，皇子生，灾异息矣。"① 哀帝"从贺良等议"，以"汉家历运中衰，当再受命，宜改元易号"，下诏"汉国再获受命之符"，"以建平二年为太初元将元年，号曰陈圣刘太平皇帝"。② 然而，哀帝"疾自若"，夏贺良所言"无验"，不到两个月便以"乱朝政，倾覆国家，诬罔主上"的罪名下狱伏诛。闹剧虽然终场，但"汉家逢天地之大终，当更受命于天"已成为一种涌动的社会心理。

上述"推阴阳言灾异者"的故事，反映出西汉中后期朝野潜在的社会意识。独尊儒术，"劝以禄利"，原本希望用以巩固大一统的汉家天下。然而，儒学纷争，与"推阴阳言灾异"结合，造就出一批明经通灾异的学问大家，不断制造汉家天下"阳数"将尽，"当更受命于天"的舆论，以致"言符瑞灾异，主让国传贤"成为"西汉经学大统"，这是汉武帝、董仲舒"独尊儒术"所始料不及的。由此可见，一种思想被尊崇到成为"禄利之路"以后，必然背离初衷，走向反面。

作为汉室宗亲，刘向当然不希望刘姓天下被更替，"集合上古以来历春秋六国至秦汉符瑞灾异之记，推迹行事，连传祸福，著其占验，比类相从，各有条目，凡十一篇，号曰《洪范五行传论》"③，成为"推阴阳言灾异"的集大成者，下节详述。

王莽托古改制，每每引经据典，将被"禄利"诱惑的"经术"与"阴阳术"紧密结合，制造篡汉舆论，把学术造假弄成历史造假，举两件影响班氏父子修史的事例。

---

① 《汉书》卷 75《眭两夏侯京翼李传》。

② 《汉书》卷 11《哀帝纪》。

③ 《汉书》卷 36《楚元王传》。

其一，《汉书·元后传》开篇的王莽《自本》。元后，王莽姑母，元帝皇后。《自本》，"述其本系"。王莽《自本》编造了一个王氏为黄帝之后、虞舜之后的世系："黄帝姓姚氏，八世生虞舜。舜起妫汭，以妫为姓。至周武王封舜后妫满于陈，是为胡公。十三世生完。完子敬仲，奔齐，齐桓公以为卿，姓田氏。十一世，田和有齐国，三世称王，至王建为秦所灭。项羽起，封（王）建孙（王）安为济北王。至汉兴，（王）安失国，齐人谓之王家，因以为氏。"文景间，王安孙王遂生王贺，字翁孺，为武帝绣衣御史，后徙魏郡元城委粟里，为三老。元城建公曰："昔春秋沙麓崩，晋史卜之，曰：'阴为阳雄，土火相乘，故有沙麓崩。后六百四十五年，宜有圣女兴。'其齐田乎！今王翁孺徙，正直其地，日月当之。元城郭东有五鹿之虚，即沙鹿地也。后八十年，当有贵女兴天下。"①王莽的这一"自述"，不仅班固写入《汉书·王莽传》，其后的王符也写入《潜夫论·志氏姓》。王莽编造这样的"家世"，意图十分清楚："自谓为黄帝之后"，黄帝的土德永不会变，王莽亦应据土德；作为舜的一脉之后，舜受尧禅，汉为尧后，王莽自然应受汉禅。②所谓"阴为阳雄"是说王莽借助其姑母得国，所谓"土火相乘"是说王莽的土德应取代汉的火德。关键非得把汉变为火德，如果汉为土德，王莽就失去了代汉的"依据"。

其二，王莽篡位之初，始建国元年（前9年）秋，谴五威将王奇等十二人班《符命》四十二篇于天下。其德祥五事，为"文、宣之世黄龙见于成纪、新都，高祖考王伯墓门梓柱生枝叶之属"；符命二十五，"言井石、金匮之属"；福应十二，"言雌鸡化为雄之属"。"其文尔雅依托，皆为作说，大归言莽当代汉有天下。"有一个"总而说之曰"的扼要归纳：

---

① 《汉书》卷98《元后传》。
② 据《汉书》卷99上《王莽传上》，初始元年莽下书曰"予以不德，托于皇初祖考黄帝之后，皇始祖考虞帝之苗裔"，则其《自本》当造于居摄年。

帝王受命，必有德祥之符瑞，协成五命，申以福应，然后能立巍巍之功，传于子孙，永享无穷之祥。故新室之兴也，德祥发于汉三七九世之后。……武功丹石出于汉氏平帝末年，火德销尽，土德当代，皇天眷然，去汉与新，以丹石始命于皇帝。……受命之日，丁卯也。丁，火，汉氏之德也。卯，刘姓所以为字也。明汉刘火德尽，而传于新室也。①

三七二百一十年、传位九世的刘姓天下火德已尽，王莽的新朝正待机而出。

王莽末年，群雄并起，宛人李通等以图谶说刘秀："刘氏复起，李氏为辅。"刘秀遂与李通等起事，以刘玄为更始帝。王莽被诛传首后，更始二年（公元 24 年）刘秀"始贰于更始"。部下诸将上尊号劝进，刘秀不为所动。不久，公孙述以符瑞在成都自立为天子，诸将复上奏，刘秀仍不听。直至儒生彊华从关中奉《赤伏符》来献，曰"刘秀发兵捕不道，四夷云集龙斗野，四七之际火为主。"群臣复奏："受命之符，人应为大"，"今上无天子，海内淆乱，符瑞之应，昭然著闻，宜答天神，以塞群望。"刘秀才认为称帝有符谶为证，在鄗登基，建元建武（公元 25 年）。第二年起高庙，"始正火德，色尚赤"。②

光武称帝伊始，即令尹敏、薛汉等"校图谶"。死前一年即中元元年（公元 56 年），又"宣布图谶于天下"③。谶纬由官方垄断，成为全社会信奉的准则。"光武善谶，及显宗（明帝）、肃宗（章帝）因祖述焉。自中兴之后，儒者争学图纬，兼复附以妖言。"④明帝时，樊儵

---

① 《汉书》卷 99 中《王莽传中》。
② 《后汉书》卷 1 上《光武帝纪上》。
③ 《后汉书》卷 1 下《光武帝纪下》。
④ 《后汉书》卷 59《张衡列传》。

"与公卿杂定郊祠礼仪，以谶记正《五经》异说"①。又"诏东平王苍正《五经》章句，皆命从谶。俗儒趋时，益为其学，篇卷第目，转加增广。言《五经》者，皆凭谶为说"。②章帝时不仅以谶纬定《五经》，而且以谶纬定礼乐。章和元年，下敕曹褒制定礼乐，"于南宫、东观尽心集作"，曹褒"乃次序礼事，依准旧典，杂以《五经》谶记之文，撰次天子至于庶人婚冠吉凶终始制度，以为百五十篇，写以二尺四寸简"③。明帝时，班固与陈宗、尹敏、孟异等共成《世祖本纪》，写刘秀降生："建平元年十二月甲子夜上生时，有赤光，室中尽明。皇考异之，使卜者王长（卜之。长）曰：'此善事不可言。'是岁嘉禾生，一茎九穗，长大于凡禾，县界大丰熟，因名上曰秀。是岁凤凰来集济阳，故宫皆画凤皇。圣端萌兆，始形于此。上为人隆准，日角，大口，美须眉，长七尺三寸。"④"望气者苏伯阿望春陵城曰：'美哉！王气郁郁葱葱。'"⑤在"言《五经》者，皆凭谶为说"的圣命之下，必然会演绎出这类文字来。

第三节　刘氏父子传五行、录艺文

《汉书·楚元王传》"赞曰"称汉兴以来的"缀文之士"，在说董仲舒、司马迁、扬雄"皆博物洽闻，通达古今，其言有补于世"之后紧接着论刘向、刘歆父子的成就：

①　《后汉书》卷32《樊宏阴识列传》。
②　《隋书》卷32《经籍一》"图谶"后序。
③　《后汉书》卷35《张曹郑列传》。
④　《太平御览》卷90《后汉世祖光武皇帝》引《东观汉记》。
⑤　《北堂书钞》卷151引《东观汉记》。

　　　　刘氏《洪范论》发明《大传》，著天人之应。《七略》剖判
　　艺文，总百家之绪。《三统历谱》考步日月五星之度。

刘氏父子的成就，集中体现了西汉一代学术、思想的突出特点。

一、刘氏父子经历

　　刘向，字子政，本名更生。《汉书·楚元王传》记向"年七十二
而卒，卒后十三岁而王氏代汉"[①]。由于对"王氏代汉"的理解不同，
对刘向生卒年有两种说法。以孺子婴居摄元年（公元 6 年）起算"王
氏代汉"，上推 13 年为成帝绥和元年（前 8 年），再上推 72 年为昭帝
元凤二年（前 79 年），即其生于公元前 79 年、卒于公元前 8 年。以
新莽始建国元年（公元 9 年）起算"王氏代汉"，上推 13 年为哀帝太
初元将元年（前 5 年），再上推 72 年为昭帝元凤五年（前 76 年），即
其生于公元前 76 年，卒于公元前 5 年。

　　先祖刘交为高祖刘邦同父少弟，汉六年封楚王，是为楚元王。
父刘德，参与立宣帝，以定策之功赐爵关内侯，"家产过百万"。宣帝
招选名儒俊材，更生以通达能属文辞进对。宣帝欲"复兴神仙方术之
事"，淮南有《枕中鸿宝苑秘书》言神仙使鬼物为金之术以及邹衍重
道延命方。更生进献宣帝，言黄金可成。结果"费甚多，方不验"，
被劾"铸伪黄金，系当死"。幸好家产丰厚，"入国户半"，即以一半
家产赎罪，得以幸免。又逢初立《谷梁春秋》，征其受《谷梁春秋》，
讲论《五经》于石渠，复拜郎中给事黄门，迁散骑谏大夫给事中。

　　元帝即位后，因"灾异并起，天地失常"上封谏事，以初元以
来"灾异未有稠如今者"，"今佞邪与贤臣并在交戟之内，合党共谋，
违善依恶，歙歙訿訿，数设危险之言，欲以倾移主上"，"此天地之所

---

① 《汉书》卷 36《楚元王传》。本节关于刘向、歆父子事迹，除另注出处者，均引自本传。

以先戒，灾异之所以重至者"，建言"考祥应之福，省灾异之祸，以揆当世之变，放远佞邪之党，坏散险诐之聚，杜闭群枉之门，广开众正之路，决断狐疑，分别犹豫，使是非炳然可知"，认为这样可以"百异消灭，而众祥并至"，是"太平之基，万世之利"。

成帝即位，更名向。以数奏封事，迁光禄大夫。河平三年（公元 26 年），诏其"领校中《五经》秘书"。因目睹风俗日益奢淫，赵皇后、昭仪、卫婕妤等逾礼制，便"采《诗》、《书》所载贤妃贞妇，兴国显家可法则与孽嬖乱亡者，编为《列女传》八篇，以戒天子"。又著《新序》、《说苑》50 篇奏之。《艺文志》著录"刘向所序六十七篇"，包括《新序》、《说苑》、《世说》、《列女传颂图》，则《世说》应为 9 篇。

上一节说到，刘向以甘忠可"假鬼神罔上惑众，下狱治服"，但在说到陵寝"制度泰奢"时上书亦云："王者必通三统，明天命所授者博，非独一姓也"，"自古及今，未有不亡之国也"，与前引谷永"垂三统，不私一姓，明天下非一人之天下"的说法如出一辙，无法否认汉家天下"气数"将尽的事实。看到"政由王氏出，灾异浸甚"，不仅私下对"相亲友"的陈汤说"灾异如此，而外家日甚（盛），其渐必危刘氏"，而且直接上封极谏："历上古至秦汉，外戚僭贵未有如王氏者也"，"事势不两大，王氏与刘氏亦且不并立"，英明之举是"起福于无形，销患于未然"。面对"皇室"与"外戚"势不两立的局面，以刘氏宗亲的立场、折中的态度，试图使"王氏永存，保其爵禄，刘氏长安，不失社稷"，只能通过灾异谏君的方式，调和已经形成的"不并立"的两大势力，显然不会有丝毫实际意义，"终不能夺王氏权"。由于"常显讼宗室，讥刺王氏及在位大臣"，尽管元、成二帝多次欲用其为九卿，却"不为王氏居位者及丞相御史所持"，始终得不到升迁，于是"专积思于经术，昼诵书传，夜观星宿"。

少子歆，字子骏，以通诗书、能属文被成帝召见，为黄门郎。

大将军王凤卒，王莽为黄门郎，王莽、刘歆由同僚关系而日益近密。哀帝初即位，避讳改名秀，字颖叔。已为大司马的王莽以其"宗室有材行"，举刘歆为侍中太中大夫，迁奉车光禄大夫，"复领《五经》，卒父前业"，"集六艺群书，种别为《七略》"。因校书而得见古文《春秋左氏传》，"引传文以解经，转相发明，由是章句义理备焉"。父治谷梁、子治左氏，"歆数以难向，向不能非间也"，"欲建立左氏《春秋》及毛《诗》、逸《礼》、古文《尚书》，皆列于官学"，诸博士不肯置对，因移书太常博士，"其言甚切，诸儒皆怨恨"。儒者师丹为大司空，奏其"改乱旧章，非毁先帝所立"，以"忤执政大臣，为众儒讪笑"而求出补吏。哀帝崩，王莽持政，迁中垒校尉，羲和，京兆尹，封为列侯，"典文章"，考定律历，著《三统历谱》。王莽篡位，以其为国师，封嘉新公，是为四辅之一，位上公，与乃父"王氏保其爵禄，刘氏不失社稷"的态度和立场迥然不同。新莽地皇四年（公元23年），道士西门惠君好天文谶记，为卫将军王涉言："刘氏当复兴，国师公姓名是也。"王涉又语大司马董忠，并对其涕泣言"诚欲与公共安宗族"，因以董忠主中军精兵，歆长子伊休侯主殿中，自领宫卫，"同心合谋，共劫持帝（按指王莽），东降南阳天子（按指刘秀）"，事败露，皆自杀，新莽随即覆亡。

二、《洪范五行传论》与《三统历谱》

《洪范五行传论》与《三统历谱》均已不传，仅能从《汉书·五行志》、《律历志》了解大概。

（一）《洪范五行传论》

据《汉书·成帝纪》、《楚元王传》，《洪范五行传论》始作于成帝河平三年刘向校书之初，经刘歆"卒父前业"。

先看刘氏父子怎样认识"箕子为武王陈五行阴阳休咎之应"。

《尚书·洪范》并篇是武王问箕子如何治理天下，箕子用其所听传闻提出"洪范九畴",并叙其纲领。刘氏父子以其"皆雒书本文,所谓天乃锡(赐)禹大法九章常事所次者也。以为河图、雒书相为经纬,八卦、九章相为表里",强调"殷道弛,文王演《周易》;周道敝,孔子述《春秋》。则乾坤之阴阳,效《洪范》之咎征,天人之道粲然著矣。"

《尚书·洪范》叙"五行","一曰水,二曰火,三曰木,四曰金,五曰土。水曰润下,火曰炎上,木曰曲直,金曰从革,土爰稼穑。润下作咸,炎上作苦,曲直作酸,从革作辛,稼穑作甘",将五行与五味对应,而《五行传论》则将五行与方位、社会基本现象对应:

水,北方。王者即位,所以顺事阴气,和神人。至发号施令,亦奉天时。十二月咸得其气,则阴阳调而终始成。如此则水得其性矣。若乃不敬鬼神,政令逆时,则水失其性。雾水暴出,百川逆溢,坏乡邑,溺人民,及淫雨伤稼穑,是为水不润下。

火,南方。其于王事,南面向明而治。贤佞分别,官人有序,帅由旧章,敬重功勋,殊别嫡庶,如此则火得其性矣。若乃信道不笃,或耀虚伪,谗夫昌,邪胜正,则火失其性矣。自上而降,及滥炎妄起,灾宗庙,烧宫馆,虽兴师众,弗能救也,是为火不炎上。

木,东方。其于王事,步行、登车、田狩、饮食等均有度、有节、有制、有礼,出入有名,使民以时,务在劝农桑,谋在安百姓,如此则木得其性矣。若乃田猎驰骋不反宫室,饮食沉湎不顾法度,妄兴徭役以夺农时,作伪奸诈以伤民财,则木失其性矣。工匠之为轮矢者多伤败,及木为变怪,是为木不曲直。

金,西方。其于王事,出军行师,把旄杖钺,誓士众,抗威武,所以征叛逆止暴乱也。如此则金得其性矣。若乃贪欲恣睢,务立威胜,不重民命,则金失其性。工冶铸金铁,金铁冰滞涸坚,不成者众,及为变怪,是为金不从革。

土，中央。其于王者，为内事。宫室、夫妇、亲属，亦相生者也。古者天子诸侯，宫庙大小高卑有制，后夫人媵妾多少进退有度，九族亲疏长幼有序。故禹卑宫室，文王刑于寡妻。如此则土得其性矣。若乃奢淫骄慢，则土失其形。无水旱之灾而草木百谷不熟，是为稼穑不成。

如此解说"五行"之后，又将《洪范》"九畴"之二"敬用五事"与之八"念用庶征"糅合在一起，对貌之不恭、言之不从、视之不明、听之不聪、思之不睿，逐一指出其对应的"咎征"（坏征兆）和可能出现的灾异：

貌之不恭，是谓不肃，厥咎狂，厥罚恒雨，厥极恶。时则有服妖，时则有龟孽，时则有鸡祸，时则有下体生上之痾，时则有青眚青祥。唯金沴木。

言之不从，是谓不艾，厥咎僭，厥罚恒阳，厥极忧。时则有诗妖，时则有介虫之孽，时则有犬祸，时则有口舌之痾，时则有白眚白祥。惟木沴金。

视之不明，是谓不悊，厥僭舒，厥罚恒奥，厥极疾。时则有草妖，时则有蠃虫之孽，时则有羊祸，时则有目痾，时则有赤眚赤祥。惟水沴火。

听之不聪，是谓不谋，厥咎急，厥罚恒寒，厥极贫。时则有鼓妖，时则有鱼孽，时则有豕祸，时则有耳痾，时则有黑眚黑祥。惟火沴水。

思心之不睿，是谓不圣，厥咎霿，厥罚恒风，厥极凶短折。时则有脂夜之妖，时则有华孽，时则有牛祸，时则有心腹之痾，时则有黄眚黄祥，时则有金木水火沴土。

此外，皇之不极，是谓不建，厥咎眊，厥罚恒阴，厥极弱。时则有射妖，时则龙蛇之孽，时则有马祸，时则有下人伐上之痾，时则有日月乱行，星辰逆行。

关于日、月、星辰的种种奇异现象，亦有各种不同的说词。

以上述条例为基本依据，汇集春秋至秦汉符瑞灾异，从五行的本性出发，区分"得其性"与"失其性"的差别，尤其关注"于王事"方面"失其性"的表现，分别著其"咎征"，即所谓"推迹行事，连传祸福，著其占验，比类相从"。

如说"火不炎上"，对于《春秋》桓公十四年"八月壬申，御廪灾"一事，刘向的推迹行事，著其占验是："御廪，夫人八妾所舂米之臧（藏）以奉宗庙者也，时夫人有淫行，挟逆心，天戒若曰，夫人不可以奉宗庙。桓（公）不寤，与夫人俱会齐，夫人谮桓公于齐侯，齐侯杀桓公。"刘歆则以为"御廪，公所亲耕籍田以奉粢盛者也，弃法度亡礼之应也。"对于西汉昭帝元凤元年"燕城南门灾"，刘向的推迹行事，著其占验是："燕王使邪臣通于汉，为谗贼，谋逆乱。南门者，通汉道也。天若戒曰，邪臣未来，为奸谗于汉，绝亡之道也。燕王不寤，卒伏其诛。"

再如说"思心之不睿"，对于《春秋》成公五年"夏，梁山崩"，《谷梁传》痈河三日不流，晋君帅群臣而哭之乃流一事，刘向的推迹行事，著其占验是："山阳，君也；水阴，民也。天戒若曰，君道崩坏，下乱，百姓将失其所矣。哭然后流，丧亡之象也。梁山在晋地，自晋始而及天下也。后晋暴杀三卿，厉公以弑。溴梁之会，天下大夫皆执国政，其后孙、甯出卫献，三家逐鲁昭，单、尹乱王室。"刘歆则以为"梁山，晋望也；崩，弛崩。古者三代命祀，祭不越望，吉凶祸福，不是过也。国主山川，山崩川竭，亡之征也，美恶周必复。是岁岁在鹑火，至十七年复在鹑火，栾书、中行偃杀厉公而立悼公。"对于西汉高后二年正月五都山崩，杀 760 人，地震至八月乃止，文帝元年四月齐楚地山 29 所同日俱发大水等一系列灾害，刘向的推迹行事，著其占验是："近水沴土也。天若戒曰，勿盛齐楚之君，今失制度，将为乱。后十六年，帝庶兄齐悼惠王之孙文王则薨，无子，帝分齐地，立悼惠王庶子六人皆为王。贾谊、晁错谏，以为违古制，恐为乱。至景帝三年，齐楚七国起兵百余万，汉皆破之。春秋四国同日灾，汉七国同日众山溃，咸被其害，不畏天威之明效也。"

《汉书·五行志》1 卷 5 篇，引《洪范五行传论》刘向 152 则、刘歆 80 则，并看到父子二人认识的异同，指出刘歆"言《五行传》，又颇不同"，大、小夏侯及许商等所"传与刘向同，唯刘歆传独异"。此外，所引刘歆"陈事"，80 则中仅 1 则事涉西汉，引刘向"陈事"，152 则中有 30 则事涉西汉，这一差别不应忽视。

（二）《三统历谱》

《汉书·律历志》写道："孝成世，刘向总六历，列是非，作《五纪论》。向子歆究其微眇，作《三统历》及《谱》以说《春秋》，推法密要，故述焉。"主要内容，具述如下：

经曰春王正月，传曰周正月"出火，于夏为三月，商为四月，周为五月。夏数得天"，得四时之正。"三代各据一统，明三统常合，而迭为首，登降三统之首，周环五行之道也。故三五相包而生"。"历数三统，天以甲子，地以甲辰，人以甲申。孟仲季迭用事为统首。"

三统与五行的关系，"五行与三统相错"："其于人，皇极统三德五事。故三辰之合于三统也，日合于天统，月合于地统，斗合于人统。五星之合于五行，水合于辰星，火合于荧惑，金合于太白，木合于岁星，土合于填星。三辰五星而相经纬也。天以一生火，地以二生水，天以三生木，地以四生金，天以五生土。五胜相乘，以生小周，以乘乾坤之策，而生大周。阴阳比类，交错相成，故九六之变登降于六体。"将三统与五行糅合在一起，并加理论化。

《律历志下》所载《世经》，虽然不能断定即刘歆《三统历谱》的内容，但从《郊祀志》"赞曰"可以得到间接证明："刘向父子以为帝出于'震'，故包羲氏始受木德，其后以母传子，终而复始，自神农、黄帝下历唐虞三代而汉得火焉。故高祖始起，神母夜号，著赤帝之符，旗章遂赤，自得天统矣。昔共工氏以水德间于木火，与秦同运，非其次序，故皆不永。"

《世经》以《春秋》昭公十七年秋"郯子来朝"为引，叙《左传》昭子问少皞氏以鸟名官何故，郯子回答"吾祖也，我知之。昔者，黄帝氏以云纪，故为云师而云名；炎帝氏以火纪，故为火师而火名；共工氏以水纪，故为水师而水名；太昊氏以龙纪，故为龙师以龙名。我高祖少昊挚之立也，凤鸟适至，故纪于鸟，为鸟师而鸟名"。以此为据，列出太昊帝、炎帝、黄帝、少昊帝、颛顼帝、帝喾、唐帝（尧）、虞帝（舜）、伯禹、成汤的一个新的"五德"之序：

庖牺氏继天而王，为百王先，首德始于木，故为帝太昊。

神农氏以火承木，故为炎帝。

黄帝，火生土，故为土德，天下号曰轩辕氏。

少昊帝，土承金，故为金德，天下号曰金天氏。

颛顼帝，金生水，故为水德。

帝喾，水生木，故为木德。

唐帝，木生火，故为火德。

虞帝，火生土，故为土德。

伯禹，土生金，故为金德。

成汤，金生水，故为水德。

武王，水生木，故为木德。

汉高祖皇帝，木生火，故为火德，天下号曰汉。

对于在太昊、炎帝之间的共工，在周、汉之间的秦，作如此解释："共工虽有水德，在火木之间，非其序也"；"秦以水德，在周汉木火之间，周人迁其行序"。

这中间有两点须注意，一是"五行相生"逐渐取代"五行相胜"，二是将八卦与五行捏合一起。

前面谈邹衍"五行终始说"，兴于春秋战国至秦统一的征战年代，基调是"胜者用事"。历史进入一统时代，"禅以帝位，承顺天命"的政权更替成为主要方式，必然形成"五行相生"的说法。董仲舒《春秋繁露》中既有"五行相胜"篇（第五十八篇），又有"五行相生"篇（第五十九篇），班固《白虎通义》也是两说并存，既说土、木、金、火、水依次"相胜"，即"五行所以相害者，天地之性，众胜寡，故水胜火也；精胜坚，故火胜金；刚胜柔，故金胜木；专胜散，故木胜土；实胜虚，故土胜水也"，又说木、火、土、金、水依次"相生"，即"木生火者，木行温暖伏其中，钻灼而出，故生火。火生土者，火热故能焚木，木焚而成灰，灰即土也，故火生土。土生金者，金居石依山津润而生，聚土成山，山必生石，故土生金。金生水者，少阴之气温润泽流，锁金亦为水，所以山云从润，故金生水。水生木者，因水润而能生，故水生木"。

至于将八卦与五行捏合，可从班固《郊祀志》"赞曰"的"刘向父子以为帝出于'震'"说起。所谓"震"者，与巽、离、坤、艮、兑、乾、坎共为八卦。《说卦》为汉宣帝时新发现的逸篇，宣帝下示博士增补入《易》。[①]《说卦》以"帝出乎震，齐乎巽，相见乎离，致役乎坤，说言乎兑，战乎乾，劳乎坎，成言乎艮。"接着说各卦的方位："震，东方也"，"巽，东南也"，"离，南方之卦也"，"乾，西北之卦也"，"坎者，正北方之卦也"，"艮，东北之卦也"。分述各卦时，以乾为天、为金，坤为地（土），巽为木，坎为水，离为火，艮为山（土）。虽然震、兑二卦未言属性，但东为木、南为火、西为金、北为水，四方位与五行中木、火、金、水相对应。再引入《月令》"中

---

① 《隋书》卷32《经籍一》"易"后序"及秦焚书，《周易》独以卜筮得存，唯失《说卦》三篇。后河内女子得之。"据《论衡·正说篇》"至孝宣皇帝之时，河西女子发老屋，得逸《易》、《礼》、《尚书》各一篇，奏之。宣帝下示博士，然后《易》、《礼》、《尚书》各益一篇。"据此，《说卦》不论是否"汉时伪托"，至少可以说明，汉宣帝时《说卦》始被引起注意，才有刘向父子的"以为帝出于震"，将五行与八卦捏合在一起。

央土"，"服黄"，完全对应：

五行——以木、火、土、金、水为次。

方位——以东、南、中、西、北为次。

由此，便可知上述《洪范五行传论》将五行与社会现象对应时为什么都要先标其方位，再说"其于王事"了。

有了"五行相生"、将八卦与五行捏合一起，说"汉承尧运，协于火德"便有了所谓理论依据。

眭弘最早提出"汉家尧后，有传国之运"，接下来便是《汉书·高祖纪》"赞曰"中刘向的说法。命运却完全不同，眭弘以"妖言惑众，大逆不道"被诛，刘向却使这一说法成为影响上千年的主流说法。眭弘只是发挥董仲舒的观念作猜想而已，刘向却找出所谓"历史依据"，即《左氏传》文公十三年士会之后留居秦者为刘氏、襄公二十四年士匄之语、昭公二十九年蔡墨之对三则记事。与班固同时的贾逵，以"尤明《左氏传》、《国语》"著称，指出《左氏传》的"发明、补益"之处："《五经》家皆无以证图谶明刘氏为尧后者，而《左氏》独有明文。《五经》家皆言颛顼代黄帝，而尧不得为火德。《左氏》以为少昊代黄帝，即图谶所谓宣帝也。如令尧不得为火，则汉不得为赤。"[1]不论《左氏传》是否刘歆伪造，"汉承尧运，协于火德"的观念以及"世经"的上古先王统系却主导了此后两千年的历史认识，从皇甫谧《帝王世纪》到吴乘权《纲鉴易知录》。

三、《七略》

高祖至武帝"百年之间，书积如丘山"，"外则有太常、太史、博士之藏，内则有延阁、广内、秘室之府"。[2]至成帝河平三年（前26

---

① 《后汉书》卷36《郑范陈贾张列传》。

② 《汉书》卷30《艺文志》注引"如淳曰"。

年），"以书颇散亡，使谒者陈农求遗书于天下，诏光禄大夫刘向校经传诸子诗赋，步兵校尉任宏校兵书，太史令尹咸校数术，侍医李柱国校方技"。经过整理的每一种书，刘向都"条其篇目，撮其指意，录而奏之"。所作叙录，附在书后。今世所传《战国策》、《晏子春秋》、《荀子》、《管子》、《列子》各有刘向"书录"一篇，《山海经》有刘秀（歆）"书录"一篇。下面略举《晏子春秋》叙录，以见其体例：

　　　内篇谏上第一，凡二十五章

　　　内篇谏下第二，凡二十五章

　　　内篇问上第三，凡三十章

　　　内篇问下第四，凡三十章

　　　内篇杂上第五，凡三十章

　　　内篇杂下第六，凡三十章

　　　外篇重而异者第七，凡二十七章

　　　外篇不合经术者第八，凡十八章

　　　右《晏子》，凡内外八篇，总二百十五章

　　　护左都水使者光禄大夫臣向言：所校中书《晏子》十一篇。臣向谨与长社尉臣参校雠，太史书五篇、臣向书一篇、参书十三篇，凡中外书三十篇，为八百三十八章。除复重二十二篇六百三十八章，定著八篇二百一十五章。外书无有三十六章，中书无有七十一章，中外皆有，以相定中书。以夭为芳，又为备先为牛章为长，如此类者多，谨颇略椬（笺）。皆已定以杀青，书可缮写。

　　这段文字包括书名、篇目、校雠人员与原委。接下来说作者生平、个性品德、办事风格等：

晏子，名婴，谥平仲，莱人。莱者，今东莱地也。晏子博闻强记，通于古今。事齐灵公、庄公、景公，以节俭力行尽忠极谏道，齐国君得以正行，百姓得以附亲，不用则退耕于野，用则必不谄义，不可胁以邪，白刃虽交胸终不受。崔杼之劫，谏齐君悬而至、顺而刻。及使诸侯，莫能诎其辞，其博通如此，盖次管仲。内能亲亲，外能厚贤，居相国之位，受万钟之禄，故亲戚待其禄而衣食五百余家，处士待而举火者亦甚众。晏子衣苴布之衣、麋鹿之裘，驾散车疲马，尽以禄给亲戚朋友，齐人以此重之。

接着，评述书的内容、价值：

晏子盖短，其书六篇，皆忠谏其君，文章可观，义理可法，皆合六经之义。

然后，是对皇家藏书（中书）之外的所谓"外书"的说明：

又有复重，文辞颇异，不敢遗失，复列以为一篇。又有颇不合经术，似非晏子言，疑后世辩士所为者，故亦不敢失，复以为一篇。

最后为总评：

凡八篇，其六篇可常置旁御观。

其他几部子书（《荀子》、《管子》、《列子》）的写法基本一致，《战国策》、《山海经》因作者不明，没有作者介绍。刘向说《战国策》，分析合纵连横的形势文字较多。刘歆说《山海经》，强调"奇可以考祯祥变怪之物，见远国异人之谣俗"，"博物之君子，其可不惑焉"。总括起来，书录大致包括六项内容：1. 书名、篇目；2. 校雠人员与原委；3. 作者生平；4. 内容、史实；5. 异同、真伪；6. 观览价值。

上奏的书录之外，刘向"别集众录，谓之别录"①。《别录》实为汉代皇家藏书总目提要，为先秦至西汉图书遗产的综合记录。全书20卷，今已不存，清代学者多有辑文。②

刘向卒后，哀帝使其子刘歆继承父业，刘歆总括群篇，总计图书约33000余卷，删《别录》20卷为7卷，著为《七略》：辑略、六艺略、诸子略、诗赋略、兵书略、数术略、方技略。

对于《七略》分类的问题，历来认识不一，举有代表性的两家说法。郑樵以任宏所校兵书，尹咸所校数术，李柱国所校方技"有条理"，"惟刘向父子所校经传、诸子、诗赋，冗杂不明，尽采语言，不存图谱，缘刘氏章句之儒，胸中无伦类也。"③章学诚在指出"《七略》于兵书权谋家有《伊尹》、《太公》、《管子》、《荀卿子》、《鹖冠子》、《苏子》、《蒯通》、《陆贾》、《淮南王》九家之书。而儒家复有《荀卿子》、《陆贾》二家之书，道家复有《伊尹》、《太公》、《管子》、《鹖冠子》四家之书，纵横家复有《苏子》、《蒯通》二家之书，杂家复有《淮南王》一家之书。兵书技巧家有《墨子》，而墨家复有《墨子》之书"之后，认为"即此十家之一书两载"，表明"古人之申明流别，独重家学，而不避重复著录"。又论其颇有"裁篇别处之法"："《管子》，道家之言也，刘歆裁其《弟子职》篇入小学。七十子所记百三十一篇，《礼经》所部也，刘歆裁其《三朝记》入《论语》"，是

---

①　姚振宗：《别录辑文》，《快阁师石山房丛书》。

②　如《玉函山房辑佚书》中王仁俊、马国翰所辑等。

③　《通志》卷71《校雠略》"编书不明分类"。

因为"古人著书，又采取成说，袭用故事者。(《弟子职》必非管子自撰，《月令》必非吕不韦自撰，皆所谓采取成说也。) 其所采之书，别有本旨，或历时已久，不知所出；又或所著之篇，于全书之内，自为一类者；并得裁其篇章，补苴部次，别出门类，以辨著述源流；至其全书，篇次俱存，无所更易，隶于本类，亦自两不相妨。"① 这是兼顾图书分类与著述源流的一种认识和主张。

自董仲舒"天人三策"到班固《白虎通义》，跨越了两个多世纪的历程，经今文学充分吸收了阴阳五行思想和天文、历法、医学等自然科学成果，根据天人合一的思维模式对《五经》进行诠释，强调自然灾异与政治统治的必然联系，以祥瑞、灾异谴告统治者，强调德治教化，原本有一定积极意义。但当其逐渐发展到与阴阳象数结合，用以诠释社会所发生的一切奇异之后，必然夹杂大量神学迷信、谶语等内容，形成谶纬思潮。为政治服务、为权贵服务，更起到推波助澜的恶劣作用。而学术、学人，则如司马迁所说——"固主上所戏弄"。

《史记》的开创性成就吸引了其后 170 多年间的学者纷纷起而续修，但又无一不是用经学的标准来进行衡量的。前编已叙，成帝初年，东平王宇来朝求诸子及《史记》，权臣王凤认为《史记》"不宜在诸侯王"，要成帝用尊经的理由对东平王宇说："《五经》，圣人所制，万事靡不毕载。王审乐道，傅相皆儒者，旦夕讲诵，足以正身虞意。夫小辩破义，小道不通，致远恐泥，皆不足以留意。"② 哀帝时，扬雄以"太史公记六国，历楚汉，讫麟止，不与圣人同，是非颇谬于经"。③ 东汉光武帝时，为立《左氏春秋》举行朝议，反对者"以《太史公》多引《左氏》，(范) 升又上《太史公》违戾《五经》，谬孔子

---

① 《校雠通义·互著》、《别裁》，《文史通义》("大梁本")。
② 《汉书》卷 80《东平王传》。
③ 《汉书》卷 87 下《扬雄传下》。

言"①。永平十七年（公元74年），明帝召班固、贾逵等诣龙门，问太史迁赞语中"宁有非耶"？班固以《秦始皇本纪》赞语引贾谊《过秦论》"非是"，明帝因诏曰："司马迁著书，成一家（之）言，扬名后世，至以身陷刑之故，反微文刺讥，贬损当世，非谊士也。司马相如，污形无节，但有浮华之辞，不周于用，至于疾病而遗忠。主上求取其书，竟得颂述功德，言封禅事，忠臣效也，至是贤迁远矣。"②

　　《汉书》就是在这样一种思想文化背景下，从班彪《史记后传》开始的。

---

① 《后汉书》卷36《郑范陈贾张列传》。
② 班固：《典引序》，《文选》卷48。

第二章　断代为史的开篇——《汉书》

西汉末年，大一统的集权政治经历了一次严峻考验，刘姓皇室失而复兴。在新的形势下，如何认识和总结西汉一代的兴衰，确认和完善新的社会秩序，成为东汉最高统治集团的中心议题。班彪、班固父子沿用《史记》体例和部分史料，完成第一部断代史——《汉书》。继其后，又有纪传体国史《东观汉记》、前朝史《后汉书》、《三国志》，编年体前朝史《汉纪》、《后汉纪》相继出现，成为中国史学逐渐成长的重要标志。

第一节　班氏父子修撰《汉书》

班氏家族不同于司马氏家族，司马氏之先为周太史，典天官事，虽后世中衰，至司马谈父子复为太史。而班氏之先，与楚同姓，秦灭楚后方为姓。秦末汉初，其先祖为边地豪强："始皇之末，班壹避坠于楼烦，致马牛羊数千群"，"当孝惠、高后时，以财雄边，出入弋猎，旌旗鼓吹"。班壹生班孺，"孺为任侠，州郡歌之"，班孺生班长，班长生班回。自此，班氏由富而贵：班回生班况，班况"举孝廉为郎"，积功劳，"入为左曹越骑校尉"。成帝之初，班况以其"女为婕妤，致仕就第，赀累千金，徙昌陵。昌陵后罢，大臣名家皆占数于长安。"班况生三子：伯、斿、穉，班穉生班彪，班彪"家有赐书，内足于财，好古之士自远方至"。班氏家族在仕途、学术方面都很有声望，谷永这样称赞说："建始、河平之际，许、班之贵，倾动前朝，熏灼四方，赏赐无量，空虚内藏，女宠至极，不可尚矣。"

班彪，字叔皮，是一个"唯圣人之道然后尽心焉"的人。年20余，光武帝即位，正当群雄割据的局面，隗嚣据陇地而拥众，公孙述在蜀而称帝。隗嚣问班彪"承运迭兴"是否"在于一人"，班彪既感其言"愍狂狡之不息"，乃著《王命论》"以救时难"。其辞曰：

> 刘氏承尧之祚，氏族之世，著乎《春秋》。唐据火德，而汉绍之，始起沛泽，则神母夜号，以章赤帝之符。由是言之，帝王之祚，必有明圣显懿之德，丰功厚利积累之业，然后精诚通于神明，流泽加于生民，故能为鬼神所福飨，天下所归往，未见运世无本，功德不纪，而得屈起在此位者也。
> ……
> 盖在高祖，其兴也有五：一曰帝尧之苗裔，二曰体貌多奇异，三曰神武有征应，四曰宽明而仁恕，五曰知人善任使。加之以信诚好谋，达于听受，见善如不及，用人如由己，从谏如顺流，趣时如响赴……英雄陈力，群策毕举，此高祖之大略，所以成帝业也。若乃灵瑞符应，又可略闻也。初刘媪任（妊）高祖而梦与神遇，震电晦冥，有龙蛇之怪。……秦皇东游以厌其气，吕后望云而知所处；始受命则白蛇分，西入关则五星聚。故淮阴、留侯谓之天授，非人力也。
> 历古今之得失，验行事之成败，稽帝王之世运，考五者之所谓，取舍不厌斯位，符瑞不同斯度，而苟昧于权利，越次妄据，外不量力，内不知命，则必丧保家之主，失天年之寿，遇

折足之凶，伏铁钺之诛。①

据此可见，班彪不仅完全了接受刘向父子的历史观念，而且为写汉高祖定下了基调，包括"起兴也有五"、"灵瑞符应"的具体内容。

隗嚣终不能寤，班彪乃避地河西，为大将军窦融从事。建武十三年（公元 37 年），陇、蜀平，诏窦融与五郡太守奏事京师，官署宾客相随。光武帝雅闻班彪才，召为司隶茂材，拜徐令，后以病免。专心史籍之间，斟酌前修各史，论其得失，对《史记》有如下评论：

> 迁之所记，从汉元至武以绝，则其功也。至于采经摭传，分散百家之事，甚多疏略，不如其本，务欲以多闻广载为功，论议浅而不笃。其论术学，则崇黄老而薄《五经》；序货殖，则轻仁义而羞贫穷；道游侠，则贱守节而贵俗功。此其大敝伤道，所以遇极刑之咎也。然善述序事理，辩而不华，质而不野，文质相称，盖良史之才也。诚令迁依《五经》之法言，同圣人之是非，意亦庶几矣。
>
> ……
>
> 司马迁序帝王则曰本纪，公侯传国则曰世家，卿士特起则曰列传。又进项羽、陈涉而黜淮南、衡山，细意委曲，条例不经。若迁之著作，采获古今，贯穿经传，至广博也。一人之精，文重思烦，故其书刊落不尽，尚有盈辞，多不齐一。

同时，以《史记》"自太初以后，阙而不录"，好事者缀集时事多"鄙俗"，"不足以踵继其书"。于是"继采前史遗事，旁贯异闻，作后传数十篇"，通常称作《史记后传》。班彪规定的原则是：

———————

① 　上引关于班氏家族事，均见《汉书》卷100《叙传上》。

今此后篇，慎覈其事，整齐其文，不为世家，唯纪、传而已。传曰："杀史见极，平易正直，《春秋》之义也。"①

建武二十三年，复辟司徒玉况府。建武三十年（公元54年），年仅52岁，卒于望都长任上。其年，班固23虚岁。

班固，字孟坚。9岁能属文诵诗赋，及长"博贯载籍，九流百家之言，无不穷究"。居父丧期间，整理《史记后传》，以其"所续前史未详，乃潜精研思，欲就其业"。然而，有人上书明帝，告发班固"私改作国史"。明帝下诏其郡，收班固入京兆狱。其弟班超乃驰诣阙上书，得召见，具言班固著述之意，其所在郡亦上书。明帝甚奇之，召诣校书部，为兰台令史，时在永平五年（公元62年）。班固与陈宗、尹敏、孟异等共成《世祖本纪》，又撰功臣、平林、新市、公孙述事，作列传、载记28篇奏上，后来成为《东观汉纪》的一部分。这中间有一应注意处，即《世祖本纪》写刘秀降生："建平元年十二月甲子夜上生时，有赤光，室中尽明。皇考异之，使卜者王长（卜之。长）曰：'此善事不可言。'是岁嘉禾生，一茎九穗，长大于凡禾，县界大丰熟，因名上曰秀。是岁凤凰来集济阳，故宫皆画凤皇。圣端萌兆，始形于此。上为人隆准，日角，大口，美须眉，长七尺三寸"②，"望气者苏伯阿望春陵城曰：'美哉！王气郁郁葱葱。'"③大约由此，班固迁升为郎，典校秘书，明帝复命其续成"前所著书"。《东观汉纪》的这两段文字，后来范晔作为《光武帝纪》"论曰"写入《后汉书》。

此后，班固"专笃志于博学，以著述为业"，对续修《史记后

---

① 上引班彪事，均见《后汉书》卷40上《班彪列传上》。
② 《太平御览》卷90《后汉世祖光武皇帝》引《东观汉记》。
③ 《北堂书钞》卷151引《东观汉记》。

传》做出重大变更。《史记后传》仍属通史性质，班固以"汉绍尧运，以建帝业"，不应将汉"编于百王之末，厕于秦、项之列"，必须"追述"西汉一代帝业、功德。

> 固以为唐虞三代，《诗》《书》所及，世有典籍，故虽尧、舜之盛，必有典谟之篇，然后扬名于后世，冠德于百王，故曰"巍巍乎其有成功，焕乎其有文章也！"汉绍尧运，以建帝业，至于六世，史臣乃追述功德，私作本纪，编于百王之末，厕于秦、项之列。太初以后，阙而不录，故探纂前记，缀辑所闻，以述《汉书》。起元高祖，终于孝平王莽之诛，十有二世，二百三十年，综其行事，旁贯《五经》，上下洽通，为春秋考纪、表、志、传，凡百篇。①

自永平中受诏，"潜精积思二十余年"，至章帝建初（公元76—84年）中基本完稿。其间，上《两都赋》，"盛称洛邑制度之美，以折西宾淫侈之论"。章帝雅好文章，班固愈得幸，"数入读书禁中，或连日继夜。每行巡狩，辄献上赋颂，朝廷有大议，使难问公卿，辩论于前，赏赐恩宠甚渥。"后迁玄武司马，秩比千石，护卫玄武门，为皇帝近侍。建初四年（公元79年），天子会诸儒讲论《五经》，令班固撰集其事，遂作《百虎通义》。在此期间，又作《典引》篇"述叙汉德"，其辞有云：

> 若夫上稽乾则，降承龙翼，而炳诸《典谟》，以冠德卓踪者，莫崇乎陶唐。陶唐舍胤而禅有虞，虞亦命夏后，稷契熙载，越成汤武。股肱既周，天乃归功元首，将授汉刘。

---

① 《汉书》卷100下《叙传下》。

不仅汉得天下是天意，其制度也是早就由"先命玄圣"制定好了的：

> 俾其承三季之荒末，值亢龙之灾孽，悬象暗而恒文乖，彝伦斁而旧章缺。故先命玄圣，使缀学立制，宏亮洪业，表相祖宗，赞扬迪哲，备哉灿烂，真神明之式也。

所以，刘汉"盖以膺当天之正统，受克让之归运，蓄炎上之列精，蕴孔佐之弘陈云尔"①。所谓"典引"，李贤注："典谓《尧典》，引犹续也。汉承尧后，故述汉德以续《尧典》。"班固作《尧典》与断代为《汉书》，思想旨趣完全一致。

不久，以母丧去官。和帝永元初，大将军窦宪出征匈奴，以其为中护军，参与谋议。大破匈奴，班固写下著名的《燕然石铭》。永元四年（公元92年），窦宪被诛，班固连坐免官。洛阳令种兢趁机报复，系捕班固，遂死狱中，卒年61虚岁。其时，《汉书》八表及"天文志"尚未及竟，和帝遂命其妹班昭"就东观藏书阁踵而成之"。

班昭，字惠班，一名姬，嫁同郡曹世叔为妻。博学高才，和帝数召入宫，令皇后诸贵人师事之，号曰"曹大家"。《汉书》开始流传后，多未能读通，同郡马融从班昭受读，后又诏马融兄马续继班昭补成之。安帝中，班昭年70余卒，和熹皇太后素服举哀。②

《汉书》修撰，历光武、明、章、和、安五帝，前后70余年，经班彪、班固、班昭、马续四人之手，最终全部完成。

---

①　上引班固事，均见《后汉书》卷40下《班彪列传下》。

②　《后汉书》卷84《列女传》。

第二节　《汉书》的成就与思想

《汉书》取材，武帝以前，纪4篇、表6篇、书3篇、传40篇，基本录用《史记》文字而有所增补。武帝以后，以班彪《史记后传》为基础，综合各家所续《史记》，缀集所闻而成。元、成二纪，韦贤、翟方进、元后三传，通常认为是班彪《史记后传》文字。[①]对于《汉书》采用《史记》，历来存在不同认识。郑樵指责其"自高祖至武帝，凡六世之前，尽窃迁书，不以为惭。"[②]赵翼以为：《汉书》武帝以前纪传，多用《史记》原文。惟移换之法，别见剪裁。"[③]焦竑引程依川云，以为"子长著作，微情妙旨，寄之文字蹊径之外；孟坚之文，情旨尽露于文字蹊径之中。读子长文，必越浮言者始得其意，超文字者乃解其宗。班氏文章亦称雅博，但一览之余，情词俱尽，此班、马之分也。"[④]下面，考察《汉书》编纂成就，将涉及取材《史记》的问题。

一、改通史为断代，开纪传史新格局

班固在全书末尾对《汉书》编纂有一概括：

> 凡《汉书》，叙皇帝，列官司，建侯王。准天地，统阴阳，阐元极，步三光。分州域，物土疆，穷人理，该万方。纬《六

---

① 《元帝纪》"赞曰"有"臣外祖兄弟为元帝侍中"，《成帝纪》"赞曰"有"臣之姑充后宫为婕妤"。应劭曰："元、成纪皆班固父彪所作，臣则彪自说也。"韦贤、翟方进、元后三传"赞曰"均作"司徒掾班彪曰"，当为《史记后传》文字。

② 《通志》总序。

③ 《廿二史劄记》卷2《汉书移置史记文》。

④ 焦竑：《焦氏笔乘》卷2。

经》，缀道纲，总百氏，赞篇章。函雅故，通古今，正文字，惟学林。

所谓"叙皇帝，列官司，建侯王"，有各帝纪、百官公卿表、侯王表；"准天地，统阴阳，阐元极，步三光"，有天文、五行、律历等志；"分州域，物土疆，穷人理，该万方"，有地理、沟洫、郊祀等志以及古今人表；"纬《六经》，缀道纲，总百氏，赞篇章"，有艺文与人物列传等。颜师古注云"凡此总说帝纪、表、志、列传，备有天地鬼神人事，政治道德，术艺文章。泛而言之，尽在《汉书》耳"，可谓概括出其基本特点。如果联系到班固有在兰台"典校秘书"的经历，使其书以"博洽"见称便无足为怪了。与《史记》不同的是：《史记》确立的是适应新建社会结构的基本体系，《汉书》是在其基础上进行适时的调整与充实，改通史为断代，开纪传体史新格局，成为编纂皇朝史的带头之作。

二、体例有变换，内容称博洽

《汉书》十二纪、八表、十志、七十列传，共计100卷，记汉高帝元年（前206）至王莽地皇四年（公元23年）史事。流传中，被分为120篇：高帝纪、王子侯表、百官公卿表、律历志、食货志、郊祀志、地理志、司马相如传、严朱吾丘主父徐严终王贾传、扬雄传、匈奴传、西域传、外戚传、叙传等14卷均分上、下篇；王莽传分上、中、下篇，五行志分为上、中上、中下、下上、下下篇。

（一）十二纪

十二纪，遵循班彪"序帝王则曰本纪"的原则，编年记述高帝、惠帝、高后、文帝、景帝、武帝、昭帝、宣帝、元帝、成帝、哀帝、平帝12帝大事，为全书总纲。武帝以前，增加了惠帝纪，却没有裁汰高（吕）后纪。

《高帝纪》改动《史记》较大，为突出"汉承尧运，德祚已盛，断蛇著符，旗帜上赤，协于火德，自然之应，得天统矣"，编造出一些神话，使高帝出生、相貌、言行都罩上神秘的光环：

> 母媪尝息大泽之陂，梦与神遇。是时雷电晦冥，父太公往视，则见交龙于上。已而有妊，遂产高祖。
>
> ……
>
> 高祖被酒，夜径泽中，令一人行前。行前者还报曰："前有大蛇当径，愿还。"高祖醉，曰："壮士行，何畏！"乃前，拔剑斩蛇。蛇分为两，道开。行数里，醉困卧。后人来至蛇所，有一老妪夜哭。人问妪何哭，妪曰："人杀吾子。"人曰："妪子何为见杀？"妪曰："吾子，白帝子也，化为蛇，当道，今赤帝子斩之，故哭。"人乃以妪为不诚，欲苦之，妪因忽不见。
>
> ……
>
> 秦始皇帝尝曰"东南有天子气"，于是东游以猒当之。高祖隐于芒、砀山泽间，吕后与人俱求，常得之。高祖怪问之。吕后曰："季所居上常有云气，故从往常得季。"

今本《史记》纪高祖刘邦亦有上述相同文字，据诸多学者考证，《史记·高祖本纪》自卷首至"秦二世元年秋，陈胜等起蕲，至陈而王，号为'张楚'"之前的几段文字实为《汉书》文字，非太史公之手笔。[①] 其次，《高帝纪》移入《史记·项羽本纪》中关于鸿门之会、

---

① 这几段文字与《史记》体例、武帝定制不合。《史记》纪高祖，微时称刘季，沛县起事后称"沛公"，封汉王后称"汉王"，即帝位后称"上"，死后称"高祖"或"高帝"（世家、列传中或称高祖、高帝），上述文字均用"高祖"，与例不合。另，前一节已详述，汉武帝、司马迁均以汉为土德，司马迁岂能预见后来的"火德"说。据班彪《王命论》，当在其作《史记后传》时即窜入上述几段文字。

彭城之败、陈平间楚、鸿沟解兵等事，既有"别见剪裁"的地方，也颇多"班不及马"之处。记鸿门宴，《汉书·陈胜项籍传》仅"范增欲害沛公，赖张良、樊哙得免，语在《高纪》"寥寥数语，而《高帝纪》又将《项羽本纪》中大段极精彩的记述全部删除，甚至连"项庄舞剑，意在沛公"这句成语的出处也几乎找不见了。记垓下之战，删去《史记·高祖本纪》"淮阴侯将三十万自当之，孔将军居左，费将军居右，皇帝在后，绛侯、柴将军在皇帝后。项羽之卒可十万。淮阴先合，不利，却。孔将军、费将军纵，楚兵不利，淮阴侯复乘之，大败垓下"这一段有关阵法、战法的文字。

　　高帝、惠帝、高后、文帝四纪，是依《史记》高祖、吕太后、孝文三本纪改写，除了史事的增减外，最明显的变化是按年月时日补写了灾异。如叙高祖，《史记》作"汉元年十月，沛公兵遂先诸侯至霸上"，《汉书》改为"元年冬十月，五星聚于东井。沛公至霸上。"《史记》三年作"汉王乃令张耳与韩信遂东下井陉击赵，斩陈馀、赵王歇"，《汉书》改为"三年冬十月，韩信、张耳东下井陉击赵，斩陈馀，获赵王歇。置常山、代郡。甲戌晦，日有食之。十一月癸卯晦，日有食之"。《史记》三年作"乃使张耳北益收兵赵地，使韩信东击齐。汉王得韩信军，则复振。引兵临河，南飨军小修武南，欲复战"，《汉书》改为三年"乃使张耳北收兵赵地。秋七月，有星孛于大角。汉王得韩信军，复大振。八月，临河南乡，军小修武，欲复战"。《惠帝纪》是新增，自元年冬十二月至七年秋八月，总共大事记26条，其中有8条记灾异，而专记灾异的就有5条，如二年"春正月癸酉，有两龙见兰陵家人井中，乙亥夕而不见。陇西地震"，七年"春正月辛丑朔，日有蚀之。夏五月丁卯，日有蚀之，既"。纪文帝，自四年起，较比《史记》记事，所增多为灾异。

　　（二）八表

　　八表，前五表从《史记》汉兴以来诸侯王、功臣侯者表演变而来，分为异姓诸侯王、（同姓）诸侯王、王子侯、高惠高后文功臣、景武昭宣元成功臣表。

异姓诸侯王、（同姓）诸侯王，《史记》为一表，表明汉初诸侯王"亲疏相错"的实际，《汉书》为突出异姓、同姓之别，又不掩没秦楚之际的客观历史过程。《异姓诸侯王表》沿用《史记·秦楚之际月表》序，追述秦与汉的衰与兴的关系，将《史记》以楚为首栏改以汉为首栏，仍然列汉元年至文帝后元七年"诸侯并政，制自项氏，十有八姓"以及刘邦所封异姓八王的置废。同姓王表，则是为了表"太祖元勋，启立辅臣，支庶藩屏，侯王并尊"。

需要指出的是，班固沿用《史记·秦楚之际月表》，其序文对司马迁探讨秦亡汉兴原因有新的发挥。两篇序文都认为"秦起襄公，章文、缪、献、孝"之后，"稍蚕食六国，百有余载，至始皇乃并天下"，"以德若彼，用力如此，其艰难也。"司马迁对汉之"王迹所兴，起于闾巷"，仅仅表示了"此乃传之所谓大圣乎？岂非天哉，岂非天哉"的疑惑与感叹。班固则提问："汉亡（无）尺土之阶，由一剑之任，五载而成帝业。书传所记，未尝有焉，何则？"随后分析说：秦"用壹威权，为万世安。然十余年间，猛敌衡发乎不虞，适戍强于五伯，闾阎逼于戎狄，响应瘝（谮）于谤议，奋臂威于甲兵。乡秦之禁，适（谪）所以资豪杰而速自毙也。"这就将秦亡与汉兴联系起来，认为秦之苛政是秦亡的直接原因。最后总结道：

> 古世相革，皆承圣王之烈，今汉独收孤秦之弊。镌金石者难为功，摧古朽者易为力，其势然也。

认为汉兴是客观历史发展的必然趋势，比起司马迁的疑惑与感叹无疑更为深刻。但《史记·秦楚之际月表》序文开头一段叙述秦楚之际客观历史过程的重要文字，"初作难，发于陈涉；虐戾灭秦，自项氏；拨乱诛暴，平定海内，卒践帝祚，成于汉家。五年之间，号令三嬗，自生民以来，未始有受命若斯之亟也"，竟被班固删得干干净净，只为强调"今汉独收孤秦之弊"，突出西汉一代，这就不能不使其"其势然也"的认识大打折扣了。

《史记》功臣侯分作高祖、景惠间、建元以来三表，表明汉初分封之制的异同，而《汉书》合并、增补为高惠高后文、景武昭宣元成二表，前表为明"受命之初，赞功剖符"，后表为明"后昆承平，亦有绍土"。《史记》王子侯表断自"建元以来"，表明"诸侯既强，七国为从，子弟众多，无爵封邑，推恩行义，其势销弱，德归京师"，《汉书》起高帝，旨在明"圣祖之建业也，后嗣承序，以广亲亲"。

八表中后三表为班固新创：《外戚恩泽侯表》为表"宰相外戚，昭趫见戒"，反映西汉外戚之盛的客观实际。《百官公卿表》虽因《史记·汉兴以来将相名臣年表》，却改变了《史记》以汉初政（相位）、军（将位）、监（御史大夫位）三权并立，列表记其大事，"贤者记其治，不贤者彰其事"的做法，而以"秦兼天下，建皇帝之号，立百官之职，汉因循而不革，明简易，随时宜也"。上篇记秦汉官制沿革，先追述秦制，再叙汉制。如"相国、丞相，皆秦官，金印紫绶，掌丞天子助理万机。秦有左右，高帝即位，置一丞相，十一年更名相国，绿绶。孝惠、高后置左右丞相，文帝二年复置一丞相。有两长史，秩千石。哀帝元寿二年更名大司徒。武帝元狩五年初置司直，秩比二千石，掌佐丞相举不法。"下篇表列汉之百官公卿迁、免、死，但举其官而无姓名。虽名为《百官公卿表》，实为表、志结合，开纪传史志官制之滥觞。《古今人表》名为"古今"，实则表"古"不表"今"，将传说时代至楚汉之际的"人物"分为上上（圣人）、上中（仁人）、上下（智人）、中上、中中、中下、下上、下中、下下（愚人）九等。所表禹以前"圣人"依次为：太昊宓羲氏、炎帝神农氏、黄帝轩辕氏、少昊帝金天氏、颛顼帝高阳氏、帝喾高辛氏、（帝尧）陶唐氏、帝舜有虞氏，完全采用"世经"的说法。

（三）十志

十志，依次为律历（上下）、礼乐、刑法、食货（上、下）、郊祀（上、下）、天文、五行（上、中之上、中之下、下之上、下之下）、地理（上、下）、沟洫、艺文。通常以为是改《史记》八书而成，但须作具体分析。律历、礼乐、食货、郊祀、天文、沟洫六志，是继承《史记》礼、乐、律、历、天官、封禅、河渠、平准八书，或进行合并（合律书、历书为律历志，合礼书、乐书为礼乐志），或作以改动（改平准书为食货志，改封禅书为郊祀志，改天官书为天文志，改河渠书为沟洫志）。刑法、五行、地理、艺文四志为新创，下面详说。

《律历志》虽名为合《史记》律书、历书，实则另起炉灶，《史记·历书》中具有价值的《历术甲子篇》被删掉。志前的序文已然说明："汉兴，北平侯张苍首律历事，孝武帝时乐官考正。至元始中王莽秉政，欲耀名誉，征天下通知钟律者百余人，使羲和刘歆等典领条奏，言之最详。故删其伪辞，取正义，著于篇。"律的部分，全取刘歆之义。历的部分，在简要追述历法史过后，同样明确表示："至孝成世，刘向总六历，列是非，作《五纪论》。向子歆究其微眇，作《三统历》及《谱》以说《春秋》，推法密要，故述焉。"卷下"世经"，前面一章已述。按照刘歆的说法，王莽以土德继汉之火德，但在《王莽传》"赞曰"不能再用此说，因而改以东汉的观念，以王莽为"余分闰位"。

《郊祀志》基本取自《史记·封禅书》，补充了武帝至王莽的内容，记录了匡衡、张谭、刘向、谷永、杜邺、王莽等关于郊祀之议。班固述郊祀，虽然对西汉末多所指责，"季末淫祀，营信巫史"，"放诞之徒，缘间而起"，但目的不在揭露，而在"瞻前顾后，正其终始"①。志末"赞曰"前面一章已引述，重复其父《王命论》中的"神母夜号，赤帝之符"，概括西汉一代如何由"水德"演为"土德"，再变而为"火德"的改"统"、改"德"的历程。

《天文志》内容多与《史记·天官书》同，如果说司马迁尚有记天官职守之旨，那么《汉书》述天文，则以星宿"皆有州国官宫物类之象"，"其本在地，而上发于天者也。政失于此，则变见于彼，犹景（影）之象形，响之应声。是以明君睹之而寤，饬身正事，思其咎谢，则祸除而福至，自然之符也"，亦如《叙传下》所说"举其占应，览故考新"。

1. 改书为志，成就显著者为食货、沟洫

《食货志》是对《史记·平准书》作相当增补和调整而成。一则根据《洪范》"八政"将"食"与"货"分为上、下篇，二是扩展记述时限，《平准书》"维币之行，以通农商"，仅叙西汉前期"以观事变"，《食货志》以"厥初生民，食货惟先"，"扬榷古今，监世盈虚"，上溯春秋战国。上篇言"食"，为新增，记农业生产与农业政策，系统记述古代田制的变化，录入李悝作"尽地力之教"、贾谊《论积贮疏》、晁错《论贵粟疏》、董仲舒《限民名田议》等为历代所重的论述。不过，分析武帝"物盛而衰，固其变也"，基本沿用司马迁《平准书》的论述。下篇言"货"，记货币、商业及财政政策，基本沿用《平准书》太初以前内容，补入贾谊《谏除盗铸钱令》；太初以后补充了昭帝以下内容，详记王莽屡改币制、实行五均六莞的情况。两部分结尾各有简要分析，将王莽败亡与社会经济联系在一起，这里录"货"结尾一段文字如下：

> 民不得耕桑，徭役烦剧。而枯旱蝗虫相因。……上自公

① 《汉书》卷100下《叙传下》。

侯，下至小吏，皆不得俸禄，而私赋敛，货赂上流，狱讼不
决。吏用苛暴立威，旁缘莽禁，侵刻小民。富者不得自保，贫
者无以自存，起为盗贼，依阻山泽，吏不能擒而复蔽之，浸淫
日广。……战斗死亡，缘边四夷所系虏，陷罪，饥役，人相食，
及莽未诛，而天下户口减半矣。

《史记·平准书》只是从社会经济角度"盛中观衰"，《汉书·食
货志》内容丰富，材料珍贵，反映宗周至王莽一千多年间农政与钱法
的发展，为系统研究汉代以前社会经济的重要文献。自《汉书》始，
《食货志》成为纪传史中从社会经济方面总结前朝盛衰的必不可少的
专篇。

《沟洫志》基本沿用《史记·河渠书》，以治河为主，兼叙其他
水利事项以及西汉一代水利管理职能，对《河渠书》有改有补。《河
渠书》："汉兴三十九年，孝文时河决酸枣，东溃金堤，于是东郡大兴
卒塞之。其后四十有余年，今天子元光之中，而河决于瓠子，东南
注巨野，通于淮、泗。"《沟洫志》改"其后四十有余年"为"其后
三十六岁"，更为确切。元鼎六年穿凿六辅渠之事，《河渠书》缺载，
《沟洫志》作有如下补充："自郑国渠起，至元鼎六年，百三十六岁，
而兒宽为左内史，奏请穿凿六辅渠，以益溉郑国傍高卬之田。上曰：
农，天下之本也。泉流灌寝，所以育五谷也。左右内史地，名山川原
甚众，细民未知其利，故为通沟渎，蓄陂泽，所以备旱也。今内史稻
田租挈重，不与郡同，其议减。令吏民勉农，尽地利，平徭行水，勿
使失时。"这是一则重要史实。《沟洫志》用更多的篇幅补写了武帝太
初以至王莽时期的治河事项以及哀帝时贾让《论治河三策》，为珍贵
的水利史资料。

2. 新创四志，依次为刑法、五行、地理、艺文

《刑法志》以"德须威而久立，作刑以明威也"的关系，从圣人

"因天讨而作五刑，大刑用甲兵，其次用斧钺，中刑用刀锯，其次用钻凿，薄刑用鞭扑"出发，同时发展了《史记·律书》中关于兵的部分内容。全志分作"兵"、"刑"两部分，前半部简要叙述传说时代至汉代的"大刑"——"用甲兵"的概况，后半部分为"以刑邦国"，追述三代以下的刑法变迁，重点在"举汉兴以来，法令稍定而合古便今者"，如实反映出汉代刑法外宽内猛的实际："汉兴之初，虽有约法三章，网漏吞舟之鱼，然其大辟，尚有夷三族之令"；文帝废除肉刑及减刑后，"外有轻刑之名，内实杀人"。揭示"刑狱所以尤多"的根源在于"五疾"："堤防凌迟，礼制未立；死刑过制，生刑易犯；饥寒并至，穷斯滥溢；豪杰擅私，为之囊橐；奸有所隐，则狃而寖广"。特别指出"今之狱吏，上下相驱，以刻为明，深者获功名，平者多后患"的问题。

汉代盛行阴阳五行说，《汉书·艺文志》诸子略著录"阴阳二十一家"，术数略著录"五行三十一家"，创立《五行志》反映其纪实的一面：

> 汉兴，承秦灭学之后，景、武之世，董仲舒治《公羊春秋》，始推阴阳，为儒者宗。宣、元之后，刘向治谷梁《春秋》，数其祸福，传以《洪范》，与仲舒错。至向子歆治《左氏传》，其《春秋》意亦已乖矣；言《五行传》，又颇不同。是以辇（揽）仲舒，别向、歆，传载眭孟、夏侯胜、京房、谷永、李寻之徒所陈行事，讫于王莽，举十二世，以傅《春秋》，著于篇。

其中，包含天文学、地学、气象学、生命科学、物候学、科学史方面的诸多内容，如下之下篇所记成帝河平元年"三月乙未，日出黄，有黑气大如钱，居日中央"，对黑子的位置、时间记述非常明确，这是举世公认的最早关于太阳黑了的记述。另一方面，创《五行志》表明班固深受刘向父子影响的实际，前面一章"刘氏父子"一节已详述刘向《洪范五行传论》。直至唐代，《史通》用1卷2篇的篇幅，论证"孟坚之误"，包括"引书失宜"、"叙事乖理"、"释灾多乱"、"古学不精"等问题，并举出15条事例驳董仲舒、刘向等的牵强比附。[①]

《地理志》追述传说时代"画野分州"，全文引述《禹贡》，叙《周官》职方之后，叙汉兴以来。按照汉代行政区划，先京兆、左冯翊、右扶风，再郡、国，其下为所属县、道、侯国，仿效并发展了《禹贡》的记述范围，分记建置沿革、人户、丁口、物产、道里交通、山川湖泽、关隘要塞、名胜古迹以及都尉、铁官、盐官、工官等治所。然后，记录了平帝时郡国、县、道、侯国总数，疆域幅员、耕地面积，所定垦田、不可垦地、可垦可不垦地以及民户、丁口总数，详细统计如下：

> 本秦京师为内史，分天下作三十六郡。汉兴，以其郡太大，稍复开置，又立诸侯王国。武帝开广三边。故自高祖增二十六，文、景各六，武帝二十八，昭帝一，讫于孝平，凡郡国一百三，县邑千三百一十四，道三十二，侯国二百四十一。地东西九千三百二里，南北万三千三百六十八里。提封田一万万四千五百一十三万六千四百五顷，其一万万二百五十二万八千八百八十九顷，邑居道路，山川林泽，群不可垦；其三千二百二十九万九百四十七顷，可垦可不垦；定垦田八百二十七万五百三十六顷。民户千二百二十三万三千六十二，口五千九百五十九万四千九百七十八。汉极盛矣。

① 　详见《史通》卷19《汉书五行志错误》、《五行志杂驳》。

　　这是中国历史上第一次有关社会经济状况的官方完整统计。接下来的部分，便是根据《史记·货殖列传》所记各地风俗特产，汇总刘向"略言其地分"、朱赣"条其风俗"的成果，"辑而论之，终其本末著于篇"，叙述各个地域范围、历史、地理、民生、风俗和特产以及中外交通与交流情况。

　　《艺文志》删刘歆《七略》而成，《七略》的依据是刘向《别录》，形成《艺文志》与《别录》、《七略》有不尽一致处。《七略》曰著录"书三十八种，六百三家，一万三千二百一十九卷"[①]，较《艺文志》末所云多7家。班固自注"入三家，五十篇，省兵十家"，实则少7家，故《七略》为603家，《艺文志》为596家。所谓"入三家"，为《七略》所无的刘向、扬雄、杜林；"五十篇者"，为刘向《稽疑》一篇（入六艺书类），扬雄、杜林二家三篇（入六艺小学类），扬雄三十八篇（入诸子儒家类），扬雄赋八篇（入诗赋略）。[②]有三点问题：一是《易》后序云"刘向以中（皇家藏书）古文《易经》校施、孟、梁丘经，或脱去'无咎'、'悔亡'，唯费氏经与古文同"，知皇家藏书有古文《易经》，但《艺文志》只著录"《易经》十二篇，施、孟、梁丘三家"，未著录古文《易经》，与《书》、《礼》、《春秋》今古文经都著录的体例不合。二是刘向"叙录"《山海经》为18篇，而《艺文志》著录为13篇，是否刘氏父子之外班固另有所据？第三便是，《律历志》所据刘歆《三统历谱》，《五行志》所据刘歆《洪范五行传论》，《艺文志》均未著录，即便刘氏父子《别录》、《七略》不著录自己的这几部书，班固也不应该不著录，实在令人费解！尽管如此，由于《汉书》流传而《七略》亡佚，《汉书·艺文志》便成为中国现存最早的一部文献总目。意义有二：其一，反映中国最早图书分类以学术分

－－－－－－－－－－

① 见《广弘明集》卷3。

② 以《汉书·艺文志》的著录统计，实为614家，12990篇（卷），较班固所云多18家，少279篇（卷）。

类为基础的原则，讲中国目录学由此为开端，讲中国学术史也以此为源头。其二，继承司马谈论六家之要指，显示出先秦学术思想的传授源流，成为中国学术史的雏形。将"艺"置于"文"之首，把诸子诗赋看作"《六经》之支与流裔"，是尊经崇儒的时代反映。

《汉书》十志博洽，奠定了此后纪传史"书志"的基本规模。食货、刑法、地理、沟洫、艺文五志，拓展了纪传史中经济、政治、社会、文化等领域的记述范围。律历中的"世经"成为认识汉代以前古史统系影响最为久远的一种历史观念。

（四）七十列传

班彪规定"公侯传国则曰世家"，但汉初异姓诸侯十八王，"讫于孝文，异姓尽矣"[①]；诸侯王立二等之爵，几经"削藩"、"推恩"、夺侯等，"诸侯惟得衣食租税，不与政事"[②]；功臣封侯"百四十有三人"，"讫于孝武后元之年，靡有孑遗"[③]。面对如此状况，班彪的《史记后传》只得"不为世家，唯纪、传而已"。

七十列传，增《史记》30篇。采用《史记》者，有以本纪、世家改列传者，如改《项羽本纪》、《陈涉世家》为《陈胜项籍传》，外戚、楚元王、荆燕、齐悼惠王、萧相国、曹相国、留侯、陈丞相、绛侯周勃、梁孝王、五宗、三王等世家分别改为外戚、楚元王、荆燕吴、高五王、萧何曹参、张陈王周、文三王、景十三王、武五子等传。武帝以前，新增立传人物主要有吴芮、蒯通、伍被、贾山以及卜式、兒宽等。其他则为调整分合扩充，如张骞在《史记》中附《卫将军骠骑列传》之后，《汉书》将其与李广利合为一传。《董仲舒传》是《史记·儒林列传》中董仲舒传的扩充，《公孙弘卜式兒宽传》扩充了《史记·儒林列传》中公孙弘传，增补了卜式、兒宽，三人合为一传，

---

① 《汉书》卷13《异姓诸侯王表》序。
② 《汉书》卷14《诸侯王表》序。
③ 《汉书》卷16《高惠高后文功臣表》序。

传末"赞曰"是对汉武帝破格用人以及人才济济的一个总评,录其文如下:

> 是时,汉兴六十余载,海内艾安,府库充实,而四夷未宾,制度多阙。上方欲用文武,求之如弗及,始以蒲轮迎枚生,见主父而叹息。群士慕向,异人并出。卜式拔于刍牧,弘羊擢于贾竖,卫青奋于奴仆,日䃅出于降虏,斯亦曩时版筑饭牛之朋已。汉之得人,于兹为盛。儒雅则公孙弘、董仲舒、兒宽,笃行则石建、石庆,质直则汲黯、卜式,推贤则韩安国、郑当时,定令则赵禹、张汤,文章则司马迁、相如,滑稽则东方朔、枚皋,应对则严助、朱买臣,礼数则唐都、洛下闳,协律则李延年,运筹则桑弘羊,奉使则张骞、苏武,将率则卫青、霍去病,受遗则霍光、金日䃅,其余不可胜纪。是以兴造功业,制度遗文,后世莫及。孝宣承统,纂修洪业,亦讲论六艺,招选茂异,而萧望之、梁丘贺、夏侯胜、韦玄成、严彭祖、尹更始以儒术进,刘向、王褒意文章显,将相则张安世、赵充国、魏相、丙吉、于定国、杜延年,治民则黄霸、王成、龚遂、郑弘、召信臣、韩延寿、尹翁归、赵广汉、严延年、张敞之属,皆有功迹见述于世。参其名臣,亦其次矣。

由此,或许可以知道班固增立人物传的某种根据。

列传排列,先合传(只有贾谊、董仲舒、司马相如、司马迁、东方朔、扬雄6个专传穿插其中),再类传、周边部族传,同时开列传以推翻前朝之群雄(陈胜项籍、张耳陈馀等)为始、以篡位本朝之贼臣(王莽)居末的先例,为此后断代纪传史所承袭。列传人物篇名,《史记》或以姓标,如《樊郦滕灌列传》;或以名标,如《袁盎晁错列传》;或以官标,如《张丞相列传》;或以爵标,如《淮阴侯列传》。经班氏父子"整齐其文",除诸侯王传,一律以姓或姓名为篇名,仅卷46"万石"(即石奋)为一例外。

合传颇有行简、知类的含义,如魏豹、田儋、韩(王)信为"旧国之后,然皆及身而绝"者合传;公孙(贺)、刘(屈氂)、田(车千秋)、王(䜣)、杨(敞)、蔡(义)、陈(万年)、郑(弘)皆为"丞相、御史","成同类"而合传;眭(弘)、两夏侯(始昌、胜)、京(房)、翼(奉)、李(寻)皆为"汉兴推阴阳言灾异者"合传;匡(衡)、张(禹)、孔(光)、马(宫),"咸以儒宗居宰相位","然皆持禄保位,被阿谀之讥"者合传。

类传的变化,删除刺客、滑稽、龟策、日者四列传。

周边部族传,扩《匈奴列传》为1卷2篇,合《史记》南越、东越、朝鲜、西南夷等四列传为《西南夷两粤朝鲜传》1卷,扩《大宛列传》为《西域传》1卷2篇。

《匈奴传》分上、下篇,自传说时代至更始末年,完整地反映匈奴盛衰之迹及其与西汉的和战关系,为迄今保存匈奴历史最系统的文献记载。上篇叙"汉既诛大宛,威震外国,天子意欲遂困胡,乃下诏曰:'高皇帝遗朕平城之忧,高后时单于书绝悖逆。昔齐襄公复九世之仇,《春秋》大义。'是岁,太初四年也"一段文字之前,全用《史记》之文,仅个别段落稍有补充。上篇叙事,止神爵四年。传末的长篇"赞曰",概述西汉一代与匈奴的关系,颇见中肯的评析。自高祖至武帝,人持所见,各有异同,总归起来,不外乎两种对策、四种态度。两种对策,"缙绅之儒则守和亲,介胄之士则言征伐"。四种态度,"有修文而和亲之矣,有用武而克伐之矣,有卑下而承事之矣,有威服而臣畜之矣"。两种对策"皆偏见一时之利害,而未究匈奴之终始也";四种态度"诎伸异变,强弱相反",由于条件各异而形成的差异。提出两项主张:一是"不与约誓,不就攻伐;约之则费赂而见欺,攻之则劳师而招寇";二是"来则惩而御之,去则备而守之。其慕义而贡献，则接之以礼让，羁縻不绝，使曲在彼"，认为这是"圣王制御蛮夷之常道"。《西南夷两粤朝鲜传》的"两粤"指南粤、闽粤，即《史记》的南越、东越。传南粤，补充了《史记》缺载的文帝赐赵佗书及赵佗上书两篇重要历史文献。《西域传》分上、下篇，记50余国（部族）治所、道里、户口、制度、环境、社会、历史、风土、物产以及西汉与匈奴的争夺、与西域的经济文化交流。开篇以简短的文字叙述西域的政权、地理、四至以及山川等，条理清晰，虽无图册在手，亦可了然于目：

> 西域以孝武时始通，本三十六国，其后稍分至五十余，皆在匈奴之西，乌孙之南。南北有大山，中央有河，东西六千余里，南北千余里。东则接汉，厄以玉门、阳关，西则限以葱岭。其南山，东出金城，与汉南山属焉。其河有两源：一出葱岭山，一出于阗。于阗在南山下，其河北流，与葱岭河合，东注蒲昌海。蒲昌海，一名盐泽者也，去玉门、阳关三百余里，广袤三百里。其水亭居，冬夏不增减，皆以为潜行地下，南出于积石，为中国河云。

上篇以记鄯善、罽宾、康居、大宛四国为详，下篇以记乌孙、渠犁、车师后国三国为最详。

《汉书》虽将《史记》的周边传记从6卷6篇改为3卷5篇，却增补了丰富的历史资料。由《史记》开创、《汉书》继承的纳周边部族（或政权）入大一统皇朝史书的做法，不仅保存了研究中国民族史和民族关系史的丰富资料，更重要的是拓展了华夏民族的眼界和胸襟，成为纪传史的一个不可或缺的重要组成部分。

类传中，《汉书》对《史记》改变最大的就要数《货殖传》了。《汉书·货殖传》仅保留了《史记·货殖列传》中有关致富之人的基本事迹，而将司马迁的论述全部删去，代之以班氏父子的认识。《史记·货殖列传》所称述的"皆非弄法犯奸而富"者，《汉书·货殖传》则指责"蜀卓氏，宛孔，齐之刀间，公擅山川铜铁鱼盐市井之人，运其筹策，上争王者之利，下锢齐民之业，皆陷不轨奢僭之恶"，甚至认为"伤化败俗，大乱之道也"。这既反映汉代经济政策的前后变化，又表现出班氏父子对司马迁"述货殖则崇势力而羞贫贱"的批评态度。

收录文章诗赋，是反映《汉书》博洽的一个方面。《后汉书·儒林列传》记载："光武迁还洛阳，其经牒秘书载之二千余辆，自此以后，参倍于前。"班固身处东观、兰台，无疑会采用这些档案材料。整部《汉书》，纪中增入大量诏令，志、传中增入大量奏议，大都源出于此。唐代柳宗元作有如下评论：

> 当文帝时始得贾生明儒术，武帝尤好焉。而公孙宏、董仲舒、司马迁、相如之徒作风雅益盛，敷施天下。自天子至公卿大夫士庶，人咸通焉。于是，宣于诏策，达于奏议，讽于辞赋，传于歌谣，由高帝迄于哀平王莽之诛，四方之文章盖烂然矣。史臣班孟坚修其书，拔其尤者，充于简册，则二百三十年间，列辟之达道，名臣之大范，贤能之志业，黔黎之风习列焉。①

三、编纂新特点

《汉书》在体例方面的突出特点，是某些篇卷的"通于上下"，但这也最为后世訾议。其实，这是后世以《汉书》为断代史的观念在作怪。《叙传》"述古今人表"，清楚地表明"篇章博举，通于上下"，这是班固"寓通于断"的重要手法，不仅表、志有"寓通于断"的内

---

① 《柳宗直西汉文类序》，《全唐文》卷 577。

容，就是列传也有这样的篇章。

《百官公卿表》以"秦兼天下，建皇帝号，立百官之职，汉因循而不革"，记官制突破西汉一代，"略表举大分，以通古今"。

列传中，周边部族传，除西域外均有追溯；保留的《史记》货殖、游侠二传，也都"通于上下"。

"寓通于断"，十志最为明显。各志基本采用"三代损益，降及秦、汉"的写法，以汉为主，程度不同地上溯，或传说时代，或三代，或春秋战国，或秦楚之际，下及王莽乃至光武中兴。这种前后相继、贯通一气的做法，对后世纪传体"书志"的编纂有一定的影响。《宋书》八志，上起魏晋，弥补了《三国志》没有"书志"的缺憾。《隋书》十志以南朝梁、陈，北朝齐、周以及隋为主，追溯到《汉书》十志，被誉为"极有伦类，而本末兼明"①。

因事命篇，反映汉代社会历史特点，是《汉书》编纂的又一重要特点。

西汉一代，宗室、外戚始终是最高统治集团矛盾的焦点，特别是外戚干政，以王莽篡权达到极点。班固将散见于《史记》中三个侯表中的外戚、恩泽侯集中起来，专立一《外戚恩泽侯表》，表述西汉一代外戚失势、封侯、逐渐膨胀的脉络：

> 汉兴，外戚与定天下，侯者二人。故誓曰："非刘氏不王，若有亡（无）功非上所置而侯者，天下共诛之。"是以高后欲王诸吕，王陵廷争；孝景将侯王氏，修（条）侯犯色。卒用废黜。是后薄昭、窦婴、上官、卫、霍之侯，以功受爵。其余后父据《春秋》褒纪之义，帝舅缘《大雅》申伯之意，寖广博矣。是以别而叙之。

---

① 《通志》卷65《艺文略三》。

同时，改《史记·外戚世家》为《外戚传》，增补孝武李夫人以下人与事，反映西汉"诡矣祸福，刑于外戚"①的事实。全书以外戚、元后、王莽三传终篇，如实地反映出西汉末年外戚干政、王氏弄权、王莽代汉的历史过程。

《王莽传》以传代纪，自王莽居摄始，编年纪事，实际是纪的变例。全传分上、中、下三篇，可谓新莽一代之史。上篇至居摄三年，写王莽由大司马擅权，晋爵安汉公，至居摄践祚，揭出王莽的虚伪、矫饰。"莽色厉而言方，欲有所为，微见风采，党与（羽）承其指意而显奏之，莽稽首涕泣，固推让焉，上以惑太后，下用示信于众庶"。记述王莽利用图谶、符瑞等制造篡位舆论的史实。中篇自始建国元年至天凤三年，记述王莽改制的经过、改制的内容以及出现的衰败迹象。下篇自天凤四年至更始三年，进一步展示王莽的昏庸，直至被斩首、肢解。"莽见盗贼多，乃令太史推三万六千岁历纪，六岁一改元，布天下"，"欲以诳燿百姓，销解盗贼。众皆笑之。"刘秀兵进围宛城，新市、平林兵共立刘玄为帝，改年号为更始元年，王莽"闻之愈恐"，却又"欲外视自安，乃染其须发，进所征天下淑女杜陵史氏女为皇后，聘黄金三万斤，车马奴婢杂帛珍宝以巨万计。"同时，与方士在后宫"考验方术，纵淫乐焉"。而当"莽军师外破，大臣内畔（叛），左右亡（无）所信"，"莽忧懑不能食"。大司空崔发竟引《周礼》及《春秋左氏》"国有大灾，则哭以厌之"，"莽自知败，乃率群臣至南郊，陈其符命本末"，"搏心大哭，气尽，伏而叩头。又作告天策，自陈功劳，千余言"。拜将军9人，皆以虎为号，号为"九虎"。此时省中黄金万斤为一匮，尚有60匮，黄门、钩盾、臧府、中尚方，处处各有数匮。长乐御

① 《汉书》卷100《叙传》。

府、中御府及都内、平准帑藏钱帛珠玉财物甚众，然"莽愈爱之"，竟不分发给众军将，仅"赐九虎士人四千钱"，于是"众重冤，无斗意"。在长篇记事之后，传末"赞曰"进一步分析王莽得势与败亡的原因，揭示其两重性。肯定"王莽始起外戚，折节力行，以要名誉，宗族称孝，师友归仁。及其居位辅政，成、哀之际，勤劳国家，直道而行，动见称述"的同时，认为其得势在"天时，非人力之致矣"，即"莽既不仁而有佞邪之材，又乘四父历世之权，遭汉中微，国统三绝"。对王莽身首分裂的分析，一是"奋其威诈，滔天疟民，穷凶极恶，毒流诸夏，乱延蛮貉，犹未足逞其欲焉"；二是"窃位南面，处非所据"，与秦始皇一样，"皆炕龙绝气，非命之运，紫色鼃（蛙）声，余分闰位，圣王之驱除云尔"。

总归起来，《汉书》的成就主要表现在以下几方面：一是开出纪传史编纂新格局，二是内容博洽，展现出西汉一代从经济基础到上层建筑，从生产状况到思想文化，从疆域开拓到周边关系的社会实际。班固父子以刘向父子的历史认识为基本依据，完整地贯穿于修史之中，以"汉承尧后，协于火德"的观念看待整个汉代的兴衰，取《洪范五行传论》创立《五行志》，取《七略》创立《艺文志》，取《三统历谱》为《律历志》基本内容，恰恰如实地反映出史、汉近二百年间思想变异的历史实际。书中贯穿的实录原则，正是透过其思想观念表现出来的。

四、《史记》、《汉书》评价

自东汉至南朝宋，对于《史记》、《汉书》的评价形成三种颇具代表性的认识。

晋张辅以《汉书》三不如《史记》："迁之著述，辞约而事举，叙三千年事唯五十万言；班固叙二百年事乃八十万言，烦省不同，不如迁一也。良史述事，善足以奖劝，恶足以监诫，人道之常。中流小事，亦无取焉，而班皆书之，不如二也。毁贬晁错，伤忠臣之道，不如三也。迁既造创，固又因循，难易益不同矣。"①所议文字烦省问题，颇有影响，以致聚讼纷纭。

傅玄在总体上肯定《汉书》"实命代之奇作"②的同时，又批评其"论国体则饰主阙而抑忠臣，叙世教则贵取容而贱直节，述财务则谨辞章而略事实"③。

在对比《史记》《汉书》之后，当时形成下面一段共识，华峤、袁宏、范晔均引作对"二子有良史之才"的评语：

> 司马迁、班固父子，其言史官载籍之作，大义粲然著矣。议者咸称二子有良史之才。迁文质而事核，固文赡而事详。若固之序事，不激诡，不抑抗，赡而不秽，详而有体，使读之者亹亹而不厌，信哉其能成名也。④

《汉书》在体例方面"详而有体"，发展了纪传体的编纂成就；在史事方面"文赡而事详"，且"赡而不秽"，发扬了史书编纂的实录原则；在书事方面"不激诡，不抑抗"，使读者"亹亹而不厌"，继续着历史编纂与传记文学的结合。《汉书》正是以其编纂思想的变异和编纂体例的改进、记事的详赡，为其后的皇家修史树起一面旗帜，恰如章学诚所说：

---

① 《晋书》卷 60《张辅传》。
② 参见《全晋文》卷 50。
③ 《汉书补注叙例》引。
④ 《后汉书》卷 40 下"论曰"。李贤注："此已上略华峤之辞。"《后汉纪》卷 13 和帝永元四年袁宏评论班固："固之序事，不激诡，不抑抗，赡而不秽，详而有体，使读之者亹亹而不厌。"

　　盖迁书体圆用神，多得《尚书》之遗；班氏体方用智，多得官礼之意也。

　　……

　　迁史不可为定法，固书因迁之体，而为一成之义例，遂为后世不祧之宗焉。[①]

①　《文史通义》卷1《书教下》。

第三章　官私竞修，二体角力

前、后《汉书》间隔近三个半世纪，天下分合交错，政权更迭纷杂，史学循着自身固有的路径在不断发展。纪传体"前四史"、编年体"两汉纪"，成为反映此间史学成就的标志性成果。

第一节　纪传体国史《东观汉记》
与编年体西汉史《汉纪》

东汉一代，历史编纂从通史转向断代。纪传体前朝史《汉书》编纂的同时，纪传体国史（本朝史）《东观汉记》的修纂已在进行中，随即出现编年体前朝史《汉纪》，成为史学发展的重要环节。

一、纪传体国史——《东观汉记》

东汉修纂国史《东观汉记》，今天所见已是辑本，但作为第一部完整的纪传体东汉史，其意义在于它标志着皇家修国史的开始。史家个人的意识逐渐转化为统治集团的意识，皇家垄断国史修纂开始提到日程上来了。

（一）纂修始末

《东观汉记》的修纂，自明帝永平五年（公元62年）始，前后历经140余年、20名学者参预，大约在献帝建安（196—220）之际纂成。

　　前面谈到，自《太史公书》之后，续修之作甚众。尽管续修各不相同，却从来没有"被告发"之事发生，而到东汉明帝时竟出现告发班固"私改作国史"的情况。幸有班超诣阙上书，明帝才召班固诣校书部，为兰台令史，"与前睢阳令陈宗、长陵令尹敏、司徒从事孟异共成《世祖本纪》"，"又撰功臣、平林、新市、公孙述事，作列传、载记二十八篇，奏之。"①《东观汉记》的修纂，从一开始就被纳入皇家的监控之下。这是开始修纂。

　　第二次修纂，安帝永宁（120—121）年间，邓太后诏刘毅、刘騊駼入东观，与刘珍、李尤著"中兴以下名臣列士传"②。第二、三、四次修纂，《史通·古今正史》所记最详：

　　　　又诏史官谒者仆射刘珍与谏议大夫李尤，杂作纪、表、名臣、节士、儒林、外戚诸传，起自建武，讫乎永初。事业垂竟，而珍、尤继卒。复命侍中伏无忌与谏议大夫黄景作诸王、王子、功臣、恩泽侯表，南单于、西羌传，地理志。

　　这是第二次修纂，初具规模，起建武，讫永初，为光武、明、章、和、殇五帝史，纪、表、志、传俱全。

　　　　至元嘉元年，复令太中大夫边韶、大军营司马崔寔、议郎朱穆、曹寿，杂作献穆、孝崇二皇（后）及《顺烈皇后传》，又增《外戚传》入安思等后，《儒林列传》入崔篆诸人。寔、寿又与议郎延笃杂作《百官表》，顺帝功臣孙程、郭愿及郑众、蔡伦

① 《后汉书》卷40上《班彪列传上》。
② 《后汉书》卷14《宗室四王三侯列传》：北海靖王"永宁中，邓太后召刘毅及騊駼入东观，与谒者仆射刘珍著中兴以下名臣列士传。"卷80上《文苑列传上》：李尤，和帝时召诣东观，拜兰台令史。安帝时"受诏与谒者仆射刘珍等俱撰《汉记》。"

等传。凡百十有四篇，号曰《汉记》。

第三次修纂，在桓帝元嘉元年（151），续修安、顺二帝史，增写人物传记，前后总计成 114 篇。[①]

> 熹平中，光禄大夫马日䃅、议郎蔡邕、杨彪、卢植，著作东观，接续纪传之可成者，而邕别作《朝会》《车服》二志。后坐事徙朔方，上书求还，续成十志。会董卓作乱，大驾西迁，史臣废弃，旧文散佚。及在许都，杨彪颇存注记。至于名贤君子，自永初已下阙续。

第四次修纂，在灵帝熹平（172—177）中，接续纪传，蔡邕作《灵帝纪》及十意（志）、诸列传42篇，别作《朝会》《车服》二志。[②]

第五次修纂，在献帝建安元年（196）迁都许昌之后。先前旧文散佚，杨彪"颇存注记"，进行最后一次续修、整理、编定。从《隋书·经籍志二》著录"《东观汉记》一百四十三卷，起光武注至灵帝"，知杨彪所续为冲、质、桓、灵四帝史。虽然《史通》"自永初已下阙续"后还有"魏黄初中，唯著《先贤表》，故《汉记》残缺，至晋无成"，但从孙权称其书与《史记》《汉书》为"三史"看，《东观汉记》143 卷是杨彪在建安中编定，不应将其下限延至黄初。所谓"魏黄初中，唯著《先贤表》，故《汉记》残缺"，当指杨彪欲续献帝纪、志、表、传，仅成《先贤表》，所以说"《汉记》残缺"，至晋仍

---

① 《后汉书》卷 26《伏侯宋蔡冯赵牟韦列传》："元嘉中，桓帝复诏（伏）无忌与黄景、崔寔等共撰《汉记》。"

② 《后汉书》卷 60 下《蔡邕列传》："邕前在东观，与卢植、韩说等撰补《后汉记》，会遭事流离，不及得成，因上书自陈，奏其所著十意"，"适作《灵纪》及十意，又补诸列传四十二篇"。"意"即"志"，避桓帝刘志名讳改，似可表明其作"十志"的时间。

然没有东汉一代完整的纪传史。

《后汉书》、《史通》均以蔡邕续成十志，但十志名目已无法认定。司马彪《续汉书·律历志下》刘昭注引蔡邕徙朔方上书求还续成十志的"戍边上章"，是关于蔡邕十志的第一手材料，仅提到"《汉书》十志，下尽王莽，而世祖以来，唯有纪传，无续志者"，臣"得备著作郎，建言十志皆当撰录，遂与议郎张华等分受之，其难者皆以付臣。先治律历，以筹算为本，天文为验"，"郎中刘洪，密于用算，故臣表上洪，与共参思图牒"，是知修纂人员中有刘洪。然而，"会臣备罪，逐放边野"，未能如愿。在这篇上奏中，蔡邕明确提到"科条诸志，臣欲删定者一，所当接续者四，前志所无，臣欲著者五"，"分别首目，并书章左"。可惜刘昭注到此为止，没有将蔡邕"书章左"的十志"首目"抄录下来。《后汉书·蔡邕列传》李贤注引《邕别传》节录蔡邕徙边上书之后写道："有律历意第一，礼意第二，乐意第三，郊祀意第四，天文意第五，车服意第六。""意"即"志"，避桓帝刘志名讳改。这段文字并非《邕别传》文字，而是李贤根据所见《东观汉记》的六志列其目于后的。上述六志外，《史通》中提到《朝会志》及伏无忌与黄景所修《地理志》。归纳起来，《东观汉记》十志中可以认定八志：律历、礼、乐、郊祀、天文、车服、朝会、地理。律历，蔡邕与刘洪共同完成①；礼、乐，蔡邕依胡广旧仪而成②；郊祀（或曰祭祀），蔡邕所修③；天文，蔡邕撰④；朝会、车服，据《史通》为蔡

----

① 《后汉书志》第二《律历中》刘昭注引《袁山松书》：刘洪"善算，当世无偶"，"及在东观，与蔡邕共述《律历记》，考验天官"。

② 《后汉书志》第四《礼仪上》刘昭注引《谢沈书》："太傅胡广博综旧仪，立汉制度，蔡邕依以为志。"

③ 《后汉书志》第七《祭祀上》刘昭注引《谢沈书》："蔡邕引中兴以来所修者为祭祀（意，此）志即邕之意也。"

④ 《后汉书志》第十《天文上》刘昭注引《谢沈书》："蔡邕撰建武已后，星验著明，以续前志，谯周接续。"

邕所作；地理，据《史通》为伏无忌与黄景所撰。蔡邕所谓"前志所无，臣欲著者五"，车服、朝会二志为《汉书》所无外，当另有三志与《汉书》志目不同。换句话说，蔡邕十志的另三志不会是刑法、食货、五行、地理、沟洫、艺文，但已无从考出。

《东观汉记》书名，有一个形成过程。第一次修纂，未必有修纂国史的明确意识，也没有将《世祖本纪》与列传、载记28篇汇集一起的记载。当时班固等均在兰台，尚未移至东观。第二次修纂，其书初具规模，为光武、明、章、和、殇五帝纪传史。从刘珍时开始，修纂地点移至东观。《隋书·经籍志二》正史类序总述曰："其后，刘珍、刘毅、刘陶、伏无忌等，相次著述东观，谓之《汉记》。"何时冠以"东观"二字，虽无明确记载，至少在东晋以前未见有称《东观汉记》者。南朝梁刘勰《文心雕龙·史传篇》称《东观》，刘孝标《世说新语·言语篇》注引《东观汉记》马援事，北魏郦道元《水经注》引其书，13处用《东观汉记》名，1处用《东观记》名。刘勰、刘孝标、郦道元三人生活年代大致相当，在5世纪末至6世纪初的几十年间。据此，可以认定：《东观汉记》的书名，大约在南北朝中期才被普遍使用。

（二）"后汉纪传，发源《东观》"

其书颇为当时看重，与《史记》、《汉书》并称"三史"。通常均举孙权对吕蒙、蒋钦所言，"自统事以来，省三史、诸家兵书，自以为大有所益"，并要他二人"急读《孙子》、《六韬》、《左传》、《国语》及'三史'"。[①]于是，便有太子太傅张温删成《三史略》29卷。[②]不仅当时上层重视此书，后来史家也无不援引其书。自三国至南朝梁纂修纪传体东汉史者，诸如三国吴谢承，晋薛莹、华峤、谢沈、袁山松，

---

① 《三国志》卷54《吕蒙传》注引《江表传》。
② 《隋书》卷33《经籍二》杂史类著录。

南朝梁范晔、萧子显等七家《后汉书》，以及晋司马彪《续汉书》、张莹《后汉南记》等，无不取材《东观汉记》，这就是《文心雕龙·史传篇》为什么会说"后汉纪传，发源《东观》"的原因所在。由此可知，国史即本朝史的修纂，对于后来改编为前朝史是多么的重要！

在诸家所修东汉纪传史中，范晔《后汉书》集众书之成，屡有人为之注音、释义。至唐李贤作注大行于世之后，《东观汉记》逐渐散佚。《旧唐书·经籍志上》著录127卷，为唐玄宗时藏书卷数，已散落16卷。《文献通考·杂史类》引罗源序，北宋仅存43卷。《直斋书录解题·传记类》、《文献通考·杂史类》著录均为10卷，基本散亡殆尽。清康熙年间，姚之骃辑《东观汉记》8卷，按帝王、后妃、诸王、一般人物编次。乾隆年间，四库馆在姚之骃8卷本基础上利用《永乐大典》及唐宋类书、古注等，重加辑录，釐为24卷。纪3卷，自世祖光武皇帝至孝灵皇帝。年表1卷，包括诸王、王子侯、功臣、恩泽侯、百官表。前四表有目无文，百官表仅有部分文字。志1卷，所辑有律历、礼、乐、郊祀、地理、车服6志，天文、朝会2志有目无文。列传17卷（386人，不含匈奴南单于、莋都夷、西羌、西域传），载记1卷、散句1卷附《东观汉记范书异同》。近年，中州古籍出版社《东观汉记校注》分22卷，纪3卷、表1卷、志1卷、传15卷（390人）、载记1卷、散句1卷，为一新辑本，辑文均注出处，既便于读者核引，又纠正了前两个辑本的某些疏忽、错乱。

作为第一部皇家所修纪传体国史，虽然已经不能详知其修纂旨趣，但从班固参修《世祖本纪》，写刘秀降生一事可窥知其大旨，前章已述。再看《太平御览》卷90《后汉世祖光武皇帝》引《东观汉记》这段文字，"自汉草创德运，正朔服色未有所定，高祖因秦，以十月为正，以汉水德，立北畤而祠黑帝。至孝文，贾谊、公孙臣以为秦水德，汉当为土德。至孝武，倪宽、司马迁犹从土德。自上即位，案图谶，推五运，汉为火德。周苍汉赤，水生火，赤代苍，故上都雒阳，制郊祀于城南。行夏之时，牺牲尚黑，明火德之运，徽帜尚赤，四时随色。郊祀帝尧以配天，宗祀高祖以配上帝"，对照《汉书·楚元王传》《律历志》《郊祀志》，毫无疑问是贯穿着刘向父子、班固父子的基本观念，足见刘向父子影响之深远。当然，最值得深究的是《东观汉记》既无刑法、食货、艺文，又不志五行灾异。

皇家修国史的史学意义之外，今天更多的是注重其史料学意义，或曰史料价值。就辑本而言，其所保留的东汉史料仍然不容忽视。《后汉书·岑彭传》李贤注引《东观汉记》14 条，以此为例，略作比较：

保留更多史实者 4 条：《后汉书》"时田戎拥众夷陵"，李贤引《东观汉记》："田戎，西平人，与同郡人陈义客夷陵，为群盗。更始元年，义、戎将兵陷夷陵，陈义自称黎丘大将军，戎自称埽地大将军。"整部《后汉书》纪、志、传共 15 见田戎，均无与此相关的记载。《后汉书》"留威虏将军冯骏军江州"，《东观汉记》："长沙中尉冯骏将兵诣彭，玺书拜骏为威虏将军。"《后汉书》"与让书陈国家威德"，《东观汉记》："让夫人，光烈皇后姊也。"《后汉书》"诏彭守益州牧，所下郡，辄行太守事。"《东观汉记》："彭若出界，即以太守号付后将军，选官属守州中长吏。"这些记述，都比《后汉书》详细、具体。

互为补充者 4 条：《后汉书》"与彭俱诣河阳"，《东观记》作"诣行在所河津亭"。《后汉书》"南郡人秦丰据黎丘，自称楚黎王，略有十二县"，《东观汉记》作"丰，邔县人，少学长安，受律令，归为县吏。更始元年起兵，攻得邔、宜城、鄀、编、临沮、中庐、襄阳、邓、新野、穰、湖阳、蔡阳，兵合万人"。不仅将"十二县"县名具体化，还比《后汉书》保留了更多关于秦丰本人的材料。《后汉书》"彭遂壅谷水灌西城，城未没丈余"，《东观汉记》作"时以缣囊盛土为堤，灌西城，谷水从地中数丈涌出，故城不拔"。《后汉书》"彭殿为后拒"，《东观汉记》作"彭东入弘农界，百姓持酒肉迎军，曰：

'蒙将军为后拒，全子弟得生还。'"

考异者 3 条：《后汉书》"及甄阜死，彭备创，亡归宛，与前队贰严说共城守"，《东观汉记》作"与贰师严尤共城守"。李贤注云："前队大夫贰，甄阜之副也"，"严尤为大司马，又非贰师，与此不同。"《后汉书》"戎疑必卖己，遂不敢降"，《东观汉记》作"戎至期日，灼龟卜降，兆中折，遂止不降。"《后汉书》"津乡，当荆州要会"，《东观汉记》作"津乡当荆、杨之咽喉。"

正字者 3 条：《后汉书》"将军徭伟"，《东观汉记》"徭"作"淫"；《后汉书》"委输楱卒"、"三郡楱卒"，《东观汉记》"楱"作"濯"；《后汉书》"子杞嗣"，《东观汉记》"杞"作"起"。

只要以《后汉书》与李贤注引《东观汉记》进行对比，即可见两书异同，以判定取舍。如果以辑本与《后汉书》对比，更可见《后汉书》有不详或不载者，如《世祖光武皇帝纪》纪刘秀起兵之初较《光武帝纪》详细具体，"诸李遂与南阳府掾史张顺等连谋"，昆阳之战"唯王常是上计"等均为《光武帝纪》所无。《后汉书》各志取自司马彪《续汉书》志，在《祭祀志》刘昭注中有大段大段引自《东观书》的引文，如"《东观书》载杜林上疏"，"《东观书》诏曰"，"《东观书》曰'章帝初即位，赐东平王苍书曰'"等，都是更为原始的文献资料，却不为《后汉书志》所载录。

二、修史取鉴的编年西汉史——荀悦《汉纪》

正当东汉国史最后一次续修之际，以编年体改写的西汉史浮现出来，这就是献帝建安五年（200）荀悦"依《左氏传》体"的《汉纪》30 卷，上距班固《汉书》成书一个多世纪。这一个多世纪，外戚、宦官势力不断膨胀，东汉皇权日渐衰微。桓帝、灵帝时，外戚、宦官同归于尽。继董卓之乱，出现州牧割据的格局。思想文化领域，自白虎观会议以来，虽然今文经学始终居了官学地位，但古文经学越来越兴盛，至东汉末逐渐显露合流的趋势，同时意味着整个经学走向衰微，才有熹平四年（175）灵帝"诏诸儒正定《五经》，刊于石碑，为古文、篆、隶三体书法以相参验，树之学门，使天下咸取则焉。"①

儒学或经学的社会功用正在削弱，史学的社会功用意识明显加强。早在桓帝之初，《东观汉记》第三次修纂过后，应奉就曾"删《史记》、《汉书》及《汉记》三百六十余年，自汉兴至其时，凡十七卷，名曰《汉事》。"②献帝时，"政移曹氏，天子恭己而已"。对于正在续修的国史已不能使其有任何兴趣，而尊奉汉室的班固《汉书》又"文繁难省"，于是出现了西汉史的改编本——荀悦《汉纪》。

荀悦（148—209），字仲豫，12岁即能说《春秋》。灵帝时，因宦官用权，托疾隐居，时人莫识，唯其从弟荀彧"特称敬"之。迎献帝都许，为荀彧建议。经荀彧推荐，荀悦入镇东将军曹操府，步入仕途。后累迁黄门侍郎、秘书监、侍中。因常与荀彧、孔融侍讲禁中，面对"政移曹氏"的时局，"志在献替，而谋无所用"，乃作《申鉴》5篇奏上。分政体、时事、俗嫌、杂言上、下，从"政体"入手分析"时事"，讲时俗中较为突出的问题。《时事》篇建言创建史官修史制度，提出史官的职任："宜于今者备置史官，掌其典文，纪其行事。每于岁尽，举之尚书，以助赏罚，以弘法教"，"不书诡常，为善恶则书，言行足以为法式则书，立功事则书，兵戎动众则书，四夷朝献则书，皇后、贵人、太子拜立则书，公主、大臣拜免则书，福淫祸乱则书，祥瑞灾异则书。先帝故事，有起居注，日用动静之节必书焉。宜复其式，内史掌之，以纪内事。"③这是最先系统提出史官建置并用史

① 《后汉书》卷79上《儒林列传上》。卷8《孝灵帝纪》熹平四年"春三月，诏诸儒正《五经》文字，刻石立于太学门外"。
② 《后汉书》卷48《杨李翟应霍爰徐列传》李贤注引《袁山松书》。
③ 所引《申鉴》文字，据《后汉书》卷62《荀韩钟陈列传》。本传所无者，引《诸子集成》本。

书编纂进行实践的主张，应当给予足够的重视。关于"古今文不同，而皆自谓真本经"，"弥以滋蔓，一源十流"等的论述，显然是针对时弊而发。《杂言上》篇提出"君子有三鉴"的著名论断：

> 君子有三鉴，世人镜。鉴前惟训，人惟贤，镜惟明。夏商之衰，不鉴于禹汤也。周秦之弊，不鉴于民下也。侧弁垢颜，不鉴于明镜也。故君子惟鉴之务，若夫侧景之镜亡鉴矣。

首先，君子有三鉴，以往事、贤能、明镜对照自己。进而是如何取鉴，夏商之衰不鉴于禹汤，侧弁垢颜不鉴于明镜，自身的衣着行为不以前、贤、镜对照也就无所谓鉴了。关键在要勇于以前、贤、镜对照自己，也就是司马迁说过的"所以自镜也"。篇中所言"金日磾以子私谩而杀之，丙吉之不伐，苏武之执节，可谓难矣"，被认为意在"讽操"；所言"励志"一则，已被认为暗含着希望"献帝励志，再震汉业"之意。

献帝览其书而善之，以班固《汉书》"文繁难省"，即令荀悦"依《左氏传》体以为《汉纪》三十篇，诏尚书给笔札"[①]，时在建安三年。迁侍中，至五年（200）而书成。

《汉纪》30卷，起讫时间与《汉书》同。分卷如下：高祖4卷、孝惠1卷、高后1卷、孝文2卷、孝景1卷、孝武6卷、孝昭1卷、孝宣4卷、孝元3卷、孝成4卷、孝哀2卷、孝平1卷（王莽附）。自序其改编宗旨：

> 夫立典有五志焉：一曰达道义，二曰章法式，三曰通古今，四曰著功勋，五曰表贤能。于是天人之际，事物之宜，粲然显

---

① 《后汉书》卷62《荀韩钟陈列传》。

著，罔不备矣。世济其轨，不陨其业。损益盈虚，与时消息。臧否不同，其揆一也。汉四百有六载，拨乱反正，统武兴文，永惟祖宗之洪业，思光启乎万嗣。圣上穆然，惟文之恤，瞻前顾后，是绍是继，阐崇大猷，命立国典。于是缀叙旧书，以述《汉纪》。中兴以前，明主贤臣得失之轨，亦足以观矣。①

将"鉴前惟训"具体化——"凡《汉纪》，有法式焉，有监戒焉，有废乱焉，有持平焉，有兵略焉，有政化焉，有休祥焉，有灾异焉，有华夏之事焉，有四夷之事焉，有常道焉，有权变焉，有策谋焉，有诡说焉，有术艺焉，有文章焉"，凡此种种，"皆明主贤臣命世之业，群后之盛勋，髦俊之遗事"。因此，"质之实事而不诬，通之万方而不泥"，皆可为训诫："可以兴，可以治，可以动，可以静，可以言，可以行。惩恶而劝善，奖成而惧败。"所以，"兹亦有国者之常训，典籍之渊林"。同时，也是对《申鉴》所论史官职任的具体化。总归起来，就是其书反复强调的这句话：

> 中兴已前，一时之事，明主贤臣，规模法则，得失之轨，亦足以监矣。

鉴前朝"规模法则"，鉴前朝"明主贤臣"，修史取鉴的意识非常明确。

改编的基本原则，自序如下：

> 悦于是集约旧书，撮序表、志，总为帝纪，通比其事，例系年月。其祖宗功勋、先帝事业、国家纲纪、天地灾异、功臣

---

① 所引此文，据《后汉书》卷62。

名贤、奇策善言、法式之典，凡在《汉书》者，本末体殊，大略粗举。其经传所遗阙者差少而求志，势有所不能而尽繁重之语，凡所行之事，出入省要，删略其文。凡为三十卷，数十余万言，作为帝纪，省约易习，不妨本书，有便于用，其旨云尔。

"撮序表、志，总为帝纪""通比其事，例系年月""本末体殊，大略粗举""出入省要，删略其文"，是对改编方法的四点概括。

"撮序表、志，总为帝纪"，卷5孝惠纪最为集中、明显。在叙"尊高后曰皇太后"处，写入西汉后妃制度。在"长乐宫鸿台灾。雨血于宜阳，一顷"处，"撮序"《五行志》，说洪范五行。在叔孙通献宗庙建议处，即其人第一次亮相处简叙其生平，同时"撮序"《礼乐志》论乐之文。在"复置太尉官，周勃为太尉"处，"撮序"《百官公卿表》，并有"荀悦曰"议分封诸侯制。

"通比其事，例系年月"，将无年月可考或不便分散于年月之下的史事，通过类比写入相关处，是对《左传》写人物做法的继承和发展，成为关于编年史方法的一个简要概括。上述"撮序表志"之外，张骞出使西域及西域各国概况，不可能完全按照年月逐一记述，便在卷16孝武元朔六年六月张骞"有功封博望侯"处，补述出使及西域各国概况。这样，尽可能地避免了编年史中人物残缺不全的弊病，推进了编年史体的进一步完备。

"本末体殊，大略粗举"，书序为集中体现。"凡《汉纪》十二世，十一帝，通王莽二百四十一年。一祖三宗。高祖定天下，孝惠、高后值国家无事，百姓安集。太宗升平，世宗建功，中宗治平，昭、宣称治。元、成、哀、平历世陵迟，莽遂篡国也。"仅69字，便"大略粗举"了西汉241年"本末"。其实，接下来的"凡祥瑞……凡灾异大者，日蚀五十六、地震十六……"，也属于"大略粗举"的笔法。

"出入省要，删略其义"，如写高祖卒，吕后密不发丧："吕后与审食其谋曰：'诸将故与帝为编户民，北面为臣，心常鞅鞅，今乃事少主，非尽族是，天下不安。'以故不发丧。"《汉纪》"删略其文"为："吕后畏诸将大臣，与审食其谋，欲尽诛大臣，数日不发丧。"文字虽简省，表述更清晰。

《汉纪》取材虽源于《汉书》，但并非一无增益，有两点需要注意：其一，《汉纪》确有《汉书》未记的内容。最明显的例证就是荀悦补充了《汉书》11帝与高后的名讳、字，请逐一翻看《汉书》12纪每纪第一句注"荀悦曰"。《资治通鉴》胡三省注，除高祖外均沿用"荀悦曰"各帝名讳、字。此外，《资治通鉴·考异》证明并非"荀纪无《汉书》外事"。哀帝元寿元年十二月，有王莽叔父平阿侯王谭之子王闳一则"进曰"、一则"上书谏曰"。在"王闳进曰"下，《考异》明确指出，记事"皆《汉纪》所载"，接着提出疑问："荀纪无《汉书》外事，不知此语荀悦何从得之？"接下来的王闳"上书谏曰"，《汉书》无，《汉纪》也是从别处得来。其二，《资治通鉴·汉纪》订正《汉书》之误，至少有两处是以《汉纪》订正《汉书》之误的，一在武帝元光五年八月，关于公孙弘上策时间，《考异》云："班氏误以为此年之策，疑未能明，今从《汉纪》"；一在宣帝五凤二年正月，关于行幸甘泉的时间，《考异》云："《宣纪》云：'三月，行幸甘泉。'荀《纪》作'正月'。按汉制，当以正月郊祀。盖荀悦作《纪》之时，本犹未误也。"

《汉纪》继承《左传》"君子曰"的传统因事发论，全书12则"赞曰"，除高祖纪"赞曰"为荀悦自撰，其余11则"赞曰"均为改写《汉书》各纪"赞曰"而成。前面一章对比过马、班对汉高祖的评论，现在来看荀悦的高祖纪"赞曰"：

高祖起于布衣之中，奋剑而取天下，不由唐、虞之禅，不阶汤、武之王，龙行虎变，率从风云，征乱伐暴，廓清帝宇，八载之间，海内克定，遂何（荷）天之衢，登建皇极，上古已来，书籍所载，未尝有也。非雄俊之才，宽明之略，历数所授，神祇所相，安能致功如此！夫帝王之作，必有神人之助，非德无以建业，非命无以定众，或以文昭，或以武兴，或以圣立，或以人崇，焚鱼斩蛇，异功同符，岂非精灵之感哉！《书》曰："天工，人其代之。"《易》曰："汤、武革命，顺乎天而应乎人。"其斯之谓乎！故观秦、项之所亡，察大汉之所兴，得失之验，可于兹矣。太史公曰："夏政忠，政忠之弊野，故殷承之以敬。以敬之弊鬼，故周承之以文。以文之弊薄，救薄莫若忠。三王之道周而复始。周、秦之间，可谓文弊。秦不改，反酷刑。汉承秦弊，得天下（统）矣。"

只引"太史公曰"的"三统说"，不仅不采班固"赞曰"的"汉承尧运，协于火德"的一系列说法，甚至针对刘歆、班固关于"汉帝本系，出自唐帝"的说辞，明确写高祖"起于布衣"，"不由唐、虞之禅"，经过八年"征乱伐暴"，"奋剑而取天下"，以"顺乎天而应乎人"。虽不否认"历数所授，神祇所相"，"非命无以定众"，但比起班固来更注重人事，看重高祖的雄才大略。特别是在引《书》、《易》的两则"重人事"论述之后说出"观秦、项之所亡，察大汉之所兴，得失之验，可于兹矣"，表明荀悦修史取鉴的强烈意识。自"殷鉴不远，在夏后之世"出现以来，至此才第一次有了以前朝史为鉴的史学著述。将修史、取鉴结合，自荀悦《汉纪》始，成为唐初鉴戒史学进一步发展的前奏。

"荀悦曰"40 余则，基本是《申鉴》思想的照搬、修补或深化，少则 10 余字，多则数百字，最多者千余字，一般 200 余字。因事立论，有感而发，或 1 卷数则，或 1 卷 1 则，也有无"荀悦曰"者。《资治通鉴·汉纪》引"荀悦（论）曰"8 则，分别在高帝三年、高帝九年、武帝元朔二年、宣帝甘露二年、元帝永光二年、元帝建昭二年、元帝竟宁元年、成帝绥和二年，间接反映荀悦以史论鉴是何等受司马光的重视。

《汉纪》将80余万言的《汉书》简化为18万言，被誉为"辞约事详，论辩多美"。但其记述冗长处也为数不少，论议守旧者则多不为美。

"论辩多美"者，往往举其卷1高皇帝纪中关于"立策决胜之术，其要有三"的"荀悦曰"，亦即司马光引入《资治通鉴·汉纪》的第一则"荀悦论曰"。此外，上面已经说到的卷4高祖纪"赞曰"。至于卷6高后纪关于"天人三势"的"荀悦曰"，认识到天人问题的复杂性，试图作理性概括，进行弥补，却得出这样的结论："犹天回日转，大运推移。虽日遇祸福，亦在其中矣。"实际是一种无可奈何的反映，丝毫无助于社会问题的解决。汉室江山已然日暮途穷，还要维护其正统地位，可谓其论议"不为美者"之所在。书中流露出的"应变济时"、"古今异制，损益随时"等观点，同样是东汉末年时代特征的反映。

总而言之，《汉纪》的史学意义有二：其一，作为第一部断代编年史，完善着编年史的体例和规模，推进了汉唐之际编年史的发展。《汉书》与《汉纪》分别作为断代纪传史与断代编年史的代表，促成汉唐之际"班、荀二体，角力为先"局面的出现。其二，编纂史书为申鉴戒，进一步密切了史书编纂与施政取鉴的关系。借前朝"明主贤臣，规模法则，得失之轨""以监"本朝统治者，成为自"殷鉴不远，在夏后之世"至唐初鉴戒史学出现高峰之间的一个重要环节。

第二节　《三国志》与《三国志注》

东汉末年，由群雄割据逐渐走向三足鼎立，魏、蜀、吴割据几十年，魏、吴均有史修其国史，推奉正朔，各为正统。当出现统一局面时，西晋的最高统治集团首先需要编写为其政权"正名"的史书，于是作为晋的前朝史——陈寿《三国志》应运而生。

一、陈寿撰《三国志》

陈寿（233—297），字承祚，巴西安汉（今四川南充）人。少受业于谯周。《华阳国志》称其"少受学于散骑常侍谯周，治《尚书》、三《传》，锐精《史》、《汉》，聪警敏识，属文富艳。初应州命卫将军主簿、东观秘书郎、散骑黄门侍郎。"①《晋书》仅以其"师事同郡谯周。仕蜀为观阁令史。宦人黄皓专弄威权，大臣皆曲意附之，寿独不为之屈，由是屡被贬黜。"②蜀亡后二年晋代魏（265），至晋武帝泰始四年（268），司空张华爱其才，举为孝廉，除著作佐郎。泰始十年（274），陈寿奏上删定的《诸葛亮集》24篇。③除著作郎，领本州中正，撰《益部耆旧传》10篇。太康元年（280）晋灭吴，"吴平后，寿乃鸠合三国史，著魏、吴、蜀三书六十五卷，号《三国志》。"④张华欲举其为中书郎，荀勖因嫉妒张华而牵连陈寿，授意吏部出陈寿为长广太守⑤，陈寿辞以家有老母而不就任。杜预将赴镇，荐其"宜补黄散。由是授御史治书。以母忧去职。"⑥后数岁，起为太子中庶子，未拜。元康七年（297）病卒。《华阳国志·陈寿传》称"忠贤排摈，寿遂卒洛下。位望不充其才，当时怨之。"

《三国志》编纂时间，始于"吴平后"即太康元年（280），成书无明确记载。《华阳国志》、《晋书》均以杜预举荐陈寿为治书侍御史

---

① 《华阳国志》卷11《后贤志·陈寿》。
② 《晋书》卷82《陈寿传》。
③ 《三国志》卷35《蜀书五·诸葛亮传》"臣寿等言"。
④ 《华阳国志》卷11《后贤志·陈寿》。
⑤ 《华阳国志》卷11作"而著《魏志》有失勖意，勖不欲其处内，表为长广太守"。
⑥ 《晋书》卷82《陈寿传》。《华阳国志》卷11，杜预荐举在前，张华表令兼中书郎在后。但两书记此事均在《三国志》成书之后。

在《三国志》成书之后，而杜预卒于太康五年（284）年底。据此，《三国志》成书似在太康五年或更前。《晋书·陈寿传》传末载梁州大中正、尚书郎范頵上表，称"故治书侍御史陈寿作《三国志》，辞多劝诫，明乎得失，有益风化"，是知《三国志》成书时陈寿尚在"治书侍御史"任上，最迟也不过居母丧期间。《华阳国志》载陈寿母丧后"数岁，除太子中庶子。太子转徙后，再兼散骑常侍。惠帝谓司空张华曰：'寿才宜真，不足久兼也。'"据此，陈寿居母丧在惠帝尚未登基前"数岁"。综合起来考虑，《三国志》编纂，始于晋武帝太康元年（280），成于太康中，早不过太康五年（284），迟不过母丧期间，绝不会晚至太康十年十一月荀勖卒之前。一句话，《三国志》编纂，在晋武帝太康（280—289）的前中期。

《三国志》最初分别为《魏书》（或《魏志》）、《蜀书》（或《蜀志》）、《吴书》（或《吴志》），单独流传。《旧唐书·经籍志》以《魏国志》入正史类，以《蜀国志》《吴国志》入杂伪国史，表明其书在唐代还分别流行。最早的刻本——北宋咸平六年（1003）国子监本，三书已经合为一书。三书最初虽然单独流行，但已统称《三国志》，是一部经过整齐的三国史。

二、《三国志》的取材

《三国志》的史料来源大致有三个方面：一是魏、吴国史，二是私撰之史，三是陈寿本人撰集。

（一）魏、吴国史

有关魏、吴国史，仅有零星记载。

《三国志·魏书二十一·刘劭传》裴松之注引《文章叙录》："（孙）该，字公达，强志好学。……著《魏书》。……景元二年卒官。"《晋书·王沈传》：曹爽诛后，王沈"起为治书侍御史，转秘书监。……与荀颉、阮籍共撰《魏书》，多为时讳，未若陈寿之实录也。"

《傅玄传》："州举秀才，除郎中，与东海缪施俱以时誉选入著作，撰集《魏书》。"

《三国志·吴书八·薛综附莹传》的记载，为《史通》所采，详下引。

至于蜀，"国不置史，注记无官，是以行事多遗"①。

刘知幾在系统考察"古今正史"后，对三国魏、吴国史的修纂有一较为完整的概括：

> 魏史，黄初、太和中，始命尚书卫觊、缪袭草创纪传，累载不成。又命侍中韦诞、应璩，秘书监王沈，大将军从事中郎阮籍，司徒右长史孙该，司隶校尉傅玄等，复共撰定。其后，王沈独就其业，勒成《魏书》四十四卷。其书多为时讳，殊非实录。
>
> 吴大帝之季年，始命太史令丁孚、郎中项峻撰《吴书》。孚、峻俱非史才，其文不足纪录。至少帝时，更敕韦曜、周昭、薛莹、梁广、华覈访求往事，相与纪述。并作之中，曜、莹为首。当归命侯时，昭、广先亡，曜、莹徙黜，史官久阙，书遂无闻。覈表请召曜、莹续成前史。其后，曜独终其书，定为五十五卷。②

（二）私撰之史

私撰之史，陈寿之前仅有鱼豢《魏略》。鱼豢，史无传，据著录仅知为京兆人，仕魏为郎中，私撰《魏略》（又称《典略》）89 卷，为纪传体曹魏史，自曹操至陈留王曹奂，有纪、有志、有传。《史通·题目》篇评论其书与姚最《梁后略》："巨细毕载，芜累甚多，而

---

① 《三国志》卷 33《蜀书三·后主传》"评曰"。
② 《史通》卷 12《古今正史》。

俱榜之以'略'。"书已失传，辑本主要辑自裴松之《三国志注》。未见著录的私撰之史，据《晋书·陈寿传》，"夏侯湛时著《魏书》，见寿所作，便坏己书而罢"。《华阳国志·王化传》有王崇"蜀时为东观郎"，西晋为尚书郎，著《蜀书》，"与陈寿颇不同"。此二书，均为陈寿所不见，不为其取材之源。

（三）陈寿撰集

陈寿撰集，主要为蜀事，包括两个方面：一是蜀中人物，二是蜀汉名臣。蜀中人物的代表作为《益部耆旧传》。蜀郡自建武以后，虽有郑伯邑等作《巴蜀耆旧传》，陈寿却"以为不足经远，乃并巴、汉撰为《益部耆旧传》十篇"。蜀汉名臣，首推诸葛亮。陈寿奉命删定诸葛亮故事，集为二十四篇。因有对诸葛亮史料的系统搜集、整理和研究，《诸葛亮传》便成为《三国志》中最为实录的篇章之一。《蜀书十五》篇末所载杨戏《季汉辅臣赞》，亦属陈寿搜集蜀汉名臣史料的一个组成部分。其中有见于《蜀书》的人物，有不见于《蜀书》的人物。不见于《蜀书》者，陈寿在其人赞语之后"皆注疏本末"，简叙其史事，并说明"失其行事，故不为传"。试举"赞吴子远"一例，以见梗概。其赞曰：

> 车骑高劲，惟其泛爱，以弱制强，不陷危坠。

陈寿注云：

> 子远名壹，陈留人也。随刘焉入蜀。刘璋时，为中郎将，将兵拒先主于涪，诣降。先主定益州，以壹为护军讨逆将军，纳壹妹为夫人。章武元年，为关中都督。建兴八年，与魏延入南安界，破魏将费瑶，徙亭侯，进封高阳乡侯，迁左将军。十二年，丞相亮卒，以壹督汉中，车骑将军，假节，领雍州刺史，进封济

阳侯。十五年卒。失其行事，故不为传。壹族弟班，字元雄，大
将军何进官属吴匡之子也。以豪侠称，官位常与壹相亚。先主
时，为领军。后主世，稍迁至骠骑将军，假节，封绵竹侯。

这无疑补写了吴壹、吴班传。吴壹妹，即《蜀书四·二主妃子
传》中的"先主穆皇后"。陈寿注疏所补，计有30余人事迹。

总括起来，陈寿所据史料大致如此：魏有王沈《魏书》、鱼豢《魏
略》，吴有韦曜《吴书》[①]，蜀有《益部耆旧传》、《诸葛亮（故事）集》
等。这一基本史料来源，大体为当时人撰述，因此王沈、鱼豢、韦曜
三书，不论"善叙事"，还是"巨细毕载"，都是"多为时讳"的。以
陈寿生卒年而论，其出生第二年（234）诸葛亮卒，其卒（297）曹魏
政权的末代之君"陈留王曹奂"尚还在世，与《三国志》中的人物差
不多算得上是"时代相接"了，但《益部耆旧传》、《诸葛亮（故事）
集》等是在易代之后撰集，而且蜀史与晋事不相涉，无须讳饰。

三、《三国志》的特点

陈寿经历了从三足鼎立到一统出现的全过程，而所面对的史料
是各为"正统"的国史。《魏书》自不必去说，且看《吴书》纂修者
华覈、韦曜在末帝孙皓时的表白："今曜在吴，亦汉之史迁也。伏见
前后符瑞彰著，神指天应，继出累见，一统之期，庶不复久"，"今
《吴书》当垂千载"[②]。陈寿不同于《魏书》、《吴书》纂修者，他看到了
一统，便不再局限于魏、蜀、吴的各自为政，而是用统一的眼光剪裁
国别史，反映从群雄割据到三足鼎立，最后进入一统的客观历史进
程。《三国志》记述三国史事，有合有分，合则为一整体，纪魏而传

---

① 《三国志》卷65《吴书二十·韦曜传》裴松之注："曜本名昭，史为晋讳，改之。"或曜
或昭，实为一人。

② 《三国志》卷65《吴书二十·华覈传》。

蜀、吴；分则各存系统，各为正朔，各有纲纪。

全书 65 卷，分魏、蜀、吴三书，依次编纂，自卷 1—卷 65 统贯到底。但三书又各有编次，《魏书》1—30、《蜀书》1—15、《吴书》1—20。

《魏书》30 卷：纪 4 卷（武、文、明三帝分为 3 卷，三少帝共为 1 卷），后妃 1 卷，武文世王公 1 卷，皇子 2 卷，方技 1 卷，乌丸鲜卑东夷等 1 卷，臣僚 20 卷。

《蜀书》15 卷：刘二牧 1 卷，蜀主 2 卷（先主、后主各 1 卷），二主妃子 1 卷，臣僚 11 卷。

《吴书》20 卷：孙破虏讨逆 1 卷，吴主 2 卷（吴主 1 卷，三嗣主 1 卷），妃嫔 1 卷，宗室 1 卷，吴主五子 1 卷，臣僚 14 卷。

这种编纂形式，首先遇到断限问题。上限是断自曹丕废汉称帝，还是断自刘备、孙权称帝？如果这样断限，必然出现"历史空白"，不能如实反映客观历史实际。三足鼎立的格局，早在三家称帝之前就已奠定。陈寿"原其始"，将上限划定在汉灵帝中平六年（189）。

《魏书》首立《武帝纪》，以灵帝崩，太子继位，董卓立献帝，杀太后与弘农王，"太祖至陈留，散家财，合义兵，将以诛（董）卓。"特别写明："冬十二月，始起兵于己吾，是岁中平六年也。"自此以下，编年叙事。曹魏起家，事实也是从曹操起兵讨董卓开始的。《三少帝纪》纪陈留王奂，最后一段文字开头写道"十二月，天禄永终，历数在晋"，表示曹魏政权至曹奂被司马炎废黜终止。《魏书》纪的这一首一尾，表明其上起汉灵帝中平六年（189），下迄魏元帝（曹奂）咸熙二年（265）。如此确定断限，凡被曹操扫灭或兼并的割据者均纳入《魏书》，董卓、臧洪、陶谦、刘虞、公孙瓒等虽为"汉典所具"，又为陈寿"魏册仍编"，并非如刘知幾所说是"流宕忘归，迷而不悟"[①]，实则是由这一断限所规定。

---

① 《史通》卷 4《断限》。

同样，《蜀书》也以汉灵帝末年"政治衰缺，王室多故"，刘焉建言"可选清名重臣以为牧伯，镇安方夏"，遂以监军使者领益州牧，统西川、巴蜀之地为开篇。尽管刘二牧（刘焉、刘璋）与刘二主（先主、后主）家系、身世不同，但兴起之迹实相连，且又未被曹操所兼并，因此冠于《蜀书》之首，置于蜀二主之前。《后主传》自降魏之后仍称"公"（封安乐县公），下限在后主炎兴元年（263）。

《吴书》传破虏、讨逆，亦以孙坚中平年间"汉朝录前后功，封坚乌程侯"为起始。孙皓归降之时，晋已建立15年，虽应入晋国史，但"察其终"又必须写至吴末帝天纪四年（晋武帝太康元年，280）。

三书各主未称帝建号之前，例用汉献帝正朔。如此确定断限，开启了断代纪传史帝纪追纪先祖的范例，丰富和发展了断代纪传史的编纂体例。曹丕称帝，追尊曹操为武帝，陈寿于《魏书》首立《武帝纪》，或许沿自王沈《魏书》、鱼豢《魏略》，为其后魏收《魏书》、唐初《晋书》乃至《金史》、《元史》等所继承和进一步发展。追述一句，司马迁立《秦本纪》，也是追尊秦始皇先祖，实为首创，只不过那属于通史编纂。

以魏帝为纪，既可贯通汉—魏—晋这一客观历史的基本进程，又适应了西晋初年的时代要求，是编纂三国史的唯一选择。况且，蜀、吴对于魏来说，同是东汉末年与曹魏起事的佼佼者，既非臣属，更非"僭伪"。数十年间，魏、蜀、吴均是各为统系，各有年号，各有各的君臣关系。陈寿尊重这一客观历史事实，确定各自为统系的编写原则。以魏帝为纪，而《蜀书》尊蜀主、《吴书》尊吴主，"皆编年纪事"，使用各自的年号，只在蜀后主、吴三嗣主即帝位时记魏的年号，这是统编三书所必需的加工。蜀主、吴主"即皇帝位"，立"皇太子"，均直书其事。蜀、吴妃嫔，凡立后或追封，一律直书"皇后"、"皇太后"。

三书各为统系，依据各史进行编纂，一方面保存了史料的原始性，另方面又必然带进讳饰的问题。

就保存材料的原始性而言，王沈《魏书》、鱼豢《魏略》、韦曜《吴书》均为纪传史，陈寿改写相对容易。从裴松之注所引三书文字看，陈寿所不取者，基本上属于"巨细毕载，芜累甚多"的文字，没有重大史事的删除或变改，下面谈《三国志》"失在于略"时再加考述。编次方面，三书稍有不同，反映魏、吴国史本来面貌。《魏书》帝纪之后，列传排列顺序：后妃、（汉末）割据者、诸夏侯曹、武帝臣僚、皇子、文帝以下臣僚、方技、边族。类传冠名者：后妃、武文世王公（任城王彰、陈思王植、萧怀王熊在其前另为一合传，未冠名）、方技。《吴书》编排顺序：吴主之后，紧接"刘繇太史慈士燮"，其后依次为妃嫔、宗室、臣僚。"吴主五子"置于陆逊之后。类传冠名者：妃嫔、宗室、吴主五子。《蜀书》无史可据，编排顺序必陈寿所为：蜀主之后，二主妃子、臣僚。《魏书》、《吴书》编次的差别，并非《三国志》体例不一，表明陈寿所据魏、吴国史原本如此。文字叙述之中，更可见其原始性。《魏书三·明帝纪》："吴将诸葛瑾、张霸等寇襄阳"，"蜀大将诸葛亮寇边，天水、南安、安定三郡吏民叛应（诸葛）亮"，"诸葛亮寇天水"等，使用"寇"字，显然是王沈《魏书》或鱼豢《魏略》的原始记录。陆逊人名，最足以说明问题。《吴书》陆逊名均用"逊"字，只在其本传中交代"本名议"。而《魏书》、《蜀书》则多处用"议"称其名：《魏书三·明帝纪》太和二年秋九月，"曹休率诸军至皖，与吴将陆议战于石亭"，《蜀书二·先主传》叙彝陵之战亦用"陆议"，后面将引其文。韦曜《吴书》经过整齐，统一称陆逊，王沈《魏书》、鱼豢《魏略》以及陈寿，是根据当时记录，在编纂《三国志》时又是各用其原始记录，因而出现陆议、陆逊一人两名的情况。

针对魏、吴国史中存在的讳饰问题，陈寿采用了详主略次、略中求实的编纂手法。涉及三国关系的重大历史事件，三国史书记载各有不同，陈寿根据原始记录进行编次，或《魏书》详而《蜀书》、《吴书》略，或《蜀书》详而《吴书》略，或纪详而传略，或传详而纪略，既避免繁复，又错落有致。

赤壁之战，奠定三分，三家不可不记，但详略不同。《魏书一·武帝纪》："公至赤壁，与备战，不利。于是大疫，吏士多死者，乃引军还。备遂有荆州江南诸郡。"《魏书十四·郭嘉传》："后太祖征荆州还，于巴丘遇疾疫，烧船，叹曰：'郭奉孝在，不使孤至此。'"《蜀书二·先主传》："先主遣诸葛亮自结于孙权，权遣周瑜、程普等水军数万，与先主并力，与曹公战于赤壁，大破之，焚其舟船。先主与吴军水陆并进，追到南郡，时又疾疫，北军多死，曹公引归。"《吴书二·吴主传》："瑜、普为左右督，各领万人，与（刘）备俱进，遇于赤壁，大破曹公军。公烧其余船引退，士卒饥疫，死者大半。"比较而言，《魏书》显然有所讳饰。《蜀书》、《吴书》所记较为一致，但各有侧重。赤壁之战，孙、刘联合，以吴为主力，记赤壁之战最详、最具体就要说是《吴书九·周瑜传》了："时刘备为曹公所破，欲引南渡江，与鲁肃遇于当阳，遂共图计，因进住夏口，遣诸葛亮诣权。权遂遣瑜及程普等与（刘）备并力逆曹公，遇于赤壁。时曹公军众已有疾病，初一交战，公军败退，引次江北。瑜等在南岸。瑜部将黄盖曰：'今寇众我寡，难与持久。然观操军船舰首尾相接，可烧而走也。'乃取蒙冲斗舰数十艘，实以薪草，膏油灌其中，裹以帷幕。上建牙旗，先书报曹公，欺以欲降。又豫（预）备走舸，各系大船后，因引次俱前。曹公军吏士皆延颈观望，指言盖降。盖放诸船，同时发火。时风盛猛，悉延烧岸上营落。顷之，烟炎张天，人马烧溺死者甚众，军遂败退，还保南郡。备与瑜等复共追。"《三国志》记赤壁之战，《吴书》、《蜀书》详而《魏书》略，吴、蜀比较，吴详而蜀略，吴又以《周瑜传》详而《吴主传》略。《魏书》所记虽然最略，又存讳饰，却没有不实之词，这就是陈寿统编时的"略中求实"。

赵翼所举"魏明帝太和二年，蜀诸葛亮攻天水、南安、安定三郡，魏遣曹真、张郃大破之于街亭，《魏纪》固已大书特书矣。是年冬，亮又围陈仓，斩魏将王双，则不书。三年，亮遣陈式攻克武都、阴平二郡，亦不书。以及四年蜀将魏延大破魏雍州刺史郭淮于阳溪，五年亮出军祁山，司马懿遣张郃来救，郃被杀，亦皆不书，并《郭淮传》亦无与魏延交战之事。此可见其书法，专以讳败夸胜为得体也。乃至《蜀后主传》街亭之败亦不书，但云亮攻祁山不克而已。"① 这从另一个角度证明了陈寿详主略次、略中求实的编纂手法。《明帝纪》所记战事是魏蜀之战，诸葛亮是蜀军统帅，凡诸葛亮直接统领的战事均有所书，诸葛亮攻天水三郡、诸葛亮街亭之败、诸葛亮围陈仓、五年诸葛亮军祁山等，无一遗漏。其他所不书者，则为具体战役或战事细节，原本就是帝纪所不必书写的内容，因而《明帝纪》不书斩王双、不书诸葛亮遣陈式攻克武都、阴平二郡（均非诸葛亮直接统领的战事）、不书魏延大破魏雍州刺史郭淮等，并非"专以讳败夸胜为得体"。《明帝纪》所记直接涉及诸葛亮的战事，在《诸葛亮传》中都有详细记述："亮身率诸军攻祁山，戎陈整齐，赏罚肃而号令明，南安、天水、安定三郡叛魏应亮，关中响震。魏明帝西镇长安，命张郃拒亮，亮使马谡督军在前，与郃战于街亭。谡违亮节度，举动失宜，大为郃所破。""亮复出散关，围陈仓，曹真拒之，亮粮尽而还。魏将王双率骑追亮，亮与战，破之，斩双。七年，亮遣陈式攻武都、阴平。魏雍州刺史郭淮率众欲击式，亮自出至建威，淮退还，遂平二郡。""九年，亮复出祁山，以木牛运，粮尽军退，与魏将张郃交战，射杀郃。"显然是《诸葛亮传》详而《明帝纪》略。街亭之败、魏延大破魏雍州刺史郭淮于阳溪等，详于本人传记。《蜀书九·马良附谡传》有一半以上篇幅是记街亭之败的，《蜀书十·魏延传》记述了与

① 《廿二史劄记》卷6《三国志多回护》。

郭淮交战的详细情况："八年，使延西入羌中，魏后将军费瑶、雍州刺史郭淮与延战于阳溪，延大破淮等"。所有这些，无一不是详主而略次，略中求其实。

略中求实，还有一种情况——隐晦而不失实录。曹爽是司马氏的一大政敌，但又不能不立传，陈寿便用附传附于其父曹真之后，同时以何晏、丁谧、毕轨、李胜、邓飏、桓范等名士作为曹爽同党引入附传，还将何晏《论政事疏》巧妙地安排在《魏书四·三少帝齐王芳纪》中。曹髦更是司马氏的政敌，曹髦眼看司马昭大权在握，曹魏大势已去，却不甘心，便带领左右侍从、奴仆数百人讨司马昭，司马昭中护军贾充指使成济等杀曹髦。陈寿写此事颇费一番心思，在《魏书四·三少帝高贵乡公纪》只写"高贵乡公卒，年二十"，接下来是皇太后令，虽然一再指责曹髦要杀害皇太后，但又透露出"与左右杂卫共入兵陈（阵）间，为前锋所害"的事实。纪后"评曰"这样写："高贵公才慧夙成，好问尚辞，盖亦文帝之风流也，然轻躁忿肆，自蹈大祸。"有关高贵乡公之死及评述，虽然极为简略，却也不失其实。《三少帝陈留王纪》最后一段文字，先写"十二月壬戌，天禄永终，历数在晋"，接着写禅代仪式："诏群公卿士具仪设坛于南郊，使使者奉皇帝玺绶册，禅位于晋嗣王，如汉魏故事。""如汉魏故事"五字，亦可谓略中求实的点睛之笔。

通观《三国志》，对其所谓的"多回护"应作具体分析。魏、吴国史，即王沈《魏书》、吴韦曜《吴书》，包括鱼豢私撰《魏略》，不可避免有"多回护"处。陈寿沿用的原始素材如果"专以讳败夸胜为得体"，此处未书，陈寿只能此处不书，而在其他相关处据史料记载如实书出。陈寿整理《诸葛亮（故事）集》，对于诸葛亮的事迹有全面把握，很少见《三国志》中关于诸葛亮的记述有所谓"专以讳败夸胜为得体"的地方，相反倒是可以用《诸葛亮传》补正其他"讳败夸胜"处。

原始材料不存在"讳败夸胜"，《三国志》中基本上也不会"专以讳败夸胜为得体"，来看有关彝陵之战的记述。《魏书二·文帝纪》以"旁观者"来记此事："闰月，孙权破刘备于夷陵。初，帝闻备兵东下与权交战，树栅连营七百余里，谓群臣曰：'备不晓兵，岂有七百里营可以拒敌者乎！苞原隰险阻而为军者为敌所禽（擒），此兵忌也。孙权上事今至矣。'后七日，破备书到。"《蜀书二·先主传》："夏六月，黄气见自秭归十余里中，广数十丈。后十余日，陆议大破先主军于猇亭，将军冯习、张南等皆没。先主自猇亭还秭归，收合离散兵，遂弃船舫，由步道还鱼复，改鱼复县为永安。"《吴书二·吴主传》："三月，鄱阳言黄龙见。蜀军分据险地，前后五十余营，逊随轻重以兵应拒，自正月至闰月，大破之，临陈（阵）所斩及投兵降首数万人。刘备奔走，仅以身免。"《吴书十三·陆逊传》记述最详、最具体。这恰恰表现其分别主次、互为详略编纂方法的"得体"，而不是什么"专以讳败夸胜为得体"。

《三国志》的编纂，还有一个需要注意的特点，即列传分合之中寓论断。曹操谋臣中杰出者荀彧、荀攸、贾诩、程昱、郭嘉、董昭、刘晔、蒋济等，陈寿分为两传，以荀（彧）荀（攸）贾（诩）合传，在《魏书十》，而以程（昱）郭（嘉）董（昭）刘（晔）蒋（济）刘（放）合传，在《魏书》十四。裴松之注以"列传之体，以事类相从"，"诩不编程、郭之篇，而与二荀并列，失其类"。其实，陈寿的标准在两传的"评曰"中说得十分明白："荀彧清修通雅，有王佐之风，然机鉴先识，未能充其志也。荀攸、贾诩，庶乎算无遗策，经达权变，其（张）良、（陈）平之亚欤！"而"程昱、郭嘉、董昭、刘晔、蒋济才策谋略，世之奇士，虽清治德业，殊于荀攸，而筹画所料，是其伦也。"魏晋时期品评人物之风盛行，陈寿又曾领本州中正，担任的就是品评"著姓士族"的官职，必然注重人物的局量才识。《三国志》反映出陈寿的这一特点，将贾诩与荀彧、荀攸合传，正如王鸣盛所说，"寓其意于诸贤出处之间"。《蜀书》中，关（羽）张（飞）马（超）黄（忠）赵（云）合传，显然是蜀中"名将"传，传后"评曰"依然不忘品评人物："羽报效曹公，飞义释严颜，并有国士之风。然羽刚而自矜，飞暴而无恩，以短取败，理数之常也。"董（和）刘（巴）马（良）陈（震）董（允）吕（乂）合传，无疑为蜀中"忠臣"或"良臣"传。蒋琬费祎姜维合传，自然是因其三人为诸葛亮之后的栋梁。刘（封）彭（羕）廖（立）李（严）刘（琰）魏（延）杨（仪）合传，可视为蜀中的"叛臣"传。其中，不乏跨越三国界线的人物比较，如《先主传》评刘备"机权干略，不逮魏武，是以基宇亦狭"，《庞统法正传》"拟之魏臣"，有以"（庞）统其荀彧之仲叔，（法）正其程（昱）、郭（嘉）之俦俪邪"的"评曰"。虽然三国为割据战乱时期，但《三国志》更注重政治人物，或者说更注重"人谋"，因而列传先文后武。《魏书》以二荀贾（诩）合传、程（昱）郭（嘉）等合传在前，"五良将"张（辽）乐（进）于（禁）张（郃）徐（晃）合传远远排在后面。《吴书》以张（昭）顾（雍）诸葛（瑾）步（骘）合传在先，周瑜鲁肃吕蒙合传在后，程（普）黄（盖）韩（当）等 12 将合传在更后。

四、《三国志》评价与《三国志注》

自晋至南朝宋，对《三国志》的评价可集中为四点：一，"善叙事，有良史之才"；二，"虽文艳不若相如，而质直过之"；三，"辞多劝诫，明乎得失，有益风化"[1]；四，"失在于略，时有所脱漏"[2]。概括而言，"有益风化"之外，取材审慎、叙事简略、文字精练是其长，文采不足、有所脱漏是其短。

---

① 《晋书》卷 82《陈寿传》。
② 裴松之：《上三国志注表》。

面对"巨细毕载"但又"多为时讳"的魏、吴国史，陈寿取材审慎为后来学者所公认。赵翼在批评《三国志》"虽多回护"的同时，肯定其"翦裁斟酌处，亦有下笔不苟者。参订他书，而后知其矜慎也。"①《魏书五·后妃·文昭甄皇后传》文帝"践阼之后，山阳公奉二女以嫔于魏，郭后、李、阴贵人并爱幸，后愈失意，有怨言。帝大怒，二年六月，遣使赐死，葬于邺。"裴松之注引（王沈）《魏书》曰："有司奏建长秋宫，帝玺书迎后，诣行在所，后上表曰：'妾闻先代之兴，所以绵国久长，垂祚后嗣，无不由后妃焉。故必审选其人，以兴内教。今践阼之初，诚宜登进贤淑，统理六宫。妾自省愚陋，不任粢盛之事，加以寝疾，敢守微志。'玺书三至而后三让，言甚恳切。时盛暑，帝欲须秋凉乃更迎后。会后疾遂笃，夏六月丁卯，崩于邺。帝哀痛咨嗟，策赠皇后玺绶。"比较王沈《魏书》与陈寿《魏书》两段记述，裴松之有如下评论：

> 文帝之不立甄氏，及加杀害，事有明审。魏史若以为大恶邪，则宜隐而不言；若谓为小恶邪，则不应假为之辞，而崇饰虚文乃至于是，异乎所闻于旧史。推此而言，其称卞、甄诸后言行之善，皆难以实论。陈氏删落，良有以焉。

这充分肯定了陈寿对王沈《魏书》的删剪。《吴书十六·陆凯传》所载陆凯谏孙皓二十事上疏，得之传闻，但陈寿认为有警诫作用，便在其前写有这样一段文字："予连从荆、扬来者得凯所谏皓二十事，博问吴人，多云不闻凯有此表。又按其文殊甚切直，恐非皓之所能容忍也。或以为凯藏之箧笥，未敢宣行，病困，皓遣董朝省问欲言，因以付之。虚实难明，故不著于篇，然爱其指摘皓事，足为后

---

① 《廿二史劄记》卷6《三国志书事得实处》。

戒，故抄列于凯传左云。"赵翼称此事"是其编纂亦多详慎也"[①]。

"时无良史，记述烦杂"[②]，似乎魏晋时期史书的通病。对比鱼豢《魏略》等的"巨细毕书，芜累甚多"，《三国志》记事简洁、文字精练，就更加显得特点鲜明了。《三国志·魏书》裴松之注所引王沈《魏书》、鱼豢《魏略》有关武帝、文帝身世的夸饰之词，陈寿均不取，既表现其取材谨慎，又可见其叙事简洁。《蜀书·先主传》裴松之注所引有王沈《魏书》、鱼豢《魏略》(或《典略》)、韦曜《吴书》，只要稍加对比，亦可见其选取审慎、叙事简练的特点。先主与曹公的一段对话，言简意深："曹公从容谓先主曰：'今天下英雄，唯使君与操耳。本初之徒，不足数也。'先主方食，失匕箸。"短短34字，表现曹操、刘备当时的情态以及彼此戒备的心理，可谓传神之笔。

自《三国志》成书至南朝宋，有关东汉史、三国史的史书大量涌现，客观上为进一步完善东汉史、三国史提供了充足的条件。相比之下，记事简略便成为《三国志》的一种缺憾，于是裴松之《三国志注》应运而生，弥补了《三国志》的这一缺憾。

裴松之（372—451），字世期，河东闻喜人。自东晋入南朝宋，历官国子博士、中书侍郎、司冀二州大中正、永嘉太守、南琅邪太守，封西乡侯。宋文帝以陈寿《三国志》过于简略，命其为之作"注"，于是"鸠集传记，增广异闻"，至元嘉六年（429）七月完成上奏，宋文帝称之曰："此为不朽矣。"[③]裴松之《上三国志注表》不仅对《三国志》有一完整评价，而且说明作注的内容：

> 臣前被诏，使采三国异同以注陈寿《国志》。寿书铨叙可观，事多审正。诚游览之苑囿，近世之嘉史。然失在于略，时

---

① 《廿二史劄记》卷6《三国志立传繁简不同处》。
② 《晋书》卷82《司马彪传》。
③ 《宋书》卷64《裴松之传》。

有所脱漏。臣奉旨寻详，务在周悉。上搜旧闻，旁摭遗逸。按
三国虽历年不远，而事关汉、晋。首尾所涉，出入百载。注记
纷错，每多舛互。其寿所不载，事宜存录者，则罔不毕取，以
补其阙。或同说一事而辞有乖杂，或出事本异，疑不能判，并
皆抄内，以备异闻。若乃纰缪显然，言不附理，则随违矫正，
以惩其妄。其时事当否及寿之小失，颇以愚意，有所论辩。

首先肯定《三国志》"铨叙可观，事多审正"，为"近世之嘉
史"，同时指出"失在于略，时有所脱漏"。作注内容，概括为四：
"以补其阙"、"以备异闻"、"以惩其妄"和"有所辩论"。"笺注名物，
训释文意"等，固然属于作注的内容，但在当时是作注所必须的内
容，无须在上书表中提及。下面，根据裴松之的上书表，对《三国志
注》略加考察。[①]

先说"以补其阙"。比较陈寿记述与裴松之注所引，《三国志》
的脱漏（或不为陈寿所采）者，主要有四个方面：令文、一般人物传
记、周边部族传记、制度。所引令文与一般人物传记，数量最富，是
裴松之注的主要内容。

裴松之注所引令文，数量繁多。辑本《魏武帝集》（《汉魏六朝
名家集》）的文集部分，除了从《三国志·魏志》纪、传以及部分类
书所辑而外，大都辑自裴松之注所引。由此可见，详录诏策、令文是
裴松之注的特点，而略采诏策、令文是陈寿的特点。裴松之注所录
令文，最为史家所重者：《武帝纪》注引《置屯田令》、《收田租令》、
《让县自明本志令》、《举贤勿拘品行令》以及《魏书十六·任峻传》
注引《加枣祗子处中封爵并祀祗令》等。

---

① 这一部分内容，参考了杨翼骧：《裴松之与〈三国志注〉》，《学忍堂文集》，中华书局
2002 年版。

裴松之注所引一般人物传记，数量最大。今天视为重要历史人物者，科技家马钧，陈寿只字未提，《明帝纪》青龙三年大治洛阳宫，筑总章观，裴松之注引《魏略》述其制作，"使博士马钧作司南车"等，《魏书二十九·方技·杜夔传》裴松之注引傅玄序 1200 余字，详其生平及发明创造，使得马钧事迹得以保存。思想家王弼，《魏书二十八·钟会传》后仅有"会弱冠与山阳王弼并知名。弼好论儒道，辞才逸辩，注《易》及《老子》，为尚书郎，年二十余卒"30 余字，裴松之注引"何劭为其传"750 余言，补充了王弼生平事迹和思想学说，成为研究王弼的宝贵资料。

裴松之注所引周边部族传记，主要集中在《魏书三十》，有王沈《魏书》乌丸、鲜卑传以及《魏略·西戎传》和《魏略》中关于乌丸、鲜卑、东夷的记述。《三国志》自有乌丸鲜卑东夷诸传，却无西域传。裴松之注引《魏略·西戎传》约 3600 字，涉及氐、羌、匈奴、西域诸国、大秦，详述其地理位置、都邑道里、物产、民俗、制度等，是极难得的珍贵资料，多为《后汉书·西域传》采录。

裴松之注所引制度，数量不多，仅作为某些叙事的补充。《武帝纪》建安二十年"冬十月，始置名号侯至五大夫，与旧列侯、关内侯凡六等，以赏军功。"二十一年，"三月壬寅，公亲耕籍田。"两处裴松之注所引王沈《魏书》，分别属于职官、郊祀二志的内容。《文帝纪》黄初四年夏五月、六月所引王沈《魏书》亦属郊祀、礼乐二志的内容。《武帝纪》建安二年"用枣祗、韩浩等议，始兴屯田。"裴松之注引王沈《魏书》，包括《置屯田令》，属于"志"的范围，在"食货"中，这从《晋书·食货志》可以得到佐证。《三国志》有纪、传而无表、志，"志"的内容不为陈寿所取，这些关于屯田的记述便成为《三国志》的"脱漏"者了。

关于"以备异闻"。由于"注记纷错，每多舛互"，裴松之注所引，除了令文而外，凡与陈寿不同者，都可以说是"以备异闻"。大致分两种情况：一是各家记述不同，又难分辨是非者，裴松之注标以"未详孰是"或"未知何者为误"等，以示存异。二是不置可否，不加按语，显然是"以备异闻"，或可补史事之缺，这种情况最多。

裴松之注"以惩其妄"，有四种情况。一是直接指明《三国志》失误处。《武帝纪》建安五年官渡之战前，写"时公兵不满万，伤者十二三。"裴松之注列举三例，证明其兵"不得甚少"，指出："将记述者欲以少见奇，非其实录也。"《明帝纪》以明帝卒"年三十六"，裴松之注考证："魏武以建安九年八月定邺，文帝始纳甄后，明帝应以十年生，计至此年正月，整三十四年耳。时改正朔，以故年十二月为今年正月，可强名三十五年，不得三十六也。"二是引录他人论述指明陈寿之误。《吴书十一·朱然传》赤乌五年，朱然战败魏将蒲忠、胡质，裴松之注引孙氏（盛）《异同评》的考证，证明"当是陈寿误以吴嘉禾六年为赤乌五年"。三是指明其他记载与陈寿均有所误。《吴书一·孙策传》"封为吴侯"注引张勃《吴录》所载孙策上表，有"臣年十七，丧失所怙"语，裴松之以《吴书一·孙坚传》、本传、张璠《后汉纪》及胡冲《吴历》参互考证："本传云孙坚以初平三年卒，策以建安五年卒，策死时年二十六，计坚之亡，策应十八，而此表云十七，则为不符。张璠《汉纪》及《吴历》并以坚初平二年死，此为是而本传误也。"四是专指其他记载之误。《蜀书三·后主传》注引《魏略》关于刘禅生于小沛、失散被卖汉中、刘括养为子、刘备得益州后有简姓者为将军往汉中验明相符、张鲁送至益州，刘备立为太子，并以诸葛亮为太子太傅的一段记述200余字，裴松之作了200余字的考证，结论是："备败于小沛时，建安五年也，至禅初立，首尾二十四年，禅应过三十矣。以事相验，理不得然。此则《魏略》之妄说，乃至二百余言，异也！又案诸书及《诸葛亮集》，亮亦不为太子太傅。"

裴松之注的"以惩其妄"，有一点是以其见闻证书载不实。《魏书四·三少帝齐王纪》注引《搜神记》载明帝诏"先帝昔著《典论》，不朽之格言，其刊石于庙门之外及太学，与石经并，以永示来世。"
裴松之举其见闻写道："松之昔从征西至洛阳，历观旧物，见《典论》
石在太学者尚存，而庙门外无之，问诸长老，云晋初受禅，即用魏
庙，移此石于太学，非两处立也。"

　　从史学发展来看，《三国志注》的贡献有三：

　　其一，开创了注史的新法。裴松之注《三国志》之前，为史书作
注者不乏其人，著名者如马融、郑玄注《尚书》，贾逵、服虔、杜预注
《左传》，贾逵、韦昭注《国语》，高诱注《战国策》，徐广注《史记》，
服虔、应劭、韦昭、晋灼、蔡谟注《汉书》等。诸家所注，大都音义、
名物、地理、典故等。裴松之注《三国志》，明确宣布为补充史事、以
备异同、考其真伪、有所评论。对此，清代以来多给予高度评价。钱
大昭分别"注经与注史的不同"，称赞裴松之"注史以达事为主。事不
明，训诂虽精无益也。尝怪服虔、应劭之于《汉书》，裴骃、徐广之
于《史记》，其时去古未远，稗官载记碑刻尚多，不能会而通之、考异
质疑，而徒戋戋于训诂，岂若世期之博引载籍、增广异闻，是是非非，
使天下后世读者昭然共见乎！"[1]陈寅恪从学术史角度称赞说"裴世期
之注《三国志》，深受当时内典合本子注之熏习。此盖吾国学术史之一
大事，而后代评史者，局于所见，不知古今学术系统之有别流，著述
体裁之有变例，以喜聚异同，坐长烦芜为言，其实非也。"[2]自裴松之注
以来，注史者不再局限于音义、名物、地理、典故等方面，更多地注
意资料的搜集与史事的考异方面。裴松之提出的"以备异闻"、"以惩
其妄"，实即后来司马光纂修《资治通鉴》所进行的"考异"，可以说
《资治通鉴考异》是继承并发展了《三国志注》的最优秀成就之一。

　　其二，推动了史学批评的发展。裴松之的"有所辩论"是多方

---

① 钱大昭：《三国志辨疑·自序》，《丛书集成》本。

② 陈寅恪：《陈述辽史补注序》，《金明馆丛稿二编》，上海古籍出版社1981年版，第234页。

面的，有对史事或人物的评论，如《魏书十·贾诩传》注对贾诩劝李
榷攻长安的评论、对贾诩谏曹操下江东的评论，《蜀书六·关羽传》
注对曹操听凭关羽投奔刘备而不追赶的评论，《吴书七·张昭传》注
对张昭劝迎曹操的评论等；有对陈寿的评论，如《吴书九·鲁肃传》
注以刘备与孙权并力拒曹"皆肃之本谋"，而《诸葛亮传》又"似此
计始出于亮"，"若二国史官，各记所闻，竞欲称扬本国容美，各取其
功。今此二书，同出一人，而舛互若此，非载述之体也"等；有对其
他史家的评论，如《魏书四·三少帝高贵乡公纪》毌丘俭"传首京
都"注："张璠、虞溥、郭颁皆晋之令史，璠、颁出为官长，溥，鄱
阳内史。璠撰《后汉纪》，虽似未成，辞藻可观。溥著《江表传》，亦
粗有条贯。惟颁撰《魏晋世语》，蹇乏全无宫商，最为鄙劣，以时有
异事，故颇行于世。干宝、孙盛等多采其言以为《晋书》，其中虚错
如此者，往往而有之。"对于三国两晋史家，裴松之注大都有所批评，
史学批评的范围被扩展了。

　　其三，保存了三国两晋时期所修后汉史、三国史的诸多片断，间
接反映出这两个多世纪断代史编纂的基本情况。经裴松之"上搜旧闻，
旁摭遗逸"的搜集，自陈寿《三国志》成书至裴松之注《三国志》的
134 年间，有关后汉、三国的史书远远超出陈寿那个时代。自清以来，
不乏学者对裴松之注引书进行统计。[①] 通常认为，除去所引诠释、评论
者，超过 150 余种。这些著述，既代表着此间断代史编纂的水平，又
为后来者研究三国两晋史学发展提供了一个侧面的丰富资料。

---

① 沈家本《三国志注所引书目》，将《三国志注》所引书目"依《隋书·经籍志》之例
分为四部"统计："经部廿一家，史部一百四十二家，子部十三家，集部廿三家，凡
二百十家"。钱大昕《廿二史考异》卷 15："凡百四十余种，其与史家无涉者不在数
内"。赵翼《廿二史劄记》卷 6："松之所引书，凡百五十余种。"王祖彝《三国志裴注
引用书目》：除"诸家评论与裴氏自注、傅子、袁子、孙盛、习凿齿等论注以及引古书
为诠释者不计"，"裴注征引之书凡百五十六种"。陈垣《三国志注引书目》："松之所引
书在二百三十种以上。"

相比而言，《三国志》"失在于略"，《三国志注》失在于杂芜。与"以补其阙"、"以备异闻"、"以惩其妄"和"有所辩论"相关的记述，征引繁富，并非蔓滥，而且引述史事原本需要首尾完具。但与上述四项无关的内容，入注就不能不说杂芜了。清代四库馆所指有："《袁绍传》中之胡母班，本因为董卓使绍而见，乃注曰'班尝见太府山君及河伯，事在《搜神记》，语多不载。'斯乃赘矣。《钟繇传》中乃引陆氏《异林》一条，载繇与鬼妇狎昵事。《蒋济传》中引《列异传》一条，载济子死为泰山伍伯，迎孙阿为泰山令事。此类凿空语怪凡十余处，悉与本事无关，而深于史法有碍，殊为瑕类。"①另一方面，脱漏亦多。《魏书》中乐进、许褚、典韦、丰愍王（曹）昂、乐陵王（曹）茂、孙礼、王观、朱建平、周宣、高句丽、挹娄、辰韩、弁辰，《蜀书》中后主敬哀皇后、刘永、刘理、黄忠、伊籍、陈震、吕乂、刘琰、王连、杜微、杜琼、李譔、蒋琬、蒋斌、蒋显、刘敏，《吴书》中吴主权王夫人（南阳人）、孙瑜、孙皎、顾承、陈表、潘璋、丁奉、朱绩、吕据、孙霸、刘惇、华覈等传，通篇无注，终为憾事。其中，不乏政治、军事重要人物，这又恰好反证其上述所注的杂芜。

虽然有研究专文考察《三国志》与《三国志注》的字数多寡，但不论注文是否多于正文，终究不能另为一新史，《三国志》作为三国史的唯一代表作而流传，《三国志注》亦以其独特的成就成为《三国志》必不可少的组成部分而流传。

第三节　诸家后汉史

自《东观汉记》至南朝宋、齐的几个世纪中，涌现的后汉史数

---

① 《四库全书总目》卷45《正史类》。

量繁富，见于著录者不下 20 种。为方便起见，先将有关后汉史的编纂列一简表，再作分别考察。

序号	书名	撰著者	卷数	始见著录	有无辑本
01	后汉书	三国吴　谢承	130	隋志二	有辑本
02	后汉记	西晋　薛莹	100	隋志二	有辑本
03	续汉书	西晋　司马彪	83	隋志二	纪传有辑本、八志存
04	汉后书（后汉书）	西晋　华峤	97	隋志二	有辑本
05	后汉书	东晋　谢沈	122	隋志二	有辑本
06	后汉南记	东晋　张莹	55	隋志二	
07	后汉书	东晋　袁山松	100	隋志二	有辑本
08	后汉书	南朝宋　范晔	97	隋志二	存
09	后汉书	南朝宋　刘义庆	58	旧唐志上	
10	后汉书	南朝梁　萧子显	100	隋志二注	
11	汉皇德纪	东汉　侯瑾	30	隋志二	
12	后汉纪	晋　张璠	30	隋志二	有辑本
13	后汉纪	晋　袁宏	30	隋志二	存
14	后汉尚书	晋　孔衍	6	旧唐志上	
15	后汉春秋	晋　孔衍	6	旧唐志上	
16	汉献帝起居注		5	隋志二	
17	汉灵献二帝纪	东汉　刘艾（芳）	6	隋志二	
18	献帝春秋	袁晔（暐）	10	隋志二	
19	九州春秋	晋　司马彪	10	隋志二	
20	汉末英雄记	东汉　王粲	10	隋志二	
21	山阳公载记	晋　乐资	10	隋志二	

一、纪传东汉史

纪传体东汉史主要有 10 家，先考察散佚的 9 家之作。

（一）谢承《后汉书》

这是《东观汉记》之后第一部完整的纪传体东汉史。谢承，会稽山阴人，三国吴主孙权谢夫人弟。谢夫人早卒，后十余年，谢承"拜五官郎中，稍迁长沙东部都尉、武陵太守，撰《后汉书》百余卷。"①裴松之注引《会稽典录》曰："承字伟平，博学洽闻，尝所知见，终身不忘。"《隋书·经籍志二》著录为 130 卷，注："无帝纪"。《旧唐书·经籍志上》著录为 133 卷，《新唐书·艺文志二》著录为 130 卷"又录一卷"。②据汪文台辑本，即《七家后汉书》辑本，可考者有帝纪，有志（礼仪、五行、郡国、兵、刑法），有传（其中类传为循吏、酷吏、宦者、儒林、文苑、独行、方术、逸民、列女，有序传）。《太平御览》卷 33 引谢承书，周边有《东夷列传》。《史通·书志》篇有"百官、舆服，谢（承）拾孟坚之遗"，似有百官、舆服二志，然班固《汉书》虽有"百官公卿表"却无"舆服志"，此说不足为凭。《史通·论赞》篇有"班固曰赞，荀悦曰论，谢承曰诠"句，《文选》李善注引作"谢承《后汉书》序曰"，说法虽不一，但表明其书有论。

（二）薛莹《后汉记》

这是三国吴史官入晋后编纂的第一部纪传体东汉史。薛莹，《三国志·吴书八》附其父薛综传后。字道言，沛郡竹邑人。孙皓时，以其"涉学既博，文章尤妙，同僚之中，莹为冠首"，为左国史，与韦

---

① 《三国志》卷 50《吴书五·妃嫔·吴主权谢夫人传》。
② 对于"无帝纪"的说法，姚振宗《隋书经籍志考证》卷 11 注："按本志云'无帝纪'，似谓其亡佚。《新唐志》多出三卷，似其佚之佚存者。"清代孙志祖《谢氏后汉书补佚》以"谢书无本纪"，而汪文台辑本首列光武、灵帝、伏后三目，以示其书有帝纪、后纪。

昭、华覈等修《吴书》未就。入晋为散骑常侍，太康三年（282）卒。《隋书·经籍志二》著录为65卷，注："本一百卷，梁有，今残缺。"《旧唐书·经籍志上》《新唐书·艺文志二》著录，均为100卷。据汪文台辑本，起光武，止献帝。帝纪，辑有光武帝、明帝、章帝、安帝、桓帝、灵帝、献帝诸纪遗文。有传。篇末有赞，辑有光武帝、明帝、章帝、安帝、桓帝、灵帝诸纪赞。

（三）司马彪《续汉书》

这是西晋年间编纂的一部纪传体东汉史。司马彪，字绍统，晋宗室高阳王司马睦长子。笃于学业，博览群籍。泰始中，为秘书郎，转秘书丞，注《庄子》，作《九州春秋》。后拜散骑常侍，惠帝末年卒，年60余。惠帝在位最后一年为光熙元年（306），上推60余年，其生当魏齐王芳正始（240—249）中。司马彪以"汉氏中兴，讫于建安，忠臣义士亦以昭著，而时无良史，记述烦杂，谯周虽已删除，然犹未尽，安、顺以下，亡缺者多"。于是，"讨论众书，缀其所闻，起于世祖，终于孝献，编年二百，录世十二，通综上下，旁贯庶事，为纪、志、传凡八十篇，号曰《续汉书》"。[①]《隋书·经籍志二》《旧唐书·经籍志上》均著录83卷，《新唐书·艺文志二》著录83卷"又录一卷"。本传虽称"凡八十篇"，流传中或因篇卷分合为83卷。"起于世祖，终于孝献"，"录世十二"，无疑有12帝纪。与范晔《后汉书》合编者八志为律历、礼仪、祭祀、天文、五行、郡国、百官、舆服，详见下节。据汪文台辑本，类传可考者有党锢、循吏、酷吏、宦者、儒林、文苑、独行、逸民；周边有西南夷、西羌、西域、乌桓、鲜卑等。有序传。篇末有论，光武、和帝纪均称"论"。

（四）华峤《汉后书》

这与司马彪《续汉书》同时，为西晋年间编纂的又一部纪传体

---

① 《晋书》卷82《司马彪传》。

东汉史。华峤，字叔骏，才学深博。曹魏末年，司马昭为大将军，辟其为掾属，补尚书郎转车骑从事中郎。泰始初，赐爵关内侯，迁太子中庶子，拜散骑常侍，典中书著作，领国子博士，迁侍中。以其博闻多识，属书典实，有良史之志，转秘书监，加散骑常侍，班同中书。惠帝元康三年（293）卒。以《东观汉记》"烦秽，慨然有改作之意"，利用"为内台，中书、散骑、著作及治礼音律，天文数术，南省文章，门下撰集，皆典统之"的优越条件，"遍观秘籍，遂就其绪"：

> 起于光武，终于孝献，一百九十五年，为帝纪十二卷、皇后纪二卷、十典十卷、传七十卷及三谱、序传、目录，凡九十七卷。峤以皇后配天作合，前史作外戚传以继末编，非其义也，故易为皇后纪，以次帝纪。又改志为典，以有《尧典》故也。而改名《汉后书》奏之……

诏朝臣会议，中书监荀勖、中书令和峤、太常张华、侍中王济等重臣"咸以峤文质事核，有迁、固之规、实录之风，藏之秘府"。不过，应注意的是，其"所撰书十典未成而终"，秘书监奏其中子华彻为佐著作郎踵成之，"未竟而卒"；后又奏其少子华畅为佐著作郎"克成十典"。"永嘉丧乱，经籍遗没，峤书存者三十余卷。"[1]然而，《隋书·经籍志二》著录《后汉书》17卷，注："本九十七卷，今残缺。"《旧唐书·经籍志上》、《新唐书·艺文志二》均著录为31卷。帝纪12卷，据汪文台辑本，有明帝、章帝、灵帝、献帝诸纪遗文，又有《皇后纪》二，周边有哀牢、南单于等，傅俊、冯衍、丁鸿、班固、袁安、王充、皇甫嵩等传末有"论"。范晔《后汉书·章帝纪》"论曰"："魏文帝称'明帝察察，章帝长者'。"李贤注："以上

---

[1]　《晋书》卷44《华表附峤传》。

华峤之辞。"知其帝纪有论。《史通》论诸家后汉史，"推其所长，华氏居最"，与陈寿等"斯并史官之尤美，著作之妙选也。"①刘知幾特别指出："华峤删定《东观记》，为《汉后书》"。直接取材《东观汉记》，斟酌损益，润色加工，这或许是华峤《汉后书》取得成功的基本原因。

（五）谢沈《后汉书》

这是东晋时编纂的一部纪传体东汉史。谢沈，字行思，会稽山阴人。少孤，事母至孝，博学多识，明练经史，多次命官皆不就。康帝即位（343），以太学博士应征，以质疑滞。母忧去职，起为尚书度支郎，迁著作郎，撰《晋书》30 余卷。又有《后汉书》百卷及《汉书外传》等。卒年 52。②《隋书·经籍志二》著录为 85 卷，注"本一百二十二卷"。《旧唐书·经籍志上》、《新唐书·艺文志二》均著录为 102 卷，但又都著录有《（后汉书）外传》10 卷。《隋书·经籍志二》无《外传》，所注 122 卷似应包括《外传》在内。据汪文台辑本，有光武帝、明帝、安帝诸纪遗文，有礼仪、祭祀、天文、五行、郡国等志。篇末有论称"序"，《文选》李善注引亦作"谢沈书序"。

（六）张莹《后汉南记》

《隋书·经籍志二》著录为 45 卷，注："本五十五卷，今残缺。晋江州从事张莹撰。"排序在谢沈后、袁山松前，应为东晋中编纂。《旧唐书·经籍志上》、《新唐书·艺文志二》均著录为《汉南纪》58 卷。

（七）袁山松《后汉书》

这是东晋时编纂的最后一部纪传体东汉史。《隋书·经籍志二》著录为 95 卷，注："本一百卷。"《旧唐书·经籍志上》著录 102 卷，

---

① 《史通》卷 12《古今正史》、卷 11《史官建置》。

② 《晋书》卷 82《谢沈传》。

《新唐书·艺文志二》著录为 101 卷"又录一卷"。袁山松，陈郡阳夏人。少有才名，博学有文章，著《后汉书》百篇。善音乐，官至吴郡太守。安帝隆安五年（401）孙恩攻沪渎，袁山松被杀。[①]据汪文台辑本，有光武帝、明帝、章帝、安定、桓帝、灵帝、废帝弘农王、献帝诸纪遗文，有律历、礼仪、祭祀、天文、五行、郡国、百官等志，有传，周边有《西域传》。据《通志·校雠略》"阮孝绪作《七录》已，亦条刘氏《七略》及班固《汉志》、袁山松《后汉志》、魏《中经》、晋四部所亡之书为一录"，所谓"袁山松《后汉志》"当即袁山松《后汉书》中《艺文志》。《艺文类聚》卷 12 引袁山松《后汉书》论光武帝、《太平御览》卷 91 引袁山松《后汉书》论章帝，当为二帝纪论。

（八）刘义庆《后汉书》

《旧唐书·经籍志上》、《新唐书·艺文志二》均著录为 58 卷，在司马彪后、华峤前。晋史无其人，南朝宋有刘义庆其人，《宋书》、《南史》本传均不载其撰后汉史，且《隋书·经籍志》亦未著录此书。

（九）萧子显《后汉书》

这是南朝梁编纂的一部纪传体东汉史，晚于范晔《后汉书》。萧子显，字景阳，梁武帝时"采众家《后汉》，考证异同，为一家之书"，"所著《后汉书》一百卷，《齐书》六十卷"藏秘阁。累迁太子中舍人、中书郎，守宗正卿。大中通二年（530）迁长兼侍中，领国子博士，选吏部尚书。大同三年（537）出为仁威将军、吴兴太守，未几卒，时年 49。[②]《隋书·经籍志二》著录范晔《汉书缵》18 卷，注云："梁有萧子显《后汉书》一百卷，王韶《后汉林》二百卷。"

以上 9 家纪传体东汉史，成于范晔《后汉书》之前者 7 家。至南朝梁，刘勰在《文心雕龙·史传》篇对范晔之前的纪传体东汉史有

---

① 《晋书》卷 83《袁瓌附山松传》、卷 100《孙恩传》。
② 《梁书》卷 35《萧子恪附子显传》。

一总评，反映当时的普遍认识：

> 至于后汉纪传，发源《东观》。袁、张所制，偏驳不伦；薛、谢之作，疏谬少信。若司马彪之详实，华峤之准当，则其冠也。

二、编年东汉史

编年体东汉史3家，先考散佚的2家。

（一）侯瑾《汉皇德纪》

这是东汉末年出现的第一部编年体东汉史，成书较荀悦《汉纪》稍早，可谓第一部断代编年史。由于"莫知于世"，特作考察。

侯瑾，范晔《后汉书》有传记其事迹，全文如下：

> 侯瑾字子瑜，敦煌人也。少孤贫，依宗人居。性笃学，恒佣作为资，暮还辄燃柴以读书。常以礼自牧，独处一房，如对严宾焉。州郡累召，公车有道征，并称疾不到，作《矫世论》以讥切当时。而徙入山中，覃思著述。以莫知于世，故作《应宾难》以自寄。又案《汉记》撰中兴以后行事，为《皇德传》三十篇，行于世。余所作杂文数十篇，多亡失。河西人敬其才而不敢名之，皆称为侯君云。①

谢承《后汉书》记："侯瑾字子瑜，佣作为资，暮燃柴读书。"②王隐《晋书·地道记》这样记载："汉末博士敦煌侯瑾善内学，语弟子曰：'凉州城西有泉水当竭，有双阙起其上。'魏嘉平中，武威太守条

---

① 《后汉书》卷80下《文苑列传下》。
② 《北堂书钞》卷98引谢承《后汉书》。《太平御览》卷615引谢承《后汉书》作："侯瑾字子瑜，佣作为资，暮还辄燃火以读书。"范晔、谢承所传，文字略同，源出相同。

茂起学舍，筑阙于此泉，填水造起门楼，与学阙相望。"①范晔以侯瑾入《文苑列传》，视其为当时文坛名流，然传中未著其生卒及所处时代。但《文苑列传上》最末为边韶，桓帝时卒官，其余均为桓帝以前文士，《文苑列传下》所传 9 人，侯瑾之前依次为张升（不著年代）、赵壹（灵帝光和元年及其后）、刘梁（灵帝光和中病卒）、边让（献帝建安中被曹操所杀）、郦炎（灵帝熹平六年卒），侯瑾之后依次为高彪（蔡邕赋诗，高彪作箴）、张超（灵帝时从征黄巾）、祢衡（献帝建安中被曹操所杀）。从《文苑列传》排序看，侯瑾当为灵帝、献帝时人，最早不过桓帝。严可均以侯瑾"桓帝时征有道，复征博士，皆不至。"②其书《皇德传》，南朝宋称《汉皇德传》。《宋书·氐胡·大且渠蒙逊传》茂虔向宋文帝献书，有《汉皇德传》25 卷。《续汉书·五行志六》刘昭注引《皇德传史》，亦称"皇德传"。《隋书·经籍志二》著录为《汉皇德纪》30 卷，《旧唐书·经籍志上》、《新唐书·艺文志二》亦著录为《汉皇德纪》30 卷。《隋书·经籍志二》著录有注："汉有道征士侯瑾撰。起光武，至冲帝。"知为东汉史，但著录在杂史类。《旧唐书·经籍志上》、《新唐书·艺文志二》均著录在编年类，知为编年体东汉史。以《新唐书·艺文志二》著录，知北宋藏书中有此书全本，《太平御览》多所征引亦可为证。《太平御览》卷 829 引《汉皇德颂》"侯瑾字子瑜，敦煌人。少孤贫，依宗人居。性笃学，恒佣作为资，暮还辄燃柴读书"，与范晔传写侯瑾开头的文字全同，似《汉皇德颂》为侯瑾自序之文。从谢承、范晔有关侯瑾身世的记载完全相同这点来看，他们都见到过侯瑾《皇德传》，并引为取材之源。以侯瑾入"文苑"，也是谢承在先，范晔继其后。另据《太平御览》卷 891 引"世祖遣邓禹西征"、卷 91 引"安帝崩，北乡侯即尊位"等，表明其书大体如《隋书·经籍志二》注云："起光武，至冲帝。"以侯

---

① 王隐：《晋书》（汤球辑本）。又见《水经注》卷 40 引。《艺文类聚》卷 62 所引较简略。
② 严可均：《全后汉文》卷 66。

瑾所处时代，能见到的东汉史唯有《东观汉记》，因而范晔说"《汉记》撰中兴以后行事，为《皇德传》三十篇"。侯瑾所见《东观汉记》，只能是第三次续修，即桓帝时所续，至安帝、顺帝，故其书下限"至冲帝"。

总而言之，侯瑾《汉皇德纪》30 卷，是东汉末年编纂的一部编年体东汉史，虽然阙桓、灵、献诸帝，成书却比荀悦《汉纪》稍早，编年体断代史的开篇之功实不可没。只因采摭仅限于《东观汉记》，又是边地一介"莫知于世"的平民文士，虽为编年体，却未受到应有的重视。

（二）张璠《后汉纪》

这是两晋之交编纂的一部编年体东汉史。《隋书·经籍志二》、《旧唐书·经籍志上》、《新唐书·艺文志二》均著录为 30 卷，未注其朝代、其人经历。裴松之注《三国志》多引其书，并有评论："张璠、虞溥、郭颁皆晋之令史，璠、颁出为官长，溥，鄱阳内史。璠撰《后汉纪》，虽似未成，辞藻可观。"[①] 袁宏曾见其书，认为"言汉末之事差详"。李贤注《后汉书》往往引其书，以存异同。

以上两家编年体东汉史，均成书在袁宏《后汉纪》之前。

第四节　流传至今的东汉史：
《后汉纪》与《后汉书》

众多的东汉史，流传至今者，二体各一种：编年体为东晋袁宏《后汉纪》，纪传体为合南朝宋范晔所撰纪、传与西晋司马彪所撰"八志"而成的《后汉书》。

---

① 《三国志》卷 4《魏书四·三少帝高贵乡公纪》裴松之注。

一、编年体东汉史——袁宏《后汉纪》

袁宏《后汉纪》，东晋时编纂的一部编年体东汉史，也是流传至今的唯一一部编年体东汉史。

袁宏（328—376），字彦伯，陈郡阳夏（今河南太康）人。"少孤贫，以运租自业。"为安西大将军谢尚赏识，引为参军，累迁大司马桓温府记室，专综书记。余暇常览《三国志》，考其君臣，作《三国名臣颂》。从桓温北征，作《北征赋》。转吏部郎。谢安赏识其"机对变速"，为扬州刺史时引袁宏为东阳郡太守。东晋武帝"太元初，卒于东阳，时年四十九。"[①] 所撰《后汉纪》30 卷、《竹林名士传》3 卷及诗赋谏表等杂文 300 首，皆传于时。

《后汉纪》的取材、编纂，书序自云：

> 予尝读后汉书，烦秽杂乱，睡而不能竟也。聊以暇日，撰集为《后汉纪》。其所缀会《汉记》、谢承书、司马彪书、华峤书、谢沈书、《汉山阳公记》、《汉灵献起居注》、《汉名臣奏》，旁及诸郡耆旧先贤传，凡数百卷。前史阙略，多不叙次，错谬同异，谁使正之？经营八年，疲而不能定，颇有传者。始见张璠所撰书，其言汉末之事差详，故复探而益之。

自《东观汉记》以下，除薛莹《后汉记》外，凡所能见到的纪传体东汉史均在其取材之列。所云《汉山阳公记》，即《隋书·经籍志二》著录《山阳公载记》。山阳公，乃曹魏代汉之后给汉献帝的封爵。撰者乐资，据《史通·六家》篇，为晋著作郎。这是一部西晋史官所写关于汉献帝的编年史，《三国志注》、范晔《后汉书》李贤注均

---

① 《晋书》卷 92《文苑·袁宏传》。

有引录。所云《汉灵献起居注》,《隋书·经籍志二》仅著录有《汉献帝起居注》, 无"灵帝起居注",《三国志注》、范晔《后汉书》李贤注亦只见引《汉献帝起居注》, 未见引"灵帝起居注"。疑所云《汉灵献起居注》, 当是《汉灵献二帝纪》, 东汉末侍中刘艾撰,《隋书·经籍志二》误作"刘芳",《三国志注》、范晔《后汉书》李贤注均有引录。所云《汉名臣奏》,《隋书·经籍志二》仪注类著录为《汉名臣奏事》30 卷,《三国志注》、范晔《后汉书》李贤注均有引录。至于"诸郡耆旧先贤传",《隋书·经籍志二》杂传类著录十数种,《三国志注》、《后汉书》李贤注引不止数种。面对如此繁富的材料, 其书编纂特点为:"前史阙略, 多不叙次"者补而叙之,"错谬同异"者辩而正之,"疲而不能定"者反复"探而益之"。编纂时间, 历经 8 年之久。得见张璠《后汉纪》, 以"汉末之事差详", 再"探而益之", 这或许是特别要提"《汉山阳公记》、《汉灵献起居注》"的原因。

全书 30 卷: 光武皇帝纪 8 卷、孝明皇帝纪 2 卷、孝章皇帝纪 2 卷、孝和皇帝纪 2 卷、孝殇皇帝纪 1 卷、孝安皇帝纪 2 卷、孝顺皇帝纪(附孝冲皇帝)2 卷、孝质皇帝纪 1 卷、孝桓皇帝纪 2 卷、孝灵皇帝纪 3 卷、孝献皇帝纪 5 卷。

其书编纂, 虽说仿效荀悦《汉纪》, 但比较而言, 荀悦是因班固旧文剪裁联络, 袁宏的抉择去取是自出鉴裁, 更难于荀悦。在《汉纪》"通比其事, 例系年月"的基础上,《后汉记》创以"言行趣舍, 各以类书, 故观其名迹, 想见其人"的方法, 记述某人某事, 连带着写出同类型的好几人、好几事, 扩大编年体记人叙事的容量, 增加编年体记述人物的感染力与记述政事的完整性。《光武皇帝纪》在叙述开国重事、战事的同时, 写入东汉初名臣将相十数人,《孝桓皇帝纪》叙"党锢之祸", 写入李膺、范滂、张俭等多人, 与纪传史中的"类传"有异曲同工之妙。

从保存史料的角度谈其编纂, 更有着各家东汉史不可替代的特点。一是保存了范晔《后汉书》乃至《三国志》所无的一些重要史料，二是保存了其他记载不详的史料，三是保存了部分一事互异的不同材料。

《后汉纪》载录而《三国志》、《后汉书》不载者，如曹操死至曹丕称帝间，献帝的两则诏书，一为建安二十五年正月曹操死、曹丕袭魏王爵诏；一为同年十月献帝禅位于魏王曹丕诏，均为裴松之采入《三国志注》。特别要提出的是《孝明皇帝纪》所载关于佛教的记述，为研究佛教传入中土的珍贵材料：

> 浮屠者，佛也。西域天竺有佛道焉。佛者，汉言觉，将（以觉）悟群生也。其教以修善慈心为主，不杀生，专务清静。其精者号为沙门，沙门者，汉言息心。盖息意去欲而归于无为也。又以为人死精神不灭，随复受形，生时所行善恶皆有报应，故所贵行善修道，以练精神不已，以至无为而得为佛也。佛身长一丈六尺，黄金色，项中佩日月光，变化无方，无所不入，故能通化万物而大济群生。初，帝梦见金人长大，项有日月光，以问群臣。或曰："西方有神，其名曰佛。陛下所梦，得无是乎？"于是遣使天竺，问其道术而图其形象焉。有经数千万，以虚无为宗，苞罗精粗，无所不统，善为宏阔胜大之言，所求在一体之内而所明在视听之外，世俗之人以为虚诞，然归于玄微深远，难得而测，故王公大人观死生报应之际，莫不矍然自失。

李贤注于《后汉书·光武十王·楚王英传》，司马光缩写为《资治通鉴·汉记》明帝永平八年十月正文。

袁宏《后汉纪》详于范晔《后汉书》者不下百余处，如《后汉书·党锢列传》写"熹平五年，永昌太守曹鸾上书大讼党人，言甚方切"，却无具体内容，《后汉纪》卷24《孝灵皇帝纪》有曹鸾"讼党人曰：'夫党人者，或耆年渊德，或衣冠精英，皆宜股肱王室，左右大猷者，而久被禁锢，辱在泥涂。谋反大逆，尚蒙赦宥，党人何罪？独不开恕乎！所以灾异屡见，水旱荐臻，皆由于斯……'"，概述出曹鸾上书的基本内容，使"言甚方切"的四字概括充实了。再如灵、献二纪多增与董卓相关史事，以《董卓传》为例，叙灵帝中平二年朝廷"以司空张温为车骑将军，假节，执金吾袁滂为副。"袁滂，范晔《后汉书》仅4见，无传。《后汉纪》有"滂字公熙，纯素寡欲，终不言人短。当权宠之盛，或以同异致祸，滂独中立于朝，故爱憎不及焉"等36字，可补范晔《后汉书》之阙。又，范晔写李傕、郭汜"各相猜疑"，写杨定与段煨"有隙，遂诬煨欲反"等事，与《后汉纪》比较，袁宏所纪更详、更具体。因此，李贤注《后汉书》，多引袁宏《后汉纪》。

一事所记互异者，莫过于征西将军马贤是否战死射姑山。《后汉纪》卷19《孝顺皇帝纪》永和六年正月，"征西将军马贤讨羌到射姑山回"。范晔《后汉书·顺帝纪》永和六年正月丙子，"征西将军马贤与且冻羌战于射姑山，贤军败没"；《西羌传》六年春，"马贤将五六千骑击之，到射姑山，贤军败，贤及二子皆战殁。顺帝愍之，赐布三千匹，谷千斛，封贤孙光为舞阳亭侯，租入岁百万"。再如卷23《孝灵皇帝纪》建宁四年三月，"太尉刘宠、司空乔玄以灾异策罢"，而《后汉书·灵帝纪》建宁四年三月却为"太尉闻人袭免，太仆李咸为太尉"。《资治通鉴》记两事均取范书，后一事先书"太尉闻人袭免，以太仆汝南李咸为太尉"，再书"司徒许训免，以司空乔玄为司徒"，而清人惠栋、何焯、王先谦等考辨又不同。

修史以笃名教，修史以敷王道，袁宏的这一编纂思想在书序中表达得非常清楚：

夫史传之兴，所以通古今而笃名教也。

并与荀悦相对比，说"荀悦才智经纶，足为嘉史，所述当世，大得治功已矣。然名教之本，帝王高义，韫而未叙"，而自己则"因前代遗事，略举义教所归，庶以弘敷王道"。其所"笃名教"，从卷13《孝和皇帝纪》永元四年对班固的评论可以看得更清楚：

> 固虽笃志于学，以述作为务，然好傅会权宠，以文自通。其序事不激诡，不抑抗，赡而不秽，详而有体，使读之者亹亹而不厌，亦良史之才也。至于排死节，否正直，以苟免为通，方伤名教也。

肯定班固为"良史之才"的论述采自华峤，评论班固其人则以"名教"为准则。袁宏的"弘敷王道"，与"笃名教"密切相关，认为"君臣、父子，名教之本也。"[1]卷3光武"即皇帝位于鄗，改年号为建武元年"，有"袁宏曰"表示：更始已然为君，"世祖经略，受节而出，奉辞征伐，臣道足矣。然则三王作乱，勤王之师不至，长安犹存，建武之号已立，虽南面而有天下，以为道未尽也！"这是在说，更始帝为君，刘秀只能尽"臣道"；更始帝尚存，光武建号称帝是"为道未尽"。写献帝用5卷篇幅，其中3卷是写曹魏代汉，抨击曹氏父子"假人之器，乘人之权，既而以为己有，不以仁义之心终，亦君子所耻也！"最后强调："汉苟未亡，则魏不可取。"全书结尾处赘书："明年，刘备自立为天子。"旨在表明曹丕逼迫献帝禅位，汉家天下仍然存在，刘备才是继汉献帝之后的汉家皇帝。"魏不可取"，旨在维护东晋皇朝的"王道"，暗示桓温不可取而代之。

---

[1] 《后汉纪》卷26"袁宏曰"。

袁宏取材审慎，编纂严肃，书序中的这一态度颇受称道：

> 今之史书，或非古之人心，恐千载之外所诬者多，所以怅快踌躇，操笔恨然者也。

袁宏《后汉纪》为编年体东汉史的代表作，与编年体西汉史的代表作荀悦《汉纪》，成为东汉末年至东晋中期一个半世纪中编年体断代史编纂达到成熟的重要标志。

二、纪传体东汉史——《后汉书》

流传至今的纪传体《后汉书》，是由范晔所撰纪、传与司马彪所撰"八志"合成的。

（一）范晔生平与"谋逆"问题

范晔（398—446），字蔚宗，顺阳（今河南淅川）人。博涉经史，善为文章，能隶书，晓音律。17岁时雍州辟主簿，不就。先入宋武帝刘裕之子彭城王刘义康府为参军，又入补尚书外兵郎，出为荆州别驾从事史，召为秘书丞。父范泰去世，离职守丧。服终，为征南大将军檀道济司马，领新蔡太守。从征还朝，为司徒从事中郎，迁尚书吏部郎。宋文帝元嘉九年（432）冬，彭城太妃即彭城王刘义康母病逝，入殓当晚，僚故集聚东府。范晔弟广渊为司徒祭酒，当晚值宿。范晔与同僚在广渊值宿处"夜中酣饮，开北窗听挽歌为乐"，惹恼刘义康，被贬出京城，为宣城太守。范晔"不得志，乃删众家后汉书为一家之作。"[①]在郡数年，迁长沙王刘义欣镇军长史，加宁朔将军。元嘉十六年（439）嫡母亡，服阕，为始兴王刘濬后军长史，领南下

---

① 各种版本的《宋书·范晔传》、《南史·范晔传》均误以"元嘉元年冬彭城太妃薨"，中华书局校点本《宋书》、《南史》订正为"元嘉九年"，详见两书《范晔传》校勘记。

邳太守。始兴王刘濬年幼，政事悉委之。又迁左卫将军、太子詹事，时为元嘉十七年（440）十二月。此后，逐渐被拖入皇权之争的漩涡，成为替罪羊，最终以"谋逆"下狱，元嘉二十二年十二月乙未（公元446年1月13日）伏诛。

关于范晔"谋逆"一事，自清以来多有为其辩诬者，王鸣盛《十七史商榷》卷61专有"范蔚宗以谋反诛"条为之辩诬，道光时更有陈澧《申范》为范晔"雪冤"。这里，先对《宋书·范晔传》的记述作一点考察。关于范晔个人行为的记述：为征南大将军檀道济司马，"道济北征，晔惮行，辞以脚疾"；"（嫡）母亡，报之以疾，晔不时奔赴，及行，又携妓妾自随，为御史中丞刘损所奏"；"晔家，乐器服玩，并皆珍丽，妓妾亦盛饰，（生）母住止单陋，唯有一厨盛樵薪，弟子冬无被，叔父单布衣"；"衣裳器服，莫不增损制度"；"晔少时，兄宴常云：'此儿进利，终破门户。'"这些记述，除"道济北征，晔惮行，辞以脚疾"与"晔少时，兄宴常云'此儿进利，终破门户'"二事《南史·范晔传》删削之外，其余均保留在册，有助于了解其人品、个性。再来看《宋书·范晔传》如何写其被拖入皇权之争漩涡的。孔熙先博学有纵横才志，文史星算，无不兼善，不为时知，久不得调。先前，其父孔默之为广州刺史，以贪赃罪下廷尉，刘义康出面，因以得免。元嘉十七"义康被黜"，孔熙先"密怀报效"之心，打算在朝廷大臣中寻找拥戴刘义康的对象。"以晔意志不满，欲引之"，但彼此不熟悉，无从入手。孔熙先找到范晔外甥、刘义康僚属谢综，"顷身事综，与之结厚。熙先藉岭南遗财，家甚富足，始与综诸弟共博，故为拙行，以物输之。综等诸年少，既屡得物，遂日夕往来，情意稍款。"孔熙先不惜用家财拉拢谢综，再通过谢综拉拢范晔："综乃引熙先与晔为数，晔又与戏，熙先故为不敌，前后输晔物甚多"，"晔既利其财宝，又爱其文艺"，逐渐被拉拢："熙先素有词辩，尽心事之，晔遂相与异常，申莫逆之好。"孔熙先进一步试探范晔，"始以微言动晔，晔不回"，便抓住范晔"素有闺庭论议，朝野所知，故门胄虽华，而国家不与姻娶"的不满心理，"极辞譬说"以激范晔："丈人若谓朝廷相待厚者，何故不与丈人婚，为是门户不得邪？人作犬豕相遇，而丈人欲为之死，不亦惑乎？"面对此番言论，《宋书·范晔传》表述为"晔默然不答，其意乃定。"对于这8个字，历来有不同理解：或为"谋逆之意遂定"，或为"不从之意显然"。这8个字应视为《范晔传》作者的推测，此时的范晔怎么会轻易下决心呢！"默然不答"4个字所反映的心理，最合理的解释应当是：举棋不定，不知可否。接下来，谢综消除当年刘义康贬范晔的过节，"晔累经义康府佐，见待素厚。及宣城之授，意好乖离。综为义康大将军记室参军，随镇豫章。综还，申义康意于晔，求解晚隙，复敦往好。"至此，才说"晔既有逆谋，欲探时旨，乃言于上"。"晔既有逆谋"，同样是《范晔传》作者先入为主的主观臆断，但"欲探时旨，乃言于上"8个字，一方面准确地传达出范晔依然游移不定的心态，另一方面也反映了范晔的某种政治投机心理。尽管其慷慨陈词，"义康奸心衅迹，彰著遐迩，而至今无恙，臣窃惑焉。且大梗常存，将重阶乱，骨肉之际，人所难言。臣受恩深重，故冒犯披露"，宋文帝却"不纳"。宋文帝为何"不纳"，这关涉其对范晔的看法。司马光考察《宋书》、《南史》的记载后，仍然保留了这样一则记事："吏部尚书何尚之言于帝曰：'范晔志趣异常，请出为广州刺史。若在内衅成，不得不加铁钺，铁钺屡行，非国家之美也。'帝曰：'始诛刘湛，复迁范晔，人将谓卿等不能容才，朕信受谗言。但共知其如此，无能为害也。'"①宋文帝、吏部对于范晔的态度，已注定范晔的命运。宋文

---

① 《资治通鉴》卷123宋文帝元嘉十七年十二月。《南史》卷30《何尚之传》：（刘）湛诛，"尚之察其〔按：指范晔〕意趣异常，白文帝：'……'上曰：'始诛刘湛等，方欲引升后进。晔事迹未彰，便豫相黜斥，万姓将谓卿等不能容才，以我为信受谗说。但使共知如此，不忧致大变也。'"《宋书》卷66《何尚之传》同。

帝表面上的"不纳",必然将范晔推向孔熙先等人的怀抱。孔熙先加紧"潜结腹心",又网罗了谢综弟谢约、大将军府史仲承祖、丹阳尹徐湛之等。孔熙先使其弟孔休先作檄文,以"既为大事,宜须义康意旨,晔乃作义康与湛之书,宣示同党"。原定元嘉二十二年九月乘宋文帝送征北将军等出镇之机"为乱",《宋书·范晔传》只用了"而差互不得发"6个字,《南史·范晔传》增补了《宋书》所无的细节:"许耀侍上,扣刀以目晔,晔不敢视,俄而坐散,差互不得发。"十一月,徐湛之反转来上表告发,"悉出檄书、选事及同恶人名、手墨翰迹"等证据。宋文帝先收谢综、孔熙先兄弟,"并皆款服"。遣使问范晔,范晔"仓促怖惧,不即首肯"。宋文帝重遣问:"卿与谢综、徐湛之、孔熙先谋逆,并已答款,犹尚未死,微据见存,何不依实?"范晔仍然强词:"以理而察,臣不容有此。"宋文帝遣问:"熙先近在华林门外,宁欲面辨乎?"范晔"辞穷",乃曰:"熙先苟诬引臣,臣当如何。"宋文帝"示以墨迹",《南史·范晔传》多一"晔"字,作"示以晔墨迹"。至此,范晔才"具陈本末":"久欲上闻,逆谋未著,又冀其事消弭,故推迁至今。负国罪重,分甘诛戮。"下狱后,"本意入狱便死,而上穷治其狱,遂经二旬,晔更有生望。狱吏因戏之曰:'外传詹事或当长系',晔闻之惊喜。"[1]

从《宋书·范晔传》整篇记述来看,"谋逆"之事皆孔熙先所为。但不论与刘义康本人有无直接关系,刘义康当时是皇权的最大威胁,刘湛作为其亲信已成前车之鉴[2],更何况孔熙先等还想拥戴刘

---

[1] 《宋书》卷69《范晔传》、《南史》卷33《范泰附晔传》。文中所叙,除说明两书记载有别者之外,其余记事相同,只不过《南史》文字稍简而已。

[2] 《宋书》卷68《武二王·彭城王义康传》:元嘉十二年以后,义康"既专总朝权,事决自己,生杀大事,以录命断之","朝野辐凑,势倾天下","内外众事,皆专决施行"。"十六年,进位大将军,领司徒","自是主相之势分,内外之难结矣"。十七年十月,"乃收刘湛,付廷尉,伏诛",义康上表逊位,改授江州刺史,出镇豫章。"司徒主簿谢综,素为义康所狎,以为记室参军事,左右爱念者,并听随从至豫章。"

义康！范晔的"意志不满"，恃才傲物，加之自身"素无行检"，终成孔熙先所利用的对象。范晔所持游移态度，心存侥幸，使其越陷越深，不能自拔。即便《宋书·范晔传》主要是"据当时锻炼之词书之"，也改变不了范晔被拖入皇权之争漩涡的事实。后来学者与其为范晔辩护，倒不如深入分析一下范晔被拖入"谋逆"的主客观原因。

（二）《后汉书》纪、传

根据范晔的经历，《后汉书》纪传的编纂始自元嘉九年（432）左迁宣城太守之日，元嘉十六年母丧，服阙在元嘉十七年（440）底，"删为一家"之作当在此年。所以，刘知幾写"宋宣城太守范晔，乃广集学徒，穷览旧籍，删烦补略，作《后汉书》"[①]，而不书其后来的官职"左卫将军、太子詹事"。此时的范晔尚且"广集学徒"帮助"穷览旧籍，删烦补略"，更何况被孔熙先拖入皇权之争的漩涡，就更加难以专心编纂了，这恐怕是其书缺表、缺志的主要原因。

范晔《狱中与诸甥侄书》，沈约认为"晔自序并实，故存之"于《宋书·范晔传》，为研究范晔及其《后汉书》保存下了一份重要文字资料。其中，有关编纂《后汉书》的论述如下：

> 既造《后汉》，转得统绪，详观古今著述及评论，殆少可意者。班氏最有高名，既任情无例，不可甲乙辨，后赞于理近无所得，唯志可推耳。博赡不可及之，整理未必愧也。吾杂传论，皆有精意深旨，既有裁味，故约其词句。至于"循吏"以下及"六夷"诸序论，笔势纵放，实天下之奇作。其中合者，往往不减《过秦》篇。尝共比方班氏所作，非但不愧之而已。欲遍作诸志，《前汉》所有者悉令备。虽事不必多，且使见文得尽。又

---

① 《史通》卷12《古今正史》。

欲因事就卷内发论，以正一代得失，意复未果。赞自是吾文之杰思，殆无一字空设，奇变不穷，同合异体，乃自不知所以称之。此书行，故应有赏音者。纪传例为举其大略耳，诸细意甚多。自古体大而思精，未有此也。恐世人不能尽之，多贵古贱今，所以称情狂言耳。

大致可以归纳为这样几点：第一，古今著述及评论"殆少可意者"，班固《汉书》"唯志可推"，"博赡不可及"。第二，自己所作传论"皆有精意深旨"，特别是"循吏"以下及周边传序论，为"天下之奇作"。第三，"欲遍作诸志，前汉所有者悉令备"。第四，"欲因事就卷内发论，以正一代得失，意复未果。赞自是吾文之杰思"。第五，"纪传例为举其大略耳，诸细意甚多"。

1. 所谓"纪传例"

虽有怀疑其"纪传例"未完成者，但从相关记载中可知其"纪传例"是流行于世的。《史通·序例》篇在评论《魏书》时说"魏收作例，全取蔚宗，贪天之功以为己力"，显然刘知幾见到范晔的"纪传例"。李贤注范晔《后汉书》有征引，表明其"例"在唐代尚存。李贤注引范晔"例"仅存三个片断：一在《光武帝纪上》地皇三年十一月"光武初骑牛，杀新野尉乃得马。进屠唐子乡"，李贤注引《例》曰："多所诛杀曰屠。"二在《光武帝纪上》建武五年"五月丙子诏曰"，李贤注引范晔《序例》云："帝纪略依《春秋》，唯字彗、日食、地震书，余悉备于志。"三在《孝安帝纪》元初三年春正月"东平陆上言木连理"，李贤注引《序例》曰："凡瑞应，自和帝以上，政事多美，近于有实，故书见于某处。自安帝以下，王道衰缺，容或虚饰，故书某处上言也。"隋文帝命魏澹编纂《魏史》，与魏收《魏书》义例多所不同，曾引范晔语："《春秋》者，文既总略，好失事形，今之拟作，所以为短。纪传者，史、班之所变也，网罗一代，事义周悉，适之后学，此焉为优，故继而述之。"①这是魏澹制定其《魏史》义例时所引，当出于范晔"纪传例"。以此四例比照《后汉书》纪、传，是相符的。《孝章帝纪》记灾异8，孛彗3、日食4、地震1。《孝桓帝纪》记瑞应5，都是某地"言"或"上言"，与《序例》所说尽合。范晔自以其"纪传例""诸细意甚多"，指责班固"任情无例"，反映史例自晋以来逐渐受到重视的事实。史书编纂注重"例"，干宝《晋纪》、孙盛《魏氏春秋》及《晋阳秋》等均有史例，从一个侧面表明史书编纂逐渐出现规范化的趋势。

从魏澹所引"纪传者，史、班之所变也，网罗一代，事义周悉，适之后学，此焉为优，故继而述之"，知范晔是要继司马迁、班固"网罗一代"为纪传体东汉史。从范晔"纪传例"，知其所欲"网罗一代"的东汉史，包括纪、传，并"欲遍作诸志"，却没有考虑作表。

2. 取材来源

刘勰所说"后汉纪传，发源《东观》"，完全适用范晔《后汉书》。卷50《孝明八王列传》开头叙孝明皇帝九子："贾贵人生章帝，阴贵人生梁节王畅，余七王本书不载母氏。"李贤注："本书谓《东观记》也。"范晔称《东观汉记》为"本书"，确如刘勰所说，《东观汉记》是诸家"后汉纪传"之本源。明帝八王，《东观汉记》只记梁王畅母氏为阴贵人，范晔也只能依据《东观汉记》，说明其余七王不载母氏的原因。用《东观汉记》辑本（或直接以《艺文类聚》、《太平御览》等类书所引《东观汉记》）文字与范晔《后汉书》文字比照，均可发现大段大段的相同之处。

其次，刘勰称"司马彪之详实，华峤之准当，则其冠也"。司马彪《续汉书》、华峤《汉后书》必然为范晔采摭的又一重要史源。对于范晔采摭华峤书，有两种相反的看法。王先谦《后汉书集解述略》

---

① 《隋书》卷58《魏澹传》。

对章宗源等"以皇后作纪及纪传论序偶取华峤之言，遂谓范书全本华书"提出质疑，认为"华书遭东晋徙，又三唯存一，少可依据。三谱十典，范氏未仿其例，亦未沿其名，而曰全本华书，可云孟浪"，而"范时旧籍，《唐志》多存，而章怀注中识其所因于华氏者，亦仅寥寥六事，不关纪传正文"。说"范书全本华书"及"华书遭东晋徙，又三唯存一，少可依据"固然属实，但谓"章怀注中识其所因于华氏者，亦仅寥寥六事，不关纪传正文"却未免失察。李贤注明文指出"皆华峤之辞（词）"或"略华峤之辞（词）"者6条，分见卷3、卷22、卷28下、卷40下、卷45"论曰"及卷39传序。但李贤注未言明"华峤之辞"者又何止一例。《三国志·魏书六·董卓传》"诛杀董卓者，尸王允于市"，裴松之注引"华峤曰"："夫士以正立，以谋济，以义成，若王允之推董卓而分其权，伺其间而弊其罪。当此之时，天下之难解矣，本之皆主于忠义也，故推卓不为失正，分权不为不义，伺间不为狙诈，是以谋济义成，而归于正也。"再来对照范晔书卷66《王允传》"论曰"："士虽以正立，亦以谋济。若王允之推董卓而引其权，伺其间而敝其罪，当此之时，天下悬解矣。而终不以猜忤为衅者，知其本于忠义之诚也。故推卓不为失正，分权不为苟冒，伺间不为狙诈。及其谋济意从，则归成于正也。"范晔书卷71"论曰"中"前史晋平原华峤，称其父光禄大夫表，每言其祖魏太尉歆称'时人说皇甫嵩之不伐，汝豫之战，归功朱儁，张角之捷，本之于卢植，收名敛策，而已不有焉。盖功名者，世之所甚重也。诚能不争天下之所甚重，则怨祸不深矣'。"华峤引其祖华歆论皇甫嵩的这段言词，应出自华峤《汉后书》中《皇甫嵩传》"论"。同样，袁宏《后汉纪》卷13、卷18引华峤论丁鸿、论郎颉，在范晔书卷37、卷30下的"论曰"中都可以看出因袭、略取的痕迹，若仿李贤注云，亦可作"以上略华峤之辞"。序、论之外，关涉"纪传正文"者，用华峤《汉后书》辑本（或《北堂书钞》、《初学记》、《太平御览》等书所引华峤书）文字与范晔《后汉书》纪传文字比照，同样可以发现诸多相同处。《北堂书钞》卷 64 引华峤书："皇甫嵩，字义真"至"军士皆食尔，乃尝饭"的 1000 余字，与范书卷 71《皇甫嵩传》开始的 1000 余字几乎全同，更加证明上述华峤引其祖华歆论皇甫嵩之词亦为华峤《汉后书》文字。此外，《初学记》卷 20 引华峤书范滂事，《太平御览》卷 238 引华峤书崔骃事、卷 429 引华峤书蔡孟喜事、卷 925 引华峤书杨震事，与范晔书中范滂、崔骃、蔡衍、杨震传，均可见文字叙事的渊源关系。

尽管刘勰指谢承《后汉书》"疏谬少信"，也有为范晔采摭之处。卷 67《孔昱传》写其七世祖孔霸，"成帝时历九卿，封褒成侯"，李贤注引"前书（即《汉书》）"，孔霸"元帝即位，霸以师赐爵关内侯，号褒成君"，"今范书及谢承书皆云成帝，又言封侯，盖误也。"李贤这一注文，指明只有"范书及谢承书""盖误"，显然范书是因袭谢承书而误，同时证明刘勰所说谢承书的确存在"疏谬"的情况。

有关东汉灵帝、献帝史事，范晔还采有《三国志》的记事。卷 74 下《刘表传》中"曹操与袁绍相持于官度"的一整段文字、卷 75《袁术传》"兴平二年冬，天子播越，败于曹阳。术大会群下，因谓曰：'今海内鼎沸，刘氏微弱。吾家四世公辅，百姓所归，欲应天顺民，于诸君何如？'众莫敢对。主簿阎象进曰：'昔周自后稷至于文王，积德累功，参分天下，犹服事殷。明公虽奕世克昌，孰若周之盛？汉室虽微，未至殷纣之敝也。'术默然……"，是源自《三国志·魏书六》中的《刘表传》、《袁术传》。其《西域传》以《三国志注》引鱼豢《魏略·西戎传》为取材之源。

总而言之，范晔《后汉书》纪传取材，以《东观汉记》为"发源"，以司马彪、华峤两部当时最受推崇的东汉史为主要参考书，兼采谢承等其他后汉纪传之史以及专涉东汉末年史事的著述。范晔不如袁宏那样谦谨，对所采诸家东汉史没有一个简要概述，或如刘昭所说

"序或未周"，以致李贤作注都不能详其所采，使后来学者不得不多费笔墨。下面谈体例时，还将涉及范晔因袭诸家东汉史的情况。

范晔"广集学徒"，"十志一皆托俨"而外，卷40下《班彪列传》"赞曰"："二班怀文，裁成帝坟。"李贤注引"沈约《宋书》曰"："初，谢俨作此赞，云'裁成典坟'，以示范晔，晔改为'帝坟'。"这说明谢俨还协助范晔起草过论、赞。

3. 编纂特点

今本范晔《后汉书》纪10卷、列传80卷，共计90卷，卷1光武帝纪、卷10皇后纪、卷28、卷30、卷40、卷60、卷74、卷79儒林列传、卷80文苑列传、卷82方术列传，均分上下篇。

帝纪9卷：光武帝1卷分上下，明帝1卷，章帝1卷，和帝、殇帝1卷，安帝1卷，顺冲质3帝1卷，桓帝1卷，灵帝1卷，献帝1卷。光武帝以下各帝纪俱冠"孝"字，明、章二帝更冠以谥号，作显宗孝明帝纪、肃宗孝章帝纪。

皇后纪1卷分上下，从体例讲，无疑是直接承袭了华峤《汉后书·皇后纪》，但二人着眼点不同。华峤着眼于"皇后配天作合，前史作外戚传以继末编，非其义也，故易为皇后纪，以次帝纪"。范晔从东汉的历史实际出发："东京皇统屡绝，权归女主，外立者四帝，临朝者六后，莫不定策帷帘，委事父兄，贪孩童以久其政，抑明贤以专其威"，"终于陵夷大运，沦亡神宝"，"故考列行迹，以为《皇后本纪》。虽成败事异，而同居正号者，并列于篇。"

列传80卷。皇室4卷，臣僚60卷，类传10卷，周边6卷。皇室4卷：宗室四王三侯1卷，光武十王1卷，孝明八王1卷，章帝八王1卷。类传10卷：党锢1卷，循吏1卷，酷吏1卷，宦者1卷，儒林1卷分上下，文苑1卷分上下，独行1卷，方术1卷分上下，逸民1卷，列女1卷。周边6卷：东夷、南蛮西南夷、西羌、西域、南匈奴、乌桓鲜卑各1卷。

列传编纂，自《史记》至《后汉书》，逐渐形成皇室、臣僚、类传、周边四大部分。皇室，包括后妃（皇后）、宗室、皇子（诸王）3类，后妃（皇后）名目固定，一般居列传之首；宗室、皇子（诸王）2类名目各史不尽相同，通常穿插在臣僚当中。类传，有臣有民，各史名目不尽相同。

《后汉书》列传的一个明显特点是基本为合传。以书前列传目录计，共536人，包括诸多方面的代表人物。一人一传仅2人：卷59张衡、卷72董卓。马融、蔡邕虽分在两篇，却属同一卷（卷60）。所有合传，大体以类相从。前面曾谈到1卷分上下篇的，卷28上为桓谭冯衍列传，卷28下为冯衍附子豹列传；卷30上为苏竟杨厚列传，卷30下为郎𫖮襄楷列传；卷40上为班彪列传附子固，注"自东都主人以下分为下卷"，卷40下名班彪列传，子目标"子固"；卷60上为马融列传，卷60下为蔡邕列传；卷74上名为袁绍刘表列传，子目仅袁绍，卷74下名为袁绍刘表列传，子目则绍子谭、刘表，尤其体现合传以类相从的特点。

不能一人一传者，用"类叙法"附见"同事者"传内，如卷15《来歙附历传》叙来歙曾孙来历，兼及宗正刘玮，将作大匠薛皓，侍中闾丘弘、陈光、赵代、施延，太中大夫朱伥、第五颉，中散大夫曹成，谏议大夫李尤，符节令张敬，持书侍御史龚调，羽林右监孔显，城门司马徐崇，卫尉丞乐闻，长乐、未央厩令郑世安等16人。

关于类传，通常以党锢、宦者、文苑、独行、方术、逸民、列女等七类传为范晔所创，这也是失察于范晔之前各家纪传体东汉史的体例。上一节考察七家纪传体东汉史，谢承《后汉书》类传有循吏、酷吏、宦者、儒林、文苑、独行、方术、逸民、列女等，司马彪《续汉书》类传有党锢、循吏、酷吏、宦者、儒林、文苑、独行、逸民等。应该说，宦者、文苑、独行、逸民四类传，谢承、司马彪书均已先有；方术、列女二类传，也是谢承书在先；党锢，为司马彪书创立。下面，结合辑本对照范晔书中的这七个类传。

党锢，司马彪书辑本 7 人：刘淑、李膺、范滂、宗资、羊陟、张俭、陈翔；范晔书 21 人，除"宗资"不能确知是否范晔书中"宗慈"外，其余 6 人范晔书均有。

宦者，谢承书辑本 3 人：曹节、曹破石、吕强；司马彪书辑本 8 人：孙程、曹节、单超、侯览、吕强、张让、曹腾、曹嵩；范晔书 9 人，郑众、蔡伦、孙程、曹腾、单超、侯览、曹节、吕强、张让。

文苑，谢承书、司马彪书辑本共 10 人：黄香、葛龚、王逸、侯瑾、高彪、祢衡、崔琦、边韶、张升、赵壹；范晔书 22 人，包括此 10 人。

独行，谢承书、司马彪书辑本共 19 人：彭修、周嘉、范式、王婴、李善、张武、陆绩、戴封、李元、陈重、雷义、范冉、戴就、刘翊、谯玄、李业、温序、周畅、李充；范晔书 24 人，除王婴、李元外均包括其中。

方术，谢承书辑本 12 人：许杨、高获、谢夷吾、李南、廖扶、樊英、孔乔、李昺、郎宗、王辅、公沙穆、赦孟节；范晔书 34 人，孔乔、李昺、郎宗、王辅等为范晔书所删。[①]

逸民，谢承、司马彪书辑本共 5 人：严遵、高凤、戴良、法真、王君公；范晔书 18 人，无严遵、王君公。

列女，谢承书辑本 2 人：曹寿妻、袁隗妻；范晔书 17 人，无曹寿妻。范晔书《列女列传》中"袁隗妻"传文，与谢承书《列女传》中"袁隗妻（马伦）"[②]字句基本相同，无甚差异。"鲍宣妻"、"庞淯母"传文，明显出自《东观汉记》"鲍宣妻（桓少君）传"、"庞淯母（赵娥）传"[③]。

---

① 《后汉书》卷 82 上《方术列传上》樊英："征英及同郡孔乔、李昺、北海郎宗、陈留杨伦、东平王辅六人，唯郎宗、杨伦到洛阳，英等四人并不至。"

② 见《太平御览》卷 517 引谢承《后汉书》"汝南袁隗妻（马伦）"。

③ 分见《北堂书钞》卷 129 引《东观汉记》"鲍宣妻（桓少君）"、《太平御览》卷 481 引《东观汉记》"庞淯母（赵娥）"，亦可查对《东观汉记》辑本。

总括一句，党锢、宦者、文苑、独行、方术、逸民、列女等七类传，谢承、司马彪创立在先，范晔既"详观古今著述及评论"，此七家东汉纪传史当在其"详观"之列，无论如何都不应将创七类传之功归于范晔。

外戚、宦官、党锢，是东汉一代的重大社会政治问题。《东观汉记》作为国史不可能直书其事，但经三国至晋，不再存忌讳，写东汉史不可能不写外戚、宦者、党锢，只不过着眼点有所不同而已。在《狱中与诸甥侄书》中，范晔最得意的是"吾杂传论，皆有精意深旨"，特别强调"循吏以下及六夷诸序论"，"实天下之奇作"。其所瞩目者，不在体例是否创新，而在与东汉社会政治紧密相关的问题，也即其强调的"因事就卷内发论，以正一代得失"。范晔《后汉书》的最突出特点，不在编纂体例而在寓论于史。

《皇后纪》范晔与华峤不同，党锢、宦者同样如此。"欲正一代得失"，改编《党锢列传》，分析党锢形成的社会原因："虽中兴在运，汉德重开，而保身怀方，弥相慕袭，去就之节，重于时矣。逮桓、灵之间，主荒政缪，国命委于阉寺，士子羞与为伍，故匹夫抗愤，处士横议，遂乃激扬名声，互相题拂，品覈公卿，裁量执政，幸直之风，于斯行矣。"点明撰写重点："凡党事始自甘陵、汝南，成于李膺、张俭，海内涂炭，二十余年，诸所蔓衍，皆天下善士。三君、八俊等三十五人，其名迹存者，并载乎篇。"《宦者列传》9人，大体反映出东汉一代宦官势力的兴衰之迹。自郑众"中官始盛焉"，"明帝以后，迄乎延平，委用渐大"，"其后孙程定立顺之功，曹腾参建桓之策"，直至"汉之纲纪大乱"。其"论曰"："自古丧大业绝宗禋者，其所渐有由矣。三代以癖色取祸，嬴氏以奢虐致灾，西京自外戚失祚，东都缘阉尹倾国"，"今迹其所以，亦岂一朝一夕哉！"

文苑与儒林分别开来，表现出文学、经学地位在东汉一代的升降。《儒林列传》以经学人物为主，"录其能通经名家"及"师资所承，宜标名为证者"，反映经学在东汉的盛衰。《文苑列传》以长于诗赋文章人物为主，反映文学在东汉开始长足发展的趋势。列传中22人，几乎在传末都写其所著诗赋文章类型，包括诗、赋、诔、吊、书、赞、铭、颂、祝、笺、奏、令、论、碑、箴、策、荐、檄、谒、嘲等，反映文体出现多样化趋势。虽然无序、论，仅有八句四言"赞曰"，但绝笔《狱中与诸甥侄书》中可见其主张："常谓情志所托，故当以意为主，以文传意。以意为主，则其旨必见；以文传意，则其词不流。"传中所录各传主长文，俱为"情志所托"的篇章。

独行"以其名体虽殊，而操行俱绝，故总为独行篇焉"。

方术因"光武尤信谶言，士之赴趋时宜者，皆骋驰穿凿，争谈之也"，"自是习为内学，尚奇文，贵异数，不乏于时"。

逸民，东汉社会崇尚名节，逸民与世风相关联，或隐居，或回避，或静己，或去危，或垢俗，或瑕物，"蝉蜕嚣埃之中，自致寰区之外，异夫饰智巧以逐浮利者"。"不事王侯，高尚其事"，越是远离官场越博得时尚称赞。范晔不赞同远离时政，发出"斯固所谓'举逸民天下归心'者乎"的感叹，并在《高凤传》之后发"论曰"："先大夫宣侯尝以讲道余隙，寓乎逸士之篇。至《高文通传》，辍而有感，以为隐者也，因著其行事而论之曰"云云。"先大夫宣侯"者，范晔之父范泰，曾读"逸士之篇"中《高文通传》，"辍而有感"，说明范晔之前确有《逸民传》，范晔的"论曰"是转录的范泰之论。

至于列女，主要因为东汉一代朝政绝大多数情况是在皇后、外戚掌控之下，以皇后为本纪反映其社会现实，传列女同样是因为："贤妃助国君之政，哲妇隆家人之道，高士弘清淳之风，贞女亮明白之节，则其徽美未殊也，而世典咸漏焉。"较比后来的列女传，范晔强调"才行尤高秀者，不必专在一操而已"，以蔡琰（文姬）入传，不讳"重嫁"，是其识见超越诸史传之处。

列传最后6卷记周边，《东夷列传》包括扶余、挹娄、高句丽、东沃沮、濊、三韩、倭等7传；《南蛮西南夷列传》包括武陵蛮、交阯日南蛮、巴郡南郡蛮、板楯蛮、西南夷、夜郎、滇、哀牢、邛都、莋都、冉駹、白马氐等12传，《西羌传》包括羌无弋爰剑、滇良、湟中月氏胡等传，《西域传》自拘弥至车师22传，《南匈奴列传》1传，《乌桓鲜卑列传》包括乌桓、鲜卑2传。《南蛮西南夷列传》传莋都夷所录"远夷乐德歌诗"，包括两种语音，李贤注："《东观记》载其歌，并载夷人本语，并重译训诂为华言，今范史所载者是也。"知此传亦取材于《东观汉记》。通观范晔"六夷诸序论"，或可称"笔势纵放"，却难说"天下之奇作"。唯其《西域传》"序、论"在指出"今撰建武以后其事异于先者，以为《西域传》，皆安帝末班勇所记云"的同时，于后又批评张骞、班超，说"佛道神化，兴自身毒，而二汉方志莫有称焉。张骞但著地多暑湿，乘象而战，班勇虽列其奉浮图，不杀伐，而精文善法导达之功靡所传述"，提出对佛教及在中土传播的认识：

> 余闻之后说也，其国则殷乎中土，玉烛和气，灵圣之所降集，贤懿之所诞生，神迹诡怪，则理绝人区，感验明显，则事出天外。而骞、超无闻者，岂其道闭往运，数开叔叶乎？不然，何诬异之甚也！汉自楚英始盛斋戒之祀，桓帝又修华盖之饰。将微义未译，而但神明之邪？详其清心释累之训，空有兼遣之宗，道书之流也。且好仁恶杀，蠲敝崇善，所以贤达君子多爱其法焉。然好大不经，奇谲无已，虽邹衍谈天之辩，庄周蜗角之论，尚未足以概其万一。又精灵起灭，因报相寻，若晓而昧者，故通人多惑焉。盖导俗无方，适物异会，取诸同归，措夫疑说，则大道通矣。

与前引袁宏之论，一在东晋，一在南朝初，时代不同，认识不一。

范晔博采《东观汉记》、谢承《后汉书》、司马彪《续汉书》、华峤《汉后书》众书之长，斟酌去取，以类相从，编纂成《后汉书》纪传 90 卷，如《宋书·范晔传》所称"删众家后汉书为一家之作"。因其"以意为主，以文传意"，寓论于史，"详简得宜"，得与诸家东汉史并驾齐驱。

梁刘昭"集《后汉》同异以注范晔书"[①]，选择了范晔《后汉书》纪、传和司马彪《续汉书》志，这就为范晔《后汉书》纪、传与司马彪《续汉书》志的流传奠定了基础。经南朝梁至唐数百年，唐高宗太子李贤又集学者为范晔《后汉书》纪、传作注，再次提高范晔《后汉书》在诸家纪传体东汉史中的地位。自此以后，范晔《后汉书》纪传与司马彪《续汉书》志一起，逐渐取代《东观汉记》而与《史记》、《汉书》并称"三史"了。

然而，由于范晔《后汉书》目的是"欲正一代得失"，强调"以意为主，以文传意"，留下的缺陷也非常明显：一是缺志，刘昭选择司马彪《续汉书》志进行弥补，下面详述。二是简略，造成两种情况，或以其他东汉史为范晔书作注，或辑录其他东汉史。为范晔书作注，先有刘昭，后有李贤，李贤注如同《三国志注》，已成为范晔《后汉书》不可分割的组成部分。辑录其他东汉史，辑本有七家之多，从一个侧面证明范晔《后汉书》的缺失。各大类书引录（或七家后汉书辑本），与范晔《后汉书》同样，成为研究东汉史必不可少的基本史籍。

（三）司马彪《续汉书》志

范晔《狱中与诸甥侄书》虽表示"欲遍作诸志，前汉所有者悉令备"，但没有谈作志的具体设想。读者仅从《后汉书·皇后纪下》"其职僚品秩，事在《百官志》"句李贤注引沈约《谢俨传》知道"范晔所撰十志，一皆托俨。搜撰垂毕，遇晔败，悉蜡以覆车。宋文帝令

---

① 《梁书》卷 49《刘昭传》。

丹阳尹徐湛之就俨寻求，已不复得，一代以为恨。其志今阙。"所谓
"沈约《谢俨传》"，不见于传本沈约《宋书》。

谢俨事迹，沈约《宋书》仅一见：卷85《王景文传》自陈求解扬
州曰："比十七日晚，得征南参军事谢俨口信，云臣使人略夺其婢。臣
遣李武之问俨元由，答曰'使人谬误'。"王景文求解扬州刺史之职，
时在宋明帝泰始七年（471）正月，谢俨为征南参军事应在泰始六、七
年，此时征南大将军为桂阳王休范。萧子显《南齐书》亦一见：卷34
《刘休传》"友人陈郡谢俨同丞相义宣反，休坐匿之，被系尚方七年。
孝武崩，乃得出"。南郡王义宣起兵反，时在宋孝武帝孝建元年（454）
二月，六月死于江陵，谢俨依附义宣当在宋文帝末年、孝武帝初年。
从这两则记载看，谢俨也卷入宋文帝、孝武帝时期的皇权之争。

"范晔所撰十志，一皆托俨"，究竟情况如何？据今本范晔《后
汉书》纪传中涉及诸志的记述，卷10下《皇后纪下》论赞之后述公
主之制，言"其职僚品秩，事《百官志》"，卷42《东平宪王苍传》
有"语在《礼乐》、《舆服志》"，李贤注："其志今亡。"卷60下《蔡
邕列传下》有"事在《五行》、《天文志》"，李贤注："其志今亡。"
据此，范晔设想的十志中有百官、礼乐、舆服、五行、天文五志。
《南齐书·檀超传》有"《百官》依范晔，合《州郡》"，知其还有
《州郡志》。不过，《蔡邕列传》中范晔是这样记述的："时妖异数见，
人相惊扰。其年七月，诏召（蔡）邕与光禄大夫杨赐、谏议大夫马日
䃅、议郎张华、太史令单飏诣金商门，引入崇德殿，使中常侍曹节、
王甫就问灾异及消改变故所宜施行。邕悉心以对，事在《五行》、《天
文志》。"这并不表明范晔已修《五行志》、《天文志》。仔细推敲这段
记叙，蔡邕无论如何"悉心以对"，都只能属于《五行志》记述范围，
不可能写入《天文志》。范晔说"邕悉心以对，事在《五行》、《天
文志》"，表明他准备将此事写进去，究竟写在《五行志》还是《天
文志》尚未确定。李贤注引沈约《谢俨传》的所谓"搜撰垂毕，遇晔

败，悉蜡以覆车……一代以为恨"的说法，权备一说而已。

前面一节所叙诸家纪传体东汉史中，《东观汉记》、谢承《后汉书》、司马彪《续汉书》、华峤《汉后书》、谢沈《后汉书》、袁山松《后汉书》均有志。《东观汉记》有律历、礼、乐、郊祀、天文、地理、朝会、车服八志，谢承《后汉书》有礼仪、五行、郡国、兵、刑法五志，华峤《汉后书》"永嘉丧乱，经籍遗没"，司马彪《续汉书》有律历、礼仪、祭祀、天文、五行、郡国、百官、舆服八志，谢沈《后汉书》有礼仪、祭祀、天文、五行、郡国五志，袁山松《后汉书》有律历、礼仪、祭祀、天文、五行、郡国、百官七志。相比而言，刘昭认为司马彪《续汉书》志是综合东汉所修志书及制度而成：

> 司马（彪）续书总为八志，律历之篇仍乎（刘）洪、（蔡）邕所构，车服之本即依（董）巴、（蔡）邕所立，仪祀得于往制，百官就乎故簿，并籍据前修，以济一家者也。[①]

因此选其志书，"乃借旧志，注以补之"，以合范晔纪、传之史，但自为编次，未作统一编排。

律历，分上、中、下，为《后汉书志》第一、第二、第三。上篇为"律准"、"候气"，记述音律，"然后幽隐之情，精微之变，可得而综也"。中篇为东汉一代对历法的重要论述，包括贾逵、永元、延光、汉安、熹平论历以及论月食。下篇为"历法"。其"论曰"交代明白："光和元年中，议郎蔡邕、郎中刘洪补续《律历志》，邕能著文，清浊钟律，洪能为筹，述叙三光。今考论其业，义指博通，术数略举，是以集录为上下篇，放续前志，以备一家。"所谓"集录为上下篇"，当指律、历之分，实际却分作三篇，上为律，中、下为历。

---

① 《后汉书补注志序》，附中华书局校点本《后汉书》。

礼仪，分上、中、下，为《后汉书志》第四、第五、第六。开篇明确："夫威仪，所以与君臣，序六亲也。若君亡君之威，臣亡臣之仪，上替下陵，此谓大乱。大乱作，则群生受其殃，可不慎哉！故记施行威仪，以为《礼仪志》。"上篇、中篇为当时月令及相应仪规。下篇为丧礼，包括"大丧"、"诸侯王列侯始封贵人公主"丧葬仪规。

祭祀，分上、中、下，为《后汉书志》第七、第八、第九。司马彪以"自古以来王公所为群祀，至于王莽，《汉书·郊祀志》既著矣，故今但列自中兴以来所修用者，以为《祭祀志》"。上篇为"光武即位告天"、"郊"、"封禅"，中篇为"北郊"、"明堂"、"辟雍"、"灵台"、"迎气"、"增祀"、"六宗"、"老子"，下篇为"宗庙"、"社稷"、"灵星"、"先农"、"迎春"，为东汉一代祭祀天地的仪礼。

天文，分上、中、下，为《后汉书志》第十、第十一、第十二。序其宗旨："观象于天，谓日月星辰。观法于地，谓水土州分。形成于地，象见于上。"记东汉一代天体运行与日月星辰变化，依然是"言其时星辰之变，表象之应，以显天戒，明王事焉"。自王莽至献帝，依次"言其星辰之变，表象之应"：上篇王莽、光武，中篇明、章、和、殇、安、顺、质七帝，下篇桓、灵、献三帝及陨石。

五行，分6篇，为《后汉书志》第十三、第十四、第十五、第十六、第十七、第十八。以"《五行传》说及其占应，《汉书·五行志》录之详矣。故泰山太守应劭、给事中董巴、散骑常侍谯周并撰建武以来灾异。今合而论之，以续前志云"。以"木不曲直"与"貌之不恭"、"金不从革"与"言之不从"为五行一，"火不炎上"与"视之不明"为五行二，"水不润下"与"听之不聪"为五行三，"稼穑不成"与"思心不容"为五行四，"皇之不极"为五行五，分别纂集东汉一代灾异，最后（五行六）为日月食。不似《汉书·五行志》逢灾必记"应验"，而是以记灾异为主，有"应验"则书，无"应验"不书。如地震，自安帝永初元年至延光四年，有18条记载，仅3条记"应验"。

郡国，分 5 篇，为《后汉书志》第十九、第二十、第二十一、第二十二、第二十三。开篇明确宣布："《汉书·地理志》记天下郡县本末，及山川奇异，风俗所由，至矣。今但录中兴以来郡县改异，及《春秋》、三史会同征伐地名，以为《郡国志》。"同时说明体例："凡前志有县名，今所不载者，皆世祖所并省也。前无今有者，后所置也。凡县名先书者，郡所治也。"以司隶校尉为郡国一，豫州、冀州为郡国二，兖州、徐州为郡国三，青州、荆州、扬州为郡国四，益州、凉州、并州、幽州、交州为郡国五，按十三部为序，分别记述其属郡（国）建制、方位、城址、户、口及属县情况，包括古遗址、盐池、铁等。

百官，分 5 篇，为《后汉书志》第二十四、第二十五、第二十六、第二十七、第二十八。以班固著《百官公卿表》"皆孝武奢广之事，又职分未悉"，东汉实行"节约之制，宜为常宪，故依其官簿，粗注职分，以为《百官志》。凡置官之本，及中兴所省，无因复见者，既在《汉书百官表》，不复悉载。"以三公（太傅、太尉、司徒、司空、将军）为百官一，九卿（太常、光禄勋、卫尉、太仆、廷尉、大鸿胪与宗正、大司农、少府）分别为百官二、百官三，执金吾以及太子官（太傅、大长秋、少傅）、将作大匠、城门校尉、北军中候、司隶校尉为百官四，地方（州郡、县乡及边地）、列侯、关内侯、百官俸等为百官五。

舆服，分上、下，为《后汉书志》第二十九、第三十。《汉书》无此志，《东观汉记》有"车服志"，三国魏董巴有《大汉舆服志》1卷。刘昭所说司马彪"车服之本即依（董）巴、（蔡）邕所立"，即指《东观汉记·车服志》、刘巴《大汉舆服志》。司马彪以秦汉立国，时亦草创，"故撰《舆服》著之于篇，以观古今损益之义云。"上篇为车舆，下篇为冠冕服绶。以东汉为主，兼叙东汉以前，与前七志仅述东汉略有不同。

司马彪《续汉书》志同样存在缺失，这就是在其前的谢承《后汉书》有兵、刑法二志，在其后的袁山松《后汉书》有艺文志，而刑法、艺文二志均为班固《汉书》所创，司马彪未能续修，"食货"亦为班固改"平准"而为，作为续"前书（史）"的东汉史无志以记食货、兵、刑法、艺文，反映《续汉书》志远不及《汉书》志"博洽"，这不能不说是纪传体东汉史留下的最大缺憾！

司马彪《续汉书》志经刘昭作注，司马彪原注改为与正文相同的大字，前加"本注"二字，刘昭注为小字，以示区别。范晔《后汉书》纪传 90 卷、司马彪《续汉书》志 30 篇，长期单独流行，直至北宋真宗乾兴初（1022），判国子监孙奭建议，以范晔纪传与司马彪志合刻，始为今天所见《后汉书》120 卷。

总括前面四节，继《汉书》、《东观汉记》、《汉纪》之后，两个多世纪中涌现的后汉史、三国史数量繁富，一直到南朝宋范晔《后汉书》、裴松之《三国志注》问世，形成纪传体"前四史"、编年体"两汉纪"的格局，成为此间史学成长的重要标志。

第五节　两晋南北朝的官私竞修

汉唐之际记述两晋南北朝各皇朝兴衰的史书，始终存在官私竞修的情况，体裁上基本因循"班、荀二体"，"故晋史有王（隐）、虞（预），而副以干（宝）纪。《宋书》有徐（爰）、沈（约），而分为裴（子野）略。各有其美，并行于世"。[①]

现将《隋书·经籍志》史部著录的晋史、南朝各史、北朝各史，分别列表[②]，再做考述。

---

① 《史通》卷 2《二体》。
② 包括隋朝史家所修南、北朝史。

一、晋史

书名	著者	卷数	体裁	附注
晋书	晋　王隐	86	纪传	本 93 卷，残缺
晋书	晋　虞预	26	纪传	本 44 卷，讫明帝，残缺
晋书	晋　朱凤	10	纪传	本 14 卷，未成，讫元帝，残缺
晋中兴书	宋　何法盛	78	纪传	起东晋
晋书	宋　谢灵运	36	纪传	
晋书	齐　臧荣绪	110	纪传	
晋书	梁　萧子云	11	纪传	本 102 卷，梁有，残缺
晋史草	梁　萧子显	30	纪传	
晋书	梁　郑忠	7	纪传	亡
晋书	梁　沈约	111	纪传	亡
东晋新书	梁　庾铣	7	纪传	亡
晋纪	晋　陆机	4	编年	
晋纪	晋　干宝	23	编年	讫愍帝
晋纪	晋　曹嘉之	10	编年	
汉晋阳秋	晋　习凿齿	47	编年	讫愍帝
晋纪	晋　邓粲	11	编年	讫明帝
晋阳秋	晋　孙盛	32	编年	讫哀帝
晋纪	宋　刘谦之	23	编年	
晋纪	宋　王韶之	10	编年	
晋纪	宋　徐广	45	编年	
续晋阳秋	宋　檀道鸾	20	编年	
续晋纪	宋　郭季产	5	编年	

从列表可以看出，《隋书·经籍志》史部正史（纪传）、古史（编年）两类著录的晋史，自晋至南朝梁纂修连绵不绝，纪传、编年各占其半。

（一）纪传体晋史

1. 王隐《晋书》。王隐，字处叔，陈郡人。父王铨为历阳令，有著述志，私录晋事及功臣行状，未就而卒于西晋末。王隐受父遗业，对西晋旧事多所谙究。东晋元帝太兴初为著作郎，奉诏修撰晋史。为其同僚虞预所诉，坐事免官。家贫无资，书未遂就，乃依征西将军庾亮于武昌镇。庾亮供给纸笔，得以完成。史称其"虽好著述，而文辞鄙拙"，"其书编次有序者，皆其父所撰，文体混漫义不可解者，隐之作也"[①]。刘知幾所见，"凡为《晋书》八十九卷，（成帝）咸康六年（340），始诣阙奏上。"[②]

2. 虞预《晋书》。虞预，字叔宁，本名茂。据《晋书·王隐传》，太兴初为著作郎，"数访于（王）隐，并借隐所著书窃写之"。《晋书·虞预传》以其"雅好经史"，著《晋书》40余卷、《会稽典录》20篇、《诸虞传》12篇，"皆行于世"。《隋书·经籍志二》著录："二十六卷，本四十四卷，讫明帝，今残缺。"

3. 朱凤《晋书》。朱凤，晋陵人，"学行清修"，东晋元帝太兴初，秘书监华谭荐为著作佐郎。[③]《隋书·经籍志二》著录："未成，本十四卷，晋中书郎朱凤撰，讫元帝。"

4. 何法盛《晋中兴书》。《宋书》不载其人其书，沈约《自序》提到"何法盛校书东宫"，时在孝武帝孝建初（454）前后。《隋书·经籍志二》著录："《晋中兴书》七十八卷，起东晋。宋湘东太守何法盛撰。"《南史·徐广传》末载："时有高平郗绍亦作《晋中兴书》，数

---

① 《晋书》卷82《王隐传》。未记其书进奏时间和卷数。
② 《史通》卷12《古今正史》。
③ 《晋书》卷52《华谭传》。

以视何法盛。法盛有意图之，谓绍曰：'卿名位贵达，不复俟此延誉。
我寒士，无闻于时，如袁宏、干宝之徒，赖有著述，留声于后。宜
以为惠。'绍不与。直书成，在斋内厨中，法盛诣绍，绍不在，直入
窃书。绍还失之，无复兼本，于是遂行何书。"对此，刘知幾在《史
通》中再三肯定何法盛的著作权和修撰功绩。《古今正史》篇这样
记述："至宋湘东太守何法盛，始撰《晋中兴书》，勒成一家，首尾
该备。"《杂说中》开篇又云："东晋之史，作者多门，何氏《中兴》，
实居其最。而为晋学者，曾未知之，倘湮灭不行，良可惜也。"《玉
海·正史》仍以"郗绍作《晋中兴书》，何法盛窃之"，浦起龙《史通
通释·杂说中》加"按"驳道："评者谓《玉海》言法盛书窃之郗绍，
讥子玄未考。夫何果窃而书果善，故无伤于'居最'一语也，不亦所
贬非所病耶？况其事本见《南史》，不待《玉海》。"

　　5. 谢灵运《晋书》。谢灵运（385—433），祖谢玄。灵运"文章
之美，江左莫逮"，宋文帝登祚，征为秘书监，"使整理秘阁书，补足
遗阙。又以晋氏一代，自始至终，竟无一家之史，令灵运撰《晋书》，
粗立条流，书竟不就。"[①]《隋书·经籍志二》著录："《晋书》三十六
卷，宋临川内史谢灵运撰。"

　　6. 臧荣绪《晋书》。臧荣绪（415—488），"纯笃好学，括东西晋
为一书，纪、录、志、传百一十卷"。[②]《隋书·经籍志二》著录："齐
徐州主簿臧荣绪撰。"

　　7. 萧子云《晋书》。萧子云（约489—551或490—552）[③]，南
齐宗室豫章王萧嶷之子，"以晋代竟无全书，弱冠便留心撰著，至
年二十六，书成，表奏，诏付秘阁"，"所著《晋书》一百一十卷，

---

① 《宋书》卷67《谢灵运传》。
② 《南齐书》卷54《高逸·臧荣绪传》。
③ 《梁书》卷35《萧子恪传》记萧子云生卒年有问题，详见谢保成《〈梁书〉萧子显、萧
　子云生卒年辨析》，《国学学刊》2010年第2期。

《东宫新记》二十卷"。① 其书当成于梁武帝普通五年（524）或六年
（525）。

8. 萧子显《晋史草》。萧子显（489—537），南齐宗室豫章王萧
嶷之子，萧子云之兄。《梁书·萧子恪附子显传》谓其"采众家《后
汉》，考证同异，为一家之书。又启撰《齐史》，书成，表奏之，诏付
秘阁"，"又启撰高祖集，并《普通北伐记》"，"所著《后汉书》一百
卷、《齐书》六十卷、《普通北伐记》五卷、《贵俭传》三十卷，文集
二十卷"，并无撰晋史的记载。大约未成，未经表奏，故《隋书·经
籍志二》著录为"《晋史草》三十卷"。

9. 郑忠《晋书》。《隋书·经籍志二》著录："梁有郑忠《晋书》
七卷，亡。"

10. 沈约《晋书》。沈约，见第四章第二节。《宋书·自序》云：
"常以晋氏一代，竟无全书，年二十许，便有撰述之意"，泰始初"有
敕赐许，自此迄今，年逾二十，所撰之书，凡一百二十卷。条流虽
举，而采掇未周，永明初遇盗失第五帙。建元四年未终，被敕撰国
史"，"自兹王役，无暇搜撰"，是未完之作。《隋书·经籍志二》著
录："沈约《晋书》一百一十一卷，亡。"

11. 庾铣《晋书》。庾铣（455—532），字彦宝，新野人。历南朝
宋武帝至梁武帝，前后约 80 余年。"经史百家，无不该综，纬候书
射，棋算机巧，并一时之绝，而性托夷简，特爱林泉"，"晚年以后，
犹遵释教"，卒后梁武帝下诏："宜谥贞节处士，以显高烈。"所撰
《帝历》20 卷、《易林》20 卷、续《江陵记》1 卷、《金朝杂事》5 卷、
《总抄》80 卷，"行于世"。②《隋书·经籍志二》著录："庾铣《东晋新
书》七卷，亡。"

---

① 《梁书》卷 35《萧子恪附子云传》。
② 《梁书》卷 51《处士·庾铣传》。

（二）编年体晋史

1. 陆机《晋纪》。陆机（261—303），字士衡，吴郡人，三国吴陆逊之孙。《晋书·陆机传》以西晋灭吴，陆机"闭门勤学，积有十年"。太康末年，与弟陆云入洛阳，张华素重其名，荐于诸公，后迁太子洗马、著作郎，却不著其撰晋史。《史通·古今正史》篇以"洛京时，著作郎陆机始撰三祖纪，佐著作郎束皙又撰十志。会中朝丧乱，其书不存"。《隋书·经籍志二》著录"《晋纪》四卷，陆机撰"，在古史类，为编年体。《史通·本纪》篇以"陆机《晋书》，列纪三祖，直序其事，竟不编年。年纪不编，何纪之有？"浦起龙按："得毋机书之以纪名，原是荀、袁《汉纪》之'纪'，而非本纪之'纪'欤？识以存疑。三祖，谓所追尊宣帝懿、景帝师、文帝昭也。"追尊司马懿、司马师、司马昭，始于陆机。

2. 干宝《晋纪》。干宝，字令升，新蔡人。史不载其生卒年，但其生活年代可以考知。《晋书·干宝传》谓其"以才器召为著作（佐）郎，平杜弢有功，赐爵关内侯"，《晋书·愍帝纪》记平杜弢事在建兴三年（315），则干宝在西晋末年已为著作佐郎、关内侯。《干宝传》又有"中兴草创，未置史官，中书监王导上疏"请"敕佐著作郎干宝等渐就撰集"，"元帝纳焉，宝于是始领国史"。王导为中书监在东晋元帝建武元年（317），《晋书·王导传》亦载"时中兴草创，未置史官，导始启立"，知干宝以佐著作郎领国史始于元帝建武元年（317）。《干宝传》记"王导请为司徒府右长史，迁散骑常侍"。王导为司徒在明帝太宁元年（323），干宝为王导司徒府右长史当在此年（323）或稍后。《晋书·葛洪传》以咸和初（327），王导以葛洪为谘议参军，"干宝深相亲友，荐洪才堪国史"，知干宝一直在王导司徒府。《干宝传》以其"著《晋纪》，自宣帝迄于愍帝五十三年，凡二十卷，奏之"，当撰成于明帝、成帝初（323—326）。此后，干宝无闻，王导于成帝咸康五年（339）卒。

若以赐爵关内侯之年干宝30岁计，则其生当西晋武帝太康七年（286），上距西晋灭吴仅七年，历经西晋武、惠、怀、愍四帝，东晋元、明、成三帝，年约60。东晋草创，未置史官，中书监王导上疏曰：

> 夫帝王之迹，莫不必书，著为令典，垂之无穷。宣皇帝廓定四海，武皇帝受禅于魏，至德大勋，等踪上圣，而纪传不存于王府，德音未被乎管弦。陛下圣明，当中兴之盛，宜建立国史，撰集帝纪，上敷祖宗之烈，下纪佐命之勋，务以实录，为后代之准，厌率土之望，悦人神之心，斯诚雍熙之至美，王者之弘基也。宜备史官，敕佐著作郎干宝等渐就撰集。

上述干宝生平及王导上疏，是东晋修国史的重要记载。《晋纪》虽亡，但总论、部分"史臣曰"尚存《文选》及唐初所修《晋书》中，可见其著述宗旨。另有《搜神记》20卷传世，详见第五章第二节。

3. 曹嘉之《晋纪》。《隋书·经籍志二》著录："《晋纪》十卷，晋前军谘议曹嘉之撰。"

4. 习凿齿《汉晋阳秋》。习凿齿，字彦威，襄阳人。颇受桓温器重，为荥阳太守。著《汉晋春秋》"起汉光武，终于晋愍帝。于三国之时，蜀以宗室为正，魏武虽受汉禅晋，尚为篡逆，至文帝平蜀，乃为汉亡而晋始兴焉。引世祖讳炎兴而为禅受，明天心不可以势力强也。凡五十四卷。后以脚疾，遂废于里巷。"[①]在晋敢以三国蜀为正、魏为篡逆，可谓有胆识。

5. 邓粲《晋纪》。邓粲，长沙人，荆州刺史桓冲请为别驾。以其

---

① 《晋书》卷82《习凿齿传》。

父邓骞"有忠信言而世无知者，乃著《元明纪》十篇，又注《老子》，并行于世"。[1]"元明"者，东晋元帝、明帝。《隋书·经籍志二》著录："《晋纪》十一卷，讫愍帝，晋荆州撰别驾邓粲撰。"所谓"讫愍帝"者，当为西晋史，而《晋书》本传只提"元明纪"，不言撰西晋史。

6.孙盛《晋阳秋》。孙盛，字国安，太原中都（今山西平遥）人。"博学，善言明理"，以著《易象妙于见形论》而"知名"。起家佐著作郎，刺史陶侃请为参军。"庾亮代（陶）侃，引为征西主簿，转参军"，时为成帝咸和三年（328）。桓温伐蜀，"留参军孙盛、周楚将羸兵守辎重"，"李福进攻彭模，孙盛等奋击，走之"。[2]蜀平，赐爵安怀县侯，累迁桓温从事中郎。从桓温入关平洛，时在穆帝永和十年（354）。以功进封武昌县侯，出补长沙太守。后累迁秘书监，加给事中。据《晋书》本传"年七十二卒"，其生活年代当在西晋惠帝永康至东晋废帝末（300—371）间。《隋书·经籍志二》著录："《晋阳秋》三十二卷，孙盛撰，讫哀帝。"这也表明孙盛生活的年代。《晋书》本传以其"笃学不倦"，著《魏氏春秋》、《晋阳秋》，称"《晋阳秋》词直而理正，咸称良史焉"，并记载了这样一段故事：桓温见《晋阳秋》，怒谓孙盛之子说："枋头诚为失利，何至乃如尊君所说！若此史遂行，自是关君门户事。"孙盛之子遽请删改，孙盛"年老还家，性方严有轨宪，虽子孙斑白，而庭训愈峻"。由于桓温威胁"关君门户事"，孙盛"子孙乃共号泣稽颡，请为百口切计，盛大怒"。诸子遂而改之，孙盛"写两定本，寄于慕容儁。太元中，孝武帝博求异闻，始于辽东得之，以相考校，多有不同，书遂两存"。所谓"枋头失利"，系指桓温伐前燕，与

---

① 《晋书》卷82《邓粲传》。
② 《资治通鉴》卷97晋穆帝永和三年三月。

慕容晣将慕容垂战于枋头，"温军败绩，死者三万人"，时在废帝太和四年（369）。①此时慕容儁已死，《隋书·经籍志二》著录其书"讫哀帝"，不应有"枋头失利"之事，或为删改本，或记载不实，应加注意。

7. 刘谦之《晋纪》。刘谦之，好学，撰《晋纪》20 卷。东晋安帝义熙（405—418）末为始兴相，因平广州之乱，为振威将军、广州刺史，后为中散大夫。

8. 王韶之《晋纪》。王韶之（380—435），字休泰，琅邪临沂人。父伟之，对东晋武帝"太元、隆安时事，大小悉撰录之，韶之因此私撰《晋安帝阳秋》。既成，时人谓宜居史职，即除著作佐郎，使续后事，至义熙九年。善叙事，辞论可观，为后代佳史"。入宋，"复掌宋书"，文帝元嘉十二年为吴兴太守，卒官。②《隋书·经籍志二》著录"《晋纪》十卷，宋吴兴太守王韶之撰"，不见其本传，疑王韶之续成其父的《晋安帝阳秋》，即《世说新语》刘孝标注所引《晋安帝纪》，不见于著录，亦不署撰者，在南朝宋开始流行，为刘孝标所见，故有引述。《世说新语》注引《晋安帝纪》达 10 余处之多，有唐初所修《晋书》所无的内容，故于此略作引述。《世说新语·企羡》类"孟昶未达时，家在京口，尝见王恭乘高舆被鹤氅。于时微雪，昶于篱间窥之，叹曰；'此真神仙中人！'"刘孝标注引《晋安帝纪》曰："昶字彦达，平昌人。父馥，中护军。昶矜严有志局，少为王恭所知，预义旗之勋，迁丹阳尹。卢循既下，昶虑事不济，仰药而死。"检整部《晋书》，仅有孟昶妻传却无孟昶传，不知其生平、简历，《晋书》五见孟昶之名，一处在《列女传·孟昶妻周氏》，三处为其在丹阳尹任上仰药而死，一处

---

① 《晋书》卷98《桓温传》。详见《资治通鉴》卷102晋海西公太和四年七月、八月、九月。

② 《宋书》卷 60《王韶之传》。

与《世说新语》记事同。据所引《晋安帝纪》，可为《晋书》补成孟昶小传。

9. 徐广《晋纪》。徐广（352—425），字野民，东莞姑幕人。东晋武帝以其博学，除为秘书郎，校书秘阁。安帝义熙初，领著作郎。尚书奏曰："臣闻左史述言，右史书事，乘、志显于晋、郑，《阳秋》著乎鲁史。自皇代有造，中兴晋祀，道风帝典，焕乎史策。而太和以降，世历三朝，玄风盛迹，倏为畴古。臣等参详，宜敕著作郎徐广撰成国史。"安帝诏其"便敕撰集"。①十二年（416）《晋纪》成，凡46卷，迁秘书监。永初元年（420），宋武帝取代东晋，以徐广为中散大夫。

10. 檀道鸾《续晋阳秋》。檀道鸾，字万安，国子博士、永嘉太守，撰《续晋阳秋》20卷，《南史·文学传》附其叔檀超后。《宋书》仅记其讨论宋史断限的主张："尚书金部郎檀道鸾二人谓宜以元兴三年为始。"②

11. 郭季产《续晋纪》。郭季产，《宋书》仅一见，为王玄谟所亲故吏。③《隋书·经籍志二》著录："《续晋纪》五卷，宋新兴太守郭季产撰。"

上述诸家晋史，唐初已亡者3家，绝大多数为"讫愍帝"的西晋史，少数"讫元帝"、"讫明帝"至东晋初。何法盛《晋中兴书》"起东晋"，"勒成一家，首尾该备"，为唯一一部东晋史。臧荣绪《晋书》110卷，"集东、西二史，合成一书"，为唯一一部囊括两晋全史，而且"纪、录、志、传"体裁俱备。

---

① 《宋书》卷55《徐广传》。
② 《宋书》卷94《恩幸·徐爰传》。
③ 《宋书》卷57《蔡廓传》。

二、南朝各史

书名	著者	卷数	体裁	附注
宋书	宋　徐爰	65	纪传	
宋书	齐　孙严	65	纪传	
宋书	梁　沈约	100	纪传	
宋书		61	纪传	宋大明中作所撰，亡
宋略	梁　裴子野	20	编年	
宋春秋	梁　王琰	20	编年	
齐书	梁　萧子显	60	纪传	
齐纪	刘陟	10	纪传	
齐纪	梁　沈约	20	纪传	
齐史	梁　江淹	13	纪传	亡
齐春秋	梁　吴均	30	编年	
齐典	齐　王逸	5	编年	
齐典		10	编年	
梁书	梁　谢吴	49	纪传	本 100 卷
梁史	陈　许亨	53	纪传	
梁书帝纪	陈　姚察	7	纪传	
梁典	梁　刘璠	30	编年	
梁典	陈　何之元	30	编年	
梁撮要	陈　阴僧仁	30	编年	
梁后略	姚勖	10	编年	
梁太清纪	梁　萧韶	10	编年	
淮海乱离志	萧世怡	4	编年	叙梁末侯景之乱
齐纪	崔子发	30	编年	纪后齐事

续表

书名	著者	卷数	体裁	附注
齐志	王劭	10	编年	后齐事
陈书	陈　陆琼	42	纪传	
周史	隋　牛弘	18	纪传	未成

从列表看，南朝史宋、齐二史，纪传、编年大体相当。

纪传体宋史，后面一章详叙。齐冠军录史参军孙严撰《宋书》65卷、大明中所撰《宋书》61卷，均无考。

编年体宋史，著录有二：裴子野《宋略》、王琰《宋春秋》。

裴子野（469—530），字幾原，河东闻喜人。曾祖裴松之，曾受诏续修何承天《宋史》，未成而卒。"子野常欲继承先业。及齐永明末，沈约所撰《宋书》既行，子野更删撰为《宋略》二十卷。其叙事评论多善，约见而叹曰：'无弗逮也。'"梁武帝天监二年，中书范镇虽与子野未遇，却上表称赞："著《宋略》二十卷，弥纶首尾，勒成一代，属辞比事，有足观者。"后为著作郎，掌国史及起居注，又敕掌中书诏诰。"撰《方国使图》，广述怀来之盛，自要服之于海表，凡二十国。"与殷芸、阮孝绪等"皆博极群书，深相赏好"，"末年深信释氏，持其教戒，终身饭麦食蔬"。[①]

王琰，《南史》一见，范缜著《神灭论》，"太原王琰乃著论讥缜曰：'呜呼范子！曾不知其先祖神灵所在。'欲杜缜后对。缜又对曰：'呜呼王子！知其祖先神灵所在，而不能杀身以从之。'"[②]《隋书·经籍志二》著录："《宋春秋》二十卷，梁吴兴令王琰撰。"

南齐史，亦在后面一章叙说。

下面，对著录的梁、陈史稍作钩稽。

---

① 《梁书》卷30《裴子野传》。
② 《南史》卷57《范云传》。

1. 谢吴《梁书》。谢吴,《旧唐书·姚思廉传》作"谢炅",《史通》陆本作谢吴,鼎本作谢旻,郭本、黄本及《通释》本作谢昊,浦起龙按:"《隋志》作谢昊。"①中华书局校点本《隋书·经籍志二》著录:"《梁书》四十九卷,梁中书郎谢吴撰,本一百卷。"

2. 许亨《梁史》。许亨(517—570),字亨道,高阳新城人。自梁入陈,领大著作,知梁史事,"初撰《齐书》并志五十卷,遇乱失亡。后撰《梁史》,成者五十八卷。"②

3. 姚察《梁书帝纪》。姚察(533—606),字伯审,吴兴武康人。梁元帝末,为佐著作,仍撰史。入陈,仍为佐史。太建初(569)兼通直散骑常侍,出使北周,著《西聘道里记》,叙事甚详。与顾野王、陆琼、傅缚等"言论制述,咸为诸人宗重"。后主诏授秘书监,领著作如故。"所撰梁、陈史虽未毕功,隋文帝开皇之时,遣内史舍人虞世基索本,且进上,今在内殿。"③但此《梁史帝纪》,与后来其子姚思廉所修《梁书》帝纪不尽全同。

4. 刘璠《梁典》。刘璠(510—568),字宝义,沛国沛人。承圣元年(552)自梁入西魏,北周武帝以其为黄门侍郎、仪同三司。著《梁典》20卷,"未及刊定而卒。临终谓休徵曰:'能成我志,其在此书乎。'休徵治定缮写,勒成一家,兴于世"。④

5. 何之元《梁典》。何之元(?—593),庐江濡人。初为始兴王陈叔陵谘议参军,太建十四年(582)陈叔陵被诛后乃"屏绝人事,锐精著述"。以梁"兴亡之运、盛衰之迹,足以垂鉴戒、定褒贬,究

---

① 《史通通释》卷 12《古今正史》。
② 《陈书》卷 34《文学·许亨传》。《隋书》卷 58《许善心传》以许善心陈后主即位之初蒙受史任,陈亡残存 68 卷,炀帝大业九年前后略成 70 卷。"凡称史臣者"皆其父许亨"所言","称名案者"则许善心"补阙"。
③ 《陈书》卷 27《姚察传》。
④ 《周书》卷 42《刘璠传》。

其始终，起齐永元元年，迄于王琳遇获，七十五年行事，草创为三十卷，号曰《梁典》。^① 书序尚存《陈书》本传。

6. 阴僧仁《梁撮要》。《隋书·经籍志二》著录："《梁撮要》三十卷，陈征南谘议阴僧仁撰。"

7. 姚勖《梁后略》。姚勖，当为姚最，《周书·艺术传》附其父姚僧恒后。姚最，字士会，吴兴武康人，为隋蜀王秀友。"撰《梁后略》十卷，行于世。"蜀王秀贬为庶人，姚最"竟坐诛，时年六十七"。蜀王贬为庶人在仁寿二年（602），以其"坐诛"在当年，上推 66 年，其生当 536 年。

8. 萧韶《梁太清纪》。萧韶，字德茂，梁宗室长沙宣王萧懿之后，武帝末年为舍人，遇乱奔江陵，将京城之事疏为一卷。时为湘东王的梁元帝看后说："昔王韶之为《隆安纪》十卷，说晋末之乱。今之萧韶亦可为《太清纪》十卷矣。"萧韶乃更为《太清纪》，但"其诸议论，多谢吴为之。"^② 梁元帝改萧韶继宣武王，封长沙王。此仅叙太清年间之乱，不为梁一代之史，不应在古史类，当入杂史类。

9. 萧世怡《淮海乱离志》。萧世怡（？—586），梁武帝弟鄱阳王萧恢之子，名泰，犯北周文帝名讳，以字行，自幼颇涉经史。侯景之乱被执，后逃至江陵。侯景乱平，梁元帝以其为兼太宰、太常卿。又授使持节、平西将军、临川内史。梁、陈禅代之际，奔北齐、入北周。武帝保定五年（565），拜使持节、骠骑大将军、开府仪同三司。后二年，授蔡州刺史。^③《隋书·经籍志二》著录："《淮海乱离志》四卷，萧世怡撰。叙梁末侯景之乱。"不记梁一代，不应在古史类，当入杂史类。

---

① 《陈书》卷 34《文学·何之元传》。
② 《南史》卷 51《梁宗室上》。
③ 《周书》卷 42《萧世怡传》。

　　10. 陆琼《陈书》。陆琼（537—586），字伯玉，吴郡吴人。太建中，领大著作，撰国史。后主时"自永定讫于至德，勒成一家之言，迁礼部尚书，著作如故"①，即《隋书·经籍志二》著录："《陈书》四十二卷，迄宣帝，陈礼部尚书陆琼撰。"

　　此外，《旧唐书·姚思廉传》所谓"傅縡、顾野王所修旧史"。傅縡，陈文帝时为撰史学士，《旧唐书·经籍志上》著录其《陈书》3卷。顾野王（519—581），字希冯，吴郡吴人。"遍观经史，精记嘿识，天文地理、蓍龟占候、虫篆奇字，无所不通"，与江总、陆琼、傅縡、姚察"并以才学显著，论者推重焉"。自梁入陈，太建六年（574）"领大著作，掌国史，知梁史事"，撰"国史纪传二百卷，未就而卒"②，《旧唐书·经籍志上》著录其《陈书》3卷。

　　梁、陈史，梁史居多，且编年多于纪传，陈史不仅数量少，也无编年一体。

三、北朝各史

书名	著者	卷数	体裁	附注
后魏书	北魏　魏收	130	纪传	
后魏书	隋　魏彦深	100	纪传	
齐纪	崔子发	30	编年	纪后齐事
齐志	隋　王劭	10	编年	后齐事
周史	北周　牛弘	18	纪传	未成

　　魏收《后魏书》，即《魏书》，后面一章详叙。

---

① 《陈书》卷 30《陆琼传》。
② 《陈书》卷 30《顾野王传》。

1. 魏彦深《后魏书》，即魏澹《西魏书》。魏澹（约530—约594）①，字彦深，巨鹿下曲阳人。专精好学，博涉经史。北齐时，与魏收、阳休之等同修《五礼》，又与诸学士撰《御览》，"复与李德林俱修国史"。入隋数年，为著作郎、太子学士。隋文帝以魏收《魏书》以东魏继魏统，东魏静帝入本纪、西魏文帝入孝文五王附传，是"褒贬失实"，平绘所撰《中兴书》也"事不伦序"，诏魏澹"别成魏史"。"澹自道武帝以下及恭帝，为十二纪、七十八传，别为史论及例一卷，并目录，合九十二卷。"其"义例与魏收多所不同"，以西魏文帝、恭帝入本纪，以东魏静帝入列传，认为篇篇写论"唯觉繁文"，仿《左传》"君子曰"，"可为劝戒者，论其得失，其无损益者，所不论也"。②

2. 崔子发《齐纪》。崔子发，博陵安平人，北齐后主武平末，为秘书郎，修起居注。仕隋为秦王文学，卒于国子博士。③《隋书·经籍志二》著录："《齐纪》三十卷，纪后齐事。崔子发撰。"

3. 王劭《齐志》。王劭，字君懋，太原晋阳（今山西太原）人。《北史·王慧龙附（五世孙）劭传》叙王氏世系，较《隋书·王劭传》详尽。北齐时，累迁太子舍人，待诏文林馆。祖孝徵、魏收、阳休之等论古事，王劭"具论所出，取书验之，一无舛误"，"大为时人所许，称其博物"，后迁中书舍人。入隋，为著作佐郎，拜著作郎。炀帝嗣位不久，为秘书少监，约于大业二年（606）卒官。"劭在著作，将二十年，专典国史，撰《隋书》八十卷。多录口敕，又采迂怪不经之语及委巷之言，以类相从"，"遂使隋代文物名臣列将善恶之迹，

① 澹父季景，《北史》卷56有传，在东魏为给事黄门侍郎、散骑常侍，"使梁，还，历大司农卿、魏郡尹，卒"。《北史·孝静帝纪》记季景武定二年（544）二月"聘于梁"。据此，季景卒年当在武定二年之后。《隋书·魏澹传》以"澹年十五而孤"，"卒时年六十五"。若以武定二年（544）为其父季景卒年、"澹年十五而孤"计，则澹生当北魏孝庄帝永安三年（530），卒在隋文帝开皇十四年（594）。

② 详见《隋书》卷58《魏澹传》。

③ 《北史》卷32《崔鉴传附传》。

埋没无闻"，"初撰《齐志》，为编年体，二十卷，复为《齐书》纪传一百卷"。①《隋书·经籍志二》著录："《齐志》十卷，后齐事，王劭撰。"刘知幾所见，王劭编年体《齐志》16卷与李百药纪传体《北齐书》50卷并行于世，即"今之言齐史者，唯王、李二家云。"②因其《隋书》"多录口敕"，"以类相从"，并非纪传体，所以《隋书·经籍志二》著录在杂史："《隋书》六十卷，未成，秘书监王劭撰。"

4. 牛弘《周史》。牛弘（545—610），字里仁，安定鹑觚人。在北周，起家中外府记室、内史上士，转纳言上士，专掌文翰，修起居注。入隋，授散骑常侍、秘书监，奏开献书之路。开皇三年（583）拜礼部尚书，奉敕修《五礼》，又请依古制修立明堂。后诏改雅乐，与姚察、许善心、何妥、虞世基等正定新乐。授大将军，拜吏部尚书。炀帝大业二年（606）进位上大将军，改右光禄大夫。《隋书·经籍志二》著录："《周史》十八卷，未成，吏部尚书牛弘撰。"据其署官吏部尚书，似当在隋文帝年间所撰。

《隋书·经籍志》史部著录的两晋南北朝各皇朝兴衰史，以正史（纪传）、古史（编年）为基本区分。自东汉始，修"国史"采用纪传体，而编年体却不断涌现，《隋书·经籍志》史部古史类后序作有这样的分析：

> 自史官放绝，作者相承，皆以班、马为准。起汉献帝，雅好典籍，以班固《汉书》文繁难省，命颍川荀悦作《春秋左传》之体，为《汉纪》三十篇。言约而事详，辩论多美，大行于世。至晋太康元年，汲郡人发魏襄王冢，得古竹简书，字皆科斗。……盖魏国之史记也。其著书皆编年相次，文意大似《春

---

① 《隋书》卷69《王劭传》。
② 《史通》卷12《古今正史》。

秋经》。诸所记事，多与《春秋》、《左氏》扶同。学者因之，以
为《春秋》则古史记之正法，有所著述，多依《春秋》之体。

模拟《春秋左传》自东汉末荀悦始，当与东汉古文经影响有一
定关联。西晋以来，竹书出土带来的影响是另一不可忽视的原因，杜
预《春秋经传后序》以竹书"著书文意大似春秋经，推此足见古者国
史策书之常也"。

刘知幾总结魏晋南北朝时期史学，提出"班、荀二体，角力争
先，欲废其一，固亦难矣。后来作者，不出二途"[1]的说法，是从体裁
变化而言。究其原因，不能不说是官私竞相修史的结果。纪传体断代
史一经出现，便成为皇家修一代之史的体裁，私人修一代之史，基本
效法"古史记之正法"的编年体，这才形成"二体角力"的局面。自
隋禁绝私人修史，也就不再有纪传、编年"角力"的情况，说明"二
体角力"与官私竞修密切相关。

整个魏晋南北朝修史，官私竞修，造成二体角力，直至隋、唐
禁绝私修、正史独尊，才打破这一格局。

---

① 《史通》卷2《二体》。

第四章　史官建置与皇家修史

汉唐之际史学成长，与皇家逐渐重视国史修纂、设官建制密不可分。本章着重考察这数百年间史官制度的演变以及在史官制度下出现的三部纪传体"正史"。

第一节　设官修史制度形成

第一编已经论述"史"专指修史之人、所修史书，是在西周末、东周初。经春秋战国数百年的巨大变化，进入一统的秦汉时代，"史"进一步朝着专指史家、史著、史学的方向演变。汉唐之际，这一演进过程大致经历了两个阶段：从以别职知史务，逐步演为设官修史。

一、两汉"以别职来知史务"

西汉一代，设官体制中没有专职的修史官。太史令，是"三公九卿"官僚体制中九卿"太常"的下属。太常，原为奉常，景帝中六年（前144）更名太常。太常，掌宗庙礼仪。其属官有太乐、太祝、太宰、太史、太卜、太医六令、丞。整个太常系统，依然为殷、周时代宗教官的性质。作为太史令的司马谈父子，因为撰成《史记》，后来者便将西汉一代的太史令看作修史官，这只是一个特例。西汉一代自武帝设置太史令，任职者并非仅仅司马谈父子二人，其他太史令都不曾修史，修史绝非太史令的职责！

从《史记》中看出的太史令"记事"职责，大致有这样一些：一是记时。《历书》中司马迁称"幽、厉之后，周室微，陪臣执政，史不记时"，据此反知西汉太史令有"记时"的职责，《历书》所记运历、年月日时、朔望等，均为太史令所记。二是记星象。《天官书》中司马迁称"余观史记，考行事，百年之中，五星无出而不反逆行"，其所观"史记"包括太史所记。三是记瑞应、灾异及祭祀。随从皇帝"巡祭天地诸神名山川而封禅焉。入寿宫侍祠神语，究观方士祠官之意，于是退而论次自古以来用事于鬼神者，具见其表里"①。这些职能，依然未出宗教官的职能。而真正具有"记事"性质的《汉大年记》《汉著纪》等，不能断定是太史令所为（下面将叙），怎么能够凭想象就说太史令是修史官呢？

司马谈父子作为太史令，职掌天官，不治民，修史是他们自身的一种责任感。司马谈临终嘱咐司马迁以及司马迁答壶遂之言，表达的都是他们的责任感，不表示太史令就是修史官。司马迁到底是因为"人皆意有所郁结，不得通其道也，故述往事，思来者"，还是因为太史令的职责规定才不得不"述陶唐以来，至于麟止"？这直接关乎如何认识司马迁与《史记》。不要忘记司马迁自身的感受，他并没有把太史令看得有多么神圣，而是深知"文史星历近乎卜祝之间，固主上所戏弄，倡优畜之，流俗之所轻也"②。

东汉一代，设官体制中仍然没有专职修史官。刘知幾所说"司马迁既殁，后之续《史记》者若褚先生、刘向、冯商、扬雄之徒，并以别职来知史务"③。其实，何止褚先生、刘向、冯商、扬雄之徒，包括整个东汉一代，始终有修国史之举，无专任修国史之官，都是"以

---

① 《史记》卷28《封禅书》"太史公曰"。
② 《汉书》卷62《司马迁传》。
③ 《史通》卷11《史官建置》。

别职来知史务”的。

所谓兰台，早在西汉就已存在。御史大夫下属有二丞，“一曰中丞，在殿中兰台，掌图籍秘书，外督部刺史，内领侍御史员十五人，受公卿奏事，举劾按章”。①王充反复讲“汉立兰台之官，校审其书，以考其言”，“兰台令史，职校定文字，比夫太史、太祝，职在文书，无典民之用，不可施设”。②《续汉书·百官志》兰台令史仍然为御史中丞属官，“掌奏及印工文书”。《后汉书·班彪列传》注引《汉官仪》“掌书劾奏”，属御史中丞系统。再仔细读一读《后汉书·班彪列传》，班固以其父班彪所续前史（即《史记后传》）未详，欲就其业被告发后，才引出“召（班固）诣校书部，除兰台令史，与前睢阳令陈宗、长陵令尹敏、司隶从事孟异共成《世祖本纪》。迁为郎，典校秘书。固又撰功臣、平林、新市、公孙述事，作列传、载记二十八篇，奏之。帝乃复使终成前所著书。”从这段文字看，无非是检验班固其人是否适宜续班彪所修“前史”。“召诣校书部，除兰台令史”，是临时安置班固。班固与陈宗、尹敏、孟异等共成《世祖本纪》，证明其有修史能力，迁为校书郎，典校秘书。独自完成28篇列传、载记奏上，明帝认可后才准其“终成前所著书”。安置班固到兰台，以其为兰台令史，只是一种临时措施。此后20余年，直至《汉书》基本完成，班固迁玄武司马、为窦宪中护军，早已不在兰台。所谓兰台撰史在《汉书》之后中辍的说法，显然是缺乏根据的无根之谈！兰台及兰台令史，原本就不是修史机构和修史官。

大约自章帝章和年间（87—88），皇家藏书盛于东观。永元四年（92），班固入狱死而《汉书》“八表及《天文志》未及竟”，“和帝诏（班）昭就东观藏书阁踵而成之”。③永元十三年（101）正月，和帝

---

① 《汉书》卷19上《百官公卿表上》。
② 分见《论衡》卷29《对作篇》、卷13《别通篇》。
③ 《后汉书》卷84《列女传》。

"幸东观，览书林，阅篇籍，博选术艺之士以充其官"①。和熹邓皇后，"昼省王政，夜则诵读，而患其谬误，惧乖典章，乃博选诸儒刘珍等及博士、议郎、四府掾史五十余人，诣东观雠校传记。事毕奏御，赐葛布各有差。又诏中官近臣于东观受读经传，以教授宫人，左右习诵，朝夕济济。"②自安帝永宁年间（120—121），至献帝建安元年（196）迁都许，半个多世纪的时间，东观的最主要史学活动就是修国史——《东观汉记》。前面第三章第一节已叙，安帝时所修《东观汉记》，初具规模，为光武、明、章、和、殇五帝纪传史，纪、表、志、传俱全。桓帝元嘉元年（151）续修安、顺二帝史，总计114 篇。灵帝熹平（172—177）中续修"灵帝"及"十意"、列传42 篇。后因这部东汉国史修成于东观，自南北朝以来称作《东观汉记》。东汉和帝以后，东观始与修史联系起来。但终东汉一代，东观仍然只是修国史的场所，而非专门的修国史机构。所有参预修史的人员无一例外，均是"以别职来知史务"的，后被称作"著作东观"，即在东观这个地方进行著作。建安初，荀悦为秘书监、侍中，建言设置史官："宜于今者备置史官，掌其典文，纪其行事。"③献帝览而善之，却依然未置其官。荀悦受命改写《汉纪》，同样是属于"以别职来知史务"。

整个两汉时期，虽有修史之事，却无专职修史之官。无论太史令、兰台令史、校书郎、秘书监等，这些官职均有具体职掌，但无一是为专司修史设置。东观，根本不是设官体系中的职能机构。凡修史有成就者，都是以他官兼而为之的，职官制度中尚无修史官的建制。

---

① 《后汉书》卷 4《和帝纪》。
② 《后汉书》卷 10 上《皇后纪上·和熹邓皇后》。
③ 《后汉书》卷 62《荀韩钟陈列传》。

二、"撰述无定名，记注有成法"

两汉虽未设专职修史官，却有一定的注记成法。

（一）西汉注记

西汉注记，可考者主要有《汉著纪》与《汉大年纪》。

1.《汉著纪》190 卷，《汉书·艺文志》"春秋家"著录。何人所撰，无考。从《汉书》引录看，无疑是班固采用的重要史源之一。《律历志下》"世经"之后，叙汉高祖至光武帝，依次引《著纪》如下：

汉高祖皇帝，《著纪》，伐秦继周。……《著纪》，高帝即位十二年。

惠帝，《著纪》即位七年。

高后，《著纪》即位八年。

文帝，前十六年，后七年，《著纪》即位二十三年。

景帝，前七年，中六年，后三年，《著纪》即位十六年。

武帝建元、元光、元朔各六年。……元狩、元鼎、元封各六年。……太初、天汉、太始、征和各四年，后二年，《著纪》即位五十四年。

昭帝始元、元凤各六年，元平一年，《著纪》即位十三年。

宣帝本始、地节、元康、神爵、五凤、甘露各四年，黄龙一年，《著纪》即位二十五年。

元帝……初元、永光、建昭各五年，竟宁一年，《著纪》即位十六年。

成帝建始、河平、阳朔、鸿嘉、永始、元延各四年，绥和二年，《著纪》即位二十六年。

哀帝建平四年，元寿二年，《著纪》即位六年。

平帝，《著纪》即位元始五年……孺子，《著纪》新都侯王莽居摄三年……新室，始建国五年，天凤六年，地皇三年，《著纪》盗位十四。更始帝，《著纪》以汉宗室灭王莽，即位二年……

光武皇帝，《著纪》以景帝后高祖九世孙受命中兴复汉，改元建武……建武三十一年，中元二年，即位三十三年。

《五行志七下之下》，总结春秋日食后紧接着叙汉代日食，自汉高帝三年十月至平帝始元二年九月，随后总结道："凡《汉著纪》十二世，二百一十二年，日食五十三，朔十四，晦三十六，先晦一日三。"显然，这是将《汉著记》与《春秋》及三传等同看待。而且，与《汉书》12纪所记日食对照，更加详细。颜师古注"《汉著记》百九十卷"曰："若今之起居注"，因此谓其为"汉注"。《汉书》帝纪，颜师古注有两处提到"汉注"：一在《宣帝纪》"黄龙元年"师古曰："《汉注》云此年二月黄龙见广汉郡，故改年"；一在《平帝纪》（元始五年）"冬十二月丙午，帝崩于未央宫"师古曰："《汉注》云帝春秋益壮，以母卫大后故怨不悦。莽自知益疏，篡杀之谋由是生，因到腊日上椒酒，置药酒中。故翟义移书云'莽鸩弑孝平皇帝'。"

他人注《汉书》，也有引"汉注"者。如《高后纪》元年夏五月"立孝惠后宫子强为淮阳王"晋灼曰："《汉注》名长。"《宣帝纪》元康三年夏六月诏"前年夏，神爵集雍"晋灼曰："《汉注》大如鹦爵，黄喉，白颈，黑背，腹斑纹也。"神爵元年三月"九真献奇兽"晋灼曰："《汉注》驹形，麟色，牛角，仁而爱人。"

2.《汉大年纪》5篇，《汉书·艺文志》"春秋家"著录，撰人无考。金毓黻认为："或谓《汉书》本纪注臣瓒所说汉帝年纪，悉出《汉大年纪》，或又谓其体似大事记，其详不可考矣。"[1]

其实，把《汉书》纪中的臣瓒注钩稽出来，是可考的。《高祖

---

[1]　金毓黻：《中国史学史》，商务印书馆1957年版，第45页。

纪下》六年五月、《武帝纪》天汉元年、征和元年，臣瓒注三次提到《汉帝年纪（记）》。天汉元年"秋，闭城门大搜"臣瓒曰："《汉帝年记》六月禁逾侈，七月闭城门大搜，则搜索逾侈者也。"这表明臣瓒所见《汉帝年记》记年、记月、记大事。其次，也是最关键的一点，除《高后纪》外，其余 11 纪有一个共同点："帝崩于某宫"、"葬某陵"两句均有臣瓒注，前句注"帝年多少即位，即位多少年，寿多少"，后句注"自崩至葬凡多少日，陵在长安某方向多少里"。请看《高祖纪下》（十二年）"夏四月甲辰，帝崩于长乐宫"臣瓒曰："帝年四十二即位，即位十二年，寿五十三"；"五月丙寅，葬长陵"臣瓒曰："自崩至葬凡二十三日。长陵在长安北四十里。"再看《昭帝纪》（元平元年）"夏四月癸未，帝崩于未央宫"臣瓒曰："帝年九岁即位，即位十三年，寿二十二"；"六月壬申，葬平陵"臣瓒曰："自崩至葬凡四十九日。平陵在长安西北七十里。"《平帝纪》（元始五年）"冬十二月丙午，帝崩于未央宫"臣瓒曰："帝年九岁即位，即为五年，寿十四。"因当日下葬，仅"在葬康陵"句注曰："在长安北六十里"。如此一致的表述方式，说明臣瓒注根据的是一部体例划一的著述，而臣瓒注引《汉帝年纪（记）》又有记年、记月、记大事的特点，不正表明以上引述均出《汉帝年纪》或《汉著记》吗？

再回过头来看《汉书·艺文志》著录，"《汉著记》百九十卷"、"《汉大年纪》五篇"。以卷帙而论，后者应是前者的简本，即大事编年。大事编年以汉帝系年，故谓之"汉帝年纪"。因此，说"汉帝年纪"即"汉大年纪"，或"悉出汉大年纪"，都是以汉帝系年的大事记，不论从体例，还是从内容讲，都是说得通的。

就上引《汉著纪》内容，综合其卷帙考虑，颜师古注"若今之起居注"，不如说"若后之实录"。颜师古注《汉书》时，唐修实录刚刚开始，尚不能预知实录纂修的发展。但是，今天来考察《汉著记》，在肯定其为通汉一代起居注的同时，若能从注淮阳王"名长"推知有人物小传，则可谓后世实录之滥觞了。

（二）东汉注记

东汉注记，可考者主要有《建武注记》、《明帝起居注》、《长乐宫注》、《献帝起居注》等。

1.《建武注记》，据《后汉书》记载：马援女永平三年立为皇后，是为明德皇后，族人马严"闭门自守"、"断绝宾客"。"永平十五年，皇后敕使移居洛阳。显宗召见，（马）严进对闲雅，意甚异之，有诏留仁寿闼，与校书郎杜抚、班固杂定《建武注记》。"[①]仁寿闼亦作仁寿阁，在洛阳南宫内，亦为东汉宫廷藏书之所。《隋书·经籍志》总序明确记录："又于东观及仁寿阁集新书，校书郎班固、傅毅等典掌焉。"这同样证明：东观、仁寿阁等均为藏书之所，非修史机构；校书郎职掌整理图书，非专职修史官。在仁寿阁"杂定《建武注记》"，也是临时性措施。永平十五年（公元72年）班固等"杂定《建武注记》"，为光武帝一朝注记。这与前章所叙班固等永平五年（公元62年）以后纂修《世祖本纪》，显然同时进行。《建武注记》为史料积累，《世祖本纪》与"功臣、平林、新市、公孙述事，作列传、载记"等则为纂修成果，已有自唐始修"实录"、"国史"制度的雏形。

2.《明帝起居注》，据《后汉书·皇后纪上·明德马皇后》：明帝卒，章帝肃宗即位，尊马皇后为皇太后，"自撰《显宗起居注》"，删去其兄马防"参医药事"，表示"不欲令后世闻先帝数亲后宫之家"。《隋书·经籍志二》起居注后序这样说："汉武帝有《禁中起居注》，后汉明德马后撰《明帝起居注》，然则汉时起居，似在宫中，为女史之职。"《明帝起居注》即《显宗起居注》。所谓马皇后"自撰"，指其亲自删削，并非独自撰述。说"女史"纂成，马皇后删定，比较符合

---

① 《后汉书》卷24《马援列传附兄子严传》。

实际。这是继《建武注记》之后，东汉第二代皇帝的注记，表明起居注制度在延续。

3.《长乐宫注》，长乐宫，汉高祖改建秦兴乐宫而成，起初在此视朝，惠帝以后朝会在未央宫，长乐宫遂改为太后居所。《长乐宫注》为太后起居注，实即太后辅政注记。《后汉书·皇后纪上·和熹邓皇后》的记述，可见其原委："自太后临朝"至元初五年，平望侯刘毅以太后多德政，欲令早有注记，上书安帝。摘录上书如下：

> 古之帝王，左右置史；汉之旧典，世有注记。……上考《诗》、《书》，有虞二妃，周室三母，修行佐德，思不逾阈。未有内遭家难，外遇灾害，览总大麓，经营天物，功德巍巍若兹者也。宜令史官著《长乐宫注》、《圣德颂》，以敷宣景耀，勒勋金石，县（悬）之日月，摅之网极，以崇陛下烝烝之孝。

安帝从之。

《长乐宫注》是否撰成，不得而知。但从"汉之旧典，世有注记"8字，可知两汉有注记成法存在。荀悦《申鉴》亦称："先帝故事，有起居注，日用动静之节必书焉。宜复其式，内史掌之，以纪内事。"①根据荀悦此说，东汉一代皇帝均有起居注，献帝时"复其式"，才有《献帝起居注》撰成。前一章讲袁宏《后汉纪》时已叙《汉献帝起居注》，此不赘述。

章学诚美化三代的修史制度说："三代以上记注有成法，而撰述无定名；三代以下撰述有定名，而记注无成法。"②其实，三代以上那有什么记注，何来成法？从两汉的实际看，倒是"撰述无定名，而记

---

① 《申鉴》卷2《时事》。

② 《文史通义》卷1《书教上》。

注有成法"。

三、设官修史始三国，机构设置始西晋

三国两晋南北朝时期，设置专职修史官势在必行。魏、蜀、吴三足鼎立之势形成，不可避免地会出现谁继汉统的问题，魏、吴尤其需要设立专职修史官"以正其统"。《晋书·职官志》记述汉魏以来的史官之任：

> 汉东京图籍在东观，故使名儒著作东观，有其名，尚未有官。魏明帝太和中，诏置著作郎，于此始有其官。

不仅明确"著作东观"是仅"有其名，尚未有官"的客观实际，而且成为中国历史上明确记载设置"专掌史任"史官的开始。

魏最早的著作郎，见于记载者为卫觊（尚书兼著作郎）。其后，应璩、王沈以侍中兼著作郎，傅玄、缪施、张华等为著作佐郎。卫觊、应璩、王沈接续修《魏书》，最终由王沈撰成，成为陈寿《三国志》的重要史源之一。

吴因袭旧制而又有所变革，大帝孙权末年以太史令丁孚、郎中项峻始撰《吴书》，均非史才，不足纪录。嗣主孙亮即位，诸葛恪辅政，以韦昭（曜）为太史令撰《吴书》，华覈、薛莹等参同。至嗣主孙休，韦昭（曜）进侍中，领左国史，继续《吴书》纂修。左国史，为新设专修国史官。后因韦昭（曜）忤犯嗣主孙皓，修史中辍。华覈上疏召还薛莹，为左国史，续修《吴书》。《吴书》亦为陈寿《三国志》的重要史源之一。

蜀基本沿用东汉制度，无修史官之设，但因袭着"记注有成法"的传统。刘备称帝，"昭告于皇天上帝、后土神祇，凡诸文诰策命，

皆（刘）巴所作也。"①刘巴，时为尚书令，掌诏诰文书，沿用的就是东汉制度。"先主定蜀，承丧乱历纪，学业衰废，乃鸠合典籍，沙汰众学，（许）慈、（胡）潜并为学士，与孟光、来敏等典掌旧文。"孟光"长于汉家旧典"，"先主定益州，拜为议郎，与许慈等并掌制度。"从郤正"入为秘书吏，转为令史，迁郎，至令……是以官不过六百石"②的经历知道，大约后主时有秘书令之设，秩六百石，下属有郎、令史等。秘书令在秘阁，沿用东汉称谓"东观"，因而《华阳国志》以陈寿在蜀为东观秘书郎，《晋书》以陈寿"仕蜀为观阁令史"，《华阳国志》又以王崇"蜀时东观郎"，著《蜀书》。

魏明帝设置著作官，是否设立著作机构不详。著作局设置，似在晋初。《晋书·职官志》明确写道："及晋受命，武帝以秘书省并中书省，其秘书著作之局不废。"这是说晋武帝以秘书省并入中书省，但保留著作局不废。至惠帝时，又改著作局隶秘书省："元康二年，诏曰：'著作旧属中书，而秘书既典文籍，今改中书著作为秘书著作。'于是改隶秘书省。后别自置省而犹隶秘书。"著作局的隶属关系，由秘书省转归中书省，又由中书省转还秘书省。后更名著作省，仍隶属秘书省。

著作局的设置，《晋书·职官志》记载清楚：

> 著作郎一人，谓之大著作郎，专掌史任，又置佐著作郎八人。（佐）著作郎始到职，必撰名臣传一人。③

---

① 《三国志》卷 39《蜀书九·董刘马陈董吕传》。
② 《三国志》卷 42《蜀书十二·杜周杜许孟来尹李谯郤传》。
③ 《宋书》卷 40《百官下》："晋制，著作佐郎始到职，必撰名臣传一人。宋氏初，国朝始建，未有合撰者，此制遂替也。"《唐六典》卷 10《秘书省·著作佐郎》："晋制，著作佐郎始到职，必撰名臣传一人。"《晋书·职官志》脱一"佐"字，以（）补之。

著作郎，即大著作郎，常设 1 人，六品。佐著作郎，常设 8 人，曾减为 4 人，七品。具体分工："佐郎职知博采，正郎资以草传。"如遇"正、佐有失，则秘监职思其忧。其有才堪撰述，学综文史，虽居他官，或兼领著作。亦有虽为秘书监，而仍领著作郎者。"①两晋见于史籍的著作郎几十人，荀勖、张华、孙盛、徐广等以他官兼领著作郎，华峤、陈寿、陆机、束皙、虞预、谢沈等为著作郎，王隐、干宝等为佐著作郎。佐郎的调补，须经秘书监、大著作认可，并有"撰名臣传一人"的考核。此外，著作局有辅助人员——著作令史，史阙其员品。②

与此同时，建立起记事制度。泰始六年（270）七月武帝诏曰：

> 自泰始以来，大事皆撰录，秘书写副。后有其事，辄宜缀集以为常。③

西晋建置著作局及著作官，主要是为适应修国史——西晋史的需求。东晋修史与西晋不同的是：成帝以前重点在西晋，属修前朝史的性质；成帝以后重点在东晋史，属国史性质。整个东晋 100 余年，时局动荡，著作官修史制度并不严密。秘书监不监国史，著作修史实同私修。

两晋有完整的起居注系列，与著作制度有着直接关系。据《史通·史官建置》篇引《晋令》规定："著作郎掌起居集注，撰录诸言行勋伐旧载史籍者。"所以，两晋起居注相当完整。保存至唐初者，从《隋书·经籍志二》起居注类著录可见其概：西晋武帝有泰始、咸宁、泰康起居注，惠帝有永平、元康、永康、永宁起居注与惠帝起居

---

① 《史通》卷 11《史官建置》。
② 《唐六典》卷 10《秘书省·书令史》："自晋以来，秘书著作皆有令史，史阙其员品。"
③ 《晋书》卷 3《武帝纪》。

注，怀帝有永嘉起居注，愍帝有建兴起居注，东晋元帝有建武、大兴、永昌起居注，成帝有咸和、咸康起居注，康帝有建元起居注，穆帝有永和、升平起居注，哀帝有隆和、兴宁起居注，废帝有泰和起居注，简文帝有咸安起居注，孝武帝有宁康、泰元起居注，安帝有隆安、元兴、义熙起居注，恭帝有元熙起居注。西晋四帝不缺，东晋11帝仅阙明帝。就各帝年号而言，除西晋少数几个年号外，基本上每个年号都有起居注，有的多至三种。此外，还有一贯通性的《晋起居注》300余卷。

四、南朝制度

南朝宋、齐、梁、陈，沿袭两晋修史制度而有变化。

宋至文帝元嘉初（424），始见著作官设置。"元嘉初，吏部尚书王敬弘举王弘之为太子庶子，（郭）希林为著作佐郎。"[①]改两晋"佐著作郎"改为"著作佐郎"，恢复曹魏时的官称。佐郎之选，取消"到职必撰名臣传一人"的规定："宋氏初，国朝始建，未有合撰者，此制遂替也。"[②]佐郎分起家、释褐、迁除三种：起家佐郎多为"名家少年"[③]，释褐佐郎多为才通一经者，迁除佐郎多为文职僚佐。著作官之设，主要为撰修国史、集注起居。

南齐禅代宋第二年即置史官："建元二年，初置史官，以（檀）超与骠骑记室江淹掌史职。"[④]南齐史官，细分为二：一为专掌修国史者，以别职兼；二为专掌集注起居者，职归著作。

梁代南齐，著作郎多以别职兼领。两晋以来，著作郎均为六品，

---

① 《宋书》卷93《隐逸·郭希林传》。

② 《宋书》卷40《百官下》。

③ 《宋书》卷64《何承天传》。

④ 《南齐书》卷52《文学·檀超传》。《南史》卷59《江淹传》："建元二年，始置史官，淹与司徒左长史檀超共掌其任。"

著作佐郎均为七品，天监七年（508）改官品，著作郎改为十八班第六班，著作佐郎改为十八班第二班，以班多为贵。佐郎为起家之选，多转太子舍人、太子洗马，掌记东宫。

陈代梁不久，复十八班为九品，著作郎仍为六品。其大著作均由大臣兼领，武帝永定中，许亨"迁太中大夫，领大著作，知梁史事"①，文帝天嘉六年（565），顾野王"除太子率更令，寻领大著作，掌国史，知梁史事"②，徐陵自天康元年（566）至宣帝太建四年（572），先后以吏部尚书、尚书左右仆射等职兼领大著作。③佐郎为起家之选，又有四百石七品佐郎、"依减秩例"七品佐郎之分。秘书监虽然掌知国史，但不领著作。庾持"光大元年，迁秘书监，知国史事。"④

此外，宋有著作令史⑤，南齐有修史学士，梁有著作正令史、撰史学士，陈有著作令史、撰史学士或撰史著士。⑥

宋设著作，职掌撰修国史、集注起居。所修国史，下面一节详述。所修起居注，《隋书·经籍志二》起居注类著录，武帝有永初、少帝有景平、文帝有元嘉、孝武帝有孝建、大明、前废帝有景合、明帝有泰始、泰豫起居注，总共8部。

南齐设著作，掌起居注，不修国史："今者著作之官，起居而已。"⑦

据《隋书·经籍志二》起居注类著录，南齐仅缺东昏侯永元不

---

① 《陈书》卷34《文学·许亨传》。
② 《陈书》卷30《顾野王传》。
③ 《陈书》卷5《宣帝纪》、卷26《徐陵传》。
④ 《陈书》卷34《文学·庾持传》。
⑤ 《宋书》卷13《律历下》："元嘉二十年，太祖使著作令史吴癸依洪法制新术，令太史施用之。"
⑥ 参见《隋书》卷58《许善心传》、《陈书》卷34《文学·张正见传》、《阮卓传》等。
⑦ 《南齐书》卷28《崔祖思传》。

足 3 年的起居注，陈只缺最后 3 年即陈后主祯明起居注。

自南齐始，有修国史与修前朝史之分。高帝建元四年（482）沈约"被敕撰国史"，武帝永明五年（487）沈约"被敕撰《宋书》"[①]，是明显的区分。修国史，逐渐出现以大臣兼领的趋势。这两点，是南朝修史制度最重要的变化。

五、北朝制度

十六国与北朝修史制度较南朝复杂，十六国修史制度将在后面第五章第四节详述，这里仅叙北魏至北周。

北魏著作官，时设时辍。皇始元年（396），太祖拓跋珪始建天子旌旗，"初建台省，置百官，封拜公侯、将军、刺史、太守，尚书郎已下悉用文人。"[②]后二年，改元天兴（398—403），崔浩"天兴中，给事秘书，转著作郎"[③]，据此知北魏"置百官"之初即有著作郎。邓渊"太祖定中原，擢为著作郎"，不仅可证著作郎的设置，还表明当时著作的水准：太祖诏邓渊撰国记，"渊造十余卷，惟次年月起居行事而已，未有体例。"[④]据《魏书》列传记载，此时著作郎正如刘知幾所说："杂取他官，不恒厥职。"以他官兼著作，或称"领著作郎"，或称"兼著作郎"。世祖太武帝拓跋焘之前，还有"参著作"（或"参著作事"）。崔玄伯次子崔简，"太祖初，历位中书侍郎、征虏将军，爵五等侯，参著作事。"[⑤]太武帝神䴥二年（429），"诏集诸文人撰录国书，（崔）浩及弟览、高谠、邓颖、晁继、范亨、黄辅等共参著作"[⑥]。此

---

① 《宋书》卷 100《自序》。

② 《魏书》卷 2《太祖纪》。

③ 《魏书》卷 35《崔浩传》。

④ 《魏书》卷 24《邓渊传》。

⑤ 《魏书》卷 24《崔玄伯传》。

⑥ 《魏书》卷 35《崔浩传》。

前，未见"著作佐郎"之职，似以"参著作"行其事。太平真君十一年（450）崔浩被诛，史官废绝。文成帝和平元年（460），"复置"史官。① 太和十五年（491）正月，孝文帝"初分置左右史官"，后常从容谓史官曰："直书时事，无讳国恶。人君威福自己，史不复书，将何所惧。"② 孝文帝两次定官品，均有著作郎、著作佐郎。前令（太和十七年，493），秘书著作郎五品上，秘书著作佐郎从五品上；后令（太和二十三年，499），著作郎五品上，著作佐郎七品。

著作局设置，史无明文。《魏书》列传中有"史阁"的说法：高允"领秘书、典著作，选为校书郎。允修撰国记，与俱缉著。常令（刘）模持管钥，每日同入史阁，接膝对筵，属述时事。"③ 或以"史阁"即著作局，尚属推论，难以认定。《史通》谓"其后，始于秘书置著作局"，《唐六典》称"后魏著作省置校书郎"，时间均不明确。就北魏实际而言，无论著作局还是著作省，均无修国史的专门职能，因而史阙其详。綦儁、山伟"以为国书正应代人修缉，不宜委之余人，是以儁、伟等更主大籍"，"二十许载，时事荡然，万不记一"④，这正是北魏著作局设置情况难详的原因。"普泰以来，参史稍替，别置修史局"⑤，是指北魏"参著作"制度逐渐取消，为修国史专设"修史局"，这才是修国史的专设机构。

北魏起居注制度，初定于孝文帝太和十四年（490）二月，而创置起居令史，是其对修史制度的变革。"后魏始置其起居令史，每行幸宴会，则在御左右，记录帝言及宴宾客训答。后又别置修起居注二

---

① 《魏书》卷 5《高宗纪》。
② 《魏书》卷 7 下《高祖纪下》。
③ 《魏书》卷 48《高允传》。
④ 《北史》卷 50《山伟传》。《魏书》卷 81 阙，其《山伟传》据《北史》补。
⑤ 《史通》卷 11《史官建置》。此据万历五年张之象本。"参史"，浦起龙据万历三十年张鼎斯本作"三史"。注云："'三史'一作'参史'，下同，未详。"按："参史"，即"参著作"。

人，以他官领之。"① 从《魏书·官氏志》亦可见，起居注令史从七品上。见于《魏书》列传的起居注，有《太和起居注》、《高祖世宗起居注》、《孝文起居注》等。《隋书·经籍志二》起居注类著录，为合计数：《后魏起居注》336 卷。

北齐集书省领起居省，有散骑常侍、通直散骑常侍、散骑侍郎、通直散骑侍郎各 1 人，校书郎 2 人。

东魏—北齐修史制度，大抵沿北魏。东魏置著作郎、著作佐郎，多以中书官兼领。北魏所修国史旧稿及起居注等，亦移归东魏。

北齐修史制度出现影响后世的重大变革，一是始设史阁或史馆。据魏收《魏书·自序》（天保）"二年，受诏撰魏史，除魏尹，故优以禄力，专在史阁，不知郡事"，史阁当于北齐文宣帝时设置。唐代以来一直这样认为："后魏并置著作，隶秘书省。北齐因之，代亦谓之史阁，亦谓之史馆。史阁、史馆之名，自此有也。"② 二是出现监修大臣。文宣帝天保初，平原王高隆之以本官录尚书事"监国史"。天保八年（557），魏收"监国史"至孝昭帝皇建（560—561）中。武成帝河清元年（562），赵彦深以尚书左仆射"监国史"。后主天统初（565），阳休之以光禄卿"监国史"。③ 武平（570—576）中，祖珽以尚书左仆射"监国史"，"总监撰书"。④ 终北齐一代，始终有大臣"监国史"。

著作省著作郎，2 人，从五品上，魏收"加兼著作郎"，祖珽、杜台卿分别于孝昭帝皇建、后主武平时为著作郎。著作佐郎 8 人，七品。从北朝史书记载看，北齐著作郎之选仅上述几人。为适应修史之

① 《通典》卷 21《职官三·侍中·起居》。
② 《唐六典》卷 9《中书省·史馆史官》注。
③ 分见《北齐书》卷 18《高隆之传》、37 卷《魏收传》、卷 38《赵彦深传》、卷 42《阳休之传》。
④ 《北齐书》卷 39《祖珽传》。

需，出现称作"修史臣"或"修国史"的临时人员，经著作郎引荐、皇帝诏准，多为有才识而职位卑下的国子博士、中书舍人、尚书郎等官员。

西魏初期，著作官多以别职兼、领，而且是"秘书虽领著作，不参史事"。文帝大统十四年（548），柳虬为秘书丞，"自虬为丞，始令监掌焉"，著作官才得以修国史。恭帝三年（556）"行《周礼》，建六官"，著作郎改著作上士，2 人，正三命；著作佐郎改著作中士，4人，正二命。西魏沿北魏"史阁"制，有"史阁"之设，柳虬建议："诸史官记事者，请皆当朝显言其状，然后付之史阁。"① 北周统称为"史局"。

西魏—北周，大臣监修，或称"监著作"，或称"监修国史"、"监国史"。

著作制度的另一重要变化是，著作官与记注官分职。西魏初，著作官兼掌起居注，张轨、李彦"兼著作佐郎，修起居注"②，卢柔"兼著作，撰起居注"③。大统四年（538）之后，记注官多由中书舍人、中书侍郎兼，申徽大统四年"拜中书舍人，修起居注"④，柳虬大统十六年"迁中书侍郎，修起居注"，薛寘废帝元年"拜中书侍郎，修起居注"⑤。

北周建六官之制，春官置外史，外史下大夫，正四命；外史上士，正三命。杜佑概括北周这一制度为：

> 后周有外史，掌书王言及动作之事，以为国志，即起居之

---

① 《周书》卷 38《柳虬传》。
② 《周书》卷 37《张轨传》、《李彦传》。
③ 《周书》卷 32《卢柔传》。
④ 《周书》卷 32《申徽传》。
⑤ 《周书》卷 38《薛寘传》。

职。又有著作二人，掌缀国录，则起居注、著作之任，自此而分也。①

通过上述考察，可以看出北朝修史制度的主要变革：其一，著作局之外另设"史阁"或"史局"为专门修史机构。其二，建立起大臣监修国史制度，著作官需指定"修国史"、"参国史"方得预修。其三，著作官与修史官、修起居注官逐渐分职。这些变革，对于隋唐时期修史制度的影响非常直接。

六、隋代制度

开皇元年（581）隋文帝取代北周，九年（589）南下灭陈，使三国以来370年政权分立、民族交融的动荡历史一转而为"混一戎夏"、"无隔华夷"的局面。

隋朝的史官建置，基本沿南北朝著作制度，于秘书省设置著作曹，置著作郎2人，从五品上；佐郎8人，正七品。另有校书郎、正字各2人。著作曹主修国史、前朝史。

修前朝史，主要是修魏史：魏澹为著作郎，文帝诏魏澹别成魏史，即《西魏书》，为纪传史；二是修北齐史：有王劭为著作佐郎时所著《齐志》20卷、杜台卿为著作郎时所撰《齐纪》20卷。②

修国史，开皇十三年（593）下诏："人间有撰集国史、臧否人物者，皆令禁绝。"③自此以后，国史修撰便集中在著作局，以王劭为著作郎，"劭在著作，将二十年，专典国史，撰《隋书》八十卷。"④先后参预修国史者，有侯白、辛德源、刘焯、刘炫、王孝籍等5人，均非

①　《通典》卷21《职官三·侍中·起居》。
②　分见《隋书》卷69《王劭传》、卷58《杜台卿传》。
③　《隋书》卷2《高祖纪下》。
④　《隋书》卷69《王劭传》。

著作曹属官，或谓"令于秘书修国史"，或谓"助王劭修国史"，或谓"同修国史"。①

有隋一代虽无起居省的建置，但最初也沿用北齐修起居注的某些制度，以王劭为"员外散骑侍郎，修起居注"，就是因袭的北齐起居省的做法。终隋一代，起居注仅有《开皇起居注》60卷，即文帝前20年注记，文帝后4年、炀帝13年的起居注，"非唯经乱零落，当时亦不悉具"②。

第二节　南北对峙下的宋、齐、魏书

南北朝时期，南北对峙，更需要"推奉正朔"的史书以"正"其"统"，因而当时所修"国史"，无不为自身多所讳饰，对其他并存者多所诋毁，形成南指北为"索虏"、北指南为"岛夷"的局面，出现三部后来列为"正史"的纪传史——《宋书》、《南齐书》和《魏书》。

一、《宋书》的编纂及成就

"二十四史"中，按照成书时间排列，《宋书》仅次于《后汉书》，历经南朝宋、齐两朝，于梁初完成。

（一）编纂始末

《宋书》的编纂，始自宋文帝元嘉十六年（439）。何承天"除著作佐郎，撰国史"③，"草立纪传，止于武帝功臣"，"其所撰志，唯天文、律历"二志。山谦之，孝武帝建元元年（454）为著作郎，"受诏

① 分见《隋书》卷58《陆爽附侯白传》、《辛德源传》、卷75《儒林·刘焯传》、《刘炫传》、《王孝籍传》。
② 《魏郑公谏录》卷4《对隋大业起居注》。
③ 《宋书》卷64《何承天传》。

撰述"，不久病卒。苏宝生，以他官参著作，"元嘉名臣，皆其所撰"，后因高阇谋反，"不即启闻，与阇共伏诛"①。这是"始撰"。经何承天、山谦之、苏宝生三人，纪传起武帝，止文帝，志有天文、律历。孝武帝大明六年（462），徐爰领著作郎，上疏论国史断限："起元义熙，为王业之始，载序宣力，为功臣之断。其伪玄篡窃，同于新莽，虽灵武克殄，自详之晋录。及犯命干纪，受戮霸朝，虽揖禅之前，皆著之宋策。国典体大，方垂不朽，请外详议，伏须遵承。"太宰江夏王刘义恭等35人同意以义熙元年（405）迎晋安帝自江陵至京师为断，散骑常侍巴陵王刘休若、尚书金部郎檀道鸾2人认为应以元兴三年（404）刘裕起事讨灭桓玄为断，太学博士虞龢认为应始于开国为宋公元年（义熙十二年，416）。最终，孝武帝裁断："项籍、圣公，编录二汉，前史已有成例。桓玄传宜在宋典，余如（徐）爰议。"②断限确定，徐爰因何承天、苏宝生所述，"勒为一史，起自义熙之初，讫于大明之末"。但因徐爰"秉权日久"，明帝在藩，"素所不悦"。明帝即位后，于泰始三年（467）将徐爰贬黜，"徙付交州"，中止了这一阶段的修纂。从《隋书·经籍志二》著录徐爰《宋书》65卷看，此时的《宋书》当已形成规模，并单独流行了。然而徐爰所修，自宋前废帝永光元年（465）以下至南齐代宋，10余年阙而未续。接下来，便是沈约的续修。

沈约（441—513），字休文，吴兴武康（今浙江德清）人。入晋以来，沈氏家族成为江东大族，当时称"江东之豪，莫强周、沈"③。祖父沈林子，随刘裕征战孙恩、鲜卑、羌、后秦姚泓，因"思议弘深，有所陈画"而使刘裕"未尝不称善"。父沈璞，沈林子幼子，宋文帝元嘉十七年（440）为扬州刺史、始兴王刘濬主簿。其时，范

---

① 《宋书》卷75《苏宝生传》。
② 《宋书》卷94《恩幸·徐爰传》。
③ 《晋书》卷58《周处附札传》。

晔正为扬州长史，代刘濬行州事。范晔被诛，始兴王刘濬"虽曰亲览，州事一以付（沈）璞"。沈璞在职8年，政绩显著，迁宣威将军、盱眙太守。元嘉二十七年（450），北魏拓跋焘南下，沈璞与辅国将军臧质奋力守城，击退北军。其后，统治集团内部权利之争愈演愈烈，太子刘劭杀文帝自立，三皇子刘骏杀刘劭、刘濬，是为孝武帝。沈璞为刘濬亲信，以其"奉迎（刘骏）之晚，横罹世难"。沈璞被杀时，沈约年仅13，即《自序》所说"史臣年十三而孤"。或许遭此劫难，养成沈约"少颇好学，虽弃日无功，而伏膺不改"的习性。自序："常以晋氏一代，竟无全书，年二十许，便有撰述之意。"泰始初，经郢州刺史蔡兴宗启奏宋明帝，"有敕赐许"撰述，蔡兴宗以其为安西外兵参军兼记室。蔡兴宗为征西将军、荆州刺史，又以沈约为征西将军记室参军。经20余年，撰成晋史120卷，但"采掇未周"，至南齐武帝永明初"遇盗失第五帙"，这就是《隋书·经籍志二》著录"梁有沈约《晋书》一百一十卷，亡"。

南齐高帝代宋不久，建元四年（482）文惠太子入主东宫，沈约为太子家令，"被敕撰国史"。齐武帝永明二年（484）兼著作郎，撰次起居注，为竟陵王萧子良司徒右长史。当时，竟陵王招纳文士，在其西邸同游作诗，主要有沈约、萧衍、谢朓、王融、陆倕、萧琛、任昉、范云，号称"竟陵八友"。

永明五年（487）春，沈约"被敕撰《宋书》"。这已不是修"国史"，而是修前朝史了。续修情况，如其自序所说：

> 自永光以来，至于禅让，十余年内，阙而不续，一代典文，始末未举。且事属当时，多非实录，又立传之方，取舍乖衷，进由时旨，退傍世情，垂之方来，难以取信。臣今谨更创立，制成新史，始自义熙肇号，终于升明三年。
>
> ……本纪、列传，缮写已毕，合七帙七十卷，臣今谨奏呈。

所撰诸志，须成续上。①

永明六年（488）二月，修成纪、传 70 卷，具表上奏。

此后，南齐朝局不稳，沈约虽在显位，却怀献替之心。"竟陵八友"的萧衍杀东昏侯立和帝，自称相国、梁公，不久晋爵梁王。萧衍引沈约为骠骑司马，冠军将军、征虏将军如故。在取代南齐问题上，沈约劝萧衍早定大业，表示"士大夫攀龙附凤者，皆望有尺寸之功，以保其福禄"，并引"行中水，作天子"②的谶语暗示萧衍取代南齐是"历数所至"，"天心不可违，人情不可失"。萧衍召范云告以沈约的意思，范云所对"略同（沈）约旨"。于是，萧衍下定决心，命沈约草诏行事，"乃出怀中诏书并诸选置"，不仅即位诏书早已起草，就连人事安排也拟出名单。所以，萧衍称帝后说："我起兵于今三年矣，功臣诸将，实有其功。然成帝业者，乃卿二人也。"其后，沈约累官至尚书令、侍中、太子少傅，但"用事十余年，未尝有所荐达，政之得失，唯唯而已"③。

其纪、传上书表所说"所撰诸志，须成续上"，一直拖延到齐、梁之交才最终完成，这是从书志中用字避讳分析出来的。《符瑞志》中改"鸾鸟"为"神鸟"，为避南齐明帝萧鸾名讳；《律历志》中改"顺"字为"从"字，为避梁武帝父萧顺之名讳；《乐志》中改"邹衍"为"邹羡"，为避梁武帝萧衍名讳。若以梁武帝天监二年（503）志最后完成，上距纪、传成书至少有 15 年之久。志之前有《志序》，称"元嘉中，东海何承天受诏纂《宋书》，其志十五篇，以续马彪《汉志》，其证引该博者，即而因之"，"其有漏阙，及何氏后事，备加

---

① 《册府元龟》卷 561《国史部·自序》。各本《宋书》卷 100《自序》所录表文，"七帙七十卷"均作误"志表七十卷"，中华书局校点本据《册府元龟》改正。
② "行"字中有水，即"衍"字。
③ 《梁书》卷 13《沈约传》。

搜采，随就补缀焉。"沈约"备加搜采"而"补缀"者，主要为《乐志》、《州郡志》的素材。

（二）编纂特点

《宋书》100卷，本纪10卷，八志30卷，列传60卷，记述南朝宋60年（420—479）的兴衰过程。

1. 本纪10卷，武帝分上、中、下3卷，少帝、文帝、孝武帝、前废帝、明帝、后废帝、顺帝各1卷。

《武帝纪》3卷，上卷追述刘裕身世及起事前简历后，从元兴元年桓玄攻入京城建康，挟持晋安帝走江陵，次年自立为帝，刘裕"建兴复之计"，至三年诛灭桓玄及其势力为起始，实际上采用的是以元兴三年为断的写法。由于是何承天在宋时的旧作，当时属"国史"性质，不直呼刘裕其名，因而仿《三国志·魏书》称曹操例，称刘裕"高祖"；义熙二年十月，刘裕封豫章郡公，此后称刘裕为"公"，主要写刘裕征讨卢循战事。中卷自义熙七年正月授大将军、扬州牧起，写其扫灭卢循、益州割据势力谯纵、北方的后秦，一步步加官晋爵，进位相国，晋爵宋公。晋安帝卒后恭帝即位，元熙元年（419）正月刘裕晋爵宋王，东晋名存实亡，次年六月刘裕取代东晋。下卷自刘裕登基，改国号为宋，改元永初起，至永初三年（422）病卒，一律称"上"。需要注意，《顺帝纪》升明三年四月萧道成自齐公晋爵齐王，但在此之前已称其为"齐王"了，实属自乱体例。少帝在位二年，是一个过渡，《少帝纪》篇幅虽短，却透露出兄弟间权利之争的血腥。文帝在位30年（424—453），是南朝宋最兴盛的时期，因年号元嘉，被誉为"元嘉之治"。《文帝纪》如实记述血腥中出现的短暂安宁，最引人注目的是，除最初4年、最后2年以及与林邑交兵的几年外，总共18年（元嘉五至七年、九至二十年、二十六至二十八年）均记录周边来贡方物的情况，从一个侧面反映南朝宋在当时中外交往中的地位。自孝武帝以下，又重复着父子、兄弟相残的闹剧，如《孝武帝纪》"史臣曰"所说：

> 利己以及万物，中主之志也；尽民命以自养，桀、纣之行
> 也。观大明之世，其将尽民命乎！虽有周公之才之美，犹终之
> 以乱，何益哉！

本纪最大的问题是叙事多忌讳，晋宋禅代之际为宋讳，以《武帝纪》最突出；宋南齐禅代之际为南齐讳，以《顺帝纪》最明显。齐武帝干预沈约撰《宋书》，《南齐书》中有所记述："约又多载孝武、明帝诸鄙渎事，上遣左右谓约曰：'孝武事迹不容顿尔。我昔经事宋明帝，卿可思讳恶之义。'于是多所省除。"[①]这就是本纪中诸多"讳恶之义"的由来。

2. 八志，在《宋书》中最受称道。八志 30 卷，律历 3 卷、礼 5 卷、乐 4 卷、天文 4 卷、符瑞 3 卷、五行 5 卷、州郡 4 卷、百官 2 卷。

八志之前，《志序》为总序。因其文字简练，没有单独成卷，有误以为《律历志》序者，实属失察。《志序》概述书志源起、演变后，着重八志的因革、创制，显然不只是为序《律历志》而写。

叙书志源起，"司马迁制一家之言，始区别名题，至乎礼仪刑政，有所不尽，乃于纪传之外，创立八书，片文只字，鸿纤备举。"评述《汉书》十志演变："班氏因之，靡违前式，网罗一代，条流遂广。律历、礼乐，其名不变，以天官为天文，改封禅为郊祀，易货殖、平准之称，革河渠、沟洫之名；缀孙卿之辞，以述刑法，采孟轲之书，用序食货。刘向《鸿范》，始自春秋，刘歆《七略》，儒墨异部，朱赣博采风谣，尤为详洽，固并因仍，以为三志。"

---

① 《南齐书》卷 52《文学·王智深传》。

八志因革，大体以《续汉志》为基准，律历、天文、五行、百官沿《续汉志》名目，改"郡国"为"州郡"，增"符瑞"、"乐"二志，合"礼仪"、"祭祀"等为"礼"。最突出的变革是突破南朝宋的时限，以魏接汉，"自魏至宋，宜入今书"，补入三国、两晋以来相关内容。至于阙"食货"、"刑法"、"艺文"三志，《志序》有这样的交代："刑法、食货，前说已该，随流派别，附之纪传"。所谓"前说已该"的"前说"，是指其所修《晋书》。从《通典》卷 8 末保留的"沈约曰"看，当是其《晋书·食货志》序文。因其所修《晋书》已有食货、刑法二志，《宋书》只将相关内容"附之纪传"，不再单独为志。正因为此，清代学者郝懿行才能够从《宋书》纪、传中辑出《食货志》91 条、《刑法志》62 条。"艺文"似亦用此法，凡有著述者均"附之纪传"，不另立《艺文志》。至于河渠、沟洫，《史记》《汉书》是以黄河流域水系为主，南朝宋偏安江南，自然不会立此志。

律历 3 卷，上卷叙律，中、下卷叙历。律 1 卷，何承天精通律吕，即何承天旧作。历 2 卷，为何承天、徐爰所撰，以徐爰为主，上溯两汉，补述魏晋，止于宋孝武帝大明末，述历次历法行用情况，并详录三国魏杨伟《景初历》、宋何承天《元嘉历》、祖冲之《大明历》。

礼 5 卷，篇幅最大，既反映重视礼仪，又表明对礼仪涵盖范围的认识。沈约重礼，看到"夫有国有家者，礼仪之用尚矣"，并认为《汉书》"礼乐疏简，所漏者多，典章事数，百不记一"，便对《礼志》记述范围作了较大的调整：

> 班固礼乐、郊祀，马彪祭祀、礼仪，蔡邕朝会，董巴舆服，并各立志。夫礼之所苞，其用非一，郊祭朝飨，匪云别事，旗章服物，非礼而何？今总而裁之，同谓《礼志》。①

---

① 《宋书》卷 11《志序》。

郊祀、祭祀、朝会、舆服，在沈约看来，与礼仪总为一体，因而归为一志。礼一，"抄魏氏以后经国诞章"，叙礼仪制度沿革，包括冠礼、婚礼、朝会、享祭等诸多方面的制度。礼二，叙天子巡狩之礼，三年丧制、葬仪、上陵等制度。礼三、礼四，即前志之封禅、郊祀、祭祀的内容，但"又有异同"。礼五，基本是"车服之仪"，"以通数代典事"。虽有因有革，但繁杂、重复甚多，斟酌、裁汰欠精。

乐4卷，实是《宋书》新增，而且特点明显。《志序》批评从前各类"乐书"：

> 《乐经》残缺，其来已远。班氏所述，政抄举《乐记》。马彪《后书》，又不备续。至于八音众器，并不见书，虽略见《世本》，所阙犹众。爰及雅、郑，讴谣之节，一皆屏落，曾无概见。郊庙乐章，每随世改，雅声旧典，咸有遗文。又案今鼓吹铙歌，虽有章曲，乐人传习，口相师祖，所务者声，不先训以义。今乐府铙歌，校汉、魏旧曲，曲名时同，文字永异，寻文求义，无一可了。不知今之铙章，何代曲也。

以往乐书，只录旧文，不载乐器、讴谣，因而"今志自郊庙以下，凡诸乐章，非淫哇之辞，并皆详载。"乐一，历叙乐舞的起源与演变，详于南朝宋一代。从载录臣僚关于乐舞的论述，反映南朝宋对于乐舞的重视以及乐舞的发展。详细记述了八音金、石、土、革、丝、木、匏、竹乐器及其形制，汉代以来的鼓吹铙歌。乐二，按蔡邕所叙汉乐四大类别——郊庙神灵、天子享宴、大射辟雍、短箫铙歌，记录了晋以来所造歌词乐章。乐三，记述由民歌发展而来，以"丝竹更相和，执节者歌"的相和歌曲，形成清商三调歌词，即平调、清调、瑟调，以及在此基础上发展起来的多章节大曲。其中，有脍炙人口的古词《艳歌罗敷行》，有包括曹操《步出夏门行》、《观沧海》、《冬十月》、《神龟虽寿》四章的《竭石》大曲等流传至今的名篇。乐四，记述享宴所用"鞞舞"、"拂舞"、"杯柈舞"、"公莫舞"、"白纻舞"和"汉鼓吹铙歌十八曲"、"晋鼓吹歌曲二十二篇"、何承天所造"鼓吹铙歌十五篇"以及"今鼓吹铙歌词"等。虽然这些曲调声辞杂糅，但毕竟保留下诸多古代乐章、歌词，为研究中国中世纪乐舞史、文学史的难得资料。不仅记录礼乐舞蹈沿革与歌词乐章，而且记录流传在民间的乐舞，极大地丰富了编写内容。

　　天文4卷，据《志序》所说"天文、五行，自马彪以后，无复记录。何书自黄初之始，徐志肇义熙之元。今以魏接汉，式遵何氏"，是根据何承天、徐爰旧作补缀。上起曹魏，"以魏接汉"，也是遵照何承天的模式。首先指出"言天者以三家，一曰宣夜，二曰盖天，三曰浑天，而天之正体，经无前说，马书、班志，又阙其文"，而"宣夜之学，绝无师法"。简要记述了三国吴王蕃"善数术，传刘洪《乾象历》，依乾象法而制浑仪"，并全文录其立论考度。其后，有何承天、徐爰等对浑象的论述。盖天之术，自《周髀》以来，扬雄、刘向之后，有三国吴虞耸《穹天论》、姚信《昕天论》以及晋成帝咸康中虞喜《安天论》。总论天文之后，以"天文经星，常宿中外宫，前史已详。今惟记魏文帝黄初以来星变为《天文志》，以续司马彪云。"天文一，为西晋惠帝永平元年以前。天文二，为西晋惠帝元康元年至东晋废帝太和六年。天文三，为东晋简文帝咸安元年至东晋恭帝逊位。天文四，为南朝宋一代。通篇亦如司马彪《天文志》"言其时星辰之变，表象之应，以显天戒，明王事焉"。

　　符瑞3卷，新增。《志序》提出：自汉高帝五年之首冬，暨宋顺帝升明二年之孟夏，"圣帝哲王，咸有瑞命之纪"，"道至天而甘露下，德洞地而醴泉出，金芝玄秬之祥，朱草白鸟之瑞，斯固不可诬也"，"今立《符瑞志》，以补前史之阙"。符瑞上，强调"龙飞九五，配天光宅，有受命之符，天人之应"，"符瑞之义大矣"之后，为"补前史之阙"，自传说时代叙至南朝"宋氏受命至于禅齐"。所述太昊帝宓牺氏、炎帝神农氏、黄帝轩辕氏、帝挚少昊氏、帝颛顼高阳氏、帝喾高辛氏、帝尧之母、帝舜有虞氏、帝禹有夏氏，足以显见《汉书·律历志》"世经"的影响。符瑞中，记述西汉至南朝宋出现的鸟、兽类吉祥物及吉祥现象，诸如麒麟、凤凰、神鸟、黄龙、灵龟等以及甘露。符瑞下，为西汉至南朝宋出现的嘉禾等其他类吉祥物及吉祥现象。

五行 5 卷，志前序云："自黄初以降，二百余年，览其灾妖，以考之事，常若重规沓矩，不谬前说"，"今自司马彪以后，皆撰次论序，斯亦班固远采《春秋》，举远明近之例也。"效法《汉书》追述前代，起三国魏，止南朝宋。如果说《符瑞志》主要记述吉祥现象，《五行志》则主要记述灾异现象。按木、金、火、水、土分 5 卷，依次记述"木失其性而为灾"、"金失其性而为灾"、"火失其性而为灾"、"水失其性而为灾"、"土失其性而为灾"的各类灾异以及日蚀等天象变化。五行五"地震"、"天崩地陷裂"二目，自三国吴孙权黄武四年至晋安帝义熙十五年，前后 180 余年，所记大小地震近百次。

州郡 4 卷，志前序明确规定："今以班固、马彪二志，太康、元康定户，王隐《地道》、晋世《起居（注）》、《永初郡国（志）》，何、徐《州郡（志）》及地理杂书，互相考覆。且三国无志，事出帝纪，虽立郡时见，而置县不书。今唯以《续汉郡国（志）》校《太康地志》，参伍异同，用相征验。自汉至宋，郡县无移改者，则注云'汉旧'。其有回徙，随源甄别。若唯云'某无'者，则此前皆有也。若不注置立，史阙也。"东汉以来，疆域变迁、政权更替，州郡设置、分合改易往往变化，确定"今志大较以大明八年为正，其后分派，随事记列。内史、侯、相，则以升明末为定焉"。州郡一，扬、南徐、徐、南兖、兖州；州郡二，南豫、豫、江、青、冀、司州；州郡三，荆、郢、湘、雍、梁、秦州；州郡四，益、宁、广、交、越州，分述各州沿革，所领郡、县，户、口数以及刺史等官员设置。州郡沿革，大都始于西汉，历述其变迁。侨置州郡叙述更详，系统地反映出东晋以来侨置州郡的分布、变化，是研究这一时期南方地理沿革、户口变化的较为完整的历史纪录。

百官2卷，《志序》交代明白："百官置省，备有前说，寻源讨流，于事为易。"所谓"前说"，是指沈约《晋书》有《百官志》，所以"寻源讨流"相对容易。百官上，三傅（太宰、太傅、太保），相国、丞相，三公（太尉或大司马、司徒、司空），大将军、骠骑、车骑、卫将军，持节都督，四征、四镇、四安、四平、四将军，太常、国子祭酒、光禄勋、卫尉、廷尉、大司农、少府、匠作、大鸿胪、太仆、太后三卿、大长秋、尚书、侍中，百官下，黄门、中书、秘书、领军、护军、左右卫、六军、四军将军、杂号将军，御史中丞、谒者、太子官，地方武官，刺史、郡守、县令，王国官，最后为官品表。

《宋书》八志受《汉书》十志影响，以南朝宋为主，程度不同地向前追溯，或至传说时代，或至三国魏，使所叙内容前后连贯，弥补了《三国志》所阙，为唐初新修《晋书》十志准备了基本素材。当然，作为南朝宋的修史官，不会忘记汉—魏—晋—宋的传承统绪，这也是自汉魏追述沿革在观念方面的原因。

3. 列传60卷。皇室8卷：后妃1卷、宗室1卷、武三王1卷、武二王1卷、文九王1卷、文五王1卷、孝武十四王1卷、明四王1卷。臣僚42卷。类传5卷：孝义1卷、良吏1卷、隐逸1卷、恩幸1卷、二凶1卷。周边4卷：索虏1卷、鲜卑吐谷浑1卷、夷蛮1卷、氐胡1卷。最末为自序1卷。孝义、恩幸为新增类传，索虏更是首创。

《后妃传》传序详述后宫制度沿革、宋明帝泰始年间三夫人、九嫔设置，详细记录了明帝"拟外百官，备位置内职"的"后宫"设官系统，在一定程度上影响着后世《后妃传》的修纂，如《隋书·后妃传》、《金史·后妃传》均有"后宫"设官系统。

《孝义传》有感于"晋、宋以来，风衰义缺，刻身厉行，事薄膏腴"，而有孝行之人"多发沟畎之中，非出衣簪之下"，皇族之中则是父子兄弟残杀屡见不鲜，"以此而言声教，不亦卿大夫之耻乎"，因此"采缀湮落，以备阙文云尔"。

《恩幸传》是因"《汉书》有《恩泽侯表》，又有《佞幸传》，今采其名，列以为《恩幸篇》"。篇前小序分析"恩幸"产生的原因："孝建、泰始，主威独运，官置百司，权不假外，而刑政纠杂，理难遍通，耳目所寄，事归近习。赏罚之要，是谓国权，出内王命，由其掌握，于是方涂结轨，辐凑同奔。人主谓其身卑位薄，以为权不得重。"同时指出造成的后果："曾不知鼠凭社贵，狐藉虎威，外无逼主之嫌，内有专用之功，势倾天下，未之或悟。挟朋树党，政以贿成"，"及太宗（明帝）晚运，虑经盛衰，权幸之徒，慴惮宗戚，欲使幼主孤立，永窃国权，构造同异，兴树祸隙，帝弟宗王，相继屠剿。民忘宋德，虽非一涂，宝祚凤倾，实由于此。"

《索虏传》1卷，记北魏拓跋氏自晋以来的发展。索虏，源于北魏先世索头虏，与《魏书》称南朝为"岛夷"同属相互敌视之辞。因南北对立，各为"正统"，所记不少出于传闻，与《魏书》史事不同。卷首"索头虏姓拓跋氏，其先汉将李陵后也。陵降匈奴，有数百千种，各立名号，索头亦其一也"，即与历史事实不符。又有太子拓跋晃欲谋杀太武帝拓跋焘的记述，也与《魏书》完全不同。但南朝史臣面对这样一个事实：东晋惠帝"元康以后，风、雅雕丧，五胡递袭，翦覆诸华。及涉珪以铁马长驱，席卷燕、赵，负其众力，遂与上国争衡矣。"尽管高祖武帝时"北狄衄锐挫锋，闭重险而自固"，而太祖文帝"惩祸未深，复兴外略，顿兵坚城，弃甲河上，是我有再败，敌有三胜也。自此以后，通互市，纳和亲，而侵疆轶戍，于岁连属。逮泰始构纷，边将外叛，致夷引寇，亡我四州。"最终只能感叹："岂直天时，抑由人事。"这一卷所记主要是北魏，最后"带叙"西域至中亚的芮芮、檠檠、赵昌、粟特等。

《夷蛮传》1卷，内容丰富，包括东南亚及南亚诸多政权，林邑、扶南、诃罗陁、呵罗单、媻皇、媻达、阇婆婆达、师子、天竺迦毗黎附苏摩黎、斤陁利、婆黎，以及高句骊、百济、倭国。所记大都为各方遣使贡方物及交通往来，也不乏交兵的情况。记天竺迦毗黎最详，以佛教在中土的传布为主要内容，特别写道："佛道自后汉明帝，法始东流，自此以来，其教稍广，自帝王至于庶民，莫不归心，经诰充积，训义深远，别为一家之学焉。"同时，以"带叙法"为释道生、慧琳、慧严、慧议作小传，不仅记慧琳简历"秦郡秦县人，姓刘氏。少出家，住冶城寺，有才章，兼外内之学，为卢陵王义真所知。尝著《均善论》"，还载录其《均善论》全文。卷末，"带叙"荆、雍蛮及豫州蛮等。

《二凶传》是沈约独创，专记弑杀宋文帝的太子刘劭（文帝长子）、始兴王刘濬（文帝次子）二人事。感叹"甚矣哉，宋氏之家难也"，自"立号皇王，统天南面，未闻斯祸"，"独止此代"，庆幸其"顿灭一时，生民得无左衽，亦为幸矣"。

较此前四史，《宋书》列传的突出新特点是创立了家传的形式，子、孙附父、祖传。《刘穆之传》附长子虑之、虑之子邕、穆之中子式之、式之子瑀、穆之少子贞之，乃至穆之女婿蔡祐等，《刘怀慎传》附子德愿、荣祖、怀慎弟怀默、怀默子道球、道球弟孙登、孙登子亮、孙登弟道隆等。不仅臣僚传如此，类传亦如此。后妃《文帝路淑媛传》附弟子琼之、休之、茂之，《前废帝何皇后传》附父瑀、瑀子迈、瑀兄子亮、恢、诞。宗室《长沙景王道怜传》附子义欣、义欣子瑾、祗、韫、义欣弟义融、义融子觊、袭、义融弟义宗、义宗子玠、秉、遐、义宗弟义宾、义宾弟义綦。全书最后一卷为《自序》，更是一篇沈约家传，追述其家族成员多达30余人。其伯祖沈田子、祖沈林子都是南朝宋的开国功臣，其父沈璞亦为南朝宋臣僚，但沈约不以他们入臣僚传，而统统写入《自序》，"以显其家世勋茂"。南北朝时期重视门第，世家大族在政治上、经济上均有举足轻重的社会地位。沈约不仅出身世家大族，而且重视门第，因而将家族史引入官修史，显示出鲜明的时代特征。

《宋书》列传继承《后汉书》列传"带叙法"，其人不必立传，而其事有附见于某人传内者，即于某人传内叙其履历，之后再继续某人之事，除以上叙及者，冉举卷51《临川烈武王道规传》，叙使刘遵为将攻破徐道覆，"带叙"刘遵例："遵字慧明，临淮海西人，道规从母兄萧氏舅也。官至右将军、宣城内史、淮南太守。义熙十年卒，追赠抚军将军，追封监利县侯，食邑七百户。"以下，继续刘道规事迹。不过，"带叙"有过当的问题，同是《临川烈武王道规传》，所附《义庆传》"带叙"鲍照，录入鲍照《河清颂》辞全文，又"带叙"临海王子顼，不仅喧宾夺主，而且自乱"带叙"之例。

从另外一个角度看，列传大量载录关涉政治、经济、文化等各个方面的重要奏议、文论，又有保存文献的意义。卷82《周朗传》载周朗"献奇进策"的两篇长文，后一论时政的长篇约3600余言，有两段文字论佛教传入和媚神之愚造成的流弊："自释氏流教，其来有源，渊检精测，固非深矣。舒引容润，既亦广矣。然习慧者日替其修，束诚者月繁其过，遂至糜散锦帛，侈饰车从。复假精医术，托杂卜数，延姝满室，置酒浃堂，寄夫托妻者不无，杀子乞儿者继有。而犹倚灵假像，背亲傲君，欺费疾老，震损宫邑，是乃外刑之所不容戮，内教之所不悔罪，而横天地之间，莫之纠察。人不得然，岂其鬼钦……"又云："凡鬼道惑众，妖巫破俗……民因是益征于鬼，遂弃于医，重令耗惑不反，死夭复半……"这是南朝宋孝武帝时"反佛"呼声的反映。

沈约为当时文坛领袖，《宋书》史论颇具特色。《良吏传》序，总计不过500字，用不足300余字，便透彻地剖析了南朝宋的兴盛与衰变。其叙兴盛如下：

> 高祖起自匹庶，知民事艰难，及登庸作宰，留心吏职，而王略外举，未遑内务。奉师之费，日耗千金，播兹宽简，虽所未暇，而绌华屏欲，以俭抑身，左右无幸谒之私，闺房无文绮之饰，故能戎车岁驾，邦甸不扰。太祖幼而宽仁，入纂大业，及难兴陕方，六戎薄伐，命将动师，经略司、兖，费由府实，役不及民。自此区宇宴安，方内无事，三十年间，氓庶蕃息，奉上供徭，止于岁赋，晨出莫（暮）归，自事而已。守宰之职，以六期为断，虽没世不徙，未及曩时，而民有所系，吏无苟得。家给人足，即事虽难，转死沟渠，于时可免。凡百户之乡，有市之邑，歌谣舞蹈，触处成群，盖宋世之极盛也。

虽然不免夸大其词，却也道出"极盛"的原因。紧接着便是对衰变的叙述：

> 暨元嘉二十七年，北狄南侵，戎役大起，倾资扫蓄，犹有未供，于是深赋厚敛，天下骚动。自兹至于孝建，兵连不息，以区区之江东，地方不至数千里，户不盈百万，荐之以师旅，因之以凶荒，宋氏之盛，自此衰矣。

列传与本纪同样存在诸多叙事忌讳之处，萧子显明确指出："沈约撰《宋书》，拟立《袁粲传》，以审世祖。世祖曰：'袁粲自是宋家忠臣。'"[①]此处所说"世祖"，系指南齐武帝。这便是卷89为袁粲1人所立传，只言其为宋顺帝重臣，"身受顾托，不欲事二姓，密有异

---

①　《南齐书》卷52《文学·王智深传》。

图"，却不敢将当时流传的谚语"可怜石头城，宁为袁粲死，不为褚渊生"载入，反而为袁粲回护说："齐王功高德重，天命有归"。这样，既不违背齐武帝的旨意，袁粲仍然是"宋家忠臣"，又表明齐武帝是一个圣君。

徐爰、沈约稍后，又有南齐孙严《宋书》65 卷、王智深《宋纪》30 卷、梁裴子野《宋略》20 卷、鲍衡卿《宋春秋》20 卷、王琰《宋春秋》20 卷等。流传至今者唯沈约《宋书》100 卷。隋唐时期，流传不广，至北宋始有刻本，但已有脱误、缺佚。卷 4《少帝纪》"史臣曰"全缺，中华书局校点本据涵芬楼影印百衲本《宋书》补入 17字，仅仅是"史臣曰"的一个结尾。卷 46《到彦之传》缺，仅存其目。其余所缺，多以《南史》等书补足，却留下不少补缀的痕迹。卷59《张畅传》附子淹、畅弟悦，卷 62 有《张敷传》，卷 46《张劭传》附子敷、劭兄子畅、畅弟悦、畅子淹。张敷、张畅、张淹、张悦重出的原因，是抄补者抄录《南史》时没有通检《宋书》列传，将《张劭传》附传统统抄入造成的。卷 46 末"臣穆等案《高氏小史》"云云，是北宋郑穆等校书时所加校语，足见当时《宋书》已非原貌。今天读《宋书》，应当与《南史》对读，比较其间的异同，以发现问题。

二、《南齐书》的编纂及成就

继《宋书》之后，出现《南齐书》，历经南朝齐、梁两朝完成。

（一）编纂始末

《南齐书》的编纂始末，因《序录》亡佚，只能就当时史书所记相关内容作简单追述。

南齐取代宋的第二年，即高帝建元二年（480）"初置史官，以（檀）超与骠骑记室江淹掌史职"，这是南齐设官修国史的开始。檀超上表立条例：

　　开元纪号，不取宋年。封爵各详本传，无假年表。立十
志：律历、礼乐、天文、五行、郊祀、刑法、艺文依班固，朝
会、舆服依蔡邕、司马彪，州郡依徐爰，百官依范晔，合州郡。
班固五星载天文，日蚀载五行，改日蚀入天文志。以建元为始。
帝女体自皇宗，立传以备甥舅之重。又立处士、列女传。

　　高帝下诏，内外详议。左仆射王俭以"金粟之重，八政所先，
食货通则国富民实，宜加编录，以崇务本"，主张"立食货，省朝
会"，并认为五行"宜宪章前轨，无所改革"，帝女"若有高德异行，
自当载在列女"。高帝诏："日月灾隶天文，余如俭议。"① 秘书丞袁彖
议驳国史条例，认为"日蚀为灾，宜居五行"；至于处士，以"事关
业用，方得列其名行。今栖遁之士，排斥皇王，陵轹将相，此偏介之
行，不可长风移俗，故迁书未传，班史莫编。一介之善，无缘顿略，
宜列其姓业，附出他篇。"② 然而，"史功未就"，檀超卒官，南齐修国
史就此中止。史称江淹所撰"十三篇（卷）竟无次序"，自撰"《齐
史》十志"，"行于世③，然《隋书·经籍志》仅著录其《齐史》13 卷
亡，却未见著录其"《齐史》十志"（仅有"《齐典》十卷"，不著撰
人）。对于檀超、江淹为何先修十志，刘知幾猜测："江淹始受诏著
述，以为史之所难，无出于志，故先著十志，以见其才。"④ 其实，就
当时的实际而言，南齐代宋不到二年，据"开元纪号，不取宋年"，
"以建元为始"的条例，可修的"国史"内容不多，而易代之际人物
如何立传，条例亦未明确。更为重要的是，禅代之后最迫切的是制度
如何因袭、改革，当时又没有系统记述自晋以来制度沿革的史志，因

此修志比起修纪传来更为时宜所需。所谓江淹以"史之所难，无出于志，故先著十志，以见其才"的说法，根本不见《梁书》、《南史》等南朝史籍。如果说刘知幾的表述还仅仅是一种推测，那么到郑樵《通志总序》就干脆改为江淹说了："江淹有言，修史之难，无出于志"。马端临《文献通考自序》因袭郑樵，这是应当辨别清楚的，不能再以讹传讹了！

前面已经提及，沈约于建元四年（482）"被敕撰国史"，武帝永明二年（484）兼著作郎，撰次起居注，撰成《齐纪》20卷。此外，当时还有"豫章熊襄著《齐典》，上起十代。"[1] 终南齐一代，修南齐国史并无显著成效。

梁取代南齐之后，对于修南齐史并不十分重视。梁武帝在位47年，找不到直接下诏修南齐史的记载。人们所见，主要是吴均著《齐春秋》30卷的记载："先是，均将著史以自名，欲撰齐书，求借齐起居注及群臣行状，武帝不许，遂私撰《齐春秋》奏之。书称帝为齐明帝佐命，帝恶其实录，以其书不实，使中书舍人刘之遴诘问数十条，竟支离无对。"[2] 此外，见于著录的有学士刘陟所撰《齐纪》10卷[3]、王逸《齐典》5卷等，均属私撰。

现今所见南齐史，为萧子显所撰。萧子显（约489—537），字景阳，南兰陵（今江苏常州武进）人。祖，南齐高帝萧道成。父，南齐豫章文献王萧嶷。《梁书》、《南史》载其"采众家后汉，考正同异，为一家之书。又启撰齐史，书成，表奏之，诏付秘阁。累迁中太子

---

① 《南齐书》卷52《文学·檀超传》。《隋书》卷33《经籍二》故事类著录《齐典》10卷，未署撰人。

② 《南史》卷72《文学·吴均传》。《梁书》卷49《文学上·吴均传》稍简："先是，均表求撰《齐春秋》，书成奏之，高祖以其书不实，使中书舍人刘之遴诘问数条，竟支离无对。"

③ 《陈书》卷34《文学·杜之伟传》："与学士刘陟等抄撰群书"，《隋书》卷33《经籍二》正史类著录刘陟《齐纪》10卷，或即刘陟"抄撰群书"所为。

舍人、建康令、邵陵王友"①。萧子显"迁邵陵王友"在其《后汉书》、《齐书》书成之后,而邵陵王之封在梁武帝天监十三年②,则其《后汉书》、《齐书》均应在天监十三年(514)之前早已成书。

(二)编纂特点

原书60卷,《史通·序例》篇提到"序录",后即以所佚1卷为"序录"。北宋以前,书名《齐书》,《隋书·经籍志二》、《梁书·萧子显传》、《南史·萧子显传》、《旧唐书·经籍志上》、《新唐书·艺文志二》均称《齐书》,《史通》称《齐史》,北宋曾巩《南齐书目录序》始冠以"南"字。

传本59卷,本纪8卷,八志11卷,列传40卷,记述南朝齐24年(479—502)的兴衰过程。

1.本纪8卷,高帝分上、下2卷,武帝、郁林王、海陵王、明帝、东昏侯、和帝各1卷。

最突出的特点是萧子显为其祖父所建南齐修史,为尊者讳、为亲者讳成为其"书法"的基本准则。"子显以齐宗室,仕于梁而作齐史,虚美隐恶,其能直乎?"③《高帝纪上》没有遵照最初制定的"开元纪号,不取宋年","以建元为始"的条例,而是始自宋元嘉四年萧道成出生,述其在宋元嘉、泰始年间外征北魏、内讨反叛的战绩,全用宋年。萧道成称帝之前,密谋废立,杀宋后废帝(苍梧王)一事,对比《高帝纪上》与《宋书·后废帝纪》、《南史·齐本纪上》的相关记述,可见其为萧道成的隐讳。一面隐讳,一面又为禅代寻找根据。卷1《高帝纪上》"史臣曰"引《太一九宫占》,推汉高五年以来变故,认为"宋帝禅位,不利为客,安居之世,举事为主人,禅代之应也。"自卷2《高帝纪下》方依"条例","以建元为始","开元纪号",

---

① 《梁书》卷35《萧子恪附子显传》。《南史》卷42《豫章文献王嶷附子显传》同。

② 《梁书》卷29《高祖三王·邵陵王纶传》。

③ 王应麟:《困学纪闻》卷13《考史》。

总共 4 年。卷末有一则"史臣曰",引孙卿所言"圣人之有天下,受之也,非取之也",为萧道成篡取宋后废帝、顺帝权位开脱:"虽至公于四海,而运实时来,无心于黄屋,而道随物变。应而不为,此皇齐所以集大命也。"颂扬南齐政权,但对各帝评述也有区分。颂扬高帝"宽严清俭"、"虽经纶夷险,不废素业"、"从谏察谋,以威重得众",武帝"刚毅有断,为治总大体,以富国为先",着重揭露明帝"亟行诛戮,潜信道术",东昏侯"忍庚昏顽,便逞屠戮","散费国储,专事浮饰",展示出南齐从兴建到受终的轨迹。

2.八志 11 卷,礼 2 卷,乐 1 卷,天文 2 卷,州郡 2 卷,百官 1 卷,舆服 1 卷,祥瑞 1 卷,五行 1 卷。与最初所议条例不同,无律历、郊祀、食货、刑法、艺文等志。

礼 2 卷,分上、下。志序叙其宗旨:"因集前代,撰治五礼,吉、凶、宾、军、嘉也。""若郊庙庠序之仪,冠婚丧纪之节,事有变革,宜录时事者,备今志。其舆辂旗常,与往代同异者,更立别篇。"按照五礼编纂,舆服分离出来,另为一志。

乐 1 卷,为郊祀、朝会乐舞歌辞。

天文 2 卷,分上、下。志序以"太祖革命受终,膺集期运",录太史令陈文建奏,称"孝建元年至升明三年,太白经天五。占曰:'天下革,民更王,异姓兴。'……升明三年正月十八日,辰星孟效西方。占曰:'天下更王。'升明三年四月,岁星在虚危,徘徊玄枵之野,则齐国有福厚,为受庆之符。"随后,表示"所记三辰七曜之变,起建元讫于隆昌,以续宋史。"卷上为日蚀、月蚀、日光色、月晕犯,卷下为五星相犯列宿杂灾、流星灾等。

州郡 2 卷,分上、下。卷上为扬、南徐、豫、南豫、南兖、北兖、北徐、青、冀、江、广、交、越 13 州,卷下为荆、巴、郢、司、雍、湘、梁、秦、益、宁 11 州。每州前有一序,叙其沿革,之下便是"领郡如左",分别为州所领郡、郡所领县,间或在郡县名下引当时地理书注其沿革。所引南齐地理书有《永元元年地志》、《永元志》、《永明三年户口簿》、《永元二年志》、《永明郡国志》以及《元嘉计偕》等，反映南齐地志的编纂情况。对于地名的释义，颇有新意。"京口"，历来多以为"京都之口"，卷上"南徐州，镇京口"下释作："吴置幽州牧，屯兵在焉。丹徒水道入通吴会，孙权初镇之。《尔雅》曰：'绝高为京。'今京城因山为垒，望海临江，缘江为境，似河内郡，内镇优重。"北宋乐史《太平寰宇记》便采用这一说法。

百官1卷，志序以"齐受宋禅，事遵常典，既有司存，无所偏废。其余散在史注，多已筌拾，览者易知，不重述也。"因官制与宋全同，实为职官名目，间有散注。属吏不列，注云："诸台府郎令史职吏以下，具见长水校尉王珪之《职仪》。"

舆服1卷，志序简述沿革："蔡邕创立此志，马彪勒成汉典，晋挚虞治礼，亦议五辂制度。江左之始，车服多阙，但有金戎，省充庭之仪"，"宋大明改修辇辂，妙尽时华，始备伪氏，复设充庭之制。永明中，更增藻饰，盛于前矣"。接着，交代编纂体例："案《周礼》以检《汉志》，名器不同，晋、宋改革，稍与世异，今记时事而已。"先车辂，后冠服。

祥瑞1卷，志序以"光武中兴，皇符为盛，魏膺当涂之谶，晋有石瑞之文，史笔所详，亦唯旧矣。齐氏受命，事殷前典。黄门郎苏侃撰《圣皇瑞应记》，永明中庾温撰《瑞应图》，其余众品，史注所载。今详录去取，以为志云"。

五行1卷，篇幅大减。所叙如卷末"赞曰"所云："木怪夔魖，火为水妃。土实载物，金作明威。形声异迹，影响同归。皆由象应，莫不类推。"以木（貌）、火（视）、土（心）、金（言）、水（听）为序分叙灾异，间有占验。

八志体例，有两点应当注意。一是志序简明扼要，沿革清楚。二是每卷的"史臣曰"并非1则，也不限于卷末，而是随事发论，插于篇中。礼上有 4 则，天文上有 2 则，天文下一开头就是"史臣曰"，舆服有 2 则，祥瑞有 4 则（2 则作"史臣案"）。

3. 列传 40 卷。皇室 7 卷：皇后 1 卷，文惠太子 1 卷，豫章文献王 1 卷，高祖十二王 1 卷，武十七王 1 卷，宗室 1 卷，文二王、明七王 1 卷。臣僚 25 卷。类传 5 卷：文学 1 卷，良政 1 卷，高逸 1 卷，孝义 1 卷，幸臣 1 卷。周边 3 卷：魏虏 1 卷，蛮、东南夷 1 卷，芮芮、河南吐谷浑、氐、羌等 1 卷。

萧子显为其父萧嶷作传，极尽推崇能事。萧嶷为南齐高帝萧道成次子，本应入《高祖十二王传》，但为突显其父，不仅单独立《豫章文献王传》，置于世祖长子《文惠太子传》后，为列传第三，而且铺陈 7000 余字，"史臣曰"吹捧其父"宰相之器"，"实同周氏之初，周公以来，则未知所匹也"。《高祖十二王传》传萧道成其他诸子，为列传第十六，《宗室传》萧道成诸兄弟，反倒置于列传第二十六，表面看是"编次失检"，实际是萧子显"欲尊其父"的体现。

类传虽然继承《后汉书》立《文学传》，但所传人物却非当时文坛名宿。所传 10 人，《檀超传》主要记其掌史职上表立条例，《丘巨源传》录入与尚书令袁粲书，《王智深传》主要叙其奉敕撰宋史事。《陆厥传》录入与沈约论文章四声（论宫商）以及沈约作答的两篇文论，反映当时说话、作文非常重视辞藻修饰与声音华美的风气。《祖冲之传》记其上《大明历》表全文及改造指南车等事。"史臣曰"评述自晋以来的文风、文体演变，概括"今之文章，作者虽众，总而为论，略有三体"：一为"启心闲绎，托辞华旷，虽存巧绮，终致迂回"，"此体之源，出（谢）灵运而成"；二为"缉事比类，非对不发，博物可嘉，职成拘制"，此则"傅咸五经，应璩指事"，可以类从；三为"发唱惊挺，操调险急，雕藻淫艳，倾炫心魂"，为"鲍照之遗烈"。这是南朝文学发展的重要环节，反映宋、齐文学演变的某种趋势。

《良政传》序，颇效法《宋书·良吏传》序，概述南齐的兴盛与衰变。但"齐世善政著名表绩无几焉"，只能"取其清察有迹者"10人而已。

《高逸传》乃《隐逸传》改名，并非传序所言"仕不求闻，退不讥俗，全身幽履，服道儒门，斯逸民之轨操"者，所传12人不乏"服膺释氏"、"事黄老道"者。明僧绍、刘虬等属"精信释氏"者，顾欢、杜京产等属"专修黄老"者。他如"惇爱五经"的臧荣绪，亦谓人曰："李、释教诫，并有礼敬之仪。"传顾欢，录其《夷夏论》全文以及与袁粲驳论、答辩之文，为记述当时释道辩论的专篇。卷末"史臣曰"，更是论佛、儒、阴阳、法、墨、纵横、杂、农、道等各家学说及其演变的一篇文论。开头强调："佛法者，理寂乎万古，迹兆乎中世，渊源浩博，无始无边，宇宙之所不知，数量之所不尽，盛乎哉！"最终表示："史臣服膺释氏，深信冥缘，谓斯道之莫贵也。"这是萧子显所处时代特征——梁武帝"笃信正法，尤长释典"，以佛教为"正教"——的表现。

《幸臣传》是《佞幸传》或《恩幸传》的改称，与前志有所不同，传序从设官制度探寻原因：中书之职，旧掌机务。自汉至晋，几经变革，"齐初亦用久劳，及以亲信。关谳表启，发署诏敕。颇涉辞翰者，亦为诏文，侍郎之局，复见侵矣。建武世，诏命殆不关中书，专出舍人。省内舍人四人，所直四省，其下有主书令史，旧用武官，宋改文吏，人数无员。莫非左右要密，天下文簿板籍，入副其省，万机严秘，有如尚书外司。领武官，有制局监，领器仗兵役，亦用寒人被恩幸者。""史臣曰"进一步指出所造成的危害："若征兵动众，大兴民役，行留之仪，请托在手，断割牢禀，卖弄文符，捕叛追亡，长戍远谪……害政伤民，于此为蠹。况乎主幼时昏，其为谗慝，亦何可胜纪也！"

《魏虏传》是接续《宋书·索虏传》而修，但多所变化。首先，承认北魏，改称"魏虏"。其次，对于北魏的了解较前大进一步。先简要追述其社会经济、习俗、居处、城郭、设官乃至车服制度，后记拓跋宏改制，如永明三年即太和九年（485）推行的"三长制"："初令邻里党各置一长，五家为邻，五邻为里，五里为党。"第二年，"造户籍。分置州郡"。八年，"置三夫人、九嫔"，"议迁都洛京"。隆昌元年"徙都洛阳，改姓元氏"。其三，注意南北修好、通使。"宋明帝末年，始与虏和好。元徽、升明之世，虏使岁通。""永明元年冬，遣骁骑将军刘缵、前军将军张谟使虏。明年冬，虏使李道固报聘，世祖于玄武湖水步军讲武，登龙舟引见之。自此岁使往来，疆场无事。""至七年，遣使邢产、侯灵绍复通好。""八年，世祖还隔城所俘获二千余人。""十年，上遣司徒参军萧琛、范云北使。""会世祖（齐武帝）崩，（拓跋）宏闻关中危机，乃称闻丧退师"，"并遣使吊国讳"。尽管有上述变化，却改变不了南北隔阂、夷夏之别的观念，仍然自为"正统"，以北魏为"伪"、为"虏"，不乏"伪"字、"虏"字："景和九年，伪太子（拓跋）宏生"，"伪太和三年"、"宏与伪公卿"、"伪太后冯氏"、"虏平北将军鲁直清率众降"、"虏得沔北五郡"、"豫州刺史裴叔业以寿春降虏"等。"史臣曰"大体反映南齐对于北魏的基本认识："齐、虏分，江南为国历三代矣。华夏分崩，旧京幅裂，观矍阻兵，事兴东晋。"看到"自为敌国，情险势分"，"人自为斗，深垒结防"造成"征赋内尽，民命外殚，比屋骚然，不聊生矣"的后果，称赞齐武帝永明年间的通好："永明之世，据已成之策，职问往来，关禁宁静。疆场之民，并安堵而息窥觎，百姓附农桑而不失业者，亦由此而已也。"

至于《东夷传》叙高丽、百济，不仅限于与南朝齐的交往，视野也转而关注其与北魏的战与和。如"魏虏又发骑数十万攻百济，入其界，牟大遣将沙法名、赞首流、解礼昆、木干那率众袭击虏军，大破之。"

与《宋书》相比较，《南齐书》叙事简洁，受到历来史家称赞。赵翼以《南齐书》"类叙法最善"，"人各一传，则不胜传，而不立传，则竟遗之，故每一传辄类叙数人"，举《褚渊附弟澄传》"叙其精于医，而因叙徐嗣医术更精于澄"，称赞《孝义传》"用类叙法，尤为得法"，《韩灵敏传》"叙其妻卓氏守节，而因及吴康之妻赵氏、蒋僖之妻黄氏、倪翼之母丁氏，传不多而人自备载"。①

整部《南齐书》的"史臣曰"虽有过长之嫌，但作为"史论"颇富特色，如前所叙《文学传》、《高逸传》"史臣曰"等。

最后，有两点交代。其一，此书稍有残阙，卷58传高丽，隆昌元年，以高云为高丽王、乐浪公，建武三年以下阙，《册府元龟·外臣部》有部分阙文可参考。其二，卷54顾欢答袁粲文有"今诸华士女，民族弗革"一句，今有以为是"民族"一词最早的出处。不过，《册府元龟》卷830、《南齐书》南监本、《南史》均作"氏族"而非"民族"，在论民族问题时引用此句应当慎重。

三、《魏书》的编纂及成就

继南朝宋、齐二书之后，北朝推出北魏史——《魏书》。《魏书》的修纂，历经北魏、北齐两朝方得完成。

（一）编纂始末

《魏书》的编纂，与《宋书》、《南齐书》情况相似，先为修国史，易代之后转为修前朝史。

北魏修国史情况，细考《魏书》、《北史》相关记载，大体如下。太祖道武帝时，"诏尚书郎邓渊著《国记》十余卷，编年次事，体例未成。逮于太宗，废而不述。神䴥二年（429），诏集诸文人撰录国书，（崔）浩及弟览、高谠、邓颖、晁继、范亨、黄辅等共参著作，

---

① 《廿二史劄记》卷9《齐书类叙法最善》。

叙成《国书》三十卷。"世祖太武帝太平真君（440—451）初，诏崔浩曰："逮于神麚，始命史职注集前功，以成一代之典。自尔已来，戎旗仍举，秦、陇克定，徐、兖无尘，平通寇于龙川，讨孽竖于凉城。岂朕一人获济于此，赖宗庙之灵，群公卿士宣力之效也。而史阙其职，篇籍不著，每惧斯事之坠焉。公德冠朝列，言为世范，小大之任，望君存之。命公留台，综理史务，述成此书，务从实录。"于是崔浩"监秘书事，以中书侍郎高允、散骑侍郎张伟参著作，续成前纪。至于损益褒贬，折中润色，浩所总焉。"[1] 著作令史闵湛、郗标"素谄事"崔浩，"乃请立石铭，刊载《国书》"，崔浩"赞成之"。因其"尽述国事，备而不典"，石铭在路，引起"往来行者"的纷纷议论，致使"事遂闻发"，招来杀身之祸。太平真君十一年（450）六月，崔浩被诛，其秘书郎吏以下尽死。世祖太武帝召高允问以《国书》是否皆崔浩所作，高允回答"《太祖纪》，前著作郎邓渊所撰。《先帝记》及《今记》，臣与（崔）浩同作。然浩综务处多，总裁而已。至于注疏，臣多于浩"。[2] 由此可知，崔浩所修国史的分工情况。

崔浩之诛，史官废绝，至高宗文成帝和平元年（460）六月"复置"[3]，间隔了 10 年之久。然而，"自成帝以来至于太和，崔浩、高允著述《国书》，编年序录，为《春秋》之体，遗落时事，三无一存。（李）彪与秘书令高祐始奏从迁、固之体，创为纪、传、表、志之目焉"。[4] 太和十一年（487）十二月，"诏秘书丞李彪、著作郎崔光改析国记，依纪传之体。"[5] "太和之末，（李）彪解著作，专以史事任（崔）

---

[1]　《魏书》卷 35《崔浩传》。
[2]　《魏书》卷 48《高允传》。
[3]　《魏书》卷 5《高宗纪》。
[4]　《魏书》卷 62《李彪传》。
[5]　《魏书》卷 7 下《高祖纪下》。

光。彪寻以罪废。世宗居谅闇，彪上表求成《魏书》，诏许之，彪遂以白衣于秘书省著述。光虽领史官，以彪意在专功，表解侍中、著作以让彪，世宗不许。"[1]同时，有王肃在秘书省为"白衣修史"。崔光临终"言（崔）鸿于肃宗"，肃宗孝明帝正光五年（524）"诏（崔）鸿以本官修缉国史"，"鸿在史甫尔，未有所就，寻卒"。[2]

早在正光元年（520），崔鸿以司徒长史、前将军修高祖（孝文帝）、世宗（宣武帝）《起居注》，著作佐郎王遵业即与崔鸿同撰[3]。孝武帝太昌初（532），吏部尚书奏修《起居注》，未几邢昕"受诏与秘书监常景典仪注事"[4]。直至北魏末年，所修国书（包括编年、纪传以及起居注），自太祖道武帝拓跋珪至孝武帝元修，号称基本具备，却如《崔光附子鸿传》所说：

> （崔）光撰魏史，徒有卷目，初未考正，阙略尤多。每云此史会非我世所成，但须记录时事，以待后人。

进入北齐以后，转为修前朝史，始终其事者魏收。

魏收（506—572），字伯起，小字佛助，巨鹿下曲阳（今河北晋州、藁城一带）人。北魏节闵帝普泰元年（531），以北主客郎中迁散骑侍郎，"寻敕典起居注，并修国史"，又兼中书侍郎，"时年二十六"。孝武帝年间，与温子升、邢子才并称"三才"。然而，朝局动荡，"孝武内有间隙，（魏）收遂以疾固辞而免"。北魏分裂为东魏、西魏，高欢把持东魏朝政。魏收以"天子中书郎，一国大才"，得司马子如举荐，被召至晋阳，为高欢丞相府属，然"未甚优礼"。"收本

---

① 《魏书》卷 67《崔光传》。
② 《魏书》卷 67《崔光附鸿传》。
③ 《魏书》卷 38《王慧龙附遵业传》。
④ 《北史》卷 43《邢峦附弟子昕传》。

以文才，必望颖脱见知，位既不遂，求修国史。"高欢长子高澄"乃启（魏）收兼散骑常侍，修国史。"东魏孝静帝武定二年（544），以魏收领兼中书侍郎，仍修国史。八年，高欢次子高洋以（北）齐代（东）魏，令其"撰禅代诏册诸文"。

天保元年（550），北齐文宣帝（高洋）以魏收为中书令，仍兼著作郎。二年，"诏撰魏史"。四年，虽官魏尹，但"专在史阁，不知郡事。"起初，文宣帝令群臣各言志向，魏收表示"臣愿得直笔东观，早出《魏书》"。至此，文宣帝使"专其任"，又"诏平原王高隆之总监之，署名而已"。文宣帝敕魏收曰："好直笔，我终不作魏太武，诛史官。"魏收受诏之际，所知北魏国史情况，因《魏书·自序》卷阙，《北史》是这样记述的：

> 魏初邓彦海撰《代记》十余卷，其后崔浩典史，游雅、高允、程骏、李彪、崔光、李琰之（郎知）世修其业。浩为编年体，彪始分纪、表、志、传，书犹未出。宣武时，命邢峦追撰《孝文起居注》，书至太和十四年。又命崔鸿、王遵业补续焉，下讫孝明，事甚委悉。济阴王晖业撰《辨宗室录》三十卷。收于是与通直常侍房延祐、司空司马辛元植、国子博士刁柔、裴昂之、尚书郎高孝幹博总斟酌，以成《魏书》。辨定名称，随条甄举。又搜采亡遗，缀续后事，备一代史籍，表而上闻之。勒成一代大典：凡十二纪，九十二列传，合一百一十卷。五年三月奏上之。秋，除梁州刺史，收以志未成，奏请终业，许之。十一月复奏十志：天象四卷，地形三卷，律历二卷，礼、乐四卷，食货一卷，刑罚一卷，灵征二卷，官氏二卷，释老一卷，凡二十卷。续于纪传，合一百三十卷，分为十二帙。其史三十五例，二十五序，九十四论，前后

二表一启，皆独出于收。①

自天保二年（551）诏修《魏书》，至五年（554）三月先完成纪、传，十一月再完成十志。

虽然在短短四年之内修成北魏史——《魏书》，但终北齐之世屡遭非议，前后两次改动，在"二十四史"中颇为独特。

魏收所引史官，"唯取学流先相依附者"，房延祐、辛元植、睦仲让、刁柔、裴昂之、高孝幹等，"并非史才"，或"全不勘编辑"，或"以左道求进"，"修史诸人，宗祖姻戚，多被书录，饰以美言"。而魏收本人，亦颇偏激，"夙有怨者，多没其善"，甚至扬言："何物小子，敢共魏收作色！举之则使上天，按之当使入地。"

"时论"普遍指责魏收"著史不平"，文宣帝诏魏收于尚书省"与诸家子孙共加论讨"。"前后投诉，百有余人"，所云或为"遗其家世职位"，或为"其家不见记录"，或为"妄有非毁"。范阳卢斐因其父卢同附族祖卢玄传下，便说"臣父仕魏，位至仪同，功业显著，名闻天下，与收无亲，遂不立传。博陵崔绰，位至本郡功曹，更无事迹，是收外亲，乃为传首。"顿丘李庶因其"本是梁国蒙人而未附顿丘望族"②，太原王松年因"魏收书王慧龙自云太原人，又书王琼不善事"③，皆云"史书不直"。尽管魏收对这些责问"无以对"，但文宣帝

---

① 《北史》卷56《魏收传》。"李琰之郎知世修其业"，《魏书》卷104《自序》无"郎知"二字，《北齐书》卷37《魏收传》作"徒（知）"，疑为衍文。《魏书》卷104、《北齐书》卷37原缺，均为后人据《北史》等所补。其卷数统计与实际卷数不相一致，"十二纪，九十二列传"，当为一百四卷，非"一百一十卷"。十志"二十卷"，当为十卷二十篇。礼、乐非"四卷"，当为二卷五篇。官氏亦非"二卷"，当为一卷。引文所列卷数，是包括子卷卷数的统计，即某些卷分上、下（或上、中、下，或一、二、三、四）篇，统统算作一卷统计。但书中每卷标目仍是一卷分上、下（或上、中、下，或一、二、三、四），总为一百一十四卷。

② 上引均见《北史》卷56《魏收传》。《北齐书》卷37《魏收传》文字基本相同。

③ 《北史》卷43《李崇附谐传》。《北齐书》卷35《李构传》同。

重其才，不欲加罪，反将卢斐、李庶、王松年治以"谤史"罪，"各被鞭配甲坊，或因以致死"。风波虽然平息，仍然"群口沸腾"，文宣帝不得不"敕魏史且勿施行，令群官博议。听有家事者入署，不实者陈牒。"于是，更加"众口喧然"，以为"秽史"，投牒者不断。天保八年，魏收为太子少傅，监国史。文宣帝卒，掌诏诰，文宣帝谥号、庙号、陵名，皆其所议。

孝昭帝皇建元年（560），魏收以中书监兼侍中、右光禄大夫，监史。"帝以魏史未行，诏（魏）收更加研审，收奉诏，颇有改正。"经修改后"诏行"之，魏收"以为直置秘阁，外人无由得见，于是命送一本付并省，一本付邺下，任人写之。"①至此，《魏书》才得以颁行于世，上距成书已相隔 6 年时间。虽然后主武平四年（573）五月"诏史官更撰《魏书》"②，却无下文，流传的仍是经两次改修的魏收《魏书》。

（二）编纂特点

《魏书》114 卷，帝纪 12 卷，列传 92 卷，十志 10 卷，记述北魏兴起、强盛、分裂，直至东魏被北齐取代的历史进程。

1. 帝纪 12 卷，序纪 1 卷，太祖道武帝 1 卷，太宗明元帝 1 卷（补），世祖太武帝 1 卷（分上、下，附恭宗景穆帝），高宗文成帝 1 卷，显祖献文帝 1 卷，高祖孝文帝 1 卷（分上、下），世宗孝武帝 1 卷，肃宗孝明帝 1 卷，敬宗孝庄帝 1 卷，前废帝、后废帝、出帝 1 卷，孝静帝 1 卷（补）。

《序纪》1 卷，虽为《魏书》所创，实则受《史记》启发：一以效仿《秦本纪》追述在位皇帝之先世，二则在一定程度上效仿《五帝本纪》，以传说入史，认同黄帝为始祖。开篇写道：

---

① 《北史》卷 56《魏收转》。
② 《北史》卷 8《齐后主纪》。《北齐书》卷 8《后主纪》文字相同。

　　昔黄帝有二十五子，或内列诸华，或外分荒服。昌意少子，受封北上，国有大鲜卑山，因以为号。其后，世为君长，统幽都之北，广漠之野，畜牧迁徙，射猎为业，淳朴为俗，简易为化，不为文字，刻木纪契而已，世事远近，人相传授，如史官之纪录焉。黄帝以土德王，北俗谓土为托，谓后为跋，故以为氏。其裔始均，入仕尧世，逐女魃于弱水之北，民赖其勤，帝舜嘉之，命为田祖。爰历三代，以及秦汉，獯鬻、猃狁、山戎、匈奴之属，累代残暴，作害中州，而始均之裔，不交南夏，是以载籍无闻焉。

　　"积六十七世，至成皇帝讳毛立"，为其先祖。"聪明武略，远近所推，统国三十六，大姓九十九，威振北方，莫不率服。"以下，依其世系，自"节皇帝讳贷"至"献皇帝讳隣"12 主，仿《殷本纪》，列其"立，崩"。自"圣武皇帝讳诘汾"至"昭成皇帝讳什翼犍"13 主，有简要记事。自"圣武皇帝讳诘汾"子"始祖神元皇帝讳力微立"，开始纪年，系月、系日，但不完备。始祖神元皇帝力微时期，拓跋部已南迁至乐盛（今内蒙古自治区和林格尔县北），"与魏和亲"。"四十二年，遣子文帝如魏，且观风土。魏景元二年也。"这则记载告诉人们：拓跋力微四十二年，即三国魏元帝曹奂景元二年，时为公元 261 年。其所谓"文帝"，即沙漠汗，以太子身份留洛阳，为"魏宾之冠"，与曹魏"聘问交市，往来不绝"，甚至"魏晋禅代，和好仍密"。拓跋力微四十八年，即晋武帝泰始三年（267），"至自晋"。五十六年，即晋武帝咸宁元年（275），拓跋力微"复如晋，其年冬还国"。"在晋之日，朝士英俊多与亲善"。自拓跋力微以来，"与晋和好，百姓乂安，财畜富实，控弦骑士四十万余"。自此以下，逐年纪事。其子昭皇帝禄官，分国为三部，"自杏城以北八十里，迄长城原，夹道立碣，与晋分界"。穆皇帝猗卢"总摄三部，以为一统"。八年，晋愍帝封其为代王，置官属，"明刑峻法"。至昭成皇帝什翼犍，"始置百官，分掌众职"，编年纪事完备。因《序纪》使用拓跋珪称帝后追尊先祖的谥号，刘知幾囿于"笔法"指责说："袭其虚号，生则谓之帝，死则谓之崩，何异沐猴而冠，腐鼠称璞者矣。"① 这未免过于狭隘或偏激。《魏书·序纪》反映鲜卑拓跋部早期的社会历史面貌及其编年纪事出现的时间，具有重要的历史意义和史学意义，岂可仅因"袭其虚号"就一笔抹杀！

拓跋珪登基称帝，北魏正式建国。太祖道武帝至显祖献文帝，以 5 卷 6 篇记述鲜卑拓跋部平城（今山西大同）时代逐渐封建化的进程。太祖拓跋珪"显晦安危之中，屈伸潜跃之际，驱率遗黎，奋其灵武，克剪方难，遂启中原，朝拱人神，显登皇极。"因皇位继承问题，发生河清王政变，"内多衅隙"，太宗明元帝拓跋嗣"逢枭镜之祸，权以济事，危而获安，隆基固本，内和外辑"。世祖太武帝拓跋焘"藉二世之资，奋征伐之气，遂戎轩四出，周旋险夷。扫统万，平秦陇，翦辽海，荡河源，南夷荷担，北蠕削迹，廓定四表，混一戎华，其为功也大矣。"同样存在皇位继承问题："初则东储不终，末乃衅成所忽。固本贻防，殆弗思乎？"恭宗景穆皇帝拓跋晃之后，高宗文成皇帝拓跋濬继立。由于"世祖经略四方，内颇虚耗。既而国衅时艰，朝野楚楚"，"高宗与时消息，静以镇之，养威布德，怀缉中外"。显祖献文皇帝拓跋弘"更清漠野，大启南服。而早怀厌世之心，终致宫闱之变"，出现冯太后专权的局面。

高祖孝文帝元宏 1 卷（分上、下），篇幅超过世祖太武帝，叙北魏改制及其"汉化"措施，在帝纪中着墨最重。篇末有一大段评述，择要如下：

---

① 《史通》卷 4《称谓》。

听览政事，莫不从善如流。哀矜百姓，恒思所以济益。……尚书奏案，多自寻省。百官大小，无不留心，务于周洽。每言：凡为人君，患于不均，不能推诚御物，苟能均诚，胡越之人亦可亲如兄弟。常从容谓史官曰：'直书时事，无讳国恶。人君威福自己，史复不书，将何所惧。'……凡所修造，不得已而为之，不为不急之事损民力也。……军事须伐民树者，必留绢以酬其直，民稻粟无所伤践。诸有禁忌禳厌之方非典籍所载者，一皆罢除。

雅好读书，手不释卷……自太和十年已后诏册，皆帝之文也……待纳朝贤，随才轻重，常寄以布素之意。……性俭素，常服浣濯之衣，鞍勒铁木而已。

高祖孝文帝元宏以后，世宗宣武帝元恪、肃宗孝明帝元诩、敬宗孝庄帝元子攸三帝纪，简短的"史臣曰"基本概括出各自特征：

世宗承圣考德业，天下想望风化，垂拱无为，边徼稽服。而宽以摄下，从容不断，太和之风替矣。比夫汉世，元、成、安、顺之俦欤？

魏自宣武已后，政纲不张。肃宗冲龄统业，灵后妇人专制，委用非人，赏罚乖舛。于是衅起四方，祸延畿甸，卒于享国不长。

魏自孝昌之末，天下淆然，外侮内乱，神器固将无主。庄帝潜思变化，招纳勤王，虽时事孔棘，而卒有四海。猾逆既翦，权强擅命，抑是兆谋运智之秋，劳谦夕惕之日也。未闻长辔之策，遽深负刺之恐，谋谟罕术，授任乖方，猜嫌行戮，祸不旋踵。……三后降鉴，福禄固不永矣。

应当注意，卷 3《太宗纪》，北宋初已阙，非魏收原文，据宋代校书者校语，乃据隋魏澹《魏书》等所补。卷 12《孝静纪》，亦非魏收原文，为后人采《高氏小史》《修文典御览》与《北史》等所补。

2. 列传 92 卷。皇室 10 卷：皇后 1 卷（补），神平元文诸帝子孙 1 卷（补），昭成子孙 1 卷（补），道武七王 1 卷（补），明元六王 1 卷（补），太武五王 1 卷（补），景穆十二王 1 卷分上（补）、中、下，文成五王 1 卷（补），献文六王 1 卷分上、下，孝文五王 1 卷（补）。臣僚 60 卷（卷 25、33、34、81、82 补）。类传 12 卷：外戚 1 卷分上（补）、下（补），儒林 1 卷（不全），文苑 1 卷（补），孝感 1 卷（补），节义 1 卷（补），良吏 1 卷，酷吏 1 卷（补），逸士 1 卷，术艺 1 卷（不全），列女 1 卷（不全），恩幸 1 卷，阉官 1 卷。周边 9 卷（卷 101、102、103 补）。自序 1 卷（补）。

皇后列传 1 卷（补），以"魏氏王业之兆虽始于神元，至于昭成之前，世崇俭质，妃嫱嫔御，率多阙焉，惟以次第为称"，自神元皇后历述。传序亦载高祖改订内官之制。

外戚 1 卷上（补）、下（补），自太祖道武帝元舅贺讷历述。

节义 1 卷（补），强调"轻生蹈节，临难如归，杀身成仁，死而无悔"，不同于南朝宋、齐二史突出孝义，因名"节义"。

阉官 1 卷，是继《后汉书·宦者列传》之后专写宦官的又一类传。强调"王者殷鉴，宜改往辙"，"魏氏则宗爱杀帝害王，刘腾废后戮相，其间窃官爵、盗财贿，乘势使气为朝野之患者，何可胜举。今谨录其尤显焉。"

记周边，匈奴刘聪、羯胡石勒、铁弗刘虎、徒何慕容廆、临渭氐苻健、羌姚苌、略阳氐吕光 1 卷，传序云："自二百许年，僭盗多矣，天道人事，卒有归焉，犹众星环于斗极，百川之赴溟海。今总其僭伪，列于国籍，俾后之好事，知僭盗之始终焉。"实际是与鲜卑拓跋部并存的北方各部族，分别为十六国中汉（前赵）、后赵、夏、燕（前燕、后燕、西燕）、前秦、后秦、后凉。

僭晋司马叡、賨李雄1卷，所记为东晋、十六国中成（汉）。

岛夷桓玄、海夷冯跋、岛夷刘裕1卷，岛夷萧道成、岛夷萧衍1卷，是关于南朝宋、齐、梁的记述，相当《宋书》《南齐书》记北朝的"索虏"、"魏虏"二传。以所记南朝事而言，较比宋、齐二史记北魏事要具体、翔实。海夷冯跋，为十六国中北燕，居河北东北、辽宁一带。

私署凉州牧张寔、鲜卑乞伏国仁、鲜卑秃发乌孤、私署凉王李暠、卢水胡沮渠蒙逊1卷，为十六国中前凉、西秦、南凉、西凉、北凉。

高句丽、百济、勿吉、失韦、豆莫娄、地豆于、库莫奚、契丹、乌洛侯1卷，称"夷狄之于中国，羁縻而已。高丽岁修贡职，东藩之冠，荣哀之礼，致自天朝，亦为优矣"，其他则为"碌碌"之辈。应当注意，为"契丹"立传，始自《魏书》。

氐、吐谷浑、宕昌羌、高昌、邓至、蛮、獠1卷，西域鄯善、且末、于阗、车师、焉耆、龟兹、疏勒、悦般、粟特、波斯、伏卢尼、大月氏、大秦、小月氏、罽宾、吐呼罗、南天竺、嚈哒、乌苌、乾陀、康国等61国1卷，蠕蠕、匈奴宇文莫槐、徒何段就六眷、高车附纥突隣、薛干等1卷。此3卷均非魏收原文，大体依据《北史》相关篇卷补入。

臣僚传60卷，有两个比较突出的特点。一是鲜卑贵族门阀化。孝文帝迁都洛阳后，仿效汉族门阀模式改变鲜卑贵族姓氏，并规定其等级。除皇族元姓及长孙氏、叔孙氏和奚氏外，以穆、陆、贺、刘、楼、于、嵇、尉八姓为首，门第与汉姓高门崔、卢、李、郑相当。一人一传者，卷27穆崇、卷31于栗磾、卷35崔浩、卷36李顺、卷39李宝、卷40陆俟、卷41源贺、卷47卢玄、卷48高允、卷58杨播、卷67崔光、卷74尔朱荣。除尔朱荣外，都是鲜卑、汉之贵姓大族。

二是家传特点明显。上述一人一传者，均多附传。《穆崇传》附孙真、真子泰、崇子观、观子寿、寿孙黑、黑子建、黑弟亮、亮子绍、寿弟多侯、观从孙子弼、观弟觊、崇宗人丑善、丑善玄孙镶、镶孙子琳，多达 66 人。不仅子孙附父祖传，而且宗人、族人亦附宗主、族长传。不少人并无事迹，仅录其名和官位而已。这与《魏书》的修改不无关系。文宣帝敕"听有家事者入署，不实者陈牒"，杨愔谓魏收曰："此谓不刊之书，传之万古。但恨论及诸家枝叶亲姻，过为繁碎，与旧史体例不同耳。"魏收回答说："往因中原丧乱，人士谱牒遗逸略尽，是以具书其枝派。望公观过知仁，以免尤责。"①

3. 志 10 卷，志前有《前上十志启》，天象 1 卷（分一、二、三、四，三、四补），地形 1 卷（分上、中、下），律历 1 卷（分上、下），礼 1 卷（分一、二、三、四），乐 1 卷，食货 1 卷，刑罚 1 卷，灵征 1 卷（分上、下），官氏 1 卷，释老 1 卷。

《前上十志启》简要交代撰录之旨："志之为用，网罗遗逸，载纪不可，附传非宜。理切必在甄明，事重尤应标著，搜猎上下，总括代终，置之众篇之后，一统天人之迹。""时移世易，理不刻船，登阁含毫，论叙殊致。《河沟》往时之切，《释老》当今之重，《艺文》前志可寻，《官氏》魏代之急，去彼取此，敢率愚心。谨成十志二十卷"。

天象志 1 卷，以"班史以日晕五星之属列《天文志》，薄蚀彗孛之比入《五行说》。七曜一也，而分为二志，故陆机云学者所疑也。今以在天诸异咸入天象，其应征符合，随而条载，无所显验则阙之云。"天象志一，编年记天及日变，天象志二，编年记月变，三、四本应编年记星变，但三、四系据他书所补，"天、日、月、星变编年总系魏及南朝祸咎"②，与前二篇体例不尽相同。

---

① 《北史》卷 56《魏收传》。《北齐书》卷 37《魏收传》同。

② 参见《魏书》卷 105 之三《天象志三》校勘记 [一]。

地形志 1 卷，"录武定之世以为志"，"州郡创改，随而注之，不知则阙"，"其沦陷诸州户，据永熙缩籍，无者不录"。州注沿革，标领郡、领县及户、口之数。郡注沿革，标领县及户、口之数。县注沿革。地形上 31 州，起司州，止灵州，篇末有"前自恒州已下十州，永安以后，禁旅所出，户口之数，并不得知"。地形中 49 州，起兖州，止财州，篇末有"前件自阳州已下二十三州并缘边新附，地居险远，故郡县户口有时而阙"。地形下 33 州，起雍州，止析州，同样有不少郡县阙沿革、户口。

律历志 1 卷，以北魏"迄武定末，未有谙律者"，主要记自世祖太武帝《玄始历》至肃宗孝明帝《正光历》修历始末。律历上为《正光历》，律历下为孝静帝《甲子元历》。

礼志 1 卷，"初自皇始，迄于武定，朝廷典礼之迹，故总而录之。"礼一、礼二为郊庙、祭祀等礼仪，礼三、礼四为丧服之礼，礼四后半为舆服之制。

乐志 1 卷，叙其沿革云："自始祖内和魏晋，二代更致音伎；穆帝为代王，愍帝又进以乐物；金石之器虽有未周，而弦管具矣。逮太祖定中山，获其乐悬，既初拨乱，未遑创改，因时所行而用之。世历分崩，颇有遗失。"

食货志 1 卷，详记均田制的创置时间、具体内容以及与之相关的三长制、租调制，反映出北魏土地制度、赋役制度和社会基层组织。其盐池之利、钱货流通、盗铸之禁等，同样反映着北魏的社会经济状况。《魏书》恢复此志，上距《汉书·食货志》已有 5 个世纪之久，不仅奠定了"正史"中《食货志》的基本规模，而且使《食货志》成为皇家修纪传史不可或缺的重要组成部分。

刑罚志 1 卷，距《汉书·刑法志》亦 5 个世纪了。"魏氏承百王之末，属崩散之后，典刑泯弃，礼俗浇薄。自太祖拨乱，荡涤华夏，至于太和，然后吏清政平，断狱省简，所谓百年而后胜残去杀。故榷举行事，以著于篇。"

灵征志 1 卷，"录皇始之后灾祥小大，总为《灵征志》。"灵征上为灾异，灵征下为祥瑞，为此前各史《五行志》的变异。一是不按"五行"记灾异，二是绝大多数情况只记现象，不记"应验"。

官氏志 1 卷，分两大部分，前半部分为创建官制简史及官制废置沿革，主要著录太和十七年、二十三年官品变化，勋品、流外不载。后半部分为前史《百官志》所无，为四方诸部姓氏改易，实为姓氏改易对照表，如"献帝以兄为纥骨氏，后改为胡氏"，"独孤氏，后改为刘氏"等，从一个侧面反映鲜卑族的"汉化"。同时，可见其族姓的变化，即所谓"年世稍久，互以改易，兴衰存灭，间有之矣"。

释老志 1 卷，为《魏书》独创，集中反映北魏的宗教政策以及佛、道二教的发展趋势。志序从"佛道流通之渐"开始，说明"浮屠正号曰佛陀"，简要介绍其"经旨"、服道者情况、佛祖世系、诸佛法身等基本知识。自东汉章帝始，历述佛教传入情况、经卷翻译情况。佛教在北魏的影响，是记述重点。世祖太武帝初即位"亦遵太祖、太宗之业，每引高德沙门，与共谈论"。但其"锐志武功，每以平定祸乱为先。虽归宗佛法，敬重沙门，而未存览经教，深求缘报之意。及得寇谦之道，帝以清净无为，有仙化之证。遂信行其术"。司徒崔浩"奉谦之道，尤不信佛，与帝言，数加非毁，常谓虚诞，为世费害。"加之盖吴谋反杏城，沙门与之通谋，便"命有司案诛一寺，阅其财产，大得酿酒具及州郡牧守富人所寄藏物，盖以万计"，又有"与贵室女私行淫乱"，遂诏诛长安沙门，焚破佛像，"敕留台下四方，令一依长安行事"，是为中国佛教史上的第一次大规模毁佛之举。这既反映当时佛、道二教之争，亦可见佛教传播中的种种问题。高宗文成帝下《修复佛法诏》，"今制诸州郡县，于众居之所，各听建佛图一区，任其财用，不制会限。其好乐道法，欲为沙门，不问长

幼，出于良家，性行素笃，无诸嫌秽，乡里所明者，听其出家。率大
州五十，小州四十人，其郡遥远台者十人。各当局分，皆足以化恶就
善，播扬道教也。"于是"天下承风，朝不及夕，往时所毁图寺，仍
还修矣。佛像经论，皆复得显。"世祖太武帝毁佛，只看到佛教"至
使王法废而不行"的一面，而高宗文成帝修复佛法，只看到佛教"助
王政之禁律，益仁智之善性"的一面。和平初（460），沙门统昙曜，
"于京城西武州塞，凿山石壁，开窟五所，镌建佛像各一。高者七十
尺，次六十尺，彫饰奇伟，冠于一世。"这是举世闻名的大同云冈石
窟造像的开始。有关"僧祇户"、"佛图户"的记述，是了解寺院经济
与社会关系的有用资料。高祖孝文帝即位，至太和元年（477），"京
城内寺新旧且百所，僧尼二千余人。四方诸寺六千四百七十八，僧尼
七万七千二百五十八人。"这是北魏平城时代佛教盛况。以下是北魏
洛阳时期佛教发展史，至世宗宣武帝延昌（512—515）中，"天下州
郡僧尼寺，积有一万三千七百二十七所，徒侣逾众。"景明初（500），
世宗"诏大长秋卿白整准代京灵严寺石窟，于洛南伊阙山，为高
祖、文昭皇太后营石窟二所。"永平（508—512）中，中尹刘腾奏为
世宗复造石窟一，凡为三所。从景明元年至正光四年六月，"用功
八十万二千三百六十六"，这是龙门三所石窟的开凿，历时 20 余年，
耗资巨大。肃宗孝明帝熙平中（517），灵太后胡氏崇奉佛教，"于城
内太社西，起永宁寺。灵太后亲率百僚，表基立刹。佛图九层，高
四十余丈，其诸费用，不可胜计。景明寺佛图，亦其亚也。至于官私
寺塔，其数甚众。"同时，记录群臣以传统观念反佛、从国计民生反
佛的不同上奏，反映当时兴佛、反佛的种种争辩。

对于有影响的高僧，如鸠摩罗什、法显、昙曜、师贤等均叙其
事迹。各个时期"以义行知重"或"见知于当时"的沙门，均列其
名。最后加以总结：

魏有天下，至于禅让，佛经流通，大集中国，凡有四百一十五部，合一千九百一十九卷。正光已后，天下多虞，王役尤甚，于是所在编民，相与入道，假慕沙门，实避调役，猥滥之极，自中国之有佛法，未之有也。略而计之，僧尼大众二百万矣，其寺三万有余。流弊不归，一至于此，识者所以叹息也。

"释"之后为"老"，佛教之后记道教。虽然道教为中国本土宗教，但在《魏书》之前尚无专门记述道教发展源流的史书，《释老志》中"老"的部分恰恰填补了此项空白。

《魏书·释老志》的影响远及于明修《元史》，其类传专门立有《释老传》。

《魏书》在流传中造成亡佚，是不可不注意的问题。至北宋时，《魏书》全阙者 26 卷，不全者 3 卷。刘攽、刘恕、范祖禹等采《北史》《高氏小史》及《修文典御览》等补其所阙，凡补者、不全者均注明。本节亦依其注加"（补）"或"（不全）"，提醒读者注意。凡遇"补"或"不全"的篇卷，中华书局校点本均在该篇卷校勘记[一]作有说明。

（三）魏澹《魏书》

作为北魏史，《魏书》如果只写到北魏分裂为东魏、西魏，无可非议，但魏收在北魏分裂后，自东魏入北齐，将东魏作为继北魏的"正统"，以东魏静帝入帝纪，不承认西魏，以西魏文帝元宝炬附见于《魏书》卷 22《孝文五王·京兆王愉传》，仅有寥寥 41 字："宝月弟宝炬，轻躁薄行，耽淫酒色。孝庄时，特封南阳王。从出帝没于关西。宇文黑獭害出帝，宝炬乃僭大号。"[1]

---

[1] 《魏书》卷 22《孝文五王传》。按：《魏书》卷 22 原阙，或据《北史》卷 19《孝文六王传》补，唯此 41 字不见于《北史》卷 19《孝文六王传》，这是因为《北史》立有《西魏文帝纪》。

至隋文帝时，以隋继北周，北周继西魏，属于西魏—北周这一统系，而魏收《魏书》尊东魏、抑西魏，传写的是东魏—北齐这一统系，因而认为"褒贬失实"，诏魏澹"别成魏史"。

魏澹，字彦深，魏收族叔魏季景子。《北史·魏季景传》魏季景约卒于北齐、东魏禅代之际。据《隋书·魏澹传》"澹年十五而孤"，"卒时年六十五"，推其生当西魏文帝大统元年（536）前后，卒在隋文帝开皇末年（600）前后。"专精好学，博涉经史，善属文"，北齐时曾与族兄魏收等同修《五礼》，又与诸学士撰《修文殿御览》，复与李德林俱修北齐国史。入隋数年，为太子勇学士，迁著作郎。

魏澹自道武帝至恭帝，为12纪、78传，别有史论及例1卷、目录1卷，共92卷，亦称《西魏书》。义例与魏收不同，主要有五：

其一，魏收"讳储君之名，书天子之字"；魏澹"讳皇帝名，书太子字，欲以尊君卑臣，以《春秋》之义也"。

其二，魏收"远追二十八帝，并极崇高，违尧舜宪章，越周公典礼"；魏澹以"平文、昭成雄踞塞表，英风渐盛，图南之业，基自此始……道武此时，后缗方娠，宗庙复存，社稷有主，大功大孝，实在献明。此之三世，称谥可也。自兹以外，未之敢闻"。

其三，"太武、献文并皆非命，前史立纪，不异天年，言论之间，颇露首尾。杀主害君，莫知名姓，逆臣贼子，何所惧哉！……今所撰史，分明直书，不敢回避。"

其四，魏收对"敌国"帝、王"书之曰死，便同庶人"；魏澹撰史，"诸国凡处华夏之地者，皆书曰卒，同之吴越"。

其五，批评魏收"未思纪传所有来也"，对于纪传史之事义"仍未领悟"。

此外，又以司马迁以来，著述非一，"人无善恶，皆为立论"，"事既无奇，不足惩劝"，魏澹则以"可为劝戒者，论其得失，其无损益者，所不论也"。[1]

由于传写西魏—北周—隋这一统系，加之"甚简要"，"上览而善之"。但其书有纪、传而无志，又是"以非易非"，尊西魏而抑东魏，删去魏收《魏书》传后议论，终不能替代魏收《魏书》。但其关于西魏的内容，为《北史》吸收。《北史》魏本纪孝武帝之后，分别立西魏文帝、西魏废帝、西魏恭帝、东魏孝静帝纪。《北史》后妃传，分别为西魏文帝、废帝、恭帝、东魏孝静帝皇后立传。唐代前期，又有几家私修魏史，除魏澹《太宗纪》补魏收《太宗纪》，张太素《魏书·天文志》2卷补魏收《天象志》外，其余均已失传。直至清乾隆年间谢启昆撰成《西魏书》24卷，纪、表、考、传、载记体裁齐备，"卓然一家之史"，是为后话。

---

[1] 详见《隋书》卷58《魏澹传》。

第五章　史独立为学，范围空前拓展

在皇家逐渐重视国史修纂的同时，史独立为学，范围空前拓展，是汉唐之际史学成长的重要内容。具体表现，有以下几个基本方面：一，史独立为学，独立门类；二，史书编纂出现纪传、编年二体"角力争先"的局面；三，反映社会风貌的内容剧增；四，"子之将史"渐成趋势；五，少数民族史学崛起并取得重要成就。

第一节　史独立为学，史书独立门类

随着经学自东汉以来逐渐衰微和文学在南朝的不断发展，"史"渐渐摆脱"经"、"文"而独立为学。三国、西晋出现"经史"一词，表明"史"脱离"经"开始独立；南朝始见"文史"一词，表明"文"排斥"史"而使"史"独立。

一、史独立为学

汉初，由于法制未备，"每有大事，朝臣得援经义，以折衷是非"，史依附于经。随着经学出现"分争王庭，树朋私里，繁其章条，穿求崖穴，以合一家之说"[①]的演变趋势，面对纷争的时局，东汉末经学对于统治者施政已经毫无实效。于是，"殷鉴不远，在夏后之

---

① 《后汉书》卷 79 下《儒林列传下》"论曰"。

世"的"以史为鉴"的意识日渐受到为政者重视。东汉末，荀悦提出"君子有三鉴"的著名论断，完成《汉纪》30卷，以西汉一代历史为鉴。诸葛亮治蜀，强调"亲贤臣，远小人，此先汉所以兴隆也；亲小人，远贤臣，此后汉所以倾颓也。先帝在时，每与臣论此事，未尝不叹息痛恨于桓、灵也"①，也是在以两汉的历史为鉴。《隋书·经籍志二》著录诸葛亮《论前汉事》1卷，即其"以前汉事"为鉴的最直接表现。孙权治吴，尤为重视经、史，不仅对吕蒙、蒋钦等强调"孤少时历《诗》、《书》、《礼记》、《左传》、《国语》，惟不读《易》。至统事以来，省三史、诸家兵书，自以为大有所益。如卿二人，意性朗悟，学必得之，宁当不为乎？宜急读《孙子》、《六韬》、《左传》、《国语》及三史"②，而且要求其长子孙登"读《汉书》习知近代之事"③，是要以"近代之事"为鉴。读经又读史，经、史的区分日渐明显，"经史"一词随之出现，最早见于三国、西晋之际。且看蜀中的"经史"之学：

> 益部多贵今文而不崇章句，（尹）默知其不博，乃远游荆州，从司马德操、宋仲子等受古学。皆通诸经史，又专精于《左氏春秋》……先主定益州，领牧，以为劝学从事。及立太子，以（尹）默为仆（射），以《左氏传》授后主。④

东汉末的荆州，已经有人"通诸经史"，既传授经学，也传授史学，表明三国至东晋人心目中对"经"与"史"逐渐有了明确的区分。王隐《晋书》以"王衍不治经史，唯以庄老虚谈惑众"⑤，唐初根

---

① 《三国志》卷35《诸葛亮传》。
② 《三国志》卷54《吕蒙传》注引《江表传》。
③ 《三国志》卷59《孙登传》。
④ 《三国志》卷42《尹默传》。
⑤ 《文选》卷49干宝《晋纪》总论李善注引。

据诸家晋史修成的《晋书》颇见"经史"之词，如卷 44 卢钦"笃志经史"，卷 63 邵续"博览经史"，特别是卷 65 桓玄在写给会稽王的书信中称王珣"经史明彻"，足证"经"与"史"已然分离。随后，在子女教育上，经史分离有了明显体现：西晋末的刘殷，"弱冠，博通经史"，"有子七人，五子各授一经，一子授《太史公》，一子授《汉书》，一门之内，七业俱兴，北州之学，殷门为盛。"①

史独立为学，大体在东晋初。十六国后赵元年（319），石勒始建社稷，立宗庙，创制度，其中有一项新建置：

> 署从事中郎裴宪、参军傅畅、杜嘏并领经学祭酒，参军续咸、庾景为律学祭酒，任播、崔濬为史学祭酒。②

这是"史学"一词首次出现。史与经、律并立为学，各设祭酒掌教其学。至南朝宋元嘉十五年（438），征雷次宗至京师，开馆于鸡笼山，聚徒教授，置生百余人。

> 会稽朱膺之、颍川庾蔚之并以儒学，监总诸生。时国子学未立，上留心艺术，使丹阳尹何尚之立玄学，太子率更令何承天立史学，司徒参军谢元立文学，凡四学并建。③

文帝车驾数幸雷次宗学馆，资给甚厚。明帝泰始六年（470），"初置总明观，玄、儒、文、史四科，科置学士各十人"④。东晋南北朝时期，不论北方少数族，还是南方士庶，都认识到史学的重要，将

① 《晋书》卷 88《孝友·刘殷传》。
② 《晋书》卷 105《石勒载记下》。
③ 《宋书》卷 93《隐逸·雷次宗传》。
④ 《南齐书》卷 16《百官志》。

其与儒（或经）学、文学（在南朝）并立为学，这标志着"史"的内涵在不断扩展，从指史书、史官更进了一步。虽然此处所谓"史学"与我们今天所说史学含义不能完全等同，但自此时起，"史"已包含史书、史官、史学三重含义，是确定无疑的了。

就史独立为学而言，史脱离经是一个重要方面，还应看到史脱离文的一面，才能够更好地理解南朝宋的玄、儒、文、史"四学并建"。

西汉一代，不仅经史不分、史附于经，而且文史也不分，文包括史。《汉书》写武帝"得人"的盛况，以"文章则司马迁、相如"，文史不分。三国魏刘劭《人物志·流业》以"能属文著述，是谓文章，司马迁、班固是也"，仍然文史不分。"文包括史"的意识，一直沿袭到南朝。刘勰《文心雕龙》专论文章，却有论史书的专篇——《史传》篇，承袭的仍是汉魏以来的认识。但应当注意，在此同时开始出现以诗赋为"文章"的明显变化，泛用"文章"一词只与文学有关，不再涉及史书。《梁书》记任昉撰述，已有明显区分："杂传二百四十七卷，地记二百五十二卷，文章三十三卷。"杂传、地记，在同时代人阮孝绪《七录》中归属"纪传录"，在《隋书·经籍志》中归属史部，表明此时的"文章"不再是一个包括史书的概念了。萧统编选《文选》，书序说得更加明确：

> 至于记事之史，系年之书，所以褒贬是非，纪别异同，方之篇翰，亦已不同。

保留史书中的论、赞、序，是因为"其赞论之综缉辞采，序述之错比文华，事出于沉思，义归乎翰藻。故与夫篇什，杂而集之"，完全是因为有文采。至此，"文"完全排斥了"史"，"文"与"史"的区别为人们普遍接受。

史与经分离开始独立，史与文也划清界限，史才真正独立为学，反映从经史不分、文史不分到逐渐分离的一个长期演变进程。

二、史书独立门类

史学范围空前拓展，其基础离不开史书数量和门类的剧增。东汉以前，史书数量极为有限，更不要说分门别类了。前面已叙，刘向父子校书，总括群篇，撮其指要，著为《七略》，总计 13300 余卷。《汉书·艺文志》删略刘歆《七略》，反映东汉以前图书数量与门类。当时仅有的几部史书，都著录在"春秋家"，归类"六艺略"，尚无史（或史书）这一门类。

曹魏代汉，图书分类出现重大变化：

> 魏秘书郎郑默，始制《中经》。秘书监荀勖，又因《中经》更著《新簿》，分为四部，总括群书。一曰甲部，纪六艺及小学等书；二曰乙部，有古诸子家、近世子家、兵书、兵家、术数；三曰丙部，有史记、旧事、皇览簿、杂事；四曰丁部，有诗赋、图赞、《汲冢书》，大凡四部合二万九千九百四十五卷。[①]

魏晋之际，荀勖《中经簿》最先将图书分为四部，甲部著录"六艺及小学"，相当于后来的经部；乙部著录"古诸子家、近世子家、兵书、兵家、术数"，相当于后来的子部；丙部著录"史记、旧事、皇览簿、杂事"，相当于后来的史部；丁部著录"诗赋、图赞、《汲冢书》"，还不能说完全相当于后来的集部。但史书在图书分类中，从依附于六艺独立出来，占据了第三的位置。东晋初，著作郎李充整理图书，"以类相从，分为四部"，编成《晋元帝书目》，"秘阁以为永制"。与荀勖《中经簿》不同的是，换其乙、丙，"史记为乙部，诸子

---

① 《隋书》卷 32《经籍志》总序。

为丙部"①。这是最早以经、史、子、集顺序排列的图书四分法，但四部名称仍是甲、乙、丙、丁。南北朝期间，图书分类大体是四分与七分两个系统并存。皇家藏书分类，基本四分，多沿袭《晋元帝书目》；私人藏书分类，大抵七分。七分图书目录，以南朝宋王俭《七志》和梁阮孝绪《七录》为代表。王俭《七志》为经典志、诸子志、文翰志、军书志、阴阳志、术艺志、图谱志，佛经、道书附见，实为九类。阮孝绪《七录》为经典录、记传录、子兵录、文集录、技术录、佛录、道录，前四录实际是经、史、子、集的排列顺序。至隋炀帝，秘阁之书仍沿用甲、乙、丙、丁的四部分类法："于东都观文殿东西厢构屋以贮之，东屋藏甲乙，西屋藏丙丁"，"又于内道场集道、佛经，别撰目录。"②

唐初，魏徵在两次大规模搜集、整理图书的过程中，主持编制了流传至今的皇家藏书目录——《隋书·经籍志》4卷，确定了中国古代图书四分法的主导地位，第一次正式用经、史、子、集给四部命名，取代了甲、乙、丙、丁的名称。史部后序在分别叙述各门类沿革后，作有简要总结，明确史书独立门类，别为史部：

> 班固以《史记》附《春秋》，今开其事类，凡十三种，别为史部。③

从目录学角度考察史书地位的变化之后，再来看史书数量、门类的具体演变。

《汉书·艺文志》"春秋家"著录史书，除《春秋》三传、《国语》外，《世本》15篇、《战国策》33篇、《奏事》20篇、《楚汉春秋》

---

① 臧荣绪《晋书》，《文选》卷46《王文宪集序》李善注引。
② 《隋书》卷32《经籍志》总序。
③ 《隋书》卷33《经籍二》后序。

9篇、《太史公》130篇、《续太史公》7篇、《太古以来年纪》2篇、《汉著纪》190篇、《汉大年纪》5篇，合计9部411篇。以9部411卷（篇）史书，与其卷末统计630部13269卷（篇）相比，部数仅占1.4%，卷（篇）数仅占3.1%，在图书著录中难以独立门类。东汉史书数量逐渐增多，在整个图书总量中所占比例逐渐上升。据姚振宗《后汉艺文志》，经部书247部、史部书196部、子部书226部、集部书112部，史部书已占四部书总量（781部）的25%。三国时期，史书数量进一步增多。据姚振宗《三国艺文志》，甲部书176部、乙（史）部书184部、丙部书177部、丁部书91部。史部书数量第一次居四部之首，占四部书总量（628部）的29%。[①] 两晋时期，据清人著录，史部书数量继续居四部之首，在四部书中所占比例升至30%以上。[②] 这样的变化，反映在图书著录上，必然是史从经的附庸走向独立，再由第三位进到第二位。

史书数量剧增的同时，门类不断扩充，也是始自东汉。姚振宗《后汉艺文志》虽是后来编录，但其依据是诸家《后汉书》涉及的当时著述，对于了解东汉图书演变有一定参考价值。姚振宗将东汉史书分为15类：正史、编年、杂史、起居注、载记、史钞、史评、故事、职官、仪制、刑法、杂传记、地理、谱系、簿录。这无疑是参照了《隋书·经籍志》史部的分类，但书目却是辑自诸家《后汉书》的，可以反映东汉史书增多的实际。需要指出的是，自东汉至东晋，是不可能有"正史"概念出现的。其所谓"正史"，以作"纪传"为宜。

《隋书·经籍志》史部分正史、古史、杂史、霸史、起居注、旧事、职官、仪注、刑法、杂传、地理、谱系、簿录13类，反映自东汉至隋末史书分类的演变。正史、古史、霸史、杂传、地理、谱系

---

① 《后汉艺文志》、《三国艺文志》，均收《快阁师石山房丛书》。

② 据秦荣光《补晋书艺文志》、吴士鉴《补晋书经籍志》、黄逢元《补晋书艺文志》，均见《二十五史补编》。

等 6 类史部书将在后面几节详述，这里先对杂史、起居注、旧事、职官、仪注、刑法、簿录等 7 类书源流作以考察。

（一）杂史

杂史，"大抵皆帝王之事"，但"其属辞比事，皆不与《春秋》、《史记》、《汉书》相似，盖率尔而作"。东汉末年，"灵、献之世，天下大乱，史官失其常守。博达之士，愍其废绝。各记闻见，以备遗亡。是后群才景慕，作者甚众。"① 著录之书，73 部 939 卷②，东汉末年以前 17 部 200 卷，东汉末年以后占 3/4 以上。

杂史类著录，汉唐之际著述，流传至今者，有《吴越春秋》以及《帝王世纪》、《魏晋世语》、《拾遗记》、《王子年拾遗记》等。

1. 《吴越春秋》，著录 12 卷，东汉赵晔撰。赵晔，《后汉书·儒林列传下》有传，字长君，会稽山阴（今浙江绍兴）人，"到犍为资中，诣杜抚受《韩诗》，究竟其术。积二十年，绝问不还，家为发丧制服。抚卒乃归。"③ 同卷《杜抚传》以杜抚"建初中，为公车令，数月卒官"。"建初"，汉章帝年号（公元 76—84 年）。据此，其生东汉光武，经明、章二帝，最晚不过和帝。生平著述有《吴越春秋》、《诗细历神渊》等。

自《隋书·经籍志》至南宋《郡斋读书志》著录，其书均为 12 卷，今存 10 卷（篇），为春秋时吴、越二国事：前 5 篇为吴事，称内传；后 5 篇为越事，称外传。篇目如下：吴太伯传第一、吴王寿梦传第二、王僚使公子光传第三、阖闾内传第四、夫差内传第五、越王无余外传第六、勾践入臣外传第七、勾践归国外传第八、勾践阴谋外传第九、勾践伐吴外传第十。明弘治十四年钱福序推测，所缺之卷"西

---

① 《隋书》卷 33《经籍二》杂史后序。下引各类源流，分见各类后序，不再出注。

② 《隋书·经籍志》各类后序统计数字有误，暂从其计。所引数字，有"通计亡书"者，为"通计亡书"数。下同。

③ 《后汉书》卷 79 下《儒林下·赵晔传》。

施之至吴，范蠡之去越"。若推测不误，则吴、越均有缺卷。

应当注意一点，今本《吴越春秋》并非赵晔原本，其间有一形成过程。《隋书·经籍志二》杂史类著录赵晔《吴越春秋》12 卷外，另有东晋初杨方《吴越春秋削繁》5 卷、唐皇甫遵《吴越春秋》10 卷。北宋《崇文总目》著录："唐皇甫遵注。初赵晔为《吴越春秋》十二卷。其后有杨方者，以晔所撰为烦，又刊削之为五卷。遵乃合二家之书，考定而注之。"①据《初学记》、《太平御览》所引赵晔《吴越春秋》，不仅与今本文字相差甚远，更有今本全无者，如《初学记》卷 7、卷 24 引鲧筑城造郭、夫差祠子胥，《太平御览》卷 456 引海盐县沦陷。宋元之际，再经徐天祐考其异同，为之音注，成为唯一传本。清代对徐天祐注评价甚高，谓之"犹刘孝标注《世说新语》之遗意焉"。②

编排较比《越绝书》整齐，吴叙太伯、寿梦、王僚、阖闾、夫差、越叙无余以及勾践入臣、归国、阴谋、伐吴，层次分明。《吴太伯传第一》篇记吴世系为"（周）章子熊，熊子遂，遂子柯相"，吴太伯至夫差 26 君，《史记·吴太伯世家》作"周章卒，子熊遂立，熊遂卒，子柯相立"，吴太伯至夫差 25 君。《越绝书·外传记吴地传》亦以太伯至夫差"计二十六世"，显然《史记》将熊、遂合为一人了。《勾践伐吴外传第十》记勾践卒后，"兴夷即位一年卒，子翁。翁卒，子不扬。不扬卒，子无疆。疆卒，子玉。玉卒，子尊。尊卒，子亲。自勾践至于亲，共立八主，皆称霸，积年二百二十四年。亲众皆失，而去琅邪，徙于吴矣。"《史记·越王勾践世家》作"勾践卒，子王鼫与立。王鼫与卒，子王不寿立。王不寿卒，子王翁立。王翁卒，子王翳立。王翳卒，子王之侯立。王之侯卒，子王无疆立"，"楚威王兴兵而伐之，大败越，杀王无疆，尽取故吴地至浙江……而越以次散，诸

---

① 《文献通考》卷 195《经籍考二十二》引。

② 《四库全书总目》卷 66《载记类》。

族子争立，或为王，或为君，滨于江南海上，服朝于楚"。"后七世，至闽君摇，佐诸侯平秦。"不仅世系不同，灭国经过亦不同。史料价值不一定胜过《越绝书》，一些传闻异说也不像《越绝书》那样保留原始性。徐天祐整理其书所写书序有这样一段话：

> 故综视他书所纪，二国事为详，取节焉可也。其言上稽天时，下测物变，明微推远，憭若耆蔡。至于盛衰成败之迹，则彼己君臣，反复上下。其论议，种、蠡诸大夫之谋迭用则霸，子胥之谏不听则亡，皆凿凿然，可以劝戒万世，其独为是邦二千年故实哉！

2.《帝王世纪》，著录 10 卷，皇甫谧（215—282）撰，起三皇，尽汉魏。《玉海》卷 47《编年》著录："《书目》：晋正始初，安定皇甫谧撰。以《汉记》残缺，始博按经传，旁观百家，著《帝王世纪》并《年历》合十二篇，起太昊帝，讫汉献帝。"姚振宗《隋书经籍志考证》以"正始为魏齐王曹芳年号，此称正始者，犹《汉书叙例》称魏建安也，或是泰始之误。其谓《汉记》残缺者，指《东观汉记》也。"《说郛》（宛委山堂本）保存 1 卷。清代有多家辑本，宋翔凤集校本为 10 卷、补遗 1 卷、附录 1 卷，收《训纂堂丛书》。

3.《魏晋世语》10 卷，西晋末襄阳令郭颁撰，有辑本 1 卷。《三国志》卷 4《三少帝高贵乡公纪》裴松之案：郭颁晋之令史，出为长官，"撰《魏晋世语》，蹇乏全无宫商，最为鄙劣，以时有异事，故颇行于世。干宝、孙盛多采其言以为《晋书》，其中虚错如此者，往往而有之。"《世说新语·方正篇》注多引《世语》曰，有"按"："郭颁，西晋人，时世相近，为《晋魏世语》，事多详覈。孙盛之徒皆采以著书。"

4.《拾遗录》2 卷，前秦姚苌方士王嘉（字子年）撰。《十六国春秋》卷 42 有传，受苻坚、苻丕礼遇，"所造牵三歌，谶事过皆验"，"著《拾遗记》十卷，其事诡怪，今行于世。"《晋书·艺术·王嘉传》同。今有辑本。

5.《王子年拾遗记》10 卷，南朝梁萧绮撰。以王嘉《拾遗录》经乱残缺，搜罗补缀，复为 10 卷，附以所论。序称起炎、羲以来，讫西晋之末，然卷 9 记石虎破灭，事在穆帝永和五年（349），已入东晋 30 多年了。萧绮虽以王嘉《拾遗录》仿《洞冥记》，其言荒诞，与史传不合，却又附会其词，无所纠正。传本有《增订汉魏丛书》、《景印元明善本丛书十种·古今逸史·逸志》、《四库全书》等本，均以其属小说家类。

（二）起居注

起居注，两汉虽有《禁中起居注》、《明帝起居注》等，然皆零落。"今之存者，有汉献帝及晋代已来起居注，皆近侍之臣所录"，"伪国起居，唯南燕一卷"。著录 44 部 1189 卷，除汲冢书《穆天子传》外，全为东汉献帝以下各帝起居注（三国无），前章叙修史制度已分别论列。

（三）旧事

旧事，"品式章程者为故事"，"搢绅之士，撰而录之，遂成篇卷"。著录 25 部 404 卷，《汉武帝故事》、《西京杂记》而外，自《汉魏吴蜀旧事》以下，均为三国以后所作。

1.《汉武帝故事》2 卷，无撰人，唐代著录因之。宋、元出现变化，"《崇文（总）目》五卷，班固撰。本题二篇，今世误析为五篇。《（馆阁）书目》五卷，杂记武帝旧事及神怪之说，末略载宣帝事。"[①]《资治通鉴》纪汉武帝的 6 卷书（卷 17—卷 22）中，《考异》凡六引，明确指为"妄"者二，明确"取之"者一，兼采者三。司马光的总评

---

① 《玉海》卷 51《典故》。

是：《汉武故事》，语多诞妄，非班固书。盖后人为之，托固名耳。"[①]胡三省注太液池"玉堂"，引其"玉堂，基与未央前殿等，去地十二丈。"传本《汉武故事》1卷，有《景印元明山本丛书十种·古今逸史·逸记》、《四库全书》等本。

2.《西京杂记》2卷，无撰人。唐代著录，1卷（旧唐）、2卷（新唐），均作葛洪撰。《汉书·匡衡传》颜师古注："今有《西京杂记》，其书浅俗，出于里巷，多有妄说……"司马光所见为"葛洪《西京杂记》"，《资治通鉴》卷18汉武帝元光五年八月《考异》考证公孙弘再举贤良时间，引葛洪《西京杂记》"弘以元光五年为国士所推上为贤良"，证荀悦《汉纪》所记，以"班氏误"而"从《汉纪》"。关于秦咸阳宫的数条，宫铜人、玙璠乐、昭华管是关于宫乐及琴、笛的记载，秦宝是对秦咸阳宫"金玉珍宝"的总述。《太平广记》卷236"奢侈一"引《西京杂记》汉武帝、丁媛、霍光妻、韩嫣、袁广汉、赵飞燕6条，可见汉武帝时宫廷的侈靡之风。至宋析为6卷，《直斋书录解题·传记类》著录"晋句漏令丹阳葛洪撰。其卷末言洪家有刘子骏书百卷，先父传之。歆欲撰汉书，杂录汉事，未及而亡。试以此记考校班固所作，殆是全取刘书，少有异同耳。固所不取不过二万余言，今抄出为二卷，以裨《汉书》之阙。……今六卷者，后人分之也。"加"按"指出："殆有可疑者，岂惟非向、歆所传，亦未必洪之作也。"《郡斋读书志·杂史类》著录2卷，"江左人或以为吴均依托为之"。传本6卷，有《景印元明山本丛书十种·古今逸史·逸记》、《四部丛刊》（初印、二印、缩印）、《四库全书》等本，或题葛洪撰，或题刘歆撰。

（四）职官

职官，"汉末王隆、应劭等，以《百官表》不具，乃作《汉官解

[①]　《资治通鉴》卷18汉武帝元光四年冬十二月。

诂》、《汉官仪》等书。是后相因，正史表志，无复百僚在官之名矣"，"搢绅之徒，或取官曹名品之书，撰而录之，别行于世。宋、齐已后，其书益繁"。著录 36 部 433 卷，除"汉官"4 部 20 卷外，均为晋以后所作。

关于"汉官"的著录：《汉官》5 卷，作者无考；《汉官注》5 卷，应劭撰；《汉官仪》10 卷，应劭撰；《汉官解诂》3 篇，王隆撰、胡广注；《汉官典职仪式选用》2 卷，蔡质撰。清孙星衍辑《汉官六种》，失名《汉官》1 卷，王隆撰、胡广注《汉官解诂》1 卷，卫宏撰《汉旧仪》2 卷（补遗 2 卷，附《永乐大典》本后），应劭撰《汉官仪》2 卷，蔡质撰《汉官典职仪式选用》1 卷，三国吴丁孚撰《汉仪》1 卷，收《平津馆丛书》、《四部备要》。卫宏撰详下，其他五种专记官制，可了解西汉一代机构设置、官员、职掌、沿革、俸禄等，与《汉书·百官公卿表》、《后汉书·百官志》互为补充。

（五）仪注

仪注，"后汉又使曹褒定汉仪，是后相承，世有制作"。著录 69 部 3094 卷，除《汉旧仪》4 卷外，均为晋以后所作。

著录《汉旧仪》4 卷，卫敬仲撰。卫敬仲，即卫宏，《后汉书·儒林列传下》记述其人光武时为议郎，"作《汉旧仪》四篇，以载西京杂事"。与上述孙星衍辑本对照，内容吻合，以职官制度为主，兼述其他杂事，如皇帝起居、皇后亲蚕、西汉祀典、皇帝诸侯丧仪。《史记》三家注均引其关于"太史公"的条文。《史记·太史公自序》"（司马）谈为太史公"句，裴骃《集解》引如淳曰："《汉仪注》太史公，武帝置，位在丞相上。天下计书先上太史公，附上丞相，序事如古《春秋》。迁死后，宣帝以其官为令，行太史公文书而已。"司马贞《索隐》评如淳引"卫宏《仪注》称'位在丞相上'，谬矣。"张守节《正义》引《汉旧仪》云："太史公秩二千石，卒史皆秩二千石。"

此类著录繁杂，包括礼（吉、宾、军、嘉、凶）仪、皇典、舆服、卤簿、官仪、家仪、书仪、笔仪、言语仪等，差不多都是"各遵所见，彼此纷争，盈篇满牍"，"或一时之制，非长久之道"，"或伤于浅近，或失于未达，不能尽其旨要"。

（六）刑法

刑法，以"晋初，贾充、杜预，删而定之。有律，有令，有故事"。著录 38 部 726 卷，均为晋以后所作，包括汉魏以下名臣奏。虽"多零失"，也有至宋代仍为史家采撷者，如《魏名臣奏事》，即为司马光引用，详见《资治通鉴》卷 67 汉献帝建安二十年秋七月《考异》。

（七）簿录

簿录，"汉时刘向《别录》、刘歆《七略》，剖析条流，各有其部，推寻事迹，疑则古之制也。自是之后，不能辨其流别，但记书名而已。博览之士，疾其浑漫，故王俭作《七志》、阮孝绪作《七录》，并皆别行。"著录 30 部 214 卷，刘向、刘歆而外，自荀勖《晋中经》以下，全为晋以后所作，包括文章、书画著录。

（八）史之辅助学科——史考、史例、史注、史评、史钞

史独立为学、史书独立门类的同时，对于史书的专门研究成为推动史之发展的一个组成部分，这就是通常所说，史考、史例、史注、史评、史钞等的出现。不过，需要明确一点，史考、史例、史注始终不为史部分类的类目，而史评、史钞独立为目始于宋代，宋代以前是无史评、史钞的分类的。

1. 史考

史考，作为治史的基本方法，是中国史学最优良的传统之一，汉唐之际开始出现专门著述。

著名者为正史类著录的谯周《古史考》25 卷，以及司马彪的订补之作。"谯周以司马迁《史记》书周秦以上，或采俗语百家之言，不专据正经，（谯）周于是作《古史考》二十五篇，皆凭旧典以纠迁之谬误。（司马）彪复以（谯）周未为尽善也，条《古史考》中

凡百二十二事为不当，多据汲冢《纪年》之义，亦行于世。"①有辑本1卷，其意义在于将地上材料与地下材料结合，进行第一次系统的历史考据。只是司马彪所纠樵周所"未为尽善"者不得其详，是为一憾事。

2. 史例

前面第三章谈《后汉书》时提到"史例"问题，自范晔之后，两晋、南北史书编纂无不有"史例"。《宋书》曾有过"论国史断限"的争议，《南齐书》更有"檀超上表立条例"，《魏书》有"其史三十五例"。其间，诸家晋史多有史例。刘勰追述：《春秋》经、传，举例发凡。自《史》、《汉》以下，莫有准的。至邓粲《晋纪》，始立条例，又摆落汉、魏，宪章殷周。虽湘川曲学，亦有心典谟。及安国（孙盛）立例，乃邓氏之规焉。"②刘知幾则以为："唯令升（干宝）先觉，远述左丘，重立凡例，勒成《晋纪》。邓（粲）、孙（盛）已下，遂蹑其踪。史例中兴，于斯为盛。"③无论邓粲始立，还是干宝先觉，说明此间普遍重视史例，固然表示史书编纂日趋规范，反映史之为学的进步，但同时也要看到经学对史学的影响，特别是《春秋》的影响，《隋书·经籍志》经部春秋类著录模拟《春秋》经、传条例者，如颖容《春秋释例》、杜预《春秋释例》、刘寔《春秋条例》、方范《春秋经例》、刁氏《春秋公羊例序》、何休《春秋公羊谥例》、《春秋公羊传条例》、范宁《春秋谷梁传例》等，不知撰人者如《春秋左氏传条例》、《春秋左传例苑》等。

3. 史注

史注，因袭经注而来。刘知幾这样分析："传之时义，以训诂为主，亦犹《春秋》之传，配经而行也。降及中古，始名传曰注，盖传者转也，转授于无穷；注者流也，流通而靡绝。惟此二名，其归一

---

① 《晋书》卷82《司马彪传》。
② 《文心雕龙·史传第十六》。
③ 《史通》卷4《序例》。

揆。如韩（婴）、戴（德、胜）、服（虔）、郑（玄）钻仰《六经》，裴（骃）、李（斐、奇）、应（劭）、晋（灼）训解《三史》，开导后学，发明先义，古今传授，是曰儒宗。"这是将裴骃《史记集解》、李斐、李奇注《汉书》、应劭《汉书集解》、晋灼《汉书集注》，与韩婴《韩诗外传》，戴德、戴胜的大、小戴《礼》，服虔《春秋左氏传解》、郑玄注《六经》等同视之。注史是注经的发展，既反映经学对史学对影响，又表明史的地位的变化，需要像对待经那样对待史了。进而，"史传小书，人物杂记"等，"文言美辞列于章句，委曲叙事存于细书。此之注释，异夫儒士者矣。"① 史注逐渐与经注拉开距离，形成自己的某些独具的特点。《隋书·经籍志》史部正史类著录的史注包括两种类型：一为注释训诂，如《史记音义》、《史记音》、《汉书集解音义》、《汉书音训》、《汉书音义》、《汉书音》、《汉书集注》、《汉书注》、《汉书续训》、《汉书集解》、《汉疏》、《后汉书音》、《范汉音训》、《范汉音》、《魏志音义》等。二为考证辩疑，如《汉书驳议》、《定汉书疑》等。前已述裴松之《三国志注》融传统传注于一体，为注史开出新法。为"史传小书，人物杂记"等作注，《隋书·经籍志》史部杂史类著录有高诱《战国策注》、杂传类著录有曹大家《列女传注》、地理类著录郭璞《山海经注》、《水经注》、郦道元《水经注》，谱系类著录宋衷《世本注》，子部小说者类著录《世说》刘孝标注等。郦道元《水经注》、刘孝标注《世说》，将在后面第二节、第三节分别叙说。

4. 史评

汉唐之际，史评多混杂于正史、杂传。《隋书·经籍志》史部正史类著录 7 种，《论前汉事》1 卷、《汉书驳议》2 卷、《后汉书赞论》4 卷、《汉书缵》18 卷、《论三国志》3 卷、《三国志评》3 卷、《三国志序评》3 卷，包括评论史事和评论史书两种基本类型。杂史类著录

① 《史通》卷 5《补注》。

1种,《晋诸公赞》21卷。杂传类后序表明,有"耆旧节士之序"、"名德先贤之赞",为的是"撰作风俗",并非进行"评论",此时尚未出现"史评"的分类。《文心雕龙·史传》篇评论史书、史家,为一时名篇,将"史传"提升到"学"的高度。

5. 史钞

汉唐之际,史部分类中并无史钞这个分支,多混杂于古史、杂史。《隋书·经籍志》史部古史类著录1种,《梁撮要》30卷;杂史类著录9种,《晋书钞》30卷、《史要》10卷、《史汉要集》2卷、《三史略》29卷、《后汉略》25卷、《十五代略》10卷、《帝王要略》12卷、《汉书钞》30卷、《正史削繁》94卷,如杂史类后序所言:"后汉已来,学者多抄撮旧史,自为一书",虽"体制不经",所记"大抵帝王之事"。史书的删繁就简,为此间史学演进中出现的一种新的现象。

总而言之,史之辅助学科的出现,起着推动史之为学的作用。

第二节　反映社会风貌的各类史著

汉唐之际,是中国历史上社会动荡、民族交融的时期,是继春秋战国"百家争鸣"之后又一次思想文化极为活跃的时期。政权频繁更替,结束了秦汉的政治大一统、思想大一统,异端崛起,佛教东传,文人学者思想获得前所未有的解放。

亵渎名教的权利之争导致玄学兴起,政治的血腥使东汉末年以来的清议演为清谈。清谈与谈玄结合,推动了玄学发展,使中国固有的老庄哲学第一次深入地完成对于文人学者的思想启蒙,影响着魏晋以来文人学者的价值观念、思想作风、人生态度和学术风格。

东汉后期铨选官吏已重门第,自三国魏实行"九品中正制",士族的政治地位愈益巩固。西晋以下,占田、赐客、荫客、荫亲制度,又赋予士族在经济上的特权，使士族势力进一步膨胀。世家大族成为此间数百年社会的主流阶层，掌控和影响着整个社会生活的方方面面。

皇室与士族、士族与士族间的权利分配，导致一次次君臣之间、父子之间的血腥屠杀，使得一部分士人在世俗功利追求与个人全身避害之间，采取了心持两端的态度，"吏非吏，隐非隐"[①]的"朝隐"之风兴起。"居官无官官之事，处事无事事之心"，成为当时的一句"名言"。[②]

佛教的传布，以佛入玄，佛教与玄学合流，对于思想文化更是产生着不可估量的影响。影响之一，产生出大量鬼神志怪之书。鲁迅在《中国小说史略》第五篇《六朝之鬼神志怪书（上）》有一段的精彩论述：

> 中国本信巫，秦汉以来，神仙之说盛行，汉末又大畅巫风，而鬼道愈炽；会小乘佛教亦入中土，渐见流传。凡此，皆张皇鬼神，称道灵异，故自晋讫隋，特多鬼神志怪之书。其书有出于文人者，有出于教徒者。

从史学方面考察，《隋书·经籍志》史部著录，绝大多数门类（正史、古史、杂史、霸史、起居注、旧事、职官、仪注、刑法）的史书所记都属于反映"一代"兴衰的内容，对于上述社会风貌变化记述甚少或完全阙略。簿录类著录，是从皇家藏书角度反映皇朝的盛衰。13个门类中，唯有杂传、地理、谱系3个门类的著述不以"一代"兴衰为基本内容，反映当时社会的诸多侧面，折射着中国史学如何从殿堂走向社会。

---

① 《晋书》卷56《孙绰传》。
② 《晋书》卷75《刘惔传》。

一、杂传

杂传，著录 219 部 1503 卷，以部计算，居史部 13 类之首，超过史部书总部数的 1/4。其后序称：

> 后汉光武，始诏南阳，撰作风俗，故沛、三辅有耆旧节士之序，鲁、庐江有名德先贤之赞。郡国之书，由是而作。魏文帝又作《列异》，以序鬼物奇怪之事，嵇康作《高士传》，以叙圣贤之风。因其事类，相继而作者甚众，名目转广，而又杂以虚诞怪妄之说。推其本源，盖亦史官之末事也。

虽然认为"杂传"包含的内容仅仅"末事"，却又非常肯定这是"史官"之事，是史的组成部分。据后序和著录书目，大体可分 10 多个子类：先贤耆旧（总录、州郡）、高逸、孝友、忠良、名士、家传、幼童、妇女、高僧、神仙、怪异等。

"后汉光武，始诏南阳"，表明关注"风俗"自东汉始，主要是为各类人物作传。

（一）先贤耆旧

先贤耆旧，包括海内先贤耆旧、州郡先贤耆旧，逐渐形成"郡国之书"，刘知幾因以将《益部耆旧传》、《汝南先贤传》、《陈留耆旧传》、《会稽典录》归为"郡书"："人物所生，载光郡国。故乡人学者，编而记之。"① 其中，部分著述有辑本，包括魏明帝时《海内先贤传》、陈（长）寿《益部耆旧传》、张方《楚国先贤传》、周斐《汝南先贤传》、苏林《陈留耆旧传》、习凿齿《襄阳耆旧传》、谢承《会稽先贤传》、钟离岫《会稽后贤传记》、虞预《会稽典录》、无名氏《会

---

① 《史通》卷 10《杂述》。

稽先贤像赞》、《零陵先贤志》、刘彧《长沙耆旧传赞》、张胜《桂阳先贤画赞》等。

（二）高逸、孝友、忠良、名士、幼童、妇女

此类著述增多，与《后汉书》、《宋书》等新增类传——独行、逸民（隐逸）、列女、孝义属于同样原因，一是东汉以来，特别是受魏晋玄学影响，社会阶层发生变化，"帝德稍衰，邪孽当朝，处子耿介，羞与卿相等列"[1]，出现高逸、名士，如"竹林七贤"那样的社会群体；二是东汉以来，全社会面对君臣、父子的不断厮杀，对于忠良、孝义的呼声日益增强，对于女性的重视程度逐渐提高。

"刘向典校经籍，始作列仙、列士、列女之传，皆因其志向，率而而作，不在正史。"这是此类传记的初始之作，流传者有刘向《列女传》15卷。据《初学记》引《七略别录》云："臣向与黄门侍郎歆所校《列女传》，种类相从为七篇，以著祸福荣辱之效，是非得失之分，画之屏风四堵。"班固则称："向以为王教由内及外，自近者始。故采取《诗》、《书》所载贤妃贞妇，兴国显家可法则及孽嬖乱亡者，序次为《列女传》，凡八篇，以戒天子。"[2]由此可见，刘向之前就有关于女性的书籍，刘向将其分类编排，作以颂辞，绘图陈列，作为宫廷女性的教科书。原为传7篇、颂1篇，后因班昭作注，将传分为14篇，故《隋书·经籍志》著录为15卷。其书篇目：母仪、贤明、仁智、贞顺、节义、辩通、孽嬖。每篇15传，共记105名女性。班昭续补20人，有明德皇后、更始夫人等，无颂。至晋，得名画家顾恺之为之一一画像，更促成其书的传播。刘向《列女传》是中国第一部关于女性的传记，反映两汉以来女性社会地位的某种变化，这无疑与西汉赵飞燕姊娣嬖宠、东汉朝政多由皇后掌控密切相关。自刘向《列

---

① 《后汉书》卷83《逸民列传》序。
② 《汉书》卷36《楚元王传》。

女传》出，班固《汉书》在《外戚列传》之后立《元后传》，范晔《后汉书》开纪传史以《列女传》为类传之先例，为历代"正史"沿袭。

有辑本者，高士类如嵇康《圣贤高士传赞》、皇甫谧《高士传》、皇甫谧《逸士传》等，孝友类如王韶之、萧广济、郑缉之、师觉授、宋躬、梁元帝等多家孝子传，列女类尚有皇甫谧《列女传》等。

（三）高僧、神仙、怪异

高僧、神仙、怪异类著述的出现，反映东汉以下，特别是魏晋南北朝时期社会阶层、思想文化的重大变化。

1. 名僧、高僧传

名僧高僧传，著录有虞孝敬《高僧传》6卷，释宝唱《名僧传》30卷，释慧皎《高僧传》14卷，释法进《江东名德传》3卷，王巾《法师传》10卷，裴子野《众僧传》20卷，释僧祐《萨婆多部传》5卷，释宝唱《尼传》2卷等。此外，有名僧个人传记，如《梁故草堂法师传》1卷，《法显传》2卷，《法显行传》1卷等。其中，不乏名篇名著。

高僧传的出现，肇自晋代，真实记录了佛教在中土传播的实际。宝唱《名僧传》30卷，著录425位僧人，为最早的综合性僧传，但至宋代以后散佚，流传日本者仅存抄本1卷。宝唱之后，慧皎《高僧传》14卷，为现存高僧传系列之首。

1）慧皎《高僧传》。慧皎（497—554），会稽上虞（今属浙江省）人，南朝梁高僧，住嘉祥寺，春夏弘法，秋冬著述，唐释道宣《续高僧传》有传。

书序先对当时沙门或官员所撰"名僧传"、"僧史"等作简要介绍："自尔西域名僧，往往而至。或传度经法，或教授禅道，或以异迹化人，或以神力拯物。自汉之梁，纪历弥远，世践六代，年将五百。此土桑门，含章秀发，群英间出，迭有其人。众家记录，叙载各异。"对所见"僧传"、"僧史"逐一进行评述，提到的"僧传"、"僧史"较比《隋书·经籍志二》杂传类著录为多，足见其搜集之广。

接着，序其搜集、编纂始末："尝以暇日遇览群作，辄搜检杂录数十余家，及晋、宋、齐、梁春秋书史，秦、赵、燕、凉荒朝伪历，地理杂篇，孤文片记，并博谘故老，广访先达，校其有无，取其同异"，引据之书在 80 种以上，尚不包括无书名的"记曰"、"别记"之类，"始于汉明帝永平十年，终至梁天监十八年"，著录东汉、三国魏、吴、晋、北魏、后秦、南朝宋、齐、梁九朝 453 年高僧 257 人、附见 274 人。最后，解释其书命名：

> 前代所撰，多曰名僧。然名者，本实之宾也。若实行潜光，则高而不名；寡德适时，则名而不高。名而不高，本非所纪；高而不名，则备今录。故省'名'音，代以'高'字。

选择入传僧人的标准，以有德之隐逸者为高，不取"寡德适时"即仅有知名度而少德者。这些高僧，初期多为西域僧人，进入中土以后冠以其国姓：如支谦的"支"，表示为大月氏人；康僧会的"康"，表示为康居人；安清的"安"，因其为安息太子，安息人；竺法兰的"竺"，表示为天竺人。至于中土僧人，最初冠姓不用"释"，多用"竺"，如竺法深（潜），本姓王，东晋大臣王敦之弟；或从其师姓，如支道林，本姓关。

书序叙其编纂体例，"开其德业，大为十例：一曰译经，二曰义解，三曰神异，四曰习禅，五曰明律，六曰遗身，七曰诵经，八曰兴福，九曰经师，十曰唱导。""十例"通常又称"十科"。14 卷书分卷、分科如下：卷 1—卷 3，译经上、中、下；卷 4—卷 8，义解一、二、三、四、五、六；卷 9—卷 10，神异上、下；卷 11，习禅、明律；卷 12，亡身、诵经；卷 13，兴福、经师、唱导；卷 14，序录（重述书序内容，列出各卷高僧正传、附传目录）。前八科每科之末均有论、赞，最后二科有论无赞。"论曰"概述各科主旨、源流，评价成就突出的僧人，反映佛教传入中土在这一方面的情况。

译经，为"以妙善梵汉之音，故能尽翻译之致"的高僧，正传 35 人，附传 28 人，赞云"腾、兰、谶、什"，即卷 1 摄摩腾、竺法兰、卷 2 昙无谶、鸠摩罗什。

义解，为"穷达幽旨，妙得外言，四辩庄严，为人广说"的高僧，正传 101 人，附传 176 人，著名者如卷 4 朱士行、卷 5 释道安等。

神异，为以"神道之为化也"，即借助神道"抑夸强，摧侮慢，挫凶锐，解尘纷"的高僧，正传 20 人，附传 9 人，最被神化者为卷 9 佛图澄。

习禅，为"依教修心，终成胜业"，即"缘法察境"的坐禅高僧，正传 21 人，附传 11 人。

明律，指通晓律藏的高僧。佛教典籍，不论大乘、小乘，都有经、律、论之分。律，戒律。通晓律藏的高僧，往往称作律师。正传 13 人，附传 8 人。卷 11 释僧佑，为当时著名律师之一。

亡身，指"遗己赡人"、"忘我利物"，即舍己为人、千秋尚美的高僧，正传 11 人，附传 3 人。

诵经，指"咏诵法言""成其功者"的高僧，正传 21 人，附传 12 人。

兴福，指建造舍利塔、佛像，习禅诵经、劝化佛事等"敦修福业"的高僧，正传 14 人，附传 2 人。

经师，指咏诵佛经"协谐音律"、"抑扬通感"的高僧，正传 11 人，无附传。

唱导，指唱宣法理，开导众心的高僧，正传 10 人，无附传。

全书记述了不少佛教传入中土之后的"第一"，通过卷 1 "译经"的三位高僧，可知来中土的第一高僧、南朝梁"保存"的第一部译经、在中土第一次系统汉译佛经。"第一僧"洛阳白马寺摄摩腾，是东汉明帝派遣使者蔡愔、秦景往大竺寻访佛法，迎回的第一位高僧。

南朝梁"保存"的"第一"部译经，是汉明帝使者蔡愔取回佛经，翻译的五部中仅存的《四十二章经》，2000 余言，故云"汉地见存诸经，唯此为始也"。"第一次"系统汉译佛经，是洛阳安清。汉桓帝之初到中夏，"未久，即通习华言。于是宣译众经，改梵为汉"，"先后所出经论，凡三十九部。义理明析，文字允正，辩而不华，质而不野"。这是系统汉译佛经的最初记载。卷 4"义解"晋洛阳朱士行，"以魏甘露五年发迹雍州，西渡流沙。既至于阗，果得梵书正本凡九十章"，遣弟子弗如檀（即法饶）送经梵本还归洛阳。甘露，三国魏年号，甘露五年，公元 260 年。这是中土高僧最早西行求法的记载，只到达于阗（今新疆和田一带），没有到天竺。东汉以来，各朝各代重视佛教的情况，各家史书或不记其人其事，或为了猎奇只记其应验、怪异之事，通过《高僧传》可以了解得更加完整。唐初修《晋书·艺术传》，有佛图澄、鸠摩罗什，其《佛图澄传》就是节录此书卷 9"神异"《晋邺中竺佛图澄传》而成，主要节录应验之事，不录佛图澄进谏话语，如"夫王者德化洽于宇内，则四灵表瑞。政弊道消，则彗孛见于上。恒象著见，修咎随行。斯乃古今之常徵，天人之明戒"，也没有石虎问佛图澄"佛法云何"的一段记述，唯有《高僧传》保存了这一对话：石虎常问佛图澄"佛法云何？"佛图澄曰："佛法不杀。"石虎以"朕为天下之主，非刑杀无以肃清海内。既违戒杀生，虽复佛事，讵获福耶？"佛图澄回答："帝王之事佛，当在体恭心顺，显畅三宝，不畏暴虐，不害无辜。至于凶愚无赖，非化所迁，有罪不得不杀，有恶不得不刑。但当杀可杀、当刑可刑耳。若暴虐恣意，杀害非罪，虽复倾财事法，无解殃祸。愿陛下省欲兴慈，广及一切，则佛教永隆，福祚方远。"石虎"虽不能尽从，而为益不少。"针对官员"家富事佛，各起大塔"的跟风现象，佛图澄说："事佛在于清靖无欲，慈矜为心。檀越虽仪奉大法，而贪吝未已，游猎无度，积聚不穷，方受现世之罪，何福报之可怖耶？"《晋书》记鸠摩罗什为姚兴著《实相论》2卷，只写姚兴"奉之若神。尝讲经于草堂寺，兴及朝臣、大德沙门千有余人肃容观听，罗什忽下高坐，谓兴曰：'有二小儿登吾肩，欲鄣须妇人。'兴乃召宫女进之，一交而生二子焉。"此书卷2"译经"《晋长安鸠摩罗什传》在鸠摩罗什为姚兴著《实相论》2卷之后这样写："并注《维摩》。出言成章，无所删改，辞喻委婉，莫非玄奥。（鸠摩罗）什为人神清朗彻，傲岸出群，应机领会，鲜有伦匹者。笃性仁厚，泛爱为心，虚己善诱，终日无倦。"此类记述，对于认识佛教、佛教与政治的关系十分重要，如今只能凭借《高僧传》才能有详细了解。此书卷13"经师"《齐乌衣寺释昙迁传》有"彭城王义康、范晔、王昙首，并皆游狎。……及范晔被诛，门有十二丧，无敢近者，迁抽货衣物，悉营葬送。孝武闻而叹赏，谓徐爰曰：'卿著《宋书》，勿遗此士。'"然沈约《宋书·范晔传》不见此事，或为沈约删除。

统观全书，以一篇篇高僧传记，展现出了东汉至南朝梁初450余年佛教传入的实际、思想演变以及对于当时社会的种种影响。有关中印文化交流、中亚历史、地理，乃至南北朝政治、经济、社会生活等方面的记述，均有重要学术价值、史料价值，可与"正统"史书相互参证，补其不足。但因当时南北分隔，所记高僧以江南为多，北朝高僧仅得数人。就南朝而言，所记梁僧却为数不多。

2）"释宝唱《尼传》2卷"，实即《比丘尼传》4卷。宝唱，俗姓岑，吴郡（今江苏苏州）人，梁武帝天监四年（505）敕为新安寺主，奉敕集撰佛教书多种，为一代名僧。[①]中国比丘尼始于西晋末净检，自后代有其人。此《比丘尼传》为民国以前中国唯一一部比丘尼传，著录晋、南朝宋、齐、梁四代比丘尼65人，附见51人，依时代先后，不分科目。因南北隔绝，所记多为江浙地区比丘尼。其中，一

---

① 参见释道宣：《续高僧传》（碛砂藏本）卷1《梁扬都庄严寺沙门释宝唱传》。

些比丘尼与皇室、王公颇有交往，足见其在上层社会的活动与影响。"妙音尼为（殷仲）堪图（荆）州"事①，可从《晋书》中得到印证，便是明显一例。

宝唱、慧皎的《名僧传》、《高僧传》、《比丘尼传》开启了中国佛教史学传写名僧、高僧和比丘尼之先河，影响远及唐、宋、元、明乃至民国，接续不断推出代代相续的高僧（比丘尼）传，形成高僧系列史书。

总起来说，大凡此间问世的高僧传，都有这样三方面的价值：其一，保存了大量中西交通史的珍贵材料；其二，可补史传记载之不足；其三，提供了研究佛教史的基本素材。

2. 神仙、怪异

神仙，著录有葛洪《神仙传》10 卷、朱思祖《说仙传》1 卷、佚名《集仙传》10 卷、佚名《洞仙传》10 卷等。此外，神仙个人传记，较名僧个人传记为多。其中，刘向《列仙传》、葛洪《神仙传》有传本和辑本。

怪异，著录有刘义庆《宣验记》13 卷，傅亮《应验记》1 卷，王琰《冥祥记》10 卷，魏文帝《列异传》3 卷，王延秀《感应传》8 卷，袁王寿《古异传》3 卷，戴祚《甄异传》3 卷，祖冲之《述异记》10 卷，刘敬叔《异苑》10 卷，佚名《续异苑》10 卷，干宝《搜神记》30 卷，陶潜《搜神后记》10 卷，荀氏《灵鬼志》3 卷，祖台之《志怪》2 卷，孔氏《志怪》4 卷，刘之遴《神录》5 卷，东阳无疑《齐谐记》7 卷，吴均《续齐谐记》1 卷，刘义庆《幽明录》20 卷，王曼颖《补续冥祥记》1 卷，佚名《灵异录》10 卷，许善心等《灵异记》10 卷，萧绎《研神记》10 卷，侯君素《旌异记》15 卷，刘质《近异录》2 卷，谢氏《鬼神列传》2 卷，殖氏《志怪记》3 卷，佚名《真应记》10 卷，周氏《冥

---

① 沙门宝唱：《比丘尼传》卷 1《简静寺支妙音尼传》。

通记》1卷，颜之推《集灵记》20卷，颜之推《冤魂志》3卷等30余部。其中，不乏名著，绝大多数都有传本或辑本。

刘知幾将"史氏别流"分为10类，"杂记"类举出上述著录中的刘敬叔《异苑》、干宝《搜神记》、祖台之《志怪》、刘义庆《幽明录》4部，认为属于"求其怪物，有广异闻"①，是把《搜神记》视为"史氏"的。鲁迅《中国小说史略》第五篇、第六篇对上述志怪多有详考，并明确指出当时视之为史的原因：

> 文人之作，虽非如释道二家，意在自神其教，然亦非有意为小说，盖当时以为幽明虽殊途，而人鬼乃皆实有，故其叙述异事，与记载人间常事，自视固无诚妄之别矣。

这里，着重从史学的角度谈一谈志怪小说的代表——干宝《搜神记》。干宝，见前第三章第五节。《搜神记》稍晚于《晋纪》，当成于成帝年间。②

《搜神记》，《隋书·经籍志二》著录为30卷。《晋书·干宝传》以其"好阴阳数术"，家中发生数起怪异之事，"遂撰集古今神祇灵异人物变化，名为《搜神记》，凡三十卷"。③隋、唐书目均著录为30卷，至南宋不再著录。

其书体例，从辑录本略窥一二。《法苑珠林》卷42《妖怪》篇首有"妖怪者，干宝记云"，辑录本编为卷6第1条："妖怪者，盖精气之依物者也。气乱于中，物变于外。形神气质，表里之用也。本于五行，通于五事。虽消息升降，化物万端。其于休咎之征，皆可得域

---

① 《史通》卷10《杂述》。
② 辑录本卷7末条记晋明帝太宁初（323）事，可为明帝时干宝尚在撰写此书的一条证据。
③ 《晋书》卷82《干宝传》。传叙其家中数起怪异之事，取自《搜神后记》卷4《干宝》条，文字几乎全同。

而论矣。"《荆楚岁时记》有"干宝变化论"、《法苑珠林》卷 43《变化》篇有"干宝记云",辑录本编为卷 12 第 1 条:"天有五气,万物化成……",约 800 言。据此可知,其书有"妖怪"、"变化"等篇目(或门类),这两则文字分别为《妖怪》、《变化》篇首小序。原书分多少门类虽不得而知,但分门别类编排,每类前有小序,每类各条以时间先后排列,是其基本体例应当无疑。

《搜神记序》有如下论述:

> 虽考先志于载籍,收遗逸于当时,盖非一耳一目之所亲闻睹也,又安敢谓无失实者哉!卫朔失国,二传互其所闻;吕望事周,子长存其两说。若此比类,往往有焉。从此观之,闻见之难,由来尚矣。夫书赴告之定辞,据国史之方策,犹尚如此,况仰述千载之前,记殊俗之表,缀片言于残阙,访行事于故老,将使事不二迹,言无异途,然后为信者,固亦前史之所病。然而国家不废注记之官,学士不绝诵览之业,岂不以其所失者小,所存者大乎?今之所集,设有承于前载者,则非余之罪也。若使采访近世之事,苟有虚错,愿与先贤前儒分其讥谤。及其著述,亦足以发明神道之不诬也。
>
> 群言百家,不可胜览,耳目所受,不可胜载。今粗取足以演八略之旨,成其微说而已。幸将来好事之士录其根体,有以游心寓目而无尤焉。①

强调史家修史与"采访近世之事"的关系。注意一点,通常所说干宝《进搜神记表》,实为《初学记》卷 21《纸第七》引"干宝表

---

① 《津逮秘书》本无此序,《盐邑志林》本、《学津讨原》本有此序,似据《晋书·干宝传》补,仅几字略异:"又安敢"《晋书》作"亦安敢","闻见之难"《晋书》作"闻见之难一","犹尚如此"《晋书》作"犹尚若兹"。

曰"："臣前聊欲撰记古今怪异非常之事，会聚散逸，使同一贯，博访知之者，片纸残行，事事各异。"表明其书性质是记述"古今怪异非常之事"，并"会聚散逸，使同一贯"的专门性史书。

干宝"集古今神祇灵异人物变化"的同时，亦"颇言神仙五行，又偶有释氏说"。"集古"的内容"皆出前史及诸杂记"，如《周礼》、《左传》、《国语》、《史记》、《汉书》、《东观汉记》、《三国志》、《竹书纪年》以及《庄子》、《吕氏春秋》、《晏子春秋》、《论衡》、《华阳国志》、《三辅决录》、《益都耆旧传》、《汉武故事》、《列仙传》，等等。"集今"的内容多为当时传闻和记录怪异之书。由于其书"发明神道之不诬"，自宫廷至边地，反映当时社会风貌，因而颇为史家看重、引录。裴松之注《三国志》，《魏书·文帝纪》引其《邢史子臣》、《魏书·明帝纪》引其《开石文字》、《魏书·三少帝·齐王芳纪》引其《典论刊石》、《蜀书·糜竺传》引其《糜竺》、《吴书·孙破虏讨逆传》引其《于吉》、《吴书·三嗣主传》引其《荧惑星》、《吴书·妃嫔·孙破虏吴夫人传》引其《孙坚夫人》、《吴书·妃嫔·孙休朱夫人传》引其《石子冈》等。刘昭注《续汉志》，《五行一》引其《荆州童谣》"是时华容有女子"以下文字，《五行五》引其《德阳殿蛇》、《李娥》，《郡国五》雁门郡马邑引其《马邑城》，等等。

《搜神记》与《晋纪》的关系，希望有兴趣的读者关注。《艺文类聚》卷44引《搜神记》"永嘉中，有神见兖州，自称樊道基。有妪号成夫人。夫人好音乐，能弹箜篌。闻人弦歌，辄便起舞。"《太平御览》卷359引干宝《晋纪》"晋永嘉初，有神见兖州甄城民家。免奴为主簿，自号为樊道基。有妪号成夫人。欲迎致，便载车行。当得此免奴主簿从行为译，以宣所宜。汝南梅蹟（赜）字仲真，去邺，来经兖州。闻其然，因结羊世茂、阮士公诸宾往观之。成夫人便遣主簿出，当与客语。主簿死不肯，避。成夫人因大嗔，索士公马鞭，脱主簿鞭之。"同一记事，《晋纪》详，《搜神》略，《晋纪》侧重纪实，

《搜神》侧重神异。

　　作为志怪小说的代表，其中不少神话故事和民间传说成为优秀的文化遗产，如《董永》（牛郎织女传说）、《三王墓》（干将、莫邪传说）、《韩凭妻》（"相思树"传说和"相思"的出典）、《二华之山》（巨灵河神传说）、《李寄》（少女斩蛇传说）等。

　　通行本20卷，系明代胡元瑞从《法苑珠林》及其他类书辑录而成，最初刊于海盐胡震亨《秘册汇函》，后为毛晋收入《津逮秘书》，清嘉庆年间张海鹏辑入《学津讨原》第16集。由于是辑录，遗缺、误收在所难免，因而鲁迅《中国小说的历史变迁》称之为"一部半真半假的书籍"。中华书局"古小说丛刊本"以《学津讨原》本为底本进行校注，亦分20卷，每卷条目不一，自《神农》至《建业妇人》凡464条，附佚文34条。464条中，不见各书引作《搜神记》者、讹作《搜神记》引入者为数不少。如卷6总共77条，完全不见各书引作《搜神记》者28条，占1/4强。除两条分见《述异记》、《东观汉记》外，其余26条均见汉、续汉、晋、宋四史《五行志》，但都不能断言直接引自《搜神记》，表明辑录者不够审慎或误辑。特别是事仅见《晋书》而不见他书引作《搜神记》者，更不能断言为《晋书》直接引自《搜神记》，因为唐修《晋书》之前有"十八家晋史"和其他多种史籍可以采录，不必直接引自此书。辑录本讹作《搜神记》引入者，如卷5《蒋山祠三》、卷20《建业妇人》等条，是因为《太平广记》卷293作"出《搜神记》、《幽明录》、《志怪》等书"[1]、卷133讹作"出《搜神记》"[2]才被误辑的。辑录本尚有漏辑，"古小说丛刊本"所附佚文34条之外仍有遗漏。总之，阅读《搜神记》要记住：通行本是辑录本，应当与辑录出处对照。

---

① 按：《法苑珠林》卷92引作《志怪传》。

② 按：实"出《稽神录》"。

二、地理

地理书，著录 140 部 1434 卷，以部计算，仅次于杂传。后序叙地理书沿革以及著录原则：

> 史迁所记，但述河渠而已。其后刘向略言地域，丞相张禹使属朱贡条记风俗，班固因之作《地理志》。其州国郡县、山川夷险、时俗之异、经星之分、风气所生、区域之广、户口之数，各有攸叙，与古《禹贡》《周官》所记相埒。是后载笔之士，管窥末学，不能及远，但记州郡之名而已。晋世，挚虞依《禹贡》《周官》，作《畿服经》，其州郡及县分野、封略事业、国邑、山陵、水泉、乡、亭、城、道里、土田、民物、风俗、先贤、旧好，靡不具悉，凡一百七十卷，今亡。而学者因其经历，并有记载，然不能成一家之体。齐时，陆澄聚一百六十家之说，依其前后远近，编而为部，谓之《地理书》。任昉又增陆澄之书八十四家，谓之《地记》。陈时，顾野王抄撰众家之言，作《舆地志》。隋大业中，普诏天下诸郡，条其风俗物产地图，上于尚书，故隋代有《诸郡物产土俗记》一百五十一卷、《区宇图志》一百二十九卷、《诸州图经集》一百卷。其余记注甚众。今任（昉）、陆（澄）二家所记之内而又别行者，各录在其书之上，自余次之于下，以备地理之记焉。

概括而言，一是围绕地理总志叙其沿革，自汉至隋，二是以地理总志为主干概括其基本内容——州郡县分野、封略、山陵、水泉、乡、亭、城、道里、土田、民物、风俗、先贤等。

著录书目，有记、志、传、图、注，还有簿、录、谱、故事、图赞等。门类分总志、方志（地域、州郡）、河渠、名山、户口、风俗、物产、都邑、宫殿、园林、寺塔、精舍、墓冢、异物、游记、外记、图经、图志等。流传至今者虽为数不多，却极有学术价值。《山海经》第一编已说，释法显《佛国记》、郦道元《水经注》、杨衒之《洛阳伽蓝记》为流传至今而成就最卓著者。其他著录，为胡三省注《资治通鉴》引用者有《三辅黄图》、谯周《三巴记》（胡注作《巴记》）、圈称《陈留风俗传》、郭缘生《述征记》、沈莹《临海水土异物志》等，且均有辑本。陆翙《邺中记》、东方朔《十洲记》、《神异经》等，亦有辑本。

（一）三部成就卓著的撰著

三部撰著，河渠以《水经注》为杰出代表，外记以《佛国记》为杰出代表，寺塔、精舍以《洛阳伽蓝记》为杰出代表。

1.《水经》40 卷，郦善长注。善长，郦道元（？—527）字，范阳涿鹿（今河北涿州）人。久任地方长官，"执法清刻"，"素有严猛之称，权豪始颇惮之"。"好学，历览奇书，撰注《水经》四十卷"。[①]当时流传《水经》2 卷，仅记 137 条水道流经郡县、都会等。西晋郭璞注，仅 3 卷。郦道元所记河流，多达 1252 条，大至江河，小至溪流，包括已经湮没的水道。[②]尽管其书"详于北而略于南"，但其生当北魏，却未局限于北魏疆域，足见其卓识。

全书以水道为纲，以注文记述水流发源、流向，如书序所言，"脉其枝流之吐纳，诊其沿途之所躔，访读搜渠，缉而缀之"，河流发源、流程、归宿记述清晰、详尽，沿途峡谷、滩濑、湖泊、瀑布等均有记载，所记峡谷 300 余、湖泊 500 余、瀑布 60 余，兼及流经山岳、丘陵、都市、关隘、水利、交通、遗址、名胜以及物产、故事、歌谣、怪异等自然地理和人文地理的诸多内容。反复比较考证，注文多

---

① 《北史》卷 27《郦范附道元传》。
② 《唐六典》卷 7《水部郎中》注："桑钦《水经》所引天下之水百三十七，江、河在焉"，"郦善长注《水经》，引其枝流一千二百五十二"。

者达数千字。征引繁富，引书375种。其中地理书96种，见于《隋书·经籍志》史部地理类著录者，除去重复以及郦道元以后著述，仅30种，尚有唐初未著录66种，可谓南北朝集大成的地理著述。卷14鲍丘水附高粱水，引晋惠帝元康五年（295）所立刘靖碑，充实了曹魏时期这个地区兴修水利、开凿渠道的内容。所叙三国魏元帝景元三年（262）修车箱渠，"自蓟西北径昌平，东尽渔阳潞县，凡所润含四五百里，所灌田万有余顷"，《三国志》卷15《刘馥附靖传》仅"又修广戾陵渠大堨，水溉灌蓟南北"寥寥数字。然而，关于因袭旧说"黄河重源"，实是其书的一大缺失。杜佑非常明确地批评说："《水经》所云，河出昆仑山者，宜出于《禹本纪》、《山海经》，所云南入葱岭及出于阗南山者，出于《汉书·西域传》，而郦道元都不详正。所注河之发源，亦引《禹纪》、《山经》。"[①]

　　注文另一方面的内容，"因水证地，地以存古"，长期以来为多数研究者注意不够。王先谦《合校水经注·序》明确指出："班（固）之志水撮举始终，而所过之地从略"，"郦氏为书之恉在因水以证地，而即地以存古，是故迁贸毕陈，故实骈列。"郦道元注《水经》，与班固《汉书·地理志》不同，旨在记录各水流经地的城邑以及诸多相关遗址。南宋程大昌《雍录》中《汉长安城图》旁注云："汉都长安城在唐大兴宫西北十三里。此图本《水经》为之，而参以它书。"其《禹贡山川地理图》中有《水经济汜互源图》、《水经叶榆入南海图》、《郦道元张掖黑水图》，依《水经注》注文将有关城邑图画于水流相应方位。清杨守敬、熊会贞"据书以为图"编绘《水经注图》，其中的《平城图》就是根据此书卷13"漯水"注文绘制而成。

---

① 《通典》卷174《州郡四》"议曰"。

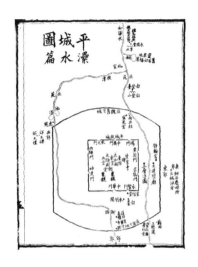

这一则注文始"羊水又东注于如浑水，乱流迳方山南，岭上有文明太皇太后陵，陵之东北有高祖陵。二陵之南有永固堂，堂之四周隅雉，列榭阶栏槛及扉户、梁壁、椽瓦，悉文石也。檐前四柱，采洛阳之八风谷黑石为之，雕镂隐起，以金银间云矩，有若锦焉。堂之内外，四侧结两石跌，张青石屏风，以文石为缘，并隐起忠孝之容，题刻贞顺之名。庙前镌石为碑兽，碑石至佳，左右列柏，四周迷禽暗日。院外西侧，有思远灵图，图之西有斋堂，南门表二石阙，阙下斩山，累结御路，下望灵泉宫池，皎若圆镜矣"，讫"又南迳籍田及药圃西、明堂东。明堂上圆下方，四周十二堂九室，而不为重隅也。室外柱内，绮井之下，施机轮，饰缥碧，仰象天状，画北道之宿焉，盖天也，每月随斗所建之辰，转应天道，此之异古也。加灵台于其上，下则引水为辟雍，水侧结石为塘，事准古制，是太和中之所经建也"，计约 1800 字，图中标注文字，全据注文，足见注文内容并非仅仅限于注水。据王先谦《合校水经注》，注文所记郡、县、城、郭、邑、宫、关、亭、乡、聚、里、戍、垒、障、塞、堡、固 2625，其中见于《汉书·地理志》、《后汉书·郡国志》的县名 1041，见于《汉书·西域传》的西域国都名 22，见于《法显传》的中亚、南亚城邑名 30。经文所述各水道城邑，注文必举相应文字以证之，若有不合则作考辨，"将诸城邑之点系以诸水流之线，准确有序地呈现出一幅极具立体感的三维地图，充分展示了汉晋南北朝的城邑文明"①，郦道元注《水经》"因水证地，地以存古"的旨趣和成就应当特别重视。

书中不少短小精炼的游记小品，对于后来的文学创作产生一定影响。从卷 43"江水"长江三峡注文，"自三峡七百里中，两岸连山，略无阙处，重岩迭嶂，隐天蔽日，自非停午夜分，不见曦月"，"至于夏水襄陵，沿溯阻绝，王命急宣，有时朝发白帝，暮到江陵，其间千二百里，虽乘奔御风，不以疾也"，可以寻得李白《早发白帝城》诗之渊源。当时注书成就，以裴松之《三国志注》、郦道元《水经注》、李善《文选注》为三大名注。

其书流传至北宋已佚 5 卷，为泾水、（北）洛水、滹沱水等。元、明以来脱误更严重。清代颇多学者致力于此书，早期以全祖望、赵一清、戴震为著名。戴震以《永乐大典》详校其书，补正者多达 7290余字，1935 年涵芬楼影印行世。清末王先谦汇集各家之说，成《合校水经注》，为《四部备要》本。杨守敬有《水经注疏要删》40 卷、《水经注图》40 卷，《水经注疏》稿本经熊会贞整理，1957 年由科学出版社影印出版。虽然都作 40 卷，实际均缺北宋已佚的 5 卷，为"凑足原数"而已，读者须当注意。

2.《佛国记》1 卷，沙门释法显撰。又名《法显传》、《历游天竺记》等。前所叙"杂传类"有《法显行传》1 卷，应作"法显《行传》1 卷"，当即此书。

法显（约 337—约 422），俗姓龚，平阳武阳（今属山西临汾）人，3 岁出家为沙弥，20 受大戒。"常慨经律舛阙，誓志寻求"。东晋

---

① 曲英杰：《水经注城邑考》，中国社会科学出版社 2013 年版，第 1 页。

安帝隆安三年（399），"与同学慧景、道整、慧应、慧嵬等，发自长安，西渡流沙"，越葱岭、度小雪山，"自力孤行，遂过山险"，遍历天竺及师子国，学梵语梵书，躬自书写，前后共得《摩诃僧祇律》、《萨婆多律抄》、《杂阿毗昙心》、《方等泥洹经》、《弥沙塞律》、《长杂》二含、《杂藏》等梵本。义熙八年（412）回到青州长广郡牢山（今山东青岛崂山），第二年至京师建康（今江苏南京），就外国禅师佛驮跋陀，于道场寺译出《摩诃僧祇律》、《方等泥洹经》、《杂阿毗昙心》等经卷。

《佛国记》为其西行求法，前后15年所见所闻。"凡所经历，三十余国"①，山川、风物均有简要记述，不仅是4世纪亚洲佛教史的重要著述，还是中国与印度、巴基斯坦、尼泊尔、斯里兰卡等国交往史的重要著述，也是中国现存史书中有关陆海交通最早、最详的记录。"叙述古雅"，为游记的杰出代表，深受中外学术界重视。丁谦著有《佛国记地理考》，19世纪法、英等国先后出版译本，日本足立喜六著有《考证法显传》。其书当时以《法显传》之名流传，郦道元《水经注》恒水上流引书有一国276字，称曰"法显传"。《通典》所引称"法明"，乃避唐中宗李显名讳。《四库全书总目》以"于阗即今和阗，自古以来，崇回回教法"，指责"此书载其有十四僧伽蓝，众僧数万人，则所记亦不必尽实"，此乃四库馆误评。回教成立以及西域崇回教均在唐代以后，法显时代安得有回教？此时佛教流行应当可信，不必拘泥于"数万"之数，极言其多而已。

至于书中以天竺为中国，以中国为秦土边地或汉地，是因释氏自尊其教，读者应加注意。

3.《洛阳伽蓝记》5卷，北魏杨衒之撰。伽蓝，梵语"僧伽蓝摩"略称，意为寺院。

---

① 《高僧传》卷3《宋江陵辛寺释法显传》。

　　杨衒之，史无传，杨或作阳，或作羊，家世、爵里、生卒年均不详。书首所署官衔"魏抚军府司马杨衒之撰"，书中自述"自永安中衒之时为奉朝请"，"武定五年，余因行役，重览洛阳"。《广弘明集》卷6《叙列代王臣滞惑解》首叙唐傅奕，引古来王臣讪谤佛法者25人为《高识传》，1帙10卷，有杨衒之小传，谓其为北平（今河北满城）人，元魏末为秘书监，见寺宇壮丽，损费金碧，王公相竞，侵鱼百姓，乃撰《洛阳伽蓝记》。

　　其书序云，洛阳兴建佛教寺塔，自东汉明帝永平十一年（68）始有白马寺，至西晋怀帝永嘉（307—313）年间，唯有佛寺42所。北魏孝文帝太和十九年（495）迁都洛阳后，寺塔陡然剧增：

　　　　逮皇魏受图，光宅嵩洛，笃信弥繁，法教愈盛。王侯贵臣弃象马如脱屣，庶士豪家舍资财若遗迹。于是昭提栉比，宝塔骈罗，争写天上之姿，竞摸山中之影。金刹与灵台比高，广殿共阿房等壮。岂直木衣绨绣，土被朱紫而已哉！

　　鼎盛时期，佛宇多达1367所。孝静帝天平元年（534）迁都邺城，洛阳残破之后，仅余寺庙421所，感慨万端：

　　　　暨永熙多难，皇舆迁邺，诸寺僧尼，亦与时徙。至武定五年，岁在丁卯，余因行役，重览洛阳。城郭崩毁，宫室倾覆，寺观灰烬，庙塔丘墟，墙被蒿艾，巷罗荆棘。野兽穴于荒阶，山鸟巢于庭树。游儿牧竖，踯躅于九逵；农夫耕稼，艺黍于双阙。《麦秀》之感，非独殷墟；《黍离》之悲，信哉周室！京城表里，凡有一千余寺。今日寥廓，钟声罕闻。恐后世无传，故撰斯《记》。

据"武定五年，岁在丁卯，余因行役，重览洛阳"，"今日寮廓，钟声罕闻。恐后世无传，故撰斯《记》"数句，撰写《洛阳伽蓝记》当在东魏孝静帝武定五年（丁卯，547）。

北魏都洛阳的40年间，先是佛寺众多、壮丽，如今残破、凄凉；先前为王公、庶士挥霍无度的一大都会，眼下是农夫、牧竖耕种歇息的一片废墟。字面写洛阳佛寺盛衰，文心为北魏政权兴亡。不仅撰写主题明确，而且编纂有致，书序继续写道：

> 然寺数最多，不可遍写。今之所录，上大伽蓝。其中小者，取其详世谛事，因而出之。先以城内为始，次及城外，表列门名，以远近为五篇。[①]

根据这一体例，可以准确地绘制出北魏京城洛阳图，并按照城门方位、城内外里坊远近，标注出所记伽蓝以及宫殿、官署、名胜的具体位置。

重游乱后残破的洛阳，以城内、城东、城南、城西、城北，采撷见闻，分为5卷。城内录入9寺1门附见4寺，城东录入12寺1里附见14寺，城南录入7寺1门附见10寺，城西录入10寺附见3寺，城北录入2寺1里。既以佛寺为主，重点突出，又用注释或追溯的手法，记每寺历史或故事，间或有相关神话、异闻。这决定其书两大特点：其一，通过佛教寺塔兴废，反映北魏都洛阳40年间政治、经济、文化、社会的真实。其二，所记神话、异闻，绝大多数独立成篇，为志怪小说发展的重要组成部分。

书中涉及的北魏史事，"多足与史传参证"。卷1永宁寺"诏中

---

① 《洛阳伽蓝记序》（如隐堂本，《四部丛刊》三编）。《汉魏丛书》本作"伽蓝记序例"。其书版本系统纷杂，上海古籍出版社《洛阳伽蓝记校注》为集诸家校注的集注本，除另注外，均据此本。

书舍人常景为寺碑文"句下追述云："正始初，诏刊律令，永作通式。敕（常）景共治书侍御史高僧裕、羽林监王元龟、尚书郎祖莹、员外散骑侍郎李琰之等撰集其事。又诏太师彭城王勰、青州刺史刘芳入预其议。（常）景讨正科条，商榷古今，甚有伦序，见行于世，今《律》二十篇是也。"这可与《魏书》中《世宗纪》、《刑罚志》、《彭城王勰传》、《袁翻传》等篇互为补充，《隋书·经籍志》史部刑法类亦著录"《后魏律》二十卷"。卷 3 宣阳门末记道："普泰元年，广陵王即位，诏曰：'禽兽囚之，则违其性，宜放还山林。'狮子亦令送归本国。送狮子胡以波斯道远，不可送达，遂在路杀狮子而返。有司纠劾，罪以违旨论，广陵王曰：'岂以狮子而罪人也？'遂赦之。"普泰，西魏节愍帝年号，魏收《魏书》不记西魏，《资治通鉴》梁武帝中大通三年（普泰元年，531）二月所记此事，当本于《洛阳伽蓝记》。[①] 卷 4 法云寺附寿丘里记"太后赐百官负绢，任意自取，朝臣莫不称力而去。唯（王）融与陈留侯李崇负绢过性（任），蹶倒伤踝。（太后即不与之，令其空出，时人笑焉。）侍中崔光止取两匹，太后问：'侍中何少？'对曰：'臣有两手，唯堪两匹，所获多矣。'朝贵服其清廉。"对照《魏书·灵皇后胡氏传》，所记为"多者过二百匹，少者百余匹，唯长乐公主手持绢二十匹而出，示不异众而无劳也，世称其廉"，并未提及崔光。《资治通鉴》记述此事，取《洛阳伽蓝记》而不用魏收《魏书》。[②] 因此，四库馆评论说："其文秾丽秀逸，烦而不厌，可与郦道元《水经注》肩随。其兼叙尔朱荣等变乱之事，委曲详尽，多足与史传参证。其他古迹艺文，及外国土风道里，采撷繁富，亦足以广异闻。"[③] 所采"外国土风道里"，不止"以广异闻"，而具有重要学术意义。

---

① 魏澹《魏书》以西魏为正统，司马光见其书，但以《隋书·魏澹传》中所存其书体例而言，未必记述此类之事。

② 《资治通鉴》卷 149 梁武帝天监十八年五月。

③ 《四库全书总目》卷 70《地理类三》。

卷5城北，仅记2寺1里。记禅虚、凝圆2寺不足200字，而记闻义里则为全书最长的长篇。这样开头："闻义里有敦煌人宋云宅，云与惠生俱使西域也。神龟元年十一月冬，太后遣崇立寺比丘惠生向西域取经，凡得一百七十部，皆是大乘妙典。"以下记其行程：

> 初发京师，西行四十日至赤岭，即国之西疆也，皇魏关防正在于此。……
>
> 发赤岭西行二十三日，渡流沙，至吐谷浑国。……其国有文字，况同魏。风俗政治，多为夷法。
>
> 从吐谷浑西行三千五百里，至鄯善城。……

依此写法，经历左末城、末城、捍麼城、于阗，神龟二年七月入朱驹波，八月入渴（揭）盘陀，登葱岭山，至钵盂城。九月中旬入钵和，十月初至嚈哒，十一月入波斯、赊弥，十二月入乌场。正光元年四月入乾陀罗城。

> 惠生在乌场国二年，西胡风俗，大同小异，不能具录。至正光三年二月，始还天阙。

篇末以"衔之按惠生《行纪》事多不尽录，今依《道荣传》、《宋云家纪》，故并载之，以备缺文"作结。惠生西域求经，是法显之后、玄奘之前中国佛教史、中外交通史上的一件大事，《宋云家纪》、惠生《行纪》、《道荣传》等均已失传，《洛阳伽蓝记》"以备缺文"，成为唯一珍贵史料，深受海内外学术界重视。丁谦著有《宋云求经记地理考》，法国学者沙畹（E.Chavannes）有《宋云行纪笺注》*Voyage de Song Yun dans I'Udyana et le Gandhara,pp.518-522*（冯承钧译注）等。

最后，强调一下其书所记神话、异闻向志怪小说发展的问题。

每记一寺，凡有相关神话、异闻，大都独立成篇，较比当时粗陈梗概的搜神、志怪更具小说趣味，因而北宋小说类书《太平广记》完整移录《洛阳伽蓝记》中神话、异闻多达 28 则。宋云、惠生行记，同样如此。

（二）两部地理类未著录书

地理类未著录者，有两书需作说明，一是裴秀《禹贡地域图》18 篇，二是常璩《华阳国志》12 卷。

1. 裴秀《禹贡地域图》18 篇，已佚。裴秀（224—271），字季彦，河东闻喜（今属山西）人，三国魏官至尚书令、左光禄大夫、司空。晋、魏"禅代之际，总纳言之要"。以司空"职在地官"，即"以《禹贡》山川地名，从来久远，多有变异。后世说者或强牵引，渐以暗昧。于是甄摘旧文，疑者则阙，古有名而今无者，皆随事列注，作《禹贡地域图》十八篇，奏之，藏于秘府。"其书序文，专有一段叙其"制图之体"的文字，提出分率、望准、道里、高下、方邪、迂直等六条原则：

> 制图之体有六焉：一曰分率，所以辨广轮之度也。二曰准望，所以正彼此之体也。三曰道里，所以定所由之数也。四曰高下，五曰方邪，六曰迂直，此三者各因地而制宜，所以校夷险之异也。……远近之实定于分率，彼此之实定于道里，度数之实定于高下、方邪、迂直之算。故虽有峻山巨海之隔，绝域殊方之迥，登降诡曲之因，皆可得举而定者。准望之法既正，则曲直远近无所隐其形也。①

这一系统的制图之法，使地图绘制在方位、距离、面积等方面

---

① 《晋书》卷 35《裴秀传》。

更加准确，为中国地图绘制创出新的科学方法，直至清胡渭《禹贡锥指》做出更加明确的解释。

2.《华阳国志》12卷，《隋书·经籍志》史部著录在霸史类，《史通》以"九州土宇，万国山川，物产殊宜，风化异俗，如各志其本国，足以明此一方"①，将其与南朝宋盛弘之《荆州记》等归于"史氏流别"中的"地理书志"。其后，以《华阳国志》为方志之始。

撰者常璩，字道将，曾为成汉李势散骑常侍，撰有《汉之书》（又称《蜀李书》）10卷，记成汉政权兴亡。东晋穆帝永和三年（347），劝李势归降东晋。至建康后，为东晋参事。

卷3《蜀志》称：蜀之为国，"其地东接于巴，南接于越，北与秦分，西奄峨嶓，地称天府，原曰华阳"，故以"华阳"名其书。

其书撰述与取材，卷12序志所言明白：

> 巴蜀厥初开国，载在书籍，或因文纬，或见史记，久远隐没，实多疏略……司马相如、严君平（遵）、扬子云（雄）、阳成子玄（修）、郑伯邑（廑）、尹彭城（珍）、谯常侍（周）、任给事（熙）等，各集传记，以作本纪，略举其隅。其次圣称贤，仁人志士，言为世范，行为表则者，名注史录。而陈君承祚（寿）别为《耆旧传》，始汉及魏，焕乎可观。然三州土地，不复悉载……惧益遐弃，城陴靡闻，乃考诸旧纪、先宿所传，并《南裔志》，验以《汉书》，取其近是，及自所闻，以著斯篇。……肇自开辟，终乎永和三年，凡十篇，号曰《华阳国记》。夫书契有五善：达道义，章法戒，通古今，表功勋，而后旌贤能。恨璩才短，少无远及，不早援翰执素，广访博咨，流离困瘵，方资腐帛于颠墙之下，求余光于灰尘之中，剬灭者多，

① 《史通》卷10《杂述》。

故虽有所阙，犹愈于遗忘焉。

永和三年（347），为其归东晋之时。序志为 10 篇，著录为 12 篇，不知何时何人所为。至宋已有残缺，南宋宁宗嘉泰（1201—1204）中，李墅据两汉史书、《益部耆旧传》等补成 12 卷。通行本为清嘉庆年间顾广圻校正廖宣刊行本。

传本篇目：卷 1 巴志，卷 2 汉中志，卷 3 蜀志，卷 4 南中志，卷 5 公孙述、刘二牧志，卷 6 刘先主志、卷 7 刘后主志、卷 8 大同志、卷 9 李特、雄、寿、势志，卷 10 上先贤士女总赞论，卷 10 中广汉士女、犍为士女，卷 10 下汉中士女、梓潼人士，卷 11 后贤志，卷 12 序志、益梁宁三州先汉以来士女名目录。

前 4 志，总叙"华阳"历史、郡县沿革、风土，兼记户数、物产，大体与方志、地理志写法相同。每志之前有总序，每郡之前有小序。所记巴蜀传说，秦置郡巴蜀、开水利，诸葛亮平南中，均详于他书而更有系统。卷 1 巴志记"巴师勇锐，歌舞以凌，殷人倒戈，故世称之曰'武王伐纣，前歌后舞也'"，"汉高帝灭秦为汉王，王巴蜀，阆中人范目有恩信方略，知帝必定天下，说帝为募发宾民，要与共定秦"，宾民"为汉前锋陷阵，锐气喜舞，帝善之曰：'此武王伐纣之歌也。'乃令乐人习学之，今所谓巴渝舞也"，表明古代巴族是一个勇武善舞的种族。卷 3 蜀志记"周失纲纪，蜀先称王"，自蚕丛、鱼凫、杜宇，叙至秦惠王使张仪、司马错灭蜀，虽不能全据为信史，但自"资阳人化石"发现以来，特别是近年来三星堆、金沙遗址的发掘，巴蜀文化研究更加引起世人瞩目。所记李冰"识齐水脉，穿广都盐井诸陂池，蜀于是盛有养生之饶焉"以及开岷江以灌成都平原等，均较其他史书为详。

卷 5—卷 9，编年记述东汉末年至东晋中"华阳"地方割据政权的治乱兴替，卷 8 大同志为蜀亡之后事。

卷 10—卷 12，为"华阳"各界人物，分三种形式记述 400 余人。一是人物赞，可为《隋书·经籍志》史部杂传类著录的人物传赞的代表，在传写人物之前，先有四言韵语为赞，少则一句，多则八句，通常为两句或四句，与陈寿《三国志·蜀书》最后所附杨戏《季汉辅臣赞》写法全同。二是人物传，每篇标题之后均有两句四字赞语。卷 11 后贤志中《陈寿传》较比《晋书·陈寿传》为详，《王化传》为东观郎、著《蜀书》，其他史籍均无。三是人物目录，实即人物表，包括姓名、字号、职任、籍贯，间附简单事迹或史料来源。每个人名之前均冠以品题"高尚"、"德行"等，如"公亮：大司农、司隶校尉任昉，字文始，循子也"，再如"高尚：逸民林闾，字公孺，临邛人，杨雄师之，见《方言》。"北宋元丰（1078—1085）中，吕大防刻书序称："于一方人物，丁宁反复，如恐有遗。虽蛮髦之民，井臼之妇，苟有可纪，皆著于书。"需要指出，如此传写人物，除"江汉吐灵，济济多士"的一面，还有常璩"矜其乡贤，美其邦族"的一面，卷 11 后贤志传写 20 人，常氏便有 3 人。

其书所记，地理沿革、政权兴衰、人物传记，三者结合，成为记录西南地区各族历史传说、风土习俗、地域分布的珍贵史籍。

三、谱系

谱系，著录 53 部 1280 卷，除《世本王侯大夫谱》2 卷、刘向《世本》2 卷、宋衷《世本》4 卷外，均为东汉以下，主要是南北朝时期谱录。后序云："汉初，得《世本》，叙黄帝已来祖世所出。而汉又有《帝王年谱》，后汉有《邓氏官谱》。晋世，挚虞作《族姓昭穆记》十卷，齐、梁之间，其书转广。后魏迁洛，有八氏十姓，咸出帝族。又有三十六族，则诸国之从魏者；九十二姓，世为部落大人者，并为河南洛阳人。其中国士人，则第其门阀，有四海大姓、郡姓、州姓、县姓。及周太祖入关，诸姓子孙有功者，并令为其宗长，仍撰谱录，纪其所承。又以关内诸州，为其本望。《邓氏官谱》及《族姓昭穆记》，晋乱已亡。自余亦多遗失。今录其见存者，以为谱系篇。"著录之中，东汉以下，王僧孺《百家谱》、贾执《姓氏英贤谱》、何氏《姓苑》等有辑本。

谱系虽与人物传相关联，但以各类家族关系为主，是血缘家族史。著录类别大致有总序、帝王、百家、英贤、宗室、族姓、州姓、家谱等。内容为各类家族族源、世系、宦海沉浮、婚姻关系、子孙支脉等。唐代谱学家柳芳论谱学缘起、形成时指出：

> 魏氏立九品，置中正，尊世胄，卑寒士，权归右姓而已。其州大中正、主簿，郡中正、功曹，皆取著姓氏族为之，以定门胄，品藻人物。晋、宋因之，始尚姓矣。然其别贵贱，分士庶，不可易也。于时有司选举，必稽谱籍，而考其真伪。故官有世胄，谱有世官。贾氏、王氏谱学出焉。[1]

由于"官之选举必由于簿状，家之婚姻必由于谱系"[2]，南北朝时期出现"贾氏、王氏谱学"。

贾氏谱学，因当时谱学未有名家，贾弼之广集百氏谱记，专心习业。晋孝武帝太元（376—396）中，"朝廷给弼之令史书吏，撰定缮写，藏秘阁左右曹"。至其孙贾希镜，"三世传学，凡十八州士族谱，合百帙，七百余卷，该究精细"。南齐武帝永明（483—493）中，"王俭抄次百家谱，与希镜参怀撰定"。[3]

王氏谱学，指王僧孺谱学。王僧孺（465—522），以字行，东海郯（今山东郯城）人。初仕南齐为太学博士，以文学会"竟陵八

---

① 《新唐书》卷199《儒学中·柳冲传》。
② 《通志》卷25《氏族序》。
③ 《南史》卷72《文学·贾希镜传》。《南齐书》卷52作《贾渊传》，以希镜为其字。

友"任昉、沈约。梁武帝天监中，拜中书侍郎，领著作，复直文德省，撰起居注、《中表簿》等。工属文，善楷书、隶书，多识古事。转北中郎谘议参军，入直西省，知撰谱事。先前，沈约以"宋、齐二代，士、庶不分"，"晋籍所余，宜加宝爱"，梁武帝"以是留意谱籍"，"因诏僧孺改定《百家谱》"。于是，王僧孺"集《十八州谱》七百一十卷，《百家谱集抄》十五卷，《东南谱集抄》十卷"①。

综上所述，《隋书·经籍志》史部杂传、地理、谱系三大类，著录 412 部，为史部总部数 0.47% 有余，4217 卷，占史部总卷数 0.25% 强。此三类以反映社会风貌为主的史部书，充分展示出汉唐之际史学成长的一个重要方面，史不再局限于"王迹所兴"、将相功业。各类人物社会地位的变化，佛教传入后高僧（比丘尼）社会地位及社会影响（包括"佛道之争"），山川地貌、物产习俗、异域风情等广为人们关注，世家大族的社会生活、思想情趣、个人爱好……均纳入记述范围。

第三节　"子之将史"渐成趋势

刘知幾《史通·杂述》篇虽然认为"子之将史，本为二说"，却又将子部书视为"史之杂流"，认为"《吕氏》、《淮南》、《玄晏》、《抱朴》，凡此诸子，多以叙事为宗，举而论之，抑亦史之杂也"，只不过"名目有异，不复编于此科"而已。但"子之将史"成为一种趋势，却是在魏晋之际发端的。

《史通》提到的《吕氏春秋》、《淮南子》、《抱朴子》，《隋书·经

---

① 　《南史》卷 59《王僧孺传》。《梁书》卷 33《王僧孺传》以其"普通三年卒，时年五十八。"而《南史》作"普通二年卒"，不记岁数。王僧孺生卒年，据《梁书》。

籍志》著录在子部杂者类，而"《玄晏》"即《玄宴春秋》，《隋书·经籍志》著录在史部杂传类，皇甫谧撰。不论著录在史部还是在子部，皆因其"多以叙事为宗"才被视为"史之杂也"。显然，"以叙事为宗"是"子之将史"的最基本原因，这一点对于区分子书入史至为关键！"以叙事为宗"者可视为"史"，不以"叙事为宗"而仅以"论事为宗"者则非为史。

《隋书·经籍志》子部各类"以叙事为宗"的著录，为治史者所重者基本在杂者、小说者两类。

一、对杂者认识的变化

《汉书·艺文志》以杂家者流"盖出于议官，兼儒、墨，合名、法，知国体之有此，见王治之无不贯，此其所长也。及荡者为之，则漫羡而无所归心。"《隋书·经籍志》以杂者"兼儒、墨之道，通众家之意，以见王者之化，无所不冠者也。古者，司史历记前言往行，祸福存亡之道。然则杂者，盖出史官之职也。放者为之，不求其本，材少而多学，言非而博，是以杂错漫羡，而无所指归。"汉以杂者出于"议官"，唐以杂者出于史官，都认为兼通众意，与"王治"或"王者之化"密切相关，但同时指出：放荡为之，将会出现"漫羡而无指归"的问题。

（一）杂者代表——《风俗通义》

《风俗通义》30卷，应劭撰。应劭，字仲远（一作仲瑗），东汉汝南郡南顿（今河南项城）人。累世官宦，四世祖顺，和帝时为河南尹、将作大匠；曾祖叠，江夏太守；祖父彬，武陵太守；父奉，历官武陵太守、从事中郎、司隶校尉。应劭，生年不详，灵帝时举孝廉、为郎，后辟为太尉曹掾、车骑将军掾，为萧县令、营陵令、汝南郡主簿，中平六年（189）为太山太守。献帝兴平元年（194）弃郡投奔袁绍，二年拜为袁绍军谋校尉，始终未离冀州。据《三国志·武帝纪》裴松之注引《世语》"后太祖定冀州，劭时已死"，当卒于建安九年（204）八、九月间之前。勤于著述，据正典刑，为驳议三十篇，删定律令为《汉仪》，建安元年始奏之。其后，慨然叹息迁都许昌使"旧章埋没，书记罕存"，乃"缀集所闻，著《汉官礼仪故事》，凡朝廷制度，百官典式，多劭所立"，"凡所著述百三十六篇。又集解《汉书》，皆传于时"。①《风俗通义》为其代表作，大约撰于献帝初平、兴平（190—195）的数年间。

传本 10 卷，《隋书·经籍志三》著录为 30 卷、录 1 卷，两《唐书》著录亦 30 卷。北宋年间，苏颂校书所写《校风俗通义题序》记录了传世的 10 卷篇目——皇霸、正失、愆礼、过誉、十反、声音、穷通、祀典、神怪、山泽，并根据《意林》列出其余 20 篇篇目：

> 其余篇名可见者，曰心政、曰古制、曰阴教、曰辩惑、曰析当、曰恕度、曰嘉号、曰徽称、曰情遇、曰姓氏、曰讳篇、曰释忌、曰辑事、曰服妖、曰丧祭、曰宫室、曰市井、曰数纪、曰新秦、曰狱法。②

清陆心源写有一篇《风俗通义篇目考》，只有三篇篇目略微有异："徽称"作"秽称"、"情遇"作"恃遇"、"释忌"作"释忘"，或以作"秽称"为是，而作"恃遇"、"释忌"是因形似而误。"姓氏"有作"氏姓"者，不知何者颠倒。今存 10 卷（篇），多为残卷，未必本来面貌。校勘成果，以卢文弨、孙诒让为最著。对于 20 篇佚文，清代辑佚成果，钱大昕从《北堂书钞》、《太平御览》、《意林》、《文选注》、《广韵》、《通志·氏族略》等 20 余种书中辑出佚文 600 余条，

---

① 《后汉书》卷 48《杨李翟应霍爰徐列传》。本传与《隋书·经籍志》著录不尽相同，见第一节"职官"、"仪注"所叙。

② 《苏魏公集》卷 66。

属氏姓者 350 余条。此外，尚有卢文弨、顾櫰三、王仁俊等辑佚。迄今所见辑佚多达 800 余条，属氏姓者近 500 条，其次以狱法、宫室、古制、数纪、市井较多，在 10 余条—20 余条之间，再次则是释忌、辩惑、辑事、丧祭等，数至 10 余条。服妖、阴教最少，仅辑出一二条。史称其书"以辩物类名号，释时俗嫌疑。文虽不典，后世服其洽闻。"

每篇有小序，简述该篇旨意。篇下包括若干条目，每一条目先叙事，后用"谨按"发挥己意，即所谓"各卷皆有总题，题各有散目。总题后略陈大意，而散目称详其事，以'谨按'云云辨正得失。"①

自序其书旨意，先指出当时学术偏差，貌似繁荣，却文辞繁杂，不仅去儒本旨"驰远"，而且对于影响社会生活的风俗"莫能原察"：

> 汉兴，儒者竞复比谊会意，为之章句，家有五六，皆析文便辞，弥以驰远。缀文之士，杂袭龙鳞，训注说难，转相陵高，积如丘山，可谓繁富者矣。而至于俗间行语，众所共传，积非习惯，莫能原察。

面对王室大坏、民不聊生的社会现状，担心会越来越"迷昧"，决心举其所知，分类编纂：

> 今王室大坏，九州幅裂，乱靡有定，生民无几。私惧后进益以迷昧，聊以不才，举而所知，方以类聚，凡三十一卷，谓之《风俗通义》。

---

① 《四库全书总目》卷 120《杂家类四》。

进而解释书名，解说风俗的含义、风俗在社会生活中的意义：

> 言通，于流俗之过谬，而事该之于义理也。风者，天气有寒暖，地形有险易，水泉有美恶，草木有刚柔也。俗者，含血之类，像之而生。故言语歌讴异声，鼓舞动作殊形，或直或邪，或善或淫也。圣人作而均齐之，咸归于正，圣人废则还其本俗。

然后论说在当时社会环境下整顿风俗的必要：

> 《尚书》"天子巡狩，至于岱宗，觐诸侯，见百年，命大师陈诗，以观民风俗。"《孝经》曰："移风易俗，莫善于乐。"传曰："百里不同风，千里不同俗，户异政，人殊服。"由此言之，为政之要，辩风正俗最其上也。

强调"为政之要"，最上之策是"辨正风俗"。元代李果在今存最古本——元大德本书前所作序，同样简要指明：

> 上行下效谓之风，众心安定谓之俗，移风易俗，在则人，亡则书，此应劭《风俗通义》所有作也。

自汉至元，对其书的共识是：风俗对于社会安定与否至关重要。社会风气是人们在长期生活中共同形成，而风尚往往由上层社会带动，能否"禁绝"在于态度是否坚决！《神怪》篇"城阳景王祠"一目记述城阳自琅琊、青州六郡及渤海都邑、乡亭、聚落皆为朱虚侯刘章立祠，"造饰五二千石车，商人次第为之，立服带绶，备置官署，烹杀讴歌，纷籍连日，转相诳曜，言有神明，其谴问福祸立应，历载弥久，莫之匡纠。唯乐安太傅陈蕃、济南相曹操，一切禁绝，肃然政清。"要做到"政清",禁绝坏风气就必须坚决:"一切禁绝"！对于社会上荒谬的传言,用专篇揭露,评其"皆俗人所妄传","言过其实及傅会",《正失》篇小序感叹:"传言失指,图影失形,众口铄金,积毁销骨,久矣其患之也。"

其书"洽闻",《声音》篇记述当时流行的各种乐器名称、形制、构造及制作者,为考察汉代乐器的重要文字。对于箜篌、笛、琴、筑、筝等考证颇多,如说箜篌,以"孝武皇帝赛越南,祷祠太乙、后土,始用乐人侯调依琴作坎坎之乐,言其坎坎节奏也,侯以姓冠章耳。或说空侯取其空中,琴瑟皆空,何独坎侯耶,斯论是也。《诗》云'坎坎鼓我',是其文也。"范晔说其书"文虽不雅",未必妥当。记有不少怪异,为志怪小说《搜神记》等所取材,有的甚至被全文移录。

纠正某些成语出典,也值得注意。"杯弓蛇影"这句成语,通常以为出自《晋书·乐广传》,而此书《神怪》篇"世间多有见怪惊怖以自伤者"一目记应劭祖父事,"予之祖父彬为汲令,以夏至日诣见主簿杜宣,赐酒。时北壁上悬赤弩照于杯,形如蛇。宣畏恶之,然不敢饮。其日,便得胸腹痛切,妨损饮食,大用羸露,攻治万端,不为愈。后彬因事过至宣家窥视,问其变故,云畏此蛇,蛇入腹中。彬还听事,思惟良久,顾见悬弩,必是也",于是再次邀杜宣,"于故处设酒,杯中故复有蛇,因谓宣曰:'此壁上弩影耳,非有他怪。'宣遂解,甚夷怪,由是瘳平,官至尚书,历四郎,有威名焉"。《晋书》不仅较《风俗通义》晚出,所记也不如《风俗通义》所记有名有姓。

(二)《抱朴子外篇》

《抱朴子》在《隋书·经籍志》子部是分别著录的,道者类著录《抱朴子内篇》21卷、音1卷;杂者类《抱朴子外篇》30卷,小注"梁有五十一卷。"。

葛洪,字稚川,丹阳句容(今属江苏)人。人以其"总日莫然不辩、自矜饰",咸称之抱朴之士,遂自号抱朴子。生卒年无载,《晋书》本传以其卒"年八十一"。就所见言其生卒年者有四说：281—
341、283—363、283—343，290—370，卒年分别为东晋成帝咸康七
年（341）、哀帝兴宁元年（363）、康帝建元元年（343）、废帝太和
五年（370）。据《抱朴子外篇·自叙》"昔欲诣京师索奇异，而正值
大乱，半道而还。每自叹恨，今齿近不惑，素志衰颓"，则其遇西晋
末八王之乱时年不满 40。自叙又以"洪年二十余，乃计作细碎小文。
妨弃功日，未若立一家之言，乃草创子书。会遇兵乱，流离播越，有
所亡失，连在道路，不复投笔十余年，至建武中乃定：凡著内篇二十
卷，外篇五十卷，碑颂诗赋百卷，军书檄移、章表笺记三十卷，又
撰……"云云。所谓"建武"，在西晋为惠帝年号（304），仅数月；
在东晋为元帝年号（317—318），不过一年多。若以后一"建武"计，
则其大部分著述撰成于东晋初年。所云"洪年二十余，乃计作细碎
小文……不复投笔十余年，至建武中乃定"，与所云"今齿近不惑"
亦颇相符。若这样推测不误，则葛洪后"建武中"（317—318）年
近 40，其生当西晋武帝咸宁（275—280）中，其卒当东晋穆帝永和
（345—356）末或升平（357—361）间。以此推测，仅备一说。《晋
书》中，除本传外，另有 6 处见其人其事，最晚在成帝咸康（335—
342）中或稍后，即卷 11《天文上》所记"成帝咸康中，会稽虞喜因
宣夜之说作《安天论》……葛洪闻而讥之曰……"

　　葛洪"好神仙导养之法"，随从祖葛玄弟子郑隐学炼丹术。西晋
末年之乱，避于南地，为广州刺史嵇含（字君道）参军。嵇含遇害，
葛洪遂停广州 10 余年。东晋成帝初，王导召其为司徒掾、谘议参军，
与干宝"深相亲友"。复以交趾出丹，求为勾漏令，携子侄至广州，
止于罗浮山炼丹，在山积年，优游养闲，著述不辍。[①] 以神仙养生为
内，以儒术应世为外。

---

① 《晋书》卷 72《葛洪传》。

《抱朴子外篇·自叙》云"凡著内篇二十卷、外篇五十卷",又云"其内篇言神仙方药、鬼怪变化、养生延年、禳邪却祸之事,属道家;其外篇言人间得失、世事臧否,属儒家",反映其"以见王者之化"的著录理念。葛洪自视外篇"属儒家",从其篇目清晰可见,诸如逸民、勖学、君道、臣节、良规、官理、务正、贵贤、任能、钦事、用刑、审举、擢才、任命、名实、清鉴、行品、弭讼、酒戒、刺骄、安贫、仁明、循本、文行、知止等,所以《隋书·经籍志三》将其外篇著录在杂者类,刘知幾视之为"子之将史"的代表著述之一。

二、对小说者认识的变化

《汉书·艺文志》小说家后序云:

> 小说家者流,盖出于稗官。街谈巷语,道听途说者之所造也。孔子曰:"虽小道,必有可观者焉,致远恐泥,是以君子弗为也。"然亦弗灭也。闾里小知者之所及,亦使缀而不忘。如或一言可采,此亦刍荛狂夫之议也。

《隋书·经籍志》子部小说者后序云:

> 小说者,街说巷语之说也。《传》载舆人之诵,《诗》美询于刍荛。古者圣人在上,史为书,瞽为诗,工诵箴谏,大夫规诲,士传言而庶人谤。孟春,徇木铎以求歌谣,巡省观人诗,以知风俗。过则正之,失则改之,道听途说,靡不毕纪。《周官》,诵训"掌道方志以诏观事,道方慝以诏辟忌,以知地俗";而训方氏"掌道四方之政事,与其上下之志,诵四方之传道而观衣物",是也。孔子曰:"虽小道,必有可观者焉,致远恐泥。"

虽然都认为是街谈巷语而有"可观者"，先前基本态度是"君子弗为"，后者强调在舆论方面的"规谏"作用和社会意义，引孔子的话不再引"君子弗为"一句。

（一）《燕丹子》

《燕丹子》最能反映此间小说的流行，是《隋书·经籍志》史部小说类著录的第一部书，注云"丹，燕王喜太子"，不注撰人。比较《汉书·艺文志》，法家类有《燕十事》十篇，注云"不知作者"；杂家类有《荆轲论》五篇，注云"轲为燕刺秦王，不成而死，司马相如等论之"，均无《燕丹子》之名。《史记·刺客列传》"太史公曰"："世言荆轲，其称太子丹之命，'天雨粟，马生角'也，太过。又言荆轲伤秦王，皆非也。"传本《燕丹子》有"天为雨粟，鸟白头，马生角"的说法。唐《史记索隐》、《史记正义》均引《燕丹子》，司马贞《索隐》另引"刘向云'丹，燕主喜之太子'"，但南朝宋裴骃《史记集解》却未引《燕丹子》，而东汉末应劭《风俗通义·正失》篇专驳此说，表明《燕丹子》成书在应劭之前。虽然应劭引《史记·刺客列传》批评燕太子丹"畏死逃归耳，自为其父所戮，手足圮绝，安在其能使雨粟其余云云乎！原其所以有兹语者，丹实好士，无所爱吝也，故闾阎小论饰成之耳"，但传闻依然流行不衰。张华《博物志》卷8《史补》又记"燕太子丹质于秦，秦王遇之无礼。不得意，思欲归，请于秦王。王不听，谬言曰：'令鸟头白，马生角，乃可。'丹仰而叹，鸟即头白；俯而嗟，马生角。秦王不得已而遣之。为机发之桥，欲陷丹。丹驱驰过之而桥不发。遁到关，关门不开，丹为鸡鸣，于是众鸡悉鸣，遂归。"张华以后，"嗜奇爱博"更成为一时风气，影响及于史家修史。《史通·书事》篇这样评述：

王隐、何法盛之徒所撰晋史，乃专访州闾细事，委巷琐言，聚而编之，目为鬼神传录。其事非要，其言不经。异乎三史之所书、五经之所载也。

　　……又自魏晋已降，著述多门，《语林》、《笑林》、《世说》、《俗说》，皆喜载调谑小辩。嗤鄙异闻，虽为有识所讥，颇为无知所说。而斯风一扇，国史多同。

传闻不仅未能被遏止，反倒堂而皇之地入史，成为此间史学的一大特色，而且影响经久不衰。

（二）小说代表——《世说新语》

《世说新语》，刘义庆撰。刘义庆（403—444），南朝宋宗室，武帝弟长沙景王道怜次子，嗣临川王道规爵。"为性简素，寡嗜欲，爱好文义，才词虽不多，然足为宗室之表"，撰《徐州先贤传》10 卷奏上，"拟班固《典引》为《典叙》，以述皇代之美。"[1]

《世说新语》，《隋书·经籍志三》著录为《世说》8 卷、新、旧《唐书·经籍（艺文）志》著录同，唐宋时期一度谓之《世说新书》[2]，《直斋书录解题》著录为《世说新语》3 卷，并指出"诸家所藏卷第多不同"。《四库全书》、《四部丛刊》、《四部备要》本均 3 卷，《诸子集成》6 卷，但都分 36 门：德行、言语、政事、文学、方正、雅量、识鉴、赏誉（上下）、品藻、规箴、捷悟、风惠、豪爽、容止、自新、企羡、伤逝、栖逸、贤媛、术解、巧艺、宠礼、任诞、简傲、排调、轻诋、假谲、黜免、俭啬、忿狷、谗险、尤悔、纰漏、惑溺、仇隙。由于《四库全书总目提要》误作"分三十八门"，鲁迅《中国小说史略》第七篇亦作"今本凡三十八篇，自《德行》至《仇隙》，于是"三十八门"说便见诸介绍此书的各种文字之中。其实，各本

---

① 《宋书》卷 51《宗室·临川烈武王道规附义庆传》。《南史》卷 13《宋宗室及诸王·临川烈武王道规附义庆传》同。《宋书》不载其著《世说》，《南史》作"所著《世说》十卷，撰《集林》二百卷，并行于世"。

② 参见《四库全书总目》卷 140《小说家类一》。

目录、书口都很清楚地标着：德行第一、仇隙第三十六，实为"分三十六门"，不要再误作"三十八门"了！

其书集东汉至魏晋士族人物逸闻轶事，以语录的形式记述一件件的故事，长则二三百字，短则十余字。鲁迅以其据"世之所尚，因有撰集，或者掇拾旧闻，或者记述近事，虽不过丛残小语，而俱为人间言动，遂脱志怪之牢笼也"，称之为"差不多就可以看做一部名士底教科书"①，这不仅从分类类目可以看出，而且所记内容尤为清楚，且看《规箴》类所记孙皓与陆凯的对话：

> 孙皓问丞相陆凯曰："卿一宗在朝有几人？"陆曰："二相五侯，将军十余人。"皓曰："盛哉！"陆曰："君贤臣忠，国之盛也。父慈子孝，家之盛也。今政荒民弊，覆亡是惧，臣何敢言盛。"

再看《贤媛》类所记许允娶丑妇为妻，夫妻间的对话，可为永世之"教科书"：

> 许因谓曰："妇有四德，卿有其几？"妇曰："新妇所乏唯容耳。然士有百行，君有几许？"（许）曰："皆备。"妇曰："夫百行以德为首，君好色不好德，何谓皆备？"允有惭色，遂相敬重。

反映名士风貌的内容，如《任诞》类第一则，"陈留阮籍、谯国嵇康、河内山涛，三人皆相比，康年少亚之。预此契者，沛国刘伶、

① 鲁迅：《中国小说史略》、《中国小说的历史的变迁》，《鲁迅全集》第 9 卷，第 61 页、314 页。

陈留阮咸、河内向秀、琅邪王戎，七人常集于竹林之下，肆意酣畅，故世谓竹林七贤"，是为"竹林七贤"之出处。再如《简傲》类所记阮籍的放浪，"晋文王功德盛大，坐席严敬，拟于王者。唯阮籍在坐，箕踞啸歌，酣放自若"。经常为人们引用的有《汰侈》类所记石崇、王敦的残忍："石崇每要客燕集，常令美人行酒。客饮酒不尽者，使黄门交斩美人。王丞相（导）与大将军（敦）尝共诣崇。丞相素不能饮，辄自勉强，至于沉醉。每至大将军，固不饮，以观其变。已斩三人，颜色如故，尚不肯饮，丞相让之，大将军曰：'自杀伊家人，何预卿事！'"

书中不少叙事，成为历史典故，如《文学》类曹植《七步诗》、《捷悟》类杨修破解"绝妙好辞"、《容止》类潘安"有姿容，好精神"、《自新》类周处"除三害"，等等。

至梁，刘孝标作注，即《隋书·经籍志三》小说者类著录"《世说》十卷，刘孝标注"。

刘孝标（462—521）[1]，名峻，平原郡平原（今属山东）人。天监初，入西省典校秘书，后为荆州户曹参军。讲学东阳紫岩山，"吴、会人士多从其学"，"门人谥曰玄靖先生"。尝著《辨命论》以寄怀，并与同姓刘沼反复论难。

刘孝标注《世说新语》，注文广征博引，"经史别传三百余种，诸子百家四十余种，别集廿余种，诗赋、杂文七十余种，释、道三十余种"[2]。所引诸书大都散佚，赖此注文保留片段。唐修《晋书》之前的"十八家"晋史，注文均有引述，《隋书·经籍志》著录的不少书

---

[1] 《梁书》卷50《文学下·刘峻传》以其"普通二年卒，时年六十"，《南史》卷49《刘怀珍附从父弟峻传》以其"普通三年卒，年六十"。二书均记"宋泰始初，青州陷魏（魏克青州），峻（时）年八岁"，而"青州陷魏（魏克青州）"在泰始五年（469）正月，则其生当宋大明五年（462），则其卒在普通二年（521），《南史》误"二"为"三"，当以《梁书》为准。

[2] 叶德辉：《世说新语注引用书目序》。

籍都可从注文略见梗概。《言语》类所记"谢太傅寒雪日内集，与儿女讲论文义"一事，注引《王氏谱》曰"凝之字叔平，右将军羲之第二子也。历江州刺史、左将军、会稽内史。"又引《晋安帝纪》曰"凝之事五斗米道，孙恩之攻会稽，凝之谓民力曰：'不须备防，吾已请大道，许遣鬼兵相助，贼自破矣。'既不设备，遂为恩所害。"对照唐初所修《晋书·王羲之传》，可知其所附凝之小传全出《王氏谱》和《晋安帝纪》，而此《晋安帝纪》并非《晋书·安帝纪》，《隋书·经籍志》也未著录，前第三章第五节已述。此类引文，提供出诸多人物的身世、字号、事迹等。同时可知某些史书的体例、内容，如《晋诸公赞》，《隋书·经籍志二》著录在杂史类，多以为属于史评或史论性质，刘孝标注多处引《晋诸公赞》，如《德行》类"王戎、和峤同时遭大丧"条引《晋诸公赞》曰："戎字濬冲，琅邪人，太保详宗族也。文皇帝辅政，钟会荐之曰：裴楷清通，王戎简要。即俱辟为掾。晋践祚，累迁荆州刺史，以平吴功封安丰侯。"其他所引，均同此例，可知《晋诸公赞》实为人物小传，各有赞语，如《三国志·蜀书》末杨戏《季汉辅臣赞》。

尤其值得注意者有二，其一，注不仅保存佚文，而且具有考异性质。《政事》类叙"嵇康被诛后山公举康子绍为秘书丞"一事，注引《山公启事》曰："诏选秘书丞。涛荐曰：绍平简温，敏有文思，又晓音，当成济也，犹宜先作秘书郎。诏曰：绍如此便可为丞，不足复为郎也。"又引《晋诸公赞》、王隐《晋书》进行考异。由此不仅知道《隋书·经籍志四》总集著录的《山公启事》3卷为山涛"所奏甄拔人物"的奏章，而且可略窥其文。再如《文学》类"殷中军见佛经云理亦应阿堵上"一事，寥寥13字，注文多达413字，叙"佛经之行中国尚矣，莫详其始"，引《牟子》、《列仙传》、《魏略·西戎传》、《汉武故事》后写道："验刘向、鱼豢之说，佛至自哀、成之世明矣。然则《牟传》所言四十二者，其文今存，非妄，盖明帝遣使广求异闻，非是时无经也。"其二，注文引书有未见著录、不知撰述情况者，如《识鉴》类所引车频《秦书》关于苻坚的记载，下面一节详述。

对于刘孝标注，历来颇为推崇：

> 孝标所注，特为典赡，高似孙《纬略》亟推之。其纠正义庆之纰缪，尤为精核。所引诸书，今已佚其十之九，唯赖是注以传。故与裴松之《三国志注》、郦道元《水经注》、李善《文选注》同为考证家所引据焉。①

作为"志人小说"的代表，其书影响久远，唐有王方庆《续世说新语》、刘肃《大唐新语》，宋有孔仲平《续世说》，明有李绍文《明世说新语》，清有《汉世说》、《女世说》、《僧世说》、《今世说》，民国亦有《新世说》之类。

顺便提一下殷芸《小说》。《隋书·经籍志三》小说类在刘孝标注《世说》之后紧接着著录"《小说》十卷，梁武帝敕安右长史殷芸撰。"《史通·杂说中》篇以"刘敬升《异苑》称晋武库失火，汉高祖斩蛇剑穿屋而飞。其言不经，致梁武帝令殷芸编诸《小说》。"姚振宗推测："此殆是梁武作《通史》时事。凡此不经之说，为《通史》所不取者，皆令殷芸别集为《小说》。是此《小说》因《通史》而作，犹《通史》之外乘也。"②分卷按朝代先后：第一卷"秦汉魏晋宋诸帝"，第二卷"周六国前汉人"，第三、四卷"后汉人"，第五卷"魏人"，第六卷"吴蜀人"，第七至第九卷"晋江左人"，第十卷"宋人"。余嘉锡"考芸所纂集"，以其"皆取之故书雅记，每条必注书名，体例谨严，与六朝人他书随手抄撮不注出处者不同"。③

---

① 《四库全书总目》卷140《小说家类一》。
② 姚振宗：《隋书经籍志考证》卷6。
③ 《余嘉锡文史论集》，岳麓书社1997年版，第259页。

三、杂者、小说者的存、辑

杂者类著录，包括杂论、杂说、杂考、典故、纂事、纂物、类书以及佛典、僧传等，且有重复，如《皇帝菩萨清净大舍记》3 卷即史部杂传类《梁武皇帝大舍》3 卷，再如《众僧传》20 卷、《高僧传》6 卷亦见史部杂传类。小说者著录，包括属于类书性质的语对、文对、杂书抄，又有属于科技方面的仪器图——《器准图》等。为帮助了解汉唐之际杂者、小说者两类图书受重视程度，著其存、辑于下。

（一）杂者类（类书以下不列）

尉缭子 5 卷，存

尸子 20 卷，辑

吕氏春秋 26 卷，存

淮南子 21 卷，存

论衡 29 卷，存

风俗通义 31 卷，存，上已述

仲长子昌言 12 卷，辑

蒋子万机论 8 卷，辑

笃论 4 卷，辑

刍荛论 5 卷，辑

诸葛子 5 卷，辑

傅子 120 卷，辑

默记 3 卷，辑

裴氏新言 5 卷，辑

析言论 20 卷，辑

时务论 12 卷，辑

抱朴子 50 卷，存，上已述

金楼子 10 卷，存 6 卷

博物志 10 卷，存

广志 2 卷，辑

古今注 3 卷，存

古今训 11 卷，辑

古今善言 30 卷，辑

纂要 1 卷，辑

俗说 3 卷，辑

袖中记 2 卷，辑

（二）小说者类（只列《小说》5 卷以前）

燕丹子 1 卷，存，上已述

语林 10 卷，辑

郭子 3 卷，辑

笑林 3 卷，辑

世说 8 卷，存，上已述

世说 10 卷（刘孝标注），存，上已述

小说 10 卷（殷芸），辑，上已述

第四节　少数民族史学崛起

西晋末年，聚居在中国北方的五大民族——匈奴、鲜卑、羯、氐、羌，纷纷起而建立各自的政权。自公元 303 年李特自署益州、改年建初，至 439 年北魏统一北方的 136 年间，各族首领先后建立起成汉、二赵（前赵、后赵）、三秦（前秦、后秦、西秦）、四燕（前燕、后燕、南燕、北燕）、五凉（前凉、后凉、南凉、北凉、西凉）和夏等 16 个政权，史称"五胡十六国"。此外，另有冉、翟二魏，西燕、蜀、北魏的前身——代，以及段部、仇池、宇文部等。

一、十六国史官制度与十六国史

各族建立政权后，差不多都设官修国史，或由后继者续成。

（一）成汉（303—347）

玉衡（311—333）中，李雄"乃兴学校，置史官"①，而"记事，委之门下"②。

李势时，"散骑常侍常璩撰《汉书》十卷。后入晋秘阁，改为《蜀李书》。璩又撰《华阳国志》，具载李氏兴灭。"③

另据《华阳国志》，常宽"撰《蜀后志》及《后贤传》"，东晋元帝时"拜武平太守"，后"蜀郡杜袭、敬修亦著《蜀后志》，及志赵廞、李特叛乱之事"④。

《隋书·经籍志》史部霸史类著录：《汉之书》10 卷，常璩撰。《华阳国志》12 卷，常璩撰。地理类著录：《蜀志》1 卷，东京武平太守常宽撰。《华阳国志》非"具载李氏兴灭"，不当入"霸史"，已在第二节叙说。

（二）前赵（304—329）

刘聪汉嘉平初（311），"公师彧以太中大夫领左国史，撰其国君臣纪传"。⑤

刘聪时，"领左国史公师彧撰《高祖本纪》及功臣传二十人，甚得良史之体。凌修谮其讪谤先帝，聪怒而诛之"。刘曜时，"平舆子和

---

① 《晋书》卷 121《李雄载记》。
② 《史通》卷 11《史官建置》。
③ 《史通》卷 12《古今正史》。
④ 《华阳国志》卷 11《后贤志·武平太守常宽泰恭传》。
⑤ 《史通》卷 11《史官建置》。

苞撰《汉赵记》十篇。事止当年，不终曜灭"。① 朱希祖《十六国旧史考》以"汤球辑和苞《汉赵记》十条，中称（刘）曜今上，粲为太子，与《史通》'事止当年，不终曜灭'说合"。② 据此，《汉赵记》为前赵国史，且有史例。

《隋书·经籍志》史部霸史类著录：《汉赵记》10 卷，和苞撰。

（三）前凉（317—376）

前凉史官设著作郎，张谘"仕（张）轨，为著作郎，撰《凉记》八卷，多记轨事"③。其修国史，在"西曹"和"东菀（苑）"。"前凉张骏十五年（339），命其西曹边浏集内外事以付秀才索绥，作《凉国春秋》五十卷。又张重华护军参军刘庆在东菀（苑）专修国史二十余年，著《凉记》十二卷。"另有"建康太守索晖、从事中郎刘昞，又各著《凉书》"④。

刘昞，《十六国春秋》、《魏书》有传，称"昞以三史文繁，著《略记》百三十篇、八十四卷，《凉书》十卷，《敦煌实录》二十卷……并行于世"⑤。

《隋书·经籍志》史部霸史类著录：《凉记》8 卷，记张轨事，伪燕右仆射张谘撰。《凉书》10 卷，记张轨事，伪凉大将军从事中郎刘景撰。刘景，即刘昞，唐代避李渊之父李昞名讳改。

前凉张天锡于太清十四年（376）亡，诸前凉史当成于此年之前。

又，《隋书·经籍志》史部霸史类著录：《西河记》2 卷，记张重

---

① 《史通》卷 12《古今正史》。

② 《制言》第 13 期，程千帆《史通笺记》引。

③ 《十六国春秋》卷 75《前凉录三·张谘传》。

④ 《史通》卷 12《古今正史》。《十六国春秋》卷 75《前凉录六·索绥传》：前凉张骏，"命西曹掾集阁内外事付索绥，著《凉春秋》五十卷"。

⑤ 《十六国春秋》卷 93《西凉录三·刘昞传》。《魏书》卷 52《刘昞传》同。

华事，晋侍御史喻归撰。

（四）后赵（319—351）

太兴二年（赵王元年，319），"始建社稷，立宗庙"，"任播、崔
濬为史学祭酒"。建平三年（332）"命郡国立学官，每郡置博士祭酒
二人，弟子百五十人，三考修成，显升台府。于是擢拜太学生五人为
佐著作郎，录述时事"。[①]又据《魏书》《资治通鉴》等记载，石虎时，
土度为著作郎。[②]后赵沿西晋著作制度，设著作郎1人，佐著作郎5人。

石勒修史，分设两套人马，以汉官掌修赵史和起居注，以羯官
为其单于、部落首领立传："命记室佐明楷、程机撰《上党国记》，
中大夫傅彪、贾蒲、江轨撰《大将军起居注》，参军石泰、石同、
石谦、孔隆撰《大单于志》。"[③]中国历史上少数民族政权修国史，大
多有此特征。

据刘知幾考察，"后赵石勒命其臣徐光、宗历、傅畅、郭愔等撰
《上党国记》《起居注》《赵书》。其后又令王兰、陈宴、程阴、徐机
等相次撰述。至石虎，并令刊削，使勒功业不传。其后燕太傅长史田
融、宋尚书库部郎郭仲产、北中郎参军王度追撰二石事，集为《邺都
记》《赵记》等书"[④]。石虎于建宁元年（349）卒，则"追撰"当在
此年之后。

《隋书·经籍志》史部霸史类著录：《赵书》10卷，"一曰《二石
集》"，记石勒事，伪燕太傅长史田融撰。《二石传》2卷，晋北中郎
参军王度撰。《二石伪治时事》2卷，王度撰。三书均属"追撰"，而
非当时所修"国史"。

---

① 《晋书》卷105《石勒载记下》。
② 参见《晋书》卷95《艺术·佛图澄传》、《资治通鉴》卷95晋成帝咸康元年。
③ 《晋书》卷105《石勒载记下》。
④ 《史通》卷12《古今正史》。

（五）前燕（337—370）

崔逞"慕容暐时，郡举上计掾，补著作郎，撰《燕记》。"①

黄泓，慕容皝嗣位"迁左常侍，领史官，甚重之"，慕容儁即位"为太史灵台诸署统，加给事中"。②

据《史通·古今正史》篇，"前燕有起居注，杜辅全录以为《燕纪》。"前燕慕容暐于建熙十一年（370）亡，则杜逞《燕记》、杜辅全《燕纪》当成于本年之前。

（六）前秦（350—394）

梁谠，略阳氐人，"仕（苻）健为著作郎"③。《晋书·苻生载记》有"著作郎梁谠"之说，则前秦始建即沿西晋著作制度。史官修史，人主不得见，苻坚"收起居注及著作所录而观之，见苟太后李威之事，渐怒，乃焚其书而大检史官，将加其罪。著作郎赵泉、车敬等已死，乃止"④。苻坚焚国史在建元十七年（381），赵渊等所修国史当成于此年之前。

刘知幾所记前秦史官修史情况为："前秦史官，初有赵渊、车敬、梁熙、韦谭相继著述。苻坚尝取观之，见苟太后幸李威事，怒而焚灭其本。后著作郎董谊追录旧语，十不存一。及宋武帝入关，曾访秦国事，又命梁州刺史吉翰问诸仇池，并无所获。先是，秦秘书郎赵整参撰国史，值秦灭，隐于商洛山，著书不辍，有冯翊车频助其经费。整卒，翰乃启频纂成其书，以元嘉九年起，至二十八年方罢，定

---

① 《十六国春秋》卷 52《后燕录十·崔逞传》。《魏书》卷 32《崔逞传》同。

② 《晋书》卷 95《艺术·黄泓传》。

③ 《十六国春秋》卷 42《前秦录十·梁谠传》。

④ 《十六国春秋》卷 37《前秦录五·苻坚中》。《魏书》卷 95《临渭氐苻健传》："遣其子长乐公丕攻克襄阳。（苻）坚观其史书，见母苟氏通李威之事，惭怒，乃焚其书。"《晋书》卷 113《苻坚载记上》："坚母少寡，将军李威有辟阳之宠，史官载之。至是，坚收起居注及著作所录而观之，见其事，渐怒，乃焚其书而大检史官，将加其罪。著作郎赵泉、车敬等已死，乃止。"

为三卷。而年月失次，首尾不伦。河东裴景仁又正其讹僻，删为《秦记》十一篇。"①关于裴景仁删削《秦记》，沈约《宋书》中有更为详细的记载：大明元年（457），"时殿中员外将军裴景仁助戍彭城，本伧人，多悉戎荒事，昙庆使撰《秦记》十卷，叙苻氏僭伪本末，其书传于世"②。

《隋书·经籍志》史部霸史类著录：《秦书》8 卷，何仲熙撰，记苻健事。《秦记》11 卷，宋殿中将军裴景仁撰，梁雍州主簿席惠明注。何仲熙，《十六国春秋·前秦录十》作"何熙仲"，所撰《秦书》"记苻健事"，当在苻健之后至前秦亡之前（355—394）所撰。裴景仁《秦记》，撰于南朝宋孝武帝大明元年（457）。

前面一节提到不见著录的车频《秦书》，《世说新语·识鉴》类记"郗超与谢玄不善，符坚将问晋鼎"一事，刘孝标注引车频《秦书》曰255 字："符坚字永固，武都氐人也。本姓蒲，祖父洪，诈称谶文，改曰符，言己当王，应符命也。坚初生，有赤光流其室。及诞，背赤色隐起，若篆文。幼有美度。石虎司隶徐正名知人，坚六岁时尝戏于路，正见而异焉，问曰：'符郎，此官街小儿，行戏不畏缚邪？'坚曰：'吏缚有罪，不缚小儿。'正谓左右曰：'此儿有王霸相。'石氏乱，伯父健及父雄西入关。健梦天神使者，朱衣冠拜，肩头有龙骧将军。肩头，坚小字也。健即拜为龙骧，以应神命。后健僭帝号，死，子生立，凶暴，群臣杀之而立坚。坚立十五年，遣长乐公丕攻没襄阳。十九年，大兴师伐晋，众号百万，水陆俱进，次于项城。自项城至长安，连旗千里，首尾不绝。乃遣告晋曰：'已为晋君于长安城中建广夏之室，今故大举渡江相迎，克日入宅也。'"所记多与《晋书·苻洪载记》、《十六国春秋·前秦录一苻洪》不尽一致，特

---

① 《史通》卷 12《古今正史》。
② 《宋书》卷 54《沈昙庆传》。

别是关于其姓，究竟"符"，抑或"苻"，车频《秦书》记为"祖父洪，诈称谶文，改曰'苻'，言己当王，应符命也"，《晋书·苻洪载记》、《十六国春秋·前秦录一苻洪》所记为"艹付"之"苻"，词义完全不同。

（七）后秦（384—417）

后秦史官建置不详，所见后秦史，均不为史官所修。《史通·古今正史》篇记道："后秦扶风马僧虔、河东卫景隆并著秦史。及姚氏之灭，残缺者多。（姚）泓从弟和都，仕魏为左民尚书，又追撰《秦纪》十卷。"

《隋书·经籍志》史部霸史类著录：《秦纪》10 卷，记姚苌事，魏左民尚书姚和都撰。后秦姚泓于永和二年（417）亡，据《史通》的说法，姚和都"追撰"《秦记》，当在此年之后。《十六国春秋·后秦录八》记姚和都："及泓嗣立，转给事黄门侍郎，撰《秦记》十卷，记姚苌时事。"据此，则为后秦未亡时所作，并非"追撰"。

（八）后燕（384—407）

后燕史官建置，与后秦相似。后燕史书，为民部官所修。封懿"仕慕容宝，位至中书令、民部尚书。宝败，归阙"，"太祖数引见，问以慕容旧事"，"泰常二年（417）卒，懿撰《燕书》，颇行于世。"[1]

《史通·古今正史》篇载："后燕建兴元年（386），董统受诏草创《后（燕）书》，著本纪并佐命功臣、王公列传，合三十卷。慕容垂称其叙事富赡，足成一家之言。但褒述过美，有惭董、史之直。其后申秀、范亨各取前后二燕，合成一史。"

《隋书·经籍志》史部霸史类著录：《燕书》20 卷，记慕容隽事，伪燕尚书范亨撰。据《史通》所载，范亨《燕书》是"前后二燕，合

---

① 《魏书》卷 32《封懿传》。

成一史"者，不应仅"记慕容隽事"。

（九）西秦（385—431）

西秦设著作郎，隶秘书省，后多入于北魏。据《魏书》记载：段承根，"司徒崔浩见而奇之，以为才堪注述，言之世祖，请为著作郎，引与同事。""司徒崔浩启（阴）仲达与段承根云，二人俱凉土才华，同修国史。除秘书著作郎。"①

（十）后凉（386—403）

《隋书·经籍志》史部霸史类著录：《凉记》10 卷，记吕光事，伪凉著作佐郎段龟龙撰。据此，后凉设著作官。吕光于承康元年（399）卒，吕隆于神鼎三年（403）亡，段龟龙所撰《凉记》十卷当在 399—403 年之间。

（十一）南凉（397—414）

南凉史官建置最有特色，设"国纪祭酒"掌撰史事："南凉主乌孤初定霸基（397），欲造国纪，以其参军郭韶为国纪祭酒，使撰录时事。"②

《隋书·经籍志》史部霸史类著录：《拓跋凉录》10 卷。秃发、拓跋音同，"拓跋凉"即"秃发凉"。南凉秃发傉檀于嘉平七年（414）亡，《拓跋凉录》10 卷当成于此年之前。

（十二）南燕（398—410）

《史通·古今正史》："南燕有赵郡王景晖，尝事（慕容）德、（慕容）超，撰二主起居注。超亡，仕于冯氏，官至中书令，乃撰《南燕录》六卷。"

《隋书·经籍志》史部霸史类著录：《南燕录》6 卷，记慕容德事，伪燕中书郎王景晖撰。《南燕录》5 卷，记慕容德事，伪燕尚书张诠

---

① 《魏书》卷 52《段承根传》、《阴仲达传》。
② 《史通》卷 11《史官建置》。

撰。《南燕书》7 卷，游览先生撰。南燕慕容超太上元年（401）即位，六年（410）亡，张诠所撰《南燕录》5 卷，当在 401—410 年之间。王景晖"仕于冯氏，乃撰《南燕录》六卷"，当在南燕亡后、冯弘太兴六年（436）北燕亡前。

（十三）西凉（400—421）

西凉史官修史制度，所见极为简略，大体与成汉同："请史官记其事，玄盛从之。"① "蜀与西凉二朝记事，委之门下。"②

《隋书·经籍志》史部霸史类著录：《敦煌实录》10 卷，刘景撰。刘景，即刘昞，前已叙。据《十六国春秋》、《魏书》刘昞本传，《敦煌实录》为其在西凉时所撰，当成于李恂永建二年（421）之前。

（十四）北凉（401—439）

北凉设著作郎修国史：宗钦"仕沮屈蒙逊，为中书郎"，世祖平凉州，"加鹰扬将军，拜著作郎"，"崔浩之诛也，钦亦赐死。钦在河西，撰《蒙逊记》十卷，无足可称。"③

高谦之，字道让，"以父舅氏沮屈蒙逊曾据凉土，国书漏阙，谦之乃修《凉书》十卷，行于世。"④

《隋书·经籍志》史部霸史类著录：《凉书》10 卷，高道让撰，为沮渠国史。北凉沮渠牧犍于永和七年（439）亡，宗钦在河西所撰当成于此年之前，而高道让所撰则已入北魏。

（十五）夏（407—431）

夏设著作郎修史：赵逸"仕姚兴，为中书侍郎。为兴将齐难军司马，从征勃勃。难败，逸为勃勃所虏，拜著作郎。世祖平统万，见

---

① 《晋书》卷 87《凉武昭王李玄盛传》。
② 《史通》卷 11《史官建置》。
③ 《魏书》卷 52《宗钦传》。
④ 《魏书》卷 77《高崇附谦之传》。

逸所为文"①。又据《史通·古今正史》篇，"天水赵思群、北地张渊，于真兴（夏赫勃勃年号）、承光（夏赫连昌年号）之世，并受命著其国书。"

夏赫连昌于胜光四年（431）亡，赵逸等著夏国书当在此年之前。

（十六）北燕（407—436）

北燕史官建置不详，仅知北魏孝文帝曾谓显宗曰："见卿所撰《燕志》及在齐诗咏，大胜比来之文。""（太和）二十三年（499）卒。显宗撰冯氏《燕志》、《孝友传》各十卷。"②

《隋书·经籍志》史部霸史类著录：《燕志》10卷，记冯跋事，魏侍中高闾撰。

综上所述，十六国史官大体可分三种情况：一为沿袭魏晋建置，设著作郎、著作佐郎，主要有前凉、后赵、前燕、前秦、西秦、后凉、夏、北凉。二为沿袭东汉、三国建置，仿东汉东观之制者如前凉于"西曹"、"东菀（苑）"修史，仿三国吴设"佐国史"者有前赵。三是各为建置，成汉、西凉"记事，委之门下"；南凉以"国纪祭酒，撰录时事"；后秦、后燕、北燕、南燕史不为史官所修。

十六国中，除前凉、西凉，其余十四国均为少数族所建，所修史书，均为十六国、北朝时期所撰，《隋书·经籍志》史部霸史类著录33部346卷。其后序称："自晋永嘉之乱，皇纲失驭，九州君长，据有中原者甚众。或推奉正朔，或假名窃号，然其君臣忠义之节，经国字民之务，盖亦勤矣。而当时臣子，亦各记录。……诸国记注，尽集秘阁。"现将十六国国别史列表于下，"属性"一栏称"国史"者为

---

① 《十六国春秋》卷69《夏录四·赵逸传》。《魏书》卷52《赵逸传》："仕姚兴，为中书侍郎。为兴将齐难军司，征赫连渠丐。难败，为渠丐所虏，拜著作郎。世祖平统万，见逸所著。"

② 《魏书》卷60《韩麒麟附显宗传》。

当时所撰，称"史"者为后来"追撰"。

书名	著者	卷数	属性	原注	备注
赵书（二石集）	燕 田融	10	后赵史	记石勒事	有辑本
二石传	晋 王度	2	后赵史		有辑本
二石伪治时事	王度	2	后赵史		
汉之书（蜀李书）	常璩	10	成汉国史		有辑本
燕书	燕 范亨	20	前、后燕史	记慕容隽事	有辑本
南燕录	燕 张诠	5	南燕国史	记慕容德事	有辑本
南燕录	燕 王景晖	6	南燕史	记慕容德事	有辑本
南燕书	游览先生	7	南燕史		
燕志	魏 高闾	10	北燕史	记冯跋事	有辑本
秦书	何仲熙	8	前秦国史	记苻健事	
秦记	宋 裴景仁	11	前秦史	梁 席惠明注	有辑本
秦纪	魏 姚和都	10	后秦史	记姚苌事	有辑本
凉记	燕 张谘	8	前凉史	记张轨事	有辑本
凉书	凉 刘景（昞）	10	前凉国史	记张轨事	
西河记	晋 喻归	2	前凉史	记张重华事	有辑本
凉记	凉 段龟龙	10	后凉国史	记吕光事	有辑本
凉书	高道让	10	北凉史		
凉书		10	北凉国史	沮渠国史	
拓跋凉录		10	南凉国史		
敦煌实录	刘景（昞）	10	西凉国史		有辑本
汉赵记	和苞	10	前赵国史		有辑本
段业传		1	前北凉史	亡	

霸史类著录，属割据者还有《吐谷浑记》2 卷、《天启纪》10 卷

及亡书《翟辽书》。《吐谷浑记》2 卷，当属民族史，但不在十六国之列，暂且不论。著录中不分国别的史书，仅《十六国春秋》100 卷、《纂录》10 卷、《战国春秋》20 卷等三书及亡书《诸国略记》2 卷。其中，《十六国春秋》集中反映东晋南北朝时期少数民族史学的成就，代表当时少数民族史学所达到的最高水准。

二、《十六国春秋》的编纂与成就

《十六国春秋》是中国历史发展进程中出现的一部明确以民族融合观念撰写的少数民族入主中原史，在中国史学史上应当给予足够的地位。

（一）编纂始末

《十六国春秋》撰者崔鸿，生卒年无考，字彦鸾，东清河鄃（今属山东高唐）人。伯父崔光，北魏孝文帝中为著作郎，与秘书丞李彪参撰国书。崔鸿，孝文帝太和二十年（496）初入仕，拜彭城王国左常侍。宣武帝景明三年（502），奉敕撰起居注。孝明帝正光元年（520），修高祖、世宗《起居注》。四年，崔光卒时，向孝明帝举荐崔鸿续修魏史。五年，"诏鸿以本官修缉国史"。孝昌初（525），拜给事黄门侍郎，寻加散骑常侍、齐州大中正。"鸿在史甫尔，未有所就，寻卒。"[①] 以其初入仕之年为"弱冠"之年，其生约在孝文帝太和初（477），其卒约在孝明帝孝昌初（525）。

北魏统一北方、结束"五胡十六国"割据近 40 年后，"弱冠便有著述之志"的崔鸿所见修史情况是：

晋、魏前史皆成一家，无所措意。以刘渊、石勒、慕容儁、

---

① 《魏书》卷 67《崔光附鸿传》。本节有关崔鸿及《十六国春秋》事，凡见此传者不再一一出注。

苻健、慕容垂、姚苌、慕容德、赫连渠子、张轨、李雄、吕光、乞伏国仁、秃发乌孤、李暠、沮渠蒙逊、冯跋等，并因世故，跨僭一方，各有国书，未有统一。鸿乃撰为《十六国春秋》，勒成百卷，因其旧记，时有增损褒贬焉。鸿二世仕江左，故不录僭晋、刘、萧之书。

应当注意"各有国书，未有统一"8个字！

虽然有志撰录，却"又恐识者责之，未敢出行于外"。即便孝武帝闻其撰录，遣散骑常侍赵邕诏崔鸿："闻卿撰定诸史，甚有条贯，便可随成者送呈，朕当于机事之暇览之。"崔鸿"以其书有与国初相涉，言多失体，且既未讫，迄不奏闻"。后典起居，"乃妄载其表"，表中这样叙述《十六国春秋》撰写经过：

> 自晋永宁以后，虽所在称兵，竞自尊树，而能建邦命氏成为战国者，十有六家。善恶兴灭之形，用兵乖会之势，亦足以垂之将来，昭明劝戒。但诸史残缺，体例不全，编录纷谬，繁略失所，宜审正不同，定为一书。……始自景明之初，搜集诸国旧史，属迁京甫尔，率多分散，求之公私，驱驰数岁。又臣家贫禄薄，唯任孤力，至于纸尽。书写所资，每不周接。暨正始元年，写乃向备。谨于吏按之暇，草构此书。……商略大校，著《春秋》百篇。至三年之末，草成九十五卷。唯常璩所撰李雄父子据蜀时书，寻访不获，所以未及缮成，辍笔私求，七载于今。

十六国各史虽有"足以垂之将来，昭明劝戒"的价值，但因"诸史残缺，体例不全，编录纷谬，繁略失所"，需要"审正不同，定为一书"。其书编纂，自孝武帝景明元年（500）搜集各国旧史，即前述"霸史"。利用"吏案之暇，草构此书"，至正始三年（506）末，草成 95 卷。由于常璩所撰成汉史即《汉之书》（或《蜀李书》）"寻访不获"，尚缺 5 卷没有缮写，前后已历时 7 年。由于赵邕"忽宣明旨，敕臣送呈"，虽借口"迄不奏闻"，仍"以所讫者，附臣（赵）邕呈奏"，并"别作序例一卷，年表一卷"，随表文呈奏。孝明帝正光三年（522），购访得常璩《蜀李书》，完成全书。正光二年，伯父崔光为司徒、侍中、国子祭酒，领著作如故。三年，进位太保。因此，"自正光以前，不敢显行其书。自后以其伯光贵重当朝，知时人未能发明其事，乃颇相传读。"尽管书中"多有违谬"，"亦以光故，执事者遂不论之"。正光四年崔光卒，不久崔鸿也"弃世"。至孝庄帝永安（528—530）中，其子子元乃奏此书，称"凡十六国，名为《春秋》，一百二卷，近代之事最为备悉。未曾奏上，弗敢宣流。今缮写一本，敢以仰呈。倘或浅陋，不回睿赏，乞藏秘阁，以广异家。"

《十六国春秋》编纂时间，自景明元年（500）始，至正光三年（522）成，历时 22 年。全书 102 卷，包括序例 1 卷、年表 1 卷。

（二）编纂特点

大约因崔子元"后谋反，事发逃窜"，虽遇"赦免"，又为其叔所杀，紧接着北魏分裂，《十六国春秋》未得广泛流传。刘知幾所知情况如下：

> 魏世黄门侍郎崔鸿，乃考核众家，辨其同异，除烦补阙，错综纲纪，易其国书曰录，主纪曰传，都谓之《十六国春秋》。鸿始以景明之初求诸国逸史，逮正始元年，鸠集稽备，犹阙蜀事，不果成书。推求十有五年，始于江东购获，乃增其篇目，勒为一百二卷。鸿殁后，永安中，其子缮写奏上，请藏诸秘阁。[①]

---

① 《史通》卷 12《古今正史》。

> 崔鸿鸠诸伪史，聚成《春秋》，其所列者，十有六家而已。……且观鸿书之纪纲，皆以晋为主，亦犹班书之载吴、项，必系汉年；陈志之数孙、刘，皆宗魏世。①

由此可知，十六国各史，多为纪传体，因而有本纪。崔鸿改各史为"录"，纪各主不称本纪而称传，与《三国志》中蜀主、吴主不称本纪相类。"鸿书之纪纲，皆以晋为主"10 个字与上面提到的"各有国书，未有统一"8 个字，相互呼应。因为"各有国书，未有统一"，才需要"审正不同，定为一书"，反映其关注"统一"、倾向"统一"的意识，这的确是其书的"纪纲"。"以晋为主"，固然包含以晋为正统的观念，但不称十六国为僭伪，这一编纂思想比起沈约、萧子显以北魏为"索虏"、魏收以东晋为"僭晋"、南朝宋、齐为"岛夷"来，更加突显出其史识，这也正是《十六国春秋》的杰出之处。

其次，崔鸿的编纂方法，反映综理群书，自成体系的特点：

> 区分时事，各系本录；破彼异同，凡为一体；约损烦文，补其不足。三豕五门之类，一事异年之流，皆稽以长历，考诸旧志，删正差谬，定为实录。

对于上述 20 几家各为正统、"假名窃号"的史书，区分时代，考其异同，删烦补缺、纠正差谬，将各国史事编排一起，置于"一体"框架之中。正因为此，唐初重修《晋书》时，30 卷载记基本是采录《十六国春秋》写成的。

《十六国春秋》的最大缺点是记时有误、人物混淆，当时发现的"多有违谬"主要有"太祖天兴二年，姚兴改号，鸿以为改在元年；

---

① 《史通》卷 7《探赜》。

太宗永兴二年，慕容超擒于广固，鸿又以为事在元年；太常二年，姚泓败于长安，而鸿亦以为灭在元年。如此之失，多不考正。"《资治通鉴考异》亦往往指出：或以前为后，以后为前；或二事合为一事，二人并作一人；或多二三年，或少一二年。此类差错，盖因各国记述参差，难免考订不清。

（三）《十六国春秋》辑本

南北朝过后，《隋书》、新、旧《唐书》经籍、艺文志均著录《十六国春秋》102卷。司马光《资治通鉴考异》多所引录，但北宋仁宗时所编《崇文总目》却不见著录。其书当亡于北宋末、南宋初。明万历年间，屠乔孙、项琳之根据《晋书·载记》，补以《北史》及《艺文类聚》、《册府元龟》、《太平御览》等类书中有关十六国的引录，辑成100卷，仍题"崔鸿撰"，并署"屠乔孙、项琳之同订"，是为流行本《十六国春秋》。至清，又有汤球《十六国春秋辑补》100卷。下面，据明辑本列其篇目：

国名	卷数	人物列传
前赵录	10	刘渊、刘和（1卷），刘聪上、中、下、刘粲（3卷），刘曜上、中、下（3卷），刘宣、刘盛、刘翼、刘胤、渊后单氏、聪后呼延氏、聪后刘氏、曜后羊氏、曜后二刘氏（1卷），王弥等33人（2卷）
后赵录	12	石勒上、中、下（3卷），石弘（1卷），石虎上、中、下（3卷），石世、石遵、石鉴（1卷），石闵（1卷），石肇、石堪、石生、石聪、石邃、石斌、石朴、勒母王氏、勒后刘氏、郑氏、陈氏（1卷），佛图澄等47人（2卷）
前燕录	10	慕容庑（1卷），慕容皝上、下（2卷），慕容儁上、下（2卷），慕容暐上、下（2卷），吐谷浑、慕容翰、慕容仁、慕容恪、文明段氏、景昭可足浑氏（1卷），裴嶷等32人（2卷）
前秦录	10	苻洪（1卷），苻健（1卷），苻生（1卷），苻坚上、中、下（3卷），苻丕（1卷），苻登（1卷），苻雄等宗室12人、后妃6人（1卷），赵俱等57人（1卷）
后燕录	10	慕容垂上、中、下（3卷），慕容宝（1卷），慕容盛（1卷），慕容熙（1卷），慕容云（1卷），慕容永等宗室11人（1卷），垂后先段氏、垂后后段氏、宝后段氏、盛妃兰氏、献庄太妃丁氏、熙昭仪大苻氏、熙后小苻氏（1卷），光祚等43人（1卷）

国名	卷数	人物列传
后秦录	10	姚弋仲（1卷），姚襄（1卷），姚苌（1卷），姚兴上、中、下（3卷），姚泓（1卷），姚嵩等宗室11人、皇后3人（1卷），吉成洸等17人（1卷），鸠摩罗什等14僧（1卷）
南燕录	3	慕容德（1卷），慕容超（1卷），慕容钟等20人（1卷）
夏录	4	赫连勃勃（1卷），赫连昌（1卷），赫连定（1卷），胡义周等8人（1卷）
前凉录	6	张轨（1卷），张实、张茂（1卷），张骏（1卷），张重华、张灵耀、张祚（1卷），张元靓、张天锡（1卷），张肃等43人（1卷）
蜀录	5	李特（1卷），李流、李雄（1卷），李班、李期、李寿、李势（1卷），李辅等宗室10人、罗氏等后妃3人（1卷）阎彧等13人（1卷）
后凉录	4	吕光（1卷），吕绍、吕纂（1卷），吕隆（1卷），吕纬等15人（1卷，包括宗室2人、后妃4人）
西秦录	3	乞伏国仁、乞伏乾归（1卷），乞伏炽磐、乞伏暮末（1卷），乞伏益州等10人（1卷，包括宗室2人、后妃3人）
南凉录	3	秃发乌孤、秃发利鹿孤（1卷），秃发傉檀（1卷），秃发文支等11人（1卷，包括宗室3人、后妃1人）
西凉录	3	李暠（1卷），李歆（1卷），李恂等8人（1卷，包括宗室2人、后妃1人）
北凉录	4	沮渠蒙逊（1卷），沮渠茂虔（牧犍，1卷），沮渠无讳等宗室8人、蒙逊母车氏等后妃3人（1卷），昙无谶等19人（1卷）
北燕录	3	冯跋（1卷），冯弘（1卷），冯素弗等14人（1卷，包括宗室4人）
总计	100	

　　从列表可以看出，记各国国主，仍保持"本纪"笔法。列传中虽无类传名目，却明显有宗室、后妃、僧道、列女等的区分。

　　列传人物，多有《魏书》、《晋书》所不载者，可补二史之缺，或与史传互为参证。河西学术文化人物，《晋书》载记和儒林、文苑二传缺载，《十六国春秋》"五凉录"（前、后、南、北、西凉录）有载，可窥其貌。北凉沮渠茂虔向南朝宋献书书目，《晋书》缺载，《北凉录》与沈约《宋书·氐胡传》有基本相同的记载。《晋书·冯跋载记》只记冯跋及其长弟素弗，兼记其季弟冯弘寥寥数事，《北燕录》

传写冯弘有 1 卷之多，《太平御览》卷 127《偏霸部》所引即长达 430 余字，为冯弘继位之后北燕后期史事，并总叙"自冯跋太平元年岁在己酉至弘灭亡之岁丙子，二十八载"，可补《晋书》。不仅订补《晋书·载记》，而且不乏纠正《晋书》纪、传之处，这从《资治通鉴考异》可以得见。《资治通鉴》晋怀帝永嘉六年七月，关于刘琨"收兵于常山"的记事，《考异》引《刘琨传》、刘琨《上太子笺》，最后以"《十六国春秋》亦云'琨收兵常山'，本传误。"同年十二月，彭仲荡之子天护攻贾疋，贾疋之死，《考异》引《(怀)帝纪》、《贾疋传》之后，明确表示"今从《十六国春秋》"。[①]

较比崔鸿所说，仅缺序例、年表。据其子所说"为之赞序，褒贬评论"，《资治通鉴》卷 106 晋孝武帝太元十一年三月后燕慕容垂废立皇后，有一则"崔鸿曰"，当是《后燕录·慕容垂传》"赞"语。

此外，尚有别本《十六国春秋》16 卷，16 国各为 1 录，仅 16 国国主 61 人，亦不以晋、宋纪年，与《史通》所说迥异。司马光《资治通鉴考异》引有《十六国春秋钞》，不知是否此本。

---

① 《资治通鉴》卷 88 晋怀帝元嘉六年七月、十二月。

第四编

承前启后的唐前期史学

唐代史学，在中国史学发展的历程中处于承前启后的重要地位。把握住这一时期史学的发展，上可探史学发生之源，下能见史学演进之流。

唐代前期，随着大一统政权的重建和巩固，史学的地位相应巩固，史部在经籍中占居第二的地位直至清代不改。

太宗贞观三年，在唐代史学乃至中国史学发展中，是一个重要的年头。大规模地修撰纪传体前代史从这一年开始，经过整整 30 年完成了由私人修史向皇家修史的过渡。

正式设立史馆，也在贞观三年。经过逐步完善，完整积累史料、系统撰录当代史——实录、"国史"形成制度。

自此之后，以纪传体修前代史，设史馆纂集实录、"国史"等当代史，成为各朝各代不变的基本修史制度。

《史通》应运而生，对司马迁、班固开创，到唐代前期获得完全巩固的"正史"进行了系统总结，规范了纪传体史书的修撰，标志着史学发展第一阶段的终结。

第一章　"正史"独尊与唐初"八史"

大一统的唐皇朝建立不久，皇家修前代史便提到议事日程上来。自高祖武德四年（621），至高宗显庆四年（659），经过历了近 40 年，通过设立修前代史史馆（包括借助史馆），修撰了八部纪传体前代"正史"：《梁书》《陈书》《北齐书》《周书》《隋书》（包括《五代史志》）以及《晋书》和《南史》《北史》，占"二十四史"的三分之一。在这一过程中，纪传体取代了"古史记之正法"的编年体而处独尊，结束了魏晋南北朝以来400年间"班、荀二体，角力争先"的局面，"正史"的修撰逐渐由皇家垄断并制度化。

第一节　从诏修"六代史"到设馆修"五代史"①

刚刚取代隋朝统治，尚在进行统一战争的唐朝最高统治集团即已开始考虑修撰前代诸史了。

武德四年（621）十一月，起居舍人令狐德棻从容谓高祖曰：

> 窃见近代已来，多无正史，梁、陈及齐，犹有文籍。至周、隋遭大业离乱，多有遗阙。当今耳目犹接，尚有可凭，如更十数年后，恐事迹湮没。陛下既受禅于隋，复承周氏历数，国家二祖功业，并在周时。如史文不存，何以贻鉴今古？如臣愚见，并请修之。②

固然是"恐事迹湮没"，但主要是唐"既受禅于隋，复承周氏历数，国家二祖功业，并在周时"，而周、隋文籍"多有遗阙"，如史文不存，后世如何了解唐继隋、隋继周的"历数"？其所"恐事迹湮没"

---

① 唐初所修"五代史"，指梁、陈、北齐、州、隋五个朝代史。宋代所修"五代史"，为梁、唐、晋、汉、周五个朝代史。唐初与宋代所指"五代"不同，应当注意区分。

② 《旧唐书》卷73《令狐德棻传》。《唐会要》卷63《修前代史》，文字有所剪裁，但时间明确为"武德四年十一月"。

者，主要是"恐"此类"事迹湮没"。高祖"然其奏"，于五年（622）十二月下诏修魏、齐、周、隋、梁、陈六代史：

> 经典存言，史官纪事，考论得失，究尽变通。所以裁成义类，惩恶劝善，多识前古，贻鉴将来。……自晋南徙，魏乘机运，周、隋禅代，历世相仍。梁氏称邦，跨据淮海，齐迁龟鼎，陈建皇枋，莫不自命正朔，绵历岁祀，各殊徽号，删定礼仪。……朕握图御宇，长世字民，方立典谟，永承宪则。顾彼湮落，用深叹悼，有怀撰录，实资良直。……务加详核，博采旧闻，义在不刊，书法无隐。①

任命修撰官员：中书令萧瑀、给事中王敬业、著作郎殷闻礼修魏史，侍中陈叔达、秘书丞令狐德棻、太史令庾俭修周史，兼中书令封德彝、中书舍人颜师古修隋史，大理卿崔善为、中书舍人孔绍安、太子洗马萧德言修梁史，太子詹事裴矩、兼吏部郎中祖孝孙、前秘书丞魏徵修齐史，秘书监窦琎、给事中欧阳询、秦王文学姚思廉修陈史。此外，尚有詹事主簿赵弘智"预修"②。

萧瑀等受诏，"历数年，竟不能就而罢"，第一次诏修前代史不了了之。

当历史进入"贞观之治"的年代，太宗君臣想的是如何使自己打下来的江山能够"长治久安"，十分注意历史上亡国的教训。太宗特别注意勤行的三件事中，第一件就是"鉴前代败事，以为元龟"③。

---

① 《唐大诏令集》卷81《命萧瑀等修六代史诏》。《旧唐书》卷73《令狐德棻传》所载此诏，文字略有出入。
② 《旧唐书》卷188《赵弘智传》：武德初，"授詹事府主簿。又预修《六代史》"。
③ 谢保成：《贞观政要集校》卷6《杜谗邪》，中华书局2003年版。刊本多作"鉴前代成败事"，抄本及《唐会要》卷63作"鉴前代败事"，与"鉴国之安危，必取于亡国"更为一致。

贞观三年，"于中书置秘书内省，以修五代史"①，太宗复敕修撰：

> 乃令（令狐）德棻与秘书郎岑文本修周史，中书舍人李百
> 药修齐史，著作郎姚思廉修梁、陈史，秘书监魏徵修隋史，与
> 尚书左仆射房玄龄总监诸代史。众议以魏史既有魏收、魏澹二
> 家，已为详备，遂不复修。德棻又奏引殿中侍御史崔仁师佐修
> 周史，德棻仍总知类会梁、陈、齐、周诸史。②

与诏修"六代史"情况不同，首先有一个专设机构——秘书内
省，又有房玄龄、魏徵正、副宰相"总监"，并由魏徵"总加撰定"，
对梁、陈、齐史"各为总论"，还有令狐德棻"总知类会"，负责体
例，协调各史。同时调动有家学传统的姚思廉、李百药，使之完成继
承先志的续作。这是一个周密的实施方案，不仅保证了梁、陈、齐、
周、隋五代史的顺利修撰，而且为后世皇家纂修纪传体前代史树立了
榜样。

魏徵（580—643），字玄成，隋钜鹿下曲阳（今河北晋州、藁城
一带）人。在隋末"同苦隋政"、"天下大乱"到唐初"百废待兴"、
"天下大治"的转变中，由不遇"明君"、"莫能自申达"到"君臣际
遇"、"深怀国士恩"，使其既看到民众的力量、时代的变迁，又希望
唐皇朝富强兴盛、长治久安，非常担心重蹈亡隋的覆辙，形成"以隋
为鉴"的一整套思想。在"以隋为鉴"的思想指导下，先完成4卷
《经籍志》的著录，随即奉诏主持修撰五代史，主修《隋书》。经其
"损益"、"撰定"，共为序14篇、论53篇。

令狐德棻（583—666），历仕高祖、太宗、高宗三朝，自武德五

---

① 《唐会要》卷63《修前代史》。
② 《旧唐书》卷73《令狐德棻传》。

年（622）受诏参撰《艺文类聚》至龙朔二年（662）致仕，前后40年，"国家凡有修撰，无不参预"。历官起居舍人、秘书丞、礼部侍郎、兼修国史、秘书少监、兼弘文馆学士、监修国史、国子祭酒、崇贤馆学士。武德五年诏修"六代史"，被令与侍中陈叔达、太史令庾俭"共修周史"。贞观三年复敕修撰，以其与岑文本修周史，"史论多出于文本"，至贞观十年修成《周书》50卷。虽然令狐德棻奏引殿中侍御史崔仁师"佐修周史"，实际始终其业者令狐德棻一人。

李百药（565—648），虽先后在隋、唐两代为官，但其人生道路较为波折，太宗贞观前中期是其一生经历的重要时期。其父李德林曾在北齐至隋文帝开皇十一年撰成《齐史》38卷，藏于秘府。李百药直到太宗贞观元年拜中书舍人、赐爵安平县男，受诏撰《齐书》，才得继承其父未竟之业。贞观三年，又诏入修前代史的行列。李百药承其父之旧作，杂采他书，于贞观十年撰成《北齐书》50卷。

姚思廉（557—637），本名简，以字行。其父姚察在陈亡入隋后，曾修梁、陈史，并有稿本藏于内殿，未就而卒。姚察临终，"以体例诫约子思廉，博访撰续"。姚思廉在隋炀帝时大体"踵成梁、陈二代史"[①]。唐太宗贞观元年，迁著作郎、弘文馆学士。不久，受诏与魏徵同撰梁、陈二史，因而史称"魏徵虽裁其总论，其编次笔削，皆思廉之功。"[②]姚思廉在其父所修基础上，又采谢炅（昊）等诸家梁史，删益傅縡、顾野王所修陈史，经过推究综括，于贞观十年撰成《梁书》56卷、《陈书》36卷。

梁、陈、齐、周四代史，虽然都是贞观三年奉诏修于秘书内省，但《梁书》、《陈书》、《北齐书》都是子继父业，带有浓厚的家学印记。《周书》的修撰与魏收《魏书》的情况大致相似：虽然有"总

---

① 《陈书》卷27《姚察传》。
② 《旧唐书》卷73《姚思廉传》。

监"，却是"署名而已"；虽非一人修撰，却"独出"令狐德棻之手。

"五代史"中，只有《隋书》是真正意义上的皇家修前代史。贞观三年诏魏徵与中书侍郎颜师古、给事中孔颖达、著作佐郎许敬宗修撰。修史学士敬播、李延寿亦有诏"诣秘书内省佐颜师古、孔颖达修史"①。先后参预其事者，共6人。

贞观十年（636）正月，梁、陈、齐、周、隋五代史告成上奏后，"废秘书内省"，修史班子随之解散。

五代纪、传完成后5年，贞观十五年（641）又诏修《五代史志》。这是配合五代纪、传而专详典志的又一次修撰。经历了15个春秋，到高宗显庆元年（656）修成30卷，由监修长孙无忌领衔上奏。由于经历时间长，预撰人员变动大，可考知的修撰人有：令狐德棻、褚遂良、于志宁、李淳风、韦安仁、李延寿、敬播。《经籍志》已有魏徵的成稿，无须再撰，故"独云侍中、郑国公魏徵撰"②。《五代史志》30卷修成之后，最初"别行"，不久即与《隋书》纪、传合为85卷。玄宗开元初整比图籍时，只有《隋书》85卷，而无《五代史志》"别行"了。

从太宗贞观三年（629）设"秘书内省"修梁、陈、齐、周、隋五代史，到高宗显庆元年（656）《五代史志》撰成，前后将近30年，纪传体前代史修撰完成了由私人修撰向皇家修撰的过渡。此后，除《南史》、《北史》、《新五代史》之外，纪传体前代"正史"的修撰完全掌控在皇家，形成接续不断的中国历史的"脊梁"——"二十四史"。

关于梁、陈、齐、周、隋五代史，唐代另有一部私修鲜为人知，这就是张询古所撰《五代新说》2卷。《郡斋读书志·杂史类》著录最详：

---

① 《旧唐书》卷189上《敬播传》、《北史》卷100《序传》。
② 《宋天圣二年〈隋书〉刊本原跋》。

《五代新说》二卷，唐张询古撰。以梁、陈、北齐、周、隋君臣杂事，分三十门纂次。

张询古，据《新唐书·宰相世系表二下》，为高宗宰相张文瓘远房子侄，官至吏部侍郎。《新唐书·员半千附石抱忠传》言其"坐綦连耀伏诛"，即卒于武则天万岁通天二年（697）。其时上距太宗贞观十年（636）"五代史"修成仅60余年，或不满于皇家所修，或有新史料出现，遂成"新说"是可能的。其余诸家著录，不尽一致：《新唐书·艺文志二》为"张绚古《五代新记》二卷"，《崇文总目》为"《五代新说》二卷，张绚古撰"，《通志·艺文略三》亦作"《五代新记》二卷，唐张绚古撰"。上引《郡斋读书志》袁本作"张洵古"，王先谦校本作"张询古"。《文献通考》卷195引《郡斋读书志》亦作"张询古'"，《宋史》卷203《艺文志二》同。究竟是《新说》还是《新记》？作者名"询古"还是"洵古"，抑或"绚古"？若不是"询古"，则连其人的线索都难以考知了。《说郛》中所辑徐炫《五代新说》1卷，也是分30门纂次，记梁、陈、北齐、周、隋五代史事，与张询古书的关系，以及徐炫其人，都有待进一步考索。

玄宗天宝初，吴兢"以梁、陈、齐、周、隋五代史繁杂，乃别撰梁、齐、周史各十卷，陈史五卷，隋史二十卷"，但"又伤疏略"[1]，所以不传。

有一种错误说法，以魏徵主编《隋书》，"已有吕才《隋纪》、敬播《隋略》、张大素《隋书》等著作可资参考"。其实，这三部隋史都成于高宗时，下节有述。

---

[1] 《旧唐书》卷102《吴兢传》。

第二节　《隋书》的特点与成就

贞观十年（636）梁、陈、齐、周、隋五代史修成奏上后，太宗嘉奖道：

> 将欲览前王之得失，为在身之龟镜。公辈以数年之间，勒成五代之史，深副朕怀，极可嘉尚。①

魏徵主持《隋书》纪、传的修撰，集中体现了太宗的这一修史宗旨，最能反映当时史学的特点。

一、"览前王得失，为在身龟镜"

《隋书》纪5卷、传50卷，篇目如下：

高祖纪2卷（分上、下）、炀帝纪2卷（分上、下）、恭帝纪1卷。

后妃传1卷（卷36），文四子传1卷（卷45），炀三子传1卷（卷59），臣僚传33卷。类传10卷，诚节、孝义、循吏、酷吏、儒林、文学、隐逸、艺术、外戚、列女各1卷。周边4卷，东夷、南蛮、西域、北狄各1卷。臣僚传33卷，包括宗室，如卷43河间王弘等、卷44滕穆王瓒等、卷48杨素等，将杨玄感、李密等反隋起事者置于类传之前，将宇文化及、王世充等叛隋僭越者置于全书最末，区别两类不同人物。

> 鉴国之安危，必取于亡国。……臣愿当今之动静，必思隋

---

① 《册府元龟》卷554《国史部·恩奖》。

氏以为殷鉴，则存亡治乱，可得而知。若能思其所以危，则安
矣；思其所以乱，则治矣；思其所以亡，则存矣。①

这是"五代史"修成后第二年，魏徵在上《论时政第三疏》中
的一段概括性论述。从前代危、乱、亡的教训中，求得本朝的安、
治、存，概括了皇家修史应当如何从亡国取鉴、求治的思路，把修
史、取鉴、求治紧密地结合在一起，将中国古代的鉴戒史学推进到一
个新的更高的层次。

《隋书》纪、传贯彻前述太宗旨意和魏徵这一思路，最突出之点
在于从"人事"上"取鉴于亡国"。

在考察隋朝盛衰兴亡的原因时，基本上不认为有什么"天命"
可言。对于隋灭陈的分析，一认为是客观形势发展的结果，二认为是
韩擒虎、贺若弼等人的主观努力，即卷 52 "史臣曰"所说：

隋氏自此一戎，威加四海。稽诸天道，或时有兴废；考诸
人谋，实二臣之力。

这里"天道"与"时"相连，显然是指"天时"，即客观形势。
与此相照应，卷 2《高祖纪》评论隋文帝代周平陈得天下"斯乃非止
人谋，抑亦天之所赞"的"天"，同样可解释为"天时"。对于隋炀
帝亡国，更以大量事实说明是"吉凶由人"。至于《艺术传》叙"玄
妙"、记"迂怪"，目的在"明乎劝戒"，揭露"变乱阴阳"、"假托神
怪"的实质是要"曲成君欲"、"荧惑民心"。另一方面，应该看到，
一旦回到道德范围内来讲"天"，《隋书》又无法摆脱日趋伦理化、政
治化的思想的束缚，认为"君臣父子，其道不殊"，"君犹天也，天可

---

① 《贞观政要集校》卷 8《论刑法》、《旧唐书》卷 71《魏徵传》。

仇乎！"①

通过历史比较，把亡国之君的作为当成"取鉴"的重要内容，魏徵着重分析了秦、隋这两个短命政权的兴衰之迹：

> 始皇并吞六国，高祖统一九州，二世虐用威刑，炀帝肆行猜毒，皆祸起于群盗，而身殒于匹夫。原始要终，若合符契矣。

得出的结论是："其隋之得失存亡，大较与秦相类。"②这是以历史长河来进行对比，提醒大宗这个第二代皇帝，要记取二世而亡的教训。进而，对隋文帝前后的变化进行贯通性分析，认为其晚年的作为已经带来严重的后果，以致刚刚一死就衰象毕露，最后这样总结有隋一代的衰亡过程：

> 迹其衰迫之源，稽其乱亡之兆，起自高祖，成于炀帝，所由来远矣，非一朝一夕。③

这是一种"见盛观衰"的史笔，表现出事物会向反面转化的认识。更为难得的是，魏徵把这种看问题的方法直接运用于当时的施政之中，发现太宗贞观中期出现的"居安忘危，处治忘乱"的种种征兆。

在上述基本前提下，《隋书》"以隋为鉴"有如下一些明显特点：

第一，重视民众，特别是民心向背的影响。着力考察隋文帝开基、隋炀帝丧国的原因，认为父子二人"所为之迹同，所用之心异"：隋文帝虽然"戎车屡动，民亦劳止，不为无事"，出发点是"其

---

① 《隋书》卷85序。
② 《隋书》卷70"史臣曰"。
③ 《隋书》卷2"史臣曰"。

动也，思以安之；其劳也，思以逸之"，隋炀帝却"肆其淫放，虐用
其民，视亿兆如草芥，顾群臣如寇仇"；隋文帝"诚在于爱利，故其
兴也勃"，隋炀帝"自绝民神之望，故其亡也忽"。①基于这一认识，
55 卷纪、传中有 20 多卷都记有民众的反抗斗争或武装起义。

第二，从经济角度考察民生枯荣与政权兴衰的关系。《隋书》修
成后不久，魏徵总结说：

> 百姓欲静而徭役不休，百姓凋残而侈务不息，国之衰弊，
> 恒由此起。②

这一认识，贯穿全书。为揭示隋炀帝"虐用其民"导致经济崩
溃、政权覆亡，不厌其详地实录每次较大规模的徭役、兵役，对动用
民力情况、死伤数字等记载颇详。另一方面，反复披露"六军不息，
百役繁兴"所造成的恶果："流离道路，转死沟壑，十八九焉"，"人
自为战，众怒难犯"。

第三，注意君臣关系，强调君臣相辅。针对隋炀帝"性不欲人
谏"，以致"左右之人，皆为敌国"，最后成为"孤家寡人"的教训，
明确指出："隋主虽有俊才，无人君之量。恃才傲物，所以至于灭
亡。"③在《隋书》中这样论述：

> 大厦云构，非一木之枝；帝王之功，非一士之略。长短殊
> 用，大小宜异，粢梲栋梁，莫可弃也。④

---

①　上引俱见《隋书》卷 70 "史臣曰"。
②　《贞观政要集校》卷 1《君道》。
③　《魏郑公谏录》卷 4《对隋主博物有才》。
④　《隋书》卷 66 "史臣曰"。

太宗贞观年间"纳谏"成为"美谈"，同这种认识有着直接的关系。

第四，刻意揭露暴君的罪恶行径给社会带来的巨大灾难，是《隋书》"取鉴于亡国"的一大特点。以大量事实列举隋炀帝的暴政及所造成的灾难，生动地反映其"至于就擒而犹未之寤"的下场。鉴于这一亲眼所见的历史事实，魏徵反复论证、再三强调："一人失德，四海土崩"，"一人失其道，故亿兆罹其毒"。[①]这种史笔，一方面是要提醒唐太宗，尽管皇帝有无限的权力，如果像隋炀帝那样倒行逆施，必然会成为短命暴君，另一方面又不能不承认是对皇帝独裁暴政的一种抨击。

《隋书》纪、传，主要把亡国之君的得失作为本朝皇帝"取鉴"的基本内容，不能从社会本身去进行探讨，寻找根源，使其思想受到极大的局限。但由于"为在身龟镜"，给"自身"言行作鉴戒，因而从反面为贞观君臣总结出一整套值得取鉴的治国方略，即注意调整君民关系、君臣关系，实行"以静求治"的施政方针，促成了"贞观之治"的出现。

《隋书》纪、传在编纂、撰写方面，颇有特色，历来评价较高。以写文帝之死为例，本纪简略且语焉不详，后妃、杨素等传却透露出真相。《高祖纪下》仅"（秋七月）甲辰，上以疾甚，卧于仁寿宫，与百僚辞诀，并握手歔欷。丁未，崩于大宝殿，时年六十四"数语，《炀帝纪上》更为简略："（仁寿）四年七月，高祖崩，上即皇帝位于仁寿宫。"《后妃·宣华夫人传》则有详细记述："初，上寝疾于仁寿宫也，夫人与皇太子同侍疾。平旦出更衣，为太子所逼，夫人拒之得免，归于上所。上怪其神色有异，问其故。夫人泫然曰：'太子无礼。'上恚曰：'畜生何足付大事，独孤诚误我！'意谓献皇后也。因

---

① 《隋书》卷5"史臣曰"、《隋书》卷83"史臣曰"。

呼兵部尚书柳述、黄门侍郎元岩曰：'召我儿！'述等将呼太子，上曰：'勇也。'述、岩出阁为敕书讫，示左仆射杨素。素以其事白太子，太子遣张衡入寝殿，遂令夫人及后宫同侍疾者，并出就别室。俄闻上崩，而未发丧也。夫人与诸后宫相顾曰：'事变矣！'皆色动股慄。"《杨素传》记述更为具体："及上不豫，素与兵部尚书柳述、黄门侍郎元岩等入阁侍疾。时皇太子入居大宝殿，虑上有不讳，须豫防拟，乃手自为书，封出问素。素录出事状以报太子。宫人误送上所，上览而大恚。所宠陈贵人，又言太子无礼。上遂发怒，欲召庶人勇。太子谋之于素，素矫诏追东宫兵士帖上台宿卫，门禁出入，并取宇文述、郭衍节度，又令张衡侍疾。上以此日崩，由是颇有异论。"赵毅《大业略记》增"（炀）帝事迫，召左仆射杨素、左庶子张衡进毒药。帝简骁健官奴三十人皆服妇人之服，衣下置仗，立于门巷之间，以为之卫。素等既入，而高祖暴崩"。马总《通历》更作"（上）遽令召勇，杨素秘不宣，乃屏左右，令张衡入拉帝，血溅屏风，怨痛之声闻于外，崩"。[1]宫闱秘事，隐而不露，难以详其细节。比较而言，《隋书》记述显得有据，存疑而不妄断，书法更显谨严。因此，《资治通鉴》叙此事"从《隋书》"。清赵翼称《隋书》叙事"简炼"，"文笔严净"。李慈铭比较《南史》、《北史》及南、北八书，认为《隋书》可称上品：

　　　　南、北史多以一家合传，意重谱系，致时代不分，先后失叙，故八书必不可少。而八书中尤要者宋、隋两书，次则《魏书》、《南齐书》、《梁书》。盖五书皆详赡有体例，符玺刊落较多也。[2]

---

① 《资治通鉴》卷180隋文帝仁寿四年七月《考异》。
② 《籀诗翚定之室日记》丙寅八月初五日辛卯，《越缦堂日记》第1函第7册。

既无家学承传，又无完备而系统的史料准备，是《隋书》修撰的最大难题，这在"二十四史"中是绝无仅有的。隋代留下来的国史史料，"非唯经乱零落，当时亦不悉具"，致"使隋代文武名臣列将善恶之迹，埋没无闻"。①魏徵等采取了两项应急的补救措施：

> 隋家旧史，遗落甚多。比其撰录，皆是采访，或是其子孙自通家传参校，三人所传者，从二人为实。②

孙思邈就是采访的对象之一，"思邈口以传授，有如目睹"③。尽管经多方努力，《隋书》仍然有一些"名显当时"的人物"史失其事"，这可以说是唐代史馆逐渐建立积累史料制度的一个直接原因。

史料来源不足，又着眼于"取鉴"，给《隋书》纪、传带来一定的缺陷，加之成于众手，不免抵牾。如卷1《高祖纪上》开皇元年三月以贺若弼为楚州总管，卷52《贺若弼传》则作"拜弼为吴州总管"，卷51《长孙览传》亦作"吴州总管"，《资治通鉴》"从《弼传》"作"吴州总管"。由此种种原因，另撰之作屡出。高宗时，有张大素《隋书》32卷、吕才《隋纪》20卷、敬播《隋略》20卷等，后来均散佚。他如刘仁轨撰《河洛行年记》10卷，"记唐初李密、王世充事，起大业十二年二月，迄武德四年七月秦王擒窦建德。第九卷述大业都城，第十卷载宫馆园囿。且云：炀帝迁都之诏称务崇节俭，观其宫室，穷极崎丽云"④。杜宝《大业杂记》10卷，"起隋仁寿四年炀帝嗣位，止

---

① 　《隋书》卷69《王劭传》。
② 　《魏郑公谏录》卷4《对隋大业起居注》。
③ 　《旧唐书》卷191《孙思邈传》。
④ 　《郡斋读书志》卷5《编年类》。

越王侗皇泰三年王世充降唐"①，《序》云"贞观修史，未尽实录，故为此书，以弥缝阙漏"②，残存1卷。

二、十志"惟通前后、本末兼明"

《五代史志》编入《隋书》，固然因隋居五代之末，后来五史各行，遂成为《隋书》十志，但《五代史志》与《隋书》纪、传的内在联系却不应忽视。

从内容来看，《五代史志》是配合五代纪、传而修，在总结治乱兴衰历史教训的同时，通过典志考察社会变革，探寻求治之道。所以，就连《五行志》也有"非汉儒妄说灾异者所不及"而"意在龟鉴"③之处，如针对隋炀帝"我性不欲人谏"指出"帝恶直言，仇谏士，其能久乎！竟逢杀逆"。④食货、刑法二志，更注意总结五代特别是隋亡的原因。《食货志》从经济角度总结隋亡教训，认为"财尽则怨，力尽则叛"。《刑法志》反复披露文帝"用法益峻"、"喜怒不恒"，炀帝"益肆淫刑"、"生杀任情"，导致"百姓怨嗟，天下大溃"。

从体例来看，《五代史志》记梁、陈、齐、周制度，俱列朝代名称，而叙隋的制度则直书其帝号或年号，不加"隋"字，显然以隋为主。记述顺序，先梁、陈，再齐、周，最后为隋，上溯至西晋或东晋。

《隋书》十志，比起《隋书》纪、传，成就和影响更大。

《隋书》十志（30卷），依次为礼仪（7卷）、音乐（3卷）、律历（3卷）、天文（3卷）、五行（2卷）、食货（1卷）、刑法（1卷）、百官（3卷）、地理（3卷）、经籍（4卷）。

---

① 《郡斋读书志》卷6《杂史类》。
② 《直斋书录解题》卷5《杂史类》。
③ 《江南书录·隋书》，《聚学轩丛书》第5集。
④ 《隋书》卷22《五行上》。

礼仪，前 4 卷，吉、凶、军、宾、嘉五礼在梁、陈、北齐、北周、隋五代的演变。吉礼 2 卷，凶、宾、军礼 1 卷，嘉礼 1 卷。卷 5，梁、陈、北齐、北周、隋五代的舆辇之制。卷 6，梁、陈、北齐、北周四代冠服之制。卷 7，隋代冠服之制。

音乐，上，梁、陈乐舞。中，北齐、北周及隋开皇九年以前乐舞。下，隋开皇九年平陈以后乐舞。叙隋乐舞，开皇初"置七部乐：一曰国伎，二曰清商伎，三曰高丽伎，四曰天竺伎，五曰安国伎，六曰龟兹伎，七曰文康伎。又杂有疏勒、扶南、康国、百济、突厥、新罗、倭国等伎"，"及大业中，炀帝乃定清乐、西凉、龟兹、天竺、康国、疏勒、安国、高丽、礼毕，以为九部。乐器工衣制造既成，大备于兹矣。"分别其源流，说明隋唐产生中国音乐史上影响较大的"燕乐"的历史条件。九部乐之后，记自北齐武平年间出现的"百戏"及其在北周尤其是隋的情况，更是珍贵的杂技史史料。

律历，上，律，沿《汉书》例，一曰备数，二曰和声，三曰审度，四曰嘉量，五曰衡权。中，历，"采梁天监以来五代损益之要，以著于篇"，包括梁、陈祖冲之《甲子元历》、北齐宋景业历、西魏李业兴历、北周甄鸾《甲寅元历》《丙寅元历》、隋张宾历、张玄胄历等，并录张宾历法、张玄胄历法之"要"。下，大业年间行用刘炫《皇极历》的内容。南北朝以来关于圆周率、"日行盈缩"等的成果，均保留下来。

天文，上，天体（包括盖天、宣夜、浑田三说）、仪制（包括浑天仪、浑天象、盖图、地中、晷影、漏刻等）以及星象（经星中宫）。中，星象、星变与云气（包括二十八舍、星官在二十八宿之外者、七曜、瑞星、星杂变、妖星、杂妖、客星、流星、瑞气、妖气等）。下，云气（包括十煇、杂气等），末为"五代灾变应"，自梁武帝天监元年至隋恭帝义宁元年三月各类灾变及其响应。

五行，分上、下，卷前小序，以"神则阴阳不测，天则欲人迁善。均乎影响，殊致同归"，强调"德胜不祥而义厌不惠，是以圣王常由德义消伏灾咎也"。以《洪范五行传》为纲，上，记木不曲直、金不从革、火失其性、水不润下、土之稼穑不成以及"貌之不恭"所造成的各种灾异，附会相关人事。下，记"视之不明"、"听之不聪"、"思心不容"、"皇之不极"所造成的各种灾异，附会相关人事。

食货，序文强调："厥初生人，食货为本。圣王割庐井以业之，通财货以富之。富而教之，仁义以之兴，贫而为盗，刑法不能止。故为《食货志》"。记东晋以来按官品占有劳动力的等级制度、课役制度以及货币制度。北朝齐、周、隋三代均田制，大同小异，由此得以完整保存下来。以北朝为主，涉及梁、陈内容无多。在"正史"编纂中，此前仅《史记》、《汉书》、《魏书》有《食货志》（或《平准书》），其后不再缺少《食货志》。将序文与志文分为两部分，各自成篇，紧密联系、相互呼应，自此志始。

刑法，记梁律、陈律、北齐律、北周律、隋律的编定，以隋律最详，为探讨唐律渊源提供了重要线索和基本内容。

百官，上，梁、陈官制、官品。中，北齐、北周官制、官品，以北齐为主，北周制度"并具《卢（辩）传》，不复重序"。下，隋官制、官品，先为开皇定制，后为大业三年定令。纵观此志，可以看出中国官制史上由三公九卿制向三省六部制转变的基本脉络。

地理，依照隋代行政区划记述南北朝后期以来的建置沿革。上，起京兆郡，至黔安郡。中，起河南郡，至高密郡。下，起彭城郡，至熙平郡。序以炀帝大业五年平定吐谷浑，更置四郡，为隋之极盛："大凡郡一百九十，县一千二百五十五，户八百九十万七千五百四十六，口四千六百一万九千九百五十六。垦田五千五百八十五万四千四十一顷。其邑居道路，山河沟洫，沙碛碱卤，丘陵阡陌，皆不豫焉。东西九千三百里，南北万四千八百一十五里，东南皆至于海，西至且末，北至五原，隋氏之盛，极于此也。"

所记事项虽较《汉书·地理志》略简，却比《后汉书·郡国志》、《宋书·州郡志》、《南齐书·州郡志》、《魏书·地形志》为详。仍然以古九州范围隋的"一百九十郡"，京兆郡至河源郡后、汉川郡至黔安郡后，河南郡至淮安郡后、东郡至平原郡后、信都郡至辽西郡后、北海郡至高密郡后，彭城郡至下邳郡后、江都郡至林邑郡后、南郡至熙平郡后，分别统以雍州、梁州、豫州、兖州、冀州、青州、徐州、扬州、荆州，依次叙其分野、沿革、风俗等内容。这是《史记·货殖列传》、《汉书·地理志》的遗风。

经籍，经、史、子、集各 1 卷。成就最大，特点和影响如下：一是著录图书以隋代藏书为主，用小注反映《汉书·艺文志》以后图书变化情况。二是将同一体例或同一内容的图书编排一起，简要叙其沿革变化，指出每部类与学术史的关系。三是确立了四部分类法，将史部位置固定在第二位，被沿袭了 1000 多年。四是史部各类小序叙其源流，是对唐代以前史书及所反映的史学的一个简要总结；严格区分了纪传（正史）、编年（古史）二体，确立起"正史"独尊的地位；通过排列顺序区分了史著和注记，霸史以前为史著，起居注以下为注记。

此外，对于佛教的传入、佛家典籍的大量涌现给予高度重视，在志四"凡四部经传三千一百二十七部，三万六千七百八卷"之后著录道经、佛经，为《魏书·释老志》之后"正史"中又一关于道、佛二教的长篇，而且是以一统皇朝的眼光所作记述，兼具南北，较比《魏书·释老志》更加系统。著录佛经："大乘经六百一十七部，二千七十六卷。……右一千九百五十部，六千一百九十八卷。"自"佛经者，西域天竺之迦维卫国净饭王太子释迦牟尼所说"以下，用了将近 2000 字记佛教缘起、承传，并从"推寻典籍"的角度追述佛教自汉至隋在中土的传布。研究《隋书·经籍志》、研究佛教传播，均应注意这一大段文字。

综合十志，在更大范围内提供出社会和思想文化方面的史事，因此受到历代称赞：

> 隋志极有伦类，而本末兼明。……迁、固以来，皆不及也。正为班、马只事虚言，不求典故实迹，所以三代纪纲，至迁八书、固十志，几于绝绪，虽其文彩洒然可喜，求其实用则无有也。①

在历史编纂上，《隋书》十志以其"惟通前后而勒成一家"的成就，给刘秩《政典》、杜佑《通典》以启示，展示了通过典章制度沿革反映社会历史过程的史学新途径。

《经籍志》以外的九志是太宗晚年到高宗初年的产物，"天意人事，同乎影响"的思想趋波，这是其不如纪、传之处。

由于与纪传修撰不同时，人员不相同，更有互不照应之处。如卷38《郑译传》有"前后所论乐事，语在《音律志》"，卷49《牛弘传》有诏与姚察等"正定新乐，事在《音律志》"，卷66《裴政传》亦有"尝与长孙绍远论乐，语在《音律志》"，而传本《隋书》只有《音乐志》、《律历志》，并无《音律志》。再如卷68《阎毗传》有"毗立议，辇辂车舆，多所损益，语在《舆服志》"，同卷《何稠传》谓"自余麾幢文物，增损极多，事见《威仪志》"，传本《隋书》亦无《舆服志》和《威仪志》，所记舆服、威仪事均在《礼仪志》。如果作一点猜想，或许诏修《隋书》纪、传时即有修志的设想，设想之中有音律、舆服、威仪等志，因而在传记中才出现上述情况。尤其有三卷书、三人传记都用"在《音律志》"的说法，似乎在当时确有某种约定。

---

① 《通志》卷65《艺文略三》。

第三节　南朝梁、陈与北朝齐、周书

前面提到，这四部纪传史与《隋书》的修撰情况不尽相同，因而在思想内容与编纂体例上显出差异。

一、南朝梁、陈书

梁、陈二书，是姚思廉在其父未完稿基础上修撰而成。凡每卷后题"陈吏部尚书姚察曰"者，基本可以认定是姚察所撰；而称"史臣曰"者，大抵是姚思廉新修。

（一）关于《梁书》

第三编第三章第五节已叙唐之前的诸家梁史，姚思廉乃续其父遗志，所以《旧唐书·姚思廉传》这样写："三年，又受诏与秘书监魏徵同撰梁、陈二史，思廉又采谢昊（昊）等诸家梁史续成父书"。

《梁书》纪6卷，列传50卷，卷后题"陈吏部尚书姚察曰（云）"者25卷，为卷8—卷19、卷25、卷27、卷30、卷34、卷35、卷37、卷38、卷40、卷42、卷48、卷50、卷51、卷53；题"史臣陈吏部尚书姚察曰"者1卷，为卷33，均在列传部分。因文学为2卷（卷49、卷50），姚察所撰实为27卷，占《梁书》56卷近半的篇卷。《隋书·经籍志二》著录姚察《梁书帝纪》7卷，而姚思廉《梁书》帝纪仅6卷，每卷后皆题"史臣曰"，大约姚思廉对旧稿改动较大，史论又根据魏徵等的意图重新撰写的缘故。

纪6卷，武帝（萧衍）3卷、简文帝（纲）1卷、元帝（绎）1卷、敬帝（方智）1卷。

传50卷。皇室7卷：皇后1卷，昭明、哀、愍怀太子1卷，太祖五王1卷，长沙嗣王业等1卷，高祖三王1卷，太宗十一王、世祖二子1卷，豫章王综等1卷。臣僚传35卷。类传7卷：孝行1卷、儒林1卷、文学上下2卷、处士1卷、止足1卷、良吏1卷。周边"诸夷"1卷，分海南诸国、东夷、西北诸戎。为昭明、哀、愍怀三太子立传，居后妃传之后，是姚察为强调"处明重之位，居正体之尊，克念无怠，烝烝一孝，大舜之德"而创立，姚思廉照原稿保留下来。诸王5卷，穿插臣僚传中，以豫章王综等梁武帝不肖子孙置类传之末（卷49），为其他纪传史所不曾有过。以侯景附王伟等传，居全书最末。

对南朝梁的认识，有与魏徵一致之处，亦有不同之点。

评述梁武帝开基创业，魏徵这样写道："高祖固天攸纵，聪明稽古"，"允文允武，多艺多才"，"其雄才大略，固无得而称矣"，"既悬白旗之首，方应皇天之眷，布德施惠，悦近来远，开荡荡之王道，革靡靡之商俗，大修文教，盛饰礼容"，"魏晋以降，未有若斯之盛"。姚思廉如此评论："高祖英武睿哲，义起樊、邓，仗旗建号"，"兴文学，修郊祀，治五礼，定六律，四聪既达，万机斯理，治定功成，远安弥肃"，"三四十年，斯为盛矣。自魏晋以降，未或有焉"。

分析梁武帝"身殒非命"原因，姚思廉也有着同魏徵一致的认识。魏徵分析说：

> 然不能息末敦本，斫雕为朴，慕名好事，崇尚浮华……惑于听受，权在奸佞……险躁之心，暮年愈甚。见利而动，慁谏违卜，开门揖盗，弃好即仇……失天人之所助，其能免于此乎！

姚思廉更认为：

> 及乎耄年，委事群幸……朝经混乱，赏罚无章。……遂使滔天羯寇，承间掩袭……虽历数斯穷，盖亦人事然也。

　　可以看出，姚思廉反映在《梁书》中的认识与《隋书》重"人事"有着相通之处。

　　在注意民众力量，记录各种反抗斗争方面，书中也提供了较多的线索。《武帝纪下》大同八年全年只记一件事，就是安成郡民刘敬躬反，内史萧说弃郡东逃，敬躬据郡，攻庐陵，取豫章，发展至数万。将此类史事加以排比，即可见萧梁政权一经建立，民众的反抗就未中止过。不仅记下这些暴动以反映当时"人人厌苦，家家思乱"的真实情景，还特别记录了暴动的规模大小、攻占郡县情况以及是否建号、署官置属，以示其力量的不可忽视。

　　列传内容丰富，记叙详细，是《梁书》的一个特点。关于梁武帝前期沿江军屯以御北魏，书中并无系统记载，《五代史志》也缺录，如果将卷22《始兴忠武王憺传》、卷28《裴邃传》、《夏侯亶附夔传》、卷32《陈庆之传》等有关记事联系起来，即可了解梁武帝时期沿江一带始终在为抗拒北魏南下而设置军屯，并取得一定成绩。从列传的记事，还可了解当时的学术文化。具有文、史成就者，立传颇多，如史家沈约、江淹、任昉、裴子野、萧子显、萧子云、周兴嗣、吴均等，均有较详的专传。范缜以及刘昭、钟嵘、刘勰、阮孝绪、陶弘景等，也都有专传。《诸夷列传》虽总括海南9国、东夷10国、西北诸戎16国于一传，但因梁所处地理位置与实际交往情况，记录海南9国历史、风俗、物产及其交往占一半篇幅，较比记东夷、西北诸戎为详。

　　文字简练，"多以古文行之"，是《梁书》文笔方面的一个特点。卷12《韦叡传》写合肥之战和邵阳之战，卷18《康绚传》记堰淮之战、《昌义之传》叙钟离之守，"皆劲气锐笔，曲折明畅，一洗六朝芜冗之习"，是五代史中少有的文字。叙事用散文，传论也用散文，因此赵翼强调："魏郑公《梁书》总论犹用骈偶，此独卓然杰出于骈四俪六之上"，"世但知六朝之后，古文自唐韩昌黎始，而岂知姚察父子已振于陈末唐初也哉！"①

　　"悉据国史立传"，给《梁书》带来不少弊端。一是"国史所有则传之，所无则缺之"②，致使一些应立传的人物缺传。如简文帝诸子、元帝诸子，《梁书》比《南史》少6人，《梁书》传序说"自余诸子，本书不载"或"自余诸子，并本书无传"。这里的所谓"本书"，即指梁国史。昭明太子三子萧詧与元帝结仇至深，引西魏灭梁，在江陵建后梁。昭明太子长孙萧栋在简文帝后为侯景拥立，建号改元，未几禅位于侯景，及侯景败，元帝使人杀之。萧詧、萧栋二人之举，对于萧梁政权来说，不可不谓大事。如果说梁国史恶其二人不许入史是政治偏见，那么姚氏父子仅仅因梁国史"所无"就不为立传，不能不说是失职。弊端之二是"有美必书，有恶必为之讳"。天监四年皇弟临川王萧宏统军伐魏，畏缩不前，军政不和，以致大溃，丧十之八九，本传仅用"征役久，有诏班师"数字一带而过。梁国史不书，姚氏父子一仍其旧，无论如何辩解都是难辞其责的。

　　此外，梁武帝时佛教盛行，姚察曾"受菩萨戒"，后入陈为官，"俸禄皆舍寺起造"③。在佛法最盛的梁武帝时期，卷48"儒林"为独持神灭说的范缜立传，存录范缜《神灭论》全文，当属其卓识。但书中没有反映佛教兴盛与国计民生关系的记述，又不能不说姚氏父子缺乏这方面的史识了。

（二）关于《陈书》

　　陈宣帝即位之初，姚察参预撰修国史纪、传。入隋以后，文帝常索梁、陈事迹，姚察具以在陈时所成每篇续奏。开皇九年（589），诏授秘书丞，别敕撰梁、陈史。虽未毕功，文帝"遣内史舍人虞世基索本"，藏于内殿。姚思廉续其父遗作，亦如《旧唐书·姚思廉传》

---

① 《廿二史劄记》卷9《古文自姚察始》。
② 《廿二史劄记》卷9《梁书悉具国史立传》。
③ 《陈书》卷27《姚察传》。

所说"推究陈事，删益傅縡、顾野王所修旧史"。傅縡、顾野王所修
旧史以及其他陈史，见第三编第三章第五节。

《陈书》纪 6 卷、列传 30 卷，卷后题"陈吏部尚书姚察曰"者
仅卷 2《高祖纪下》、卷 3《世祖纪》，实即前 3 卷为姚察所撰。

纪 6 卷，高祖（陈霸先）2 卷、世祖（倩）1 卷、废帝（伯宗）1
卷、宣帝（顼）1 卷、后主（叔宝）1 卷。

传 30 卷。皇室 4 卷：皇后 1 卷，衡阳献王昌等 1 卷，宗室 1 卷，
世祖九王、高宗二十九王、后主诸子 1 卷。臣僚 23 卷。类传 3 卷：
孝行 1 卷、儒林 1 卷、文学 1 卷。

卷 7《皇后传》后有一则约 600 字的"史臣侍中郑国公魏徵考览
记书"，在增补姚思廉此传缺载的一些重要事实的同时，分析了朝政
的某些变化：后主"怠于政事，百司启奏，并因宦者蔡脱儿、李善度
进请，后主置张贵妃于膝上公决之。李、蔡所不能记者，贵妃并为
条疏，无所遗脱。由是益加宠异，冠绝后庭"，"于是张（贵妃）、孔
（贵嫔）之势，熏灼四方，大臣执政，亦从风而靡。阉宦便佞之徒，
内外交接，转相引进，贿赂公行，赏罚无常，纲纪瞀乱矣。"由此可
知，魏徵并非仅仅"裁其总论，其编次笔削，皆思廉之功"，而是尊
重姚思廉所作，没有任意改动传文，巧妙地采用"考览记书"的方式
弥补姚思廉的遗缺。

《陈书》中姚思廉表现出的思想不仅与《梁书》有异，而且与魏
徵等的意图也存在一定距离。对陈氏诸帝的评价，总论与各分论不尽
一致，尤其是陈后主亡国的原因，姚思廉与魏徵的认识几乎异趣。姚
思廉分析魏晋以来政治败坏，认为陈后主只是因循旧俗，未遑改革，
咸委小吏掌军国机要，以致"自取身荣，不存国计"，并总结说："斯
亦运钟百六，鼎玉迁变，非唯人事不昌，盖天意然也。"① 这显然是因

---

① 《陈书》卷 6 "史臣曰"。

其父在陈为重臣，作为陈遗臣之后，不愿过多指责陈的末代之君。魏徵则从陈后主的经历、作为进行剖析说：

> 后主生深宫之中，长妇人之手，既属邦国殄瘁，不知稼穑艰难。……宾礼诸公，唯寄情于文酒；昵近群小，皆委以衡轴。……刑政日紊，尸素盈朝，耽荒为长夜之饮，嬖宠同艳妻之孽。危亡弗恤，上下相蒙，众叛亲离，临机不寤，自投于井，冀以苟生，视其以此求全，抑亦民斯下矣。
>
> ……然则不崇教义之本，偏尚淫丽之文，徒长浇伪之风，无救乱亡之祸矣。①

这显然是从寻找"鉴戒"出发，与姚思廉评论必然异趣。

侧重皇族人物、事迹，是《陈书》的一个特点。全书 36 卷，帝纪、皇后、宗室、诸王共占 11 卷，记述 73 人，占全书人物 1/3 以上，似乎一部陈氏族谱。另一方面，又因叙事过简，失记一些重要史实。如陈、隋之际的几次战役，都是《南史》详而《陈书》略。若与中唐许嵩《建康实录》比较对照，更可发现有不少失记、失误之处。卷 18《韦载传》只称韦载"太建中卒于家，时年五十八"。《建康实录》卷 20 陈宣帝太建十年正月己巳记："是月，散骑常侍、太子右卫率韦载卒"，这就比《陈书》准确得多，而且可据"年五十八"推知韦载的生年。

《陈书》也保留了一些难得的史事，需要从其纪、传中细心爬梳。关于坞壁土豪的嚣张，卷 20《华皎传》记"南州守宰多乡里酋豪，不遵朝宪"，卷 35《陈宝应传》记其父"为郡雄豪"，"累杀郡将"，以致"一郡兵权皆自己出"。关于兵制变化，世兵制逐渐为募兵

---

① 《陈书》卷 6 "史臣侍中、郑国公魏徵曰"。

制取代,《高祖纪下》永定二年正月辛丑诏解遣所募义军,卷19《沈炯传》陈文帝使其还乡里收合徒众,卷29《蔡征传》后主至德中敕遣其收募兵士,自为部曲,卷28《岳阳王叔慎传》后主祯明三年招合士众,数日中兵至5000人,反映兵制的变化过程。

为江总、姚察等人物立传"失于断限",为陈多所回护,是《陈书》受非议最多的两点。

关于为江总、姚察立传,应当从修"五代史"总体情况考察。江总、姚察同为陈重臣,一个被后主视为"道业标峻,寓量弘深,胜范清规,风流以为准的,辞宗学府,衣冠以为领袖"[①];一个被后主誉为"达学洽闻,手笔典裁,求之于古,犹难辈匹,在于今世,足为师范"[②]。入隋以后,二人作为不多,因而《隋书》不为立传,这当属令狐德棻"总知类会"的范围。

至于回护溢美,主要与其"悉据国史立传"直接相关。阅读《陈书》,要与《南史》对照。赵翼在肯定《南史》于《陈书》无甚增删"的同时又指出"《南史》与《陈书》岐互处",如《衡阳王传》直书其为文帝所害,《始兴王伯茂传》直书其为宣帝所害,《刘师知传》直书其害梁敬帝之事等[③],显然都是在纠正《陈书》的曲笔。

梁、陈二史,总的来讲,瑕瑜互见。《梁书》比之《陈书》,思想性要强些,内容也更充实。梁、陈两代事迹,其他史籍记载极少,仍以此二书为主要依据。有意思的是,姚察所撰,多与魏徵等的认识接近,而姚思廉所撰,某些认识反不如其父。

二、北朝齐、周书

五代史中,齐、周二史不仅因朝代更替衔接,而且所记内容互

---

① 《陈书》卷27《江总传》。

② 《陈书》卷27《姚察传》。

③ 详见《廿二史劄记》卷11。

有交叉。

（一）关于《北齐书》

早在北齐后主武平四年，李德林就受诏修国史，魏澹亦参预其事。七、八年间，创纪、传 27 卷。入隋以后，李德林受诏续撰《齐史》，仅增 11 篇（卷），全书未成，于开皇十一年（591）卒官，所修共 38 卷。贞观中，由李百药续成 50 卷。原称《齐书》，后为区别萧子显《南齐书》，遂加"北"字。

《北齐书》纪 8 卷、传 42 卷，北宋初已严重残缺，仅存 17 卷（卷 4、卷 13、卷 16—卷 25、卷 41—卷 45）。卷 50 是否原文尚有歧义，其余 32 卷均为后人以《北史》和唐人史钞中相关内容所补。追补部分，既非一时所补，亦非一手所补，因而取材不一、拼凑凌乱的情况明显。

纪 8 卷：神武（高欢）2 卷，文襄（高澄）1 卷，文宣（高洋）1 卷，废帝（高殷）1 卷，孝昭（高演）1 卷，武成（高湛）1 卷，后主（高纬）、幼主（高恒）1 卷。

传 42 卷。皇室 6 卷：皇后 1 卷，高祖十一王 1 卷，文襄六王 1 卷，文宣四王、孝昭六王、武成十二王 1 卷，赵郡王琛等 1 卷，广平公盛等 1 卷。臣僚 29 卷。类传 7 卷：儒林 1 卷，文苑 1 卷，循吏 1 卷，酷吏 1 卷，外戚 1 卷，方伎 1 卷，恩幸 1 卷。

李百药原书虽仅存 1/3，帝纪只《文宣纪》1 卷，结合论、赞，仍然可以考知原书的一些特点。

在叙述前王之失方面，《北齐书》较之梁、陈、周三史要深刻，贯彻了鉴一代之失的修史宗旨。

李百药在隋为官，但不得志，相继参加过沈法兴、李子通、杜伏威的起义队伍，也遭猜疑。这样的经历使他一方面痛恨昏君，注意民众力量，一方面又感到自己命运不济，因而表现出比较矛盾的思想，即对"天命"、"人事"都不否认。在奉诏修史的前一年，曾上

《封建论》反对分封。反对分封应当肯定，但论证的依据却是"冥数素定"。其中，有一段关于帝王成败、政权盛衰的论述："自古皇王，君临宇内，莫不受命上玄，飞名帝箓，缔构遇兴王之运，殷忧属启圣之期。……是知祚之长短，必在天时，政或盛衰，有关人事。隆周卜代三十，卜年七百，虽沦胥之道斯极，而文、武之器犹存，斯则龟鼎之祚，已悬定于杳冥也。"①以往论者，或摘取"祚之长短，必在天时"，谓其信"天命"；或摘取"政或盛衰，有关人事"，谓其重"人事"。其实，两者都有断章取义之嫌，李百药原本就是一个历史认识比较复杂的人物，何必一定要勉强地将其说成是近乎一元论者呢。

由于有信"天命"的一面，《北齐书》中对于高齐政权的乱亡，刻意选用专门记述各种征兆的文字："初河清末，武成梦大蝟攻破邺城，故索境内蝟膏以绝之。识者以后主名声与蝟相协，亡齐征也。又妇人皆剪剔以着假髻，而危邪之状如飞鸟，至于南面，则髻心正西。始自宫内为之，被于四远，天意若曰元首剪落，危侧当走西也。……游童戏者好以两手持绳，拂地而却上，跳且唱曰'高末'，高末之言，盖高氏运祚之末也。"最后总结说："乱亡之数盖有兆云。"②这全然没有从"人事"上总结政权乱亡之兆的意思，所以魏徵在帝纪末"总而论之曰"：

> 洎乎后主，外内崩离，众溃于平阳，身擒于青土。天道深远，或未易谈，吉凶由人，抑可扬榷。
>
> ……齐自河清之后，逮于武平之末，土木之功不息，嫔嫱之选无已，征税尽，人力殚，物产无以给其求，江海不能赡其欲。……由此言之，齐氏之败亡，盖亦由人，匪唯天道也。

①　《旧唐书》卷72《李百药传》。
②　《北齐书》卷8《幼主纪》。

另一方面，面对现实，李百药必然有重"人事"的一面。书中着力用笔之处，一是尽量披露昏君和暴政，一是大量记录各种武装反抗斗争。《文宣纪》出自李百药之手，无后人补笔。对文宣帝后期暴政的叙述，确是一篇总结"前王之失"的实录："六七年后，以功业自矜，遂留连耽湎，肆行淫暴"，诸如"征集淫妪，分付从官，朝夕临视，以为娱乐。凡诸杀害，多令支解，或焚之于火，或投之于河"，"又多所营缮，百役繁兴，举国骚扰，公私劳弊"，以至"皇太后诸王及内外勋旧，愁惧危悚，计无所出"。在尽数文宣帝"穷理残虐，尽性荒淫"的极恶之后，李百药论曰：

> 纵酒肆欲，事极猖狂，昏邪残暴，近世未有。飨国弗永，实由斯疾，胤嗣殄绝，固亦余殃者也。

不仅揭露暴君的个人作为，而且披露整个统治集团内部的争斗、残杀，这在"五代史"中很是突出。李百药笔下不止一处写道，"诸元宗室，咸加屠剿"，皇弟永安王、上党王"并致冤酷"，元老功臣高隆之、高德政、杜弼、王元景、李稚之等"皆以非罪加害"。[①]在不少史论中，李百药一再指责北齐政权是"猜忌之朝"，"世乱谗胜，诈以震主之威；主暗时艰，自毁藩篱之固"，"有齐季世，权归佞幸"。[②]

卷4、卷16—卷22、卷24、卷25、卷41—卷43，李百药的这13卷原书均有各族民众起义记录，大都不见于《北史》。如卷41《皮景和传》记后主武平中，有阳平人郑子饶"聚众数千，自号长乐王，已破乘氏县，又欲袭西兖州城"，直接威胁国都邺城。关于北魏末年葛荣、杜洛周起义队伍内部的一些情况，除据《北史》补入的《神武

---

① 《北齐书》卷4《文宣纪》。
② 《北齐书》卷16、卷17、卷42"史臣曰"。

纪》外，李百药原书也有不少记录，如卷 19《蔡儁传》等。

北齐政权是文宣帝高洋所建，《北齐书》本纪首叙神武帝高欢、文襄帝高澄，再叙文宣帝，这是远效《史记·秦本纪》，近效《三国志·魏书》、陆机《晋纪》追述之例，追述北齐建立过程，同时追述出北魏后期诸多史事。尽管原书前 3 卷严重残缺，据《北史》补入，史料价值略逊，但李百药的这一做法仍不失为一卓识。

"巨细毕书，洪纤备录"，虽然是刘知幾对其"诸帝篇"的批评，但原书记事详尽、范围广博，确有可称之处。除上面所说用笔着力的两点外，对思想领域内的大事、科学技术方面的成就都很注意。卷 24《杜弼传》记邢劭与杜弼关于形神关系的辩论，尽管邢劭被否定，但其"神之在人，犹光之在烛，烛尽则光穷，人死则光灭"的观点却被保存下来，与《梁书》所载范缜论神灭，南北呼应。《方伎传》虽非原貌，已经后人删节或据《高氏小史》补入，但基本史实仍出原书。所记信都芳"撰次古来浑天、地动、欹器、漏刻诸巧事，并画图，名曰《器准》"，使人们知道《隋书·经籍三》小说类著录的信都芳撰《器准图》3 卷，是一部科学仪器图谱，并非"街谈巷语之作"。同卷《綦母怀文传》记录灌钢冶炼法的发明及用生铁灌注熟铁之中的具体做法，是很重要的科技史史料。

刘知幾指责《北齐书》不重视宋孝王《关东风俗传》是正确的，但说其"志在文饰，遂使中国数百年内，其俗无得而言"[①]，却是因偏爱王劭《齐志》而产生的偏见。李百药原书记录当时口语不少，如卷 23《魏兰根传》显祖当着杨愔骂魏恺的那段话，卷 41《暴显传》暴显幼时一沙门"指之曰"的那几句言语，都是典型的例证。

（二）关于《周书》

《周书》与《北齐书》一样，北宋初已经残缺。缺卷经后人采

---

① 《史通》卷 17《杂说中》"北齐诸史"条。

《北史》和唐人某种史钞补齐。《册府元龟》引用《周书》缺卷各条，已是后人的补本。其中，有宋初未缺而传世各本脱落的情况，如《武帝纪下》、《杜杲传》等都有数百字的脱落，《册府元龟》所引却未缺。缺卷情况：卷18、24、26、31、32全缺，卷21、33或半缺或全缺。①

　　《周书》纪8卷，文帝（宇文泰）2卷、孝闵帝（觉）1卷、明帝（毓）1卷、武帝（邕）2卷、宣帝（赟）1卷、静帝（衍）1卷。

　　传42卷。皇室5卷：皇后1卷、邵惠公颢等1卷、晋荡公护1卷、齐炀王宪1卷、文闵明武宣诸子1卷。臣僚31卷。类传3卷：儒林1卷、孝义1卷、艺术1卷。萧詧等1卷。周边2卷，分"异域"上、下。以萧詧等传居异域传之前，既不以其为周之臣僚，又将其与"异域"政权区分开来。

　　取材方面，刘知幾认为"宇文氏事多见于王劭《齐志》、《隋书》及蔡允恭《后梁春秋》。其王褒、庾信等事，又多见于萧绍《太清记》、萧大圜《淮海乱离志》、裴政《太清实录》、杜台卿《齐纪》，而令狐德棻了不兼采，以广其书。盖以其中有鄙言，故致遗略。"②且不论这些史籍并非专记宇文氏事，就说蔡允恭《后梁春秋》。蔡允恭虽卒于太宗贞观年间，但《后梁春秋》未见著于《隋书·经籍志》，显然令狐德棻受诏修史时该书尚未为世人所知，岂能被采用！至于王劭二史，监修魏徵等已认为"不足观采"，令狐德棻又怎么会违反呢？说到"宇文周史"，刘知幾以为"大统年有秘书丞柳虬兼领著作，直辞正色，事有可称"，这也有问题。柳虬在西魏文帝大统十四年为秘书丞，始掌史事，卒于西魏恭帝元年，所撰当系西魏史，根本不是什么"宇文周史"！真正修撰"宇文周史"的，牛弘是第一人。令狐德棻奉诏修《周史》，只有在牛弘《周史》18卷的基础上起步。而牛弘

① 　参见中华书局《周书出版说明》四。
② 　《史通》卷17《杂说中》"周书"条"原注"。

《周史》，刘知幾又认为"略叙纪纲，仍皆抵忤"①。

北周的文物制度与北齐不同。北齐据中原，世家大族尽出其间，自以为正统。北周据关陇，经济上实行均田足以自给，军事上与北齐力量相当。宇文氏忧虑的是门望不抵中原，文化不如江南。除了整军务农、力图富强，必须有自成一系的制度和文化，既能辅助其整军务农的政策，又能维系关陇辖境内各族之人心，使其融为一家。具体做法是官制依《周礼》，文体准《尚书》，完善府兵制。北周一代文字古奥，绝非文字本身的问题，而有其深刻的政治原因。唐承隋，隋承北周，北周承西魏，这早在高祖武德四年令狐德棻首倡修史时就明确提出来了。修撰《周书》的目的，一是要表明西魏—北周—隋—唐政权转移的"统系"，二是为了追述"国家二祖"即李渊之祖李虎、父李昞的"功业"。令狐德棻提出的修"六代史"宗旨虽然与修"五代史"的总体宗旨相去较远，却使《周书》形成了一些独具的特点。

其一，断限上推，空间扩大，突破北周政权的时空范围。《文帝纪》从北魏孝明帝正光四年六镇起义叙起，包括东魏、西魏，详细地记述了西魏时期的军、政大事。对北齐以及南朝梁、陈史事，也都连带叙述，在一定程度上反映了当时整个历史大势，正如赵翼所评：

> 当后周时，区宇瓜分，列国鼎沸，北则有东魏、高齐，南则有梁、陈，迁革废兴，岁更月异，《周书》本纪一一书之，使阅者一览了然。②

梁宗室岳阳王萧詧另建后梁，历三世33年，掌控江陵一带，一直为西魏、北周附庸。《梁书》只字不载，《周书》卷48为之立传，

① 《史通》卷12《古今正史》。
② 《陔余丛考》卷7《周书》。

详述其兴建至灭亡的全过程，包括萧詧、萧岿、萧琮 3 主、26 臣僚，是关于萧詧后梁唯一系统的记载。《北齐书》虽然列神武、文襄二纪追述北齐建立历程，记北魏末年事，但这只是从追述北齐始祖出发，而《周书》在突破一代时空方面，表现出的史识是明确的。纪西魏史事，在魏澹《魏书》尚存的情况下，如果说只是反映作者的某种修史思想的话，那么在魏澹《魏书》亡佚之后，《周书》所存西魏史事则成为关于西魏政权的一手材料了。《周书》的这一特点，在民族史和民族关系史上更具重要意义。北魏、东魏、西魏是鲜卑族拓跋部建立，北周是鲜卑族宇文部建立，北齐是鲜卑化的汉人建立。《魏书》、《北齐书》、《周书》比较集中地记述了北朝这五个政权的兴替，实际是鲜卑族同汉族融合的整个过程。《周书》的"超时空"特点，使之成为反映这一历史过程的重要记录。

其二，详记制度沿革，反映北周基本风貌。前面提到北周改革创制、发展文化是其政权的头等大事，《周书》抓住了这一关键。卷 23《苏绰传》和卷 24《卢辩传》集中反映北周政治、文化的发展变化，是关于北周政治史的两篇极重要的文字。《苏绰传》记苏绰"始制文案程式"及"计帐户籍之法"；详录"六条诏书"，强调先治心、敦教化、尽地利、擢贤良、恤狱讼、均赋役；为革文章浮华之风俗，又为《大诰》，其后"文笔皆依此体"。《卢辩传》完整地记录官制改革的具体内容。《五代史志》的《百官志中》，即《隋书·百官志中》记北齐官制非常详尽，叙北周官制篇幅极少，最后写道，"所设官名，讫于周末，多有更改。并具《卢（辩）传》，不复重序云"，说明修志时所得北周官制的史料仍未超出《周书》所采。只可惜此卷不是原文，较之《北史》脱漏亦多。卷 16 末所录八柱国、十二大将军名氏，各大将军统二开府，每一开府领一军兵，共 24 军的制度，反映府兵制初创阶段的情况，《隋书·百官志》亦缺载。整部《周书》关于府兵制演变的记载，经过认真爬梳，能看出大体脉络和阶段。北周史上的重大政治事件、重要制度及其变革，《周书》都有重点地作以实录，怎么能说是"使周氏一代之史，多非实录"呢？至于"其书文而不实，雅而无检"，刘知幾已经有所说明："宇文初习风华，事由苏绰。至于军国词令，皆准《尚书》。太祖敕朝廷，他文悉准于此。盖史臣所记，皆禀其规。"①至于其文"尚儒雅"，正是北周的一种风气，修《周书》注重文饰，正与王劭《齐志》"多记当时鄙言"一样，都是反映社会风貌。

其三，写旧门阀同写新权贵相结合。调整统治集团内部错综复杂的关系，稳定统治秩序，唐初的这一政治特点在书中反映颇为突出。令狐德棻与岑文本在修《周书》期间，参预"刊正姓氏"，撰《氏族志》，贯彻太宗"崇重今朝冠冕"的原则。因此，《周书》为唐初功臣、显贵者先人都立佳传，如宰相杜如晦曾祖伯杜杲、宰相萧瑀祖父萧詧等。然而，新建的唐皇朝又不能完全抛弃旧门阀士族的支持，在写新贵的同时也溢美旧门阀，如卷16赞叹"今之称门阀者，咸推八柱国家"。令狐德棻本人是"敦煌右姓"的后裔，在卷36《令狐整传》中称令狐家族"世为西土冠冕"，借周文帝之口称赞其祖父令狐整"立身敦雅，可以范人"。这类的记述在《周书》不少，可以用《史通·杂说中》篇的两句话作断语："真迹甚寡，客气尤烦。"

第四节　新修两晋南北朝史

在设馆修撰《隋书》等五代史和诏修《五代史志》两次修史稍后，又有两种修撰形式的纪传体前代史出现，这就是"御撰"《晋书》和私修官审《南史》、《北史》。这三部新修的两晋南北朝史，与《隋

---

① 《史通》卷17《杂说中》。

书》等五代史相比，表现出较大的异趣，反映皇家修纪传史在取得"独尊"地位以后的变化。

一、"御撰"《晋书》

在《五代史志》开始修撰不久，太宗贞观二十年（646）闰三月又下诏修《晋书》。大约经过两年的时间，到贞观二十二年（648）七月房玄龄病故前撰成，由其领衔上奏，故题"房玄龄撰"。由于太宗为宣帝（司马懿）、武帝（司马炎）二纪和陆机、王羲之二传写了史论，所以题为"御撰"。

书成之后称《新晋书》，以别于诸家晋史。玄宗开元初整理图书时，不再用"新"字。

（一）修撰缘起

两晋南北朝时期所修晋史颇多，《修晋书诏》作有如下概括：

> 但十有八家，虽存记注，而才非良史，事亏实录。绪（按：指臧荣绪）烦而寡要；思（谢沈）劳而少功；叔宁（虞预）课虚，滋味同于画饼；子云（萧子云）学海，涓滴埋于涧流；处叔（王隐）不预于中兴；法盛（何法盛）莫通于创业；洎乎干（干宝）、陆（陆机）、曹（曹嘉之）、邓（邓粲），略记帝王；鸾（檀道鸾）、盛（孙盛）、广（徐广）、讼（当作谦，指刘谦之），才编载记。其文既野，其事罕传，遂使典午清高，韬遗芳于简册；金行曩志，阙继美于骊骃。邈想寂寥，深为叹息。

虽说"十有八家"，但只提到 14 家，而《隋书·经籍志二》著录多达 22 家，见第三编第三章第五节列表。不论诏书所指 14 家，还是著录的 22 家，均为新修《晋书》的取材之源。与东晋并存的十六国，有十六国国书与《十六国春秋》等为《晋书·载记》的取材之源，见前第三编第五章第四节列表。

修书诏又云：

> 宜令修国史所更撰《晋书》，诠次旧闻，裁成义类。俾夫湮落之诰，咸使发明。其所须，可依《五代史》故事。若少学士，亦量事追取。①

所谓"修国史所"即修国史之史馆。所谓"学士"，依修《五代史》故事，当时敬播、李延寿等均为修史学士。《晋书》的修撰人，有多种记载。综合《唐会要》、《册府元龟》、《新唐书·艺文志二》，监掌其事者3人：房玄龄、褚遂良、许敬宗；详其条例者4人：令狐德棻、敬播、李安期（怀安）、李怀俨；分功撰录者15人：来济、陆元仕、刘子翼、卢承基、李淳风、李义府、薛元超、上官仪、崔行功、辛邱驭、刘胤（裔或引）之、杨（阳）仁卿、李延寿、张文恭、赵弘智。②

在数量众多的晋史当中，唯有臧荣绪《晋书》最为完整，"括东、西晋为一书，纪、录、志、传百一十卷"③。章宗源谓"志、纪、传之体，其词易见，唯录体未详"④。所谓"录"，指各偏霸政权之史。《隋书·经籍志二》霸史类著录有《南燕录》、《托跋凉录》，都称"录"。崔鸿《十六国春秋》以国称"录"，一国一录。

高祖武德五年、太宗贞观三年两次诏修前代史都未提修晋史，

---

① 《晋书》末附。《唐大诏令集》卷81同，唯"鸾、盛、广、讼"的"讼"作"松"，故有以为裴松之者。但《隋书·经籍志》未著录裴松之所修，唐初史臣不可能见到，诏书又怎么会提到呢？

② 《唐会要》卷63《修前代史》，《册府元龟》卷554《国史部·选任》、《国史部·恩奖》，《新唐书》卷58《艺文二》。

③ 《南齐书》卷54《臧荣绪传》。

④ 引自姚振宗：《隋书经籍志考证》卷11。

为什么到贞观二十年却要单独诏修、太宗还要"御撰"呢？这是因为太宗前后期政治形势出现了微妙的变化。贞观初，太宗"励精政道"，注意前王得失；贞观中，渐露不能"克终"的苗头，魏徵有论时政4疏、十渐不克终疏等进行告诫。然而，任何一个最高统治者都对自己曾经取得的"文治武功"沾沾自喜，唐太宗也不例外。贞观十七年（643）魏徵去世后，能够或敢于直谏的情况几乎不存，政风日渐逊于贞观之初，以致有东征之败。与此同时，围绕立太子问题，太宗产生了不可言状的苦衷。《晋书》就是在这样一种情势下出现的。

西晋是结束三国鼎立，重建统一的政权，司马懿、司马炎父子是创业和完成统一的君主。"自谓古来英雄拨乱之主无见及者，颇有自矜之意"①的唐太宗，为了炫耀"武胜古"、"怀远胜古"，所以要亲自评论晋宣、晋武二帝的历史功过，"御撰"二帝纪论。为了炫耀"文过古"，又"御撰""百代文宗"陆机和"书圣"王羲之二传论。

另一方面，魏晋以来政权更替频繁，伦理纲常尤其是忠君思想很大程度地被削弱。为了维系世家大族的地位，孝道便成为各朝各代进行政治统治的重要手段。因此，南北朝各史都立"孝义"、"孝行"或"孝友"等类传。到了唐代，随着大一统集权统治的建立，伦理纲常说教被进一步奉为正统思想。特别是贞观十七年出现太子承乾谋反被废的事件，围绕废立太子的明争暗斗使得唐太宗顾虑重重。若立最受宠爱的魏王泰，承乾、晋王治将来都可能被其杀掉；若立"仁弱"的晋王治，承乾、魏王泰不一定会遭杀害。晋王治被立为太子后，又恐其"懦"而"不能守社稷"，欲更立"英果类己"的吴王恪，却遭到太子治的亲娘舅长孙无忌的反对。太宗此时不可言状的苦衷，一是怕"子不肖则家亡"，二是担心"懦弱"的皇帝被大臣控制，出现"臣不忠则国乱"的恶果。这很容易使他联想到西晋"以未成之晋基，

---

① 《贞观政要集校》卷10《论灾祥》。

逼有余之魏祚"①的往事，特别是西晋武帝末年的八王之乱"终使倾覆洪基"。修《晋书》以戒皇子和大臣，修《晋书》以诉自己的苦衷，这才是唐太宗下诏新修和"御撰"的真实意图。

在上述背景和意图下，《晋书》总结前王得失，不再是"为在身之龟镜"了。突出孝道，并把孝道扩大到忠君，使二者融为一体，成为新修《晋书》的基本特点。太宗写《武帝纪》论，在指出晋武"见土地之广，谓万叶而无虞；睹天下之安，谓千年而永治。不知处广以思狭，则广可长广；居治而忘乱，则治无长治"的同时，更强调使其"海内版荡，宗庙迁播"的原因：

> 良由失慎于前，所以贻患于后。且知子者贤父，知臣者明君；子不肖则家亡，臣不忠则国乱；国乱不可以安也，家亡不可以全也。是以君子防其始，圣人闲其端。……全一人者德之轻，拯天下者功之重，弃一子者忍之小，安社稷者孝之大；况乎资三世而成业，延二尊以丧之，所谓取轻德而舍重功，畏小忍而忘大孝。……虽则善始于初，而乖令终于末，所以殷勤史策，不能无慷慨焉。

这的确是唐太宗的感慨之言！《晋书》的修撰者们虽然未能完全体察太宗的内心世界，但对其意图还是大体领会的。专立八王传，显然是想提醒："西晋之政乱朝危，虽由时主，然而煽其风，速其祸者，咎在八王。"②除《孝友传》"采其遗绚，足厉浇风"的"至孝"典型外，其他列传也多强调孝道，固然有反映当时社会风貌的一面，如卷33《王祥传》宣扬"祥性至孝"，写其如何卧冰求鱼、黄雀入幕，

---

① 《晋书》卷1《宣帝纪》"制曰"。
② 《晋书》卷59序。

被后世列入"二十四孝图",但把《魏书》中《节义传》、《隋书》中《诚节传》改为《忠义传》,强调"君父居在三之极,忠孝为百行之先",要求做人必须"全其孝"、"竭其忠"①,并以"孝友"、"忠义"二传居类传之前,贯彻太宗意图的用意却是非常明显的。

由于陷入废立太子的疑难之中,对身后江山社稷的担忧,太宗渐渐地迷信方士的"金石秘剂",以期长寿。这必然导致其对"天命"寄予厚望。此时的太宗多次同大臣讨论"帝王之兴有天命"的问题,这在贞观初期和中期都是不曾有过的。房玄龄顺其旨意,明确肯定"王者,必有天命。"②《晋书》在房玄龄监修下,必然注入强烈的天命思想。不仅太宗本人在二帝纪论中强调"宣帝以天挺之姿,应期佐命","武皇承基,诞膺天命",而且书中多记鬼神怪异、因果报应。卷102《刘聪载记》写刘聪子刘约"死而复苏","言诸王公卿将相死者悉在,宫室甚壮丽。号曰蒙珠离国",刘渊谓刘约曰:"东北有遮须夷国,无主久,待汝父为之。汝父后三年当来,来后国中大乱相杀害,吾家死亡略尽","汝且还,后年当来,见汝不久。"刘约"驰使"稟报刘聪,刘聪表示:"若审如此,吾不惧死也。"这固然是为了"用广异闻",但不能不反映相信命定,生前称王称帝,死后同样为王为主的意识,唐太宗何尝不希望这是事实呢!

鼓吹孝道、忠君,同命定论、因果报应紧紧联系在一道,成为《晋书》思想内容的基调。《孝友传》反复宣扬"德之所届,有感必征",何琦因其"孝心""精诚所感",避免了一场火灾;刘殷至孝冥感,"终当远达,为世名公"。《良吏传》强调"勿谓天道无知,此乃有知"。凡此种种,目的无非是使为臣者"直道正身,抑末敦本",避免"主上为群小所逼"的事情发生。

---

① 《晋书》卷89《忠义传》"史臣曰"。
② 《魏郑公谏录》卷4《对帝王之兴有天命》。

（二）编纂体例

《晋书》的修撰，"以臧荣绪《晋书》为本，捃摭诸家及晋代文集"，又有先前设馆修史的经验，集合众手，"随其学术所长而授之"，所以组织编排比较细密，全书结构较为完备。

帝纪10卷、十志20卷、列传70卷、载记30卷，共130卷。原有敬播所撰《叙例》1卷、《目录》1卷。后《叙例》散失，《目录》不再独立为卷。《史通》中有三处《晋书》凡例：《序例》篇录有二则，"《晋书》例云：'凡天子庙号，唯书于卷末'"，"晋、齐史例皆云：'坤道卑柔，中宫不可为纪，今编同列传，以戒牝鸡之晨'"，《杂说中》篇存其一则，"皇家诸学士撰《晋书》，首发凡例，而云班汉皇后除王、吕之外，不为作传，并编叙行事，寄出外戚篇"云云。

1. 纪10卷：高祖宣帝（懿）1卷，世宗景帝（师）、太祖文帝（昭）1卷，世祖武帝（炎）1卷，孝惠帝（衷）1卷，孝怀帝（炽）、孝愍帝（邺）1卷，中宗元帝（睿）、肃宗明帝（绍）1卷，显宗成帝（衍）、康帝（岳）1卷，孝宗穆帝（聃）、哀帝（丕）、废帝海西公（奕）1卷，太宗简文帝（昱）、孝武帝（曜）1卷，安帝（德宗）、恭帝（德文）1卷。

在武帝前，司马懿、司马师、司马昭三人本无帝号，不当为纪。陆机《晋纪》、干宝《晋纪》以后诸家晋史，多立宣帝、景帝、文帝三纪。《晋书》立此三纪，前效《三国志》、诸家晋史，近仿《北齐书》、《周书》。

2. 志20卷：天文3卷、地理2卷、律历3卷、礼3卷、乐2卷、职官1卷、舆服1卷、食货1卷、五行3卷、刑法1卷。

十志记事，多自东汉末始，可补《三国志》所缺。主张"会通"的郑樵认为其"本末兼明"，与《隋书》十志比美"可以无憾"[①]。与《隋书》十志比较，《晋书》十志多"舆服"而少"经籍"。其天文、

---

① 《通志》卷65《艺文略三》。

律历、五行三志亦出李淳风之手，体例与《隋书》三志大抵相同，认识与成就却有超越《隋书》三志之处。

天文 3 卷，卷目下分别标明各卷所叙条目，与《隋书·天文志》因时代不同而所记有异，却保存了东汉至两晋诸多珍贵的天象科学资料。20 世纪 40 年代日本京都大学人文科学研究所将《晋书·天文志》译成日文，50 年代李约瑟将英译的《晋书·天文志》的资料编入其所撰《中国科学技术史》第 3 卷天文篇，足以显见国外自然科学界对此志的重视程度。

地理 2 卷，上，总叙地理沿革之后，起司州，止宁州，共 13 州。下，起青州，止广州，共 6 州。州叙沿革、所统郡、县及户数；郡叙统县、户数。因系抄撮《宋书·州郡志》，记西晋行政区划颇详，而于东晋州郡则多错乱。东晋侨置徐、兖、青诸州于江淮间，不加"南"字，刘裕灭南燕，收复故地，乃置北青州、北徐州，侨置州郡之名如故。及至南朝宋建立，始诏除北加南。《晋书·地理志》中称"南兖州"、"南徐州"处颇多，皆误采《宋书·州郡志》之文，其叙江左侨置州郡多不可信。清代补正《晋书·地理志》者，如毕沅《晋书地理志新补正》，洪亮吉《东晋疆域志》、《十六国疆域志》等，为读《晋书·地理志》必不可少的参考书。

律历 3 卷，上，言音律、审度、嘉量、衡权。中，叙东汉末、三国魏至晋造历、议历情况，并详录了东汉灵帝时刘洪所作《乾象历》的内容。下，为三国魏杨伟所造《景初历》、晋武帝时刘智《正历》、穆宗永和八年王朔之《通历》、后秦姚兴时姜岌《三纪甲子元历》。

礼 3 卷，上，吉礼。中，凶礼。下，宾、军、嘉礼。

乐 2 卷，序云："美其和平而哀其丧乱，以兹援律，乃播其声焉。"又云："凡乐之道，五声、八音、六律、十二管，为之纲纪云。"分上、下卷，分别叙述西晋、东晋，以乐词为主。

职官 1 卷，过去以其大抵增删《宋书·百官志》而成，实则有误。两晋、南朝宋处于官制从三公九卿向三省六部转变时期，职官设置有诸多相同处，但《宋书·百官志》是以当时的观念记东汉至南朝宋的官制，列卿之后才是尚书、侍中、中书官，唐初三省六部制已经确立，《晋书·职官志》以新的观念记述东汉至晋的官制，将尚书、侍中、中书官移在列卿之前。这一官制观念的重大变化，不应忽视。

舆服 1 卷，将"舆辇"与"冠服"从"礼仪"中分离而成，前半为舆辇车辂制度，后半为冠冕服章制度。

食货 1 卷，以近半的篇幅记述东汉、三国制度，曹魏屯田和西晋占田、课田等内容均赖以得存。

五行 3 卷，序文在追述汉代五行说之后紧接着写道："综而为言，凡有三术。其一曰，君治以道，臣辅克忠，万物咸遂其性，则和气应，休征效，国以安。二曰，君违其道，小人在位，众庶失常，则乖气应，咎征效，国以亡。三曰，人君大臣见灾异，退而自省，责躬修德，共御补过，则消祸而福至。此其大略也"，"今采黄初以降言祥异者，著于此篇。"既见其修志之旨，又可谓对谈"五行"的一个总结。上，为木不曲直、火不炎上、稼穑不成、金不从革、水不润下以及"貌之不恭"所造成的各种灾异，附会相关人事。中，为"言之不从"、"视之不明"所造成的各种灾异，附会相关人事。下，为"听之不聪"、"思心之不容"、"皇之不极"所造成的各种灾异，附会相关人事。

刑法 1 卷，追述秦汉旧律，保存了李悝《法经》片断。西晋武帝泰始四年新颁《泰始律》，是汉律、唐律间的一部重要法典，以注律要点和议律奏疏形式保存了其基本内容。

需要提醒一点，今有关于史学名著的研究以《晋书》重开《食货志》，其后历代"正史"除《新五代史》都继续沿用，《晋书·刑法志》是《汉书》之后"正史"中第二部《刑法志》。这样的说法并不准确，在唐初皇家纂修《晋书》之前，"正史"中继《汉书》之后

"重开"《食货志》的是北齐魏收《魏书》，接着是《隋书》，然后才是《晋书》。同样，也是先有《魏书·刑罚志》、《隋书·刑法志》，然后才有《晋书·刑法志》。不能因为晋在北齐、隋之前，以朝代先后论其修撰史志的先后，史书修撰不是完全按照朝代先后进行的，这点应该弄清楚。

南北朝时期，北朝修史有食货、刑法志，南朝修史无此二志，《隋书》十志中的食货、刑法二志也是北朝详而南朝略，这是由南、北制度的差异造成。北朝政权多为少数族建立，经济相对落后于南方，需要效法先前中原政权的政治制度、经济制度以确保其政权存在和经济发展，而南朝政权是依据世家大族的家族制维系，经济也是依靠家族制的人身依附关系来保障。因此，北朝修史注重制度，有食货、刑法二志，南朝则因没有什么可记，修史也就无须立此二志。

3. 列传 70 卷。皇室 7 卷：后妃 2 卷，宗室 1 卷，宣五王、文六王 1 卷，愍怀太子遹 1 卷，汝南王亮等八王 1 卷，武十三王、元四王、简文三子 1 卷。臣僚 52 卷。类传 9 卷：孝友 1 卷、忠义 1 卷、良吏 1 卷、儒林 1 卷、文苑 1 卷、外戚 1 卷、隐逸 1 卷、艺术 1 卷、列女 1 卷。周边（四夷）1 卷，分作东夷、西戎、南蛮、北狄。臣僚 52 卷，包括张轨、凉武昭王李玄盛 2 传以及卷 98 王敦、桓温，卷 99 桓玄、卞范之、殷仲文等，分别为"窥觎神器"、"肆逆迁鼎"者。最后 1 卷，王弥、张昌、王如、杜弢、孙恩、卢循等传，集中记述西晋末年流民起义和东晋的大规模起义。

列传编次得体、内容丰富。见于目录者 825 人，除按时代先后编次，在类传之外颇多合传。高门士族父祖子孙集合一卷者，最多至 17 人，如 74《桓彝传》附 16 人。卷 49 阮籍、嵇康、向秀、刘伶等合传，因为有"其进也，抚俗同尘，不居名利；其退也，餐和履顺，以保天真"的共同特点。卷 82 陈寿至徐广等 12 人合传，都是"咸被简册，共传遥祀"的史家。载录重要文献，是《晋书》列传的一个突出特点。贞观初，太宗曾对监修国史房玄龄说过："其有上书论事，词理切直，可裨于政理者，朕从与不从皆须备载。"①这虽然指修国史而言，但房玄龄也贯彻到《晋书》中。卷35《裴秀附颁传》载《崇有论》，卷41《刘寔传》载《崇让论》，卷45《刘毅传》载《论九品八损疏》，卷47《傅玄传》载崇儒兴学、上便宜五事二疏，卷51《皇甫谧传》载《释劝论》、《笃终论》，卷54《陆机传》载《辩亡论》，卷56《江统传》载《徙戎论》，卷67《温峤传》摘要载"奏军国要务"7条，卷72《郭璞传》载刑狱疏，卷94《隐逸·鲁褒传》载《钱神论》等，保存了晋代政治、经济、社会、民族、思想等诸多方面丰富而珍贵的材料。卷35《裴秀传》载《禹贡地域图序》，保存了我国最早的地图绘制方法。卷51《束皙传》中"汲冢"《纪年》13篇发现和整理经过，更是关于《竹书纪年》的第一手重要史料。揭露统治者凶残、攘夺、贪鄙、荒淫，列传也较详尽。卷33《何曾传》、《石苞附崇传》，卷40《贾充传》、卷45《任恺传》、卷53《愍怀太子通传》、卷59"八王传"、卷64《会稽思世子道生传》、卷99《桓玄传》等，都程度不同地揭露出统治集团的种种罪恶行径。

4. 载记30卷：刘元海1卷，刘聪1卷，刘曜1卷，石勒2卷，石季龙2卷，慕容廆1卷，慕容皝1卷，慕容儁1卷，慕容暐1卷，苻洪、苻健、苻生1卷，苻坚2卷，苻丕、苻登1卷，姚弋仲、姚襄、姚苌1卷，姚兴2卷，姚泓1卷，李特、李流1卷，李雄、李班、李期、李寿、李势1卷，吕光、吕纂、吕隆1卷，慕容垂1卷，慕容宝、慕容盛、慕容熙、慕容云1卷，乞伏国仁、乞伏乾归、乞伏炽磐、冯跋1卷，秃发乌孤、秃发利鹿孤、秃发傉檀1卷，慕容德1卷，慕容超1卷，沮渠蒙逊1卷，赫连勃勃1卷。

①　《贞观政要集校》卷7《论文史》。

　　"载记"是班固等在《东观汉记》中首创，记割据政权。《晋书》写统一皇朝历史，对十六国史事的记述，必然注重统一思想的贯彻。十六国皆在中土，又不受晋封，难以"世家"论列，乃援引"载记"之例，分国记述，刘知幾称其"可谓择善而行，巧于师古者矣"[①]。

　　"载记"序以"刘元海以惠帝永兴元年据离石称汉"，追述各自称王建号之后史事，总叙曰："提封天下，十丧其八，莫不龙旌帝服，建社开祊，华夷咸暨，人物斯在。或篡通都之乡，或拥数州之地，雄图内卷，师旅外并，穷兵凶于胜负，尽人命于锋镝，其为战国者一百三十六载"。但西凉武昭王李暠乃李唐皇朝所认始祖，前凉张氏世为晋臣，虽已自立，仍奉晋为正朔，所以不在"载记"而入"列传"。"载记"分国记述，实为前赵、后赵、前燕、前秦、后秦、后蜀、后凉、后燕、西秦、北燕、南凉、南燕、北凉、夏等14个政权，仍是个人传略，共78传，并非每传之后都有"史臣曰"，而是在各国最后总以"史臣曰"。

　　十六国政权兴替相继，战乱频仍，头绪纷杂，"载记"叙事条理比较清楚，有助于把握这一时期历史演变的线索。

　　关于采小说入史，是魏晋南北朝时期的一大特点，刘知幾虽持批评态度，却又指出其历史实际：

　　　　中世作者，其流日烦。虽国有册书，杀青不暇，而百家诸子，私存撰录，寸有所长，实广闻见。其失之者，则有苟出异端，虚益新事。……嵇康《高士传》，好聚七国寓言；玄晏《帝王纪》，多采六经图谶。引书之误，其萌于此矣。至范晔增损东汉一代，自谓无惭良直，而王乔凫履，出于《风俗通》；左慈羊鸣，传于《抱朴子》。朱紫不别，秽莫大焉。……晋世杂书，谅

---

①　《史通》卷4《题目》。

非一族，若《语林》、《世说》、《幽明录》、《搜神记》之徒，其
所载或诙谐小辩，或神鬼怪物。其事非圣，扬雄所不观；其言乱
神，宣尼所不语。皇朝新撰《晋书》，多采以为书。^①

《晋书》思想内容方面的消极成分，同其体制方面的成就结合一
起，开启了"不求笃实"而"注重义例"的修史之路，这正是贞观年
间形势发生变化的必然结果。

大约因为"御撰"，被视为经典，出现不少训释之作。玄宗开元
二十年（732），清池主簿高希峤上《晋书注》130卷。玄宗天宝六
载（747）^②，东京处士何超为"畅先皇旨趣，为学者司南"，依陆从典
《经典释文》撰《晋书音义》上、中、下3卷，纪、志为上卷，列传、
载记为中、下卷。中华书局将其附于点校本《晋书》书后。

二、"编次别代，共为部秩"的南、北史

《南史》、《北史》的修撰方式，在唐初所修八史中最为奇特，既
是家学私修，又是最高统治集团内部斗争的产物，反映当时史学的一
个侧面。

（一）修撰始末

经历了由南北分裂到两度统一的李大师，饱受南北对峙、互为
敌国所带来的灾祸，立志著述，纠正因南北分隔造成的弊病：

> 大师少有著述之志，常以宋、齐、梁、陈、魏、齐、周、
> 隋南北分隔，南书谓北为"索虏"，北书指南为"岛夷"。又各
> 以其本国周悉，书别国并不能备，亦往往失实。常欲改正，将

---

① 《史通》卷5《采撰》。
② 唐玄宗天宝三年正月"改年为载"，肃宗乾元元年二月改元，"复以载为年"，故自玄宗
天宝三载（744）至肃宗至德三载（758）元月，"年"用"载"字。

拟《吴越春秋》，编年以备南北。①

　　然而，李大师始终没有机会从事著述，只是到唐高祖武德四年以后才得以准备修撰，武德九年正式"编辑前所修书"，可惜只进行了二年便在故去。"所撰未毕，以为没齿之恨"。第四子李延寿"思欲追终先志"，因参预《隋书》修撰，在秘书内省对未曾见的梁、陈、齐、周、隋五代旧事，"于编辑之暇，昼夜抄录之"。后来参预修《晋书》，"复得勘究宋、（南）齐、魏三代之事所未见者"。贞观十七年参预修《隋书》十志，"遍得披寻"。同时，于魏、齐、周、隋、宋、齐、梁、陈"正史外，更勘杂史于正史所无者一千余卷，皆以编入。"

　　有研究借用一篇回忆文章讲毛泽东"特别提到李延寿写的《南史》和《北史》比较好，说他倾向统一"②的话，认定《南史》、《北史》具有统一南北的历史思想，认为李延寿将其父的思想推进了，其实不然。《南史》把南朝宋、齐、梁、陈四代的历史串联起来，仅仅是南朝史；《北史》把北朝实际是六个政权，即北魏、东魏、西魏、北齐、北周、隋的历史串联起来，仅仅是北朝史。不再强调华、夷，赞同《晋书》将一些割据政权"编之载记"的做法，《北史》改以《僭伪附庸列传》，对宋、南齐与魏书之间的南指北为"索虏"、北指南为"岛夷""亦所不取"，在编纂上南、北安排互见，这一切都应当充分肯定。然而，南北朝这一整个历史阶段仍然以地域或传统习惯被分编在两部书中，各成系统，不能说表现了多少统一南北的历史思想。李大师"编年以备南北"是要打通南北，汇南北各政权于一书，这才是统一思想在修史上的真正体现。李延寿改用纪传体，未能把南北集于一书，不能不说是对其父思想的偏离！从《北史·序传》保存的"进书表"看，李延寿修南、北二史的思想与其父的思想是不能同

---

① 《北史》卷100《序传》。
② 《在毛主席身边读书——访北京大学中文系讲师卢荻》，《光明日报》1978 年 12 月 29 日。

日而语的。

> 北朝自魏以还，南朝从宋以降，运行迭变，时俗污隆，代
> 有载笔，人多好事，考之篇目，史牒不少，互陈闻见，同异甚
> 多。而小说短书，易为湮落，脱或残灭，求勘无所。一则王道
> 得丧，朝市贸迁，日失其真，晦明安取。二则至人高迹，达士
> 弘规，因此无闻，可为伤叹。三则败俗巨蠹，滔天桀恶，书法
> 不记，孰为劝奖。
>
> 臣轻生多幸，运奉千龄，从贞观以来，屡叨史局，不揆愚
> 固，私为修撰。

李延寿所表示的是，有关南北朝的史牒"互陈闻见，同异甚
多"，"小说短书"又易散落，以致王道得失晦明，至人达士无闻，败
俗桀恶不记，而自己身居史馆，有责任为改正这种偏差进行修撰。追
终先志的话只字不提，为何不用编年体而改用纪传体也无交代，剩下
的就是为完善载笔、保存史料、勘比异同等目的而修撰，甚至强调
"不敢自申管见"。父子异趣，多么明显！

编年史，以时间先后编次，对于分裂的各政权，虽然有谁为
"正统"的问题，但其叙事必须打破政权界限，"同年共事"，易于发
挥统一南北的历史思想。纪传史，以人物为中心，即以一个个的皇帝
为中心，实际上是以政权为中心。同时并存的政权，只能分别叙述，
不易贯彻统一的历史思想。李大师遗志说得明明白白："编年以备南
北"。李延寿却偏偏要选择不易表现统一思想的纪传体，分为南、北，
各自为史。固然，编年为史，使用谁的纪年可能是个难题，此时的纪
传史已取得"独尊"地位，受此影响，使李延寿改用纪传体，可以算
是一个因素。但绝不仅仅如此，还有更深刻而复杂的原因，使得李延
寿不得不改变乃父的初衷。

　　"始末修撰，凡十六载"，即太宗贞观十七年（643）正式修撰，至高宗显庆四年（659）奏上。恰恰在这 16 年的一头一尾，最高统治集团内部出现了两次重大的政治清洗。一次是围绕魏王泰的立不立太子发生了派系之争，以长孙无忌为代表的关陇贵族受到倚重，寒族官僚势力遭到清洗。另一次是高宗永徽六年（655）围绕王、武二后废立，寒族官僚势力与关陇贵族势力进行了最后的较量，显庆四年长孙无忌被杀，关陇贵族势力遭到清洗。李延寿修撰南、北二史之初，正是关陇贵族得势之际。李延寿的先祖，在北魏、北齐时是陇西世家大族，隋末唐初家道没落，入唐以后地位完全丧失。但关陇贵族在朝中得势，其本人又受到信用，所以《北史·序传》以 9/10 的篇幅追述其先祖经历之事、所授官爵，而叙其父子修史事不及 1/10，又被"进书表"占去了一半。监国史令狐德棻出身在"世为西土冠冕"的士族之家，门第观念、世族思想自然很深。编年史很难突出一家一姓，而纪传史却能做到。在关陇贵族势力取得对寒族官僚势力第一个回合的胜利之后，更需要突出门阀士族的地位。因此，李延寿必然地改变其父"编年以备南北"的遗志，选择纪传体这一形式。当南、北二史即将告成之际，形势突变，关陇贵族失势，寒族官僚得势。李延寿不敢冒然上奏，《南史》"先写讫，以呈监国史、国子祭酒令狐德棻，始末蒙读了，乖失者亦为改正，许令闻奏"。随后"以《北史》谘知，亦为详正。因遍咨宰相，乃上表。"在这种情形下，上书表能写什么？撰述宗旨变得笼统、模糊，剩下的只是追述编写经过、二史体例：

　　　　起魏登国元年，尽隋义宁二年，凡三代二百四十四年，兼自东魏天平元年，尽齐隆化二年，又四十四年行事，总编为本纪十二卷、列传八十八卷，谓之《北史》。又起宋永初元年，尽陈祯明三年，四代一百七十年，为本纪十卷、列传七十卷，谓之《南史》。凡八代，合为二书，一百八十卷，以拟司马迁《史记》。就此八代，而梁、陈、齐、周、隋五书，是贞观中敕撰，以十志未奏，本犹未出。然其书及志，始末是臣所修。臣既夙怀慕尚，又备得寻闻，私为抄录，一十六年，凡所猎略，千有余卷。连缀改定，止资一手，故淹时序，迄今方就。唯鸠聚遗逸，以广异闻，编次别代，共为部秩。除其冗长，捃其菁华。若文之所安，则因而不改，不敢苟以下愚，自申管见。虽则疏野，远惭先哲，于披求所得，窃谓详尽。[①]

高宗曾"自制序"，内容已不可知。但从其重视程度看，当然不会是二史体现了统一南北的历史思想，应该是二史涉及了当时权力斗争的焦点，即南、北二史突出的是门阀士族势力，现实中却是门阀士族势力的一蹶不振！高宗感慨交织，因事而发，写下序文。北宋以后，随着士庶斗争的消失，序文再无意义，也就随之而亡。

李延寿改变李大师的初衷，固然是一种遗憾。但是，统一南北的问题，在李大师的一生，可以说是时代的中心议题，而到李延寿时已不再是什么问题了，何必一定要把上辈人的议题强加到他身上呢？时代对他另有选择，不应用旧眼光来看待李延寿的史学成就。

（二）编纂特点

《南史》、《北史》的编纂特点，总起来说，就是"编次别代，共为部秩"，即将南朝宋、齐、梁、陈四代史，"连缀"为一书——《南史》；将北朝北魏、东魏、西魏、北齐、周、隋六个政权的历史"编缀"为一书——《北史》。这种不以一个皇朝的兴亡为断限，而把若干政权的兴替史串联起来的做法，在史书编纂上有一定的创见性。尤其是把北朝六个政权的历史贯串起来，的确需要见识和费一番功夫。

---

① 上引俱见《北史》卷100《序传》。

北魏分裂为东、西魏，出现北朝中的对峙，东、西魏又先后为北齐、北周取代，一度并存。再后，北周灭北齐，隋取代北周，统一南北。北朝的历史脉络比南朝复杂得多，加之不同观点的史家分别以东魏或西魏为正统，造成史书断限、内容与历史实际相出入。《北史》把它们贯串起来，确实是一件不易之事。由于这样的编排，后世的许多著录都把《南史》、《北史》目为通史。

《南史》80 卷，本纪 10 卷、列传 70 卷。

宋本纪 3 卷、齐本纪 2 卷、梁本纪 3 卷、陈本纪 2 卷。

后妃 2 卷。宋宗室及诸王 2 卷、臣僚 26 卷；齐宗室 1 卷，齐高帝诸子 2 卷，齐武帝诸子、文惠诸子、明帝诸子 1 卷，臣僚 6 卷；梁宗室 2 卷，梁武帝诸子 1 卷，梁简文帝诸子、元帝诸子 1 卷，臣僚 10 卷；陈宗室诸王 1 卷，臣僚 4 卷。类传 9 卷，贯通南朝，循吏 1 卷、儒林 1 卷、文学 1 卷、孝义 2 卷、隐逸 2 卷、恩幸 1 卷、贼臣 1 卷（居全书最后）。周边 2 卷，海南诸国、西南夷 1 卷，东夷、西戎、诸蛮、西域、北狄等 1 卷。

《北史》100 卷，本纪 12 卷、列传 88 卷。

魏本纪 5 卷、齐本纪 3 卷、周本纪 2 卷、隋本纪 2 卷。

后妃 2 卷。魏诸宗室 1 卷，道武七王、明元六王、太武五王 1 卷，景穆十二王 2 卷，文成五王、献文六王、孝文六王 1 卷，臣僚 31 卷；齐宗室诸王 2 卷，臣僚 4 卷；周宗室 1 卷，周室诸王 1 卷，臣僚 12 卷；隋宗室诸王 1 卷，臣僚 8 卷。类传 13 卷，贯通北朝：外戚 1 卷、儒林 2 卷、文苑 1 卷、孝行 1 卷、节义 1 卷、循吏 1 卷、酷吏 1 卷、隐逸 1 卷、艺术 2 卷、列女 1 卷、恩幸 1 卷。僭伪附庸 1 卷。周边 6 卷：高丽、百济、新罗、勿吉、奚、契丹、室韦、豆莫娄、地豆干、乌洛侯、流求、倭 1 卷，蛮、獠、林邑、赤土、真腊、婆利等 1 卷，氐、吐谷浑、宕昌、邓至、白兰、党项、附国、稽胡 1 卷，西域 1 卷，蠕蠕、匈奴宇文莫槐、徒何段就六眷、高车等 1 卷，突厥、铁勒 1 卷。

序传 1 卷。

需要注意一点，两书列传中的宗室诸王、臣僚均分朝代，类传（包括后妃）、周边不分朝代，贯通前后。但在写具体人物时，用家传形式，按世系而不按朝代、史事编次，这是《南史》、《北史》的明显特点。主要表现在列传颇多附传，附传人物不是因史事联系入传，而是由于家族关系编入；不仅父子、兄弟入传，就是同姓同宗同族之人也都编入；不仅同一政权下的几代人入传，就是前后相隔一二百年，纵贯几个政权的人物也编入。袁湛生活于东晋、南朝之际，《南史》卷 26《袁湛传》编排在宋臣僚中，附传达 15 人，纵贯整个南朝。陆俟为北魏之臣，《北史》卷 28《陆俟传》编排在北魏臣僚中，附传多至 20 人，纵贯整个北朝。这种编纂方法，有史学渊源。何法盛《晋中兴书》有《琅琊王录》、《陈郡谢录》记东晋大族王、谢两家。沈约《宋书》列传半数都是门阀大姓传记，王、谢二族立传者有 26 人之多，且以子孙附父祖传。魏收《魏书》更是不厌其烦地罗列门阀士族谱系和亲属关系，旁及疏支远族，《穆崇传》附 68 人。《南史》、《北史》列传，凡子孙都附于父祖传下，家传的特点极为显著。南北朝是门阀士族统治的时代，南、北二史应当反映这一时代特征。问题在于，门阀士族势力已经江河日下，"盛世"不复再来，在这样的时候改变李大师"遗志"，采用已渐渐过时的形式来编写这一时期的历史，就不能不受非议了。更何况在其之前，梁、陈、北齐、周四史都已不再像宋、南齐、魏三史那样大肆罗列门阀和宗族了。南、北二史记述人物活动，往往同其家族盛衰联系起来，进而把家族的盛衰同皇朝的兴替联系起来，这也是南北朝时期的真实。同样，在门阀士族统治没落、士庶界限逐渐消失的唐代，再选择这样的体裁把家族盛衰同皇朝命运联系在一起，至少是一种陈旧思想的反映，或者说是不甘心没落，能有多少积极意义可言呢？

《南史》、《北史》所以广为流传，以致使"学者止（只）观其书，沈约、魏收等所撰皆不行"①，既不是因为包含了什么统一南北的历史思想，也不是由于突出门阀、"意重谱系"，主要在于"卷帙稍简，抄写易成"和"删去芜词，专叙实事"②这两点上。

关于第一点，南、北二史成书之前，南、北八书——《宋书》、《南齐书》、《梁书》、《陈书》和《魏书》、《北齐书》、《周书》、《隋书》都未广泛流行，这是因为雕板印刷尚未出现和推广，只能手抄。南、北二史修成之后，也是如此。唐穆宗长庆三年（823）取仕立三史、三传科，《南史》、《北史》列为科考项目，要求"习《南史》者并通宋、齐《志》，习《北史》者通后魏、隋书《志》"③，加之南、北二史份量小，易于抄写、传习，因而有取代南、北八书的趋势，以致《隋书》（因有十志）之外七书到北宋时多所残缺。

关于第二点，"删去芜词，专叙实事"，与李延寿编纂《南史》、《北史》的方法大致吻合。其具体做法主要有三：一为"连缀改定"，二为"鸠聚遗逸"，三为"除其冗长"。"连缀"是基本方法。在分别"连缀"南、北八书的过程中，发现谬误、疏漏即进行"改定"。李延寿所作"改定"，是以"鸠聚遗逸"、"除其冗长"为前提和基本内容的，下面分别说明。

其一，"连缀改定"。本纪部分，即其《序传》所说，"依司马迁体，以次连缀之"。"改定"之处较多，大都在政权更替或几个政权同时并存处，着重改其自我回护、彼此诋毁之点。南朝四书，在朝代更替之际，东晋、宋、齐、梁的末代皇帝都是被新朝皇帝所杀，《南史》的"改定"在直书其事。《魏书》对北魏数帝被凶杀一概回避，不能完整反映北魏分裂为东魏、西魏以后的历史，《北史》"改定"为据事直书。列传部分，主要是将分散在各书中的相关人物、相关史事"连

---

① 《郡斋读书志》卷6《杂史类》。
② 《廿二史劄记》卷9《八朝史至宋始行》、《陔余丛考》卷8《南北史原委》。
③ 《通典》卷17《杂以论中》"举人条例"。

缀"起来，构成家传和类传。

其二，"鸠聚遗逸"。当时在南、北八书之外，李延寿"更勘杂史于正史所无者一千余卷，皆以编入"，所以赵翼经考校认为"《南史》增《梁书》事迹最多"，并列举所增"有关于人之善恶、事之成败者"20多处以及"有补于《梁书》者"附传26人。①其他较重要的增补尚有：增范缜不肯"卖论取官"一事，"循吏"增立《郭祖深传》，载其上封揭露梁武帝佞佛残民。除增加张彪等传外，类传中补充的人物最多，如"循吏"增甄法崇、王洪范，"文学"增纪少瑜，"隐逸"增渔父，"恩幸"增茹法珍、周石珍、陆验、孔范等。整个《南史》增补的专传和附传数量不少，类传中补充的人物最多，类传中的附传增补更多。《北史》最重要的增补是根据魏澹《魏书》补充了西魏文帝、废帝、恭帝三纪及三帝后妃传，对于元魏入关的宗室增补了不少史事。同时，补写了梁览、雷绍、毛遇、乙弗朗、房谟、魏长贤、魏季景等传。至于增加附传或在原纪、传中补充史实的地方，更是为数不少。《北齐书》揭露残暴荒淫在"五代史"中已经很突出了，但比起《北史·显祖文宣帝纪》仍然逊色不少。所以，王鸣盛说"观《北史》高洋纪，其穷凶极恶，赖《北史》得著，此李延寿之功。"②李延寿"鸠聚遗逸"，"于正史所无者，凡琐言碎事、新奇可喜之迹，无不补缀入卷"③，因此司马光在肯定其"叙事简径，比于南北正史无烦冗芜杂之辞"的同时，批评其"于禨祥、谐嘲小事无所不载"④。

其三，"除其冗长"。这方面的评价分歧较大，总的来说，得失参半。李延寿"除其冗长"，赵翼有一概括：

---

① 《廿二史劄记》卷10《南史增删梁书处》、《南史增梁书有关系处》。
② 《十七史商榷》卷66《取北史补北齐书》。
③ 《廿二史劄记》卷10《南史增删梁书处》。
④ 《文献通考》卷192《经籍考十九》引司马公曰。

　　每代革易之际、以禅让为篡夺者，必有九锡文、三让表、禅位诏册，陈陈相因，遂成一定格式。南、北史则删之，而仅存一、二诏策。其他列传内，文词无关轻重者，亦多裁汰。……其于南北交兵事，尤多删削。……两国交涉处，一经校对，辄多龃龉，宜乎延寿之不敢详书。①

　　本纪删除官样文章，歧义不大。至于南北交兵事，可从"南北两朝国史各自夸胜讳败，若一一存之，则南、北史核对多不符合，故宁一切删之"②得到解释。列传部分的"除其冗长"，并非都是"文词无关轻重者"。《宋书》卷44《谢晦传》中的"上太祖二表"、卷54《孔季恭附灵符传》中的"山阴湖田议"、卷54《羊玄保传》中的"吏民亡叛罪同伍议"、卷82《周朗传》中的"上世祖言事书"、卷84《邓琬传》中的"为晋安王子勋讨太宗檄"以及《梁书》卷48《范缜传》中的《神灭论》等，《南史》或全删或节录过少。③《魏书》卷53《李孝伯附安世传》中关于均田的奏疏，《北史》只字未留。

　　《南史》、《北史》对南、北八书有增、有删、有改，造成二史与八书在叙事上的详略不同，这是二史与八书不可偏废的原因之一。另一点，南、北八书都有志：《宋书》志8篇30卷，《南齐书》志8卷11篇，《魏书》志10篇30卷，梁、陈、北齐、周、隋有《五代史志》10篇30卷，后合入《隋书》。八书的志，反映了南北朝这一整个时代的历史特点、社会风貌，包括政治、经济、文化、社会等各个方面。在这一点上，南、北二史是无论如何也不能替代南、北八书的。所以，尽管二史可以广为流传，终究因为没有志而不能取代八书。

---

① 《廿二史劄记》卷13《南北史两国交兵不详载》。
② 《陔余丛考》卷8《北史删魏书太简处》。
③ 参见《十七史商榷》卷60《宋书有关民事语多为南北史删去》、《越缦堂日记》光绪丁丑十二月十三日。

　　《南史》、《北史》各成系统，在编纂上既有得体之处，也多失当的地方。王琳的事迹全在南方，梁末因政权变化投附北齐，故《北齐书》有传，李延寿将其编入《南史》，这是其"连缀改定"突破南、北界限的一例，是符合史实的改动。二史中，增补的南北交往之事很多。《北史·李崇附李谐传》较之《魏书·李平附李谐传》，不仅作了相当大的"改定"，还增加了北魏与梁通好的记载，赵翼专门辑录为"南北朝通好以使命为重"①一题，可以参考比较。然而，由于分为南、北二史，多据原书机械"连缀"，以致割裂、错置、矛盾、重复。谯国夫人冼氏，世为南越（今广东境内）首领，历梁、陈二代，卒于隋文帝时，是南方的重要人物，按王琳例应在《南史》，但因本传在《隋书·列女传》，便不敢循王琳例了，只能编入《北史·列女传》。

　　繁复立传的人物不少，有刘昶、毛修之、薛安都、萧宝寅（宝夤）、萧祗、萧泰、萧综（赞）、萧大圜等。繁复立传的周边政权有：林邑国、盘盘国、丹丹国、婆利国、高句丽、百济、新罗、倭国、宕昌、邓至、高昌、龟兹、于阗、渴盘（槃）陀、波斯、蠕蠕等。如果说人物的主要事迹分载南、北二史，运用互见的方法可以反映二史是"通为一家"的话，那么作为南北朝时期周边的政权，分别记录其与南、北各政权的交往，还不是表现的南、北"分裂"或对立，怎么反映统一南北的历史思想？

　　总之，《南史》、《北史》是适应太宗晚年和高宗初年最高统治集团内部关系调整的需要而出现的。"编次别代，共为部秩"，不仅形式上不同于"编年以备南北"，就是在思想认识上也不能与"以备南北"同日而语。由于以"连缀"为基本方法，全书未能会通。南、北二史的主要价值，在于所增史料多取于唐代以后不易见或已亡佚的史籍，可以订正南、北八书之误，用以校勘南、北八书。

———————————

① 《廿二史劄记》卷14。

第二章　皇家修史制度化

唐太宗贞观三年（629）正式设立史馆，经过逐步完善，完整积累史料，系统撰录国史成为制度。同时，建立起纂集起居注、时政记、日历、实录、"国史"的一整套修史程序。自此，以纪传体修前代史，设立史馆纂集实录、"国史"等当代史，成为各朝各代基本不变的修史制度。

作为本朝史或当代史的国史，自唐代以后逐渐出现泛指和专指两层含义。泛指，包括一部一部的皇帝"实录"和前后相续的纪传体本朝史；专指，仅为前后相续的纪传体本朝史。为便于区分，凡泛指本朝史（或当代史）皆直书国史二字，凡专指纪传体本朝史则以"国史"（或《国史》）表示。

第一节　史馆修史制度的完善

唐代以前，起居注、史馆、监修虽然都已出现，但三者尚未成为一个有机体，利用史馆的形式组织修史没有形成制度。太宗贞观年间，集注起居、设立史馆、宰臣监修，三者一体，奠定了史馆制度的基本格局。

一、史馆建置与构成

唐代史馆的建置，有一个逐渐完善的过程。高祖时统一大业尚未完成，无暇顾及修史制度，只是沿旧制在秘书省置著作局，设著作郎、佐郎而已。当历史进到"贞观"时代，重心由创业转向守成，修史便提到日程上来了。

太宗贞观三年（629）诏修梁、陈、齐、周、隋五代史，于中书省设置秘书内省。这是史馆性质的修史机构，除宰相房玄龄"总监"外，有副相、秘书监魏徵"总加撰定"，秘书丞令狐德棻"总知类会"，同时保留了南北朝修史的一些做法：修撰官以他官兼任，无史官名号，无定员；佐修史官虽无定员却有名号，唐初称"修史学士"[①]。五代史告成，秘书内省随即废置，表明为临时性修史机构。高宗永徽、显庆中修《五代史志》，亦有修史学士参预其事。[②]

在设秘书内省修前代史稍后，贞观三年闰十二月（630年1月），又于禁中建置常设修史机构——史馆，专修国史。史馆有系统的组织，有明确的规章，把史料积累、史书编纂结合起来并加以制度化。高宗以后，史馆人员的名称、编制逐渐明确，有监修国史、修国史、史馆修撰、直史馆以及各色辅助人员。

贞观四年（630），房玄龄为尚书左仆射（宰相之一），即为监修国史。唐代宰相监修国史自此始，逐渐形成定制。宪宗以前，监修国史有不是宰相者，如高宗永徽元年（650）令狐德棻复为礼部侍郎兼弘文馆学士，监修国史。有多人同时兼任者，如高宗永徽中的褚遂良、韩瑗、来济，中宗景龙初韦巨源、纪处讷、杨再思、宗楚客、萧

---

① 《旧唐书》卷73《令狐德棻附邓世隆传》："贞观初，征授国子主簿，与崔仁师、慕容善行、刘顗、庾安礼、敬播等俱为修史学士。"
② 《大唐新语》卷7《量识》：张说拜集贤学士，谓诸学士曰："闻高宗朝修史学士有十八九人……"

至忠，睿宗太极元年（712）窦怀贞、刘幽求、魏知古、崔湜，玄宗先天二年（713）张说、姚元之，并监修国史。高宗至德宗，监修国史的名称尚未完全固定，如代宗时元载为相称"修国史"，德宗贞元十六年（800）齐抗为相称"兼修国史"。宪宗以后，"监修国史"之职名固定下来，均由宰相充任。所以，北宋初宋敏求才有这样的记载：

> 唐制，宰相四人，首相为太清宫使，次三相皆带馆职，弘文馆大学士、监修国史、集贤殿大学士，以此为次序。①

监修国史的职责，刘知幾曾有一概括：

> 窃以史置监修，虽无古式，寻其名号，可得而言。夫言监者，盖总领之义耳。如创纪编年，则年有断限；草传叙事，则事有丰约。或可略而不略，或应书而不书，此刊削之务也。属词比事，劳逸宜均，挥铅奋墨，勤惰须等。某帙某篇，付之此职；某传某志，归之彼官。此铨配之理也。斯并宜明立科条，审定区域。②

概括而言，监修国史之职，制定编纂原则，组织史馆修撰，史官及各色人员俱受其辖制。

由于宰相监修，史馆的设置与决策机构的变化密切相关。唐初，宰相常于门下省议事，史馆亦置于门下省。高宗、武则天以后，决策重心逐渐转移到中书省。玄宗时，李林甫为中书令、监修国史，"以中书地切枢密，记事者官宜附近"③，即移史馆于中书省。

---

① 《春明退朝录》上。
② 《史通》卷 20《忤时》。
③ 《旧唐书》卷 43《职官二》。

修国史，在德宗以前有双重含义：一为宰相修国史，即监修国史；一为非宰相修国史，即一般官员任史职，通称史官或修史官。肃宗乾元初，宰相李揆以于休烈"修国史与己齐列，嫉之，奏为国子祭酒，权留史馆修撰之下"①。自此，"修国史"不再作为一般官员任史职了。

史馆修撰，作为官称，见于玄宗天宝前后，是为区分兼任史职官员身份高下而出现的，即以"史馆修撰"取代作为一般官员任史职的"修国史"。充任史馆修撰的官员，最初无明确规定，至宪宗元和四年（809）才做出规定：

> 史馆请登朝官入馆者并为修撰，非登朝官并为直史馆，仍永为常式。②

此后，五品以上（即登朝官）入史馆充任史职者，称史馆修撰，或简称修撰；六品以下（即非登朝官）入史馆充任史职者，统称直史馆，或简称直馆。其他各种名称，一律取消。

关于史馆修撰的编制，最初为2—3人，文宗大和六年（832）增为4人。宣宗大中八年（854）废直史馆，增添修撰2员，共4人，分修四季之事。此后，以4人为定员。

判馆事，主持史馆日常事务，由修撰官中官高者一人充任。据五代后唐制度，除参预修撰之外，史馆中著述及诸色公事，均由判馆事专主之③，唐代大致也是如此。

直史馆，作为官称，是在史馆建置一开始就出现的。《新唐书·百官志二》这样记载：

---

① 《旧唐书》卷149《于休烈传》。
② 《旧唐书》卷148《裴垍传》。
③ 参见《五代会要》卷18《修史官》。

贞观三年，置史馆于门下省，以他官兼领，或卑位有才者亦以直馆称。

李延寿在参预《晋书》修撰后，"寻转御史台主簿，兼直国史"①。"直国史"即"直史馆"。武则天长安三年，吴兢被魏元忠、朱敬则荐举为"直史馆，修国史"②。唐前期征召直史馆，主要是重史才。玄宗天宝以后，逐渐变为注重资历了，改以初入馆者为直馆。宪宗元和四年，更以"未登朝官入馆者并为直馆"③。直史馆的本官，宪宗以前亦无定例，其后"皆为畿县尉"，并成为制度。编制最初不超过4人，宣宗大中八年（854）全废。

史馆修撰、直史馆是史馆中的编修人员，遇有修撰任务，每人分担一部分，负责搜罗材料，拟定"条目纲纪"，写成之后"与诸史官参详"，定稿后"奏闻"。④

"知史官事"，虽不是正式官称，但在玄宗天宝以前却是用来专指参预修国史的史官，大致相当于后来的史馆修撰。至于"史官"，是一种泛称，指修史官，包括监修国史，也包括史馆的修撰官员。

二、史料积累制度化

史馆的职责是修国史，资料搜集为其基本前提。前面谈到《隋书》修撰中不少"有名于世"的将帅由于史料积累不完备而"事皆亡失"，以致"史官无所述焉"。这从反面提醒唐代史馆，必须重视史料搜集。国史记述的都是国之大事，史馆资料来源必须有制度上的保

---

① 《旧唐书》卷73《令狐德棻附李延寿传》。
② 《旧唐书》卷102《吴兢传》。
③ 《旧唐书》卷43《职官二》。
④ 《唐会要》卷63《在外修史》。

证。唐代史馆的史料搜集和积累，主要有三大来源。

（一）《起居注》和《时政记》

这是反映最高统治集团政事活动的基本素材，"凡欲撰帝纪者，皆因之以成功"[①]。

唐初沿隋制，置起居舍人 2 人。太宗贞观二年移其于门下省，改为起居郎，"掌起居注，录天子之言动法度"[②]。当时多以给事中、谏议大夫兼知起居注，或知起居事。每日上朝、"仗下"（退朝）入阁，太宗与宰相参议政事，令起居郎 1 人秉笔。高宗显庆三年（658）又于中书省置起居舍人 2 人，"掌修记言之史，录天子之制诰德音"，与起居郎分侍左右，随宰相入殿。所记天子言动，以事系日，以日系月，以月系年，并记历数、典礼、文物、迁拜旌赏、诛伐黜免以及时政损益，"季终则授之于国史"。[③]起居注以皇帝临朝听政的言动为中心记录朝政大事，太宗时还记录退朝之后的密议，所以皇帝本人很想知道所记内容。贞观九年（635）太宗提出要"亲自观览，用知得失"，被谏议大夫朱子奢上表谏止，认为此法传示后代，必然使史官"希风顺旨，全身远害"，造成千年的真实历史无所传闻的后果。[④]然而，太宗一再要求观览，贞观十四年（640）改为"欲看国史"，并命房玄龄"撰录进来"。后果之一，引来高宗永徽以后起居注制度的变化，掌起居注官虽然"对仗承旨"，但退朝后随百官退出，不再预闻机务了。起居注只能于制敕之内采录，别无他事可记。高宗显庆年间新置以记言为主的起居舍人，正是随着这一变化而变动的。

每个最高统治者都需要歌功颂德，为自己树碑立传。"帝王谟

---

① 《史通》卷 11《史官建置》。
② 《旧唐书》卷 43《职官二》。
③ 《唐六典》卷 9《中书省》作显庆二年置起居舍人，《唐会要》卷 56《起居郎起居舍人》作显庆三年十二月十五日置。
④ 《唐会要》卷 63《史馆杂录上》。

训，不可暂无纪述。若不宣自宰相，史官无从得书。"武则天长寿二年（693），针对起居官"仗下后谋议，皆不预闻"的情况，宰相姚璹提出：

> 仗下所言军国政要，宰相一人专知撰录，号为时政记，每月封送史馆。[1]

宰相撰录《时政记》，自姚璹始，但同样存在问题。由于"起居既录自宰相，事同铭述"，于是"推美让善之义行，而信史直书之义阙"。时间一久，宰相政务繁忙，时修时辍。德宗时，宰相贾耽、齐抗、赵憬撰录过《时政记》。宪宗元和八年（813），监修国史李吉甫分析《时政记》"间或不修"的原因：未及施行的机密，不可书以送史官；谋议出于臣下者，又不准自书以付史馆，史官只能记天下皆闻的公开诏令，所以姚璹、贾耽、齐抗等罢史职后，其事亦废。穆宗长庆元年（821），宰相崔植、杜元颖奏请修《圣政记》。《圣政记》与《时政记》性质相同："每坐日所有谋议事关政事者，便日撰录"，"书纪缄封，至岁末则付史馆"[2]，不久"事亦不行"。文宗大和九年（835）恢复"太宗之制"，令起居郎、起居舍人准故事入阁"赍笔砚及纸于螭头下记言记事"，"宰相既退，上召左右史更质证所奏是非"[3]。起居注制健全，起居注记详备，必然引起君臣的担心。开成中，宰相间有过一次关于《时政记》的争议。[4] 文宗亦欲取以自观，总算被宰相魏谟谏止。武宗会昌三年（843），重申撰录起居注、时政记，并对如何撰录作出规定。此时，杜牧为史馆修撰，专门写了一篇《论阁内

---

① 《旧唐书》卷 89《姚璹传》。
② 详见《唐会要》卷 64《史馆杂录下》、《旧唐书》卷 16《穆宗纪》。
③ 《旧唐书》卷 17 下《文宗纪下》、卷 129《张延赏附张次宗传》。
④ 详见《旧唐书》卷 174《杨嗣复传》。

延英奏对书时政记状》，针对宰相撰录《时政记》容易出现只记"出己之言辞，或忘同列之对，若献替之说或阙，则史册之数不详"的现象，建议"宰臣所奏公事，人自为记，共成一篇，既得精详，必无遗漏"①。

由于武宗以前起居注、时政记制度不断完善，尽管《时政记》时修时缀，仍然保存了修国史的基本素材，以致武宗以前的诸帝实录纂修不绝，才使《旧唐书》前半部分大体能够"用实录、国史旧本"。

唐代的起居注，见著于《新唐书·艺文志二》的只有温大雅《大唐创业起居注》3 卷、《开元起居注》3682 卷（失撰人名）以及姚璹《时政记》40 卷。

《大唐创业起居注》3 卷，不出于史官，也不修于史馆，却以其独特的价值保存至今。

温大雅（？—628），字彦弘，仕隋为东宫学士、长安县尉。李渊镇太原，甚礼之。李渊太原起兵，引其为大将军府记室参军，专掌文翰。李渊称帝，温大雅参预制定礼仪。武德元年迁黄门侍郎，与其弟中书侍郎温彦博"对居近密"。转工部尚书，进拜陕东道大行台工部尚书。秦王世民与太子建成、齐王元吉争夺激化，秦王令其"镇洛阳以俟变。大雅数陈秘策，甚蒙嘉赏"②。太宗即位，累转礼部尚书，封黎国公，岁余而卒。

《大唐创业起居注》3 卷，记唐高祖李渊建立唐皇朝过程的言动，起自隋炀帝大业十三年五月，止于唐高祖武德元年五月。上卷记"起义旗至发引"48 日，中卷记"自太原至京城"126 日，下卷记"摄政至即真日"183 日，共 357 日，编年而成。温大雅自太原起兵即"专掌文翰"，占有材料丰富、详备。后又多涉机密，记述更加详实。其

---

① 《樊川文集》卷 15。
② 《旧唐书》卷 61《温大雅传》。

书成于"义宁（按：隋恭帝年号）、武德间"，秦王世民与太子建成、齐王元吉的争夺尚未露出苗头，较真实地记述了李渊、建成等在创建唐皇朝过程中的活动及作用，没有像后来依贞观史臣删定的实录、"国史"为据修成的《唐书》那样夸大秦王世民、贬低李渊等的倾向。此书对于唐代起居注、实录纂修产生的直接影响尤其不可忽视，刘知幾特别看重其"首撰"的意义：

> 义宁、武德间，工部尚书温大雅首撰《创业起居注》三篇。自是，司空房玄龄、给事中许敬宗、著作佐郎敬播相次立编年体，号为《实录》。迄乎三帝，世有其书。[①]

至于《开元起居注》，曾藏于兴庆宫，安史之乱中被焚烧。《新唐书·艺文志二》所著录，似为于休烈奏请后史馆"重加购赏"而得，姚璹《时政记》40卷亦当如此。

（二）各部门报送史馆文书

这是反映社会各个侧面重要时事的基本素材，其搜集、积累多以皇帝的制敕和各衙门的规定来保证。

开元二十五年（737），玄宗发《录开元以来名臣事迹付史馆敕》。第二年成书的《唐六典》记太史令的职掌之一，"每季录所见灾祥，送门下中书省，入起居注，岁终总录封送史馆。"大约在此前后，形成一套较为完备的条例，规定需要报送史馆的16项时事：

> 1. 祥瑞，礼部每季具录送。
> 2. 天文祥异，太史每季并所占候祥验同报。
> 3. 藩国朝贡，每使至，鸿胪勘问土地、风俗、衣服、贡献、

---

① 《史通》卷12《古今正史》。

道里远近，并其主名字报。

4. 蕃夷入寇及来降，表状，中书录报。露布，兵部录报。军还日，军将具录陷破城堡、伤杀吏人、掠虏畜产，并报。

5. 变改音律及新造曲调，太常寺具所由及乐词报。

6. 州县废置及孝义旌表，户部有即报。

7. 法令变改，断狱新议，刑部有即报。

8. 有年及饥，并水、旱、虫、霜、风、雹及地震、流水泛滥，户部及州县，每有即勘其年月日及赈贷存恤同报。

9. 诸色封建，司府勘报，袭封者不在报限。

10. 京诸司长官及刺史、都督、都护、行军大总管、副总管除授，并录制词，文官吏部送，武官兵部送。

11. 刺史、县令善政异迹，有灼然者，本州录附考使送。

12. 硕学异能、高人逸士、义夫节妇，州县有此色，不限高品，勘知的实，每年录附考使送。

13. 京诸司长官薨卒，本司责由历状迹送。

14. 刺史、都督、都护及行军副大总管已下薨，本州本军责由历状，附便使送。

15. 公主、百官定谥，考绩录行状、谥议同送。

16. 诸王来朝，宗正寺勘报。[①]

最后强调："已上事，并依本条所由，有即勘报史馆，修入国史。"

德宗建中元年（780）重申旧制，按上述"事条"行事，并补充"事条"不足，规定代宗大历十四年正月以后至德宗建中元年十月以

---

① 《唐会要》卷 63《诸司应送史馆事例》。按：原文 16 项事项文字为大字，具体内容注以小字，无序号。此处引录，为醒目起见，均用同一字号，并在各事项标加了序号。

前，"所有事迹，各限敕到一月内报。从此已后，外州县及诸军、诸使，每年一度，附考使送纳。在京即每季申，便为恒例。"①

这一系列的规定，确保了基本史事的征集和保存。作为一项制度，程度不同地影响着后世的史料的积累。

（三）遗闻佚事及行状、文集

在强调 16 事条"有即勘报史馆，修入国史"的同时，史馆还规定了史官自行采访的制度：

> 如史官访知事由，堪入史者，虽不与前件色同，亦任直牒索。承牒之处，即依状勘，并限一月内报。②

史官采摭史事，一为口头访问，二则征之行状、文集。唐初修五代史，魏徵等"恐有遗漏"，屡访孙思邈，前面已述。这种口问，在后来修国史中很少见，而征之文集、行状，在修国史中却为常见现象。采摭文集，一是在其他史料短缺的情况下不得已而为之。安史之乱过后，史籍散佚，肃宗、代宗时令狐峘修《玄宗实录》，便采"诸家文集，编其诏策"，"名臣传记，十无三四"③。二是墓志、碑铭入史传，中唐至清中期卷第六编第二章第二节详述。

行状，是纂修人物传记的基本依据，诸司应送史馆的"事例"有明确规定，史馆要征集，史官个人可以访得，颇为修史所重。宪宗元和十四年（819），史馆修撰李翱有一专篇上奏，论列行状得失。一方面肯定行状的基本作用："凡人之事迹，非大善大恶，则众人无由知之。旧例皆访问于人，又取行状谥议，以为依据。"另一方面指出

---

① 《唐会要》卷 63《诸司应送史馆事例》附条。
② 《唐会要》卷 63《诸司应送史馆事例》附条。
③ 《旧唐书》卷 149《令狐峘传》。

行状的弊端：今之作行状者，非门生即故吏，莫不虚美于所受之恩，其为文"华而忘其实"，"由是事失其本，文害于理，而行状不足以取信"。鉴于这种状况，李翱呼吁："作行状者，但指事说实，直载其词，善恶功迹，皆据事足以自见矣。"希望吏部考功在定谥时，能够遵循这样的准则：

> 若考功定谥，见行状之不依此者，不得受谥；依此者乃下太常，及牒送史馆。太常定谥后，亦以谥议牒送史馆。[①]

当时，不少人都有这种看法。[②]这既是对诸司应送史馆的"事例"中第 15 项的更高要求，又表明史官们对行状的重视。行状，是史馆、史官修史的重要史源之一。

三、几项重要调整

史馆制度由于初创，需要逐渐完善，加之政治局势的种种变动，使其发生过几个方面的重要变化。

（一）修史重心转变

太宗贞观三年（629）始建史馆，虽然明确其职责为修国史，但重点在"以史为鉴"，因而另置秘书内省以修五代史。房玄龄虽是宰相监修国史，但修史的主要精力是放在监修"五代史"和《晋书》等前代史上。高宗显庆元年（656）《五代史志》完成，监修国史长孙无忌等同时撰成纪传体《武德贞观两朝史》，这是修前代史与修国史齐

---

① 《唐会要》卷 64《史馆杂录下》。
② 《旧唐书》卷 177《李虞仲传》："古者将葬请谥，今近或二、三年，远乃数十年，然后请谥；人殁已久，风绩湮歇，采诸传闻，不可考信，诔状虽在，言与事浮。"凡得谥者，葬前一月请吏部考功会知太常寺定议；其不请谥或请而过时者，由御史举报弹劾；"或善恶著而不请，许考功行察行谥之"。

头并进。

其后，史馆的重心完全转移到修国史上。显庆四年（659），中书令、监修国史许敬宗等撰《高宗实录》。许敬宗卒后，高宗以其所记"多非实录"，提出新的修史原则：

> 卿等必须穷征索隐，原始要终，盛业鸿勋，咸使详备。[①]

比起太宗"欲览前王之得失，为在身之龟镜"来，显然是一个重大的变化。自此时起，由于修史指导思想的变化，改变了史馆的工作重心，宰相监修国史、史官修撰国史，都要遵循这样一个基本原则。

武则天长安三年（703）正月敕修唐史，提出"长悬楷则，以贻劝诫"。接着，正谏大夫（谏议大夫之改称）朱敬则上表请择史官："伏以陛下圣德鸿业，诚可垂范将来，倘不遇良史之才，则大典无由而就也"，"若访得其善者，伏愿勖之以公忠，期之以远大，更超加美职，使得行其道，则天下幸甚"。此后，任命监修、选择史官、敕撰前一皇帝《实录》，成为史馆的定制。

有些论著把实录、"国史"以外的史籍，如典志、地理方志、类书等的编纂都算作史馆的成就，不尽符合历史实际。实录、"国史"以外的史籍，虽然不少也是宰相监修、总领，又成于众手，却不是由史馆组织编纂，不应归之于史馆。《唐六典》、《初学记》等都在集贤殿书院修成，是集贤殿书院的编纂成就。最有说服力的例证就是吴兢"有特诏令就集贤院修成其书（按：指《唐史》）"，宰相李元纮奏请令"就史馆参详撰录"，表明在史馆修史与在集贤殿书院修书是有严格区别的。还应注意，秘书省著作局依然有著作郎、著作佐郎，但其所掌

---

① 　《唐会要》卷 63《修国史》。

只是"修撰碑志、祝文、祭文"①等，没有修史之任。

（二）国史体例变化

高宗显庆中，史馆的工作重心转移到修国史以后，一方面继续《实录》的撰录，一方面进行纪传体《国史》即唐史的修撰。武则天敕修唐史，同时有刘知幾、吴兢等续成《高宗后修实录》。中宗神龙二年（706）至玄宗开元四年（716），刘知幾、吴兢等依次撰成《睿宗实录》、《则天实录》、《中宗实录》。开元十八年（730），韦述勒成《国史》。肃宗上元二年（760），史官柳芳"绪（韦）述凡例"勒成《国史》。在这以前，国史始终是《实录》与纪传体《国史》两种体裁齐头并行。肃宗以后，纪传体"国史"未有续撰，而《实录》仍然连绵不断，并出现了新的编年体唐史——柳芳所修《唐历》。

顺宗永贞元年（805），监修国史韦执谊以史臣所有修撰"皆于私家纪录，其本不在馆中，褒贬之间，恐伤独见；编年之际，或虑遗文"，因而奏请：

> 令修撰官各撰日历，凡至月终，即于馆中都会，详定是非，使置姓名，同共封锁。除已成《实录》撰进宣下者，其余见修日历，并不得私家置本，仍请永为常式。②

这一建议逐渐成为制度，把《实录》的编纂程序化，即史官依据《起居注》、《时政记》及诸司送史馆各项文书等，先编成长编性质的《日历》，每月底在史馆集中讨论、定稿，并署名封存，以备日后编入《实录》。编修《日历》，自顺宗永贞元年（805）始。其后，虽然无法断定《日历》累朝不断，但至唐末仍有《日历》纂修却是事

① 《旧唐书》卷 43《职官二》。

② 引文见《唐会要》卷 63《修国史》，然其系于"贞元元年九月"，乃误。韦执谊为宰相监修国史，在顺宗即位、王叔文用事之后。此"贞元元年"当为"永贞元年"。

实，这就是宋、元之际尚能见到的《天祐日历》。①

武宗会昌三年（843），中书门下奏《时政记、起居注记、修国史体例》。其修国史体例，与前二年所奏《修实录体例》，都已把国史与《实录》完全等同了，国史即是《实录》。②宣宗时，监修国史崔龟从奉诏续柳芳《唐历》，"分年撰次"，国史已完全是编年体而不再有纪传体了。

（三）修史方式变通

武则天后期到玄宗即位前，由于政局动荡带来史馆制度混乱。玄宗即位后，随着社会的安定，史馆制度不断得到完善。

最引人注目的变通，就是允许馆外修史。当武则天、中宗之世，吴兢因武三思、张易之、张昌宗等相次监领国史，于是"潜心积思，别撰《唐书》九十八卷、《唐春秋》三十卷"③。所谓"别撰"，"用藏于私室"，实际是一种馆外修史。玄宗时，在外修史开始被认可。开元八年（720）张说检校并州大都督府长史，玄宗下诏以其"可兼修国史，仍赍史本就并州随军修撰"。十四年张说致仕，仍令在家修史。

这种变通，在当时由于受到反对而未形成制度。此后，馆外修史的现象时断时见。穆宗长庆三年（823）沈传师预修《宪宗实录》，稿未成即出为潭州刺史、湖南观察使。监修国史杜元颖认为"若更求人，选择非易"，提出了"外修馆审"的方案：

其沈传师一分，伏望勒就湖南修毕，先送史馆，与诸史官参详，然后闻奏。庶使官业责成，有始终之效；传闻撫实，无同

---

① 《玉海》卷47《唐日历》引《中兴书目》：有《天祐日历》一卷，欧阳修曰："书虽不全，然唐之遗文也。"

② 参见《旧唐书》卷18上《武宗纪》、唐会要》卷64《史馆杂录下》。

③ 《唐会要》卷63《在外修史》。

异之差。①

这一方案，将史馆集体修史同馆外个人修史在一定程度上结合起来，对发挥史官个人之长有着积极意义。于是，宪宗"特诏赍一分史稿，成于理所"②。然而，随之带来新的问题："禁中之语，在外何知，或得之传闻，多涉于浮妄，便形史笔，实累鸿猷。"武宗会昌元年、三年，朝廷两次强调："今后《实录》所载章奏，并须朝廷共知者，方得纪述，密疏并请不载。"③昭宗时，裴庭裕"采宣宗朝耳目闻睹"撰成《东观奏记》，奏于监修国史杜让能。这比"外修馆审"更多迈出一步。尽管不能算是《宣宗实录》，却因宣宗朝无实录，在某种意义上被视为"宣宗实录"。所以，后来宋敏求补修《唐宣宗实录》、司马光纂修《资治通鉴》多以《东观奏记》为参考。

第二节　系统修撰国史的开端

国史，在东汉时已明确指本朝史，南北朝时期国史专指本朝史已十分普遍。隋文帝禁绝"民间撰集国史"，成为国史修撰被皇家垄断的重要一环。

本章一开头即指出，作为本朝史的国史，在唐代有两层含义，包括一部一部的皇帝"实录"与前后相续的纪传体"国史"。

一、实录纂集

史书名以"实录"，始于南北朝。但《隋书·经籍志二》霸史中

---

① 《唐会要》卷63《在外修史》。
② 《旧唐书》卷149《沈传师传》。
③ 《旧唐书》卷18上《武宗纪》。

所著录的《敦煌实录》却非皇帝"实录",第三编第五章第四节已叙,为十六国西凉史。《隋书·经籍志二》杂史中所著录的两部《梁皇帝实录》(周兴嗣撰,3卷,记武帝事;梁中书郎谢昊撰,5卷,记元帝事)以及《唐书·经籍(艺文)志》所著录《梁太清实录》,才是皇帝"实录"。这是唐修实录的远因,而温大雅《大唐创业起居注》是唐修实录的近因,这是就史书体裁发展、演变而言。此外,在当时更有其直接原因。

唐高祖在位、退位及贞观九年(635)卒后都无修实录之议,只是在太宗要观看国史,并命监修国史"撰录进来"之后,房玄龄才"删略国史为编年体,撰《高祖、太宗实录》各二十卷,表上之"[①]。自此以后,逐渐形成一个皇帝一部《实录》的制度。

唐代所修皇帝《实录》,16帝26部。

1. 高祖实录,1部,20卷。贞观十七年(643)由房玄龄、许敬宗、敬播等撰成。"敬播所修者,颇多详直,敬宗又辄以己爱憎曲事删改。"[②]

2. 太宗实录,2部,一名《今上实录》20卷,一名《贞观实录》(亦作《太宗实录》)20卷。《今上实录》20卷,为第一次所修,起创业,讫贞观十四年,故名"今上"。《贞观实录》20卷,为第二次所修,起贞观十五年,讫贞观二十三年。《唐书·经籍(艺文)志》所著录长孙无忌《太宗实录》40卷,是两次纂修的合成本。

3. 高宗实录,4部,一名《皇帝实录》30卷(一作20卷),一名《高宗实录》100卷,一名《高宗后修实录》30卷,一名《高宗实录》30卷。《高宗后修实录》30卷,是通高宗一朝的实录,先为令狐德棻等纂修,止乾封。后由刘知幾、吴兢等续成,约在武则天长安

---

① 《贞观政要集校》卷7《文史》。
② 《旧唐书》卷82《许敬宗传》。

（701—704）中。北宋时只存此一部，《玉海》注称："《崇文总目》，只有《后修》。"

4. 武则天实录，2 部，一名《圣母神皇实录》18 卷，一名《则天实录》30 卷。《则天实录》30 卷，中宗神龙二年（706）纂成 20 卷，刘知幾等不满意。玄宗开元四年（716），刘知幾、吴兢又重为纂修成 30 卷。《新唐书·艺文志二》著录，"魏元忠、武三思……徐坚撰"，"刘知幾、吴兢删正"。

5. 中宗实录，1 部，20 卷。中宗在位时基本修成，玄宗开元四年（716）由刘知幾、吴兢重新纂修完成。

6. 睿宗实录，2 部，一名《太上皇实录》10 卷，一名《睿宗实录》20 卷。[①]《太上皇实录》纂修于睿宗传位称太上皇之后，玄宗开元四年（716）续成《睿宗实录》。司马光在《资治通鉴》睿宗景云元年六月立李隆基为太子《考异》中明确写道：

> 刘子玄先撰《太上皇实录》，尽传位；后又撰《睿宗实录》，终桥陵；文字颇不同。

7. 玄宗实录，3 部，一名《今上实录》20 卷，一名《开元实录》47 卷，一名《玄宗实录》100 卷。《玄宗实录》100 卷，令狐峘撰，成于代宗大历三年（768）。"起居注亡失，纂开元、天宝间事，唯得诸家文集，编其诏策，名臣传记，十无三四。"[②]

---

① 《唐会要》卷 63《修国史》所载开元四年十一月十四日刘知幾、吴兢撰睿宗、则天、中宗三帝"实录"以闻，其《睿宗实录》当是两次修纂成的全本，但所载卷数为 20 卷，与各家著录均不同。《郡斋读书志》为 10 卷，《新唐书·艺文二》分别著录：刘知幾《太上皇实录》10 卷，吴兢《睿宗实录》5 卷。即使合两书卷数，亦才 15 卷。《通志·艺文略三》同《新唐书·艺文志二》。不知孰是，暂从《唐会要》。

② 《唐会要》卷 63《修国史》。

8. 肃宗实录，1 部，30 卷。纂修情况不详，仅知为元载监修。元和七年（812）宪宗读后，认为"大臣传，多浮词虚美"[①]。

9. 代宗实录，1 部，40 卷。德宗贞元中，史馆修撰令狐峘纂修于贬所衢州。宪宗元和二年（807）由其子令狐丕献上，"叙事用舍咸不当，而又多于漏略，名臣如房琯不立传，直疏如颜真卿，略而不载。"[②]

10. 德宗实录，2 部，一名《建中实录》10 卷，一名《德宗实录》50 卷。《建中实录》10 卷，史馆修撰沈既济纂修。赵璘《因话录》以其"体裁精简"，颇"为时所称"。司马光比较的结果却是：沈既济溢美杨炎，谈杨炎罢相"与《德宗实录》颇异"。《德宗实录》50 卷，宪宗诏蒋乂（本名武）等人同修，元和五年（810）由监修国史裴垍进上。

11. 顺宗实录，2 部，一名《先帝实录》3 卷，一名《顺宗实录》5 卷。《先帝实录》3 卷，韦处厚于宪宗元和六年（811）罢史职以前纂修。元和八年（813）新任监修国史李吉甫以其"未周悉"，遂令韩愈"重修"。李吉甫卒，韩愈"于吉甫宅取得旧本"，"自冬及夏，刊正方毕"，于十年（815）献上。文宗大和五年（831），监修国史路随对韩愈所修"欲加笔削"，但"议论颇众"，便交付史馆，将德宗、顺宗朝禁中事"详正刊去，其他不要更修"[③]。经过这次删改，出现了两个不同的传本，皆 5 卷，都题"韩愈等撰"。自北宋起，"以详、略为别"，称详本、略本。司马光通过比勘，发现两种本子"其中多异同"。《顺宗实录》的传本，争论纷纭。

12. 宪宗实录，1 部，40 卷。穆宗长庆二年（822）诏韦处厚、路随纂修，第二年诏监修国史杜元颖和沈传师等与韦处厚、路随分年编

---

① 《唐会要》卷 64《史馆杂录下》。
② 《册府元龟》卷 562《国史部·疏缪》。
③ 《旧唐书》卷 159《路随传》。

次。后又诏蒋系等续修，至大和四年（830）成40卷，由监修国史路随进上。武宗会昌元年（841），宰相李德裕奏请"改修《宪宗实录》所载吉甫不善之迹"，敕令"史馆再修撰进入。其先撰成本，不得注破，并与新撰本同进"①，三年"重修"完毕。大中二年（848）李德裕贬死后，周墀以李德裕重定本"窜寄它事，以广父功"，请削"新书"。宣宗降旨"施行旧本"，并察访州县写得"新本"者，令送史馆，不许隐藏。

13. 穆宗实录，1部，20卷。文宗大和七年（833），监修国史路随表上之。

14. 敬宗实录，1部，10卷。武宗会昌五年（845），监修国史李让夷表上之。

15. 文宗实录，1部，40卷。宣宗大中八年（854），监修国史魏谟上之。

16. 武宗实录，1部，30卷。《新唐书·艺文志二》著录为韦保衡监修，当成于咸通十一年（870）至十四年的数年间。五代后晋时"唯有一卷，余皆阙略"②。

唐代最后五帝，未修成或未修实录，加之《武宗实录》到五代后晋时只剩一卷，共缺晚唐六帝实录。北宋仁宗庆历中，宋敏求"补唐武宗以下六世实录百四十八卷"，详中唐至清中期卷第三编第一章第一节。

二、"国史"编撰

唐代"国史"始撰于太宗，先为纪传体，中唐以后逐渐变为编年体。

《史通·古今正史》篇叙唐"国史"：

---

① 《唐会要》卷63《修国史》、《旧唐书》卷18上《武宗纪》。
② 《五代会要》卷18《前代史》。

　　贞观初，姚思廉始撰纪传，粗成三十卷。至显庆元年，太尉长孙无忌与于志宁、令狐德棻、著作郎刘胤之、杨仁卿、起居郎顾胤等，因其旧作，缀以后世，复为五十卷。

　　高宗永徽二年（651），长孙无忌为监修国史，与于志宁、令狐德棻、李延寿等，以姚思廉"粗成三十卷"为基础进行修订、增补，共成 80 卷，名为《武德贞观两朝史》，显庆元年（656）表上之。刘知幾称其书"虽云繁杂，时有可观"。

　　高宗龙朔三年（663），许敬宗续《武德贞观两朝史》，"混成百卷"。其中，《高宗本纪》及永徽名臣、四夷等传"多是其所造"；并起草十志，"未半而终"。武则天长寿年间，春官侍郎牛凤及又撰《唐书》110 卷，起高祖，终高宗，"凡所撰录，皆素责私家行状"，"其有出自胸臆"，"叙事则参差倒错"。为使其书"独行"，"悉收姚、许诸本"。许敬宗、牛凤及所撰唐"国史"并不见于公私著录，唯见叙于刘知幾《史通·古今正史》篇。

　　武则天长安三年（703），敕令武三思与李峤、朱敬则、徐彦伯、魏知古、崔融、徐坚、刘知幾、吴兢等"采四方之志，成一家之言"，修成《唐史》。据刘知幾的说法，勒成 80 卷，但未见著录。其后，吴兢别撰《唐书》。玄宗开元十四年（726），吴兢"重加删缉"，又诏其续成，并许其在史馆外修撰。

　　吴兢修撰《唐书》的同时，玄宗开元十八年（730）韦述"兼知史官事"，"居史职二十年"，以"国史"自高宗永徽年间以来"虽累有修撰，竟未成一家之言"，"始定类例，补遗续阙"，勒成《国史》113 卷，并《史例》1 卷。史称"事简而记详，雅有良史之才"[①]。

---

① 《旧唐书》卷 102《韦述传》。

韦述以后，唐代"国史"的修撰，各种记载不尽相同，《崇文总目》记述较为清晰：

> 《唐书》一百三十卷，唐韦述撰。初，吴兢撰《唐史》，自创业讫于开元，凡一百一十卷。述因兢旧本，更加笔削，刊去酷吏，为纪、志、列传一百一十二卷。至德、乾元以后，史官于休烈又增肃宗纪二卷，而史官令狐峘等系于纪、志、传后随篇增缉，而不知卷帙。今书一百三十卷，其十六卷未详撰人名氏。

这与《新唐书·艺文志二》的著录大致相符。吴兢初撰百卷，后经韦述、柳芳、于休烈、令狐峘等增补，成 130 卷。韦述"始定类例"，并有《史例》1 卷，柳芳等仅是"绪述凡例"，因而仍署"韦述撰"。130 卷本，因书中有《肃宗纪》2 卷，令狐峘在代宗时曾纂成《玄宗实录》，当成于代宗时。而 113 卷本，显然是韦述所撰，因安史之乱散入民间，后征至史馆，便成为"未详撰人名氏"之作了。

自此而后，纪传体唐代"国史"再未修撰，"国史"转而为编年体了。

吴兢在别撰纪传体《唐史》的同时，又有编年体《唐春秋》。韦述修《国史》，亦有《唐春秋》。肃宗诏柳芳续韦述《国史》，又"仿编年法"作《唐历》。宣宗时，以监修国史崔龟从与韦澳、蒋偕、张彦远等修撰《续唐历》，大中五年（851）续成 30 卷。

此外，有两部私修编年体唐史，一是王彦威《唐典》，一为陈岳《唐统纪》。王彦威，文宗大和六年（832）以谏议大夫充史馆修撰，"纂集国初已来至贞元帝代功臣，如《左氏传》体叙事"，"起自武德，终于永贞"[①]，为《唐典》70 卷，开成二年（837）奏进。陈岳，武宗

---

① 《旧唐书》卷 157《王彦威传》、《册府元龟》卷 556《国史部·采撰二》。

至昭宗时人，"约大唐实录，撰《圣纪》一百二十卷"[①]。《圣纪》，即《崇文总目》、《中兴书目》著录之《唐统纪》，均作 100 卷。《资治通鉴》多次征引，自高祖武德五年二月至代宗大历三年十月，《考异》征引 40 余处。司马光采录陈岳"论曰" 2 则，一在高祖武德元年末，一在武则天光宅元年十二月。南宋末仅存 40 卷，为唐前期 70 余年史事。今亡不存。

三、国史体制与价值

作为专指，唐修《国史》为纪传体。而皇帝"实录"，通常多以为编年体，这从总体上来说并不算错。如果深入考察，便会发现"实录"与通常所说编年史有一定差异。

在《资治通鉴·唐纪》中，司马光的《考异》多次征引唐代《实录》。高祖武德四年正月，《考异》中首次出现《太宗实录·李靖传》、《孝恭传》。扩至唐纪部分，可见《高祖实录》中有建成、元吉、林士弘、刘世让等传，《太宗实录》中有尉迟敬德、魏徵等传，《代宗实录》中有臧希让、越王李系等传，《宣宗实录》中有刘琢传，《僖宗实录》中有康承训、黄巢等传。

另一方面，从当时人对某些《实录》的指责，亦可知唐代《实录》中有人物传。令狐峘《玄宗实录》因"名臣传记，十无三四"，"后人以漏略处多，不称良史"。元载监修《肃宗实录》，宪宗读后，"见大臣传，多浮词虚美"。

现存《顺宗实录》共 5 卷，有人物传 7 篇，1 篇是 2 人合传。卷 3 有《张荐传》、《令狐峘传》，卷 4 有《张万福传》、《陆贽传》、《阳城传》，卷 5 有《王叔文王伾传》、《韦执谊传》。从 7 篇人物传，大致可以看出这样几点：

---

① 《唐摭言》卷 10《海叙不遇》。

其一，在叙至某大臣卒后，插入其人传记。具体写法，有三种细微区别。一种是在其人追赠之下立传，如卷3在"赠吐蕃吊祭使、工部侍郎兼御史大夫、史馆修撰张荐礼部尚书"后立《张荐传》。另一种是在其人卒后立传，如卷4"左散骑常侍致仕张万福卒"后立《张万福传》。再一种是对贬死者在被贬时立传，如卷5贬"王伾开州司马、王叔文渝州司户并员外置，驰驿发遣"之下立《王伾王叔文传》，韦执谊"最在后贬"句下立《韦执谊传》。这种情况，贬与死多是相连的，故在传中都交待后来之卒。

其二，人物传记事不记言。卷4《陆贽传》是《顺宗实录》人物传中最长的一篇，《旧唐书·陆贽传》也是人物传中的一个长篇。两相比较，《旧唐书》传中陆贽的6篇长疏《实录》中只字不录。这是《实录》中人物传与《旧唐书》人物传的一大差别。

其三，人物传规模完具、首尾齐备。与《旧唐书》相比较，除不记言外，只有取舍详略和文字繁简等的不同，并无规模、形制方面的差别。

《实录》中的编年部分，对每一事件都作详细叙述，比起纪传体《唐史》中的"本纪"来，差异十分显著。《玉海》卷151引《唐太宗实录》贞观十九年五月太宗会围辽东城一事共71字，而《旧唐书·太宗纪》只有23字。若以记录详尽，自然以《实录》为最。由于这一特点，纪传体《唐史》中的不少人物传都是直接采择《实录》中的相关事迹编纂而成，下举最明显的二例：一是《旧唐书·魏徵传》中"幸积翠池，宴群臣，酒酣各赋一事。太宗赋《尚书》曰：'日昃玩百篇，临灯披五典。夏康既逸豫，商辛亦流湎。恣情昏主多，克己明君鲜。灭身资累恶，成名由积善。'徵赋《西汉》曰：'受降临轵道，争长趣鸿门。驱传渭桥上，观兵细柳屯。夜宴经柏谷，朝游出杜原。终藉叔孙礼，方知皇帝尊。'"这段文字源于《太宗实录》，王应麟在《玉海》卷171《唐积翠池》条先引《魏徵传》，后引《实录》原文，旨在告诉读者，《魏徵传》的这一条材料源自《唐太宗实录》。二是《旧唐书·卢坦传》叙元和八年七月修受降城之事，除个别字句微异，就是抄录的《宪宗实录》中相关的一整段文字。①

在记言方面，编年部分同其人物传恰恰相反，凡诏诰制册一概全文照录。《玉海》中引录颇多，如《高宗实录》中永徽七年正月辛未册皇太子弘文、《中宗实录》中唐隆元年七月己巳册皇太子隆基文、《玄宗实录》中开元三年正月丁亥册皇太子嗣谦文、《肃宗实录》中乾元元年十月甲辰册文、《德宗实录》中贞元二十一年四月乙巳册文、《宪宗实录》中元和七年十月壬寅册文、《穆宗实录》中长庆元年八月以镇州节度使田弘正被杀所下诏，等等。② 大臣的奏疏表章，也择要载录。《玄宗实录》有开元十七年八月癸亥宴花萼楼张说等上表，《文宗实录》有大和七年八月中书门下奏，③等等。君臣唱和的诗赋，亦有存录。

总括起来，唐代《实录》是由编年和人物传两部分组成，编年部分记事、记言俱详，是实录的主体；人物传部分记事不记言，是随编年叙事需要插入的，是实录的辅助内容。实录插入人物传，是同一般编年体的明显区别。其人物传只记事不记言，仅为辅助，又使实录不同于纪传体。由于编年部分是实录的主体，一般称实录为编年史并不为错。但严格讲，不应称其为编年史。不仅因其有人物传，还因其是用以"备史官采择"的，不完全等同于史著。实录是一种介乎于注记与史著之间的长编，应直称其为"实录体"。晁公武先概括出"实录"的性质：

---

① 　详见《玉海》卷147引《唐宪宗实录》。
② 　分见《玉海》卷72、188引。
③ 　分见《玉海》卷74、91引。

　　实录者，其名起于萧梁，至唐而盛。杂取两者之法而为之，以备史官采择而已。[①]

　　"杂取编年、纪传之法而为之"，即是指其既非编年体，亦非纪传体，而是兼有之，故谓"杂取"。"以备史官采择"，是指其并非已成的史著，而具有供"史官采择"的注记的性质。这一概括，是对实录所作最符合实际的定义，既指出实录的缘起，又点明其体制，包括性质和作用。需要指出：后来王应麟完全接受晁公武对实录形成过程、体例性质的基本认识，唯独不同意紧接着的"初无制作之意，不足道也"的说法。[②]至于欧阳修以"实录起于唐世"，并非指实录这种体裁起于唐世，而是指一部接一部的纂修起于唐世，因为在"实录起于唐世"之后紧接着"自高祖至武宗，其后兵盗相交，史不暇录"[③]，不可断章取其义。

　　唐代16帝26部《实录》和纪传、编年二体的"国史"，成为五代至宋修撰《唐书》的重要依据。"《旧唐书》前半全用实录、国史旧本"[④]的说法虽有夸张，却反映唐代实录、"国史"的重要价值。其中，"国史"多取自于各帝《实录》，即所谓"其总辑各实录事迹，勒成一家言，则又别有国史。"[⑤]

　　由于修史制度化，《实录》取材有着广阔、翔实的来源，使唐代《实录》具有重要史学价值。总章三年（670）高宗《简择史官诏》强调："修撰国史，义在典实，自非操履贞白，业量该通，谠正有闻，

①　晁公武：《郡斋读书志》卷5总序。
②　王应麟《玉海》卷48《艺文·实录》只写"实录起于萧梁，至唐而盛。杂取编年、纪传之法而为之，以备史官采择"而无晁公武的"初无制作之意，不足道也"一句。
③　《欧阳文忠集》卷124《崇文总目叙释》。
④　《廿二史劄记》卷16。
⑤　《廿二史劄记》卷16《唐实录国史凡两次散失》。

方堪此任。"①武则天长安三年（703）朱敬则上《请择史官表》，"访得其善者"，以发挥"书法不隐"，"志在惩劝"的作用。由于对史官的重视，唐代《实录》、"国史"的主要执笔者多被誉为"有良史之才"，所修国史"时称信史"，如：

敬播修《高祖、大宗实录》，监修房玄龄深称其"有良史之才，曰：陈寿之流也"②。

吴兢"励志勤学，博经通史"，"有史才"③。

韦述"贯穿经史，事如指掌，探赜奥旨，如遇师资"，所撰《国史》"事简而记详，雅有良史之才"。④

蒋乂（原名武）"弱冠博通群籍，而史才尤长"，"旁通百家，尤精历代沿革"。其子蒋系、蒋偕，父子三人，"与柳氏、沈氏父子相继修国史、实录，时推良史"。⑤

韦处厚"博览史籍，而文思赡逸"，所修《德宗实录》"时称信史"。⑥

繁富而翔实的史料，连续而优秀的史家，加之史馆的优厚条件，使唐代《实录》、《国史》成为记录其史事的最权威的史籍。北宋时，孙甫这样说：

观（唐）高祖至文宗实录，叙事详备，差胜于他书，其间文理明白者尤胜焉。⑦

---

① 《唐大诏令集》卷81《经史》。
② 《旧唐书》卷189上《敬播传》。
③ 《旧唐书》卷102《吴兢传》。
④ 《旧唐书》卷102《韦述传》。
⑤ 《旧唐书》卷149《蒋乂传》。
⑥ 《旧唐书》卷159《韦处厚传》。
⑦ 《唐史论断序》。

据粗略统计，两宋史家在考订唐代史实时，援引唐代《实录》在千条以上。司马光《资治通鉴·唐纪》以唐代《实录》作为《丛目》底本，标出事目，再将其他史籍依年月注所出篇卷于逐事之下；《实录》所无者，依年月日添附。①

唐代《实录》的成就，还表现在以一种新的体裁，影响着后世史学，成为每一皇朝历史的长编而延续至清。

唐代《实录》的重要成就固然不可抹杀，但同时存在着"实录不实"的问题。造成"实录不实"的原因，大致有如下一些基本方面。

其一，权利争斗，干扰直书。韩愈《顺宗实录》因"说禁中事颇切直，内官恶之"，"故令刊正"，以致有"详本"、"略本"之分。路随监修《宪宗实录》，成于牛僧孺当权之时，李德裕当政后，奏请修改，这是牛李党争给《宪宗实录》纂修带来的直接影响。《穆宗实录》、《敬宗实录》中对李绅记载的抵牾，更是牛李党争的产物。

其二，虚美饰非，歪曲史实。《代宗实录》记宦官鱼朝恩被元载密谋"擒而缢杀"之事为"上以旧勋矜贷，不加严刑，朝恩遂自缢"②，掩盖了代宗与鱼朝恩之间的倾轧。

其三，由于史料残缺散佚，史官粗疏失审，造成纪事脱讹、混乱。《玄宗实录》开元十八年"事与（《旧唐书》）本纪、（柳芳）《唐历》、（陈岳）《统纪》皆不同，正月甲子全差误"，就是原本缺亡，"后人附益"造成的。③《肃宗实录》天宝十四载十一月安禄山"先令（何）千年领壮士数千人，诈称献俘，以车千乘，包旌旗、戈甲、器械，先俟于河阳桥"，然无下文交待"后来所用"，更何况何千年"时

---

① 详见《传家集》卷63《答范梦得》。
② 《资治通鉴》卷224唐代宗大历五年三月"擒而缢杀"鱼朝恩条《考异》。
③ 《资治通鉴》卷213唐玄宗开元十八年正月《考异》。

方诣太原执杨光翙，未暇回河阳"。[①]

其四，《高祖实录》、《太宗实录》和主要依据这两部《实录》修撰的《唐书》，记武德初的史事与《大唐创业起居注》不尽一致，主要原因应当是太宗"自观国史"，自比周公、季友造成的。

---

① 《资治通鉴》卷217唐玄宗天宝十一载十一月乙丑《考异》。

第三章 史学形成期的总结——《史通》

在史学地位日趋巩固、"正史"独尊局面形成之后，系统总结史学发展的代表作《史通》应运而生。

第一节 《史通》的撰著与结构

《史通》的问世，既是史学发展的产物，又与刘知幾的家世影响、本人经历及其史学志向有着密切的关系。

一、刘知幾私撰《史通》

刘知幾（661—721），字子玄，为避唐玄宗名讳，以字行。祖父刘胤之，与李百药为"忘年之交"，太宗时参预《晋书》修撰，高宗时与令狐德棻等"撰成国史与实录"。父藏器，亦有学行。长兄知柔，"以词学知名"。在这样的家庭熏陶下，自幼博览群书，触类而观。17岁前后，有关"古今沿革"和"皇家《实录》"，"窥览略周"。20岁举进士，授获嘉县主簿，在任19年。公务余暇，旅游京、洛，恣情披阅公私收藏，于"史传之言，尤所耽悦"，"莫不赜彼泉薮，寻其枝叶，原始要终，备知之矣。"① 对于《淮南子》、《法言》、《论衡》、《风

---

① 《史通》卷20《忤时》。

俗通》、《人物志》、《典语》、《文心雕龙》等，更有独特见解，"固以纳诸胸中，曾不懘芥者矣"①。自武则天天授二年（691）至证圣元年（695），先后应制表陈四事：请沙汰邪滥官员，刺史非三岁不可迁，节赦，赐阶爵应以德举才升。②后三年，著《思慎赋》以刺时，同时强调"其慎者"，"不过慎言语，节饮食，知止足，避嫌疑，若斯而已矣"，表示"全父母之发肤，保先人之丘墓，一生之愿，于斯足矣"③，足见其不满时政又明哲保身的心理。

　　武则天圣历二年（699），调任右补阙、定王府仓曹，至京师，参预修撰《三教珠英》，先后获交于徐坚、朱敬则、元行冲、吴兢等。长安二年（702），为著作佐郎。三年，兼修国史，奉诏与李峤、朱敬则、徐彦伯、魏知古、徐坚、吴兢等修《唐史》。朱敬则上表请择史官，刘知幾对礼部尚书郑惟忠谈"史才须有三长"。不久，罢史任，擢凤阁舍人（中书舍人改称），自撰《刘氏家史》15卷、《刘氏谱考》3卷。中宗即位，除著作郎、太子中允、太子率更令，修史如故，与柳冲、徐坚、吴兢等奉诏修《则天实录》。由于与同作诸士及监修贵臣武三思、魏元忠、祝钦明等"凿柄相违"，开始"在史馆"私撰《史通》。

　　中宗景龙二年（708），宗楚客、萧至忠等并监修国史。以监修者多，奏记于萧至忠，论史馆"不可者五"，求罢史职，转为修文馆（弘文馆改称）学士。稍后，迁秘书少监，修史如故。景龙四年（710）二月，撰成《史通》20卷。迁太子左庶子，兼崇文馆学士，依旧修国史，加银青光禄大夫。奉诏与柳冲等修成《姓族系录》200卷。玄宗开元二年（714）迁左散骑常侍，修史如故。先后与吴兢等撰成《睿宗实录》20卷，删正《则天实录》30卷、《中宗实录》20

---

①　《史通》卷10《自叙》。

②　分见《唐会要》卷67、卷68、卷40、卷81。

③　《文苑英华》卷92《人事三》。

卷，封居巢县子。开元七年（719）诏诸儒议《孝经》、《老子注》及《易传》，上二议与司马贞辩论，请行《孝经》孔安国传、《老子》王弼注。两年后，因子贶犯事流配，与执事者诉理，被贬安州都督府别驾，到任不久逝去。开元十年（722），子𫗧将抄录清楚的《史通》奏上，朝廷追赠工部尚书，谥曰文。

　　40 岁以前，刘知幾有史学志向却无发挥的机遇。武则天长安二年（702）以后，虽然参预当时的重要修史活动，却因监修者多而不得伸展，深感“任当其职，而吾道不行：见用于时，而美志不遂，郁怏孤愤，无以寄怀”，“故退而私撰《史通》，以见其志。”[1]《史通》撰成之后，累官进爵，参预修史多能发挥己见。由于对史馆始终向往，即便在史馆最不得志“退而私撰《史通》”之际，仍然怀恋史馆的一切。其书命名，是想到“予既在史馆而成此书，故便以《史通》为目”[2]。叙“史馆建置”，更掩饰不住对史馆的羡慕：“馆宇华丽，酒馔丰厚，得厕其流者，实一时之美事。”[3]既指斥史馆“不可者五”，又向往“得厕其流”，这是表现在其身上的又一矛盾。

　　《史通》是刘知幾众多著述中流传至今而又最有代表性的论著，大约撰于武则天长安二年（702），初成于中宗景龙四年（710）二月，《序录》末署“景龙四年仲春之月”。初撰成编，并未上奏。见者互言其短，故作《释蒙》以拒之。其后，不断增删、修改。卷 20《忤时》篇末谈到“萧（至忠）、宗（楚客）等相次伏诛”，表明这段文字写在二人被诛之后。宗楚客之诛在中宗景龙四年（710）六月，萧至忠被诛则更晚，已是玄宗先天二年（713）七月了。大约被贬安州之前，一直都在进行修改。

　　《史通》20 卷，成书上奏时的篇数未有文字言明。其后，因书不

---

① 《史通》卷 10《自叙》。

② 《史通序录》。

③ 《史通》卷 12《史官建置》。

见重于时，虽至南宋始有刻本，但博学如朱熹"犹以未获见《史通》为恨"[①]。《玉海·艺文·论史类》著录《史通》，已谓其"自《辨职》以下缺《体统》、《纰缪》、《弛张》、《文质》、《褒贬》五篇"。今见最早版本是明嘉靖十四年（1535）陆深刻本，脱讹颇多。明万历五年（1577）张之象得见宋刻本，校而刊之，较为完善，1961年中华书局影印刊行。万历三十年（1602）张鼎思"家有抄本"，又得陆深刻本，校刊删定，始见流行。但因未见张之象本，仍多脱误，《四部丛刊》影印为善本。尽管如此，各传本的分卷及篇目却是基本一致的。内篇10卷36篇，外篇10卷13篇，总计20卷49篇，与《新唐书·刘子玄传》"著《史通》内外篇四十九篇"符合。北宋中期欧阳修、宋祁等修《新唐书》时，所见《史通》就是20卷49篇。

其书以清代浦起龙《史通通释》最为通行，本书凡引《史通》文字，均据《史通通释》本，与张之象本、张鼎思本不尽相同。

二、《史通》的结构

历来多以其《序录》篇"尝以载削余暇，商榷史篇，下笔不休，遂盈筐箧"等句，断定《史通》是随想随写，断断续续，未成于一时。《四库全书总目》以其"先有外篇，乃撷其精华以成内篇"，并引《六家》篇首称"自古帝王编述文籍，外篇言之备矣"为例。其实，这种看法颇欠考证。内篇《六家》固然有"外篇言之备矣"等语，但外篇《史官建置》、《点烦》等篇不也有"别有《曲笔》篇言之详矣"，"已于《叙事》篇言之详矣"一类明确提到内篇的例子吗？更何况，《序录》在"遂盈筐箧"句之后紧接着写道："于是区分类聚，编而次之。"清楚地告诉人们，《史通》是在"载削余暇"分篇撰写，积累到相当规模后才进行"区分类聚"的改定和统一编纂而成。内

---

① 　张之象：《史通序》。

篇侧重对唐以前史学的基本总结，《六家》篇居首，单独为一卷，在
全书有着统领地位，绝非仅仅"撷取"外篇"精华"所能成者。商
榷古来史籍，由"六家"归为"二体"。唐初，纪传体已经取得"独
尊"地位，故内篇以纪传体史书为主要对象，外篇以专篇分论《尚
书》、《春秋》、《左传》。《国语》作为国别史，秦汉至唐初，仅有十六
国割据，史无可述，仅在《古今正史》篇叙及，未立专篇。内篇最后
一卷有《杂述》篇，补充"六家"、"二体"之外的"史氏流别"。从
总体上讲，《六家》、《二体》、《杂述》三篇是对唐以前史书的系统归
纳。其他各篇所论，分专题评述与纪传体相关问题。《自叙》篇居内
篇之末，更表明其书是经过一番"类聚"和"编次"的。一面总结个
人治史经历和志趣，一面阐述私撰《史通》的本意，与内篇的基本内
容相照应。外篇转而论述唐以前史学中的突出问题，先有《史官建
置》、《古今正史》二篇，均独自成卷，对修史制度、史书编纂作简明
系统的概述。然后，针对《古今正史》篇所叙各史，依次论列得失，
兼及不同时期、不同类型的其他史书。疑《尚书》、惑《春秋》、申
《左传》，分论三书（三家）。《杂说》上、中、下篇，对诸史中具体问
题进行考察，为《古今正史》篇的重要补充。卷19的两篇，是讨论
《汉书·五行志》的专篇。《忤时》篇居外篇之末，专论史馆之蔽。与
萧至忠书写于中宗景龙二年（708），增补时间在萧至忠伏诛之后，即
玄宗先天二年（713）七月之后。以《忤时》篇编在全书最末，意味
此篇是最后"编次"入书的。就整体而言，《史通》是经过"区分类
聚，编而次之"的一部结构完整的史学论著。

　　在获得上述基本认识的同时，必须注意以下几点。第一，《史
通》毕竟是以一篇一篇的"读史札记"为基础"编次"成书的，因而
在篇目、分卷等方面有不够严谨、整齐之处，如内篇《叙事》篇与
《书事》、《浮词》二篇，《载文》篇与《核才》篇近于重复。篇与篇的
叙事，更有事同而议论互异者。内篇《表历》篇指责司马迁《史记》

"天子有本纪，诸侯有世家，公卿以下有列传，至于祖孙昭穆，年月职官，各在其篇，具有其说，用相考核，居然可知。而重列之以表，成其烦费，岂非谬乎？"外篇《杂说上》篇又称赞说"观太史公之创表也，于帝王则叙其子孙，于公侯则纪其年月，列行萦纡以相属，编字戢舂而相排。虽燕、越万里，而于径寸之内，犬牙可接；虽昭穆九代，而于方尺（寸）之中，雁行有叙。使读者阅文便睹，举目可详，此其所以为快也。"虽前后侧重点不同，却未能注意照应。第二，"编而次之"中有明显疏忽，内篇专有《核才》篇综论史才，而长安三年答礼部尚书郑惟忠问的"史才三长论"却没有像与萧至忠论史馆书那样被编进书中，不能说不是一大疏漏。第三，今见49篇的"编次"未必完全符合刘知幾"区分类聚，编而次之"的原貌。自南宋至明的各家考察，俱都表明《史通》在流传中不仅文字有歧误，连篇目也颇纷乱。因此，以传本49篇的"编次"论其结构，尤须谨慎。

综上所述，《史通》在一篇篇"读史札记"基础上"编次"成书，流传中有亡佚与错乱，结构似乎不够严整，但终究不是一篇篇"读史札记"的简单结集，而是有着深层内在逻辑结构的一部史论之作。

第二节　《史通》的思想体系

刘知幾对自己撰写《史通》有一段概括语，可以视为考察《史通》思想体系的依据，这样写道：

> 若《史通》之为书也，盖伤当时载笔之士，其道不纯，思欲辨其指归，殚其体统。夫其书虽以史为主，而余波所及，上穷王道，下掞人伦，总括万殊，包吞千有。……夫其为义也，

有与夺焉，有褒贬焉，有鉴戒焉，有讽刺焉。其为贯穿者深矣，其为网罗者密矣，其为商略者远矣，其所发明者多矣。①

针对当时所见各史"其道不纯"的问题，欲"辨其指归，殚其体统"，即试图辨明修史思想，严密史书体例。而其所说"指归"与"体统"密不可分。强调"其利甚博"：一为"生人之急务"，二为"国家之要道"。具体说来，就是"其人已亡"而"其事如在"，后之学者可以"见贤而思齐，见不贤而内自省"，达到"劝善惩恶"的目的。②围绕这一功用，刘知幾在一对相互对立、彼此制约的矛盾中构筑起《史通》的思想体系。换句明确的话，《史通》的思想体系是"实录直书"与"激扬名教"的矛盾统一。

一、"实录直书"

"实录直书"作为其史学体系中的一项基本原则，已为众多学者所认定，甚至以"实录史学"概括刘知幾史学特点。这里无须多着笔墨，只简要介绍一下书中的有关论述即可明白。据统计，书中在"求实"意义上使用"实录"一词不下30处，它如"审实"、"摭实"、"寻其实"等不胜枚举，总计出现"实"字170多处。与"求实"意义相类的用语，尚有不少，如"董、史之直"、"直道而行"，等等。

夫史官执简，宜类于斯。苟爱而知其丑，憎而知其善，善恶必书，斯为实录。③

这一基本认识贯穿全书，表现在各个具体方面。

---

① 《史通》卷10《自叙》。
② 《史通》卷11《史官建置》。
③ 《史通》卷14《惑经》。

论史家标准，称"良史以实录直书为贵"①；

论史书楷模，以《左传》与《公羊》、《谷梁》二传比较，认为"至于实录，付之丘明，用使善恶必彰，真伪尽露"②；

论史料汇辑，强调"当时草创者，资乎博闻实录"③；

论偏记小录，以其"皆记即日当时之事，求诸国史，最为实录"④。

……

在这同时，以是否"实录直书"为准则对传世史书进行批评，指出《后汉书·荀淑传》据《荀氏家传》称荀淑八子为"颍川八龙"，《晋书·薛兼传》据《会稽典录》以其同郡齐名者为"江东五俊"，"皆征彼虚誉，定为实录，苟不别加研核，何以详其是非"！⑤

然而，书中还提出"虽事乖正直，而理合名教"一类"邦之孔丑，讳之可也"的主张，⑥从这里很自然地就会发现贯穿《史通》全书的另一主线——"激扬名教"。

二、"激扬名教"

从史学功用出发，刘知幾以"史之为务，申以劝诫，树之风声"。对于"贼臣逆子，淫君乱主"，只要"直书其事，不掩其瑕"，就可以使其"秽迹彰于一朝，恶名被于千载"⑦。这就是陈寅恪曾经说过的"以名为教"，即"以官长君臣之义为教，亦即入世求仕者所宜奉行者"。⑧针对汉代以来一些史书将"破家殉国，视死犹生"的

---

① 《史通》卷 14《惑经》。

② 《史通》卷 14《申左》。

③ 《史通》卷 11《史官建置》。

④ 《史通》卷 10《杂述》。

⑤ 详见《史通》卷 5《采撰》。

⑥ 详见《史通》卷 14《惑经》。

⑦ 《史通》卷 7《直书》。

⑧ 陈寅恪：《陶渊明之思想与清谈之关系》，《金明馆丛稿初编》，上海古籍出版社 1981 年，第 182 页。

人物"皆书之曰逆"的做法，责问道："将何以激扬名教，以劝事君者乎！"①基于此，《史通》确立起另一条品评史家、论定史书的基本原则。

关于史家，认为"史官之责也，夫能申藻镜，别流品，使小人君子臭味得朋，上智中庸等差有叙，则惩恶劝善，永肃将来，激浊扬清，郁为不朽者矣。"②

对于史书，强调"正名"乃"君子所急"。孔子修《春秋》，"吴、楚称王而仍旧曰子，此则褒贬之大体，为前修之楷式也。"认为司马迁《史记》以项羽"僭盗而纪之曰王"，是"真伪莫分，为后来所惑者"，自兹以降，"讹谬相因，名讳所施，轻重莫等"。魏晋各史不问天子庙号是否"祖有功而宗有德"，每有所书，必存庙号。如此名不符实，将"何以申劝沮之义，杜渝滥之源"？③

评论史书具体篇章，同样以"激扬名教"作为准则。如《汉书·古今人表》虽"比于他表，殆非其类"，却又肯定其"唯以品藻贤愚，激扬善恶为务尔"④。再如《晋书·阮籍传》以"彼阮生者，不修名教，居丧过失，而说者遂言其无礼如彼。又以其志操本异，才识甚高，而谈者遂言其至性如此。惟毁及誉，皆无取焉。"⑤

至于琐言之流，虽"时有可观"，却"诋诃相戏"，"固以无益风规，有伤名教者矣"⑥

总之，"激扬名教"作为贯穿《史通》全书的另一主线，与"实录直书"相辅相成，构筑起《史通》的完整思想体系。

---

① 《史通》卷7《曲笔》。
② 《史通》卷7《品藻》。
③ 《史通》卷4《称谓》。
④ 《史通》卷16《杂说上》。
⑤ 《史通》卷20《暗惑》。
⑥ 《史通》卷10《杂述》。

三、"实录直书"与"激扬名教"的矛盾统一

从刘知幾对史学功用的认识出发，可见其"实录直书"与"激扬名教"两者间有着密切的依存关系。史官之责在使"其恶可以诫世，其善可以示后"。"善可以示后"者，即"师其德业，可以治国字人；慕其风范，可以激贪励俗。""恶可以诫世"者，即"干纪乱常，存灭兴亡所系"。若善可示后者"事皆阙如，何以申其褒奖"? 而"恶不足以曝扬，其罪不足以惩戒"，"聚而为录，不其秽乎"? [1] 显然，要通过"褒善惩恶"来"激扬名教"，就必须"实录直书"其人其事。因此《鉴识》篇有云："史传为文，渊浩广博，学者苟不能探赜索隐，致远钩深，乌足以辩其利害，明其善恶。"

然而，这种"实录直书"必须以"激扬名教"为内容，或者说从名教出发进行"实录直书"。刘知幾强调"自叙之为义也，苟能隐己之短，称其所长，斯言不谬，则为实录"，并据此批评王充《论衡》之《自纪》"述其父祖不肖，为州闾所鄙"，却"答以瞽顽舜神、鲧恶禹圣"，认为这是"厚辱其先"，"责以名教，实三千之罪人也"[2] 完全从名教出发，限制其"实录直书"。

另一方面，"实录直书"与"激扬名教"两者间又有着相互制约的关系。"激扬名教"需要"实录直书"，但"实录直书"又不能无所限制，必须在名教许可的范围之内，服从统治集团的根本利益。《曲笔》篇一开头就明确地指明这一点：

> 肇有人伦，是称家国。父父子子、君君臣臣，亲疏既辨，等差有别。盖子为父隐，直在其中，《论语》之顺也。略外别

---

① 《史通》卷 8《人物》。
② 《史通》卷 9《序传》。

内，掩恶扬善，《春秋》之义也。自兹已降，率由旧章。史氏有事涉君亲，必言多隐讳。虽直道不足，而名教存焉。

名教观念限制着"实录"原则的彻底贯彻，但又不能够任意歪曲史实去适应名教的需要。如果完全不顾事实真相，将无法用其"惩恶劝善"。《惑经》篇中的"所未谕者三"，就有批评《春秋》为君亲隐讳做过了头的地方："狄实灭卫，因桓耻而不书；河阳召王，成文美而称狩"，"苟书法其如是也，岂不使贤人君子靡惮宪章"！"实录直书"观念，在一定程度上制约着名教观念的恶性膨胀。

就这样，刘知幾在"实录直书"与"激扬名教"这一基本矛盾下构筑起《史通》的思想体系。其所要"上穷"之"王道"，"下掞"之"人伦"，正是在这一对矛盾对立的思想体系中构成的。所谓的"其为义也，有与夺焉，有褒贬焉，有鉴戒焉，有讽刺焉"，都是围绕上述基本矛盾展开的。

四、具有两重性的"理"

写到这里，需要说明书中"理"字的运用。全书出现"理"字近130处，仅次于"实"字，足见刘知幾的重视程度。

夫解难者以理为本，如理有所阙，欲令有识心伏（服），不亦难乎？[①]

强调"理"的重要性，把"理"视为"解难"的根本，缺少"理"必然难以使"有识心服"。即然"理"如此重要，"理"又何在呢？回答是："圣人设教，其理含弘。"在儒家经典中蕴含着弘大的

---

① 《史通》卷14《申左》。

"理"，并把"教"与"理"联系在一起。不过，刘知幾看到，"古今世殊，师授路隔"，加之"穿凿遗文，菁华久谢"，"遂使理有未达，无由质疑"，只能"撮其史文"，探寻其"理"。①

基于这样的认识，更加强调"识理"，认为它关系史学水平的高下。嵇康《高士传》取《庄子》、《楚辞》二渔父事合成一篇，已是"骚人之假说，而定为实录，斯已谬矣"，还每每自称"非汤武而薄周孔"，刘知幾质问："夫识理如此，何为而薄周孔哉？"②

认识到"理"和"识理"的重要，尽其所能寻找各色各样的"理"，要求史学从不同角度去适应这形形色色的"理"。

关于名教之"理"，以《尚书》、《春秋》"其理谠而切，其文简而要，足以惩恶劝善，观风察俗者矣。"③习凿齿《汉晋春秋》以三国魏为伪，认为是"定邪正之途，明逆顺之理"④。

至于编纂之"理"，强调"书事之法，其理宜明。使读者求一家之废兴，则前后相会；讨一人之出入，则始末可寻。"⑤

记事繁简，亦有其"理"："夫记事之体，欲简而且详，疏而不漏。若烦则尽取，省则多捐，此乃忘折中之宜，失平均之理。"⑥

在这之外，涉及客观必然之"理"，人情之常"理"，客观物质之"理"，乃至道家之"理"，等等。当其"文"与"理"对举时，其"理"又多指内容、本质、精义。

《史通》以"理"对史学进行阐释，表明刘知幾所具有的理性意识，这在中国史学发展中是值得认真总结的。但《史通》中的"理"，

---

① 《史通》卷 14《惑经》。
② 《史通》卷 18《杂说下》。
③ 《史通》卷 5《载文》。
④ 《史通》卷 7《探赜》。
⑤ 《史通》卷 14《惑经》。
⑥ 《史通》卷 8《书事》。

并不都带有理论总结、判定是非的意义。而其关于名教的"理"又显得最为突出，不能不使其理性意识具有很大的局限，表现出难以摆脱的两重性。

总括起来，刘知幾是在具有两重性的"理"的意识下，以"实录直书"与"激扬名教"两条基本准则的矛盾统一构建起《史通》的思想体系。至于书中涉及到的历史观方面的认识，应放到唐代整个思想领域中去考察，不应当孤立地去论说。

第三节 刘知幾的学术贡献

由于刘知幾的理性意识，使其对中唐以前史学有着超越前人和同时代史家的认识，因而做出重要贡献。

一、系统总结中唐以前史书体例，使纪传史编纂更趋程式化

全书开卷即榷论古今史体，归纳为"六家"：一为《尚书》家，二为《春秋》家，三为《左传》家，四为《国语》家，五为《史记》家，六为《汉书》家。《尚书》记言，《春秋》记事，《左传》编年，《国语》分国，《史记》为通古纪传，《汉书》为断代纪传。这些史体，反映各个时代记录史事的方法，后来史家用以编纂史书，逐渐演变成为史书编纂流别。这些流别的形成，与历史进程联系在一起。由于"时移世异"，《尚书》、《春秋》、《国语》、《史记》四家"其体久废"，而"所可祖述者，唯《左氏》及《汉书》二家而已"。[①]"六家"的发展，至唐初渐渐归为"二体"。

所谓"二体"，即以《左传》为发端的编年体和以《汉书》为代

---

① 《史通》卷1《六家》。

表的断代纪传体。在《隋书·经籍志》史部区分"正史"与"古史"的基础上，进一步剖析了二体的短长：编年体以时间先后为序，"中国外夷，同年共事，莫不备载其事，形于目前"是其长；人物或有或无，或详或略是其短。纪传体"显隐必该，洪纤靡失"是其长；"同为一事，分在数篇"以及"编次同类，不求年月"是其短。由于各有短长，"欲废其一，固亦难矣"，形成"班、荀二体，角力争先"[①]的局面。相对而言，编年体形式、结构比较简单。更主要的是，纪传体适应大一统集权体制的需要，在唐初已为皇家垄断，处于独尊地位，因而《史通》用主要篇幅剖析纪传体体例。

《本纪》、《世家》、《列传》、《表历》、《书志》等篇，分别论述纪传体各主要组成部分。全书目的之一是"殚体统"，所以强调"史之有例，犹国之有法。国无法，则上下靡定。史无例，则是非莫准"[②]，因而明确、系统地论述纪传体各主要组成部分及其相互关系。

"纪之为体，犹《春秋》之经，系日月以成岁时，书君上以显国统"；"以编年为主，唯叙天子一人"。

"传者，列事也"，"录人臣之行状，犹《春秋》之传"，"传以释纪"。

"纪、传之外，有所不尽，只事片文"，则在"书志"中"备录"，"语其通博"。提出增加都邑、氏族、方物三志的设想："凡为国史者，宜各撰都邑志，列于舆服之上"；"凡为国史者，宜各撰方物志，列于食货之首"；"凡为国史者，宜各撰氏族志，列于百官之下"。同时主张删除天文、艺文二志，即便艺文"必不能去，当变其体"。

关于"世家"，区分了汉代和古代诸侯的不同，认为将汉代诸侯编入"世家""实同列传"，肯定班固"厘革前非"，取消"世家"。但

---

① 《史通》卷 2《二体》。
② 《史通》卷 4《序例》。

在陈涉的问题上，以其"无世可传，无家可宅"，责问司马迁列为"世家""岂当然乎"？不是使体例适合记述历史的需要，而是试图让体例适应固定的模式，更何况当时陈涉并非"无世可传，无家可宅"，详前第二编第二章第一节。

对于"表历"，基本持否定态度，认为"以表为文"，"载诸史传，未见其宜"。

在纪传体五大主要组成部分之外，主张另立一体——"书部"："若人主之制册、诰令，群臣之章表、移檄，收之纪传，悉入书部，题为制册、章表书，以类区别。"①

以上基本论述，尤其是关于纪、传、志三者关系的认识，多为后世"正史"继承、发挥，成为"载笔之家法，著书之监史"②。

二、系统考察史官制度和史书编纂，开启史学史先河

《史官建置》篇纵论史官的起源与演变，认为"史之建官，其来尚矣"，"肇自黄帝，备于周室"。诸史之任，太史最优。司马迁之后，"以别职来知史务"，太史非复记言，"唯知占候"。东汉图籍盛于东观，撰述其中，"都为著作"。三国魏明帝始置著作郎，晋惠帝初谓大著作，专掌史任，又置佐著作郎，南朝宋、齐改为著作佐郎。二者有明确分工："佐郎职知博采，正郎资以草传。"南朝齐、梁置修（撰）史学士。北魏别置修史局，"专任代人"，添置翻译。北齐、周、隋，史官以大臣统领，谓之监修。唐初，史职多取外司，"著作一曹，殆成虚设"。

起居注，溯自晋初，著作郎掌集注起居。北魏置起居舍人，唐初加置起居郎。古者人君，内朝有女史，使"床笫之私，房中之事，

---

① 　《史通》卷2《载言》。
② 　《四库全书总目》卷88《史评类》。

不得掩焉"。

在分论历代史官沿革废置之后，紧接着写道：

> 夫为史之道，其流有二。何者？书事记言，出自当时之简；勒成删定，归于后来之笔。然则当时草创者，资乎博闻实录，若董狐、南史是也。后来经始者，贵于俊识通才，若班固、陈寿是也。必论其事业，前后不同。然相须而成，其归一揆。①

这固然是对史料与史著关系的分析，但在《史官建置》篇论述，旨在强调史官的职责与分工是无疑的。从这一点出发，指责汉魏以降出现的"多窃虚号，有声无实"和"署名同献"、争受爵赏的恶劣风气。

《古今正史》篇与《六家》篇按体裁探讨各家流别不同，以时间先后为序，历述自古至唐记述各朝各代的基本史籍。所谓"古今正史"，是指"古史记之正法"的编年史和自南朝梁至唐初确定为"正史"的纪传史，基本是《隋书·经籍志》史部"正史"（纪传史）、"古史"（编年史）两大类的史籍。略有不同的是，从传说中的三坟、五典叙起，以《尚书》、《春秋》为史书鼻祖；说《春秋》兼及"三传"，以《左传》为主。把所谓的"书经"、"春秋经"看作是"史"。以下论《史记》连带《国语》、《世本》、《战国策》，及于《古史考》。说《汉书》附《汉纪》，议《后汉书》兼《后汉纪》。再后，依朝代叙述各代纪传史，联系相关编年史。叙《三国志》，提及王沈《魏书》、夏侯湛《魏书》、鱼豢《魏略》、孙盛《魏氏春秋》、韦曜《吴书》、张勃《吴录》、王隐《蜀记》等，兼说裴松之注。说《十六国春秋》，分别叙及十六国史。通篇所叙，断自武则天晚年诏修《唐书》和《则天实录》。从这一卷所叙，大体可以看出中唐以前基本史籍的修撰概貌，

---

① 《史通》卷11《史官建置》。

"大抵自古史臣撰录，其梗概如此"。

如果说《古今正史》篇只是"自古史臣撰录"的"梗概"，而"偏记、小说，则不暇具而论之"的话，那么卷10《杂述》篇则是专门论说"能与正史参行，其所从来尚矣"的"自成一家"的"史流之杂著"。在这一篇中，分史氏流别为10类：偏记、小录、逸事、琐言、郡书、家史、别传、杂记、地理书、都邑薄。每类之下，概说其特征，列举4书。10类40书之后，逐一剖析每类的价值、利弊。论偏记、小录，一面肯定其"皆记即日当时之事，求诸国史，最为实录"，一面批评其"言多鄙朴，事罕圆备，终不能成其不刊"，"徒为后生作者削稿之资"。结尾处有一段将诸子之书视为"史之杂流"的论述，很值得重视。

> 子之将史，本为二说。然如《吕氏》、《淮南》、《玄晏》、《抱朴》，凡此诸子，多以叙事为宗，举而论之，抑亦史之杂也。但以名目有异，不复编于此科。

总《史官建置》、《古今正史》、《杂述》三篇，即为中唐以前的一部历史编纂简史，为研究中古以前史学勾勒出基本线索。

三、提出史家修养标准，成为历代公认的一种人才观

武则天长安三年（703）私撰《史通》前夕，在回答礼部尚书郑惟忠"自古文士多而史才少"的问题时，刘知幾提出"史才三长论"的著名观点：

> 史才须有三长，世无其人，故史才少也。三长，谓才也、学也、识也。夫有学而无才，犹有良田百顷，黄金满籝，而使愚者营生，终不能致于货殖者矣。如有才而无学，亦犹思兼匠

石，巧若公输，而家无梗柟斧斤，终不果成其宫室者矣。犹须好是正直，善恶必书，使骄主贼臣，所以知惧。此则为虎傅翼，善无可加，所向无敌者矣。脱苟非其才，不可叨居史任。自夐古以来，能应斯目者，罕见其人。①

孔子、孟子、班固、范晔等论史，都曾提出过"文"、"事"、"义"（或"意"）的概念，并论及其间的关系。刘知幾以才、学、识作出概括，内容更为充实，在中国史学中是一创见。虽然对才、学、识的涵义没有明确的解释，但从其比喻中可以推测得出。所谓才，主要指选择、组织史料的能力和编纂、撰写史书的技巧，要求能够"善择"、"辨疑"、"叙事简要"、"事溢于句外"，《因习》、《里邑》、《言语》、《浮词》、《叙事》、《模拟》、《书事》、《核才》、《烦省》等篇皆有论述。所谓学，主要指知识渊博、占有宏富，强调"采摭群言"，主张所有典籍都为取材对象，《采撰》、《杂述》篇有所论述。所谓识，指分析史事、品评人物的眼光，重辨善恶、明是非、寓褒贬，《品藻》、《直书》、《曲笔》、《鉴识》、《探赜》、《人物》、《暗惑》等篇从不同角度论述。从全书来看，在才、学、识三者中，刘知幾认为最难得的是史识，其次是史才，再则是史学。卷10《辨职》篇中有一表述，可视为"史才三长论"的注脚：

　　史之为务，厥途有三焉。何则？彰善贬恶，不避强御，若晋之董狐、齐之南史，此其上也。编次勒成，郁为不朽，若鲁之丘明、汉之子长，此其次也。高才博学，名重一时，若周之史佚、楚之倚相，此其下也。

----

① 《旧唐书》卷 102《刘子玄传》。《唐会要》卷 63《修史官》文字较此稍略，但文义无差。

在"三长"之外，将"直书"与"曲笔"看成是两种对立的道德："邪曲者，人之所贱而小人之道也；正直者，人之所贵而君子之德也。"①这可以视为是刘知幾的"史德"论。然而，由于其最注重的"史识"强调辨善恶、明是非、寓褒贬，是为了"激扬名教"，势必使"史才三长论"，包括"史德"论带有很大的局限，甚至使其"史识"与"史德"陷入一种难以调和的矛盾之中。

尽管"史才三长论"存在上述内在矛盾，但当撇开这些之后，便成为一种谁都可以承认的人才观了。

四、开疑古辨伪之风

有研究认为，刘知幾最具"史识"的地方是不为《尚书》、《春秋》中的"传统偏见"所束缚，敢于大胆"追求真实的态度"，即指《疑古》、《惑经》二篇对《尚书》、《春秋》的"疑"与"惑"。

卷13《疑古》篇所"疑"，是在分析造成《尚书》记事缺失的原因，包括"古人轻事重言"，"拘于礼法，限以师训，虽口不能言，而心知其不可者，盖亦多矣"，"外为贤者，内为本国，事靡洪纤，动皆隐讳"，再加以"古文载事，其词简约，推者难详"等之后，为使后来学者"究其源"而提出"讦其疑事"的十条，即所谓"十疑"。仔细检索一番，不难发现，有"七疑"都是直接针对古文《尚书》及孔安国传的：

"疑二"针对《尧典序》"将逊于位，让于虞舜"及孔氏注"尧知子丹朱不肖，故有禅位之志"，引《汲冢·琐语》、《山海经·海内南经》，"颇以禅授为疑"，进而分析说，"观近古有奸雄奋发，自号勤王，或废父而立其子，或黜兄而奉其弟，始则示相推戴，终亦成其篡夺。求诸历代，往往而有，必以古方今，千载一揆。斯则尧之授舜，

---

① 《史通》卷7《直书》。

其事难明，谓之让国，徒虚语耳。"

"疑三"针对《虞书·舜典》"五十载，陟方乃死"及孔注"死苍梧之野，因葬焉"，评论说："历观自古人君废逐，若夏桀放于南巢，赵嘉迁于房陵，周王流彘，楚帝徒彬，语其艰棘，未有如斯之甚者也。斯则陟方之死，其殆文命之志乎？"

"疑五"针对《汤誓序》"伊尹相汤伐桀，遂与桀战于鸣条之野"、《仲虺之诰》"汤放桀于南巢，惟有惭德"，引《逸周书·殷祝解》及"墨子云"，分析说"考墨家所言，雅与《周书》相会。夫《书》之作，本出《尚书》，孔父裁翦浮词，裁成雅诰，去其鄙事，直云'惭德'，岂非欲灭汤之过，增桀之恶者乎？"

"疑六"针对《尚书孔传·泰誓》"独夫受有臣亿万，惟亿万心"、《武成》"武王伐殷……会于牧野，……血流漂杵"提出质疑。

"疑七"、"疑八"、"疑十"分别针对《微子之命》"杀武庚"、《西伯戡黎序》"殷始咎周"、《君奭序》"召公为保，周公为师，相成王为左右"等提出质疑。

最后，引孟子"尽信《书》，不如无《书》。《武成》之篇，吾取其二三简"，推此而言，得出结论："远古之书，其妄甚矣。"孟子语，见《孟子·尽心下》①，成为后来辨伪古文《尚书》的一则重要依据。

上述"七疑"，是在《尚书正义》成为定本半个多世纪以后，主要针对其中的古文部分，第一次如此集中的提出质疑，其疑古辨伪之功不可没！自此而后，疑古辨伪之风经久不衰，经宋至清，最终辨明《尚书正义》中的古文部分是为伪作。

卷14《惑经》篇"窃详《春秋》之义"，提出十二未谕、五虚美，是在批评造成《春秋》纪事缺失的原因，例举如下：

---

① 《孟子·尽心下》作"尽信《书》，则不如无《书》。吾于《武成》，取二三策而已矣。仁人无敌于天下。以至仁伐至不仁，而何其血之流杵也？"

　　　　夫子修《春秋》也，多为贤者讳。……情兼向背，志怀彼
　　我。苟书法其如是也，岂不使为人君者，靡惮宪章……其所未
　　谕三也。

　　　　……

　　　　夫子之修《春秋》，……其间则一褒一贬，时有弛张，或沿
　　或革，曾无定体。其所未谕九也。

　　　　……

　　　　《春秋》记他国之事，必凭来者之辞。而来者所言，多非其
　　实。或兵败而不以败告，君弑而不以弑称。……皆承其所说而
　　书，遂使真伪莫分，是非相乱。其所未谕十二也。

　　　　……

　　　　自夫子修之《春秋》也，盖他邦之篡贼其君者有三，本国
　　之弑逐其君者有七，莫不缺而靡录，使其有逃名者。而孟子云：
　　"孔子成《春秋》，乱臣贼子惧。"无乃乌有之谈欤？其虚美三也。

　　直接指责"夫子修《春秋》也，多为贤者讳"，"无惭良史也
乎"，表明坚持"实录直书"的原则在《史通》全书是一贯到底的。
但如果说这就是刘知幾讥评了"别人不敢触动的封建社会的神圣光轮
和封建特权的精神教条"，未免也有"虚美"之嫌。《疑古》篇对古代
禅让说的怀疑，《韩非子·说疑》篇早就指出过："舜逼尧、禹逼舜、
汤放桀、武王伐纣，此四王者，人臣之弑其君者也，而天下誉之"。
王充《论衡·艺增》篇也直接批判《尚书》"褒增过实，以美尧也"。
刘知幾只是接过韩非、王充等的观点加以发挥而已，说不上"触动封
建社会的神圣光轮和封建特权的精神教条"。

　　《惑经》篇应与《申左》篇联系起来考察。孔子与《春秋》经的
关系，自西汉起始终是个争论不休的问题。唐初校订"五经"，孔颖

达反复强调："推寻经文，自庄公以上诸弑君者皆不书氏，闵公以下皆书氏，亦足明时史之异同，非仲尼所皆褒贬也。"①刘知幾"所未谕"十二事，基本都是无经有传或经传互异者。从"史贵实录直书"出发，必然要"申左"而"惑经"。《申左》篇比较《春秋》三传短长："盖《左氏》之义有三长，而二传之义有五短"。造成《公羊》、《谷梁》二传"五短"的原因主要是"唯取依经为主，而于内则为国隐恶，于外则承赴而书，求其本事，太半失实"，唯有《左氏》为实录。比较而言，孔颖达似乎更大胆些，毕竟说出"经、传异者，多是传实经虚"的话，刘知幾只是在羞羞答答的"惑经"。

五、提出修史具体方法和要求，推进史书编纂不断完善

论修史方法是《史通》的一项极重要的内容，不过是在评论前代史书中加以发挥而成的，是服务于"辨指归"、"殚体统"的总目的。从史料范围、史料采撷、史料鉴别、史料区分，到史事去取、人物品评，乃至体裁选择、题目确定、时间断限、编纂布局、文字叙述、语言运用，无所不包。《论赞》、《序例》、《题目》、《断限》、《编次》、《称谓》、《采撰》、《载文》、《补注》、《言语》、《浮词》、《叙事》、《模拟》、《书事》、《人物》、《烦省》、《杂述》、《点烦》、《暗惑》等篇，都在讨论修史方法。

论史料，主张采撷群言，反对道听途说和街谈巷议。

论书事，主张荀悦、干宝提倡的"五志"，再广以"三科"（叙沿革、明罪恶、旌怪异），反对"四烦"（谬录祥瑞、朝会必书、命官备书、冗同家牒）。

论人物，主张选择恶可戒世、善可劝后者，反对"愚智毕载，妍媸靡择"。

---

① 《春秋左传正义》隐公四年经、庄公十二年经、文公九年经孔颖达疏。

论体裁，主张宜革前史，反对模拟经传。

论命题，主张名实相符，反对丛细烦碎。

论断限，主张不录前代，反对滥轶无裁。

论编次，主张区分类聚，反对体统不一。

论叙事，主张简要隐晦，反对虚加练饰。

论言语，主张"言必近真"，反对"追效昔人"。

论史注，主张补阙考异，反对"坐长繁芜"。

……

总之，书中关于"史法"的论述值得进一步深入发掘。

六、推动史学评论迈上独立发展之途

《春秋》、《左传》等史籍出现以后，即有史学评论萌芽。司马迁评论《春秋》，既指其作用，又说其影响，继《春秋》而撰《史记》，表现出史学评论对史学发展的推进作用。班彪《前史略论》是一史学评论专篇，涉及古代史官以及《左传》、《国语》、《世本》、《战国策》、《楚汉春秋》等先汉史籍，着重评论的是司马迁与《史记》。接下来，刘勰《文心雕龙》专有《史传》篇，考察古代史官建置与职守，叙述史书源流与得失，论说修史目的与功用，比起班彪《前史略论》前进了一步。《隋书·经籍志》史部分13类及各类后序，叙述史书源流，兼有评论，最后对史官职责与史才加以强调：史官"必求博闻强识，疏通知远之士"，"前言往行，无不识也；天文地理，无不察也；人事之纪，无不达也"。这实际上已是对史学的一次系统而简明的总结。《文心雕龙·史传》篇、《隋书·经籍志》史部分类及各序对《史通》虽然有重要启示和影响，但都不是独立之作，一为文论巨著，一为目录名篇，而《史通》则"以史为主"。另一方面，《文心雕龙·史传》篇、《隋书·经籍志》史部分类及各序对史官、史书的叙说也不具体、详细。《史通》在全面、系统的基础上，内容更丰富，叙述亦加详。

关键在于《史通》有一个完整的编次结构和一套系统的思想体系，而这恰恰不为《文心雕龙·史传》篇、《隋书·经籍志》史部分类及各序所具备。正是由于这一点，《史通》完成了确立古代史学评论的历史使命，逐渐成为史学的一个重要分支，以至清修《四库全书》将其列为史评类之首。

不过，需要注意两点，其一，《史通》的性质并非历史评论，不是对客观历史进行评论，而是对史学进行评论。四库馆将史评书籍区分为两种类别，一是"考辨史体"者，如《史通》，即史学评论，"非博览精思不能成帙，故作者差稀"；二是"品骘旧闻，抨弹往迹"者，即历史评论，"才翻史略，即可成文"，"此是彼非，互滋簧鼓"，"其书动至汗牛"。史学评论与历史评论区分清楚，不得混为一谈，更莫把《史通》的史学评论偷换成历史评论！其二，有撰《史通补释》者将刘知幾《疑古》中的"十疑"逐一对应于唐初史事。如"疑一"，《史通补释》释为"唐高宗上元元年，上高祖大武皇帝谥曰神尧皇帝，神尧之朝如裴寂、封德彝皆被宠用，故借尧时群小在位言之。不然，《韩非子·难一》篇已以耕、鱼之争，陶器之窳，言尧如天子之不明察矣。《史通》何取其牙后慧，而为此重架之说哉？"再如"疑二"，《史通补释》释为"隋大业十三年十一月，唐公渊克长安，迎代王侑即皇帝位，改元义宁，遥尊炀帝为太上皇，是废祖而立其孙。次年五月，遂受禅，改元武德。篇中所谓'始则示相推戴，终亦成其篡夺'，'以古方今，千载一揆'也。""疑六"《史通补释》释为"此言祖君彦为李密檄炀帝文，初非实录"，"疑十"《史通补释》释为"此二叔明谓隐太子与巢刺王"云云。此类史评，专以发微显隐为事，虽可为一家言，终竟难免臆测、附会，绝非史学评论本旨。